李宗侗（一八九五—一九七四）

字文伯，河北省高陽縣人。自幼聰明過人。十七歲時到法國留學，畢業於法國巴黎大學。一九二四年返國，受聘於國立北京大學，兼法文系主任，曾出任故宮博物院秘書長等職。一九四八年，受聘為國立台灣大學歷史系教授。後歷兼國史館史料審查委員、編譯館編審委員、台灣省文獻委員會顧問、中華文化復興運動推行委員會委員等職。對中國古代史頗有研究，在學術上時有獨特見解。

夏德儀（一九〇一—一九九八）

號卓如，為臺灣大學歷史系文史淵博精深知名教授。一九〇一年出生於江蘇，北大歷史系畢業，一九四六年來台任教，先後開授中國通史、中國近代史、中國外交史等課程。教學之餘並擔任中學歷史教科書編委，以及參與台灣文獻叢刊的史料編纂工作。一九九四年完成《百吉老人自訂年譜》一書。退休後定居美國，一九九八年去世於美國。

國立編譯館中華叢書編審委員會 主編

資治通鑑今註

第三冊

漢紀

李宗侗 夏德儀等 校註

臺灣商務印書館

目次

【第三冊】

卷三十九　漢紀㈠三十一

起昭陽協洽，盡閼逢涒灘，凡二年。（癸未至甲申，西元二三年至二四年。）

司馬光編集
桑秀雲　註

淮陽王㈡

更始元年㈢（西元二三年）

㈠春、正月，甲子朔，漢兵與下江兵共攻甄阜、梁丘賜，斬之，殺士卒二萬餘人。王莽納言將軍嚴尤、秩宗將軍陳茂引兵欲據宛㈣，劉縯與戰於淯陽㈤下，大破之，遂圍宛。先是青、徐賊眾雖數十萬人，訖無文書、號令、旌旗、部曲；及漢兵起，皆稱將軍，攻城掠地，移書稱說㈥。莽聞之，始懼。

春陵戴侯曾孫玄在平林兵中，號更始將軍。時漢兵已十餘萬，諸將議以兵多而無所統一，欲立劉氏以從人望。南陽豪傑及王常等皆欲立劉縯；而新市、平林將帥樂放縱，憚縯威明，貪玄懦弱，先共定策立之，然後召縯示其議。縯曰：「諸將軍幸欲尊立宗室，甚厚！然令赤眉起青、徐，眾數十萬，聞南陽立宗室，恐赤眉復有所立，王莽未滅而宗室相攻，是疑天下㊆而自損權，非所以破莽也。舂陵㊇去宛三百里耳，遽自尊立，為天下準的，使後人得承吾敝，非計之善者也；不如且稱王以號令，王勢亦足以斬諸將。若赤眉所立者賢，相率而往從之，必不奪吾爵位；若無所立，破莽，降赤眉，然後舉尊號，亦未晚也。」諸將多曰：「善」。張卬拔劍擊地，【考異】司馬彪續漢書卬作印，袁宏後漢紀作斤，皆誤。今從范曄後漢書。曰：「疑事無功，今日之議，不得有二。」眾皆從之。二月，辛巳朔，設壇場於淯水㊈上沙中，玄即皇帝位，南面立，朝羣臣；羞愧流汗，舉手不能言。於是大赦改元。以族父良為國三老㊉，王匡為定國上公，王鳳為成國上公，朱鮪為大司馬，劉縯為大司徒，陳牧為大司空，餘皆九卿將軍。由是豪傑失望㊁，多不服。

㈡王莽欲外示自安，乃染其須髮㊂，立杜陵史諶女為皇后，置後宮，位號視公、卿、大夫、元士者㊂凡百二十人。

㈢莽赦天下，詔王匡、哀章等討青、徐盜賊；嚴尤、陳茂等討前隊醜虜（一四），明告以生活、丹青之信（一五）；復迷惑不解散，將遣大司空隆新公（一六）將百萬之師剿絕（一七）之矣！

(四)三月，王鳳與太常偏將軍劉秀等，徇昆陽、定陵、郾（一八），皆下之。

(五)王莽聞嚴尤、陳茂敗，乃遣司空王邑馳傳（一九），與司徒王尋發兵平定山東；徵諸明兵法六十三家以備軍吏，以長人巨毋霸為壘尉（二〇），又驅諸猛獸虎、豹、犀、象之屬以助威武。邑至洛陽，州郡各選精兵，牧守自將，定會者四十二萬人，號百萬。餘在道者，旌旗、輜重（二一），千里不絕。夏五月，尋、邑南出潁州，與嚴尤、陳茂合。諸將見尋、邑兵盛，皆反走入昆陽，惶怖，憂念妻孥（二二），欲散歸諸城。劉秀曰：「今兵穀既少，而外寇強大，并力禦之，功庶可立；如欲分散，勢無俱全。且宛城未拔，不能相救；昆陽即拔，一日之間，諸部亦滅矣。今不同心膽，共舉功名，反欲守妻子財物邪！」諸將怒曰：「劉將軍何敢如是！」秀笑而起。會候騎（二三）還，言大兵且至城北，軍陳數百里，不見其後。諸將素輕秀，及迫急，乃相謂曰：「更請劉將軍計之。」秀復為圖畫成敗，諸將皆曰：「諾」。時城中唯有八九千人，秀使王鳳與廷尉大將軍王常守昆陽，夜與五威將軍李軼㉔等十三騎出城南門，於外收兵。時莽兵到城下者且十萬，秀等幾不得出。尋、邑縱兵圍昆陽，嚴尤說邑曰：「昆陽城小而堅，今假號㉕者在宛，亟進大兵，彼必犇走；宛敗，昆陽自服。」邑曰：「吾昔圍翟義㉖，坐不生得以見責讓，今將百萬之眾，遇城而不能下，非所以示威也。當先屠此城，蹀血㉗而進，前歌後舞，顧不快邪！」遂圍之數十重，列營百數，鉦鼓㉘之聲聞數十里，或為地道、衝輣㉙撞城，積弩亂發，矢下如雨，城中負戶而汲。王鳳等乞降，不許。尋、邑自以為功在漏刻㉚，不以軍事為憂。嚴尤曰：「兵法：圍城為之闕㉛，宜使得逸出，以怖宛下。」邑又不聽。

㈥棘陽守長岑彭與前隊貳㉜嚴說共守宛城，漢兵攻之數月，城中人相食，乃舉城降，更始入都之。諸將欲殺彭，劉縯曰：「彭，郡之大吏，執心堅守㉝，是其節也。今舉大事，當表義士，不如封之。」更始乃封彭為歸德㉔侯。

㈦劉秀至郾、定陵，悉發諸營兵。諸將貪惜財物，欲分兵守之。秀曰：「今若破敵，珍寶萬倍，大功可成。如為所敗，首領無餘，何財物之有！」乃悉發之。六月己卯朔，秀與諸營俱進，自將步騎千餘為前鋒，去大軍四五里而陳。尋、邑亦遣兵數千合戰，秀犇之，斬首數十級㉕。諸將喜曰：「劉將軍平生見小敵怯，今見大敵勇，甚可怪也。且復居前，請助將軍。」秀復進，尋、邑兵卻，諸部共乘之，斬首數百千級，連勝，遂前，諸將膽氣益壯，無不一當百。秀乃與敢死者三千人從城西水上衝其中堅㉖。尋、邑易之，自將萬餘人行陳㉗，敕諸營皆按部毋得動，獨迎與漢兵戰，不利。大軍不敢擅相救。尋、邑陳亂，漢兵乘銳崩之，遂殺王尋。城中亦鼓譟而出，中外合勢，震呼動天地。莽兵大潰，走者相騰踐，伏尸百餘里。會大雷、風，屋瓦皆飛，雨下如注，滍川㉘盛溢，虎豹皆股戰，士卒赴水溺死者以萬數，水為不流。王邑、嚴尤、陳茂輕騎乘死人渡水逃去，盡獲其軍實輜重，不可勝筭㉙，舉之連月不盡，或燔燒其餘。士卒犇走，各還其郡。王邑獨與所將長安勇敢數千人還洛陽。關中聞之震恐。於是海內豪傑翕然嚮應，皆殺其牧守，自稱將軍，用漢年號以待詔命；旬月之間，徧於天下。

㈧莽聞漢兵言莽鴆殺(四〇)孝平皇帝，乃會公卿於王路堂，開所為平帝請命金縢之策(四一)，泣以示羣臣。

㈨劉秀復徇潁川，攻父城(四二)不下，屯兵巾車鄉(四三)。潁川郡掾馮異監五縣，為漢兵所獲。異曰：「異有老母在父城，願歸據五城，以効功報德。」秀許之。異歸，謂父城長苗萌曰：「諸將多暴橫，獨劉將軍所到不虜略，觀其言語舉止，非庸人也。」遂與萌率五縣以降。

㈩新市平林諸將以劉縯兄弟威名益盛，陰勸更始除之。秀謂縯曰：「事欲不善。」縯笑曰：「常如是耳！」更始大會諸將，取縯寶劍視之。繡衣御史申徒建(四四)隨獻玉玦(四五)，更始不敢發。縯舅樊宏謂縯曰：「建得無有范增之意(四六)乎！」縯不應。李軼初與縯兄弟善，後更諂事新貴。秀戒縯曰：「此人不可復信。」縯不從。縯部將劉稷勇冠三軍，聞更始立，怒曰：「本起兵圖大事者，伯升兄弟也，今更始何為者邪！」更始以稷為抗威將軍，稷不肯拜。更始乃與諸將陳兵數千人，先收稷，將誅之，縯固爭。李軼、朱鮪因勸更始並執縯，即日殺之。以族兄光祿勳賜為大司徒。秀聞之，自父城馳詣宛謝[47]。司徒官屬迎弔秀，秀不與交私語，惟深引過而已。未嘗自伐[48]昆陽之功，又不敢為縯服喪，飲食言笑如平常。更始以是慚，拜秀為破虜大將軍，封武信侯。

(十一)道士西門君惠謂王莽衛將軍王涉曰：「讖文劉氏當復興，國師公姓名是也。」涉遂與國師公劉秀、大司馬董忠、司中大贅孫伋謀以所部兵劫莽降漢，以全宗族[49]。秋七月，伋以其謀告莽，莽召忠詰責，因格殺之。使虎賁以斬馬劒剉[50]忠，收其宗族，以醇醯、毒藥、白刃、叢棘並一坎而埋之。秀、涉皆自殺。莽以其骨肉、舊臣[51]，惡其內潰，故隱其誅。莽以軍師外破，大臣內畔，左右亡所信[52]，不能復遠念郡國，乃召王邑還，為大司馬，以大長秋張邯為大司徒，崔發為大司空，司中壽容苗訢為國師。莽憂懣不能食，但飲酒，啗鰒魚(五三)，讀軍書倦，因馮几寐，不復就枕矣。

(十一)成紀(五四)隗崔、隗義、上邽(五五)楊廣、冀(五六)人周宗同起兵以應漢，眾數千人，攻平襄(五七)，殺莽鎮戎大尹李育。崔兄子囂素有名，好經書，崔等共推為上將軍，崔為白虎將軍(五八)，義為左將軍。囂遣使聘平陵(五九)方望，以為軍師。望說囂立高廟于邑東。己巳（二十日），祠高祖、太宗、世宗，囂等皆稱臣執事，殺馬同盟，以興輔劉宗。移檄郡國，數莽罪惡。勒兵十萬，擊殺雍州(六〇)牧陳慶，安定大尹王向(六一)，【考異】王莽傳作「卒正王旬」，袁紀作「太守王向」，今從范書。分遣諸將徇隴西、武都、金城、武威、張掖、酒泉、燉煌，皆下之。

(十二)初，茂陵(六二)公孫述為清水(六三)長，有能名，遷導江(六四)卒正，治臨邛(六五)。漢兵起，南陽宗應，商(六六)人王岑起兵徇漢中以應漢，殺王莽庸部牧宋遵，眾合數萬人。述遣使迎成等，成等至成都，虜掠暴橫。述召郡中豪桀，謂曰：「天下同苦新室，思劉氏久矣，故聞漢將軍到，馳迎道路。今百姓無辜，而婦子係獲(六七)，此寇師，非義兵也。」乃使人詐稱漢使者，假述輔漢將軍、蜀郡太守兼益州牧印綬；選精兵西擊成等(六八)，殺之，並其眾。

(十四)前鍾武侯劉望，起兵汝南，【考異】王莽傳作劉聖，今從范書劉玄傳。嚴尤、陳茂往歸之。八月，望即皇帝位，以尤為大司馬，茂為丞相。

(十五)王莽使太師王匡、國將哀章守洛陽。【考異】袁紀作褒章，今從范書。更始遣定國上公王匡攻洛陽，西屏大將軍申屠建、丞相司直李松攻武關，三輔震動。析(六九)人鄧曄、于匡起兵南鄉(七〇)以應漢，攻武關都尉朱萌，萌降；進攻右隊(七一)大夫宋綱，殺之。西拔湖(七二)。莽愈憂，不知所出。崔發言：「古者國有大災，則哭以厭之(七三)，宜告天以求救。」莽乃率羣臣至南郊，陳其符命本末，仰天大哭，氣盡，伏而叩頭。諸生、小民旦夕會哭，為設餐粥；甚悲哀者除以為郎，郎至五千餘人。

莽拜將軍九人，皆以虎為號，將北軍精兵數萬人以東，內其妻子宮中以為質。時省中黃金尚六十餘萬斤，他財物稱是，莽愈愛之，賜九虎士人四千錢；眾重怨，無鬭意。九虎至華陰(七四)回谿(七五)，距隘自守。王匡、鄧曄擊之，六虎敗走；二虎(七六)詣闕歸死。莽使使責死者安在，皆自殺。其四虎(七七)亡，三虎(七八)收散卒保渭口京師倉(七九)。

鄧曄開武關(八〇)迎漢兵。李松將三千餘人至湖，與曄等共攻京師倉，未下。曄以弘農掾王憲為校尉，將數百人北渡渭，入左馮翊界。李松遣偏將軍韓臣等徑西至新豐(八一)，擊（破）莽波水將軍(八二)，追犇至長門宮。王憲北至頻陽(八三)，所過迎降(八四)。諸縣大姓各起兵稱漢將軍，率眾隨憲。李松、鄧曄引軍至華陰，而長安旁兵四會城下；又聞天水隗氏方到，皆爭欲（先）入城，貪立大功、鹵掠之利。莽赦城中囚徒，皆授兵，殺豨(八五)，飲其血，與誓曰：「有不為新室者，社鬼記之！」使更始將軍史諶將之。渡渭橋，皆散走；諶空還。眾兵發掘莽妻、子、父、祖冢，燒其棺椁及九廟、明堂、辟雍，火照城中。

九月戊申朔，兵從宣平城門(八六)入，張邯逢兵見殺，王邑、王林、王巡、䦅惲等分將兵距擊北闕下。會日暮，官府、邸第盡奔亡。己酉（二日），城中少年朱弟、張魚等恐見鹵掠，趨讙並和，燒作室門(八七)，斧敬法闥(八八)，呼曰：「反虜王莽，何不出降？」火及掖庭、承明、黃皇室主所居。黃皇室主曰：「何面目以見漢家！」

自投火中而死。

莽避火宣室前殿，火輒隨之。莽紺(八九)袀(九〇)服，持虞帝匕首；天文郎按式(九一)於前，莽旋席隨斗柄而坐，曰：「天生德於予，漢兵其如予何！」庚戌（三日）且明，羣臣扶掖莽自前殿之漸臺(九二)，欲阻池水，公卿從官尚千餘人隨之。王邑晝夜戰，罷(九三)極，士死傷略盡；馳入宮，間關(九四)至漸臺，見其子侍中睦解衣冠欲逃，邑叱之，令還，父子共守莽。軍人入殿中，聞莽在漸臺，眾共圍之數百重。臺上猶與相射，矢盡，短兵接；王邑父子、甍惲、王巡戰死，莽入室下。餔時(九五)眾兵上臺，苗訢、唐尊、王盛等皆死。商人杜吳殺莽，校尉東海公賓就斬莽首，軍人分莽身，節解臠(九六)分，爭相殺者數十人。公賓就持莽首詣王憲。憲自稱漢大將軍，城中兵數十萬皆屬焉；舍(九七)東宮，妻莽後宮，乘其車服。癸丑（六日），李松、鄧曄入長安，將軍趙萌、申屠建亦至。以王憲得璽授不上，多挾宮女，建天子鼓旗，收斬之。傳莽首詣宛，縣(九八)於市；百姓共提擊之，或切食其舌。

班固贊曰：「王莽始起外戚，折節力行以要名譽。及居位輔政，勤勞國家，直道而行，豈所謂色取仁而行違(九九)者邪；莽既不仁，而有佞邪之材，又乘四父(一〇〇)歷世之權，遭漢中微，國統三絕(一〇一)，而太后壽考，為之宗主，故得肆其姦慝(一〇二)以成篡盜之禍。推是言之，亦天時，非人力之致矣！及其竊位南面，顛覆之勢險於桀、紂，而莽晏然自以黃、虞(一〇三)復出也，乃始恣睢，奮其威詐，毒流諸夏，亂延蠻貉，猶未足以逞其欲焉。是以四海之內，囂然(一〇四)喪其樂生之心，中外憤怨，遠近俱發，城池不守，支體分裂，遂令天下城邑為虛(一〇五)，害徧生民，自書傳所載亂臣賊子，考其禍敗，未有如莽之甚者也。昔秦燔詩、書以立私議，莽誦六藝以文姦言(一〇六)，同歸殊途，俱用滅亡，皆聖王(一〇七)之驅除云爾！」

(十六)定國上公王匡拔洛陽，生縛莽太師王匡、哀章，皆斬之。冬十月，奮威大將軍劉信擊殺劉望於汝南，並誅嚴尤、陳茂，郡縣皆降。

(十七)更始將都洛陽，以劉秀行司隸校尉(一〇八)，使前整修宮府。秀乃置僚屬，作文移[19]，從事司察，一如舊章[20]。時三輔吏士東迎更始，見諸將過，皆冠幘[21]而服婦人衣，莫不笑之。及見司隸僚屬，皆歡喜不自勝，老吏或垂涕曰：「不圖今日復見漢官威儀！」由是識者皆屬心焉。

更始北都洛陽，分遣使者徇郡國，曰：「先降者復爵位！」使者至上谷，上谷太守扶風耿況迎，上印綬；使者納之，一宿，無還意。功曹寇恂勒兵入見使者，請之[22]，使者不與，曰：「天王使者，功曹欲脅之邪！」恂曰：「非敢脅使君，竊傷計之不詳也。今天下初定，使君建節銜命，郡國莫不延頸傾耳；今始至上谷而先墮[23]大信，將復何以號令他郡乎！」使者不應。恂叱左右以使者命召況；況至，恂進取印綬帶況。使者不得已，乃承制詔之，況受而歸。

宛人彭寵，吳漢亡命在漁陽，鄉人韓鴻為更始使，徇北州，承制拜寵偏將軍，行漁陽太守事，以漢為安樂[24]令。

更始遣使降赤眉[25]。樊崇等聞漢室復興，即留其兵，將渠帥二十餘人隨使者至洛陽，更始皆封為列侯。崇等既未有國邑，而留眾稍有離叛者，乃復亡歸其營(二六)。

(十八)王莽盧江連率潁川李憲據郡自守，稱淮南王。

(十九)故梁王立之子永詣洛陽，更始封為梁王，都睢陽(二七)。

(廿)更始欲令親近大將徇河北，大司徒賜言：「諸家子(二八)獨有文叔(二九)可用。」朱鮪等以為不可，更始狐疑，賜深勸之。更始乃以劉秀行大司馬事，持節北渡河，鎮慰州郡。

(廿一)以大司徒賜為丞相，令先入關脩宗廟、宮室。

(廿二)大司馬秀至河北，所過郡縣，考察官吏，黜陟能否，平遣囚徒，除王莽苛政(三〇)，復漢官名，吏民喜悅，爭持牛酒迎勞，秀皆不受。南陽鄧禹杖策追秀，及於鄴。秀曰：「我得專封拜，生遠來，寧欲仕乎？」禹曰：「不願也。」秀曰：「即如是，何欲為？」禹曰：「但願明公威德加於四海，禹得効其尺寸，垂功名於竹帛(三一)耳！」秀笑，因留宿間語(三二)。禹進說曰：「今山東未安，赤眉、青犢之屬動以萬數。更始既是常才而不自聽斷，諸將皆庸人屈起(三三)，志在財幣，爭用威力，朝夕自快而已，非有忠良明智、深慮遠圖，欲尊主安民者也。歷觀往古聖人之興，二科而已，天時與人事也。今以天時觀之，更始既立而災變方興；以人事觀之，帝王大業非凡夫所任，分崩離析，形勢可見。明公雖建藩輔之功，猶恐無所成立也。況明公素有盛德大功，為天下所嚮服，軍政齊肅，賞罰明信。為今之計，莫如延攬英雄，務悅民心，立高祖之業，救萬民之命，以公而慮，天下不足定也。」秀大悅，因令禹宿止於中，與定計議；每任使諸將，多訪於禹，皆當其才。

秀自兄縯之死，每獨居，輒不御酒肉，枕席有涕泣處。主簿馮異㉔獨叩頭寬譬㉕，秀止之曰：「卿勿妄言。」異因進說曰：「更始政亂，百姓無所依戴，夫人久饑渴，易為充飽㉖。今公專命方面，宜分遣官屬，徇行郡縣，宣布惠澤。」秀納之。騎都尉宋子㉗耿純謁秀於邯鄲㉘，退見官屬將兵法度，不與他將同，遂自結納。

(廿三)故趙繆王㉙子林，說秀決列人㉚河水以灌赤眉㉛。秀不從，去之真定㉜。林素任俠於趙、魏間。王莽時，長安中有自稱成帝子子輿者，莽殺之。邯鄲卜者王郎緣是詐稱真子輿，云母故成帝謳者，嘗見黃氣從上下，遂任身；趙后欲害之，偽易他人子，以故得全。林等信之，與趙國大豪李育、張參等謀共立郎。會民間傳赤眉將渡河，林等因此宣言赤眉當立劉子輿，以觀眾心。百姓多信之。十二月，林等率車騎數百，晨入邯鄲城，止於王宮㊂，立郎為天子；分遣將帥徇下幽、冀，移檄州郡，趙國以北遼東以西皆望風響應。

【今註】㊀東漢世系表

①光帝—②明帝—③章帝—④和帝—⑤殤帝

章帝—清和孝王慶—⑥安帝—⑧順帝—⑨沖帝

章帝—濟北惠王壽—⑦北鄉侯

章帝—千乘貞王伉—樂安夷王寵—勃海孝王鴻—⑩質帝

章帝—河間孝王開—蠡吾侯冀—⑪桓帝

河間孝王開—解瀆亭侯淑—解瀆亭侯萇—⑫靈帝—⑬沙帝

靈帝—⑭獻帝

號數指即帝位之次序，無號數者未為皇帝。㊁淮陽王：諱玄，字聖公，光武族兄也。〈帝王世紀〉曰：「舂陵戴侯熊渠生蒼梧太守利，利生子張，子張生玄。後敗，降赤眉，光武詔封為淮陽王。㊂更始元年：是年二月，即位改元。㊃宛：今河南南陽縣。㊄淯陽：又作育陽，今河南南陽縣南六十里之綠楊村。㊅稱說：數王莽之罪。㊆疑天下：宗室相爭，天下莫知所從。㊇舂陵：世祖更曰章陵，今湖北省棗陽縣東。㊈淯水：亦稱白河。源出河南嵩縣西南攻離山，東南流經南召、南陽、新野諸縣，入湖北襄陽縣境，會唐河，注漢水。[一〇]國三老：三老為鄉官之一，掌教化。初僅有鄉三老、縣三老，後始有郡三老、國三老，係一種榮譽，表示其在社會中之地位，而不負實際政治責任。[一一]豪傑失望：南陽豪傑及王常等皆欲立劉縯，今立劉玄，故失望。[一二]須髮：鬚髮。[一三]置後宮，位號視公、卿、大夫、元士者：三夫人視三公，九嬪視九卿，二十七世婦視二十七大夫，八十一御妻視八十一元士。[一四]醜虜：眾虜。[一五]生活、丹青之信：顏師古曰：「生活，謂來降者不殺之也。丹青之信，言明著也。」[一六]大司空隆新公：王邑。[一七]剿絕：滅絕。[一八]昆陽、定陵、郾：皆地名。昆陽，今河南省葉縣。定陵，今河南舞陽縣北十五里。郾，今河南郾城縣西南五里。[一九]馳傳：如淳曰：「律：四馬高足為置傳，四馬中足為馳傳，四馬下足為乘傳，一馬二馬軺傳。」顏師古曰：「傳者若今之驛。古者以車謂之傳車，其後又單置馬謂之驛騎。」[二〇]壘尉：鄭玄曰：「軍壁曰壘」。李賢曰：「壘尉主壁壘之事」。[二一]旌旗、輜重：李賢曰：「周禮曰：『折羽為旌，熊虎為旗。』輜，車名。釋名曰：『輜，廁也。』謂軍糧什物，雜廁載之，以其累重，故稱輜重。」[二二]妻孥：妻子。[二三]候騎：偵騎。㉔五威將軍李軼：李賢曰：「王莽置五威將軍，其衣服依五方之色，以威天下。李軼初起，猶假以為號。余謂如太常偏將軍、廷尉大將軍、秩宗大將軍、是即前所云九卿將軍也。」㉕假號：僭位者，指更始。㉖圍翟義：事見卷三十六王莽居攝二年。㉗蹀血：蹀，蹈也。蹀血而進謂踐履血而進。㉘鉦鼓：鉦，鐃也。鉦鼓之聲，為進退士眾之節。㉙衝輣：皆戰車名。《說文解字．車部》：輣，樓車也。按車上有樓，以臨敵攻城。㉚漏刻：猶言頃刻也。㉛闕：顏師古曰：「此兵法之言也。闕顏，不合也。孫子曰：『圍師必闕』，曹操注云、司馬法云：『圍其三面，闕其一面，所以示生路也。』」㉜貳：副也。王莽使嚴說為甄阜之副。㉝執心堅守：「堅守」通行本作「固守」，今從宋本。㉞歸德：地名，故治在今甘肅省慶陽縣東北。㉟級：李賢曰：「秦法：斬首一賜爵一級，因謂斬首為級。」㊱中堅：李賢曰：「凡軍事，中軍將軍至尊，以堅銳自輔，故曰中堅也。」㊲行陳：顏師古曰：「巡行軍陳也。」㊳湽川：《水經》曰：「湽水出南陽魯陽縣西堯山，東南經昆陽城北，東入汝。」魯陽縣今河南魯山縣。㊴筭：算。㊵鴆殺：鴆，毒鳥也。以毒酒飲殺人曰鴆。㊶金縢之策：事見卷三十六平帝元始六年。㊷父城：今河南寶豐縣東四十里。㊸巾車鄉：李賢曰：在「父城界」。㊹申徒建：申徒、複姓，即申屠。㊺抉：與決同音，令早決斷。㊻范增之意：范增事見卷九高帝元年。㊼謝：李賢曰：「以伯升見害，心不自安，故謝。」㊽伐：矜誇。㊾以全宗族：以全王涉之宗族。㊿剄：斬截也。(五一)骨肉舊臣：顏師古曰：「王涉，骨肉；劉歆，舊臣。」胡三省曰：「按莽傳，涉，曲陽侯根子也。」(五二)左右亡所信：亡與無古通用，言左右無能相信之人。（五三）鰒魚：鮑魚。（五四）成紀：今甘肅秦安縣北八十里。（五五）上邽：今甘肅天水縣東南四十里。（五六）冀：今甘肅甘谷縣南。（五七）平襄：今甘肅通渭縣西南。（五八）白虎將軍：崔本自署右將軍。白虎居右，又起兵於西方，白虎主之，因改右將軍號白虎將軍。（五九）平陵：昭帝陵，因以為縣。在今陝西咸陽縣西北十五里。（六〇）雍州：王莽改漢涼州曰雍州。（六一）王向：向，平阿侯王譚之子。（六二）茂陵：今陝西省興平縣東北。（六三）清水：今甘肅省天水縣。（六四）導江：王莽改蜀郡曰導江。（六五）臨邛：今四川邛崍。（六六）商：今陝西商縣東八十五里。（六七）係獲：繫獲也。（六八）西擊成等：胡三省曰：「臨邛在成都西南。述兵自臨邛迎擊宗成等，非西向也。此承范史之誤。」（六九）析：今河南內鄉縣西北一百二十里內鄉保。（七〇）南鄉：顏師古曰：「南鄉，析縣之鄉名也。」（七一）右隊：王莽改弘農郡曰右隊。（七二）湖：今河南閿鄉縣東。（七三）哭以厭之：顏師古曰：「周禮春官之屬女巫之職曰：凡邦之大災，歌哭以請。哭者，所以告哀也。」（七四）華陰：今陝西華陰縣東南。（七五）回谿：俗所謂回阬，在今河南洛寧縣東北。（七六）二虎：指史熊、王況。（七七）四虎：史逸其名。（七八）三虎：指郭欽、陳翬、成重。（七九）京師倉：顏師古曰：「京師倉在華陰灌北渭口也。」（八〇）武關：在陝西省商縣東。（八一）新豐：今陝西省臨潼縣東北。（八二）頻陽：今陝西省富平縣東北五十里。（八三）波水將軍：波水，在長安南。（八四）所過迎降：顏師古曰：「所過之處，人皆來迎而降附也。」（八五）豨：豕也。（八六）宣平城門：顏師古曰：「長安城東出北頭第一門。」（八七）作室門：程大昌曰：「作室者，未央宮西北織室、暴室之類，黃圖謂為尚方工作之所者也。」胡三省曰：「作室門則工徒出入之門，蓋未央宮之便門也。」（八八）斧敬法闥：用斧斫敬法殿小門。(八九)紺：帛深青而露赤色。(九〇)袀：純一色。(九一)式：顏師古曰：「式，所以占時日。」(九二)漸臺：胡三省曰：「此未央宮之漸臺也。水經：未央漸臺在滄池中，建章漸臺在太液池中。程大昌曰：漸者漬也，言臺在水中受其漸漬也。凡臺之環浸于水者皆可名為漸臺。」(九三)罷：疲勞。(九四)間關：顏師古曰：「間關猶言崎嶇展轉也。」(九五)餔時：《淮南子・天文訓》：「日至於悲谷，是謂餔時。」即晚餐之時。(九六)臠：塊切肉也。(九七)舍：宿也。(九八)縣：即古懸字。(九九)色取仁而行違：顏師古曰：「論語載孔子答子張之言也，不仁之人假仁者之色，而行則違之。」(一〇〇)四父：王鳳、王音、王商、王根，皆莽之諸父。(一〇一)國統三絕：成、哀、平三帝皆絕。(一〇二)姦慝：邪惡也。(一〇三)黃虞：黃帝、虞舜。(一〇四)嚚然：顏師古曰：「嚚然，眾口愁貌也。」(一〇五)虛：墟也。(一〇六)誦六藝以文姦言：顏師古曰：「以六經之事文飾姦言。」(一〇七)聖王之驅除：蘇林曰：「聖王，光武也，為光武驅除也。」顏師古曰：「言驅逐蠲除以待聖人也。」(一〇八)司隸校尉：司隸校尉察三輔、三河、弘農，故使整修宮府。(一〇九)文移：《東觀記》曰：文書移與屬縣也。(一一〇)一如舊章：《續漢書》：司隸置從事史十二人，秩皆百石，主督促文書，察舉非法。(一一一)幘：《漢官儀》曰：「幘者，古之卑賤不冠者之所服也。」(一一二)請之：請還印綬。(一一三)隳：毀也。(一一四)安樂：今河北順義縣西南。(一一五)遣使降赤眉：胡三省曰：「遣使者招諭之，使降而釋兵也。」(一一六)營：時赤眉營在濮陽。(一一七)睢陽：今河南商邱縣南。(一一八)諸家子：謂南陽諸宗子。(一一九)文叔：光武諱秀字文叔。(一二〇)苛政：李賢曰：「說文：『苛，小草也』，言政令繁細。」(一二一)竹帛：漢初無紙，以竹簡及絹書，故云竹帛。(一二二)間語：私語。(一二三)屈起：崛起。(一二四)主簿馮異：馮異自父城歸光武，為司隸主簿；及度河，為大司馬主簿。㉟寬譬：寬解曉諭，以滅其哀戚之情。㊱人久饑渴，易為充飽：《孟子》曰：「饑者易為食，渴者易為飲。」李賢曰：「猶言凋殘之後，易流德澤。」㊲宋子：故城今河北趙縣北二十五里。㊳邯鄲：今河北邯鄲縣西南十里。㊴繆王：李賢曰：「繆王，景帝七代孫，名元。」《前漢書》曰：「坐殺人，為大鴻臚所奏，謚曰繆。」㊵列人：今河北肥鄉縣東北。㊶灌赤眉：《續漢書》：「林言於秀曰：『赤眉可破。』秀問其故？對曰：『赤眉今在河東，河水從列人北流，如決河水灌之，可令為魚。』」㊷真定：今河北正定縣南。㊸王宮：李賢曰：「故趙王之宮也。」

二年（西元二四年）

㈠春正月，大司馬秀以王郎新盛，乃北循薊㊀。

㈡申屠建、李松自長安迎更始遷都。二月，更始發洛陽。初，三輔豪傑假號㊁誅莽者，人人皆望封侯。申屠建既斬王憲，又揚言三輔兒大黠㊂，共殺其主。吏民惶恐，屬縣屯聚；建等不能下。更始至長安，乃下詔大赦，非王莽子，他皆除其罪，於是三輔悉平。時長安唯未央宮被焚，其餘宮室、供帳、倉庫、官府皆案堵㊃如故，市里不改於舊。更始居長樂宮，升前殿，郎吏以次列庭中；更始羞怍(五)，俛首刮席(六)不敢視。諸將後至者，更始問虜掠得幾何？左右侍官(七)皆宮省久吏，驚愕相視。

李松與棘陽趙萌說更始宜悉王諸功臣。朱鮪爭之，以為高祖約，非劉氏不王。更始乃先封諸宗室：祉為定陶(八)王，慶為燕王，歙為元氏(九)王，嘉為漢中王，賜為宛(一〇)王，信為汝陰(一一)王。然後立王匡為泚陽(一二)王，王鳳為宜城(一三)王，朱鮪為膠東(一四)王，王常為鄧(一五)王，申屠建為平氏(一六)王，陳牧為陰平(一七)王，衞尉大將軍張卬為淮陽(一八)王，執金吾大將軍廖湛為穰(一九)王，尚書胡殷為隨(二〇)王，柱天大將軍李通為西平(二一)王，五威中郎將李軼為舞陰(二二)王，水衡大將軍成丹為襄邑(二三)王，驃騎大將軍宗佻為潁陰(二四)王，尹尊為郾(二五)王。唯朱鮪辭不受；乃以鮪為左大司馬，宛王賜為前大司馬，使與李軼等鎮撫關東。又使李通鎮荊州，王常行南陽太守事。以李松為丞相，趙萌為右大司馬，共秉內任(二六)。

更始納趙萌女為夫人，故委政於萌，日夜飲讌後庭。羣臣欲言事，輒醉不能見。時不得已，乃令侍中坐帷中與語。韓夫人尤嗜酒，每侍飲，見常侍㉗奏事，輒怒曰：「帝方對我飲，正用此時持事來邪！」起，抵㉘破書案。趙萌專權，生殺自恣。郎吏有說萌放縱者，更始怒，拔劍斬之，自是無敢復言。以至羣小、膳夫皆濫授官爵，長安為之語曰：「竈下養㉙，中郎將。爛羊胃，騎都尉。爛羊頭，關內侯。」軍師將軍李淑上書諫曰：「陛下定業，雖因下江、平林之勢，斯蓋臨時濟用，不可施之既安。唯名與器，聖人所重㉚；今加非其人，望其裨益萬分，猶緣木求魚，升山采珠。海內望此，有以窺度漢祚。」更始怒，囚之。諸將在外者皆專行誅賞，各置牧守；州郡交錯，不知所從。由是關中離心，四海怨叛。

㈢更始徵隗囂及其叔父崔、義等。囂將行，方望以為更始成敗未可知，固止之，囂不聽，望以書辭謝而去。囂等至長安，更始以囂為右將軍，崔、義皆即舊號㉛。

㈣耿況遣其子弇奉詣長安，弇時年二十一。行至宋子，會王郎起，弇從吏孫倉、衛包曰：「劉子輿，成帝正統；捨此不歸，遠行安之！」弇按劍曰：「子輿弊賊，卒為降虜耳！我至長安，與國家陳漁陽上谷兵馬，歸發突騎㉒，以轔㉓烏合之象，如摧枯折腐耳。觀公等不識去就，族滅不久也！」倉、包遂亡，降王郎。弇聞大司馬秀在盧奴㉔，乃馳北上謁；秀留署長史，與俱北至薊。王郎移檄購秀十萬戶，秀令功曹令史潁川王霸至市中募人擊王郎，市人皆大笑，舉手邪揄㉕之，霸慚憮㉖而反㉗。秀將南歸，耿弇曰：「今兵從南方來，不可南行。漁陽太守彭寵，公之邑人；上谷太守，即弇父也。發此兩郡控弦萬騎，邯鄲不足慮也。」秀官屬腹心皆不肯，曰：「死尚南首，奈何北行入囊中㉘。」秀指弇曰：「是我北道主人也。」

會故廣陽王子接起兵薊中以應郎，城內擾亂，言邯鄲使者方到，二千石以下皆出迎。於是秀趣駕而出，至南城門，門已閉；攻之，得出，遂晨夜南馳，不敢入城邑，舍㉙食道傍。至蕪蔞亭㉚，時天寒烈，馮異上豆粥。至饒陽㉛，官屬皆乏食。秀乃自稱邯鄲使者，入傳舍㉜，傳吏方進食，從者飢，爭奪之。傳吏疑其偽，乃椎鼓數十通。紿[四三]言邯鄲將軍至；官屬皆失色。秀升車欲馳，既而懼不免，徐還坐，曰：「請邯鄲將軍入。」久乃駕去。晨夜兼行，蒙犯霜雪，面皆破裂。

至下曲陽[四四]，傳聞王郎兵在後，從者皆恐。至嘑沱河[四五]，候吏還白河水流澌，無船，不可濟。秀使王霸往視之。霸恐驚眾，欲且前，阻水[四六]還，即詭曰：「冰堅可度。」官屬皆喜。秀笑曰：「候吏果妄語也！」遂前。比至河，河冰亦合，乃令王霸護度[四七]，未畢數騎而冰解。至南宮[四八]，遇大風雨，秀引車入道傍空舍，馮異抱薪，鄧禹爇[四九]火，秀對竈燎[五〇]衣，馮異復進麥飯。

進至下博[五一]城西，惶惑不知所之。有白衣老父在道旁，指曰：「努力！信都郡[五二]為長安城守，去此八十里。」秀即馳赴之。是時，郡國皆已降王郎，獨信都太守南陽任光、和戎[五三]太守信都邳彤不肯從。光自以孤城獨守，恐不能全，聞秀至，大喜；吏民皆稱萬歲。邳彤亦自和戎來會，議者多言可因信都兵自送，西還長安。邳彤曰：「吏民歌吟思漢久矣，故更始舉尊號而天下響應，三輔清宮除道以迎之。今卜者王郎假名因勢，驅集烏合之眾，遂振(五四)燕、趙之地，無有根本之固。明公奮二郡之兵以討之，何患不克？今釋此而歸，豈徒空失河北，必更驚動三輔，墮損威重，非計之得者也。若明公無復征伐之意，則雖信都之兵，猶難會也。何者？明公既西，則邯鄲勢成(五五)，民不肯捐父母、背成主而千里送公，【考異】范書邳彤傳：「邯鄲成，民不肯背。」「成主」字皆作「城」。袁紀作「邯鄲和城，民不肯捐和城而千里送公」，漢春秋作「邯鄲之民不能捐父母背成主。」按文意，「城」皆當作「成」。邯鄲成，謂邯鄲勢成也。成主，謂王郎為已成之主也。其離散亡逃可必也。」秀乃止。

秀以二郡兵弱，欲入城頭子路(五六)、力子都軍中；【考異】范書作力子都，同編修劉攽曰：「力當作刁」。任光以為不可。乃發傍縣得精兵四千人，拜任光為左大將軍，信都都尉李忠為右大將軍，邳彤為後大將軍；和戎太守如故，信都令萬脩為偏將軍，皆封列侯。留南陽宗廣領信都太守事，使任光、李忠、萬脩將兵以從。邳彤將兵居前，任光乃多作檄文曰：「大司馬劉公將城頭子路、力子都兵百萬眾從東方來，擊諸反虜。」遣騎馳至鉅鹿界中。吏民得檄，傳相告語。秀投暮(五七)入堂陽界(五八)，多張騎火，彌滿澤中，堂陽即降。又擊貰縣(五九)，降之。

城頭子路者，東平爰曾也，寇掠河、濟間，有眾二十餘萬，力子都有眾六七萬，故秀欲依之。昌城(六〇)人劉植聚兵數千人據昌城，迎秀。秀以植為驍騎將軍。耿純率宗族賓客二千餘人，老病者皆載木(六一)自隨，迎秀於育(六二)；拜純為前將軍。進攻下曲陽，降之；眾稍合，至數萬人，復北擊中山(六三)。耿純恐宗家懷異心，乃使從弟訢宿歸，燒廬舍以絕其反顧之望。秀進拔盧奴，所過發犇命兵，移檄邊郡共擊邯鄲；郡縣還復響應。時真定王楊起兵附王郎，眾十餘萬，秀遣劉植說楊，楊乃降。秀因留真定，納楊甥郭氏為夫人以結之。進擊元氏(六四)防子(六五)，皆下之。至鄗(六六)擊斬王郎將李惲；至柏人(六七)，復破郎將李育。育還保城；攻之，不下。

(五)南鄭人延岑起兵據漢中；漢中王嘉擊降之，有眾數十萬。校尉南陽賈復見更始政亂，乃說嘉曰：「今天下未定，而大王安守所保(六八)，所保得無不可保乎？」嘉曰：「卿言大，非吾任也。大司馬在河北，必能相用。」乃為書薦復及長史南陽陳俊於劉秀。復等見秀於柏人，秀以復為破虜將軍，俊為安集掾。

秀舍中兒犯法，軍市(六九)令潁川祭遵格殺之，秀怒，命收遵。主簿陳副諫曰：「明公常欲眾軍整齊，今遵奉法不避，是教令所行也。」乃貰(七〇)之，以為刺姦將軍(七一)，謂諸將曰：「當備祭遵！吾舍中兒犯法尚殺之，必不私諸卿也。」

㈥初，王莽既殺鮑宣(七二)，上黨都尉路平欲殺其子永；太守苟諫保護之，永由是得全。更始徵永為尚書僕射，行大將軍事，將兵安集河東、并州，得自置偏裨。永至河東，擊青犢，大破之。以馮衍為立漢將軍，屯太原，與上黨太守田邑等繕甲養士以扞衛并土。

㈦或說大司馬秀以守柏人不如定鉅鹿，秀乃引兵東北拔廣阿(七三)。秀披輿地圖(七四)，指示鄧禹曰：「天下郡國如是，今始乃得其一；子前言以吾慮天下不足定，何也？」禹曰：「方今海內殽亂，人思明君，猶赤子之慕慈母。古之興者，在德薄厚，不以大小也。」

㈧薊中之亂，耿弇與劉秀相失，北走昌平(七五)，就其父況，因說況擊邯鄲。時王郎遣將徇漁陽、上谷，急發其兵，北州疑惑，多欲從之。上谷功曹寇恂、門下掾閔業說況曰：「邯鄲拔起，難可信向。大司馬，劉伯升母弟，尊賢下士，可以歸之。」況曰：「邯鄲方盛，力不能獨拒，如何？」對曰：「今上谷完實，控弦萬騎，可以詳擇去就。恂請東約漁陽，齊心合眾，邯鄲不足圖也！」況然之，遣恂東約彭寵，欲各發突騎二千匹、步兵千人詣大司馬秀。

安樂（七六）令吳漢、護軍蓋延、狐奴（七七）令王梁亦勸寵從秀，寵以為然；而官屬皆欲附王郎，寵不能奪。漢出止外亭，遇一儒生，召而食之，問以所聞。生言：「大司馬劉公，所過為郡縣所稱；邯鄲舉尊號者，實非劉氏。」漢大喜，即詐為秀書，移檄漁陽，使生齎（七八）以詣寵，令具以所聞說之。會寇恂至，寵乃發步騎三千人，以吳漢行史，與蓋延、王梁將之，南攻薊。殺王郎大將趙閎。

寇恂還，遂與上谷長史景丹及耿弇將兵俱南，與漁陽軍合，所過擊斬王郎大將、九卿、校尉以下，凡斬首三萬級，定涿郡、中山、鉅鹿、清河、河間凡二十二縣。前及廣阿，聞城中車騎甚眾，丹等勒兵問曰：「此何兵？」曰：「大司馬劉公也。」諸將喜，即進至城下，城下初傳言二郡兵為邯鄲來，眾皆恐。劉秀自登西城樓勒兵問之；耿弇拜於城下，即召入，具言發兵狀。秀乃悉召景丹等入，笑曰：「邯鄲將帥數言我發漁陽，上谷兵，吾聊應言我亦發之（七九），何意二郡良為吾來！【考異】袁紀作「良牧為吾來」，今從景丹傳。方與士大夫共此功名耳。」乃以景丹、寇恂、耿弇、蓋延、吳漢、王梁皆為偏將軍，使還領其兵，加耿況、彭寵大將軍；封況、寵、丹、延皆為列侯。

吳漢為人，質厚少文，造次（八〇）不能以辭自達，然沉厚有智略，鄧禹數薦之於秀，秀漸親重之。

更始遣尚書令謝躬率六將軍討王郎，不能下；秀至，與之合軍，東圍鉅鹿，月餘未下。王郎遣將攻信都，大姓馬寵等開城納之。更始遣兵攻破信都，秀使李忠還，行大守事。王郎遣將倪宏、劉奉率數萬人救鉅鹿，秀逆戰於南䜌（八一），不利。景丹等縱突騎擊之，宏等大敗。秀曰：「吾聞突騎天下精兵，今見其戰，樂可言邪！」耿純言於秀曰：「久守鉅鹿，士眾疲弊；不如及大兵精銳，進攻邯鄲，若王郎已誅，鉅鹿不戰自服矣。」秀從之。夏四月，留將軍鄧滿守鉅鹿；進軍邯鄲，連戰，破之，郎乃使其諫大夫杜威請降。威雅稱郎實成帝遺體，秀曰：「設使成帝復生，天下不可得，況詐子輿者乎！」威請求萬戶侯，秀曰：「顧得全身可矣！」威怒而去。秀急攻之，二十餘日；五月甲辰（一日），郎少傅李立開門內漢兵，遂拔邯鄲。郎夜亡走，王霸追斬之。秀收郎文書，得吏民與郎交關(八二)謗毀者數千章；秀不省，會諸將軍燒之曰：「令反側(八三)子自安！」

秀部分吏卒各隸諸軍，士皆言願屬大樹將軍。大樹將軍者，偏將軍馮異也，為人謙退不伐，敕吏士非交戰受敵，常行諸營之後。每所止舍，諸將並坐論功，異常獨屏(八四)樹下，故軍中號曰大樹將軍。護軍宛人朱祐【考異】范書、袁紀「朱祜」皆作「祐」。按東觀紀「祜」皆作「福」，避安帝諱。許慎說文祜字無解，云上諱。然則祜名當作「示」旁「古」，古今之古，不當作左右之右也。言於秀曰：「長安政亂，公有日角之相，此天命也！」秀曰：「召刺姦收護軍！」祐乃不敢復言。

更始遣使立秀為蕭王(八五)，悉令罷兵，與諸將有功者詣行在所(八六)；遣苗曾為幽州牧，韋順為上谷太守，蔡充為漁陽太守，並北之部。

蕭王居邯鄲宮，晝臥溫明殿，耿弇入，造床下請間，因說曰：「吏士死傷者多，請歸上谷益兵。」蕭王曰：「王郎已破，河北略平，復用兵何為？」弇曰：「王郎雖破，天下兵革乃始耳。今使者從西方來，欲罷兵，不可聽也。銅馬、赤眉之屬數十輩，輩數十百萬人，所向無前，聖公不能辦也㊆，敗必不久。」蕭王起坐曰：「卿失言，我斬卿！」弇曰：「大王哀厚弇如父子，故敢披赤心。」蕭王曰：「我戲卿耳！何以言之？」弇曰：「百姓患苦王莽，復思劉氏，聞漢兵起，莫不歡喜，如去虎口得歸慈母。今更始為天子，而諸將擅命於山東，貴戚縱橫於都內，虜掠自恣，元元叩心㊇，更思莽朝，是以知其必敗也。公功名已著，以義征伐，天下可傳檄而定也。天下至重，公可自取，毋令他姓得之！」蕭王乃辭以河北未平，不就徵，始貳㊈於更始。

是時，諸賊㊉銅馬、大彤、高湖、重連、鐵脛、大槍、尤來、上江、青犢、五校、五幡、五樓、富平、獲索等各領部曲，眾合數百萬人，所在寇掠。蕭王欲擊之，乃拜吳漢、耿弇俱為大將軍，持節北發幽州十郡(九一)突騎。苗曾聞之，陰敕諸郡不得應調(九二)。吳漢將二十騎先馳至無終(九三)，曾出迎於路，漢即收曾，斬之。耿弇到上谷，亦收韋順、蔡充，斬之。北州震駭，於是悉發其兵。

秋，蕭王擊銅馬於鄡(九四)，吳漢將突騎來會清陽(九五)，士馬甚盛，漢悉上兵簿(九六)於莫府，請所付與，不敢自私，王益重之。王以偏將軍沛國朱浮為大將軍、幽州牧，使治薊城。銅馬食盡，夜遁，蕭王追擊於館陶(九七)，大破之，受降未盡，而高湖、重連從東南來，與銅馬餘眾合；蕭王復與大戰於蒲陽(九八)，悉破降之，封其渠帥為列侯。諸將未能信賊，降者亦不自安；王知其意，敕令降者各歸營勒兵，自乘輕騎按行部陳。降者更相語曰：「蕭王推赤心置人腹中，安得不投死(九九)乎？」由是皆服，悉以降人分配諸將，眾遂數十萬。赤眉別帥與青犢、上江、大彤、鐵脛、五幡十餘萬眾在射犬(一〇〇)，蕭王引兵進擊，大破之；南徇河內，河內太守韓歆降。

(九)初，謝躬與蕭王共滅王郎，數與蕭王違戾，常欲襲蕭王，畏其兵彊而止；雖俱在邯鄲，遂分城而處，然蕭王每有以慰安之。

躬勤於吏職，蕭王常稱讚之曰：「謝尚書，真吏也！」故不自疑。其妻知之，常戒之曰：「君與劉公積不相能，而信其虛談，終受制矣！」躬不納。既而躬率其兵數萬還屯於鄴㉑。及蕭王南擊青犢，使躬邀擊尤來於隆慮山㉒，躬兵大敗。蕭王因躬在外，使吳漢與刺姦大將軍岑彭襲據鄴城。躬不知，輕騎還鄴，漢等收斬之，其眾悉降。

(十)更始遣柱功侯李寶、益州刺史李忠將兵萬餘人徇蜀、漢；公孫述遣其弟恢擊寶、忠於綿竹㉓，大破走之。述遂自立為蜀王，都成都㉔。民、夷皆附之。

(十一)冬，更始遣中郎將歸德侯颯、大司馬護軍陳遵使匈奴，授單于漢舊制璽綬㉕，因送云、當餘親屬、貴人、從者還匈奴㉖。單于輿驕，謂遵、颯曰：「匈奴本與漢為兄弟；匈奴中亂，孝宣皇帝輔立呼韓邪單于，故稱臣以尊漢。今漢亦大亂，為王莽所篡，匈奴亦出兵擊莽，空其邊境，令天下騷動思漢；莽卒以敗而漢復興，亦我力也，當復尊我！」遵與相牚㉗拒，單于終持此言。

（十二）赤眉樊崇等將兵入潁川，分其眾為二部，崇與逄安為一部，徐宣、謝祿、楊音為一部。赤眉雖數戰勝，而疲弊厭兵，皆日夜愁泣，思欲東歸；崇等計議，慮眾東向必散，不如西攻長安。於是崇、安自武關（二八）、宣等從陸渾關（二九）兩道俱入。更始使王匡、成丹與抗威將軍劉均等分據河東、弘農以拒之。

（十三）蕭王將北徇燕、趙，度赤眉必破長安，又欲乘釁幷關中而未知所寄，乃拜鄧禹為前將軍，中分麾下精兵二萬人，遣西入關，令自選偏裨以下可與俱者。時朱鮪、李軼、田立、陳僑將兵號三十萬，與河南太守武勃共守洛陽；鮑永、田邑在幷州。蕭王以河內險要（三〇）富實，欲擇諸將守河內者而難其人，問於鄧禹。禹曰：「寇恂文武備足，有牧民御眾之才，非此子莫可使也。」乃拜恂河內太守，行大將軍事。【考異】袁紀：「鄧禹初見王於鄴，即言欲據河內」；至是又云：「更始武陰王李軼據洛陽，尚書謝躬據鄴，各十餘萬眾；王患焉，將取河內以迫之，謂鄧禹曰：卿言吾之有河內，猶高祖之有關中。關中非蕭何，誰能使一方晏然，高祖無西顧之憂。吳漢之能，卿舉之矣；復為吾舉蕭何。禹曰：寇恂才兼文武，有御眾才，非恂莫可安河內也。」按世祖既貳更始，先得河內、魏郡，因欲守之，以比關中，非本心造謀即欲指取河內也。今依范書為定。蕭王謂恂曰：「昔高祖留蕭何關中，吾今委公以河內；當給足軍糧，卒厲士馬，防遏他兵，勿令北渡而已。」拜馮異為孟津㉑將軍，統魏郡、河內兵於河上，以拒洛陽。蕭王親送鄧禹至野王，禹既西，蕭王乃復引兵而北。寇恂調糇糧㉒，治器械以供軍；軍雖遠征，未嘗乏絕。

(十四)隗崔、隗義謀叛歸天水；隗囂恐并及禍，乃告之。更始誅崔、義，以囂為御史大夫。

(十五)梁王永據國起兵，招諸郡豪傑；沛人周建等並署為將帥，攻下濟陰、山陽、沛、楚、淮陽、汝南，凡得二十八城。又遣使拜西防㉓賊帥山陽佼彊為橫行將軍，東海賊帥董憲為翼漢大將軍，琅邪賊帥張步為輔漢大將軍，督青、徐二州，與之連兵，遂專據東方。

(十六)邵㉔人秦豐起兵於黎丘㉕，攻得邵、宜城㉖等十餘縣，有眾萬人，自號楚黎王㉗。

(十七)汝南田戎攻陷夷陵㉘，自稱埽地大將軍；轉寇郡縣，眾數萬人。

【今註】㊀薊：今河北省大興縣西南。㊁假號：假漢將軍之號。㊂黠：桀黠。㊃案堵：不遷動也。謂堆積如故。㊄怍：顏色變也。㊅俛首刮席：俛，俯也；刮，爬也。㊆侍官：給事天子左右者，謂之侍官。㊇定陶：今山東定陶縣西北四里。㊈元氏：今河北元氏縣西北。㊉宛：今河南南陽縣。〔一一〕汝陰：今安徽阜陽縣。〔一二〕泚陽：《後漢書》作北陽，今河北唐縣東。〔一三〕宜城：今湖北自忠縣。〔一四〕膠東：今山東平度縣。〔一五〕鄧：今湖北襄陽縣北。〔一六〕平氏：今河南桐柏縣。〔一七〕陰平：今甘肅文縣西北。〔一八〕淮陽：今河南淮陽縣。〔一九〕穰：今河南鄧縣外城東南隅。〔二〇〕隨：今湖北隨縣。〔二一〕西平：今河南西平縣西四十五里。〔二二〕舞陰：今河南泌陽縣西北。〔二三〕襄邑：今河南睢縣西一里。〔二四〕潁陰：今河南許昌縣。〔二五〕郾：今河南郾城縣西南五里。〔二六〕內任：朝廷之內也。〔二七〕常侍：中常侍受外朝臣奏事，而奏之天子。〔二八〕抵：觸也。《漢書・文帝紀》：「無知抵死」。李賢曰：「抵，擊也。」〔二九〕養：《公羊傳》曰：「炊烹為養。」〔三〇〕唯名與器，聖人所重：《左傳》孔子曰：「唯名與器，不可以假人。」〔三一〕即舊號：就其原有舊號以授之。〔三二〕突騎：李賢曰：「突騎言能衝突軍陳。」〔三三〕轔：輾也。〔三四〕盧奴：今河北定縣。〔三五〕邪揄：即揶揄，舉手嘲侮之意。〔三六〕懅：慙也。〔三七〕反：通返。〔三八〕入囊中：李賢曰：「漁陽、上谷、北接塞垣，至彼路窮，如入囊中也。」〔三九〕舍：宿也。〔四〇〕蕪蔞亭：在今河北饒陽縣東。〔四一〕饒陽：今河北饒陽縣。〔四二〕傳舍：李賢曰：「傳舍，客館也。」〔四三〕紿：詐也。〔四四〕下曲陽：今河北晉縣西。〔四五〕嘑沱河：李賢按：「滹沱河，舊在饒陽南，至魏太祖曹操，因饒河故瀆決，令北注新溝水。」所以今在饒陽縣北。〔四六〕阻水：被水所阻。〔四七〕護度：李賢曰：「監護度也。」〔四八〕南宮：今河北南宮縣西北。〔四九〕爇：燒也，焚也。〔五〇〕燎：炙也。〔五一〕下博：故城在今河北深縣東。李賢曰：「在博水下，故曰下博。」〔五二〕信都郡：李賢曰：「信都郡今冀州。」〔五三〕和戎：《東觀漢記》曰：「王莽分信都為和戎，居下曲陽。邳彤傳作和成，成字為是。」〔五四〕振：舉也。〔五五〕邯鄲勢成：胡三省曰：「謂光武西歸，則王郎之位號定，故曰成主。」(五六)城頭子路：爰曾起兵盧城頭，曾字子路，故號城頭子路。(五七)投暮：謂天已向晚。(五八)堂陽：今河北新河縣西。(五九)貰縣：故城今河北束鹿縣西南。(六〇)昌城：故城在今山東淄川縣東北。(六一)木：棺也。(六二)育：李賢曰：「育，縣名，故城在冀州。」胡三省考《兩漢志》無育縣，蓋貰字之誤。(六三)中山：李賢曰：「中山國，一名中人亭，今河北唐縣東北。」(六四)元氏：今河北元氏縣西北。(六五)防子：防與房通，地名，今河北高邑縣西南。(六六)鄗：今河北柏鄉縣北。(六七)柏人：今河北唐山縣西。(六八)所保：指漢中。(六九)軍市：胡三省曰：「從軍者非一處人，故於軍中立市，使相貿易，置令以治之。」(七〇)貰：赦其罪過。(七一)刺姦將軍：王莽置左右刺姦，使督姦猾，光武因以為將軍號。(七二)殺鮑宣：事見卷三十六平帝元始三年。(七三)廣阿：故城在今河北隆平縣東。(七四)輿地圖：《史記索隱》曰：「謂地為輿者，天地有覆載之德，故謂天為蓋，謂地為輿。」(七五)昌平：今河北昌平縣。(七六)安樂：今河北順義縣西南。(七七)孤奴：今河北順義縣東北。(七八)齎：持也。(七九)吾聊應言我亦發之：李賢曰：「王郎將帥數云欲發二郡兵以拒光武，光武聊亦應云然，猶今兩軍相戲弄也。」孔穎達曰：「聊，且略之解。」(八〇)造次：謂倉促之際。(八一)南䜌：今河北鉅鹿縣北。(八二)交關：相互也。(八三)反側：不安之人。(八四)屏：自蔽。(八五)蕭：今江蘇蕭縣。(八六)行在所：蔡邕《獨斷》曰：「天子以四海為家，故謂所居為行在所。」(八七)辦：李賢曰：「辦猶成也。」(八八)叩心：叩，舉發也，問也。叩心，問心。(八九)貳：李賢曰：「貳，離異也。」(九〇)諸賊：李賢曰：「諸賊或以山川土地為名，或以軍容強盛為號。銅馬賊帥東山荒禿、上淮況等，大彤渠帥樊重，尤來渠帥樊崇，五校賊帥高扈，檀鄉賊帥董次仲，五樓賊帥張文，富平賊帥徐少，獲索賊帥古師郎等，並見東觀記。」富平，今山東陽信縣東南三十里。(九一)幽州十郡：涿郡、廣陽、代郡、上谷、漁陽、右北平、遼西、遼東、玄菟、樂浪等。(九二)調：調發。(九三)無終：今河北薊縣。(九四)鄡：今河北束鹿縣東。(九五)清陽：今河北清河縣東。(九六)兵簿：軍士之名冊。(九七)館陶：今山東館陶縣西南。(九八)蒲陽：今河北完縣東南。(九九)投死：胡三省曰：「投，託也；託以死也。」(〇〇)射犬：今河南沁陽縣。(〇一)鄴：今河南臨漳縣西。(〇二)隆慮山：山在隆慮縣北。隆慮，今河南林縣。(〇三)綿竹：今四川省綿竹縣。(〇四)成都：述先居臨邛，今徙成都。(〇五)授單于漢舊制璽綬：王莽篡漢、易單于璽綬事，見卷三十七始建國二年，今復授之。(〇六)因送云、當餘親屬、貴人、從者還匈奴：天鳳五年，莽脅云、當至長安。莽敗，云、當亦死，所餘親屬、貴人、從者，今送還匈奴。(〇七)掌：支柱。(〇八)武關：在陝西商縣東。(〇九)陸渾關：陸渾縣有關。陸渾，今河南嵩縣東北。(一〇)河內險要：河內北有太行之險，南據河津之要。(一一)孟津：孟津，渡口；孟，地名，今河南孟縣南。(一二)糇糧：乾糧。(一三)西防：李賢曰：「西防，縣名。」胡三省考《兩漢志》無西防縣。(一四)邔：今湖北自忠縣東北。(一五)黎丘：今湖北自忠縣東北。(一六)宜城：今湖北自忠縣南。(一七)楚黎王：黎丘，楚地，故稱楚黎王。胡三省曰：「王莽之末，秦豐已起兵矣。通鑑書於上卷地皇二年。」(一八)夷陵：今湖北宜昌縣東。

卷四十 漢紀三十二

司馬光編集
桑秀雲 註

起旃蒙作噩，盡柔兆閹茂，凡二年。（乙酉至丙戌，西元二五年至二六年。）

世祖光武皇帝上之上 諱秀，字文叔。

建武元年（西元二五年）

㈠春，正月，方望與安陵人弓林共立前定安公嬰為天子，聚眾數千人，居臨涇㊀。更始遣丞相松等擊破，皆斬之。

㈡鄧禹至箕關㊁，擊破河東都尉，進圍安邑㊂。

㈢赤眉二部俱會弘農，更始遣討難將軍蘇茂拒之，茂軍大敗。赤眉眾遂大集，乃分萬人為一營，凡三十營。三月，更始遣丞相松與赤眉戰於蓩鄉㊃，松等大敗，死者三萬餘人；赤眉遂轉北至湖㊄。

㈣蜀郡功曹李熊說公孫述宜稱天子。夏四月，述即帝位，號成家㊅，改元龍興。以李熊為大司徒，述弟光為大司馬，恢為大司空。越巂任貴據郡降述。

㈤蕭王北擊尤來、大槍、五幡於元氏㈦，追至北平，連破之。又戰於順水北，乘勝輕進，反為所敗。王自投高岸，遇突騎，王豐下馬授王，王僅而得免；散兵歸保范陽㈧。軍中不見王，或云已歿，諸將不知所為，吳漢曰：「卿曹㈨努力！王兄子㈩在南陽，何憂無主？」眾恐懼，數日乃定。賊雖戰勝，而憚王威名，夜遂引去。大軍復追，至安次⑪，連戰破之。賊退入漁陽，所過虜掠。彊弩將軍陳俊言於王曰：「賊無輜重，宜令輕騎出賊前，使百姓各自堅壁以絕其食，可不戰而殄⑫也。」王然之，遣俊將輕騎馳出賊前，視人保壁堅完者，敕令固守，放散在野者，因掠取之。賊至無所得，遂散敗。王謂俊曰：「困此虜者，將軍策也。」

㈥馮異遺李軼書，為陳禍福，勸令歸附蕭王。軼知長安已危，而以伯升之死⑬，心不自安，乃報書曰：「軼本與蕭王首謀造漢⑭，今軼守洛陽，將軍鎮孟津，俱據機軸⑮，千載一會，思成斷金⑯。唯深達蕭王，願進愚策以佐國安民。」軼自通書之後，不復與異爭鋒。故異得北攻天井關⑰，拔上黨兩城；又南下河南成皋⑱以東十三縣，降者十餘萬。武勃將萬餘人攻諸畔者，異與戰於士鄉(一九)下，大破，斬勃；軼閉門不救。異見其信効，具以白王。王報異曰：「季文(二〇)多詐，人不能得其要領。今移其書告守尉，當警備者。」眾皆怪王宣露軼書。朱鮪聞之，使人刺殺軼。由是城中乖離，多有降者。

朱鮪聞王北征而河內孤，乃遣其將蘇茂、賈彊將兵三萬餘人渡鞏河(二一)攻溫(二二)；鮪自將數萬人攻平陰(二三)以綴(二四)異。檄書至河內，寇恂即勒軍馳出，並移告屬縣，發兵會溫下。軍吏皆諫曰：「今洛陽兵渡河，前後不絕，宜待眾軍畢集，乃可出也。」恂曰：「溫，郡之藩蔽，失溫則郡不可守。」遂馳赴之。旦日合戰，而馮異遣救及諸縣兵適至，恂令士卒乘城，鼓譟大呼言曰：「劉公兵到！」蘇茂軍聞之，陳動。恂因奔擊，大破之。馮異亦渡河擊朱鮪，鮪走；異與恂追至洛陽，環城一匝(二五)而歸。自是洛陽震恐，城門晝閉。異、恂移檄上狀，諸將入賀，因上尊號。將軍南陽馬武先進曰：「大王雖執謙退，柰宗廟社稷何！宜先即尊位，乃議征伐。今此誰賊〔二六〕而馳騖〔二七〕擊之乎？」王驚曰：「何將軍出此言？可斬也！」乃引軍還薊。復遣吳漢率耿弇、景丹等十三將軍追尤來等，斬首萬三千餘級，遂窮追至浚靡〔二八〕而還。賊散入遼西、遼東，為烏桓、貊人所鈔擊略盡。

都護將軍〔二九〕賈復與五校戰於真定，復傷創甚。王大驚曰：「我所以不令賈復別將者，為其輕敵也，果然，失吾名將！聞其婦有孕，生女邪，我子娶之；生男邪，我女嫁之；不令其憂妻子也。」復病尋愈，追及王於薊，相見甚驩。

還至中山，諸將復上尊號；王又不聽。行到南平棘〔三〇〕，諸將復固請之；王不許。諸將且出，耿純進曰：「天下士大夫，捐親戚，棄土壤，從大王於矢石之間者，其計固望攀龍鱗，附鳳翼，以成其所志耳！今大王留時逆眾，不正號位，純恐士大夫望絕計窮，則有去歸之思，無為久自苦也。大眾一散，難可復合。」純言甚誠切，王深感曰：「吾將思之。」行至鄗〔三一〕，召馮異詣鄗，問四方動靜。異曰：「更始必敗，宗廟之憂在於大王，宜從眾議。」會儒生彊華自關中奉赤伏符來詣王曰：「劉秀發兵捕不道，四夷雲集龍鬭野，四七之際火為主㉜。」羣臣因復奏請。六月己未（二十日），王即皇帝位于鄗南，改元大赦。【考異】光武本紀，馮異破蘇茂，諸將上尊號，光武還至薊，皆在四月前。而馮異傳，異與李軼書云：「長安擾亂，赤眉臨郊，王侯構難，大臣乖離，綱紀已絕。」又勸光武稱尊號，亦曰：「三王反叛，更始敗亡。」按是年六月己未，光武即位，是月甲子，鄧禹破王匡等於安邑，王匡、張卬等還奔長安，乃謀以立秋貙膢時共劫更始。然則三軍反叛，應在光武即位之後，夏秋之交，馮異安得於四月之前已言之也！或者史家潤色其言，致此差互耳！

㈦鄧禹圍安邑，數月未下。更始大將軍樊參將數萬人渡大陽㉝，欲攻禹；禹逆擊㉞於解㉟南，斬之。王匡、成丹、劉均合軍十餘萬，復共擊禹，禹軍不利。明日癸亥（廿四日），匡等以六甲窮日㊱不出，禹因得更治兵。甲子（廿五日），匡悉軍出攻禹；禹令軍中毋得妄動，既至營下，因傳發㊲諸將，鼓而並進，大破之。匡等皆走。禹追斬均及河東太守楊寶，遂定河東。匡等犇還長安。【考異】劉玄傳：「王匡、張卬守河東，為鄧禹所破，奔還長安。」鄧禹傳無張卬名。今從之。張卬與諸將議曰：「赤眉旦暮且至，見滅不久，不如掠長安，東歸南陽；事若不集，復入湖池中為盜耳！」乃共入，說更始；更始怒不應，莫敢復言。更始使王匡、陳牧、成丹、趙萌屯新豐㊳，李松軍掫㊴，以拒赤眉。張印、廖湛、胡殷、申屠建與隗囂合謀，欲以立秋日貙膢時㊵共刼更始，俱成前計。【考異】袁紀云：「申屠建等勸更始讓帝位，更始不應，建等謀刼之。」今從范書。更始知之，託病不出，召張卬等入，將悉誅之；唯隗囂稱疾不入，會客王遵、周宗等勒兵自守。更始狐疑不決，卬、湛、殷疑有變，遂突出；獨申屠建在，更始斬建，使執金吾鄧曄將兵圍隗囂第。卬、湛、殷勒兵燒門，入戰宮中，更始大敗；囂亦潰圍，走歸天水。明旦，更始東犇趙萌於新豐。更始復疑王匡、陳牧、成丹與張卬等同盟，乃並召入；牧、丹先至，即斬之。王匡懼，將兵入長安，與張卬等合。

（八）赤眉進至華陰，軍中有齊巫，常鼓舞祠城陽景王㊶，巫狂言：「景王大怒曰：『當為縣官㊷，何故為賊。』」有笑巫者輒病，軍中驚動。方望弟陽說樊崇等曰：「今將軍擁百萬之眾，西向帝城，而無稱號，名為羣賊，不可以久；不如立宗室，挾義誅伐，以此號令，誰敢不從！」崇等以為然，而巫言益甚。前至鄭㊸，乃相與議曰：「今迫近長安，而鬼神若此，當求劉氏，共尊立之。」

先是赤眉過式㊹，掠故式侯萌㊺之子恭、茂、盆子三人自隨。恭少習尚書，隨樊崇等降更始於洛陽㊻，復封式侯，為侍中，在長安。茂與盆子留軍中，屬右校卒史劉俠卿，主牧牛。及崇等欲立帝，求軍中景王後，得七十餘人，唯茂、盆子及前西安侯孝最為近屬。崇等曰：「聞古者天子將兵稱上將軍」，乃書札為符曰「上將軍」，又以兩空札置笥㊼中，於鄭北設壇場，祠城陽景王，諸三老、從事㊽皆大會；列盆子等三人居中立，以年次探札，盆子最幼，後探，得符；諸將皆稱臣，拜。盆子時年十五，被髮徒（跣），敝衣赭汗，見眾拜，畏恐欲啼。茂謂曰：「善臧㊾符！」盆子即齧折棄之。以徐宣為丞相，樊崇為御史大夫，逄安為左大司馬，謝祿為右大司馬，其餘皆列卿、將軍。盆子雖立，猶朝夕拜劉俠卿，時欲出從牧兒戲；俠卿怒止之，崇等亦不復候視也。

㈨秋七月辛未（一日），帝使使持節拜鄧禹為大司徒，封酇㊿侯，食邑萬戶；禹時年二十四。又議選大司空。帝以赤伏符曰：「王梁主衛作玄武」，丁丑（七日），以野王㊿㊀令王梁為大司空。

又欲以讖文用平狄將軍孫咸行大司馬，眾皆不悅。壬午（十二日），以吳漢為大司馬。

初，更始以琅邪伏湛為平原太守。時天下兵起，湛獨晏然，撫循百姓。門下督(52)謀為湛起兵，湛收斬之。於是吏民信向，平原一境賴湛以全。帝徵湛為尚書，使典定舊制。又以鄧禹西征，拜湛為司直(53)，行大司徒(54)事。車駕每出征伐，常留鎮守。

(十)鄧禹自汾陰(55)渡河，入夏陽(56)。更始左輔都尉(57)公乘歙引其眾十萬與左馮翊兵共拒禹於衙(58)；禹復破走之。

宗室劉茂聚眾京(59)密(60)間，自稱厭新(61)將軍，攻下潁川、汝南，眾十餘萬人。帝使驃騎大將軍景丹、建威大將軍耿弇、彊弩將軍陳俊攻之；茂來降，封為中山王。

(十一)己亥（廿九日），帝幸懷(62)，遣耿弇、陳俊軍五社津(63)，備滎陽(64)以東；使吳漢率建議大將軍朱祜等十一將軍圍朱鮪於洛陽。八月，進幸河陽(65)。

(十二)李松自掫引兵還，從更始與趙萌共攻王匡、張卬於長安。連戰月餘，匡等敗走，更始徙居長信宮(六六)。

赤眉至高陵(六七)，王匡、張卬等迎降之，遂共連兵進攻東都門。李松出戰，赤眉生得松。松弟況為城門校尉，開門納之。九月，赤眉入長安；更始單騎走，從廚城門(六八)出。式侯恭以赤眉立其弟，自繫詔獄；聞更始敗走，乃出見定陶王祉，祉為之除械，相與從更始於渭濱。右輔都尉(六九)嚴本恐失更始為赤眉所誅，即將(七〇)更始至高陵，本將兵宿衛，其實圍之。更始將相皆降赤眉，獨丞相曹竟不降，手劍格死。

(十三)辛未（六日），詔封更始為淮陽王，吏民敢有賊害者罪同大逆，其送詣吏者封列侯。

(十四)初，宛人卓茂，寬仁恭愛，恬蕩樂道，雅實不為華貌，行己在於清濁之間，自束髮(七一)至白首，未嘗與人有爭競，鄉黨故舊，雖行能與茂不同，而皆愛慕欣欣焉。哀、平間為密令，視民如子，舉善而教，口無惡言，吏民親愛，不忍欺之。民嘗有言部亭長受其米肉遺者，茂曰：「亭長為從汝求乎，為汝有事囑(七二)之而受乎，將平居自以恩意遺之乎？」民曰：「往遺之耳。」茂曰：「遺之而受，何故言邪？」民曰：「竊聞賢明之君，使民不畏吏，吏不取民。今我畏吏，是以遺之；吏既卒受，故來言耳。」茂曰：「汝為敝民矣！凡人所以羣居不亂、異於禽獸者，以有仁愛禮義，知相敬事也。汝獨不欲修之，寧能高飛遠走，不在人間邪！吏顧不當乘威力彊請求耳。亭長素善吏，歲時遺之，禮也。」民曰：「苟如此，律何故禁之？」茂笑曰：「律設大灋，禮順人情。今我以禮教汝，汝必無怨惡；以律治汝，汝何所措其手足乎！一門之內，小者可論，大者可殺也。且歸念之！」初，茂到縣，有所廢置，吏民笑之，鄰城聞者皆蚩㈦其不能。河南郡為置守令㈦，茂不為嫌，治事自若。數年，教化大行，道不拾遺。遷京部丞㈦，密人老少皆涕泣隨送。及王莽居攝，以病免歸。上即位，先訪求茂，茂時年七十餘，甲申（十九日），詔曰：「夫名冠天下，當受天下重賞。今以茂為太傅㈦，封褒德侯。」

臣光曰：「孔子稱，舉善而教，不能則勸㈦。是以舜舉皐陶，湯舉伊尹，而不仁者遠(七八)，有德故也。光武即位之初，羣雄競逐，四海鼎沸，彼摧堅陷敵之人，權略詭辯之士，方見重於世，而獨能取忠厚之臣，旌循良之吏，拔於草萊之中，寘諸羣公之首，宜其光復舊物，享祚久長，蓋由知所先務而得其本原故也。」

（十五）諸將圍洛陽數月，朱鮪堅守不下。帝以廷尉岑彭嘗為鮪校尉(七九)，令往說之。鮪在城上，彭在城下，為陳成敗。鮪曰：「大司徒被害(八〇)時，鮪與(八一)其謀；又諫更始無遣蕭王北伐(八二)，誠自知罪深，不敢降。」彭還，具言於帝。帝曰：「舉大事者不忌小怨。鮪今若降，官爵可保，況誅罰乎！河水在此，吾不食言！」彭復往告鮪，鮪從城上下索，曰：「必信，可乘此上。」彭趣(八三)索欲上，鮪見其誠，即許降。辛卯（十九日），朱鮪面縛，與岑彭俱詣河陽。帝解其縛，召見之，復令彭夜送鮪歸城。明旦，與蘇茂等悉其眾出降。拜鮪為平狄將軍，封扶溝(八四)侯；後為少府，傳封累世。

帝使御史河內杜詩安集洛陽。將軍蕭廣縱兵士暴橫，詩敕(八五)曉不改，遂格殺廣，還以狀聞。上召見，賜以棨戟(八六)，遂擢任之。

冬十月癸丑（十日），車駕入洛陽，幸南宮，遂定都焉。

㈥赤眉下書曰：「聖公降者封為長沙王，過二十日勿受。」更始遣劉恭請降，赤眉使其將謝祿往受之。更始隨祿，肉袒，上璽綬於盆子。赤眉坐更始，置庭中，將殺之；劉恭、謝祿為請，不能得，遂引更始出。劉恭追呼曰：「臣誠力極，請得先死！」拔劍欲自刎；樊崇等遽共救止之。乃赦更始，封為畏威侯。劉恭復為固請，竟得封長沙王。更始常依謝祿居，劉恭亦擁護之。

㈦劉盆子居長樂宮，三輔郡縣、營長(八七)遣使貢獻，兵士輒剽奪(八八)之，又數暴掠吏民，由是皆復固守。百姓不知所歸，聞鄧禹乘勝獨克而師行有紀(八九)，皆望風相攜負以迎軍，降者日以千數，眾號百萬。禹所止，輒停車拄節以勞來之。父老、童穉垂髮戴白(九〇)滿其車下，莫不感悅，於是名震關西。諸將豪傑皆勸禹徑攻長安。禹曰：「不然。今吾眾雖多，能戰者少，前無可仰之積，後無轉饋之資。赤眉新拔長安，財穀充實，鋒銳未可當也。夫盜賊羣居無終日之計，財穀雖多，變故萬端，寧能堅守者也！上郡、北地、安定三郡，土廣人稀，饒穀多畜，吾且休兵北道，就糧養士，以觀其敝，乃可圖也。」於是引軍北至栒邑(九一)，【考異】袁紀：「禹曰：『璽書每至，輒曰無與窮赤眉爭鋒。』」按世祖賜禹書，責其不攻長安，不容有此語。二年十一月詔徵禹還，乃曰「毋與窮寇爭鋒。」袁紀誤也。所到，諸營保郡邑皆開門歸附。

(十八)上遣岑彭擊荊州羣賊，下犨(九二)葉(九三)等十餘城。

(十九)十一月甲午（二十日），上幸懷。

(廿)梁王永稱帝於睢陽(九四)。

(廿一)十二月丙戌（十一日），上還洛陽。

(廿二)三輔苦赤眉暴虐，皆憐更始，欲盜出之。張卬等深以為慮(九五)，使謝祿縊殺之。劉恭夜往收藏其尸。帝詔鄧禹葬之於霸陵。中郎將宛人趙憙將出武關，道遇更始親屬，皆裸跣(九六)饑困，憙竭其資糧以與之，將(九七)護而前。宛王賜聞之，迎還鄉里。

(廿三)隗囂歸天水，復招聚其眾，興修故業，自稱西州上將軍。三輔士大夫避亂者多歸囂。囂傾身引接，為布衣交(九八)。以平陵(九九)范逡為師友，前涼州刺史河內鄭興為祭酒(〇〇)，茂陵(〇一)申屠剛、杜林為治書(〇二)，馬援為綏德將軍，楊廣、王遵、周宗及平襄(〇三)行巡、河陽(〇四)

王捷、長陵王元為大將軍，安陵班彪之屬為賓客，由此名震西州，聞於山東。馬援少時，以家用不足辭其兄況，欲就邊郡田牧。況曰：「汝大才，當晚成。良工不示人以朴，且從所好。」遂之北地田牧。常謂賓客曰：「丈夫為志，窮當益堅，老當益壯。」後有畜數千頭，穀數萬斛。既而歎曰：「凡殖財產，貴其能賑施也，否則守錢虜耳！」乃盡散於親舊。聞隗囂好士，往從之。囂甚敬重，與決籌策。班彪，穉㉕之子也。

(卌四)初，平陵竇融累世㉖仕宦河西，知其土俗，與更始右大司馬趙萌善。私謂兄弟曰：「天下安危未可知，河西殷富，帶河為固，張掖屬國㉗精兵萬騎，一旦緩急，杜絕河津，足以自守，此遺種㉘處也。」乃因萌求往河西。萌薦融於更始，以為張掖屬國都尉。融既到，撫結雄桀，懷輯㉙羌虜，甚得其歡心。是時，酒泉太守安定梁統、金城太守庫鈞、張掖都尉茂陵史苞、酒泉都尉竺曾、敦煌都尉辛肜，並州郡英俊，融皆與厚善。及更始敗，融與梁統等計議曰：「今天下擾亂，未知所歸。河西斗絕㉚在羌、胡中，不同心戮力，則不能自守，權鈞㉑力齊，復無以相率，當推一人為大將軍，共全五郡，觀時變動。」議既定，而各謙讓。以位次，咸共推梁統；統固辭，乃推融行河西五郡大將軍事。武威太守馬期、張掖太守任仲並孤立無黨，乃共移書告示之；二人即解印綬去。於是以梁統為武威太守，史苞為張掖太守，竺曾為酒泉太守，辛肜為敦煌太守。融居屬國，領都尉職如故；置從事，監察五郡。河西民俗質樸，而融等政亦寬和，上下相親，晏然富殖；修兵馬，習戰射，明烽燧，羌、胡犯塞，融輒自將與諸郡相救，皆如符要㉒，每輒破之。其後羌、胡皆震服親附，內郡流民避凶饑者歸之不絕。

(二五)王莽之世，天下咸思漢德，安定三水㉓盧芳居左谷㉔中，詐稱武帝曾孫劉文伯，云「曾祖母，匈奴渾邪王之姊也！」；常以是言誑惑安定間。王莽末，乃與三水屬國羌、胡起兵。更始至長安，徵芳為騎都尉，使鎮撫安定以西。更始敗，三水豪桀共立芳為上將軍、西平王㉖，使使與西羌、匈奴結和親。單于以為：「漢氏中絕，劉氏來歸，我亦當如呼韓邪立之，令尊事我。」乃使句林王將數千騎迎芳兄弟入匈奴，立芳為漢帝，以芳弟程為中郎將，將胡騎還入安定。

(廿六)帝以關中未定，而鄧禹久不進兵，賜書責之曰：「司徒，堯也；亡賊，桀也。長安吏民遑遑無所依歸，宜以時進討，鎮慰西京，繫百姓之心。」禹猶執前意，別攻上郡諸縣，更徵兵引穀，歸至大要(二六)。積弩將軍馮愔、車騎將軍宗歆守栒邑，二人爭權相攻，愔遂殺歆，因反擊禹。禹遣使以聞。帝問使人：「愔所親愛為誰？」對曰：「護軍黄防。」帝度愔、防不能久和，埶必相忤，因報禹曰：「縛馮愔者必黄防也。」乃遣尚書宗廣持節往降之。後月餘，防果執愔，將其眾歸罪。更始諸將王匡、胡殷、成丹等皆詣廣降，廣與東歸；至安邑道，欲亡，廣悉斬之。愔之叛也，引兵西向天水。隗囂逆擊，破之於高平(二七)，盡獲其輜重。【考異】鄧禹傳，愔叛在建武元年；隗囂傳，在二年。蓋愔以元年冬末叛，延及二年；囂拜官在二年也。於是禹承制(二八)遣使持節命囂為西州大將軍，得專制涼州、朔方事。

(廿七)臘日，赤眉設樂大會，酒未行，羣臣更相辯鬬；而兵眾遂各踰宮，斬關入，掠酒肉，互相殺傷。衞尉諸葛穉聞之，勒兵入，格殺百餘人，乃定。劉盆子惶恐，日夜啼泣，從官皆憐之。

(廿八)帝遣宗正劉延攻天井關，與田邑連戰十餘合，延不得進。及更始敗，邑遣使請降；即拜為上黨太守。帝又遣諫議大夫儲大伯持節徵鮑永；永未知更始存亡，疑不肯從，收繫大伯，遣使馳至長安，詗問(二九)虛實。

(廿九)初，帝從更始在宛，納新野陰氏之女麗華。是歲，遣使迎麗華與帝姊湖陽公主、妹寧平(三〇)公主俱到洛陽；以麗華為貴人。更始西平王李通先娶寧平公主，上徵通為衞尉。

(卅)初，更始以王閎為琅邪太守，張步據郡拒之。閎諭降，得贛榆(三一)等六縣；收兵與步戰，不勝。步既受劉永官號，治兵於劇(三二)，遣將徇泰山、東萊、城陽、膠東、北海、濟南、齊郡，皆下之。閎力不敵，乃詣步相見。步大陳兵而見之，怒曰：「步有何罪，君前見攻之甚？」閎按劍曰：「太守奉朝命，而文公(三三)擁兵相拒。閎攻賊耳，何謂甚邪？」步起跪謝，與之宴飲，待為上賓，令閎關掌郡事。

【今註】㊀臨涇：今甘肅鎮原縣南五十里。㊁箕關：今山西垣曲縣。㊂安邑：今山西夏縣北。㊃務鄉：弘農有務鄉，今河南靈寶縣。㊄湖：今河南閿鄉鄉東。㊅成家：李賢曰：「以起成都，故號成家」。㊆元氏：今河北元氏縣西北。㊇范陽：今河北定興縣南四十里故城鎮。㊈曹：輩。㊉王兄子：謂伯升之子章與興。⑪安次：今河北安次縣西北四十里。⑫殄：滅絕。⑬伯升之死：事見上卷更始元年。⑭軼本與蕭王首謀造漢：事見卷三十八王莽地皇三年。⑮機軸：機是弩牙，軸是車軸；取其重要之意。⑯思成斷金：《易》曰：「二人同心，其義斷金。」⑰天井關：在山西晉城縣南太行山上，亦曰太行關。⑱河南成皋：二地名。河南，今河南洛陽西北五里。成皋，今河南汜水縣西北。⑲士鄉：亭名，屬雒陽，在今河南洛陽東北二十里。⑳季文：李軼字。㉑鞏河：鞏，今河南鞏縣西南。河水過其北，故謂鞏河。㉒溫：今河南溫縣西南三十里。㉓平陰：河南孟津縣東。㉔綴：連。㉕環城一匝：環城，繞城；一匝，一周。㉖誰賊：胡三省曰：「謂誰賊者，蓋謂位號未正，指誰為賊也。」㉗馳騖：直馳曰馳，亂馳曰騖。㉘浚靡：今河北遵化縣西北。㉙都護將軍：胡三省曰：「漢宣帝置西域都護，盡護南北道諸國。甘延壽之擊郅支也，自謂為都護將軍；漢朝未以為將軍號也。至光武，乃以命賈復。」㉚南平棘：今河北趙縣南。㉛鄗：今河北柏鄉縣北。㉜四七之際火為主：李賢曰：「四七，二十八也。自高祖至光武初起，合二百二十八年，即四七之際也。

漢火德，故火為主也。」(三三)大陽：今山西平陸縣東北十五里。(三四)逆擊：迎擊。(三五)解：今河南臨晉縣西南五姓湖北。(三六)窮日：王先謙曰：「六甲以甲子始，周行一帀至癸亥止，故謂為窮日。」(三七)傳發：孟康曰：「傳令軍中使發也。」(三八)新豐：今陝西臨潼縣東北。(三九)掫：在新豐縣東七十里。(四〇)貙膢：蘇林曰：「膢，祭名也；貙，虎屬。常以立秋日祭獸，王者亦以此日出獵，還以祭宗廟，故有貙膢之祭也。」(四一)祠城陽景王：胡三省曰：「城陽景王章有誅諸呂之功，故齊人祠之，以求福助。」(四二)縣官：李賢曰：「縣官，謂天子也。」(四三)鄭：今陝西華縣。(四四)式：故城當在山東滋陽縣附近。(四五)萌：萌之父曰憲，城陽景王五世孫荒王順之子，元帝時封式侯。(四六)恭：隨樊崇等降更始於洛陽：事見上卷更始元年。(四七)筒：盛器。(四八)三老從事：赤眉諸帥，以三老最尊，次從事。(四九)臧：同藏。(五〇)鄼：今湖北光化縣。(五一)野王：今河南沁陽縣。(五二)門下督：郡設門下督，主兵衞之事。(五三)司直：丞相司直。(五四)大司徒：東漢之司徒即西漢之丞相。(五五)汾陰：今山西榮河縣北。(五六)夏陽：今陝西韓城縣南。(五七)左輔都尉：李賢曰：「左輔即左馮翊也。三輔皆有都尉。」(五八)衙：今陝西白水縣東北六十里。(五九)京：今河南滎陽縣東南二十一里。(六〇)密：今河南密縣東南三十里。(六一)厭新：厭，伏；新，指新莽。(六二)懷：今河南武陟縣西南。(六三)五社津：《水經注》：「河水東過鞏縣北，於此有五社渡，為五社津。」(六四)滎陽：今河南滎陽縣。(六五)河陽：今河南孟縣西三十五里。(六六)長信宮：《三輔黃圖》曰：「從洛門至周廟門，有長信宮在其中。」(六七)高陵：今陝西高陵縣西南。(六八)廚城門：三輔黃圖曰：「洛城門，王莽改曰建子門，其內有長安廚官，俗名之為廚城門。」(六九)右輔都尉：左輔都尉治高陵，右輔都尉治郿；此處「右輔」似當作「左輔」。(七〇)將：攜、挾。(七一)束髮：成童束髮為飾，因為成童之稱。(七二)囑：請托。(七三)蚩：笑。(七四)守令：胡三省曰：「茂正為令，郡復置守令，使與茂並居。」(七五)京部丞：王莽秉政時，置大司農部丞十三人，勸課農桑。京部丞主司隸所部。(七六)太傅：東漢太傅位上公。(七七)舉善而教，不能則勸：《論語》孔子答季康子語。(七八)是以舜舉皐陶，湯舉伊尹，而不仁者遠：《論語》子夏答樊遲語。(七九)岑彭嘗為鮪校尉：胡三省曰：「朱鮪為大司馬，以彭為校尉；後從邑人韓歆於河內，遂歸光武。」(八〇)大司徒被害：事見上卷更始元年。(八一)與：預。(八二)又諫更始無遣蕭王北伐：事見上卷更始元年。(八三)趣：趨。(八四)扶溝：縣名，在今河南扶溝縣東北五十里。(八五)敕曉：敕，戒；曉，開喻。(八六)棨戟：《漢雜事》曰：「漢制，假棨戟以代斧鉞。」崔豹《古今注》曰：「棨戟，前驅之器也，以木為之。後代刻偽，無復典刑，以赤油韜之，亦謂之油戟，亦曰棨戟，王公以下通用之以前驅。」(八七)營長：胡三省曰：「時三輔豪傑處處屯聚，各有營長。」(八八)剽奪：強取。(八九)紀：紀律。(九〇)垂髮戴白：垂髮謂童稺，戴白謂父老。(九一)栒邑：今陝西栒邑縣東北。(九二)犨：今河南魯山縣東南五十五里。(九三)葉：今河南葉縣南。(九四)睢陽：今河南商邱縣南。(九五)張卬等深以為慮：胡三省曰：「卬等攻更始，恐其得位而禍及己，故深以為慮。」(九六)裸跣：赤體無衣曰裸，赤足曰跣。(九七)將：送。(九八)布衣交：貧時故交。(九九)平陵：今陝西咸陽縣西北十五里。(一〇〇)祭酒：古禮，凡宴飲時，賓客中之長者必先舉酒祭，故祭酒為一尊稱。後以為官名。(一〇一)茂陵：今陝西興平縣東北。(一〇二)治書：即治書侍御史。(一〇三)平襄：今甘肅通渭縣西南。(一〇四)河陽：今河南孟縣西。(一〇五)班稺：見卷三十六平帝元始元年。(一〇六)累世：歷代。(一〇七)張掖屬國：漢邊郡皆置屬國，置都尉領之。(一〇八)遺種：謂得以生存，不致滅亡。(一〇九)懷輯：安集。(一一〇)斗絕：僻絕。(一一一)鈞：同。(一一二)符要：李賢曰：「赴敵不失期契也。」(一一三)三水：今甘肅固原縣北。(一一四)左谷：《續漢志》：「三水縣有左右谷。」(一一五)西平王：李賢曰：「欲平定西方，故以為號。」(一一六)大要：故城在今甘肅寧縣東南。(一一七)高平：今甘肅固原縣。(一一八)承制：胡三省曰：「鄧禹西征，任專方面，權宜命嚣，故曰承制。言承制詔而命之也。後之承制始此。」(一一九)詗問：探聽。(一二〇)寧平：今河南鹿邑縣西南五十里。(一二一)贛榆：今江蘇贛榆縣東北。(一二二)劇：今山東昌樂縣西五十五里。(一二三)文公：張步字文公。

二年（西元二六年）

㈠春，正月，甲子朔，日有食之。

㈡劉恭知赤眉必敗，密教弟盆子歸璽綬，習為辭讓之言。及正旦大會，恭先曰：「諸君共立恭弟為帝，德誠深厚，立且一年，殽㈠亂日甚，誠不足以相成，恐死而無益，願得退為庶人，更求賢知㈡，唯諸君省察。」樊崇等謝曰：「此皆崇等罪也。」恭復固請。或曰：「此寧式侯事邪！」恭惶恐起去。盆子乃下床解璽綬，叩頭曰：「今設置縣官而為賊如故，四方怨恨，不復信向，此皆立非其人所致。願乞骸骨，避賢聖路！必欲殺盆子以塞責者，無所離㊂死！」因涕泣噓唏㊃。崇等及會者數百人，莫不哀憐之。乃皆避席頓首曰：「臣無狀㊄負陛下，請自今已後，不敢復放縱。」因共抱持盆子，帶以璽綬，盆子號呼，不得已。既罷出，各閉營自守。三輔翕然，稱天子聰明，百姓爭還長安，市里且滿。後二十餘日，復出大掠如故。

㈢刀㊅子都為其部曲所殺，餘黨與諸賊會檀鄉㊆，號檀鄉賊，寇魏郡、清河。魏郡大吏李熊弟陸謀反城迎檀鄉，或以告魏郡太守潁川銚期，期召問熊，熊叩頭首服㊇，願與老母俱就死。期曰：「為吏儻不若為賊樂者，可歸與老母往就陸也。」使吏送出城。熊行，求得陸，將詣鄴城㊈西門；陸不勝愧感，自殺以謝期。期嗟歎，以禮葬之，而還熊故職。於是郡中服其威信。

帝遣吳漢率王梁等九將軍擊檀鄉於鄴東漳水上，大破之，十餘萬眾皆降。又使梁與大將軍杜茂將兵安輯魏郡、清河、東郡，悉平諸營保。三郡清靜，邊路㈠流通。

㈣庚辰（十七日），悉封諸功臣為列侯；梁㈡侯鄧禹、廣平㈢侯吳漢皆食四縣。博士丁恭議曰：「古者封諸侯不過百里，強幹弱枝，所以為治也。今封四縣，不合法制。」帝曰：「古之亡國皆以無道，未嘗聞功臣地多而滅亡者也。」陰鄉侯陰識，貴人之兄也，以軍功當增封，識叩頭讓曰：「天下初定，將帥有功者眾，臣托屬掖庭，仍加爵邑，不可以示天下；此為親戚受賞，國人計功也㈢。」帝從之。帝令諸將各言所樂，皆占美縣；河南太守潁川丁綝獨求封本鄉。或問其故，綝曰：「綝能薄功微，得鄉亭厚矣！」帝從其志，封新安㈣鄉侯。帝使郎中魏郡馮勤典諸侯封事；勤差㈤量功次輕重，國土遠近，地勢豐薄，不相踰越，莫不厭㈥服焉。帝以為能，尚書眾事皆令總錄之。故事：尚書郎㈦以令史久次補之，帝始用孝廉為尚書郎。

㈤起高廟于洛陽，【考異】帝紀：「正月壬子」。按正月甲子朔，不應有壬子，誤。四時合祀高祖、太宗、世宗；建社稷㈧于宗廟之右，立郊兆㈨于城南。

㈥長安城中糧盡，赤眉收載珍寶，大縱火燒宮室、市里，恣行殺掠，長安城中無復人行。乃引兵而西，眾號百萬，自南山轉掠城邑，遂入安定、北地。鄧禹引兵南至長安，軍昆明池，謁祠高廟，收十一帝⑳神主㉑，送詣洛陽；因巡行園陵，為置吏士奉守焉。

㈦真定王楊造讖記曰：「赤九㉒之後，癭㉓楊為主」。楊病癭，欲以惑眾，與綿曼㉔賊交通。帝遣騎都尉陳副、游擊將軍鄧隆徵之，楊閉城門不內。帝復遣前將軍耿純持節行幽、冀，所過勞慰王、侯，密敕收楊。純至真定，止傳舍，邀楊相見。純，真定宗室之出㉕也，故楊不以為疑，且自恃眾強，而純意安靜，即從官屬詣之；楊兄弟並將輕兵在門外。楊入見純，純接以禮敬，因延請其兄弟皆入；乃閉閤，悉誅之，因勒兵而出。真定震怖，無敢動者。帝憐楊謀未發而誅，復封其子㉖為真定王。

㈧二月，己酉（十六日），車駕幸修武㉗。

㈨鮑永、馮衍審知更始已亡，乃發喪，出儲大伯等，封上印綬，悉罷兵，幅巾㉘詣河內。**【考異】**鮑永傳稱「永等降於河內時，攻懷未拔，帝謂永曰：『我攻懷三日而城不下，關東畏服卿，可且將故人自往城下譬之。』即拜永諫議大夫。至懷，乃說更始河內太守，於是開城而降。」按光武未都洛陽以前屢幸懷，又祠高祖於懷宮，並無更始河內太守據懷事。本紀亦無攻懷一節。按田邑書稱「主亡一歲，莫知定所。」則永、衍之降必在此年。而帝紀光武此年不曾幸河內，但有幸脩武事。然則永、衍實降於脩武。脩武，亦河內縣也。其稱降懷等事，當是史誤，故皆略之。帝見永，問曰：「卿眾安在？」永離席叩頭曰：「臣事更始，不能令全，誠慙以其眾幸富貴，故悉罷之。」帝曰：「卿言大，」而意不悅(二九)。既而永以立功(三〇)見用，衍遂廢棄。永謂衍曰：「昔高祖賞季布之罪，誅丁固(三一)之功；今遭明主，亦何憂哉！」衍曰：「人有挑其鄰人之妻者，其長者罵而少者報之。後其夫死，取其長者，或謂之曰：『夫非罵爾者邪！』曰：『在人欲其報我，在我欲其罵人也(三二)。』夫天命難知，人道易守，守道之臣，何患死亡！」

(十)大司空王梁屢違詔命(三三)，帝怒，遣尚書宗廣持節即軍中斬梁；廣檻車送京師。既至，赦之，以為中郎將，北守箕關(三四)。

(十一)壬子（十九日），以太中大夫京兆宋弘為大司空。弘薦沛國桓譚為議郎、給事中。帝令譚鼓琴，愛其繁聲。弘聞之，不悅。伺譚內出(三五)，正朝服坐府上，遣吏召之。譚至，不與席而讓之，且曰：「能自改邪，將令相舉以灋乎？」譚頓首辭謝；良久，乃遣之。後大會羣臣，帝使譚鼓琴；譚見弘，失其常度。帝怪而問之，弘乃離席免冠謝曰：「臣所以薦桓譚者，望能以忠正導主；而令朝廷耽悅鄭聲，臣之罪也。」帝改容謝之。

湖陽公主新寡，帝與共論朝臣，微觀其意。主曰：「宋公威容德器，羣臣莫及。」帝曰：「方且圖之。」後弘被引見，帝令主坐屏風㊱後，因謂弘曰：「諺言『貴易交，富易妻』，人情乎？」弘曰：「臣聞貧賤之知不可忘，糟糠之妻不下堂。」帝顧謂主曰：「事不諧矣！」

(十二)帝之討王郎也，彭寵發突騎㊲以助軍，轉糧食，前後不絕。及帝追銅馬至薊，寵自負其功，意望甚高；帝接之不能滿，因此懷不平㊳。及即位，吳漢、王梁，寵之所遣㊴，並為三公，而寵獨無所加，愈怏怏不得志，歎曰：「如此，我當為王；但爾者㊵，陛下忘我邪！」

是時北州破散，而漁陽差完㊶，有舊鐵官，寵轉以貿穀，積珍寶，益富彊。幽州牧朱浮，年少有俊才，欲厲風迹㊷，收士心，辟召州中名宿及王莽時故吏二千石，皆引置幕府；多發諸郡倉穀稟贍其妻子。寵以為天下未定，師旅方起，不宜多置官屬以損軍實㊸，不從其令。浮性矜急自多，寵亦狠彊，嫌怨轉積。浮數譖構之，密奏寵多聚兵穀，意計難量。上輒漏泄令寵聞，以脅恐之。至是，有詔徵寵，寵上疏，願與浮俱徵；帝不許。寵益以自疑。其妻素剛，不堪抑屈，固勸無受徵，曰：「天下未定，四方各自為雄，漁陽大郡，兵馬最精，何故為人所奏而棄此去乎！」寵又與所親信吏計議，皆懷怨於浮，莫有勸行者。帝遣寵從弟子后蘭卿喻之；寵因留子后蘭卿，遂發兵反，拜署將帥，自將二萬餘人，攻朱浮於薊。又以與耿況俱有重功，而恩賞並薄，數遣使邀誘況；況不受，斬其使。

(十三)延岑復反㊹，圍南鄭。漢中王嘉兵敗走，岑遂據漢中，進兵武都；為更始柱功侯李寶所破，岑走天水。公孫述遣將侯丹取南鄭。嘉收散卒得數萬人，以李寶為相，從武都南擊侯丹，不利，還軍河池㊺下辨㊻，復與延岑連戰。岑引北，入散關㊼，至陳倉㊽；嘉追擊，破之。

公孫述又遣將軍任滿從閬中[49]下江州[50]，東據扞關[51]，於是盡有益州之地。

(十四)辛卯（二月甲午朔，無辛卯日），上還洛陽。

(十五)三月，乙未（三月癸亥朔，無乙未日），大赦。

(十六)更始諸大將在南方未降者尚多。帝召諸將議兵事，以檄[52]叩地曰：「郾最彊，宛為次，誰當擊之？」賈復率然[53]對曰：「臣請擊郾。」帝笑曰：「執金吾擊郾，吾復何憂！大司馬當擊宛。」遂遣復擊郾，破之；尹尊降。又東擊更始淮陽[54]太守暴汜，汜降。

(十七)夏，四月，虎牙大將軍蓋延督駙馬都尉馬武等四將軍擊劉永，破之；遂圍永於睢陽。

故更始將蘇茂反[55]，殺淮陽太守潘蹇，據廣樂[56]而臣於永；永以茂為大司馬、淮陽王。

(十八)吳漢擊宛，宛王賜奉更始妻子詣洛陽降；帝封賜為慎[57]侯。叔父良、族父歙、族兄祉皆自長安來。甲午（二日），封良為廣陽

(五八)王，祉為城陽(五九)王；又封兄縯子章為太原王，興為魯王；更始三子求、歆、鯉皆為列侯(六〇)。

(十九)鄧王王常降，帝見之甚歡，曰：「吾見王廷尉，不憂南方矣(六一)！」拜為左曹，封山桑(六二)侯。

(廿)五月，庚辰（十九日），封族父歙為泗水王。

(廿一)帝以陰貴人雅性寬仁，欲立以為后。貴人(六三)以郭貴人有子，終不肯當。六月，戊戌（七日），立貴人郭氏為皇后，以其子彊為皇太子；大赦。

(廿二)丙午（十五日），封泗水王子終為淄川王。

(廿三)秋，賈復南擊召陵(六四)、新息(六五)，平之。復部將殺人於潁川，潁川太守寇恂捕得，繫獄。時尚草創，軍營犯法，率多相容，恂戮之於市。復以為恥，還過潁川，謂左右曰：「吾與寇恂並列將帥，而為其所陷，今見恂，必手劍之！」恂知其謀，不欲與相見。姊子谷崇曰：「崇，將也，得帶劍侍側；卒有變，足以相當。」恂曰：「不然，昔藺相如不畏秦王而屈於廉頗(六六)者，為國也。」乃敕屬縣盛供具，儲酒醪〔六七〕；執金吾軍入界，一人皆兼二人之饌〔六八〕。恂出迎於道，稱疾而還。復勒兵欲追之，而吏士皆醉，遂過去。恂遣谷崇以狀聞，帝乃徵恂。恂至，引見。時賈復先在坐，欲起相避。帝曰：「天下未定，兩虎安得私鬬！今日朕分之。」於是並坐極歡，遂共車同出，結友而去。

(廿四)八月，帝自率諸將征五校。丙辰（廿六日），幸內黃〔六九〕，大破五校於羛陽〔七〇〕，降其眾五萬人。

(廿五)帝遣游擊將軍鄧隆助朱浮討彭寵。隆軍潞〔七一〕南，浮軍雍奴〔七二〕，遣吏奏狀。帝讀檄，怒，謂使吏曰：「營相去百里，其埶豈可得相及。比若〔七三〕還，北軍必敗矣！」彭寵果遣輕兵擊隆軍，大破之；浮遠，遂不能救。

(廿六)蓋延圍睢陽數月，克之。劉永走至虞〔七四〕，虞人反，殺其母、妻。永與麾下數十人奔譙〔七五〕。蘇茂、佼彊、周建合軍三萬餘人救永；延與戰於沛〔七六〕西，大破之。永、彊、建走保湖陵〔七七〕，茂犇還廣樂；延遂定沛、楚、臨淮。

帝使太中大夫伏隆持節使青、徐二州，招降郡國。青、徐羣盜聞劉永破敗，皆惶怖請降。張步遣其掾孫昱隨隆詣闕上書，獻鰒魚。隆，湛之子也。

(廿七)堵鄉(七八)人董訢反宛城，執南陽太守劉驎。揚化將軍堅鐔攻宛，拔之。訢走還堵鄉。

(廿八)吳漢狥南陽諸縣，所過多侵暴。破虜將軍鄧奉謁歸(七九)新野，怒漢掠其鄉里，遂反，擊破漢軍，屯據淯陽，與諸賊合從。

(廿九)九月，壬戌（二日），帝自內黃還。

(卅)陝賊蘇況攻破弘農；帝使景丹討之。會丹薨，征虜將軍祭遵擊弘農、栢華(八〇)蠻中賊，皆平之。

(卅一)赤眉引兵欲西上隴(八一)。隗囂遣將軍楊廣迎擊，破之；又追敗之於烏氏(八二)涇陽(八三)間。赤眉至陽城(八四)番須(八五)中，逢大雪，坑谷皆滿，士多凍死；乃復還，發掘諸陵，取其寶貨。凡有玉匣殮者，率皆如生；賊遂汙辱呂后尸。鄧禹遣兵擊之於郁夷(八六)，反為所敗；禹乃出之雲陽(八七)。赤眉復入長安。延岑屯杜陵(八八)，赤眉將逢安擊之。鄧禹以安精兵在外，引兵襲長安；會謝祿救至，禹兵敗走。延岑擊逢安，大破之，死者十餘萬人。

廖湛將赤眉十八萬攻漢中王嘉。嘉與戰於谷口(八九)，大破之，嘉手殺湛，遂到雲陽就穀。嘉妻兄新野來歙，帝之姑子也，帝令鄧禹招嘉，嘉因歙詣禹降。李寶(九〇)倨慢，禹斬之。【考異】更始柱功侯李寶時為劉嘉相。此蓋別一人，同名姓。

(卅二)冬，十一月，以廷尉岑彭為征南大將軍。帝於大會中指王常謂羣臣曰：「此家(九一)率下江諸將輔翼漢室，心如金石，真忠臣也！」即日，拜常為漢忠將軍，使與岑彭率建義大將軍朱祜等七將軍討鄧奉、董訢。彭等先擊堵鄉，鄧奉救之。朱祜軍敗，為奉所獲。

(卅三)銅馬、青犢、尤來餘賊共立孫登為天子。登將樂玄殺登，以其眾五萬餘人降。

(卅四)鄧禹自馮愔叛後，威名稍損，又乏糧食，戰數不利，歸附者日益離散。赤眉、延岑暴亂三輔，郡縣大姓各擁兵眾，禹不能定。帝乃遣偏將軍馮異代禹討之，車駕送至河南(九二)，敕異曰：「三輔遭王莽、更始之亂，重以赤眉、延岑之醜，元元塗炭(九三)，無所依訴。將軍今奉辭討諸不軌，營保降者，遣其渠帥詣京師；散其小民，令就農桑；壞其營壁，無使復聚。征伐非必略地、屠城，要在平定安集之耳。諸將非不健鬭，然好虜掠。卿本能御吏士，念自修敕，無為郡縣所苦！」異頓首受命，引而西；所至布威信，羣盜多降。

臣光曰：「昔周人頌武王之德曰：『鋪時繹思，我徂惟求定(九四)。』言王者之兵志在布陳威德安民而已。觀光武之所以取關中，用是道也。豈不美哉！」

(四五)又詔徵鄧禹還，曰：「慎毋與窮寇爭鋒，赤眉無穀，自當來東；吾以飽待饑，以逸待勞(九五)，折箠笞之(九六)，非諸將憂也。無得復妄進兵！」

帝以伏隆為光祿大夫，復使於張步，拜步東萊太守，幷與新除青州牧、守、都尉俱東。詔隆輒拜令、長以下。

(四六)十二月，戊午（三十日），詔宗室列侯為王莽所絕者(九七)，皆復故國。

(卅七)三輔大饑，人相食，城郭皆空，白骨蔽野，遺民往往聚為營保，各堅壁清野。赤眉虜掠無所得，乃引而東歸，眾尚二十餘萬，隨道復散。帝遣破姦將軍侯進等屯新安(九八)，建威大將軍耿弇等屯宜陽(九九)，以要其還路，敕諸將曰：「賊若東走，可引宜陽兵會新安；賊若南走，可引新安兵會宜陽。」馮異與赤眉遇於華陰，相拒六十餘日，戰數十合，降其將卒五千餘人。

【今註】(一)殽：亂。(二)知：同智。(三)離：避。(四)晞：同欷。(五)無狀：無善狀。(六)刀子都：刀當作刁。(七)檀鄉：泰山郡瑕丘縣有檀鄉。瑕丘縣在今山東滋陽縣西。(八)首服：承認。(九)鄴城：今河南臨漳縣西。(一〇)邊路：范史〈杜茂傳〉，邊作道。(一一)梁：今河南臨汝縣西。(一二)廣平：今河北雞澤縣東。(一三)親戚受賞，國人計功：戰國公孫龍告平原君之辭。(一四)新安：丁綝潁川定陵人，新安鄉蓋在定陵，今河南舞陽縣北。(一五)差量：計別等級。(一六)厭：伏。(一七)尚書郎：〈百官志〉：「尚書令史十八人，秩二百石；侍郎三十六人，秩四百石，主作文書起草」。蔡質《漢儀》曰：「尚書郎，初從三署詣臺試；初上臺，稱守尚書郎中；歲滿，稱尚書郎；三年，稱侍郎。」(一八)社稷：社：土神；稷，穀神。《續漢志》曰：「立社稷於雒陽，在宗廟之右，皆方壇，四面及中各依方色，無屋，有墻門而已。」⑲郊兆：祭天之壇。⑳十一帝：高、惠、文、景、武、昭、宣、元、成、哀、平十一帝。㉑神主：李賢曰：「神主以木為之，方尺二寸，穿中央達四方。諸侯王長一尺。虞主用桑，練主用栗。」衞宏《漢舊儀》曰：「已葬，收主為木函，藏廟太室中西壁坎中，去地六尺一寸，祭則立主於坎下。」㉒赤九：李賢曰：「漢以火德，故云赤也。光武於高祖九代孫，故云九。」㉓瘻：囊狀腫瘤，多生於頸部。㉔綿曼：今陝西大同縣。㉕出：李賢曰：「男子謂姊妹之子為出。」純母蓋真定宗室之女，故楊不疑而來見純。㉖其子：楊之子德。㉗修武：今河南獲嘉縣。㉘幅巾：謂不著冠，但以巾束首。㉙卿言大而意不悅：雖謂永言大，而以其歸降之晚意懷不悅。㉚永以立功：〈鮑永傳〉：「時董憲裨將討魯，侵害百姓，乃拜永為魯郡太守。永到，討擊，大破之。唯別帥彭豐、虞休、皮常等各千餘人稱將軍，不肯下。永以計誘，手格殺豐等，禽破黨與，以功封關內侯，遷揚州牧。」㉛誅丁固：事見十一卷高帝五年。丁固即丁公。㉜人有挑其鄰人之妻者……在我欲其罵人也：李賢曰：「此並陳軫對秦王之辭，見戰國策。引之者，言己為故主守節，亦冀新帝重之也。」㉝屢違詔命：胡三省曰：「梁與吳漢俱擊檀鄉，詔軍事一屬漢，而梁輒發野王兵。帝以其不奉詔，敕令止在所縣，而梁復以便宜進軍，是屢違詔命也。」㉞箕關：今山西垣曲縣東。㉟內出：從禁中出。㊱屏風：室內障蔽之物，可以障風，可以隔形。㊲彭寵發突騎：事見上卷二年。㊳懷不平：〈彭寵傳〉：「先是吳漢北發兵，帝遣寵以所服劍，倚為北道主人。及追銅馬北至薊，寵來謁，謂當迎閤，握手交歡並坐。帝接之，不能滿其意，所以失望。」㊴吳漢王梁，寵之所遣：事見上卷更始二年。（四〇）爾：如此。（四一）差完：差，較也。（四二）風迹：風化之迹。（四三）軍實：甲兵糧儲。（四四）延岑復反：岑降嘉事見上卷更始二年。（四五）河池：今甘肅徽縣西。（四六）下辨：今甘肅成縣西。（四七）散關：在陳倉。（四八）陳倉：今陝西寶雞縣東。（四九）閬中：今四川閬中縣。（五〇）江州：今四川巴縣。（五一）扞關：扞關在魚復，魚復在今四川奉節縣東。（五二）檄：無枝之木。《爾雅・釋名》：「無枝為檄。」（五三）率然：輕遽之貌。（五四）淮陽：今河南淮陽縣。（五五）蘇茂反：茂隨朱鮪降，今復反。（五六）廣樂：今河南虞城縣西南。（五七）慎：今安徽潁上縣西北四十里江口鎮。（五八）廣陽：今河北良鄉縣。（五九）城陽：今山東濮縣東南。（六〇）求、歆、鯉皆為列侯：求為襄邑侯，歆為穀熟侯，鯉為壽光侯。（六一）吾見王廷尉，不憂南方矣：胡三省曰：「更始以王常為廷尉，故光武稱之，常降則得南陽一郡，故云不憂南方。」（六二）山桑：今安徽蒙城縣西北。（六三）貴人：後宮之號。西漢無。光武中興始置貴人，金印紫綬，俸不過數十斛。（六四）召陵：今河南郾城縣東。（六五）新息：今河南息縣東。（六六）藺相如不畏秦王而屈於廉頗：事見卷四周赧王三十六年。（六七）醪：汁滓相將之酒。（六八）饌：飲食。（六九）內黃：今河南內黃縣西北。（七〇）羛陽：在內黃北二十里。（七一）潞：今河北通縣東。（七二）雍奴：今河北武清縣東邱家莊。（七三）若：汝。（七四）虞：今河南虞城縣西南。（七五）譙：今安徽亳縣。（七六）沛：今江蘇沛縣東。（七七）湖陵：今山東魚臺縣東南。（七八）堵鄉：即堵陽，故城在今河南方城縣東六里。（七九）謁歸：謁告而歸。（八〇）栢華：又名鑾中，在新城。新城在今河南洛陽縣南。（八一）隴：今甘肅清水縣北。（八二）烏氏：今甘肅平涼縣西南。（八三）涇陽：今甘肅平涼縣西四十里。（八四）陽城：酈道元曰：「陽城在安民縣，成帝永始二年罷。」（八五）番須：李賢曰：「番須口與回中相近，並在汧。」

汧，今陝西隴縣。(八六)郁夷：今陝西隴縣西。(八七)雲陽：今陝西淳化縣西北。(八八)杜陵：今陝西長安縣。(八九)谷口：杜佑曰：「谷口，今雲陽洛谷是。」宋白曰：「當涇水所出之處，謂之谷口。」(九〇)李寶：胡三省曰：「參考范書，究其本末，漢中王嘉即以更始柱功侯李寶為相，禹誅之，非別一人也。」(九一)此家：猶言此人。(九二)河南：今河南洛陽縣西北五里。(九三)塗炭：若陷泥墜火，喻窮困之極。(九四)鋪時繹思，我徂惟求定：〈周頌・賚〉之詩。鋪，布；繹，陳；徂，往；求定，謂安定天下。(九五)以飽待饑，以逸待勞：孫武子之言。(九六)折箠笞之：箠，杖；折杖笞之，言其容易。(九七)宗室列侯為王莽所絕者：免漢宗室列侯事，見卷三十七王莽始建國二年。(九八)新安：今河南澠池縣東。(九九)宜陽：今河南宜陽縣西。

卷四十一　漢紀三十三

起強圉大淵獻，盡屠維赤奮若，凡三年。（丁亥至己丑，西元二十七年至二十九年）

司馬光編集
桑秀雲註

世祖光武皇帝上之下

建武三年（西元二十七年）

㈠春，正月，甲子（初六日），以馮異為征西大將軍㊀。鄧禹慙於受任無功，數以飢卒徼㊁赤眉戰，輒不利；乃率車騎將軍鄧弘等自河北㊂度至湖㊃，要馮異共攻赤眉。異曰：「異與賊相拒數十日，雖虜獲雄將，餘眾尚多，可稍以恩信傾誘，難卒用兵破也。上今使諸將屯澠池㊄，要其東，而異擊其西，一舉取之，此萬成計㊅也！」禹、弘不從，弘遂大戰移日㊆。赤眉陽㊇敗，棄輜重走；車皆載土，以豆覆其上，兵士飢，爭取之。赤眉引還，擊弘，弘軍潰亂；異與禹合兵救之，赤眉小却。異以士卒飢倦，可且休；禹不聽，復戰，大為所敗，死傷者三千餘人，禹以二十四騎脫歸宜陽㈨，異棄馬奔走，上回谿（一〇）阪，與麾下數人歸營，收其散卒，復堅壁自守。

㈡辛巳（二十三日），立四親廟（一一）於洛陽，祀父南頓君以上至舂陵節侯。

㈢壬午（二十四日），大赦。

㈣閏月乙巳，（是年閏二月。閏二月不應置於二月之前，疑此「閏月」為「二月」之誤，而下文「二月」為「閏月」之誤。如為二月，戊子朔，乙巳應為十八日；閏二月，戊午朔，無乙巳日。）鄧禹上大司徒、梁侯印綬；詔還梁侯印綬，以為右將軍（一二）。

㈤馮異與赤眉約期會戰，使壯士變服與赤眉同，伏於道側。旦日（一三），赤眉使萬人攻異前部，異少出兵以救之。賊見勢弱，遂悉眾攻異，異乃縱兵大戰。日昃（一四），賊氣衰，伏兵卒起，衣服相亂，赤眉不復識別，眾遂驚潰；追擊，大破之於崤（一五）底，降男女八萬人。帝降璽書勞異曰：「始雖垂翅回谿，終能奮翼澠池，可謂失之東隅，收之桑榆（一六）。方論功行賞，以答大勳。」

赤眉餘眾東向宜陽。甲辰，（是年閏二月無甲辰日，二月甲辰應為十七日。）帝親勒六軍，嚴陳㈦以待之。赤眉忽遇大軍，驚震不知所謂，乃遣劉恭乞降，曰：「盆子將百萬眾降，陛下何以待之？」帝曰：「待汝以不死耳！」丙午，（是年閏二月無丙午日，二月丙午應為十九日。）盆子及丞相徐宣以下三十餘人肉袒㈧降，上所得傳國璽綬。積兵甲宜陽城西，與熊耳山㈨齊。赤眉眾尚十餘萬人，帝令縣廚皆賜食。明旦，大陳兵馬臨雒水㈩，令盆子君臣列而觀之。帝謂樊崇等曰：「得無悔降乎？朕今遣卿歸營，勒兵鳴鼓相攻，決其勝負，不欲彊相服也。」徐宣等叩頭曰：「臣等出長安東都門，君臣計議歸命聖德㈡。百姓可與樂成，難與圖始，故不告眾耳。今日得降，猶去虎口歸慈母，誠歡誠喜，無所恨也！」帝曰：「卿所謂鐵中錚錚，傭中佼佼㈢者也。」戊申，（是年閏二月無戊申日，二月戊申，應為廿一日。）還自宜陽。帝令樊崇等各與妻子居雒陽㈢，賜之田宅。其後樊崇、逢安反，誅；楊音、徐宣卒於鄉里。帝憐盆子，以為趙王郎中㈣，後病失明，賜滎陽均輸官地㉕，使食其稅終身。劉恭為更始報仇，殺謝祿，自繫獄；帝赦不誅。

㈥二月，（疑為閏二月之誤。）劉永立董憲為海西王㉖。永聞伏隆至劇㉗，亦遣使立張步為齊王。步貪王爵，猶豫㉘未決。隆曉譬曰：「高祖與天下約，非劉氏不王；今可得為十萬戶侯耳！」步欲留隆，與共守二州㉙，隆不聽，求得反命，步遂執隆而受永封。隆遣間使上書曰：「臣隆奉使無狀㉚，受執凶逆㉛；雖在困阨㉜，授命不顧。又吏民知步反畔，心不附之，願以時進兵，無以臣隆為念。臣隆得生到闕廷㉝，受誅有司，此其大願。若令沒身寇手，以父母、昆弟長累㉞陛下。陛下與皇后、太子永享萬國，與天無極㉟。」帝得隆奏，召其父湛，流涕示之曰：「恨不且許而遽求還也！」其後步遂殺之。帝方北憂漁陽㊱，南事梁、楚㊲，故張步得專集齊地，據郡十二焉㊳。

㈦帝幸懷㊴。

㈧吳漢率耿弇、蓋延擊青犢於軹㊵西，大破降之。

㈨三月壬寅（十六日），以司直(四一)伏湛為大司徒(四二)。

㈩涿郡(四三)太守張豐反，自稱無上大將軍，與彭寵連兵。朱浮以帝不自征彭寵，上疏求救。詔報曰：「往年赤眉跋扈長安，吾策其無穀必東，果來歸附。今度此反虜，勢無久全，其中必有內相斬者。今軍資未充，故須(四四)後麥耳！」浮城中糧盡，人相食，會耿況遣騎來救，浮乃得脫身走，薊城(四五)遂降於彭寵。寵自稱燕王，攻拔右北平(四六)、上谷(四七)數縣，賂遺匈奴，借兵為助；又南結張步及富平、獲索諸賊，皆與交通。

(十一)帝自將征鄧奉，至堵陽(四八)。奉逃歸淯陽(四九)，董訢降。夏四月，帝追奉至小長安(五〇)，與戰，大破之；奉肉袒因朱祜降。帝憐奉舊功臣，且釁起吳漢，欲全宥之。岑彭、耿弇諫曰：「鄧奉背恩反逆，暴師經年，陛下既至，不知悔善，而親在行陳，兵敗乃降；若不誅奉，無以懲惡！」於是斬之，復朱祜位。

(十二)延岑既破赤眉，即拜置牧守(五一)，欲據關中。時關中眾寇猶盛：岑據藍田(五二)，王歆據下邽(五三)，芳丹據新豐(五四)，蔣震據霸陵(五五)，張邯據長安（五六），公孫守據長陵（五七），楊周據谷口（五八），呂鮪據陳倉（五九），角閎據汧（六〇），駱延據盩厔（六一），任良據鄠（六二），汝章據槐里（六三），各稱將軍，擁兵多者萬餘人，少者數千人，轉相攻擊。馮異且戰且行，屯軍上林苑（六四）中。延岑引張邯、任良共擊異；異擊，大破之，諸營保（六五）附岑者皆來降，岑遂自武關（六六）走南陽（六七）。時百姓饑餓，黃金一斤易豆五升，道路斷隔，委輸（六八）不至，馮異軍士悉以果實為糧。詔拜南陽趙匡為右扶風，將兵助異，並送縑、穀。異兵穀漸盛，乃稍誅擊豪傑不從令者，褒賞降附有功勞者，悉遣諸營渠帥（六九）詣京師，散其眾歸本業，威行關中。唯呂鮪、張邯、蔣震遣使降蜀（七〇），其餘悉平。

（十三）吳漢率驃騎大將軍（七一）杜茂等七將軍圍蘇茂於廣樂（七二），周建招集得十餘萬人救之。漢迎與之戰，不利，墮馬傷郄（七三），還營；建等遂連兵入城。諸將謂漢曰：「大敵在前，而公傷臥，眾心懼矣！」漢乃勃然裹創而起，椎牛饗士（七四）慰勉之，士氣自倍。旦日，蘇茂、周建出兵圍漢；漢奮擊，大破之，茂走還湖陵（七五）。睢陽（七六）人反城迎劉永，蓋延率諸將圍之；吳漢留杜茂、陳俊守廣樂，自將兵助延圍睢陽。

(十四)車駕(七七)自小長安引還，令岑彭率傅俊、臧宮、劉宏等三萬餘人南擊秦豐。五月己酉（二十四日）車駕還宮。

(十五)乙卯晦，日有食之。

(十六)六月壬戌（初七日），大赦。

(十七)延岑攻南陽，得數城；建威大將軍耿弇與戰於穰(七八)，大破之。岑與數騎走東陽(七九)，與秦豐合；豐以女妻之。建義大將軍朱祐率祭遵等與岑戰於東陽，破之；岑走歸秦豐。祐遂南與岑彭等軍合。延岑護軍鄧仲況擁兵據陰縣(八〇)，而劉歆、孫龔為其謀主(八一)。前侍中扶風蘇竟以書說(八二)之，仲況與龔降。竟終不伐(八三)其功，隱身樂道，壽終於家。

秦豐拒岑彭於鄧(八四)，秋七月，彭擊破之。進圍豐於黎丘(八五)，別遣積弩將軍傅俊將兵徇江東，楊州悉定。

(十八)蓋延圍睢陽百日，劉永、蘇茂、周建突出，將走酇(八六)。延追擊之急，永將慶吾斬永首降。蘇茂、周建犨(八七)垂惠(八八)，共立永子紆為梁王。佼彊犇保西防。

(十九)冬十月壬申（十九日），上幸舂陵(八九)，祠園廟。

(廿)耿弇從容言於帝，自請北收上谷兵未發者，定彭寵於漁陽，取張豐於涿郡，還收富平、獲索，東攻張步，以平齊地。帝壯其意，許之。

(廿一)十一月乙未（十二日），帝還自舂陵。

(廿二)是歲，李憲稱帝，置百官，擁九城(九〇)，眾十餘萬。

(廿三)帝謂太中大夫來歙曰：「今西州(九一)未附，子陽(九二)稱帝，道里阻遠，諸將方務關東，思西川方略，未知所在。」歙曰：「臣嘗與隗囂相遇長安。其人始起，以漢為名。臣願得奉威命，開以丹青(九三)之信，囂必束手(九四)自歸；則述自亡之勢，不足圖也。」帝然之，始令歙使於囂。囂既有功於漢，又受鄧禹爵署(九五)，其腹心議者多勸通使京師，囂乃奉奏詣闕。帝報以殊禮，言稱字，用敵國之儀，所以慰藉之甚厚(九六)。

【今註】(一)征西大將軍：世祖中興，前後左右雜號將軍眾多，皆主征伐，事訖皆罷。(二)徼：求取也；抄也。㊂河北：今山西芮城縣東北。㊃湖：今湖城縣西南。㊄澠池：今河南宜陽縣西。㊅萬成計：謂萬無一失之計。㊆移日：謂日影移動，經過若干時間。㊇陽：假作。㊈宜陽：今河南宜陽縣東。⑩回谿：今河南洛寧縣東北。⑪四親廟：禮天子立親廟四。光武立高祖父舂陵節侯、曾祖父鬱林太守、祖父鉅鹿都尉、父南頓令之廟。⑫右將軍：漢興，置右將軍。金紫位，次上卿。典京師兵衞四夷屯警。武帝征四夷，有前後左右將軍，揚示威靈，折衝萬里。宣、元以後，雖不出征，猶有其官，位在諸卿上也。⑬且日：明日。⑭日昃：日斜。⑮崤底：崤谷之底。崤，今河南洛寧縣西北。⑯東隅桑榆：東隅，東方日出之地，謂早也。桑榆，日將夕，在桑榆間，謂晚也。⑯勒：統御之義。⑰陳：陣也。⑱肉祖：謂祖衣露體也。表示降服而從順。⑲態耳山：《水經注》曰：洛水之北，有熊耳山，雙巒競舉，狀同熊耳。在宜陽西。⑳雒水：即洛水，光武帝改洛為雒。㉑聖德：尊稱天子之詞，此處指光武帝。㉒鐵中錚錚，傭中佼佼：鐵中錚錚，言微有剛利；傭中佼佼，凡庸之人稍為勝也。喻人之卓越者。㉓雒陽：即洛陽。㉔郎中：隸郎中令，宿衞官也。㉕均輸官地：均輸，官名，屬司農。以郡國貢輸，往來繁雜，物不償其費，故郡置輸官，以相給運，便遠方之貢，故曰均輸。賜滎陽均輸官地，即使劉盆子為滎陽之均輸官，並將此地賜給盆子，使食租稅。㉖海西：琅邪郡作西海縣，今山東日照縣。㉗劇：今山東昌樂縣。㉘猶豫：遲疑不能決定。㉙二州：指青州和徐州。㉚無狀：無善狀也，猶言不肖。㉛凶逆：凶惡背叛之人，指張步。㉜困阨：艱苦也。㉝闕廷：官闕朝廷所在，指天子所居言之。㉞累：勞乏曰累。㉟無極：無窮盡也。㊱北夏漁陽：（見卷四十、四十二）蕭王（劉秀）北擊尤來、大槍、五幡於元氏，連破之，乘勝輕進，反為所敗。賊退入漁陽，所過擄掠。㊲南事梁楚：（見卷三十三、三十九）梁王永據國起兵，招諸郡豪傑，攻下濟陰、山陽、沛、楚、淮陽、汝南凡得二十八城。遣使拜西防賊帥山陽佼彊為橫行將軍，東海賊帥董憲為翼漢大將軍，瑯琊賊張輔為輔漢大將軍，督青徐二州與之連兵，遂專據東方。㊳據郡十二：步據城陽、琅邪、高密、膠東、東萊、北海、齊、千乘、濟南、平原、泰山、菑川十二郡。㊴懷：今河南武陟縣西南。㊵軹：今河南濟源縣南。㊶司直：官名。漢武帝置，秩比二千石，掌佐丞相舉不法，位在司隸校尉上。㊷大司徒：掌人民事，世祖即位時稱大司徒，至建武二十七年去大，稱司徒。凡教民孝悌遜順謙讓養生送死之事，則議其制，建其度。凡四方民事功課歲盡，則奏其殿最而行賞罰。凡郊祀之事掌省牲，濯大喪則掌奉安梓宮。㊸涿郡：治涿縣，今河北省涿縣治。㊹須：待也。㊺薊：今河北大興縣西南。㊻右北平：郡治在今河北豐潤縣東十里南關城。㊼上谷：郡治在今察哈爾省之懷來縣。㊽堵陽：河南裕州東六里。㊾淯陽：亦作育陽，今河南南陽南六十里處，呼為緣陽村者。㊿小長安：在淯陽。(51)牧守：每州置牧一人，以八月巡行所部郡國，錄囚徒，考殿最。每郡置太守一人。(52)藍田：今陝西藍田縣西三十里。(53)下邽：今陝西渭南縣東北。(54)新豐：今陝西臨潼縣東。(55)霸陵：在陝西咸寧，民國併入長安縣。(56)長安：今陝西長安縣。(57)長陵：今陝西咸陽縣東北四十里。(58)谷口：今陝西涇陽縣西北，醴泉縣東北。(59)陳倉：今陝西寶雞縣東二十里。(60)汧：今陝西隴縣南。(61)妃厔：今陝西厔縣。(62)鄠：今陝西鄠縣北二里。(63)槐里：今陝西興平縣東南十里。㊃上林苑：故址在今河南洛陽縣東洛陽故城西。㊄營保：營堡。㊅武關：陝西商縣東。㊆南陽：今河南南陽縣。㊇委輸：運輸。㊈渠帥：猶言渠魁，賊之首領也。㊉蜀：時公孫述據蜀。㊀驃騎大將軍：次於大將軍，霍去病曾為之。㊁廣樂：今河南虞城縣。㊂郗：同滕。㊃椎牛饗士：椎，椎殺也。饗：設盛禮以飲賓。㊄湖陵：今山東魚臺縣東南六十里。㊅睢陽：今河南商邱縣南。㊆車駕：指天子。㊇穰：今湖北襄陽城外東南隅。㊈東陽：南陽郡育陽縣有東陽聚，今河南南陽東。㊉陰縣：今湖北光化縣西。㊀謀主：謂主謀其事之人。㊁說：音稅，遊說也。㊂伐：自誇其能曰伐。㊃鄧：今湖北襄陽縣北。㊄黎丘：今湖北自忠縣東北。㊅鄴：即鄴，今河南永城縣西。㊆犇：古奔字。㊇垂惠：垂惠聚，今安徽蒙城縣北。㊈舂陵：世祖所立四親廟處。㊉九城：盧江郡十二城，憲有九城。㊀西州：指隗囂。㊁子陽：公孫述字子陽。㊂丹青：楊子曰：「聖人之言，炳若丹青。」㊃束手：謂兩手自縛也。㊄爵署：見卷三十九建武元年囂為西州大將軍。㊅慰藉：猶言慰勞也。慰：安之自上。藉：安之自下。

四年（西元二八年）

㈠正月甲申（初二日）大赦。

㈡二月壬子（初一日），上行幸懷；壬申（二十一日）還雒陽。

㈢延岑復寇順陽㊀；遣鄧禹將兵擊破之，岑犇漢中；公孫述以岑為大司馬，封汝寧王。

㈣田戎聞秦豐破，恐懼欲降。其妻兄辛臣圖㊁彭寵、張步、董憲、公孫述等所得郡國以示戎曰：「雒陽地如掌㊂耳，不如且按甲㊃以觀其變。」戎曰：「以秦王之彊，猶為征南㊄所圍，吾降決矣。」乃留辛臣使守夷陵㊅，自將兵沿江泝沔上黎丘㊆。辛臣於後盜戎珍寶，從間道㊇先降於岑彭。而以書招戎曰：「宜以時降，無拘前計。」戎疑臣賣己，灼龜卜，降兆中坼㊈，遂復反，與秦豐合；岑彭擊破之，戎亡歸夷陵。

㈤夏四月丁巳（初七日），上行幸鄴㊉；己巳（十九日），幸臨平⑪；遣吳漢、陳俊、王梁擊破五校於臨平。鬲縣⑫五姓⑬共逐守長⑭，據城而反；諸將爭欲攻之。吳漢曰：「使鬲反者，守長罪也。敢輕冒進兵者斬。」乃移檄告郡使收守長，而使人謝；城中五姓大喜，即相率降。諸將乃服曰：「不戰而下城，非眾所及也！」

㈥五月，上幸元氏⑮；辛巳（初一日）幸盧奴⑯，將親征彭寵。

伏湛諫曰：「今兗、豫、青、冀〔一七〕，中國之都，西寇賊從橫，未及從化〔一八〕；漁陽邊外荒耗，豈足先圖！陛下捨近務遠，棄易求難，誠臣之所惑也。」上乃還。

(七)帝遣建義大將軍朱祜、建威大將軍耿弇、征虜將軍祭遵、驍騎將軍劉喜討張豐於涿郡。祭遵先至，急攻豐，擒之。初，豐好方術，有道士〔一九〕言豐當為天子，以五綵囊裹石繫豐肘，云：「石中有玉璽」。豐信之，遂反。既執，當斬，猶曰：「肘石有玉璽」。傍人為椎破之，豐乃知被詐，仰天歎曰：「當死無恨！」

上詔耿弇進擊彭寵，弇以父況與寵同功〔二〇〕，又兄弟無在京師者，不敢獨進，求詣雒陽。詔報曰：「將軍舉宗為國，功効尤著，何嫌何疑，而欲求徵〔二一〕！」況聞之，更遣弇弟國入侍。時祭遵屯良鄉〔二二〕，劉喜屯陽鄉〔二三〕，彭寵引匈奴兵欲擊之，耿況使其子舒襲破匈奴兵，斬兩王，寵乃退走。

(八)六月辛亥（初二日），車駕還宮。

(九)秋，七月丁亥（初八日），上幸譙〔二四〕。【考異】袁紀：「六月幸譙」，今從范書。遣捕虜將軍馬武、騎都尉王霸圍劉紆、周建於垂惠。

㈩董憲將賁休以蘭陵[二五]降；憲聞之，自郯[二六]圍之。蓋延及平狄將軍山陽龐萌在楚[二七]，請往救之。帝敕曰：「可直往擣[二八]郯，則蘭陵自解。」延等以賁休城危，遂先赴之。憲逆[二九]戰而陽敗退，延等因拔圍入城。明日，憲大出兵合圍；延等懼，遽出突走，因往攻郯。帝讓[三〇]之曰：「間欲先赴郯者，以其不意故耳！今既犇走，賊計已立，圍豈可解乎？」延等至郯，果不能克；而董憲遂拔蘭陵，殺賁休。

㈪八月戊午（初十日），上幸壽春[三一]，遣揚武將軍南陽馬成率誅虜將軍南陽劉隆等三將軍發會稽、丹陽、九江、六安四郡兵擊李憲。九月，圍憲於舒[三二]。

王莽末，天下亂，臨淮[三三]大尹[三四]河南[三五]侯霸獨能保全其郡。帝徵霸會壽春，拜尚書令。時朝廷無故典，又少舊臣，霸明習故事，收錄遺文，條奏前世善政法度，施行之。

冬，十月甲寅（初七日），車駕還宮。

(十一)隗囂使馬援往觀公孫述。援素與述同里閈(三六)，相善，以為既至，當握手歡如平生(三七)；而述盛陳(三八)陛衞(三九)以延援入，交拜禮畢，使出就館。更為援制都布(四〇)單衣(四一)、交讓冠，會百官於宗廟中，立舊交之位，述鸞旗(四二)、旄騎(四三)，警蹕就車，磬折(四四)而入，禮饗官屬甚盛，欲授援以封侯大將軍位。賓客皆樂留，援曉之曰：「天下雄雌未定，公孫不吐哺(四五)走迎國士，與圖成敗，反修飾邊幅(四六)，如偶人形，此子何足久稽(四七)天下士乎！」因辭歸，謂囂曰：「子陽井底蛙(四八)耳！而妄自尊大，不如專意東方(四九)。」

囂乃使援奉書雒陽。援初到，良久，中黃門(五〇)引入。帝在宣德殿南廡(五一)下，但幘(五二)，坐，迎笑，謂援曰：「卿遨遊二帝間；今見卿，使人大慙。」援頓首辭謝，因曰：「當今之世，非但君擇臣，臣亦擇君矣！臣與公孫述同縣，少相善；臣前至蜀，述陛戟(五三)而後進臣。臣今遠來，陛下何知非刺客姦人，而簡易若是？」帝復笑曰：「卿非刺客，顧說客耳！」援曰：「天下反覆，盜名字者(五四)不可勝數；今見陛下恢廓大度，同符高祖，乃知帝王自有真也。」

(十三)太傅卓茂薨。

(十四)十一月丙申（十九日），上行幸宛(五五)。岑彭攻秦豐三歲，斬首九萬餘級；豐餘兵裁千人，食且盡。十二月丙寅（二十日），帝幸黎丘(五六)，遣使招豐，豐不肯降；乃使朱祜等代岑彭圍黎丘，使岑彭、傅俊南擊田戎。

(十五)公孫述聚兵數十萬人，積糧漢中；又造十層樓船，多刻天下牧守印章。遣將軍李育、程焉將數萬眾出屯陳倉(五七)，就呂鮪，將徇(五八)三輔。馮異迎擊，大破之，育、焉俱犇漢中。【考異】公孫述傳：「使李育、程烏與呂鮪徇三輔。三年，馮異擊鮪，育於陳倉，大敗之。」按本紀，「四年，馮異與述將程焉戰陳倉，破之。」馮異傳亦在今年。蓋述傳誤以「四年」為「三年」，「焉」作「烏」耳。異還擊破呂鮪營保，降者甚眾。是時，隗囂遣兵佐異有功，遣使上狀。帝報以手書曰：「慕樂德義，思相結納。昔文王三分，猶服事殷(五九)，但駑馬、鈆刀(六〇)，不可強扶，數蒙伯樂一顧之價(六一)。將軍南拒公孫述之兵，北御(六二)羌、胡之亂，是以馮異西征得以數千百人躑躅(六三)三輔。微將軍之助，則咸陽已為他人禽矣！如今子陽到漢中，三輔願因將軍兵馬，旗鼓相當。儻肯如言，即智士計功割地之秋也。

管仲曰：『生我者父母，成我者鮑子(六四)。』自今以後，手書相聞，勿用傍人間構之言。」其後公孫述數遣間將出，囂輒與馮異合勢，共摧挫之。述遣使以大司馬扶安王印綬授囂；囂斬其使，出兵擊之，以故蜀兵不復北出。

(十六)泰山豪傑多與張步連兵。吳漢薦強弩大將軍陳俊為泰山(六五)太守，擊破步兵，遂定泰山。

【今註】(一)順陽：今河南淅川縣東。(二)圖：謀取。(三)如掌：形容地方狹小。(四)按甲：按兵不動。(五)征南：指岑彭，時岑彭為征南大將軍。(六)夷陵：今湖北宜昌縣東。(七)黎丘：今湖北自忠縣東北。(八)間道：僻徑。(九)中坼：中裂。(十)鄀：今河南內黃縣東北。(十一)臨平：今河南鹿邑縣西南五十里。(十二)鬲縣：今山東陵縣西北。(十三)五姓：蓋當地強宗豪右。(十四)守長：胡三省曰：「守長者，守鬲縣長，非正官也。」(十五)元氏：今河北元氏縣西北。(十六)盧奴：今河北定縣。(十七)兗、豫、青、冀：兗州，今河北省西南部與山東省西北部。豫州，今河南省地。青州，今山東省地。冀州，今河北、山西二全省及遼寧省遼河以西、河南省黃河以北皆其地。(十八)從化：服從政令與教化。(十九)道士：西都有方士，東都因稱為道士。(二十)況與寵同功：耿況與彭寵，同有助漢之功。見卷三十九更始二年。(二一)徵：信也。(二二)良鄉：今河北房山縣東。(二三)陽鄉：今河北涿縣東五十里有陽鄉亭。(二四)譙：今安徽亳縣。(二五)蘭陵：

今山東嶧縣東五十里。㉖郯：今山東郯城縣西南三十里，在沂、沭二水之間。㉗楚：彭城。㉘擣：擣虛，此兵法所謂攻其必救也。㉙逆：迎。㉚讓：責讓。㉛壽春：今安徽壽縣。㉜舒：今安徽廬江縣西。㉝臨淮：臨淮郡，漢置，東漢廢。故治在今安徽盱眙縣西北。㉞大尹：京都置尹一人，二千石。㉟河南：今河南洛陽縣西北五里。㊱閈：閭也。援與述同為茂陵人。㊲平生：謂平時也。㊳盛陳：排列很多。㊴陛衞：衞士。㊵都布：布名。㊶單衣：《方言》曰：「禪衣，江淮南楚之間謂之褋，關之東西謂之禪衣。」㊷鸞旗：見卷十三文帝元年註㊴。㊸旄騎：頭騎也。秦穆公伐南山大梓，有一青牛出，走入豐水中。其後牛出豐水，使騎擊之，不勝。有騎墮地，復上，髮解。牛畏之，入不出，故置旄頭騎以前驅。㊹磬折：身體折屈，如磬之曲折。㊺吐哺：周公一飯三吐哺，以待天下之士。㊻邊幅：小節。㊼稽：留也。㊽井底蛙：井底之蛙，見識狹小。㊾東方：指漢光武所處之雒陽。㊿中黃門：比百石，掌給事禁中。(51)廡：堂下周屋也。(52)幘：包髮之巾。(53)陛戟：衞士持戟夾陛也。(54)盜名字者：指竊盜位號以稱帝稱王者。(55)宛：今河南南陽縣。(56)黎丘：今湖北自忠縣東北。(57)陳倉：今陝西寶雞縣東二十里。(58)狥：徇俗字。(59)文王三分，猶服事殷：孔子曰：「三分天下有其二，以服事殷。周之德可謂至德也已矣！」(60)駑馬鈆刀：駑馬，最下等之馬；鈆，同鉛。自謙才劣，不可強相扶持。(61)伯樂一顧之價：伯樂，古之善相馬者。《戰國策》蘇代謂淳于髡曰：「人有賣駿馬者，比三日，立於市，市人莫之知。往見伯樂曰：『臣有駿馬欲賣之，比三旦立市，市人莫與言。願子還而視之，去而顧之，臣請獻一朝之價。』伯樂如其言，一旦而價十倍也。」(六二)御：讀曰禦。(六三)躑躅：徘徊不能去之貌。(六四)生我者父母，成我者鮑子：語見《史記・管晏列傳》。(六五)泰山：郡名，郡治在今山東泰安縣東北十七里。

五年（西元二九年）

㈠春，正月，癸巳（十七日），車駕還宮。

㈡帝使來歙持節送馬援歸隴右。【考異】袁紀曰：「援與拒蜀侯國遊先，俱奉使，遊先至長安，為仇家所殺。其弟為囂雲旗將軍。來歙恐其怨恨，與援俱還長安」。按囂使被殺者，周遊也，不在此。隗囂與援共臥起，問以東方事，曰：「前到朝廷，上引見數十，每接燕語㈠，自夕至旦，才明勇略，非人敵也。且開心見誠，無所隱伏，闊達多大節，略與高帝同；經學博覽，政事文辯，前世無比。」囂曰：「卿謂何如高帝？」援曰：「不如也。高帝無可無不可，今上好吏事㈡，動如節度，又不喜飲酒。」囂意不懌，曰：「如卿言，反復勝邪！」

㈢二月丙午（初一日），大赦。

㈣蘇茂將五校兵救周建於垂惠。馬武為茂、建所敗，犇過王霸營大呼救。霸曰：「賊兵盛出必兩敗，努力而已！」乃閉營堅壁，軍吏皆爭㊂之。霸曰：「茂兵精銳，其眾又多，吾吏士心恐，而捕虜㊃與吾相恃，兩軍不一，此敗道也。今閉營固守，示不相援，賊必乘勝輕進；捕虜無救，其戰自倍。如此，茂眾疲勞，吾承其敝，乃可克也。」茂、建果悉出攻武，合戰良久；霸軍中壯士數十人斷髮㊄請戰。霸乃開營後，出精騎襲其背。茂、建前後受敵，驚亂敗走，霸、武各歸營。茂、建復聚兵挑戰，霸堅臥不出，方饗士作倡樂㊅；茂雨射營中，中霸前酒樽㊆，霸安坐不動。軍吏皆曰：「茂前日已破，今易擊也！」霸曰：「不然，蘇茂客兵遠來，糧食不足，故數挑戰以徼一時之勝。今閉營休士，所謂不戰而屈人兵者也㊇。」茂、建既不得戰，乃引還營。其夜，周建兄子誦反，閉城拒之。建於道死；茂奔下邳；與董憲合；劉紆犇佼彊。

㈤乙丑（二十日），上行幸魏郡。

㈥彭寵妻數為惡夢，又多見怪變；卜筮、望氣㊈者皆言兵當從中起。寵以子后蘭卿質漢歸，不信之，使將兵居外，無親於中。寵齋在便室，蒼頭㊉子密等三人因寵臥寐，共縛著牀，告外吏云：

「大王齋禁，皆使吏休(一一)。」偽稱寵命。收縛奴婢，各置一處。又以寵命呼其妻，妻入，驚曰：「奴反！」奴乃捽(一二)其頭，擊其頰。寵急呼曰：「趣為諸將軍(一三)辦裝(一四)！」於是兩奴將妻入取寶物，留一奴守寵。寵謂守奴曰：「若小兒(一五)，吾素所愛也。今為子密所迫刼耳！解我縛，當以女珠妻汝，家中財物皆以與若。」小奴意欲解之，視戶外，見子密聽其語，遂不敢解。於是收金玉衣物，至寵所裝之，被馬(一六)六匹，使妻縫兩縑(一七)囊。昏夜後，解寵手，令作記(一八)告城門將軍云：「今遣子密等至子后蘭卿所，速開門出，勿稽留之。」書成，斬寵及妻頭置囊中，便持記馳出城，因以詣闕。明旦，閤門(一九)不開，官屬踰墻而入，見寵尸，驚怖。其尚書韓立等共立寵子午為王，國師(二〇)韓利斬午首詣祭遵降，夷其宗族。帝封子密為不義侯。

權德輿議曰：「伯通(二一)之叛命，子密之戕君，同歸於亂，罪不相蔽。宜各致於法，昭示王度；反乃爵於五等(二二)，又以不義為名。且舉以不義，莫可侯也。此而可侯，漢爵為不足勸矣！春秋書齊豹盜㉓三叛人名㉔之義，無乃異於是乎？」

㈦帝以扶風郭伋為漁陽太守。伋承離亂之後，養民訓兵，開示威信，盜賊銷散，匈奴遠迹；在職五年，戶口增倍。

㈧帝使光祿大夫樊宏持節迎耿況於上谷㉕，曰：「邊郡寒苦，不足久居。」況至京師，賜甲第，奉朝請㉖，封牟平侯㉗。

吳漢率耿弇、王常擊富平、獲索賊於平原㉘，大破之；追討餘黨至勃海㉙，降者四萬餘人，上因詔弇進討張步。

㈨平敵將軍龐萌為人遜順，帝信愛之，常稱曰：「可以託六尺之孤，寄百里之命者㉚，龐萌是也。」使與蓋延共擊董憲。時詔書獨下延而不及萌，萌以為延譖己，自疑，遂反襲延軍，破之；【考異】東觀記，後漢書皆云：「萌攻延，延與戰，破之。詔書勞延曰：龐萌一夜反畔，相去不遠，營壁不堅，殆令人齒欲相擊，而將軍有不可動之節，吾甚美之。」延傳言「僅而得免」，與彼不同。今從延傳。與董憲連和，自號東平王，屯桃鄉㉛之北。帝聞之大怒，自將討萌，與諸將書曰：「吾嘗以龐萌為社稷之臣，將軍得無笑其言乎，老賊當族，其各厲兵馬會睢陽。」

龐萌攻破彭城，將殺楚郡㉜太守孫萌。【考異】袁紀作楚相孫萌，今從范書。郡吏劉平伏太守身上號泣，請代其死，身被七創；龐萌義而捨之。太守已絕復蘇(三三)，渴求飲，平傾創血以飲之。

(十)岑彭攻拔夷陵(三四)，田戎亡入蜀，盡獲其妻子、士眾數萬人。公孫述以戎為翼江王。

岑彭謀伐蜀，以夾川穀少，水險難漕，留威虜將軍馮駿軍(三五)江州(三六)，都尉田鴻軍夷陵，領軍李玄軍夷道(三七)，自引兵還屯津鄉(三八)，當荊州(三九)要會，喻告諸蠻夷降者，奏封其君長。

(十一)夏四月，旱，蝗。

(十二)隗囂問於班彪曰：「往者周亡，戰國並爭，數世然後定。意者從横之事，將復起於今乎？將承運迭興(四〇)，在於一人也？」彪曰：「周之廢興，與漢殊異。昔周爵五等(四一)，諸侯從政，本根既微，枝葉彊大(四二)，故其末流有從横之事，勢數然也。漢承秦制，改立郡縣(四三)，主有專己之威，臣無百年之柄。至於成帝，假借外家(四四)，哀、平短祚，國嗣三絕，故王氏擅朝，能竊號位，危自上起，傷不反下(四五)，是以即真(四六)之後，天下莫不引領而歎。十餘年間，中外騷擾，遠近俱發，假號雲合(47)，咸稱劉氏，不謀同辭。方今雄桀帶州域者，皆無六國世業之資，而百姓謳吟思仰，漢必復興，已可知矣！」囂曰：「生言周、漢之勢可也，至於但見愚人習識劉氏姓號之故，而謂漢復興，疏(48)矣！昔秦失其鹿，劉季(49)逐而掎(50)之，時民復知漢乎？」彪乃為之著王命論以風(51)切之，曰：「昔堯之禪舜，曰天之歷數在爾躬(52)。舜亦以命禹。洎(53)于稷、契，咸佐唐、虞，至湯、武而有天下。劉氏承堯之祚，堯據火德而漢紹(54)之。有赤帝子之符，故為鬼神所福饗(55)，天下所歸往。由是言之，未見運世無本，功德不紀(56)，而得屈起(57)在此位(58)者也。俗見高祖興於布衣，不達其故，至比天下於逐鹿，幸捷而得之。不知神器(59)有命，不可以智力求也。悲夫！此世所以多亂臣賊子者也。夫餓饉流隸(60)，飢寒道路，所願不過一金，然終轉死溝壑(61)，何則？貧窮亦有命也。況乎天子之貴，四海之富，神明之祚，可得而妄處哉！故雖遭羅阨會，竊其權柄，勇如信、布(62)，彊如梁、籍(63)，成如王莽，然卒潤鑊伏質(64)，亨醢分裂(65)。又況么麼(66)尚不及數子(67)，而欲闇奸(六八)天位者虖(六九)。昔陳嬰之母以嬰家世貧賤，卒(七〇)富貴不祥，止嬰勿王(七一)。王陵之母知漢王必得天下，伏劍而死，以固勉陵(七二)。夫以匹婦之明，猶能推事理之致，探禍福之機，而全宗祀於無窮，垂策書於春秋(七三)，而況大丈夫之事虖？是故窮達有命，吉凶由人，嬰母知廢，陵母知興，審(七四)此二者，帝王之分決矣！加之高祖寬明而仁恕，知人善任使，當食吐哺，納子房之策(七五)；拔足揮洗，揖酈生之說(七六)；舉韓信於行陳(七七)，收陳平於亡命(七八)；英雄陳力，羣策畢舉，此高祖之大略所以成帝業也。若乃靈瑞符應，其事甚眾，故淮陰留侯謂之天授，非人力也。英雄誠知覺寤，超然遠覽，淵然深識，收陵、嬰之明分，絕信、布之覬覦，距逐鹿之瞽說，審神器之有授，毋貪不可冀(七九)，為二母之所笑，則福祚流于子孫，天祿其永終矣！」囂不聽，彪遂避地河西(八〇)；竇融以為從事(八一)，甚禮重之。彪遂為融畫策，使之專意事漢焉。

(三三)初，竇融等聞帝威德，心欲東向，以河西隔遠，未能自通，乃從隗囂受建武正朔(八二)，囂皆假其將軍印綬。囂外順人望，內懷異心，使辯士張玄說融等曰：「更始事(八三)已成，尋復亡滅，此一姓不再興之效(八四)也。今即有所主，便相係屬，一旦拘制，自令失柄，後有危敗，雖悔無及。方今豪桀競逐，雌雄未決，當各據土宇(八五)，與隴、蜀合從，高可為六國(八六)，下不失尉佗(八七)。」融等召豪桀議之，其中識者皆曰：「今皇帝姓名見於圖書(八八)。自前世博物道術之士谷子雲、夏賀良(八九)等皆言漢有再受命之(九〇)符，故劉子駿(九一)改易名字，冀應其占。及莽末，西門君惠謀立子駿(九二)，事覺被殺，出謂觀者曰：『讖文不誤，劉秀真汝主也！』此皆近事暴著(九三)，眾所共見者也。況今稱帝者數人，而雒陽土地最廣，甲兵最強，號令最明，觀符命而察人事，它姓殆未能當也。」眾議或同或異。融遂決策東向，遣長史(九四)劉鈞等奉書詣雒陽。先是，帝亦發使遺融書以招之，遇鈞於道，即與俱還。帝見鈞歡甚，禮饗畢，乃遣令還。賜融璽書曰：「今益州(九五)有公孫子陽，天水有隗將軍。方蜀、漢相攻，權在將軍，舉足左右，便有輕重(九六)。以此言之，欲相厚豈有量哉！欲遂立桓、文，輔微國，當勉卒功業；欲三分鼎足，連衡合從，亦宜以時定。天下未幷，吾與爾絕域，非相吞之國。今之議者，必有任囂教尉佗制七郡之計(九七)。王者有分土，無分民(九八)，自適己事而已。」因授融為涼州牧。璽書至河西，河西皆驚，以為天子明見萬里之外。

㈣朱祜急攻黎丘，六月，秦豐窮困出降；轞車(九九)送雒陽。吳漢劾祜廢詔命，受豐降；上誅豐，不罪祜。

㈤董與劉紆、蘇茂、佼彊去下邳(一〇〇)，還蘭陵(一〇一)，使茂、彊助龐萌圍桃城(一〇二)。帝時幸蒙(一〇三)，聞之，乃留輜重，自將輕兵晨夜馳赴。至亢父(一〇四)，或言百官疲倦，可且止宿；上不聽，復行十里，宿任城(一〇五)，去桃城六十里。旦日，諸將請進，龐萌等亦勒兵挑戰；帝令諸將不得出，休士養銳以挫其鋒。時吳漢等在東郡(一〇六)，馳使召之。萌等驚曰：「數百里晨夜行，以為至當戰，而堅坐任城，致人城下，真不可往也。」乃悉兵攻桃城。城中聞車駕至，眾心益固；萌等攻二十餘日，眾疲困，不能下。吳漢、王常、蓋延、王梁、馬武、王霸等皆至，帝乃率眾軍進救桃城，親自搏戰(一〇七)，大破之。龐萌、蘇茂、佼彊夜走從董憲。

秋，七月丁丑（初四日），帝幸沛⑱，進幸湖陵⑲。董憲與劉紆悉其兵數萬人屯昌慮⑳；憲招誘五校餘賊，與之拒守建陽㉑。帝至蕃㉒，去憲所百餘里，諸將請進；帝不聽，知五校乏食當退，敕各堅壁以待其敝。頃之，五校果引去。帝乃親臨，四面攻憲，三日，大破之。佼彊將其眾降，蘇茂奔張步，憲及龐萌走保郯㉓。八月己酉（初六日），帝幸郯，留吳漢攻之，車駕轉徇彭城、下邳。吳漢拔郯，董憲、龐萌走保朐㉔。劉紆不知所歸，其軍士高扈斬之以降。吳漢進圍朐。

⒃冬，十月，帝幸魯。

⒄張步聞耿弇將至，使其大將軍費邑軍歷下㉕，【考異】袁紀作「濟南王費邑」，今從耿弇傳。又令兵屯祝阿㉖，別於泰山、鍾城列營數十以待之。弇渡河，先擊祝阿，自旦攻城，日未中而拔之；故㉗開圍一角，令其眾得奔歸鍾城。鍾城人聞祝阿已潰，大恐懼，遂空壁亡去。

費邑分遣弟敢守巨里㉘。弇進兵先脅巨里，嚴令軍中趣修攻具，宣敕諸部，後三日當悉力攻巨里城；陰緩生口㉙，令得亡歸，以弇期告邑。邑至日，果自將精兵三萬餘人來救之。弇喜，謂諸將曰：「吾所以修攻具者，欲誘致之耳。野兵不擊，何以城為㉚？」即分三千人守巨里；自引精兵上岡阪㉛，乘高合戰，大破之，臨陳斬邑；既而收首級以示城中，城中兇懼。費敢悉眾亡歸張步。弇復收其積聚，縱兵擊諸未下者，平四十餘營，遂定濟南㉜。

時張步都劇㉝，使其弟藍將精兵二萬守西安㉞，諸郡太守合萬餘人守臨菑㉟，相去四十里。弇進軍畫中㊱，居二城之間。弇視西安城小而堅，且藍兵又精，臨菑名雖大而實易攻，乃敕諸校後五日會攻西安。藍聞之，晨夜警守。至期，夜半，弇敕諸將皆蓐食㊲，會明，至臨菑城。護軍荀梁等爭之，以為攻臨菑，西安必救之；攻西安，臨菑不能救，不如攻西安。弇曰：「不然，西安聞吾欲攻之，日夜為備，方自憂，何暇救人！臨菑出不意而至，必驚擾，吾攻之一日，必拔。拔臨菑，即西安孤，與劇隔絕，必復亡去，所謂擊一而得二者也。若先攻西安，不能卒下，頓兵堅城，死傷必多。縱能拔之，藍引軍還奔臨菑，并兵合勢，觀人虛實；吾深入敵地，後無轉輸，旬月之間，不戰而困矣。」遂攻臨菑；半日，拔之，入據其城。張藍聞之懼，遂將其眾亡歸劇。

弇乃令軍中無得虜掠，須張步至乃取之，以激怒步。步聞，大笑曰：「以尤來、大肜十餘萬眾，吾皆即其營㉘而破之；今大耿㉙兵少於彼，又皆疲勞，何足懼乎！」乃與三弟藍、弘、壽及故大肜渠帥重異㉚等兵號二十萬，至臨菑大城東，將攻弇。

弇上書曰：「臣據臨菑，深塹高壘；張步從劇縣來攻，疲勞飢渴。欲進，誘而攻之；欲去，隨而擊之。臣依營而戰，精銳百倍，以逸待勞，以實擊虛，旬日之間，步首可獲。」於是弇先出菑水㉛上，與重異遇；突騎欲縱，弇恐挫其鋒，令步不敢進，故示弱以盛其氣，乃引歸小城，陳兵於內，使都尉、劉歆泰山太守陳俊分陳於城下。步氣盛，直攻弇營，與劉歆等合戰。弇升王宮㉜壞臺望之，視歆等鋒交㉝，乃自引精兵以橫突㉞步陳於東城下，大破之。飛矢中弇股，以佩刀截之，左右無知者。至暮，罷；弇明旦復勒兵㉟出。

是時帝在魯，聞弇為步所攻，自往救之。未至，陳俊謂弇曰：「劇虜㊱兵盛，可且閉營休士，以須上來。」弇曰：「乘輿㊲且到，臣子當擊牛、釃酒㊳以待百官，反欲以賊虜遺君父邪！」乃出兵大戰。自旦及昏，復大破之；殺傷無數，溝塹皆滿。弇知步困將退，豫置左右翼㊴為伏以待之；人定時，步果引去，伏兵起縱擊，追至鉅昧水㊵上，八九十里，僵尸㊶相屬，收得輜重二千餘兩。步還劇，兄弟各分兵散去。

後數日，車駕至臨菑，自勞軍，羣臣大會。帝謂弇曰：「昔韓信破歷下以開基㊷，今將軍攻祝阿以發迹，此皆齊之西界，功足相方。而韓信襲擊已降，將軍獨拔勁㊸敵，其功又難於信也。又田橫亨酈生，及田橫降㊹，高帝詔衛尉不聽為仇；張步前亦殺伏隆，若步來歸命，吾當詔大司徒釋其怨，又事尤相類也。將軍前在南陽，建此大策㊺，常以為落落難合㊻，有志者事竟成也！」帝進幸劇。

耿弇復追張步，步犇平壽㊼。蘇茂將萬餘人來救之。茂讓步曰：

「以南陽兵精，延岑善戰，而耿弇走之㊽，大王奈何就攻其營？既呼茂不能待邪！」步曰：「負負㊾，無可言者！」帝遣使告步、茂，能相斬降者，封為列侯。步遂斬茂，詣耿弇軍門肉袒降；弇傳詣行在所，而勒兵入據其城㊿，樹十二郡(五一)旗鼓，令步兵各以郡人詣旗下，眾尚十餘萬，輜重七千餘兩，皆罷遣歸鄉里。張步三弟各自繫所在獄，詔皆赦之，封步為安丘(五二)侯，與妻子居雒陽。於是琅邪(五三)未平，上徙陳俊為琅邪太守。始入境，盜賊皆散。耿弇復引兵至城陽(五四)，降五校餘黨，齊地悉平，振旅還京師。弇為將，凡所平郡四十六，屠城三百，未嘗挫折焉。

㈧初起太學(五五)。車駕還宮，幸太學，稽式(五六)古典，脩明禮樂，煥然文物可觀矣！

㈨十一月，大司徒伏湛免，以侯霸為大司徒。霸聞太原閔仲叔之名而辟之，既至，霸不及政事，徒勞苦而已。仲叔恨曰：「始蒙嘉命，且喜且懼；今見明公，喜懼皆去。以仲叔為不足問邪？不當辟也。辟而不問，是失人也！」遂辭出，投劾(五七)而去。

（廿）初，五原人李興、隨昱、朔方人田颯、代郡人石鮪、閔堪各起兵自稱將軍。匈奴單于遣使與興等和親，欲令盧芳還漢地為帝。興等引兵至單于庭迎芳；十二月，與俱入塞，都九原縣[58]；掠有五原、朔方、雲中、定襄、鴈門五郡，並置守、令，與胡通兵侵苦北邊。

（廿一）馮異治關中，出入三歲，上林成都[59]。人有上章言：「異威權至重，百姓歸心，號為咸陽王。」帝以章示異；異惶懼，上書陳謝。詔報曰：「將軍之於國家，義為君臣，恩猶父子，何嫌何疑，而有懼意！」

（廿二）隗囂矜己飾智，每自比西伯[60]，與諸將議欲稱王。鄭興曰：「昔文王三分天下有其二，尚服事殷；武王八百諸侯不謀同會，猶還兵待時[61]；高帝征伐累年，猶以沛公行師。今令德雖明，世無宗周之祚；威略雖振，未有高祖之功；而欲舉未可之事，昭速禍患，無乃不可乎！」囂乃止。後又廣置職位以自尊高，鄭興曰：「夫中郎將[62]、太中大夫[63]、使持節官，皆王者之器[64]，非人臣所當制也。無益於實，有損於名，非尊上之意也。」囂病[六五]之而止。

時關中將帥數上書言蜀可擊之狀，帝以書示囂，因使擊蜀以效[六六]其信。囂上書盛言三輔單弱，劉文伯[六七]在邊，未宜謀蜀。帝知囂欲持兩端，不願天下統一，於是稍黜[六八]其禮，正君臣之儀。帝以囂與馬援、來歙相善，數使歙、援奉使往來，勸令入朝，許以重爵。囂連遣使，深持謙辭，言無功德，須四方平定，退伏閭里。帝復遣來歙說囂遣子入侍，囂聞劉永、彭寵皆已破滅，乃遣長子恂隨歙詣闕；帝以為胡騎校尉[六九]，封鐫羌侯。

鄭興因恂求歸葬父母，囂不聽，而徙興舍[七〇]，益其秩禮。興入見曰：「今為父母未葬，乞骸骨；若以增秩徙舍，中更停留，是以親為餌也，無禮甚矣，將軍焉用之！願留妻子獨歸葬，將軍又何猜焉？」囂乃令與妻子俱東。馬援亦將家屬隨恂歸雒陽，以所將賓客猥[七二]多，求屯田[七三]上林苑中；帝許之。

囂將王元以為天下成敗未可知，不願專心內事[七一]，說囂曰：「昔更始西都，四方響應，天下喁喁[七四]，謂之太平；一旦壞敗，將軍幾無所厝(七五)，今南有子陽，北有文伯，江湖海岱(七六)，王公十數，而欲牽儒生(七七)之說，棄千乘之基，羈旅危國以求萬全，此循覆車之軌者也。今天水完富，士馬最彊，元請以一丸泥(七八)為大王東封函谷關，此萬世一時(七九)也。若計不及此，且畜養士馬，據隘自守，曠日持久，以待四方之變；圖王不成，其敝猶足以霸。要之，魚不可脫於淵，神龍失勢，與蚯蚓同，」囂心然元計，雖遣子入質，猶負其險阸，欲專制方面(八〇)。

申屠剛諫曰：「愚聞人所歸者天所與，人所畔者天所去也。本朝(八一)誠天之所福，非人力也。今璽書數到，委國歸信，欲與將軍共同吉凶。布衣相與，尚有沒身不負然諾之信，況於萬乘者哉！今何畏何利(八二)，而久疑若是？卒有非常之變，上負忠孝，下愧當世。夫未至豫言，固常為虛；及其已至，又無所及(八三)；是以忠言至諫，希得為用，誠願反覆愚老之言。」囂不納，於是游士長者稍稍去之。

(二三)王莽末，交趾(八四)諸郡閉境自守。岑彭素與交趾牧鄧讓厚善，與讓書，陳國家威德；又遣偏將軍屈充移檄江南(八五)，班行詔命。於是讓與江夏(八六)太守侯登、武陵(八七)太守王堂、長沙(八八)相韓福、桂陽(八九)太守張隆、零陵(九〇)太守田翕、蒼梧(九一)太守杜穆、交趾太守錫光等相率遣使貢獻；悉封為列侯。錫光者，漢中人，在交趾教民夷以禮義；帝復以宛人任延為九真太守，延教民耕種嫁娶；故嶺南華風始於二守(九二)焉。

(四四)是歲，詔徵處士(九三)太原周黨、會稽嚴光等至京師。黨入見，伏而不謁(九四)，自陳願守所志。博士范升奏曰：「伏見太原周黨、東海王良、山陽王成等蒙受厚恩，使者三聘，乃肯就車，及陛見帝庭，黨不以禮屈，伏而不謁，偃蹇驕悍，同時俱逝。黨等文不能演義，武不能死君，釣采華名，庶幾三公之位。臣願與坐雲臺(九五)之下，考試圖國之道。不如臣言，伏虛妄之罪；而敢私竊虛名，誇上求高，皆大不敬！」書奏，詔曰：「自古明王、聖主，必有不賓之士(九六)，伯夷、叔齊不食周粟，太原周黨不受朕祿，亦各有志焉。其賜帛四十匹，罷之。」

帝少與嚴光同遊學，及即位，以物色(九七)訪之，得於齊國，累徵乃至；拜諫議大夫，不肯受，去，耕釣於富春(九八)山中。以壽終於家。王良後歷沛郡太守、大司徒司直(九九)，在位恭儉，布被瓦器，妻子不入官舍。後以病歸，一歲復徵；至滎陽，疾篤，不任進道(一〇〇)，過其友人。友人不肯見，曰：「不有忠言奇謀而取大位，何其往來屑屑(一〇一)不憚煩也！」遂拒之。良慙，自後連徵不應，卒於家。

(廿五)元帝之世，莎車王延嘗為侍子京師，慕樂中國。及王莽之亂，匈奴略有西域，唯延不肯附屬；常敕諸子當世奉漢家，不可負也。延卒，子康立。康率旁國(一〇二)拒匈奴，擁衛故都護吏士、妻子(一〇三)千餘口；檄書河西，問中國動靜。竇融乃承制立康為漢莎車建功懷德王、西域大都尉，五十五國皆屬焉。

【今註】㊀燕語：非正式的接見談話。㊁吏事：政事。㊂軍吏皆爭：軍吏以救馬武之事向王霸要求。㊃捕虜：馬武為捕虜將軍。㊄斷髮：以示必死之意。㊅倡樂：盛樂。㊆樽：盛酒之器。㊇不戰而屈人兵：語見《孫子》：「百戰百勝，非善之善者也；不戰而屈人兵，善之善者也。」㊈望氣：古時有覘候之術，視雲氣而預言將發生何事。(一〇)蒼頭：奴僕謂之蒼頭。(一一)皆使吏休：使外吏全體休息。(一二)捽：碰撞。(一三)諸將軍：指蒼頭子密等三人。呼蒼頭為將軍，希望保留自己性命。(一四)辦裝：

將財帛交給子密等三人，託言辦裝。(一五)若小兒：像你這樣小孩子。(一六)被馬：裝上馬鞍之馬。(一七)縑：絹也。(一八)記：文符也。(一九)閤門：小門。(二〇)國師：寵遵王莽之制設立。(二一)伯通：彭寵字伯通。(二二)爵於五等：公侯伯子男謂之五等爵。子密封為不義侯，故曰爵於五等。(二三)齊豹盜：齊豹，衞司寇。曾以私怨殺衞候之兄孟縶，《春秋》書之曰盜。(二四)三叛人名：三叛人指邾庶其、莒牟夷及小邾射三人。《左傳》襄公二十一年，魯取邾田，邾庶其以漆閭丘來奔。《左傳》昭公五年，夏，莒牟夷以牟婁及防茲奔魯。莒人愬於晉，晉侯欲止公，范獻子曰：「不可。……請歸之，間而以賊討焉。」《左傳》哀公十四年，小邾射以句繹來奔。(二五)上谷：上谷郡，郡治在今察哈爾懷來縣南。(二六)奉朝請：非官位，只奉朝令及帝之請召而已。(二七)牟平：今山東黃縣東南十五里。(二八)平原：平原郡，郡治在今山東省平原縣西南五十里。(二九)治勃海：勃海郡，郡治在今河北南皮縣東北。(三〇)託六尺之孤，寄百里之命：託六尺之孤謂可以輔佐幼主；寄百里之命謂可以為地方首長。(三一)桃鄉：今山東濟寧縣。(三二)楚郡：章帝改為彭城，郡治在今江蘇徐州。(三三)蘇：醒也。(三四)夷陵：今湖北宜昌縣東。(三五)軍：屯駐。(三六)江州：今四川巴縣。(三七)夷道：今湖北宜都縣西北。(三八)津鄉：南郡江陵有津鄉，江陵，今湖北江陵縣。(三九)荊州：今湖北省地方。(四〇)承運迭興：漢盛行五行之說，以五德更相終始。五德為金、木、水、火、土。如漢為火德，漢朝將亡時，則云代表漢朝之火德已衰。承運迭興謂繼承火德將代興。(四一)周爵五等：公、侯、伯、子、男。(四二)本根既微，枝葉彊大：謂周室力量減小，諸侯力量增大。(四三)改立郡縣：漢初係郡國並行制。但國有限制，即劉氏封王，有功者封侯。(四四)外家：指王家。(四五)危自上起，傷不及下：新莽代漢，只是在上位政權的轉移，人民並未受到損害。㊻即真：指王莽做了真皇帝。㊼假號雲合：假借名號，聚集士眾。㊽疏：見聞孤陋。㊾劉季：劉邦字季。㊿掎：發也。(五一)風：與諷通。(五二)爾躬：爾，汝也。躬，身也。(五三)洎：及也。(五四)堯據火德而漢紹之：漢盛行五行之說，主張天人相應。天道運行至某德時，則地上為代表某德之人做天子。據王符《潛夫論・志氏姓》所敍：中國古代由代表木德之伏羲開始，傳給代表火德之炎帝；炎帝傳給代表土德之黃帝；黃帝傳給代表金德之少皞；少皞傳給代表水德之顓頊。五德輪流畢，又由顓頊傳給代表木德之帝嚳；帝嚳傳給代表火德之堯；堯傳給代表土德之舜；舜傳給代表金德之禹；禹傳給代表水德之成湯。成湯傳給代表木德之后稷；后稷傳給代表火德之漢。伏羲、帝嚳和后稷一系統代表木德；炎帝、堯和漢一系統代表火德，故云堯據火德而漢紹之。紹，繼續也。(五五)福饗：保佑。(五六)紀：記也。(五七)屈起：猶言崛起，特起也。(五八)此位：指天子之位。(五九)神器：帝位。(六〇)流隸：流，流亡；隸，奴隸。(六一)溝壑：溪谷也。(六二)勇如信、布：像韓信、英布一樣的勇敢。(六三)彊如梁、籍：像項梁、項籍一樣的剛暴。(六四)潤鑊伏質：潤，滋益之意；鑊，鼎之無足者。秦用商鞅，有鑊亨之刑，即置人於鑊而烹之也。質，刑具，亦作鑕或櫍，古時斬人先伏於質上。皆被殺之意。(六五)亨醢分裂：亨，烹本字，煮也。醢，搗成肉醬。分裂，即車裂，將人體縛於車上而曳裂之。皆古酷刑。(六六)么麼：微小的意思，指西漢末年，起兵割據各地者。(六七)數子：指韓信、英布、項梁、項籍、王莽。(六八)闇奸：妄想求取。(六九)虖：古乎字。(七〇)卒：猝也，突然之意。(七一)陳嬰母止嬰勿王：見卷八秦二世元年。(七二)王陵之母固勉陵：見卷九漢高祖元年。(七三)春秋：史書之通稱。(七四)審：明白。(七五)納子房之策：項羽分封諸侯，立沛公為漢王。張良因說漢王燒絕所過棧道，以備諸侯盜兵；且示項羽無東意。王納之。子房，張良字。(七六)揖酈生之說：酈生即酈食其。酈生建議立六國之後以撓楚權。揖，謝也。(七七)舉韓信於行陳：行陳即行陣。指漢高祖拜韓信為大將之事。(七八)收陳平於亡命：陳平曾事項羽，奉羽命擊降殷王。後漢王攻下殷，羽怒；平懼，乃亡歸漢王。漢王拜平為都尉。(七九)毋貪不可冀：不希望不可能之事。(八〇)河西：泛稱黃河以西之地方，今陝西、甘肅二省及綏遠省一部分。(八一)從事：官名。(八二)受建武正朔：古時改朝換代，每一統一天下者，必欲改正朔，易服色，以新天下耳目。如所制定之正朔、服色被接受，則表示此新成立之政權已得到承認。竇融受建武正朔，則表示接受東漢的政令。(八三)更始事：更始元年二月，劉玄即皇帝位。建武元年冬，劉玄降劉盆子，封長沙王。(八四)效：徵驗也。(八五)土宇：土地。(八六)六國：謂諸侯。(八七)尉佗：尉，官名，南海尉。佗，趙佗。漢高祖十一年五月封南海尉趙佗為南粵王，見卷十二。(八八)圖書：指術數瑞應之書。(八九)谷子雲、夏賀良：谷子雲事見卷三十一成帝永始二年，夏賀良事見卷三十三哀帝建元二年。(九〇)再受命：受命，謂受天之命而為天子。再受命猶云中興。(九一)劉子駿：劉歆字子駿，改名事見卷三十三成帝綏和二年。(九二)西門君惠謀立子駿：見卷三十九更始元年。(九三)暴者：暴露在外，為人所知者。(九四)長史：融為大將軍，故置長史。(九五)益州：四川。(九六)舉足左右，便有輕重：言蜀漢成均等之勢，關鍵在竇融之去向。助蜀則蜀勢力增大；助漢則漢勢力增大。(九七)任囂教尉佗制七郡之計：事見卷十二高帝十一年。胡三省曰：「尉佗之時，未置七郡。光武據後來置郡言之。七郡：即蒼梧、鬱林、合浦、交趾、九真、南海、日南也。」(九八)王者有分土，無分民：分封為王者，只能食用該地之租稅，而不能管理人民，參預當地之行政。(九九)檻車：車周圍設闌干，囚禁犯人之車。(一〇〇)下邳：今江蘇邳縣東三里。(一〇一)蘭陵：今山東嶧縣東五十里。(一〇二)桃城：胡三省曰：「即桃鄉之城。」今山東濟寧縣。(一〇三)蒙：今河南商邱縣東北。(一〇四)亢父：今山東濟寧縣南五十里。(一〇五)任城：今山東濟寧縣。(一〇六)東郡：郡治濮陽，今河北濮陽縣。(一〇七)搏戰：攻擊作戰。(一〇八)沛：今江蘇沛縣東。(一〇九)湖陵：今山東魚臺縣東南六十里。(一一〇)昌慮：今山東滕縣東南六十里。(一一一)建陽：今山東嶧縣西。(一一二)蕃：今山東滕縣。(一一三)郯：今山東郯城縣西南三十里，在沂、沭二水之間。(一一四)朐：今江蘇東海縣南。(一一五)歷下：今山東歷城縣。(一一六)祝阿：今山東長清縣東北。(一一七)故：有意。(一一八)巨里：濟南郡歷城有巨里聚。歷城，今山東歷城縣西。(一一九)陰緩生口：陰緩謂有意的使之逃脫，生口指捕獲之當地老百姓。(一二〇)野兵不擊，何以城為：在郊野之兵不擊破，如何去攻取城池呢？(一二一)岡阪：《爾雅》：「山脊曰岡，坡者曰阪。」(一二二)濟南：郡名，郡治在今山東濟南東七十五里。(一二三)劇：今山東昌樂縣西五十五里。(一二四)西安：今山東臨淄縣西三十里。(一二五)臨菑：今山東臨淄縣北八里。(一二六)畫中：《水經注》：「澅水東去臨淄城十八里」，故以水名名地。畫中在西安與臨菑之間。(一二七)蓐食：蓐，席也。蓐食，謂早食於牀蓐之上。(一二八)即其營：就其營也。(一二九)大耿：耿弇係耿況之長子，故曰大耿。(一三〇)重異：人名，姓重名異。(一三一)菑水：《水經注》：「水出泰山萊蕪縣原山東北，過臨淄縣東。」(一三二)王宮：即齊王之宮，臨菑本齊都所在。宮中有壞臺。(一三三)鋒交：刀鋒相接，謂已開始打鬪。(一三四)橫突：從側面攻擊。㉟勒兵：統御軍隊。㊱劇虜：指張步。㊲乘輿：指天子。㊳釃酒：釃，去漕取清也。㊴左右翼：伏兵兩側，如鳥之兩翼。㊵鉅昧水：李賢曰：「鉅昧，水名。一名巨洋水。在今青州壽光縣西。」《水經注》：「巨洋水出朱虛縣東泰山，袁宏謂之鉅昧水，王韶之以為巨蔑；北過臨朐縣東，又北過臨朐縣西，又東北過壽光縣西。」壽光縣今山東壽光縣。臨朐縣今山東臨朐縣。㊶僵尸：不動不朽謂之僵。人死未葬謂之尸。㊷韓信破歷下：事見卷十高祖四年。㊸勍：強也。亦作勁。㊹田橫亨酈生及田橫降高帝：事見卷十一高祖五年。㊺大策：建武三年，耿弇從容言於帝：「自請北收上谷兵未發者，定彭寵於漁陽，取張豐於涿郡，還收富平獲索，東攻張步，以平齊地。」㊻落落難合：李賢曰：「落落，猶疏闊。」難合，難以施行。㊼平壽：今山東濰縣西南。㊽耿弇走之：耿弇打敗延岑，事見建武三年。㊾負負：李賢曰：「負，愧也。再言負者，愧之甚也。」㊿城：指平壽城。(五一)十二郡：建武三年，張步專集齊地，據郡十二。十二郡即城陽、琅邪、高密、膠東、東萊、北海、齊、千乘、濟南、平原、泰山、菑川。(五二)安丘：今山東安邱縣西南。(五三)琅邪：郡名，今山東臨沂縣北。(五四)城陽：國名，都莒，今山東莒縣。(五五)太學：古學校名。據陸機《洛陽記》曰：「太學在洛陽城故開陽門外，去宮八里。講堂長十丈，廣三丈。」(五六)稽式：模仿。(五七)投劾而去：留下罪狀後離開。(五八)九原：今綏遠五原縣。(五九)成都：《史記》：「一年成邑，二年成都。」言人口增加很多。(六〇)西伯：文王。(六一)武王還兵待時：武王觀兵孟津，諸侯不期而會者八百。皆曰：「紂可伐矣！」王曰：「汝未知天命。」乃還師。(六二)中郎將：官名，屬郎中令。掌宿衞宮殿門戶，典謁署郎，更直執戟宿衞。有五官、左、右中郎將。(六三)太中大夫：凡大夫議郎皆掌顧問應對，無常事，唯詔命所使。太中大夫在中最高大也。(六四)王者之器：王所設置之官吏。(六五)病：難也。(六六)效：徵驗。(六七)劉文伯：盧芳自稱劉文伯。(六八)黜：減損。初帝與囂書，及使者往返，皆用敵國禮。今黜之。(六九)胡騎校尉：漢武帝置，秩二千石。(七〇)興舍：建造房屋。(七一)猥：眾多之意。(七二)屯田：使軍士就地墾植以給軍用。(七三)內事：指事光武也。(七四)喁喁：魚口向上貌。喻眾人向慕，如魚張口向上。(七五)將軍幾無所厝：事見卷四十建武元年。厝，置也。(七六)岱：山也。(七七)儒生之說：李賢曰：「儒生謂馬援說囂歸光武。」胡三省以儒生係指鄭興、班彪等。(七八)一丸泥東封函谷關：謂以極小之兵力守住函谷關。(七九)萬世一時：機會難得之謂。(八〇)專制方面：在某一地區稱霸。(八一)本朝：指光武。(八二)何畏何利：李賢曰：「言從漢何畏，附蜀何利。」(八三)未至豫言，固常為虛；及其已至，又無所及：此四句謂事情未發生前之預言，常會不中；但在發生以後，又不顧慮及此。(八四)交趾：李賢曰：「交趾郡，今交州縣也，南濱大海。」《輿地志》：「其夷足大指開析，兩足並立則相交。」應劭曰：「始開北方，遂交於南方，為子孫基阯也。」胡三省曰：「武帝元鼎六年置交趾州，治廣信。時已開朔方，遂交於南方，為子孫基趾也。」諸郡即七郡，七郡名見註(九七)。(八五)江南：指長江以南地方。(八六)江夏：郡名，郡治西陵，今湖北黃岡縣。(八七)武陵：郡名，郡治臨沅，今湖南常德縣。(八八)長沙：郡名，郡治臨湘，今湖南長沙。(八九)桂陽：郡名，郡治郴，今湖南郴縣。(九〇)零陵：郡名，郡治泉陵，今湖南零陵縣北。(九一)蒼梧：郡名，郡治廣信，今廣西梧蒼縣。(九二)二守：指錫光，任延。(九三)處士：有道德學問之人而隱居不仕者。

(九四)謁：見也，通名請見謂之謁。(九五)雲臺：《續漢志》曰：「雲臺，周家之所造，圖書術籍，珍玩寶怪皆藏焉。」(九六)不賓之士：不以賓客之禮待之，謂敬之甚也。(九七)物色：形貌也，訪尋之意。(九八)富春：今浙江富陽縣西北隅。(九九)司徒司直：官名。(一〇〇)不任進道：不能繼續行路。(一〇一)屑屑：煩瑣也。(一〇二)旁國：指西域其他國家。(一〇三)擁衞故都護吏士、妻子：胡三省曰：「王莽之亂時，西域攻沒都護，其吏士、妻子皆不得還。」

卷四十二　漢紀三十四

司馬光編集
桑秀雲註

起上章攝提格，盡旃蒙協洽，凡六年。（庚寅至乙未，西元三〇年至三五年。）

世祖光武皇帝中之上

建武六年（西元三〇年）

㈠春，正月丙辰（十六日），以舂陵鄉為章陵縣㊀，世世復傜役。比豐、沛。

㈡吳漢等拔朐㊁，斬董憲、龐萌，江、淮、山東悉平。諸將還京師，置酒賞賜。

帝積苦兵間，以隗囂遣子內侍，公孫述遠據邊垂，乃謂諸將曰：「且當置此兩子於度外耳！」因休諸將於雒陽，分軍士於河內，數騰㊂書隴、蜀，告示禍福。

公孫述屢移書中國，自陳符命，冀以惑眾。帝與述書曰：「圖讖言公孫即宣帝㊃也，代漢者姓當塗，其名高；君豈高之身耶？乃復以掌文為瑞㊄，王莽何足效㊅乎！君非吾賊臣亂子，倉卒時人皆欲為君事耳。君日月已逝㊆妻子弱小，當早為定計。天下神器，不可力爭，宜留三思。」署曰「公孫皇帝」。述不答。

其騎都尉平陵荊邯說述曰：「漢高祖起於行陳之中，兵破身困者數矣；然軍敗復合，瘡愈復戰。何則？前死而成功，愈於卻就於滅亡也。隗囂遭遇運會，割有雍州㊇，兵彊士附，威加山東；遇更始政亂，復失天下，眾庶引領，四方瓦解，囂不及此時推危乘勝以爭天命，而退欲為西伯之事，尊師章句，賓友處士，偃武息戈，卑辭事漢，喟然自以文王復出也！今漢帝釋關隴之憂㊈，專精東伐，四分天下而有其三；發間使㊉，召攜貳⑪，使西州豪傑咸居心於山東，則五分而有其四；若舉兵天水，必至沮潰，天水既定，則九分而有其八。陛下以梁州⑫之地，內奉萬乘，外給三軍，百姓愁困，不堪上命，將有王氏⑬自潰之變矣！臣之愚計，以為宜及天下之望未絕，豪傑尚可招誘，急以此時發國內精兵，令田戎據江陵⑭，臨江南之會，倚巫山⑮之固，築壘堅守，傳檄吳、楚，長沙以南必隨風而靡。令延岑出漢中，定三輔，天水、隴西拱手自服。如此，海內震搖，冀有大利。」述以問羣臣，博士吳柱曰：「武王伐殷，八百諸侯不期同辭，然猶還師以待天命（一六）。未聞無左右之助而欲出師千里之外者也。」邯曰：「今東帝（一七）無尺土之柄，驅烏合之眾，跨馬陷敵，所向輒平，不亟乘時與之分功，而坐談武王之說，是復效隗囂欲為西伯也！」述然邯言，欲悉發北軍（一八）屯士及山東客兵（一九），使延岑、田戎分出兩道，與漢中諸將合兵並埶。蜀人及其弟光以為不宜空國千里之外，決成敗於一舉，固爭之，述乃止。延岑、田戎亦數請兵立功，述終疑不聽，唯公孫氏得任事。

述廢銅錢，置鐵錢，貨幣不行，百姓苦之。為政苛細，察於小事，如為清水令時而已。好改易郡縣官名。少嘗為郎（二〇），習漢家故事，出入法駕，鑾旗旄騎。又立其兩子為王，食犍為、廣漢各數縣。或諫曰：「成敗未可知，戎士暴露而先王愛子，示無大志也。」述不從，由此大臣皆怨。

（三）馮異自長安入朝，帝謂公卿曰：「是我起兵時主簿也（二一），為吾披荊棘，定關中。」既罷，賜珍寶、錢帛，詔曰：「倉卒蕪蔞亭豆粥，虖沱河麥飯㉒，厚意久不報。」異稽首謝曰：「臣聞管仲謂桓公曰：『願君無忘射鉤，臣無忘檻車㉓。』齊國賴之。臣今亦願國家㉔無忘河北之難，小臣不敢忘巾車之恩㉕。」留十餘日，令與妻子還西。

㈣申屠剛、杜林自隗囂所來，【考異】本傳云：七年徵剛。按明年囂已臣公孫述，必不用詔書。當在此年。帝皆拜侍御史。以鄭興為太中大夫。

㈤三月，公孫述使田戎出江關㉖，招其故眾，欲以取荊州，不克。帝乃詔隗囂，欲從天水伐蜀。囂上言：「白水險阻㉗，棧閣㉘敗絕。述性嚴酷，上下相患，須㉙其罪惡孰㉚著而攻之，此大呼響應㉛之勢也。」帝知其終不為用，乃謀討之。

㈥夏，四月，丙子（八日），上行幸長安，謁園陵。遣耿弇、蓋延等七將軍從隴道伐蜀。先使中郎將來歙奉璽書賜囂諭旨。囂復多設疑故㉜，事久冘豫㉝不決。歙遂發憤質㉞責囂曰：「國家以君知臧否㉟，曉廢興，故以手書暢意。足下推忠誠，既遣伯春㊱委質，而反欲用佞惑之言，為族滅之計邪！」因欲前刺囂。囂起入，部勒兵將殺歙，歙徐杖節就車而去。囂使牛邯將兵圍守之。囂將王遵諫曰：「君叔㊲雖單車遠使，而陛下之外兄㊳也，殺之無損於漢，而隨以族滅。昔宋執楚使，遂有析骸易子㊴之禍。小國猶不可辱，況於萬乘之主，重以伯春之命哉！」歙為人有信義，言行不違，及往來游說，皆可按覆；西州士大夫皆信重之，多為其言，故得免而東歸。

五月己未（二十一日），車駕至自長安。

隗囂遂發兵反，使王元據隴坻㊵，伐木塞道。諸將因與囂戰，大敗，各引兵下隴。囂追之急，馬武選精騎為後拒，殺數千人，諸軍乃得還。

㈦六月辛卯（廿四日），詔曰：「夫張官㊶置吏，所以為民也。今百姓遭難，戶口耗少，而縣官吏職，所置尚繁。其令司隸、州牧各實所部㊷，省減吏員，縣國不足置長吏者並之。」於是並省四百餘縣，吏職減損，十置其一。

㈧九月，丙寅（三十日）晦，日有食之。執金吾朱浮上疏曰：「昔堯、舜之盛，猶加三考㊸；大漢之興，亦累功效，吏皆積久，至長子孫。當時吏職，何能悉治，論議之徒，豈不喧嘩。蓋以為天地之功不可倉卒，艱難之業當累日也。而間者守宰數見換易，迎新相代，疲勞道路。尋其視事日淺，未足昭見其職，既加嚴切，人不自保，迫於舉劾，懼於刺譏，故爭飾詐偽以希虛譽，斯所以致日月失行之應也。夫物暴長者必夭折，功卒成者必亟壞；如摧長久之業而造速成之功，非陛下之福也。願陛下遊意於經年之外，望治於一世㊹之後，天下幸甚。」帝采其言，自是牧守代易頗簡。

㈨十二月，壬辰（二十七日），大司空宋弘免。

㈩癸巳（二十八日）詔曰：「頃者師旅未解，用度不足，故行十一之稅㊺。今糧儲差積，其令郡國收見㊻田租，三十稅一，如舊制㊼。」

(十一)諸將之下隴也，帝詔耿弇軍漆㊽，馮異軍栒邑㊽，祭遵軍汧㊾，吳漢等還屯長安。馮異引軍未至栒邑，隗囂乘勝，使王元、行巡㊿

將二萬餘人下隴，分遣巡取栒邑，異即馳兵欲先據之。諸將曰：「虜兵盛而乘勝，不可與爭鋒，宜止軍便地，徐思方略。」異曰：「虜兵臨境，忸忲(五二)小利，遂欲深入；若得栒邑，三輔動搖。夫攻者不足，守者有餘(五三)，今先據城，以逸待勞，非所以爭也。」潛往，閉城，偃旗鼓。行巡不知，馳赴之。異乘其不意，卒擊鼓、建旗而出。巡軍驚亂奔走，追擊，大破之。祭遵亦破王元於汧。於是北地諸豪長耿定等悉畔隗囂降。詔異進軍義渠(五三)，擊破盧芳將賈覽、匈奴奧鞬日逐王，北地、上郡、安定皆降。

(十二)竇融復遣其弟友上書曰：「臣幸得託先后末屬(五四)，累世二千石，臣復假歷將帥，守持一隅，故遣劉鈞口陳肝膽(五五)，自以底裏上露(五六)，長無纖介。而璽書盛稱蜀、漢二主三分鼎足之權，任囂、尉佗之謀；竊自痛傷。臣融雖無識，無知，利害之際，順逆之分，豈可背真舊之主，事姦偽之人，廢忠貞之節，為傾覆之事，棄已成之基，求無冀之利，此三者，雖問狂夫，猶知去就，而臣獨何以用心！謹遣弟友詣闕，口陳至誠。」友至高平(五七)，會隗囂反，道不通，乃遣司馬席封間道通書。帝復遣封賜融、友書，所以尉藉(五八)之甚厚。

融乃與隗囂書曰：「將軍親遇厄會之際，國家不利之時(五九)，守節不回，承事本朝；融等所以欣服高義，願從役於將軍者，良為此也。而忿悁(六〇)之間，改節易圖，委成功，造難就(六一)，百年累之，一朝毀之，豈不惜乎！殆執事者貪功建謀，以至於此。當今西州地埶局迫，民兵離散，易以輔人，難以自建。計若失路不反，聞道猶迷，不南合子陽，則北入文伯耳！夫負(六二)虐交而易(六三)彊禦，恃遠救而輕近敵，未見其利也。自兵起以來，城郭皆為丘墟，生民轉於溝壑。幸賴天運少還，而將軍復重其難，是使積痾(六四)不得遂瘳(六五)，幼孤將復流離，言之可為酸鼻；庸人且猶不忍，況仁者乎！融聞為忠甚易，得宜實難，憂人太過，以德取怨(六六)，知且以言獲罪也！」囂不納。

融乃與五郡太守共砥厲兵馬，上疏請師期；帝深嘉美之。融即與諸郡守將兵入金城，擊囂黨先零羌封何(六七)等，大破之。因並河，揚威武，伺候車駕。時大兵未進，融乃引還。帝以融信效著明，益嘉之，脩理融父墳墓，祠以太牢，數馳輕使，致遺四方珍羞。梁統猶恐眾心疑惑，乃使人刺殺張玄[六八]，遂與隗囂絕，皆解所假將軍印綬。

(十三)先是馬援聞隗囂欲貳於漢，數以書責譬之。囂得書增怒。及囂發兵反，援乃上書曰：「臣與隗囂本實交友，初遣臣東，謂臣曰：『本欲為漢，願足下往觀之，於汝意可，即專心矣。』及臣還反，報以赤心，實欲導之於善，非敢譎以非義。而囂自挾姦心，盜憎主人[六九]，怨毒之情，遂歸於臣。臣欲不言，前無以上聞，願聽詣行在所，極陳滅囂之術。」帝乃召之，援具言謀畫。

帝因使援將突騎五千[七〇]，往來游說囂將高峻、任禹之屬，下及羌豪，為陳禍福，以離囂支黨。援又為書與囂將楊廣，使曉勸於囂曰：「援竊見四海已定，兆民同情，而季孟[七一]閉拒背畔，為天下表的[七二]，常懼海內切齒，思相屠裂，故遺書戀戀，以致惻隱之計。乃聞季孟歸罪於援，而納王游翁[七三]諂邪之說，因自謂函谷以西，舉足可定(七三)。以今而觀，竟何如邪！援間至河內，過存(七四)伯春，見其奴吉從西方還，說伯春小弟仲舒望見吉，欲問伯春無它否，竟不能言，曉夕號泣。又說其家悲愁之狀，不可言也。夫怨讎可刺不可毀，援聞之，不自知泣下也。援素知季孟孝愛，曾、閔不過。夫孝於其親，豈不慈於其子！可有子抱三木(七五)而跳梁(七六)妄作，自同分羹(七七)之事乎！季孟平生自言所以擁兵眾者，欲以保全父母之國而完墳墓也，又言苟厚士大夫而已。而今所欲全者將破亡之，所欲完者將毀傷之，所欲厚者將反薄之。季孟嘗折愧子陽而不受其爵(七八)，今更共陸陸(七九)欲往附之，將難為顏(八〇)乎！若復責以重質，當安從得子主給是哉(八一)！往時子陽獨欲以王相待而春卿拒之，今者歸老(八二)，更欲低頭與小兒曹共槽櫪(八三)而食，併肩側身於怨家之朝乎！今國家待春卿意深，宜使牛孺卿(八四)與諸耆老大人共說季孟，若計畫不從，真可引領去矣。前披輿地圖(八五)，見天下郡國百有六所，奈何欲以區區二邦(八六)以當諸夏百有四乎！春卿事季孟，外有君臣之義，內有朋友之道。言君臣邪，固當諫爭；語朋友邪，應有切磋。豈有知其無成，而但萎腇(八七)咋舌，叉手從族乎！及今成計，殊尚善也，過是，欲少味矣！且來君叔天下信士，朝廷重之，其意依依，常獨為西州言。援商(八八)朝廷，尤欲立信於此，必不負約。援不得久留，願急賜報。」廣竟不答。諸將每有疑議，更請呼援，咸敬重焉。

(十四)隗囂上疏謝曰：「吏民聞大兵卒至，驚恐自救，臣囂不能禁止。兵有大利，不敢廢臣子之節，親自追還。昔虞舜事父，大杖則走，小杖則受。臣雖不敏，敢忘斯義！今臣之事在於本朝，賜死則死，加刑則刑；如更得洗心，死骨不朽。」有司以囂言慢，請誅其子；帝不忍。復使來歙至汧，賜囂書曰：「昔柴將軍云：『陛下寬仁，諸侯雖有亡叛而後歸，輒復位號，不誅也(八九)。』今若束手，復遣恂弟歸闕庭者，則爵祿獲全，有浩大之福矣。吾年垂四十，在兵中十歲，厭浮語虛辭。即不欲，勿報。」囂知帝審其詐，遂遣使稱臣於公孫述。

(十五)匈奴與盧芳為寇不息，帝令歸德侯颯使匈奴(九〇)以脩舊好。單于驕倨，雖遣使報命，而寇暴如故。

【今註】㈠章陵縣：今湖北棗陽縣東。㈡朐：今江蘇東海縣治。㈢騰：傳。㈣公孫即宣帝：胡三省曰：「宣帝有『公孫病已』之符。」㈤掌文為瑞：公孫述刻其掌，文曰「公孫帝」。㈥王莽何足效：胡三省曰：「王莽自陳符命，遣五威將帥班之天下。」㈦日月已逝：謂年已老。㈧割有雍州：隴西、天水，皆雍州之地，故謂割有雍州。㈨漢帝釋關隴之憂：謂隗囂居西方而無東進之意，故光武帝不以關隴為憂。㈩間使：私使，指來歙、馬援等。⑪攜貳：謂不相親附者，如王遵、鄭興、杜林、牛邯等皆相繼歸光武。⑫梁州：益州，禹貢梁州之域。⑬王氏：指王莽。⑭江陵：今湖北江陵縣。⑮巫山：在四川巫山縣東。⑯武王伐殷……以待天命：武王伐紂，至於孟津，諸侯不期而會者八百，皆曰：「紂可伐矣」！武王曰：「汝未知天命。」乃還。⑰東帝：光武帝。⑱北軍：述倣漢制，亦置北軍。⑲山東客兵：山東之人僑寓於蜀者，述以為兵，故曰客兵。⑳少嘗為郎：哀帝時，述以父任為郎。㉑起兵時主簿：光武起兵，狥潁川，馮異降，光武以為主簿。㉒蕪蔞亭豆粥，虖沱河麥飯：事見卷三十九更始二年。㉓射鉤、檻車：《史記》：「管仲射桓公，中鉤。後魯桎梏管仲而送於齊，公以為相。」《說苑》曰：「管仲桎梏檻車中，非無愧也，自裁也。」《新序》曰：「齊桓公與管仲飲酣，管仲上壽曰：『願君無忘出奔於莒也，臣亦無忘束縛於魯也。』」胡三省謂此云射鉤檻車，義亦通。㉔國家：謂天子。㉕巾車之恩：事見卷三十九更始元年。㉖江關：在今四川奉節縣東。㉗白水險阻：漢白水縣在今陝西省白水縣，其地有關，故云險阻。㉘棧閣：山路懸險，棧木為閣道。㉙須：待。㉚孰：古熟字。㉛大呼響應：言俟其上下乖離而攻之，必有為內應者。（三二）疑故：疑難事故。（三三）冘豫：冘同猶。冘豫，遲疑之意。（三四）質：正。（三五）臧否：善惡得失。（三六）伯春：囂子恂，字伯春。（三七）君叔：來歙字。（三八）外兄：姑子曰外兄。（三九）析骸易子：《左傳》：「楚使申舟聘齊，不假道於宋。華元曰：『過我而不假道，鄙我也！』乃殺之。楚子聞之，遂圍宋；宋人易子而食，析骸而爨。」（四〇）隴坻：隴州有大坂，名隴坻。隴州故城在今甘肅清水縣北。（四一）張官：設官。（四二）各實所部：各於所部各縣考覈實在。（四三）三考：謂三次考核其功最。（四四）一世：三十年。（四五）十一之稅：十分而稅其一。（四六）見：同現。（四七）如舊制：景帝時曾行三十稅一之制，故云如舊制。（四八）漆：今陝西邠縣。（四九）栒邑：今陝西栒邑縣東。（五〇）汧：今陝西隴縣南。（五一）行巡：姓行名巡。（五二）忸◇：慣習，謂慣習前事而復為之。忕音舌。（五三）攻者不足，守者有餘：孫武子之言。（五四）義渠：故城在今甘肅寧縣西北。（五五）先后末屬：謂孝文竇皇后之親屬。（五六）故遣劉鈞口陳肝膽：事見上卷上年。（五七）底裏上露：底裏皆露，謂無隱藏之意。（五八）高平：今甘肅固原縣。（五九）尉藉：尉同慰，安也；藉，薦也。尉藉猶言慰勞。（六〇）國家不利之時：指王莽篡漢。（六一）悁：恚恨。（六二）就：成就。（六三）負：恃。（六四）易：輕。（六五）痾：疾病。（六六）瘳：疾愈。（六七）憂人太過，以德取怨：胡三省曰：「謂憂之之過，而言之甚切，將以為德，而反以取怨也。」（六八）融入金城，擊囂黨先零羌封何等：更始時，先零羌封何諸種殺金城太守，據其郡。囂賂遺封何與結盟，欲發其眾。（六九）張玄：隗囂使。（七〇）盜憎主人：《左傳》晉伯宗妻曰：「盜憎主人，民惡其上。」（七一）使援將突騎五千：胡三省曰：「說客，單車往使足矣；光武遣馬援將突騎五千，欲耀兵威以示隴右諸將，使謀而來。」（七二）季孟：隗囂字。（七三）表的：表猶標，的謂射的；

言背畔之罪為天下所指射。㊆王游翁：李賢謂王元字游翁。然隗囂傳謂元字惠孟，游翁蓋其別字。㊆舉足可定：謂定之甚易。㊆存：問。㊆三木：李賢曰：「三木者，謂桎梏及械也。」㊆跳梁：喻叛亂者跋扈之情狀。㊆分羹：胡三省曰：「此正引高帝答項羽之事。」㊆季孟嘗折愧子陽而不受其爵：事見上卷四年。折愧，猶言折辱。㊆陸陸：與碌碌同。㊇難為顏：謂有慙色。㊇當安從得子主給是哉：胡三省曰：「言蜀若復責質子，當何從得子以為質也。」㊇歸老：入於老年。㊇槽櫪：槽，畜獸之食器。櫪，養馬之所。㊇牛孺卿：牛邯字孺卿。㊇披輿地圖：輿地圖即地圖；披，開、翻。㊇區區二邦：指隴西、天水。㊇委腇：蓄縮貌。㊇商：度。㊇昔柴將軍云……不誅也：高帝時柴武與韓王信書之言。㊈颯使匈奴：事見卷三十九更始二年。

七年（西元三一年）

㈠春三月，罷郡國輕車、騎士、材官㊀，令還復民伍。

㈡公孫述立隗囂為朔寧王，遣兵往來，為之援勢。

㈢癸亥（三十日）晦，日有食之。詔百僚各上封事，其上書者不得言聖。太中大夫鄭興上疏曰：「夫國無善政，則謫㊁見日月；要在因人之心，擇人處位。今公卿大夫多舉漁陽太守郭伋可大司空者，而不以時定；道路流言，咸曰：『朝廷欲用功臣』，功臣用則人位謬矣㊂。願陛下屈己從眾，以濟㊃羣臣讓善之功。頃年日食多在晦，先時而合，皆月行疾也。日君象而月臣象，君亢急而臣下促迫，故月行疾。今陛下高明而羣臣惶促，宜留思柔克之政㊄，垂意洪範之法㊅。」帝躬勤政事，頗傷嚴急，故興奏及之。

㈣夏四月壬午（十九日），大赦。

㈤五月戊戌（六日），以前將軍李通為大司空。

㈥大司農江馮上言，「宜令司隸校尉督察三公。」司空掾陳元上疏曰：「臣聞師臣者帝，賓臣者霸。故武王以太公為師，齊桓以夷吾為仲父，近則高帝優相國之禮㊆，太宗假宰輔之權㊇。及亡新王莽，遭漢中衰，專操國柄以偷天下，況已自喻，不信羣臣，奪公輔之任，損宰相之威，以刺舉㊈為明，激訐⑩為直，至乃陪僕告其君長⑪，子弟變⑫其父兄，罔⑬密法峻，大臣無所措手足；然不能禁董忠之謀⑭，身為世戮。方今四方尚擾，天下未一，百姓觀聽咸張耳目。陛下宜修文武之聖典，襲祖宗之遺德，勞心下士，屈節待賢，誠不宜使有司察公輔之名。」帝從之。

㈦酒泉太守竺曾以弟報怨殺人（一五），自免去郡。竇融承制拜曾武鋒將軍，更以辛肜為酒泉太守。

㈧秋，隗囂將步騎三萬侵安定，至陰槃（一六），馮異率諸將拒之；囂又令別將下隴攻祭遵於汧：並無利而還。【考異】帝紀：「六年冬，隗囂將行巡寇扶風，馮異拒破之。」馮異傳：「六年夏，諸將上隴，為隗囂所敗，乃詔異軍栒邑。未及至，囂乘勝使王元、行巡將二萬人下隴，分遣巡取栒邑。異即先據栒邑，破巡。」又云：「祭遵亦破王元於汧。」隗囂傳，侵三輔事亦同。按此文勢，緣諸將才敗還，隗囂即遣二將追之，故得云乘勝。又云「馮異未及至栒邑」也。然則馮異、祭遵之破王元、行巡，實在六年明矣。至十年八月，紀又有「隗囂寇安定，馮異、祭遵擊卻之」，此即隗囂傳所書「秋，囂侵安定，至陰槃，馮異拒之，又令別將攻祭遵於汧，兵並無利」者也。據此，是囂兩歲各嘗攻馮異、祭遵矣，故遵傳亦云「數挫隗囂」也。而袁紀不載六年事，併在七年秋紀之。且傳云：「囂乘勝」，若事已一年，安可云乘勝？又馮異何緣稽緩爾久不至栒邑？故知袁紀誤矣。

帝將自征隗囂，先戒竇融師期，會遇雨，道斷，且囂兵已退，乃止。

帝令來歙以書招王遵，遵來降，拜太中大夫，封向義侯。

㈨冬，盧芳以事誅其五原太守李興兄弟；其朔方太守田颯、雲中太守喬扈各舉郡降，帝令領職如故。

㈩帝好圖讖（一七），與鄭興議郊祀事，曰：「吾欲以讖斷之，何如？」

對曰：「臣不為讖！」帝怒曰：「卿不為讖，非之邪？」興惶恐曰：「臣於書有所未學，而無所非也。」帝意乃解。

(十一)南陽太守杜詩政治清平，興利除害，百姓便之。又修治陂池⑱，廣拓土田，郡內比室殷足，時人方⑲於召信臣⑳。南陽為之語曰：「前有召父，後有杜母。」

【今註】㊀輕車騎士材官：《漢官儀》曰：「高祖命天下郡國，選能引關蹶張材力武猛者，以為輕車、騎士、材官。平地用車騎，山阻用材官。」㊁譴：責。㊂功臣用則人位謬矣：胡三省曰：「人不稱其位，位不宜其人也。」㊃濟：成。㊄柔克之政：柔，和；克，能；謂和柔而能立事。㊅洪範之法：《尚書・洪範》曰：「高明柔克。」㊆高帝優相國之禮：李賢曰：「蕭何為相國，高祖賜劍履上殿，入朝不趨。」㊇太宗假宰輔之權：李賢曰：「太宗，孝文也。申屠嘉召責鄧通，孝文令人謝嘉，故曰假權也。」㊈刺舉：探察而舉發之。㊉激訐：發人陰私。⑪陪僕告其君長：胡三省曰：「王莽時，開吏告其將，奴婢告其主。陪僕猶左傳所謂陪臺也。」毛晃曰：「陪臺，臣也。蓋古者家臣謂之陪臣，故家之臣僕謂之陪僕。」⑫變：告變。⑬罔：同網，法網。⑭董忠之謀：事見卷三十九更始元年。⑮曾以弟報怨殺人：《東觀記》曰：「曾弟嬰，報怨殺屬國侯王胤等。」⑯陰槃：在今陝西省長武縣西北。⑰圖讖：圖，河圖；讖，驗也，言為王者受命之徵驗。⑱陂池：蓄水之處。㊄方：比。㊅召信臣：事見二十九卷哀帝竟寧元年。

八年（西元三二年）

㈠春，來歙將二千餘人伐山開道，從番須、回中徑襲略陽㊀，斬隗囂守將金梁。囂大驚曰：「何其神也！」帝聞得略陽，甚喜，曰：「略陽，囂所依阻，心腹已壞，則制其支體易矣！」吳漢等諸將聞歙據略陽，爭馳赴之。上以為囂失所恃，亡其要城，埶必悉以精銳來攻；曠日久圍而城不拔，士卒頓敝，乃可乘危而進。皆追漢等還。隗囂果使王元拒隴坻，行巡守番須口，王孟塞雞頭道㊁，牛邯軍瓦亭㊂。囂自悉其大眾數萬人圍略陽，公孫述遣將李育、田弇助之，斬山築堤，激水灌城。來歙與將士固死堅守，矢盡，發屋斷木以為兵。囂盡銳攻之，累月不能下。

夏，閏四月，帝自將征隗囂，光祿勳汝南郭憲諫曰：「東方初定，車駕未可遠征。」乃當車拔佩刀以斷車靷㊃。帝不從，西至漆。諸將多以王師之重，不宜遠入險阻。計冘豫未決，帝召馬援問之。援因說隗囂將帥有土崩之勢，兵進有必破之狀；又於帝前聚米為山谷，指畫形埶，開示眾軍所從道徑，往來分析，昭然可曉。帝曰：「虜在吾目中矣！」明旦，遂進軍，至高平第一〔五〕。

竇融率五郡太守及羌虜小月氏〔六〕等步騎數萬，輜重五千餘兩〔七〕，與大軍會。是時軍旅草創，諸將朝會禮容多不肅〔八〕，融先遣從事問會見儀適〔九〕。帝聞而善之，以宣告百僚，乃置酒高會，待融以殊禮〔一〇〕。遂共進軍，數道上隴。使王遵以書招牛邯，下之，拜邯太中大夫。於是囂大將十三人、屬縣十六〔一一〕、眾十餘萬皆降。囂將妻子犇西城〔一二〕，從楊廣，而田弇、李育保上邽〔一三〕。略陽圍解。帝勞賜來歙，班坐絕席，在諸將之右〔一四〕，賜歙妻縑千匹。進幸上邽，詔告隗囂曰：「若束手自詣，父子〔一五〕相見，保無他也。若遂欲為黥布〔一六〕者，亦自任也。」囂終不降，於是誅其子恂。使吳漢、岑彭圍西城，耿弇、蓋延圍上邽。以四縣〔一七〕封竇融為安豐侯，弟友為顯親〔一八〕侯，及五郡太守皆封列侯，遣西還所鎮。融以久專方面，懼不自安，數上書求代。詔報曰：「吾與將軍，如左右手耳，數執謙退，何不曉人意！勉循⑲士民，無擅離部曲⑳。」

潁川盜賊羣起，寇沒屬縣，河東守兵亦叛，京師騷動。帝聞之曰：「吾悔不用郭子橫㉑之言。」秋八月，帝自上邽晨夜東馳，賜岑彭等書曰：「兩城若下，便可將兵南擊蜀虜。人苦不知足，既平隴，復望蜀。每一發兵，頭須為白！㉒」

九月乙卯（一日），車駕還宮。帝謂執金吾寇恂曰：「潁川迫近京師，當以時定。惟念獨卿能平之耳，從九卿復出以憂國可也！」對曰：「潁川聞陛下有事隴、蜀，故狂狡㉓乘間㉔，相詿㉕誤耳。如聞乘輿南向，賊必惶怖歸死，臣願執銳前驅。」帝從之。庚申（六日），車駕南征，潁川盜賊悉降。寇恂竟不拜郡，百姓遮道曰：「願從陛下復借㉖寇君一年。」乃留恂長社㉗，鎮撫吏民，受納餘降。

東郡、濟陰盜賊亦起，帝遣李通、王常擊之。以東光㉘侯耿純嘗為東郡太守，威信著於衛地㉙，遣使拜太中大夫，使與大兵會東郡。東郡聞純入界，盜賊九千餘人皆詣純降，大兵不戰而還；璽書復以純為東郡太守。戊寅（二十四日），東駕還自潁川。

㈡安丘侯張步將妻子逃犇臨淮⑳，與弟弘、藍欲招其故眾，乘船入海；琅邪太守陳俊追討，斬之。

㈢冬，十月丙午（二十二日），上行幸懷㉑；十一月乙丑（十二日），還雒陽。

㈣楊廣死，隗囂窮困，其大將王捷別在戎丘㉒，登城呼漢軍曰：「為隗王城守者，皆必死無二心，願諸軍亟罷，請自殺以明之。」遂自刎死。

初，帝敕吳漢曰：「諸郡甲卒，但坐費糧食，若有逃亡，則沮敗眾心，宜悉罷之。」漢等貪并力攻囂，遂不能遣，糧食日少，吏士疲役，逃亡者多。岑彭壅谷水灌西城，城未沒丈餘。會王元、行巡、周宗將蜀救兵五千餘人乘高卒至，鼓譟大呼曰：「百萬之眾方至！」漢軍大驚，未及成陳，元等決圍殊死戰，遂得入城，迎囂歸冀㉓。吳漢軍食盡，乃燒輜重，引兵下隴，蓋延、耿弇亦相隨而退。囂出兵尾擊諸營，岑彭為後拒，諸將乃得全軍東歸；唯祭遵屯汧不退。吳漢等復屯長安，岑彭還津鄉㉞，於是安定、北地、天水、隴西復反為囂。

校尉太原溫序為囂將苟宇所獲，【考異】按序傳及袁紀中稱「序為護羌校尉」。檢西羌傳，九年方置此官，牛邯為之。又云：「邯卒，職省」，則序無緣作「護羌」，今但云校尉。宇曉譬數四，欲降之。序大怒，叱宇等曰：「虜何敢迫脅漢將！」因以節撾㉟殺數人。宇眾爭欲殺之，宇止之曰：「此義士，死節，可賜以劍。」序受劍，銜須於口，顧左右曰：「既為賊所殺，無令須汙土！」遂伏劍而死。從事王忠持其喪歸雒陽，詔賜以冢地，拜三子為郎。

㈤十二月，高句麗王遣使朝貢，帝復其王號㊱。

㈥是歲，大水。

【今註】㊀略陽：今甘肅秦安縣西北九十里。㊁雞頭道：雞頭山道。雞頭山一名崆峒山，在今甘肅平涼縣西。㊂瓦亭：李賢曰：「安定烏氏縣有瓦亭。」烏氏縣在今甘肅平涼縣西南。㊃靷：約於馬胸之革帶。㊄第一：高平縣有第一城。高平，今甘肅固原縣。㊅小月氏：胡三省曰：「月氏為匈奴所破，餘種西踰蔥嶺，其不能去者，保南山，號小月氏。」㊆兩：同輛。㊇肅：齊。㊈儀適：適，當；謂會見禮儀之適當者。㊉殊禮：殊，異；謂待之之禮，異於羣臣。⑪屬縣十六：《地理志》，天水郡十六縣。㉒西城：西縣城。西縣在今甘肅天水縣西南。㉓上邽：今甘肅天水縣東南。㉔班坐絕席，在諸將之右：胡三省曰：「專席而坐於諸將之上，不與諸坐者並也。」㉕父子：指隗囂與其子恂。㉖欲為黥布：黥布云欲為帝。㉗四縣：安豐、陽泉、蓼、安風。安豐在今河南固始縣東，陽泉在今安徽霍邱縣西，蓼在固始縣東北，安風在霍邱縣西南。㉘顯親：今甘肅秦安縣西北。㉙循：撫循。㉚部曲：軍隊。㉛郭子橫：郭憲字子橫。㉜每一發兵，頭須為白：言用兵之苦。須通鬚。㉝狡：猾。㉞間：隙。㉟詿：《說文》：「詿亦誤也。」㊱復借：寇恂曾為潁川太守，故云「復借」。㊲長社：今河南長葛縣西。㊳東光：今河北東光縣東二十里。㊴衞地：東郡衞地。㊵臨淮：今安徽盱眙縣西北。㊶懷：今河南武陟縣西南。㊷戎丘：《水經注》：「戎丘城在西城西北，戎溪水逕其南。」西城在今甘肅天水縣西南。㊸冀：今甘肅甘谷縣南。㊹津鄉：在江陵。江陵，今湖北江陵縣。㊺撾：擊。㊻復其王號：王莽貶高句麗為侯，今復其王號。

九年（西元三三年）

㈠春，正月，潁陽㊀成侯祭遵薨於軍；詔馮異幷將其營。遵為人廉約小心，克己奉公，賞賜盡與士卒；約束嚴整，所在吏民不知有軍。取士皆用儒術，對酒設樂，必雅歌㊁投壺㊂。臨終，遺戒薄葬；問以家事，終無所言。帝愍悼之尤甚，遵喪至河南，車駕素服臨之，望哭哀慟；還，幸城門，閱過喪車，涕泣不能已；喪禮成，復親祠以太牢。詔大長秋㊃謁者、河南尹護喪事，大司農給費。至葬，車駕復臨之；既葬，又臨其墳，存見夫人、室家。其後朝會，帝每歎曰：「安得憂國奉公如祭征虜㊄者乎！」衞尉銚期曰：「陛下至仁，哀念祭遵不已，羣臣各懷慚懼㊅。」帝乃止。

㈡隗囂病且餓，餐糗糒㊆，恚憤而卒。王元、周宗立囂少子純為王，總兵據冀。公孫述遣將趙匡、田弇助純。帝使馮異擊之。

㈢公孫述遣其翼江王田戎、大司徒任滿、南郡太守程汎將數萬人下江關，擊破馮駿等軍，遂拔巫㊇及夷道㊈夷陵㊉，因據荊門、虎牙⑪，橫江水起浮橋、關樓⑫，立欑柱⑬以絕水道，結營跨山以塞陸路，拒漢兵。

㈣夏，六月丙戌（十六日），帝幸緱氏⑭，登轘轅⑮。

㈤吳漢率王常等四將軍兵五萬餘人擊盧芳將賈覽、閔堪於高柳⑯；匈奴救之，漢軍不利。於是匈奴轉盛，鈔暴日增。詔朱祜屯常山，王常屯涿郡，破姦將軍侯進屯漁陽，以討虜將軍王霸為上谷太守，以備匈奴。

㈥帝使來歙悉監護諸將屯長安，太中大夫馬援為之副。歙上書曰：「公孫述以隴西、天水為藩蔽，故得延命假息(一七)；今二郡平蕩，則述智計窮矣。宜益選兵馬，儲積資糧。今西州新破，兵人疲饉，若招以財穀，則其眾可集。臣知國家所給非一，用度不足，然有不得已也。」帝然之。於是詔於汧積穀六萬斛。秋八月，來歙率馮異等五將軍討隗純於天水。

㈦驃騎將軍杜茂與賈覽戰於繁畤(一八)，茂軍敗績。

㈧諸羌自王莽末入居塞內，金城屬縣多為所有。隗囂不能討，因就慰納，發其眾與漢相拒。司徒掾(一九)班彪上言：「今涼州部皆有降羌。羌胡被髮左衽，而與漢人雜處，習俗既異，言語不通，數為小吏黠人所見侵奪，窮恚無聊，故致反叛。夫蠻夷寇亂，皆為此也。舊制：益州部置蠻夷騎都尉(二〇)，幽州部置領烏桓校尉，涼州部置護羌校尉(二一)，皆持節領護，治其怨結，歲時巡行，問所疾苦。

又數遣使譯，通導動靜，使塞外羌夷為吏耳目，州郡因此可得警備。今宜復如舊，以明威防。」帝從之。以牛邯為護羌校尉。

㈨盜殺陰貴人母鄧氏及弟訢。帝甚傷之，封貴人弟就為宣恩侯㉒。復召就兄侍中興，欲封之，置印綬於前。興固讓曰：「臣未有先登陷陳之功，而一家數人並蒙爵土，令天下觖望㉓，誠所不願！」帝嘉之，不奪其志。貴人問其故，興曰：「夫外戚家苦不知謙退，嫁女欲配侯王，取婦眄睨㉔公主，愚心實不安也。富貴有極，人當知足，夸奢益為觀聽所譏。」貴人感其言，深自降挹㉕，卒不為宗親求位。

㈩帝召寇恂還，以漁陽太守郭伋為潁川太守。伋招降山賊趙宏、召吳等數百人，皆遣歸附農㉖，因自劾專命㉗，帝不以咎之。後宏、吳等黨與聞伋威信，遠自江南，或從幽、冀，不期俱降，駱驛不絕。

㈩㈠莎車王康卒，弟賢立，攻殺拘彌、西夜王㉘，而使康兩子王之。

【今註】㈠潁陽：今河南許昌縣西南。㈡雅歌：謂歌雅詩。㈢投壺：《禮記・投壺經》曰：「壺頸修七寸，腹修五寸，口徑二寸半，容斗五升。壺中實小豆焉，為其矢之躍而出也。矢以柘若棘，長二尺八寸，無去其皮，取其堅而重。投之，勝者飲不勝者，以為優劣也。」㊃大長秋：胡三省曰：「皇后卿曰將行，秦官也；景帝中六年，更名大長秋。」東漢皆以用閹人任之。㊄祭征虜：遵為征虜將軍。㊅羣臣各懷慚懼：胡三省：「言帝念祭遵，屢以為言，羣臣愧不如遵，各懷懼也。」㊆糗糒：鄭康成曰：「糗，熬大豆與米也；糒，乾飯。」㊇巫：今四川奉節縣東。㊈夷道：今湖北宜都縣西北。㊉夷陵：今湖北宜昌縣東。⑪荊門、虎牙：《水經注》：「江水東歷荊門、虎牙之間。荊門山在南，上合下開，其狀似門。虎牙山在北，石壁色紅，間有白文，類牙，故以名也。」二山，在今湖北宜昌縣東南、宜都縣西北。⑫關樓：胡三省曰：「關樓，范書作鬬樓，猶今城上敵樓也。」⑬欑柱：叢木為柱曰欑柱。⑭緱氏：今河南偃師縣南。⑮轘轅：關名，在今河南偃師縣東南。⑯高柳：今山西陽高縣西北。⑰息：氣息。⑱繁畤：今山西渾源縣西。⑲司徒掾：《續漢志》：「司徒掾屬三十一人，掾比三百石，屬比二百石。」⑳蠻夷騎都尉：武帝開西南夷置。㉑烏桓校尉、護羌校尉：應劭曰：「漢官，護烏桓、護羌校尉，比二千石，擁節；長史一人，司馬二人，皆六百石。」㉒封貴人弟就為宣恩侯：胡三省曰：「帝追爵貴人父陸為宣恩哀侯，以就嗣哀侯。後漢舊制，惟皇后父封侯。貴人未正位中宮而追爵其父，非舊也。」㉓觖望：怨望。㉔眄睨：斜視。㉕挹：以器俯而取水曰挹，人之謙下者亦曰挹。㉖附農：附於農籍。㉗自劾專命：以擅放降賊，故自劾專命。㉘拘彌、西夜王：胡三省曰：「拘彌即前漢之扜罙。唐曰寧彌。西夜國，去雒陽萬四千四百里。」

十年（西元三四年）

㈠春，正月，吳漢復率捕虜將軍王霸等四將軍六萬人出高柳擊賈覽，匈奴數千騎救之，連戰於平城㈠下，破走之。

㈡夏陽節侯馮異㈡等與趙匡、田弇戰且一年，皆斬之。隗純未下，諸將欲且還休兵，異固持不動，共攻落門㈢，未拔。夏，異薨于軍。

㈢秋，八月己亥（二十五日），上幸長安。

㈣初，隗囂將安定高峻擁兵據高平第一㈣，建威大將軍耿弇等圍之，一歲不拔。帝自將征之，寇恂諫曰：「長安道里居中㈤，應接近便，安定、隴西必懷震懼；此從容一處，可以制四方也。今士馬疲倦，方履險阻，非萬乘之固也。前年潁川，可為至戒。」帝不從，進幸汧。峻猶不下，帝遣寇恂往降之。恂奉璽書至第一，峻遣軍師皇甫文出謁，辭禮不屈；恂怒，將誅之。諸將諫曰：「高峻精兵萬人，率多彊弩，西遮隴道，連年不下，今欲降之，而反戮其使，無乃不可乎？」恂不應，遂斬之，遣其副歸告峻曰：「軍師無禮，已戮之矣！欲降，急降；不欲，固守！」峻惶恐，即日開城門降。諸將皆賀，因曰：「敢問殺其使而降其城，何也？」恂曰：「皇甫文，峻之腹心，其所取計者也。今來，辭意不屈，必無降心。全之則文得其計，殺之亡其膽㊅，是以降耳。」諸將皆曰：「非所及也！」

㈤冬，十月，來歙與諸將攻破落門，周宗、行巡、苟宇、趙恢等將隗純降，王元犇蜀。徙諸隗於京師以東。後隗純與賓客亡入胡，至武威，捕得，誅之。

㈥先零羌與諸種寇金城、隴西，來歙率蓋延等進擊，大破之，斬首虜數千人。於是開倉廩以賑飢乏，隴右遂安，而涼州流通㊆焉。

㈦庚寅（十七日），車駕還宮。

【今註】 ㊀平城：今山西大同縣西。㊁夏陽節侯馮異：〈馮異傳〉云：「封異陽夏侯。」〈馬武傳〉末列二十八將官位姓名，曰：「夏陽侯馮異。」陽夏縣屬淮陽郡，今河南省太康縣；夏陽縣屬左馮翊，今陝西省韓城縣南。未知孰是。㊂落門：冀有落門聚。冀故城在今甘肅甘谷縣南。㊃高峻擁兵據高平第一：胡三省曰：「帝之上隴也，遣馬援招降峻，及吳漢等軍退，峻亡歸故營，復助囂拒隴坻。」㈤長安道里居中：長安在雒陽、高平之中。㈥亡其膽：文死則高峻喪膽。㈦涼州流通：涼州諸郡至京師，皆須度隴。隴右安則涼州之路流通。

十一年（西元三五年）

㈠春，三月己酉（九日），帝幸南陽，【考異】帝紀：「己酉，幸南陽；庚午，車駕還宮。」上有「二月己卯」。袁紀：「三月己酉，幸南陽。」以長曆考之，二月壬申朔，己卯八日也。己酉、庚午皆在三月。蓋帝紀「己酉」上脫「三月」字。今從袁紀。還幸章陵；庚午（三十日），車駕還宮。

㈡岑彭屯津鄉，數攻田戎等，不克。帝遣吳漢率誅虜將軍劉隆等三將，發荊州兵凡六萬餘人，騎五千匹，與彭會荊門。彭裝戰船數千艘，吳漢以諸郡棹卒㈠多費糧穀，欲罷之；彭以為蜀兵盛，不可遣，上書言狀。帝報彭曰：「大司馬習用步騎，不曉水戰，荊門之事，一由征南公㈡為重而已。」閏月，岑彭令軍中募攻浮橋，先登者上賞。於是偏將軍魯奇應募而前。時東風狂急，魯奇船逆流而上，直衝浮橋，而欑柱有反杷鉤㈢，奇船不得去；奇等乘埶殊死戰，因飛炬焚之，風怒火盛，橋樓崩燒。岑彭悉軍順風並進，所向無前，蜀兵大亂，溺死者數千人，斬任滿，生獲程汎，而田戎走保江州。

彭上㈣劉隆為南郡太守；自率輔威將軍臧宮、驍騎將軍劉歆長驅入江關。令軍中無得虜掠，所過百姓皆奉牛酒迎勞，彭復讓不受；百姓大喜，爭開門降。詔彭守益州牧，所下郡輒行太守事，彭若出界，即以太守號付後將軍㈤。選官屬守州中、長吏。

彭到江州，以其城固糧多，難卒拔，留馮駿守之；自引兵乘利直指墊江㈥，攻破平曲㈦，收其來數十萬石。吳漢留夷陵，裝露橈繼㈧進。

㈢夏，先零羌寇臨洮㈨，來歙薦馬援為隴西太守，擊先零羌，大破之。

㈣公孫述以王元為將軍，使與領軍環安拒河池。六月，來歙與蓋延等進攻元、安，大破之，遂克下辨，乘勝遂進。蜀人大懼，使刺客刺歙，未殊㈩，馳召蓋延。延見歙，因伏悲哀，不能仰視。

歙叱延曰：「虎牙（一一）何敢然！今使者中刺客，無以報國，故呼巨卿（一二），欲相屬以軍事，而反效兒女子涕泣乎！刃雖在身，不能勒兵斬公邪！」延收淚強起，受所誡（一三）。歙自書表曰：「臣夜人定（一四）後，為何人（一五）所賊傷，中臣要害。臣不敢自惜，誠恨奉職不稱，以為朝廷羞。夫理國以得賢為本，太中大夫段襄，骨鯁（一六）可任，願陛下裁察。又臣兄弟不肖，終恐被罪，陛下哀憐，數賜教督。」投筆抽刃而絕（一七）。帝聞，大驚，省書攬涕；以揚武將軍馬成守中郎將代之。歙喪還洛陽，乘輿縞素臨弔，送葬。

㈤趙王良從帝送歙喪還，入夏城門，與中郎將張邯爭道，叱邯旋車；又詰責門候（一八），使前走數十步。司隸校尉鮑永劾奏「良無藩臣禮，大不敬。」良尊戚貴重，而永劾之，朝廷肅然。永辟扶風鮑恢為都官從事（一九），恢亦抗直，不避彊禦。帝常曰：「貴戚且斂手以避二鮑。」

永行縣（二〇）到霸陵，路經更始墓，下拜，哭盡哀而去。西至扶風，椎牛上苟諫（二一）冢。帝聞之，意不平，問公卿曰：「奉使（二二）如此，何如？」太中大夫張湛對曰：「仁者行之宗，忠者義之主也；仁不遺舊，忠不忘君，行之高者也。」帝意乃釋。

㈥帝自將征公孫述。秋七月，次長安。

㈦公孫述使其將延岑、呂鮪、王元、公孫恢悉兵拒廣漢(二三)及資中(二四)，又遣將侯丹率二萬餘人拒黃石(二五)。岑彭使臧宮將降卒五萬，從涪水上平曲，拒延岑，自分兵浮江下還江州，泝都江(二六)而上，襲擊侯丹，大破之；因晨夜倍道兼行二千餘里，徑拔武陽(二七)。使精騎馳擊廣都(二八)，去成都數十里，埶若風雨，所至皆犇散。初，述聞漢兵在平曲，故遣大兵逆之。及彭至武陽，繞出延岑軍後，蜀地震駭。述大驚，以杖擊地曰：「是何神也！」

延岑盛兵於沅水(二九)。臧宮眾多食少，轉輸不至，降者皆欲散畔郡邑，復更保聚，觀望成敗。宮欲引還，恐為所反；會帝遣謁者將兵詣岑彭，有馬七百匹，宮矯制取以自益，晨夜進兵，多張旗幟，登山鼓譟，右步左騎，挾船而引，呼聲動山谷。岑不意漢軍卒至，登山望之，大震恐；宮因縱擊，大破之，斬首溺死者萬餘人，水為之濁。延岑犇成都，其眾悉降，盡獲其兵馬珍寶。自是乘勝追北，降者以十萬數。軍至陽鄉⑳，王元舉眾降。帝與公孫述書，陳言禍福，示以丹青之信。述省書太息，以示所親。太常常少㉑光祿勳張隆皆稱述降。述曰：「廢興，命也，豈有降天子哉！」左右莫敢復言。少、隆皆以憂死。

(八)帝還自長安。

(九)冬，十月，公孫述使刺客詐為亡奴，降岑彭，夜刺殺彭；太中大夫監軍鄭興領其營，以俟吳漢至而授之。彭持軍整齊，秋毫無犯，邛穀王任貴㉒聞彭威信，數千里遣使迎降；會彭已被害，帝盡以任貴所獻賜彭妻子。蜀人為立廟祠之。

(十)馬成等破河池，遂平武都。先零諸種羌數萬人，屯聚寇鈔，拒浩亹隘。成與馬援深入討擊，大破之，徙降羌置天水、隴西、扶風。

是時，朝臣以金城破羌㉓之西，塗遠多寇，議欲棄之。馬援上言：「破羌以西，城多堅牢，易可依固；其田土肥壤，灌溉流通。

如令羌在湟中，則為害不休，不可棄也。」帝從之。民歸者三千餘口，援為置長吏，繕城郭，起塢㉔候，開溝洫，勸以耕牧，郡中樂業。又招撫塞外氐、羌，皆來降附，援奏復其侯王君長；帝悉從之。乃罷馬成軍。

⑾十二月，吳漢自夷陵將三萬人泝江而上，伐公孫述。

⑿郭伋為并州牧，過京師，帝問以得失，伋曰：「選補眾職，當簡天下賢俊，不宜專用南陽人。」是時在位多鄉曲㉕故舊，故伋言及之。

【今注】㊀棹卒：持棹行船者。㊁征南公：岑彭為征南大將軍，故稱之為征南公。㊂反杷鉤：既能鉤住敵船使不得退，又能逆拒敵船使不得進。㊃上：上奏。㊄後將軍：繼岑彭後之將軍。㊅墊江：今四川合川縣。㊆平曲：《水經》：「涪水出廣漢屬國剛氏道徼外，東南流經涪縣北，又東南逕綿竹縣北，即臧宮遡涪至平陽鄉之地。涪水又東南與建始水合。水發平洛郡西溪，西南流，屈而東西流。」胡三省以為此即平曲也。㊇露橈：謂露檝在外，人在船中。㊈臨洮：今甘肅岷縣。㊉未殊：未絕。⑪虎牙：蓋延為虎牙大將軍，故稱之為虎牙。⑫巨卿：蓋延字。⑬誡：告，命。⑭人定：深夜眾人寢息之時。⑮何人：不知何人。⑯骨鯁：喻正直也。⑰抽刃而絕：胡三省曰：「凡為人所刺者，刃在身猶未死，抽刃則氣絕矣。」⑱門候：〈百官志〉：「城門校尉掌雒陽十二城門，每門候一人。」⑲都官從事：〈百官志〉：「司隸校尉從事史十二人，都官從事，主察舉百官犯法者。」⑳永行縣：諸州常以八月巡行所部郡國，錄囚徒，考殿最。司隸校尉主三河、三輔、弘農，故永得行縣。㉑苟諫：苟諫保護鮑永事見卷三十六更始二年。㉒奉使：胡三省曰：「武帝置十三州刺史，皆部使者也。司隸今出所部，故言奉使。」㉓廣漢：今四川遂寧縣東北。㉔資中：今四川資陽縣北。㉕黃石：即黃石灘，在今四川涪陵縣。㉖都江：宋白曰：「郫江，一名都江，一名成都江。」㉗武陽：今四川彭山縣東。㉘廣都：今成都東南。㉙沅水：帝紀作「沈水」。《水經注》曰：「沈水出廣漢縣，下入涪水。」胡三省曰：「余據今潼川府通泉縣北有沈水。」按通泉縣在今四川射洪縣東南。㉚陽鄉：胡三省曰：「臧宮傳作平陽鄉，此逸平字。《水經注》曰：『臧宮泝涪至平陽，公孫述將王元降，遂拔綿竹。』涪水經綿竹縣北，則平陽鄉當在綿竹縣界。」㉛太常常少：太常，官名；常少，姓常名少。㉜任貴：遣使迎降，任貴降述事見卷四十元年。㉝破羌：在今青海樂都縣東。㉞塢：小障。㉟鄉曲：窮鄉之地，僻處一隅，謂之鄉曲。

卷四十三　漢紀三十五

起柔兆涒灘，盡柔兆敦牂，凡十一年。（丙申至丁未，西元三六年至西元四七年。）

司馬光編集
林瑞翰註

世祖光武帝中之下

建武十二年（西元三六年）

㈠春，正月，吳漢破公孫述將魏黨、公孫永於魚涪津㊀，遂圍武陽㊁。述遣子壻史興救之，漢迎擊，破之，因入犍為界㊂，諸縣皆城守。詔漢直取廣都，據其心腹。漢乃進軍攻廣都㊃，拔之，遣輕騎燒成都市橋㊄，公孫述將帥恐懼，日夜離叛，述雖誅滅其家，猶不能禁。帝必欲降之，又下詔諭述曰：「勿以來歙、岑彭受害自疑㊅，今以時自詣，則宗族完全，詔書手記，不可數得。」述終無降意。

㈡秋，七月，馮駿拔江州，獲田戎。

㈢帝戒吳漢曰：「成都十餘萬眾，不可輕也。但堅據廣都，待其來攻，勿與爭鋒；若不敢來，公轉營迫之，須其力疲，乃可擊也。」漢乘利遂自將步騎二萬進逼成都，去城十餘里，阻江北營，作浮橋，使副將武威將軍劉尚將萬餘人屯於江南為營，相去二十餘里。帝聞之，大驚，讓漢曰：「比敕公千條萬端㊆，何意臨事勃亂㊇？既輕敵深入，又與尚別營，事有緩急，不復相及，賊若出兵綴㊈公，以大眾攻尚，尚破，公即敗矣！幸無它者㊉，急引兵還廣都。」詔書未到，九月，述果使其大司徒謝豐、執金吾袁吉將眾十餘萬，分為二十餘營出攻漢，使別將將萬餘人劫劉尚，令不得相救。漢與大戰，一日，兵敗走入壁，豐因圍之。漢乃召諸將厲⑪之曰：「吾與諸君踰越險阻，轉戰千里，遂深入敵地，至其城下，而今與劉尚二處受圍，埶既不接，其禍難量。欲潛師就尚於江南，幷兵禦之，若能同心一力，人自為戰，大功可立；如其不然，敗必無餘。成敗之機，在此一舉。」諸將皆曰：「諾」。於是饗士秣馬，閉營三日不出，乃多樹旗旛，使煙火不絕，夜銜枚引兵與劉尚合軍。豐等不覺，明日⑫，乃分兵拒水北，自將攻江南，漢悉兵迎戰，自旦至晡(一三)，遂大破之，斬豐、吉，於是引還廣都，留劉尚拒述，具以狀上而深自譴責。帝報曰：「公還廣都，甚得其宜，述必不敢略尚而擊公也(一四)。若先攻尚，公從廣都五十里悉步騎赴之，適當值其危困，破之必矣。」自是漢與述戰於廣都、成都之間，八戰八克，遂軍于其郭中(一五)。

臧宮拔緜竹，破涪城(一六)，斬公孫恢(一七)，復攻拔繁(一八)、郫(一九)，與吳漢會於成都。

㈣李通欲避權埶，乞骸骨，積二歲，帝乃聽上大司空印綬，以特進奉朝請。後有司奏封皇子，帝感通首創大謀(二〇)，即日封通少子雄為召陵侯(二一)。

㈤公孫述困急，謂延岑曰：「事當奈何？」岑曰：「男兒當死中求生，可坐窮(二二)乎？財物易聚耳，不宜有愛。」述乃悉散金帛，募敢死士五千餘人以配岑。岑於市橋偽建旗幟，鳴鼓挑戰，而潛遣奇兵出吳漢軍後，襲擊破漢，漢墮水，緣馬尾得出。

漢軍餘七日糧，陰具船欲遁去，蜀郡太守(二三)南陽張堪聞之，馳往見漢，說述必敗不宜退師之策，漢從之，乃示弱以挑敵。冬，十一月，臧宮軍咸陽門㉔，戊寅（十八日），述自將數萬人攻漢，使延岑拒宮，大戰，岑三合三勝，自旦及日中，軍士不得食，並疲。漢因使護軍高午、唐邯將銳卒數萬擊之，述兵大亂，高午犇陳刺述，洞胷墮馬，左右輿入城㉕。述以兵屬延岑，其夜死。明旦，延岑以城降。辛巳（二十一日），吳漢夷述妻子，盡滅公孫氏，幷族延岑，遂放兵大掠，焚述宮室。帝聞之，怒以讓漢；又讓劉尚曰：「城降三日，吏民從服，孩兒老母，口以萬數，一旦放兵縱火，聞之可為酸鼻。尚，宗室子孫，更嘗吏職，何忍行此？仰視天，俯視地，觀放麑啜羹㉖，二者孰仁？良失斬將弔民之義也㉗。」

初，述徵廣漢李業為博士，業固稱疾不起㉘，述羞不能致，使大鴻臚尹融奉詔命以劫業，若起則受公侯之位，不起賜以毒酒。融譬旨曰：「方今天下分崩，孰知是非，而以區區之身試於不測之淵乎？朝廷貪慕名德，曠官缺位，于今七年；四時珍御㉙，不以忘君。宜上奉知已，下為子孫，身名俱全，不亦優乎！」業乃歎曰：

「古人危邦不入，亂邦不居[30]，為此故也！君子見危授命[31]，何乃誘以高位重餌哉！」融曰：「宜呼室家計之。」業曰：「丈夫斷之於心久矣，何妻之為？」遂飲毒而死。述恥有殺賢之名，遣使弔祠，賻贈百匹，業子翬，逃辭不受。

述又聘巴郡譙玄[32]，玄不詣，亦遣使者以毒藥劫之。太守自詣玄廬勸之行，玄曰：「保志全高，死亦奚恨？」遂受毒藥。玄子瑛泣血叩頭於太守，願奉家錢千萬以贖父死，太守為請，述許之。述又徵蜀郡王皓、王嘉[33]，恐其不至，先繫其妻子。使者謂嘉曰：「速裝，妻子可全。」對曰：「犬馬猶識主，況於人乎？」[34]王皓先自刎，以首付使者。述怒，遂誅皓家屬[35]。王嘉聞而嘆曰：「後之哉，乃對使者伏劍而死。」犍為費貽，不肯仕述[36]，漆身為癩，陽狂以避之。同郡任永、馮信，皆託青盲以辭徵命[37]，帝既平蜀，詔贈常少為太常，張隆為光祿勳[38]，譙玄已卒，祠以中牢[39]，敕所在還其家錢，而表李業之閭，徵費貽、任永、馮信，會永、信病卒，獨貽仕至合浦[40]太守。上以述將程烏、李育有才幹，皆擢用之，於是西土咸悅，莫不歸心焉。

初，王莽以廣漢文齊為益州(四一)太守，齊訓農治兵，降集羣夷，甚得其和。公孫述時，齊固守據險，述拘其妻子，許以封侯，齊不降，聞上即位，間道遣使自聞。蜀平，徵為鎮遠將軍，封成義侯。

㈥十二月辛卯（朔），揚武將軍馬成行大司空事。

㈦是歲，參狼羌與諸種寇武都(四二)，隴西太守馬援擊破之，降者萬餘人，於是隴右清靜。

援務開恩信，寬以待下，任吏以職，但總大體，而賓客故人日滿其門。諸曹時白外事，援輒曰：「此丞、掾(四三)之任，何足相煩？頗哀老子，使得遨遊。若大姓侵小民，黠吏不從令，此乃太守事耳！」傍縣嘗有報讎者，吏民驚言羌反，百姓奔入城，狄道長詣門請閉城發兵(四四)，援時與賓客飲，大笑曰：「虜何敢復犯我？」曉狄道長歸守寺舍(四五)，良怖急者可牀下伏，後稍定，郡中服之。

㈧詔邊吏力不足戰則守，追虜料敵，不拘以逗留法(四六)。

㈨山桑節侯王常、牟平烈侯耿況、東光成侯耿純皆薨。況疾病，乘輿數自臨幸，復以弇弟廣、舉並為中郎將，弇兄弟六人(四七)，皆垂青紫，省侍醫藥，當世以為榮。

㈩盧芳與匈奴、烏桓連兵數寇邊，帝遣驃騎大將軍杜茂等將兵鎮守北邊，治飛狐道(四八)，築亭障(四九)，修烽燧(五〇)，凡與匈奴、烏桓大小數十百戰，終不能克。

(十一)上詔竇融與五郡太守(五一)入朝，融等奉詔而行，官屬賓客相隨，駕乘千餘兩，馬牛羊被野。既至，詣城門上印綬(五二)。詔遣使者還侯印綬，引見賞賜，恩寵傾動京師。尋拜融冀州牧(五三)，又以梁統為太中大夫(五四)，姑臧長孔奮為武都郡丞。姑臧在河西，最為富饒(五五)，天下未定，士多不修檢操，居縣者不盈數月，輒致豐積。奮在職四年，力行清潔，為眾人所笑，以為身處脂膏，不能自潤(五六)，及從融入朝，諸守令財貨連轂，彌竟川澤，唯奮無資，單車就路，帝以是賞之。

帝以睢陽令任延為武威太守，帝親見，戒之曰：「善事上官，無失名譽。」延對曰：「臣聞忠臣不和，和臣不忠。**【考異】**延傳作忠臣不私，私臣不忠。按高峻小史作忠臣不和，和臣不忠，意思為長，又與上語相應。今從之。履正奉公，臣子之節，上下雷同㊲，非陛下之福；善事上官，臣不敢奉詔。」帝歎息曰：「卿言是也。」

【今註】㊀魚涪津：《續漢書・郡國志》犍為郡南安縣有魚涪津。《文選・蜀都賦》注曰：「魚符津數百步，在縣北三十里，縣臨大江，山嶺相連。」符、涪音近。津在今四川夾江縣西。㊁武陽：武陽縣屬犍為郡，故城在今四川彭山縣東。㊂漢迎擊，破之，因入犍為界：沈欽韓曰：「今嘉定、敍州二府，眉、瀘、資三州皆漢犍為郡地。郡治僰道，今宜賓縣治也。此入界，乃指郡治言之也。」㊃廣都：廣都縣屬蜀郡，故城在今四川華陽縣東南。㊄市橋：李賢曰：「市橋，即七星橋之一橋也。李膺益州記曰：『沖星橋，舊市橋也，在今成都縣西南四里。』」《水經注》曰：「成都中兩江有七橋，西南石牛門外曰市橋。」㊅勿以來歙、岑彭受害自疑：歙、彭受害事見上卷建武十一年。㊆千條萬端：胡三省曰：「言詳細也。」㊇勃亂：胡三省曰：「勃與悖同。」㊈綴：牽制之意。㊉幸無它者：胡三省曰：「言幸而無他虞，不至喪敗也。」⑪厲：毛晃曰：「勉厲之厲，有修飾振起之意。」⑫明日：漢與尚合軍之明日。⑬晡：申時曰晡。⑭述必不敢略尚而擊公也：李賢曰：「略猶過也，」言述必不敢越尚軍以擊漢。⑮郭中：謂成都郭中。內為城，外為郭，郭中即內城與外城之間。⑯涪城：涪縣屬廣漢郡，《晉志》改曰涪城縣，屬梓潼郡；故城在今四川綿陽縣。⑰公孫恢：述之弟。⑱繁：繁縣屬蜀郡，故城在今四川新繁縣東。⑲郫：郫縣屬蜀郡，故城即今四川郫縣治。⑳帝感李通首創大謀：事見卷三十八王莽地皇三年。㉑封通少子雄為召陵侯：召讀與邵同。《藝文類聚》引《東觀漢記》作新市侯，與《後漢書・李通傳》異。㉒坐窮：坐致窮困。㉓蜀郡太守：胡三省曰：「時成都未破，先署蜀郡太守以招懷蜀人。」㉔咸陽門：《後漢書・公孫述傳》、〈臧宮傳〉俱作「咸門」，此衍「陽」字。李賢曰：「成都北面有二門，其西者曰咸門。」㉕高午犇陳刺述，洞胷墯馬，左右輿入城：《華陽國志》曰：「述兵敗，漢騎士高平以戟刺述，中頭，即墜馬，叩心者數十人，都知是述，前取其首。」與《後漢書》異。㉖放麑啜羹：《韓子》曰：「孟孫獵得麑，使秦西巴持之，其母隨而呼，秦西巴不忍，放而與其母。孟孫怒而逐西巴，既而復之，使傅其子。」《戰國策》曰：「樂羊為將，為魏文侯攻中山，中山之君烹其子而遺之羹，樂羊坐於幕下而啜之，盡一杯。文侯謂褚師贊曰：『樂羊以我故而食其子之肉。』答曰：『子且食之，其誰不食？』既拔中山，文侯賞其功而疑其心。」㉗良失斬將弔民之義也：李賢曰：「良猶甚也。」王補曰：「光武敕馮異曰：『三輔塗炭，無所依訴，今之征伐，要在平定安集之耳！無為郡縣所苦。』其平蜀之日，讓劉尚曰：『孩兒老母，口以萬數。一旦放兵縱火，聞之可為酸鼻，良失斬將弔民之義也。』於異則戒之於前，於尚則痛之於後，仁愛之誠，奕世如揭。孟子曰：『不嗜殺人者能一。』不其信與！」㉘初，述徵廣漢李業為博士，業固稱疾不起：《後漢書・獨行傳》云：「李業字巨游，廣漢梓潼人，少有志操。元始中，舉明經，除為郎，會王莽居攝，以病去官，杜門不應州郡之命。太守劉咸強召之，因舉方正，王莽以為酒士，病不之官，遂隱藏山谷，絕匿名跡，終莽之世及公孫述僭號，素聞業賢，徵之欲以為博士，業固稱疾不起。」㉙珍御：胡三省曰：「珍御謂食珍之供進者。」㉚古人危邦不入，亂邦不居：《論語》孔子曰：「危邦不入，亂邦不居；天下有道則見，無道則隱。」㉛君子見危授命：《論語》子張曰：「君子見危授命，見得思義。」㉜述又聘巴郡譙玄：《後漢書・獨行傳》云：「譙玄字君黃，巴郡閬中人，少好學，能說易、春秋。元始四年，為繡衣使者，持節與太僕任惲等分行天下，觀覽風俗，所至專行誅賞，事未及終而王莽居攝，玄於是縱使者車，變易姓名，閒竄歸家，因以隱遁。」㉝述又徵蜀郡王皓、王嘉：《華陽國志》曰：「皓字子離，嘉字公卿，皆江原人。」《後漢書・獨行傳》云：「平帝時，蜀郡王皓為美陽令，王嘉為郎，王莽篡位，並棄官西歸。」㉞犬馬猶識主，況於人乎：胡三省曰：「言身為漢臣，豈不念故主乎？」㉟述怒，遂誅皓家屬：《華陽國志》曰：「皓自刎，子廣逃匿，述破後，郡及州命察舉，皆不往，曰：『吾不能復讎，敢當世之榮科也？』」㊱犍為費貽，不肯仕述：《華陽國志》曰：「貽字奉君，南安人。」㊲同郡任永、馮信，皆託青盲以辭徵命：《華陽國志》曰：「永字君業，僰道人，長歷數。信字李誠，郪人也，郡三察孝廉，州舉茂才，公府十辟，公車再徵，不詣。」胡三省曰：「青盲者，其瞳子不精明，不能睹物。」按青盲，即今俗謂青風眼。㊳詔贈常少為太常，張隆為光祿勳：少、隆死事見上卷建武十一年。㊴中牢：顏師古曰：「中牢即少牢，謂羊、豕也。」㊵合浦：《續漢書・郡國志》，合浦郡治合浦，在今廣東省合浦縣東北。㊶益州：益州郡，治滇池，在今四川晉寧縣東。㊷參狼羌與諸種羌寇武都：參狼羌，無弋爰劍之後。爰劍種人初居河湟間，秦獻公時，爰劍孫卬畏秦之威，將其種人南出賜支河曲西數千里，與眾羌絕遠，不復交通。其後子孫分別各自為種，任隨所之。或為氂牛種，越嶲羌是也；或為白馬種，廣漢羌是也；或為參狼種，武都羌是也。爰劒曾孫忍及弟舞獨留湟中，並多娶妻婦，其後是為湟中諸種羌，見《後漢書・西羌傳》。武都郡治下辨，故城在今甘肅成縣西。㊸丞掾：《續漢書・百官志》，郡有丞一人，又有諸曹掾史，郡當邊戍者，丞為長史。《前漢書・百官公卿表》，郡長史掌兵馬，秩六百石。㊹狄道長詣門請閉城發兵：胡三省曰：「隴西郡，治狄道，故得詣門白太守。」漢制，縣有蠻夷曰道。狄道故城在今甘肅省狄道縣西南。㊺曉狄道長歸守寺舍：李賢曰：「曉，喻也。寺舍，官舍也。」㊻追虜料敵，不拘以逗留法：《說文》曰：「逗，留止也。」《前書音義》曰：「逗是曲行避敵也。」李賢曰：「漢法，軍行逗留畏懦者斬。此言追虜或近或遠，量敵進退，不拘以軍法，直取勝敵為務也。」㊼弇兄弟六人：胡三省曰：「弇、舒、國、廣、舉、霸，兄弟六人。」㊽治飛狐道：胡三省曰：「治飛狐道以通趙、魏，應援北邊之兵。」飛狐道在今河北蔚縣東南，太行八陘之一，一曰飛狐，又曰飛狐徑，漢初酈食其說高帝距飛狐之口，即此。㊾亭障：謂亭候及障塞也。秦法十里一亭，亭有長，主捕盜賊，漢因之不改。李賢曰：「亭候，伺候望敵之所。」《續漢志》邊郡有障塞尉，掌禁備。李祖楙曰：「漢制每塞要處別築為城，置人守塞候望，謂之候城，即障也。建武初匈奴諸胡犯塞，遣將分障塞，見〈祭肜傳〉；永建元年嚴勅障塞繕設屯備，見順紀。」㊿烽燧：《前書音義》曰：「邊方備警急，作高土臺，臺上作桔皋，桔皋頭有兜零，以薪草置其中，常低之，有寇即燃火舉之以相告曰烽；又多積薪，寇至即燔之，望其煙曰燧。晝則燔燧，夜迺舉烽。」桔皋本順水之器，可上可下。莊子曰：「子獨不見夫桔皋者乎？引之則俯，舍之則仰。」故無事常可使低於土臺，有寇則舉之。《廣雅》曰：「兜零，籠也。」㊾五郡太守：五郡謂武威、張掖、酒泉、敦煌、金城河西五郡。㊿詣城門上印綬：詣洛陽城門上涼州牧、張掖屬國都尉、安豐侯印綬也。(51)尋拜融冀州牧：冀州部魏郡、鉅鹿、常山、中山、信都、河間、清河、趙國、渤海，凡九郡。(52)又以梁統為太中大夫：統時為武威太守，封成義侯。(53)姑臧在河西，最為富饒：《後漢書・孔奮傳》曰：「時天下擾亂，唯河西獨安，而姑臧稱為富邑，通貨羌胡，市日四合。」李賢曰：「古者為市，一日三合。《周禮》曰：『日側而市，百族為主；朝時而市，百賈為主；夕時而市，販夫販婦為主。』今既人貨殷繁，故一日四合也。」姑臧縣屬武威郡，即今甘肅武威縣。(54)以身處脂膏，不能自潤：孟康曰：「膏者，所以入潤脂膚。」不能自潤，言不能致豐積以自奉養也。(55)雷同：《曲禮》曰：「勿雷同。」鄭注曰：「雷之發聲，物無不同時應者，人之言當為由己，不當然也。」

十三年（西元三七年）

㈠春，正月，庚申（朔），大司徒侯霸薨。

㈡戊子（二十九日），詔曰：「郡國獻異味，其令太官㊀勿復受；遠方口實㈡所以薦宗廟，自如舊制。」時異國有獻名馬者，日行千里，又進寶劍，價值百金，詔以劍賜騎士，馬駕鼓車㈢。上雅不喜聽音樂，手不持珠玉。嘗出獵，車駕夜還，上東門候㈣汝南郅惲拒關不開，上令從者見面於門間㈤，惲曰：「火明遼遠。」遂不受詔，上乃回從東中門㈥入。明日，惲上書諫曰：「昔文王不敢槃于遊田，以萬民惟正之供㈦，而陛下遠獵山林，夜以繼晝，其如社稷宗廟何？」書奏，賜惲布百匹，貶東中門候為參封尉㈧。

㈢二月，遣捕虜將軍馬武屯虖沱河以備匈奴。

㈣盧芳攻雲中，久不下，其將隨昱留守九原，欲脅芳來降，芳知之，與十餘騎亡入匈奴，其眾盡歸隨昱。昱乃詣闕降，詔拜昱五原太守，封鐫胡侯㈨。

㈤朱祐奏古者人臣受封，不加王爵。丙辰（二十七日），詔長沙王興、真定王得、河間王邵、中山王茂皆降爵為侯㈩。丁巳（二十八日），以趙王良為趙公，太原王章為齊公，魯王興為魯公⑪。

是時宗室及絕國封侯者凡一百三十七人，富平侯張純，安世之四世孫也，歷王莽世，以敦謹守約，保全前封，建武初，先來詣闕，為侯如故，於是有司奏列侯非宗室不宜復國。上曰：「張純宿衞十有餘年，其勿廢。」更封武始侯，食富平之半㊂。

㈥庚午（二月庚寅朔，無庚午），以紹嘉公孔安為宋公，承休公姬常為衞公㊂。

㈦三月辛未（十二日），以沛郡太守韓歆為大司徒。

㈧丙子（十七日），行大司空馬成復為揚武將軍。

㈨吳漢自蜀振旅而還，至宛，詔過家上冢，賜穀二萬斛。夏，四月，至京師，於是大饗將士。功臣增邑更封，凡三百六十五人。其外戚、恩澤封者四十五人。定封鄧禹為高密侯，食四縣㊃，李通為固始侯㊄，賈復為膠東侯，食六縣㊅，餘各有差，已歿者益封其子孫，或更封支庶。

帝在兵間久，厭武事，且知天下疲耗，思樂息肩，自隴蜀平後，非警急未嘗復言軍旅。皇太子嘗問攻戰之事，帝曰：「昔衞靈公問陳，孔子不對㊆，此非爾所及。」

鄧禹、賈復知帝偃干戈，修文德，不欲功臣擁眾京師，乃去甲兵，敦儒學，帝亦思念欲完功臣爵士，不令以吏職為過〔一八〕，遂罷左右將軍官，耿弇等亦上大將軍印綬，皆以列侯就第，加位特進，奉朝請。

鄧禹內行淳備，有子十三人，各使守一蓺〔一九〕，修整閨門〔二〇〕，教養子孫，皆可以為後世灋；資用國邑，不修產利〔二一〕。賈復為人剛毅方直，多大節，既還私第，闔門養威重。朱祜等薦復宜為宰相，帝方以吏事責三公，故功臣並不用。是時列侯唯高密、固始、膠東三侯〔二二〕與公卿參議國家大事，恩遇甚厚。帝雖制御功臣而每能回容〔二三〕，宥其小失，遠方貢珍甘，必先徧賜諸侯，而太官無餘，故皆保其福祿，無誅譴者。

(十)益州傳送公孫述瞽師、郊廟、樂器、葆車、輿、輦，於是法物始備〔二四〕。時兵革既息，天下少事，文書調役，務從簡寡，至乃十存一焉。

(十一)甲寅（二十五日），以冀州牧竇融為大司空。融自以非舊臣，一旦入朝，在功臣之右㉕，每朝會進見，容貌辭氣，卑恭已甚，帝以此愈親厚之。融小心，久不自安，數辭爵位，上疏曰：「臣融有子，朝夕教導以經蓺，不令觀天文，見讖記，誠欲令恭肅畏事，恂恂守道，不願其有才能，何況乃當傳以連城廣土，享故諸侯王國哉？」因復請間求見，帝不許。後朝罷，逡巡㉖席後，帝知欲有讓，遂使左右傳出㉗。它日會見，迎詔融曰：「日者㉘知公欲讓職還土，故命公暑熱且自便，今相見，宜論它事，勿得復言。」融不敢重陳請。

⑿五月，匈奴寇河東。

【今註】㊀太官：《續漢書・百官志》少府屬官有太官令一人，秩六百石，掌御膳飲食。㊁口實：《漢官儀》曰：「口實，膳羞之事也。」㊂鼓車：《續漢書・輿服志》曰：「乘輿法駕，後有金鉦黃鉞，黃門鼓車。」黃山曰：「鼓車，載黃門鼓吹樂人也。漢樂人皆曰鼓員，見前書禮樂志，故車亦曰鼓車，實即鼓吹車。」㊃上東門候：李賢曰：「上東門，洛陽城東面北頭門也。」《續漢書・百官志》城門校尉掌洛陽城門十二所，每門有候一人，秩六百石。㊄上令從者見面於門間：惠棟曰：「袁宏紀云：『上令從門舉火射帝面。』故下云：『火明遼遠。』案漢時城門有離載下帷之禁，以防姦非，故帝令舉火射面也。」㊅東中門：李賢曰：「東面中門也。」㊆文王不敢槃于遊田，以萬民惟正之供：此《尚書・無逸》之辭。槃，耽樂之意。㊇參封尉：參封縣尉。參封縣屬琅邪郡，其地今闕。㊈鐫胡侯：李賢曰：「鐫謂琢鑿之，故以為名。」㊉詔長沙王興、真定王得、河間王邵、中山王茂皆降爵為侯：《後漢書・光武帝紀》，降興為臨湘侯，得為真定侯，邵為樂成侯，茂為單父侯。李賢曰：「以其服屬既疏，不當襲爵為王。」惠棟曰：「賢說非也。周制頒爵不過五等，公、侯、伯、子、男，無封王者，故云不應經義。朱祐傳：『祐奏古者人臣受封，不加王爵，可改諸侯為公，帝即施行。』故有是詔。十五年，詔封諸王為公，十七年，仍進爵為王也。」錢大昕曰：「真定王得，即建武二年所封真定王楊子德也，德、得古通，此景帝子常山憲王之後也。中山王茂，光武族父，建武元年封，亦長沙定王之後。河間王邵，建武七年以故河間王封，未詳其世系。長沙王興，當亦定王之後，史不為立傳而本紀亦不載受封年月，疑與邵皆更始所封也。」⑪以趙王良為趙公，太原王章為齊公，魯王興為魯公：良，帝叔父，見《後漢書・趙孝王傳》，章、興，齊武王縯之子，見〈齊武王傳〉。錢大昕曰：「齊武王傳建武二年立章為太原王，十一年徙章為齊王，是章由齊王降封公，紀云太原王者誤也。」⑫更封武始侯，食富平之半：武始縣屬魏郡，後漢省，故城在今河北邯鄲縣西南。富平縣屬平原郡，明帝更名厭次，故城在今山東陽信縣東南。⑬以紹嘉公孔安為宋公，承休公姬常為衞公：胡三省曰：「平帝元始四年，改紹嘉公曰宋公，承休公曰鄭公，今又改鄭曰衞。」惠棟曰：「恩澤侯表姬常於建武二年為周承休侯，五年，侯武嗣，十三年，更為衞公。然則姬常當作姬武也，續漢志亦誤作常。」㊃定封鄧禹為高密侯，食四縣：《後漢書・鄧禹傳》，禹食高密、昌安、夷安、淳于四縣。高密前漢縣，屬高密國，後漢為侯國，屬北海國，故城在今山東高密縣西南；昌安侯國，前漢屬高密國，後漢改屬北海國，故城即今山東安丘縣；夷安侯國，前漢屬高密國，後漢改屬北海國，故城即今山東高密縣；淳于縣屬北海國，故城在今山東安丘縣東北。㊄李通為固始侯：固始侯國屬汝南郡，蓋前漢之寢縣，光武中與更名，故城在今河南淮陽縣西北。㊅賈復為膠東侯，食六縣：《後漢書・賈復傳》，復食郁秩、壯武、下密、即墨、梃胡、觀陽六縣。惠棟曰：「挺一作梃，挺縣前漢屬膠東，後漢屬北海，胡字衍。」郁秩縣，前漢屬膠東國，後漢改曰膠東侯國，屬北海國，即今山東平度縣。壯武縣，前漢屬膠東國，後漢屬北海國，故城在今山東即墨縣西。下密縣，前漢屬膠東國，後漢屬北海國，故城在今山東昌邑縣東南。即墨侯國，前漢縣，屬膠東國，後漢改屬北海國，故城在今山東平度縣東南。《續漢書・郡國志》有拒縣，錢大昕曰：「當作挺。」故城在今山東萊陽縣南。觀陽縣，前漢屬膠東國，後漢屬北海國，故城在今山東萊陽縣東。㊆昔衞靈公問陳，孔子不對：《論語》衞靈公問陳於孔子，孔子曰：「俎豆之事，則嘗聞之矣，軍旅之事，未之學也。」㊇帝亦思念欲完功臣爵土，不令以吏職為過：胡三省曰：「恐期以職事有過而失爵邑也。」㊈各使守一蓺：袁宏紀曰：「各命通一經。」按守，有執守以傳世之義。㊉修整閨門：袁宏紀曰：「禹事寡嫂盡禮敬。」㊀資用國邑，不修產利：胡三省曰：「凡用度皆資於國邑，不事生產作業及營利也。」㊁高密、固始、膠東三侯：高密侯鄧禹，固始侯李通，膠東侯賈復。㊂回容：李賢曰：「回，曲也，曲法以容也。」胡三省曰：「回容，猶今言回護。」㉔益州傳送公孫述瞽師、郊廟、樂器、葆車、輿、輦，於是法物始備：李賢曰：「瞽，無目之人也，為樂師，取其無所見，於音聲審也。郊廟之器，罇、彝之屬也。樂器，鐘、磬之屬。葆車，謂上建羽葆也；合聚五采羽名為葆。輿者，車之總名也。輦者，駕人以行。法物，謂大駕鹵簿儀式也。時以草創未暇，今得之始備。」孔穎達曰：「羽葆者，以鳥羽注於柄頭如蓋，謂之羽葆。」胡三省曰：「法物，即上樂器、葆車、輿、輦之類。」與賢說異。㉕在功臣之右：惠棟曰：「董勛答禮云：『職高者名錄在上，于人為右；職卑者名錄在下，于人為左。』是以謂下遷為左。」㉖逡巡：成玄英曰：「逡巡，猶卻行也。」㉗傳出：胡三省曰：「傳旨使融出也。」㉘日者：猶往日。

十四年（西元三八年）

㈠夏，邛穀王任貴遣使上三年計，即授越巂太守。

㈡秋，會稽大疫。

㈢莎車王賢、鄯善王安皆遣使奉獻。西域苦匈奴重斂，皆願屬漢，復置都護，上以中國新定，不許。

㈣太中大夫梁統上疏曰：「臣竊見元帝初元五年，輕殊死刑三十四事，哀帝建平元年，輕殊死刑八十一事，其四十二事，手殺人者，減死一等。自是之後，著為常準，故人輕犯法，吏易殺人。臣聞立君之道，仁義為主。仁者，愛人；義者，正理。愛人以除殘為務，正理以去亂為心，刑罰在衷㊀，無取於輕。高帝受命，約令定律㊁，誠得其宜，文帝唯除省肉刑、相坐之灋，自餘皆率由舊章㊂。至哀、平繼體，即位日淺，聽斷尚寡，丞相王嘉輕為穿鑿，虧除先帝舊約成律，數年之間，百有餘事㊃，或不便於理，或不厭民心，謹表其尤害於體㊄者，傳奏㊅於左，願陛下宣詔有司，詳擇其善，定不易之典。」事下公卿，光祿勳杜林奏曰：「大漢初興，蠲除苛政，海內歡欣，及至其後，漸以滋章㊆，果桃菜茹之饋，集以成贓，小事無妨於義，以為大戮，至於灋不能禁，令不能止，上下相遁，為敝彌深㊇。臣愚以為宜如舊制，不合翻移。」統復上言曰：「臣之所奏，非曰嚴刑。經曰：『爰制百姓，于刑之衷㊈。』㊈衷之為言，不輕不重之謂也。自高祖至于孝宣，海內稱治，至初元、建平而盜賊浸多，皆刑罰不衷，愚人易犯之所致也。由此觀之，則刑輕之作反生大患，惠加姦軌而害及良善也。」事寢不報。

【今註】㈠衷：適中。㈡高帝受命，約令定律：高帝定天下，令蕭何定律令，次為九章。㈢文帝唯除省肉刑、相坐之灋，自餘皆率由舊章：秦法一人有罪，並及家室。文帝元年，除收孥相坐法，十三年，除肉刑，餘則仍舊不改。㈣至哀、平繼體，即位日淺，聽斷尚寡，丞相王嘉輕為穿鑿，虧除先帝舊約成律，數年之間，百有餘事：李賢曰：「按嘉傳及刑法志，並無其事。統與嘉時代相接，所引固不妄矣，但班固略而不載也。」王鳴盛曰：「近儒謂王嘉以建平二年十月為御史大夫，三年四月為丞相，元壽元年三月下獄死，為相不過二期，安得數年之間虧除百餘事？宜乎班史之不取。愚則以嘉為相出入三年矣，祭遵傳：『大漢累世十餘，歷載數百。』注云：『漢興至此二百餘年，言數百者，謂以百數之。』須知古人自有此等文法，二百年可稱數百載，三年何不可稱數年？班史紕漏多矣，不害為良史，若以耳食之見，有意尊班抑范則非也。」惠棟曰：「東觀記載統奏云：『元帝法律，少所改更，孝成、孝哀即位日淺，聽斷尚寡，丞相王嘉等猥以數年之間，虧除先帝舊約，定令斷律，凡百餘事』云云，統言王嘉等，明不專指嘉也。前書何武傳：『服罪者為虧除。』顏注：『虧，減也，減除其狀。』」㈤體：李賢曰：「體，政體也。」㈥傅奏：傅音附。王先謙曰：「尚書：『敷奏』，今文作傅奏。」㈦滋章：老子曰：「法令滋章，盜賊多有。」㈧上下相遁，為敝彌深：

李賢曰：「遁猶回避也。前書曰：『上下相匿，以避文法焉！』」㈨爰制百姓，于刑之衷：《尚書・呂刑》之言。

十五年（西元三九年）

㈠春，正月辛丑（二十三日），大司徒韓歆免。歆好直言，無隱諱，帝每不能容。歆於上前證歲將饑凶，指天畫地，言甚剛切，故坐免歸田里，帝猶不懌，復遣使宣詔責之，歆及子嬰皆自殺。歆素有重名，死非其罪，眾多不厭，帝乃追賜錢穀，以成禮葬之㊀。臣光曰：「昔高宗命說㊁曰：『若藥弗瞑眩，厥疾不瘳㊂。』夫切直之言，非人臣之利，乃國家之福也。是以人君日夜求之，唯懼弗得聞，惜乎以光武之世而韓歆用直諫死，豈不為仁明之累哉！」

㈡丁未（二十九日），有星孛於昴。

㈢以汝南太守歐陽歙為大司徒。

㈣匈奴寇鈔日盛，州郡不能禁。二月，遣吳漢率馬成、馬武等北擊匈奴，徙鴈門、代郡、上谷吏民六萬餘口置居庸、常山關㊃以東以避胡寇，匈奴左部遂復轉居塞內，朝廷患之，增緣邊兵郡數千人⑤。

㈤夏，四月丁巳（十一日），封皇子輔為右翊公⑥，英為楚公，陽為東海公，康為濟南公，蒼為東平公，延為淮陽公，荊為山陽公，衡為臨淮公，焉為左翊公，京為琅邪公。癸丑（十七日），追謚兄縯為齊武公，兄仲為魯哀公。帝感縯功業不就⑦，撫育二子章、興，恩愛甚篤，以其少貴，欲令親吏事，使章試守平陰⑧令，興緱氏⑨令。其後，章遷梁郡太守，興遷弘農太守。

㈥帝以天下墾田，多不以實自占，又戶口年紀，互有增減，乃詔下州郡檢覈⑩，於是刺史、太守多為詐巧，苟以度田為名，聚民田中，并度廬屋里落，民遮道啼呼，或優饒豪右，侵刻羸弱。時諸郡各遣使奏事，帝見陳留吏牘上有書，視之，曰：「潁川、弘農可問，河南、南陽不可問。」帝詰吏由趣⑪，吏不肯服，抵言⑫於長壽街⑬上得之，帝怒。時東海公陽年十二，在幄後，言曰：「吏受郡敕，當欲以墾田相方耳⑭！」帝曰：「即如此，何故言河南、南陽不可問？」對曰：「河南，帝城，多近臣；南陽，帝鄉，多近親；田宅踰制，不可為準。」帝令虎賁將㉕詰問吏，吏乃實首服，如東海公對。上由是益奇愛陽，遣謁者考實二千石長吏阿枉不平者。冬，十一月甲戌（朔），大司徒歙坐前為汝南太守度田不實，贓罪千餘萬，下獄。歙世授尚書，八世為博士㉖，諸生守闕為歙求哀者千餘人，至有自髡剔者㉗。平原禮震㉘，年十七，求代歙死，帝竟不赦，歙死獄中。

㈦十二月庚午（二十七日），以關內侯戴涉為大司徒。

㈧盧芳自匈奴復入居高柳㉙。

㈨是歲驃騎大將軍杜茂坐使軍吏殺人免，使揚武將軍馬成代茂繕治障塞，十里一候以備匈奴；使騎都尉張堪領杜茂營，擊破匈奴於高柳，拜堪漁陽太守。堪視事八年，匈奴不敢犯塞，勸民耕稼，以致殷富。百姓歌曰：「桑無附枝，麥秀兩歧，張君為政，樂不可支㉚。」

㈩安平侯蓋延薨。

(十一)交趾麊泠縣㈡雒將㈢女子徵側甚雄勇，交趾太守蘇定以灋繩之，徵側忿怨。

【今註】㈠以成禮葬之：李賢曰：「成禮，具禮也，言不以非命而降其葬禮。」㈡說：傅說。㈢若藥弗瞑眩，厥疾不瘳：孔安國曰：「如服藥，必瞑眩，其病乃除也。」㈣居庸、常山關：《前漢書・地理志》代郡有常山關，上谷郡居庸縣有關，即居庸關也。常山關在今河北唐縣西北，即飛狐關。居庸關在今河北昌平關西北，為古九塞之一，懸崖峭壁，號稱絕險。㈤增緣邊兵郡數千人：沿邊每郡各增兵數千人。㈥右翊公：史炤曰：「右翊，右馮翊也。」惠棟曰：「光武十王傳，建武十五年，封輔為右馮翊公，焉為左馮翊公，蓋以馮翊一郡中分而封二公，故稱左右，史說是也。」㈦帝感縯功業不就：事見卷三十九更始元年。㈧平陰：平陰縣屬河南尹，故城在今河南孟津縣東。㈨緱氏：緱氏縣屬河南尹，故城在今河南氾水縣西北。㈩檢覈：檢考其實。(十一)由趣：胡三省曰：「由，從也，問是書之所從來也；趣，向也，問是書之意其所向為何如也。」(十二)抵言：猶曰詆言。(十三)長壽街：李賢曰：「長壽街，在洛陽城中。」(十四)當欲以墾田相方耳：胡三省曰：「相方，求問其墾田之數以相比也。」(十五)虎賁將：胡三省曰：「虎賁中郎將也。」(十六)歙世授尚書，八世為博士：《後漢書・儒林傳》云：「濟南伏生傳尚書，授濟南張生及千乘歐陽生，自歐陽生傳伏生尚書，至歙八世，皆為博士。」惠棟曰：「東觀記云：『其先和伯從伏生受尚書，傳至於歙七世，皆為博士。』與傳異也。」和伯，歐陽生字。㊆諸生守闕為歙求哀者千餘人，至有自髡剔者：《後漢書・高獲傳》云：「獲冠鐵冠，帶鐵鑕，詣闕請歙。」毛晃曰：「剃髮曰髡，盡及身毛曰剔。」王幼學曰：「自髡剔者，自為刑人狀以示必獲罪也。」㊇禮震：禮姓，震名。胡三省曰：「左傳衞有大夫禮孔。」㊈高柳：高柳縣屬代郡，故城在今山西陽高縣西北。酈道元曰：「高柳在代中，其山重巒疊巘，霞舉雲高，連山隱隱，東出遼塞。」㊉桑無附枝，麥秀兩歧：胡三省曰：「蠶月既采桑，斫去繁枝，留其特長者，則來年桑葉茂盛；麥率一莖一穗，罕有兩歧者，故以為瑞。」㊀麊泠：顏師古曰：「麊泠，音糜零。」麊泠縣屬交趾郡，故城在今越南北境。㊁雒將：杜佑曰：「交州外域記云：『交趾昔未有郡縣之時，土地有雒田，其田從潮水上下，民墾食其田，因名曰雒民，設雒王、雒侯，主諸郡縣，縣有雒將，銅印青綬。』」

十六年（西元四〇年）

㈠春，二月，徵側與其妹徵貳反，九真、日南、合浦蠻俚㊀皆應之。凡略六十五城，自立為王，都麊泠，交趾刺史及諸太守僅得自守。

㈡三月，辛丑，晦，日有食之。

㈢秋，九月，河南尹張伋及諸郡守十餘人皆坐度田不實，下獄死。後上從容謂虎賁中郎將㊁馬援曰：「吾甚恨前殺守相多也。」對曰：「死得其罪，何多之有？但死者既往，不可復生也。」上大笑。

㈣郡國羣盜，處處並起，郡縣追討，到則解散，去復屯結，青、徐、幽、冀四州尤甚。冬，十月，遣使者下郡國，聽羣盜自相糾擿㊂，五人共斬一人者除其罪，吏雖逗留回避故縱㊃者皆勿問，聽以禽討為效，其牧守令長坐界內有盜賊而不收捕者，又以畏懊損怯委守者，皆不以為負，祇取獲賊多少為殿最㊄，唯蔽匿者乃罪之。於是更相追捕，賊並解散，徙其魁帥於他郡，賦田受稟，使安生業，自是牛馬放牧不收，邑門不閉。

㈤盧芳與閔堪使使請降，帝立芳為代王，堪為代相，賜繒二萬匹，因使和集匈奴。芳上疏謝，自陳思望闕庭，詔報芳朝明年正月。初，匈奴聞漢購求芳，貪得財帛，故遣芳還降。既而芳以自歸為功，不稱匈奴所遣，單于復恥言其計，故賞遂不行，由是大恨，入寇尤深。

㈥馬援奏宜如舊鑄五銖錢㊅，上從之，天下賴其便。

㈦盧芳入朝，南及昌平㊆，有詔止，令更朝明歲。

【今註】㊀蠻俚：李賢曰：「俚，蠻之別號，今呼為俚人。」㊁虎賁中郎將：《前漢書・百官公卿表》，武帝置期門郎，平常更名虎賁郎，置中郎將以總之。《續漢志》虎賁中郎將比二千石，主虎賁宿衞。李祖楙曰：「建武初亦置期門。馬成傳：『光武以成為期門，從征伐。』又銚期傳：『帝嘗輕與期門近出。』是當時有期門之證，後史不再見，蓋亦如武帝改為虎賁矣！」㊂糾擿：李賢曰：「擿猶發也。」糾擿即舉發。㊃故縱：惠棟曰：「律說出罪為故縱。前書昭帝紀始元四年廷尉李種坐故縱死罪弃市也。」㊄其牧守令長坐界內有盜賊而不收捕者，又以畏愞損怯委守者，皆不以為負，祇取獲賊多少為殿最：李賢曰：「委守，謂弃其所守也。殿，後也，謂課居後也；最，凡要之首也，言課居先也。」蘇輿曰：「前書注晉灼云：『令丞尉治一縣，崇教化，亡犯法者輒遷，有盜賊滿三日不覺者則尉事也。令覺之自除二，尉負其二。』春秋繁露考功名篇言考試法九分，三三列之，有上中下，以一為最，五為中，九為殿，有餘歸之於中，中而上者有得，中而下者有負，得少者以一益之至於四，負多者以四減之至於一，皆逆行。此變舊制，但以獲盜多少總課殿最，其餘不除負也。」㊅馬援奏宜如舊鑄五銖錢：廢五銖鑄事見卷三十七王莽始建國元年。㊆昌平：昌平縣，前漢屬上谷郡，後漢屬廣陽郡，故城在今河北昌平縣東南。

十七年（西元四一年）

㈠春，正月，趙孝公良薨。

初，懷縣大姓李子春二孫殺人，懷令趙憙窮治其姦，二孫自殺，收繫子春，京師貴戚為請者數十，憙終不聽。及良病，上臨視之，問所欲言，良曰：「素與李子春厚，今犯罪，懷令趙憙欲殺之，願乞其命。」帝曰：「吏奉法律，不可枉也，更道它所欲。」良無復言。既薨，上追思良，乃貰㊀出子春，遷憙為平原太守。

㈡二月，乙未，晦，日有食之。【考異】帝紀乙亥晦，袁紀乙未，據長曆，三月丙申朔，帝紀誤。

㈢夏，四月，乙卯（初二日），上行幸章陵㊁。五月二十一日（乙卯），還宮。

㈣六月癸巳（二十九日），臨淮懷公衡薨。

㈤妖賊李廣攻沒皖城㊂，遣虎賁中郎將馬援、驃騎將軍段志討之。秋，九月，破皖城，斬李廣。

㈥郭后寵衰，數懷怨懟，上怒之。冬，十月辛巳（十九日），廢皇后郭氏，立貴人陰氏為皇后。詔曰：「異常之事，非國休福，不得上壽稱慶。」郅惲言於帝曰：「臣聞夫婦之好，父不能得之於子，況臣能得之於君乎㈣？是臣所不敢言。雖然，願陛下念其可否之計，無令天下有議社稷而已。」帝曰：「惲善恕己量主㈤，知我必不有所左右而輕天下也㈥。」帝進郭后子右翊公輔為中山王，以常山郡益中山國，郭后為中山太后，其餘九國公皆為王㈦。

㈦甲申（二十二日），帝幸章陵，脩園廟，祠舊宅，觀田廬，置酒作樂，賞賜時宗室諸母，因酣悅，相與語曰：「文叔少時謹信，與人不款曲，唯直柔耳，今乃能如此。」帝聞之，大笑，曰：「吾治天下，亦欲以柔道行之。」

十二月，還自章陵。

是歲，莎車王賢復遣使奉獻，請都護。帝賜賢西域都護印綬及車、旗、黃金、錦繡。敦煌太守裴遵上言：「夷狄不可假以大權，又令諸國失望。」詔書收還都護印綬，更賜賢以漢大將軍印綬，其使不肯易，遵迫奪之，賢由是始恨而猶詐稱大都護，移書諸國，諸國悉服屬焉。

㈧匈奴、鮮卑、赤山㊇烏桓數連兵入塞殺略吏民，詔拜襄賁㊈令祭肜為遼東太守。肜有勇力，虜每犯塞，常為士卒鋒，數破走之。肜，遵之從弟也。

㈨徵側等寇亂連年，詔長沙、合浦、交趾具車船，修道橋，通障谿⑩，儲糧穀，拜馬援為伏波將軍，以扶樂侯⑪劉隆為副，南擊交趾。

【今註】㊀貰：赦也。㊁章陵：故舂陵，帝更名章陵。㊂皖城：《續漢書・郡國志》廬江郡有皖縣，《前漢書・地理志》作晥，今安徽省潛山縣。㊃臣聞夫婦之好，父不能得之於子，況臣能得之於君乎：李賢曰：「得，猶制御也。司馬遷曰：『妃匹之愛，君不能得之臣，父不能得之子，況卑下乎？』」㊄恕己量主：惠棟曰：「王幼學云：『恕己，謂諉其功于己；量主，謂揣其意于君。』正誤云：『恕己，謂能推己之心以度人也。』案恕己量主，即鼂錯所云內恕及人，正誤得之也。」㊅知我必不有所左右而輕天下也：李賢曰：「左右，猶向背也。」惠棟曰：「七制解云：『光武自謂憚知我廢后，必無偏徇而輕視天下也，此帝自飾辭。』正誤云：『案此謂必不偏愛而動搖國本也。太子彊乃郭后所生，恐后既廢，併及太子。』」㈦其餘九國公皆為王：蘇輿曰：「前以不應經義，除封王之制，此復仍舊，殆以更前漢祖制為嫌歟！案古者王為天子專號，帝為追尊，故五等不容有王，秦始皇自稱為帝，則王列通爵，其不能應經義，理勢然也。」㈧赤山：《後漢書・烏桓傳》云：「赤山在遼東西北數千里，如中國人死者魂神歸岱山也。」㈨襄賁：襄賁縣屬東海郡，故城在今山東臨沂縣西南。㈩修道橋，通障谿：胡三省曰：「障與嶂同，山也。山谿為阻，則治橋道以通之。」㈡扶樂侯：李賢曰：「扶樂，縣名，屬九真郡。」胡三省曰：「余謂賢說誤矣！九真郡未嘗有扶樂縣。隆初封亢父侯，以度田不實免，次年，封為扶樂鄉侯，則扶樂乃鄉名，非縣名，賢考之不詳也。水經注扶樂城在扶溝縣，砂水逕其北。」按《前漢書・地理志》淮陽國有扶溝縣，後漢改屬陳留郡。又《續漢書・郡國志》陳國有扶樂縣，蓋扶樂本扶溝縣之鄉，後析為縣以屬陳國，隆傳封扶樂鄉侯，則隆封時扶樂尚未為縣，故城在今河南太康縣西北。

十八年（西元四二年）

㈠二月，蜀郡守將史歆反，攻太守張穆，穆踰城走宕渠㈠，楊偉等起兵以應歆，帝遣吳漢等將萬餘人討之。

㈡甲寅（二月辛酉朔，無甲寅），上行幸長安，三月，幸蒲阪，祠后土㊁。

㈢馬援緣海而進，隨山刊道千餘里，至浪泊上㊂，與徵側等戰，大破之，追至禁谿㊃，賊遂散走。

㈣夏，四月，甲戌（十五日），車駕還宮。

㈤戊申（四月庚申朔，無戊申），上行幸河內，戊子（二十九日），還宮。

㈥五月，旱。

㈦盧芳自昌平還，內自疑懼，遂復反，與閔堪相攻連月，匈奴遣數百騎迎芳出塞，芳留匈奴中十餘年，病死。

㈧吳漢發廣漢、巴、蜀三郡兵，圍成都百餘日，秋，七月，拔之，斬史歆等。漢乃乘桴㊄，沿江下巴郡，楊偉等惶恐解散。漢誅其渠帥，徙其黨與數百家於南郡、長沙而還。

㈨冬，十月庚辰（二十四日），上幸宜城㊅，還祠章陵。十二月，還宮。

㈩是歲，罷州牧，置刺史㊆。

(十)五官中郎將張純與太僕朱浮奏議：「禮，為人子事大宗，降其私親(八)，當除今親廟四，以先帝四廟代之。」大司徒涉等奏立元、成、哀、平四廟，上自以昭穆次第，當為元帝後。

【今註】㈠宕渠：宕渠縣屬巴郡。李賢曰：「宕渠，山名，因以名縣，故城在今渠州流江縣東北，俗名車騎城是也。」按三國《蜀志・張飛傳》，飛嘗破張郃於縣之八濛山，飛仕蜀漢為車騎將軍，故曰車騎城。《方輿紀要》曰：「八濛山在渠縣東七里，八峯起伏，其下平曠十餘里，江水環之，不匝者一里，山下有勒石云：『漢將張飛大破賊首張郃於八濛。』飛所自題也。」宕渠故城在今四川渠縣東北。㈡幸蒲阪，祠后土：《漢官儀》曰：「祭地於河東汾陰后土宮，宮曲入河，古之祭地澤中方丘也，以夏至日祭，其儀如祭天。」蒲阪縣屬河東郡，故城在今山西永濟縣東南。后土祠在今山西榮河縣。㈢馬援緣海而進，隨山刊道千餘里，至浪泊上：宋白曰：「馬援自九真以南，隨山刊木，至日南。」刊，除也，言刊木以為道。《水經注》曰：「葉榆水過交阯麊泠縣北，分為五水，絡交阯郡中，其南水自麊泠縣東逕封溪縣北，東逕浪泊。馬援以其地高，自西里進屯焉！」則浪泊蓋在封溪縣東北，在今越南北境。㈣禁谿：胡三省曰：「禁谿，水經注及越志皆作金溪，其地蓋在麊泠縣西南。水經注曰：『徵側走入金溪究，三歲，乃得之。』竺芝扶南記曰：『山溪瀨中謂之究。』」顧祖禹曰：「禁谿在越南太原府境。」㈤桴：編竹木以渡水，大曰筏，小曰桴。㈥宜城：宜城侯國，屬南郡，故城在今湖北宜城縣南。㈦是歲，罷州牧，置刺史：武帝元封五年，初置十三州部刺史，奉詔條察所部郡國，秩六百石，成帝綏和元年，更名牧，哀帝建平十二年復為刺史，元壽二年復為牧，至是復改為刺史。㈧為人子事大宗，降其私親：李賢曰：「大宗謂元帝也。據代相承，高祖至元帝八代，光武即高帝九代孫，以代數相推，故繼體元帝。降其私親，謂春陵以下不別序昭穆也。」春陵，謂春陵節侯買，光武之高祖。

十九年（西元四三年）

㈠春，正月庚子（十五日），追尊宣帝曰中宗，始祠昭帝、元帝於太廟㈠，成帝、哀帝、平帝於長安，舂陵節侯以下於章陵，其長安、章陵，皆太守、令、長侍祠㈡。

㈡馬援斬徵側、徵貳。

㈢妖賊單臣、傅鎮等相聚入原武城㈢，自稱將軍。詔太中大夫臧宮將兵圍之，數攻不下，士卒死傷。帝召公、卿、諸侯王問方略，皆曰：「宜重其購賞。」東海王陽獨曰：「妖巫相劫，埶無久立，其中必有悔欲亡者，但外圍急，不得走耳！宜小挺緩㈣，令得逃亡，逃亡則一亭長足以禽矣。」帝然之，即敕宮徹圍緩賊，賊眾分散。夏，四月，拔原武，斬臣、鎮等。

㈣馬援進擊徵側餘黨都陽等，至居風㊄，降之，嶠南㊅悉平。【考異】援傳作都羊，帝紀作都陽，今從紀。又帝紀十八年四月遣援擊交阯，十九年四月斬側貳等，因擊都陽等，降之。援傳十七年拜伏波將軍，討側貳，十八年春，軍至浪泊，明年正月，斬側、貳。蓋紀之所書者，援奏破側貳及傳側、貳首至雒之時也。沈懷遠南越志云：「徵側奔入金溪穴中，二年，乃得之。」援傳近是，今從之。援與越人申明舊制以約束之，自後駱越㊆奉行馬將軍故事。

㈤閏月戊申（二十五日），進趙、齊、魯三公爵皆為王。

㈥郭后既廢，太子彊意不自安。郅惲說太子曰：「久處疑位，上違孝道㊇，下近危殆，不如辭位以奉養母氏。」太子從之，數因左右及諸王陳其懇誠，願備藩國。上不忍，遲回者數歲，六月戊申（二十六日），詔曰：「春秋之義，立子以貴㊈。東海王陽，皇后之子，宜承大統。皇太子彊，崇執謙退，願備藩國。父子之情，重久違之，其以彊為東海王。」立陽為皇太子，改名莊。

袁宏論曰：「夫建太子所以重宗統，一民心也，非有大惡於天下，不可移也。世祖中興漢業，宜遵正道，以為後灋。今太子之德未虧於外，內寵既多，嫡子遷位，可謂失矣！然東海歸藩，謙恭之心彌亮；明帝承統，友于⑩之情愈篤。雖長幼易位，興廢不同，父子兄弟，至性無間，夫以三代之道處之，亦何以過乎！」

(七)帝以太子舅陰識守執金吾，陰興為衞尉，皆輔導太子。識性忠厚，入雖極言正議，及與賓客語，未嘗及國事，帝敬重之，常指識以敕戒貴戚，激厲左右焉。興雖禮賢好施，而門無游俠⑪，與同郡張宗、上谷鮮于裒⑫不相好，知其有用，猶稱所長而達之；友人張汜、杜禽與興厚善，以為華而少實，但私之以財，終不為言。是以世稱其忠⑬。上以沛國⑭桓榮為議郎⑮，使授太子經。車駕幸太學，會諸博士論難於前。榮辨明經義，每以禮讓相厭⑯，不以辭長勝人，儒者莫之及，特加賞賜。又詔諸生雅歌擊磬，盡日乃罷。帝使左中郎將汝南鍾興授皇太子及宗室、諸侯春秋⑰，賜興爵關內侯，興辭以無功。帝曰：「生教訓太子及諸王侯，非大功耶？」興曰：「臣師少府丁恭。」於是復封恭，而興遂固辭不受。

(八)陳留董宣為雒陽令，湖陽公主蒼頭白日殺人，因匿主家，吏不能得。及主出行，以奴驂乘，宣於夏門亭（一八）候之，駐車叩馬，以刀畫地，大言數主之失，叱奴下車，因格殺之。主即還宮訴帝，帝大怒，召宣，欲箠殺之。宣叩頭曰：「願乞一言而死。」帝曰：「欲何言？」宣曰：「陛下聖德中興，而縱奴殺人，將何以治天下乎？臣不須箠，請得自殺。」即以頭擊楹，流血被面。帝令小黃門（一九）持之，使宣叩頭謝主，宣不從，彊使頓之，宣兩手據地，終不肯俯。主曰：「文叔為白衣時，藏亡匿死（二〇），吏不敢至門，今為天子，威不能行一令乎？」帝笑曰：「天子不與白衣同。」因敕彊項（二一）令出，賜錢三十萬，宣悉以班諸吏，由是能搏擊豪彊，京師莫不震慄。

（九）九月壬申（二十一日），上行幸南陽，進幸汝南南頓縣舍，置酒會，賜吏民，復南頓田租一歲。父老前叩頭言：「皇考居此日久，陛下識知寺舍（二二），每來，輒加厚恩，願賜復十年。」帝曰：「天下重器，常恐不任（二三），日復一日，安敢遠期十歲乎？」吏民又言：「陛下實惜之，何言謙也！」帝大笑，復增一歲。進幸淮陽、梁、沛。

(十)西南夷棟蠶反，殺長吏，詔武威將軍劉尚討之，路由越巂，邛穀王任貴恐尚既定南邊，威濼必行，己不得自放縱，即聚兵起營，多釀毒酒，欲先勞軍，因襲擊尚。尚知其謀，即分兵先據邛都㉔，遂掩任貴，誅之。

【今註】㊀追尊宣帝曰中宗，始祠昭帝、元帝於太廟：《漢官儀》曰：「光武第雖十二，於父子之次，於成帝為兄弟，於哀帝為諸父，於平帝為祖父，皆不可為之後，上至元帝，於光武為父，故上繼元帝為九代。」按《續漢書・祭祀志》云：「惟孝宣帝有功德，其上尊號曰中宗。於是雒陽高廟四時加祭孝宣、孝元，凡五帝。」錢大昕曰：「前此雒陽廟祀高帝、文帝、武帝，今加祭宣、元二帝，故云五也。」《通鑑》據帝紀作始祠昭帝、元帝於太廟，昭帝誤，當作宣帝。黃山曰：「蔡邕獨斷載元帝時匡衡、貢禹以經義處正已定孝宣為中宗而前書元紀無之，或未實行，若平紀元始四年尊孝宣廟為中宗，孝元廟為高宗，則固實有故事矣，茲乃復上孝宣尊號曰中宗者，蓋嫌於黜元帝，故別從功德追尊，明不主故事也。」㊁其長安、章陵，皆太守、令、長侍祠：《續漢書・祭祀志》建武十九年詔曰：「以宗廟處所未定，且祫祭高廟，其成、哀、平且祠祭長安故高廟，其南陽舂陵歲時乃且因故園廟祭祀，園廟去太守治所遠者，在所令長行太守事侍祠。」如淳曰：「宗廟在章陵，南陽太守稱使者往祭，不使侯王祭者，諸侯不得祖天子。凡臨祭宗廟，皆為侍祠。」㊂原武城：原武縣屬河南尹，故城在今河南省鞏縣西南。㊃挺緩：李賢曰：「挺，解也。」胡三省曰：「余據禮記月令：『挺重囚。』挺，寬也。」按寬、解義同。㊄居風：居風縣屬九真郡。周濟曰：「故縣在清化府西北。」《交州記》曰：「居風有山，出金牛，往往夜見，光耀十里。山有風門，常有風。」㊅嶠南：即嶺南，五嶺以南諸地。李賢曰：「嶠，嶺嶠也。爾雅曰：『山銳而高曰嶠。』」㊆駱越：李賢曰：「駱者，越別名也。」胡三省曰：「林邑記曰：『日南盧容浦通銅鼓外越。』銅鼓，即越駱也，有銅鼓，因得其名，馬援取其鼓以鑄銅馬。」㊇上違孝道：母廢而子居位，是有違孝養之道也。㊈春秋之義，立子以貴：公羊氏曰：「立嫡以長不以賢，立子以貴不以長。桓公何以貴？母貴也。母貴則子貴，子以母貴，母以子貴。」㊉友于：《論語》孔子曰：「惟孝友于兄弟。」後遂以友于為兄弟之稱。㊀興雖禮賢好施，而門無游俠：袁宏《漢紀》云：「興居則博觀五經，訪問政事，尊賢下士，廣求得失，獻善替否，薦達後進，好施接人，門無俠客。」胡三省曰：「西都之季，萬章、樓護、陳遵等皆俠游於貴近之門，至於此時，亦有杜保、王磐之徒。」㊁鮮于裒：鮮于複姓，裒名。㊂是以世稱其忠：《東觀漢記》曰：「興盡忠竭思，不以私好害公義。」㊃沛國：沛國即沛郡，建武二十年，中山王輔徙封沛，始為國。㊄議郎：《續漢書．百官志》，議郎，秩六百石，光祿勳屬官。《十三州志》曰：「議郎，秦官也，冗無所掌。」胡三省曰：「續漢志凡郎官皆主更直執戟，宿衛諸殿門，出充車騎，惟議郎不在直中。」㊅相厭：厭，服也，使人厭服。㊆帝使左中郎將汝南鍾興授皇太子及宗室、諸侯春秋：《後漢書・儒林傳》，興從少府丁恭受嚴氏春秋，蓋公羊氏之學也。(一八)夏門亭：洛陽十二城門，夏門其一。蔡質《漢儀》曰：「雒陽二十四街，街一亭；十二城門，門一亭。」李賢曰：「夏門，雒陽城北面西頭門，門外有萬壽亭。」(一九)小黃門：《續漢書・百官志》曰：「小黃門，六百石，宦者，無員，掌侍左右，受尚書事，上在內宮，關通中外及中宮已下眾事，諸公主及王太妃等有疾苦，則使問之。」(二〇)藏亡匿死：藏匿亡命及犯死罪者。(二一)彊項：李賢曰：「彊項，言不低屈也。」(二二)皇考居此日久，陛下識知寺舍：李賢曰：「光武嘗從皇考至南頓，故識知官府舍宇。」《風俗通》曰：「寺，司也，諸官府所止皆曰寺。」(二三)常恐不任：任，勝也。言常恐不任其重。(二四)即分兵先據邛都：邛都縣為越巂郡治，故城在今四川西昌縣東南。任貴時為越巂太守，治邛都，故尚分兵先據之。

二十年（西元四四年）

㈠春，二月戊子（初十日），車駕還宮。

㈡夏，四月庚辰（初三日），大司徒戴涉坐入故太倉令奚涉罪，下獄死㈠，帝以三公連職，策免大司空竇融。

㈢廣平忠侯吳漢病篤，車駕親臨問所欲言，對曰：「臣愚無所知識，惟願陛下慎無赦而已。」㈡五月辛亥（初四日），漢薨。詔送葬如大將軍霍光故事㈢。

漢性彊力，每從征伐，帝未安，常側足而立；諸將見戰陳不利，或多惶懼，失其常度，漢意氣自若，方整厲器械，激揚吏士。帝時遣人觀大司馬何為？還言方修戰攻之具，乃歎曰：「吳公差彊人意㈣，隱若一敵國矣㈤。」每當出師，朝受詔，夕則引道，初無辦嚴㈥之日；及在朝廷，斤斤㈦謹質，形於體貌。漢嘗出征，妻子在後買田業，漢還，讓之曰：「軍師在外，吏士不足，何多買田宅乎？」遂盡以分與昆弟外家，故能任職，以功名終。

㈣匈奴寇上黨天水，遂至扶風。

㈤帝苦風眩，疾甚，以陰興領侍中，受顧命於雲臺廣室㈧，會疾瘳，召見興，欲以代吳漢為大司馬，興叩頭流涕，固讓曰：「臣不敢惜身，誠虧損盛德，不可苟冒。」至誠發中，感動左右，帝遂聽之。

太子太傅張湛，自郭后之廢，稱疾不朝，帝彊起之，欲以為司徒。湛固辭疾篤，不能復任朝事，遂罷之。六月庚寅（十四日），以廣漢太守河內蔡茂為大司徒，太僕朱浮為大司空。

㈥壬辰（十六日），以左中郎將劉隆為驃騎將軍行大司馬事。

㈦乙未（十九日），徙中山王輔為沛王。以郭況為大鴻臚，帝數幸其第，賞賜金帛，豐盛莫比，京師號況家為金穴㊈。

㈧秋，九月，馬援自交阯還，平陵孟冀迎勞之，援曰：「方今匈奴、烏桓尚擾北邊，欲自請擊之。男兒要當死於邊野，以馬革裹尸⑩還葬耳，何能臥牀上，在兒女子手中邪？」冀曰：「諒為烈士，當如是矣！」

㈨冬，十月甲午（二十日），上行幸魯、東海、楚、沛國。

㈩十二月，匈奴寇天水、扶風、上黨。

(十一)壬寅（二十八日），車駕還宮。

(十二)馬援自請擊匈奴，帝許之，使出屯襄國⑪。詔百官祖道。援謂黃門郎梁松、竇固曰：「凡人富貴，當使可復賤也。如卿等欲不可復賤，居高堅自持，勉思鄙言。」松，統之子；固，友之子也。

㈢劉尚進兵與棟蠶等連戰，皆破之。

【今註】㈠大司徒戴涉坐入故太倉令奚涉罪，下獄死：按《後漢書・光武帝紀》但言大司徒戴涉下獄死，《古今注》曰：「坐入故太倉令奚涉罪。」《後漢書・竇融傳》云：「坐所舉人盜金下獄。」其說與《古今注》微異。胡三省曰：「無罪加之以罪曰入。」《續漢書・百官志》，太倉令，大司農屬官，主受郡國漕轉穀，秩六百石。㈡臣愚無知識，惟願陛下慎無赦而已：《蜀志》裴注曰：「有言丞相亮惜赦者，亮答曰：『治蜀以大德，不以小惠，故匡衡、吳漢不願為赦。先帝亦言：吾周旋陳元方、鄭康成間，每見啟告治亂之道悉矣，曾不語赦也。若劉景升父子歲歲赦宥，何益於治乎？』」㈢詔送葬如大將軍霍光故事：事見卷二十四宣帝地節二年。㈣吳公差彊人意：王幼學曰：「謂漢甚起發人意思。」㈤隱若一敵國矣：李賢曰：「隱，威重之貌。言其威重若敵國。前書周亞夫謂劇孟曰：『大將得之，若一敵國矣。』」㈥辦嚴：李賢曰：「嚴即裝也，避明帝諱，改之。」㈦斤斤：《爾雅》曰：「明明斤斤，察也。」李巡曰：「斤斤，精詳之察也。」孫炎曰：「謹慎之察也。」㈧受顧命於雲臺廣室：《尚書》曰：「成王將崩，命召公作顧命。」孔安國曰：「臨終之命曰顧命。」李賢曰：「雒陽南宮有雲台廣德殿。」胡三省曰：「余謂廣室者，寢殿也。據晉書元帝紀，有司奏太極殿廣室施絳帳，帝令夏施青練帷，冬施青布，則廣室之為寢殿明矣！」㈨以郭況為大鴻臚，帝數幸其第，賞賜金帛，豐盛莫比，京師號況家為金穴：況，郭后之弟。胡三省曰：「數恩況者，以慰后心耳！」惠棟引《拾遺記》曰：「況累金數億，家僮四百餘人，以黃金為器，閣下有藏金窟，列武士以備之，錯雜寶以飾台榭，其寵者皆以玉器盛食，故東京謂郭家為瓊廚金穴。」⑩以馬革裹尸：《史記・鄒陽傳》云：「子胥鴟夷。」服虔曰：「用馬革作囊以裹尸。」㊁襄國：襄國縣屬趙郡，故城在今河北省邢台縣西南。

二十一年（西元四五年）

㈠春，正月，追至不韋㊀，斬棟蠶帥，西南諸夷悉平。

㈡烏桓與匈奴、鮮卑連兵為寇，代郡以東，尤被烏桓之害，其居止近塞，朝發穹廬㊁，暮至城郭，五郡㊂民庶，家受其辜。至於郡縣損壞，百姓流亡，邊陲消條，無復人迹。秋，八月，帝遣馬援與謁者分築堡塞，稍興立郡縣，或空置太守、令、長，招還人民。烏桓居上谷塞外白山者，最為彊富，援將三千騎擊之，無功而還。【考異】劉昭注補後漢書志，亦謂之續漢志，其郡國志注云：「中郎將馬援」，誤也。帝紀，冬，十月，遣援出塞，擊烏桓。援傳，十二月，出屯襄國；明年，秋，將三千騎出高柳。袁紀在八月，祭肜事前，今從之。

㈢鮮卑萬餘騎寇遼東，太守祭肜率數千人迎擊之，自被甲陷陳，虜大犇，投水死者過半，遂窮追出塞，虜急，皆棄兵裸身散走。是後鮮卑震怖畏肜，不敢復闚塞。

㈣冬，匈奴寇上谷、中山。

㈤莎車王賢浸以驕橫，欲兼並西域，數攻諸國，重求賦稅，諸國愁懼。車師前王、鄯善、焉耆等十八國俱遣子入侍，獻其珍寶，及得見，皆流涕稽首，願得都護。帝以中國初定，北邊未服，皆還其侍子，厚賞賜之。諸國聞都護不出而侍子皆還，大憂恐，乃與敦煌太守檄，願留侍子以示莎車，言侍子見留，都護尋出，冀且息其兵。裴遵以狀聞，帝許之。

【今註】㈠不韋：不韋縣，前漢屬益州郡，明帝永平二年分置永昌郡，治不韋，故城在今四川省永昌縣北。孫盛《蜀譜》曰：「初，秦徙呂不韋子弟宗族於蜀，漢武帝開西南夷，置郡縣，徙呂氏以充之，因置不韋縣。」《華陽國志》曰：「武帝通博南山，置不韋縣，徙南越相呂嘉子孫宗族實之，因名不韋，以章其先人惡行也。」洪亮吉曰：「考史記不韋傳，明言不韋宗族徙蜀，而呂嘉之為不韋後，馬、班二史無明文，恐當以世譜為是。」㈡穹廬：顏師古曰：「穹廬，旃帳也，其形穹隆，故曰穹廬。」蔡絛曰：「古號百子帳，北之穹廬也，今俗謂之氈帳。」程大昌曰：「唐人昏禮多用百子帳，其制本出戎虜，特穹廬、拂廬之具體耳，大抵如今尖頂圓亭子而用青氈通冒四隅上下，便於移置耳！」㊂五郡：胡三省曰：「五郡，謂代郡、上谷、漁陽、右北平、遼西也。」

二十二年（西元四六年）

㈠春，閏正月丙戌（十九日），上幸長安。二月己巳（二月丁酉朔，無己巳），還雒陽。

㈡夏，五月，乙未（二十日）晦，日有食之。

㈢秋，九月戊戌（九月甲子朔，無戊戌），地震。

㈣冬，十月壬子（十九日），大司空朱浮免。

㈤癸丑（二十日），以光祿勳杜林為大司空。

㈥初，陳留劉昆為江陵㊀令，縣有火災，昆向火叩頭，火尋滅；後為弘農太守，虎皆負子渡河。帝聞而異之，徵昆代林為光祿勳。帝問昆曰：「前在江陵，反風滅火，後守弘農，虎北渡河，行何德政而致是事？」對曰：「偶然耳！」左右皆笑。帝歎曰：「此乃長者之言也。」顧命書諸策㊁。

㈦是歲，青州㊂蝗。

(八)匈奴單于輿死，子左賢王烏達鞮侯立，復死，弟左賢王蒲奴立。匈奴中連年旱蝗，赤地㊃數千里，人畜饑疫，死耗太半㊄。單于畏漢乘其敝，乃遣使詣漁陽求和親，帝遣中郎將李茂報命。【考異】帝紀，是歲匈奴日逐王比遣使詣漁陽請和親，使茂報命。按明年又有比遣使詣西河內附，然則茂所報者非比也，今從南匈奴傳。

(九)烏桓乘匈奴之弱，擊破之，匈奴北徙數千里，幕南地空。詔罷諸邊郡亭候吏卒，以幣帛招降烏桓。

(十)西域諸國侍子久留敦煌，皆愁思亡歸。莎車王賢知都護不至，擊破鄯善，攻殺龜茲王。鄯善王安上書，願復遣子入侍，更請都護，都護不出，誠迫於匈奴。帝報曰：「今使者大兵未能得出，如諸國力不從心，東西南北自在也。㊅」於是鄯善、車師復附匈奴。

班固論曰：「孝武之世，圖制匈奴，患其兼從西國，結黨南羌㊆，乃表河曲，列四郡㊇，開玉門，通西域，以斷匈奴右臂；隔絕南羌、月氏，單于失援，由是遠遁，而幕南無王庭。遭值文、景玄默，養民五世㊈，財力有餘，士馬彊盛，故能睹犀布瑇瑁則建珠崖七郡，感蒟醬竹杖則開牂牁、越巂，聞天馬、蒲陶則通大宛、安息。自是殊方異物，四面而至，於是開苑囿，廣宮室，盛帷帳，美服玩，設酒池肉林以饗四夷之客，作魚龍角抵之戲以觀視之，及賂遺贈送，萬里相奉，師旅之費，不可勝計，至於用度不足，乃榷酒酤，筦鹽鐵，鑄白金，造皮幣，筭至車船，租及六畜。民力屈，財用竭，因之以凶年，寇盜並起，道路不通，直指之使始出，衣繡杖斧，斷斬於郡國，然後勝之。是以末年遂棄輪臺之地，而下哀痛之詔⑽，豈非仁聖之所悔哉？且通西域，近有龍堆、遠則葱嶺、身熱、頭痛、懸度之阨，淮南、杜欽、揚雄之論，皆以為此天地所以界別區域，絕內外也。西域諸國，各有君長，兵眾分弱，無所統一，雖屬匈奴，不相親附，匈奴能得其馬畜、旃罽而不能統率，與之進退，與漢隔絕，道里又遠，得之不為益，棄之不為損，盛德在我，無取於彼。故自建武以來，西域思漢威德，咸樂內屬，數遣使置質于漢⑾，願請都護，聖上遠覽古今，因時之宜，辭而未許，雖大禹之序西戎⑿，周公之讓白雉⒀，太宗之卻走馬⒁，義兼之矣！」

【今註】 ㊀江陵：江陵縣屬南郡，今湖北省江陵縣。㊁命書諸策：胡三省曰：「策，簡策，編簡為之。漢制，天子策書長二尺，國史亦用簡策。此書諸策，即史策也。」㊂青州：青州部濟南、平原、樂安、北海、東萊、齊國。㊃赤地：胡三省曰：「言在地之物皆盡。」㊄死耗太半：李賢曰：「三分損二分為太半。」㊅東西南北自在也：胡三省曰：「言任其所從。」王先謙曰：「自在語未明顯，亦疑在為任之譌。」㊆南羌：胡三省曰：「南羌，即湟中羌。」㊇乃表河曲，列四郡：四郡，謂武威、張掖、酒泉、敦煌。言表列河曲四郡為漢版圖。㊈遭值文、景玄默，養民五世：文景好黃老之術，崇節儉，不為天下先，與民休息，國以富饒。胡三省曰：「高、惠及呂后文、景為五世。」㊉睹犀布瑇瑁則建珠崖七郡……是以末年遂棄輪臺之地，而下哀痛之詔：事並見〈武帝紀〉。漢武帝元鼎六年，平南越，置南海、蒼梧、鬱林、合浦、交趾、九真、日南、珠崖、儋耳九郡，其後廢珠崖、儋耳，併入合浦郡，是為七郡。㊀置質於漢：謂遣質子於漢朝。㊁大禹之序西戎：《書》曰：「西戎即序。」即，就也；序，次也；言禹既就而序之，非尚威服致其貢物也。㊂周公之讓白雉：顏師古曰：「昔周公相成王，越裳氏重九譯而獻白雉。成王問周公，公曰：『德不加焉，則君子不饗其質；政不施焉，則君子不臣其遠，吾何以獲此物也？』譯曰：『吾受命吾國之黃耇曰：久矣天之無烈風雨雷也，意中國有聖人乎！盍往朝之，然後歸之。』王稱先王之神所致，以薦宗廟。」按此事見於《尚書・大傳》，又見《後漢書・南蠻傳》。㊃太宗之卻走馬：事見卷十三文帝元年。

卷四十四　漢紀三十六

起強圉協洽，盡上章涒灘，凡十四年。（丁未至庚申，即西元四七年至西元六〇年。）

司馬光編集
陳捷先註

世祖光武皇帝下

建武二十三年（西元四七年）

(一)春，正月，南郡㊀蠻叛，遣武威將軍劉尚討破之。

(二)夏，五月丁卯（初八日），大司徒蔡茂薨。

(三)秋，八月丙戌（是年八月己丑朔，無丙戌日），大司空杜林薨。

(四)九月辛未（十三日），以陳留㊁玉況為大司徒。

(五)冬，十月丙申（初九日），以太僕㊂張純為大司空。

(六)武陵㊃蠻精夫㊄相單程等反，遣劉尚發兵萬餘人泝㊅沅水㊆入武谿㊇擊之。尚輕敵深入，蠻乘險邀㊈之，尚一軍悉沒。

(七)初，匈奴單于㊉輿弟右谷蠡王⑪知牙師以次⑫當為左賢王，左賢王次即當為單于⑬。單于欲傳其子，遂殺知牙師。烏珠留單于有子曰比，為右薁鞬日逐王，領南邊八部。比見知牙師死，出怨言曰：「以兄弟言之，右谷蠡王次當立；以子言之，我前單于長子，我當立！」遂內懷猜懼，庭會稀闊⑭。單于疑之，乃遣兩骨都侯⑮監領比所部兵。及單于蒲奴立，比益恨望⑯，密遣漢人郭衡奉匈奴地圖詣西河⑰太守求內附。兩骨都侯頗覺其意，會五月龍祠⑱，勸單于誅比。比弟漸將王⑲在單于帳下，聞之，馳以報比。比遂聚八部兵四五萬人，待兩骨都侯還，欲殺之。骨都侯且到，知其謀，亡去⑳。單于遣萬騎擊之，見比眾盛，不敢進而還。

(八)是歲，鬲侯朱祐卒㉑。祐為人質真，尚儒學；為將多受降㉒，以克定城邑為本，不存首級之功。又禁制士卒不得虜掠百姓，軍人樂放縱，多以此怨之。

【今註】㈠南郡：秦置。今湖北省安陸、漢陽、武昌、襄陽之南境諸地，皆屬古南郡。㈡陳留：故城即今河南陳留縣。㈢太僕：官名，秦置，漢因之，為九卿之一，掌輿馬與牧畜之事。㈣武陵：郡名。秦始皇置黔中郡，漢興，改為武陵。今湖南省常德、澧縣、永順、辰谿以及貴州省黎平、思南等地均屬漢武陵郡。㈤精夫：范書曰：「長沙武陵蠻名渠帥曰精夫，槃瓠之後也。」㈥泝：逆流而上曰沂。⑦沅水：今名沅江，湖南省巨川之一。⑧武谿：在今湖南沅陵縣西。⑨邀：招請。⑩單于：匈奴國主之稱號。讀音如禪（ㄕㄢ）於（ㄩ）。⑪谷蠡：匈奴藩王封號。《史記》：置左右谷蠡王。⑫次：次序。⑬左賢王次，即當為單于：左賢王可依次為單于，因左賢王即單于儲副。⑭庭會稀闊：匈奴諸王歲正月會單于庭。稀闊，稀少。⑮骨都侯：漢匈奴官名。《史記・匈奴傳》：「置左右賢王、左右谷蠡王、左右大都尉、左右大當戶、左右骨都侯。」骨都，異姓大臣。⑯恨望：怨恨。⑰西河：郡名，在今山西汾陽縣境，在黃河之東，故名。後漢移西河郡治離石，即今離石縣。⑱五月龍祠：〈南匈奴傳〉曰：「匈奴俗，歲有三龍祠，常以正月、五月、九月戊日。」⑲漸將王：〈南匈奴傳〉：「大臣貴者左賢王，次左谷蠡王；次右賢王，次右谷蠡王，謂之四角。次左右日逐王，次左右溫禺鞮王，次左右漸將王，是為六角。」胡三省曰：「漸當作斬，傳寫誤加水旁耳。」⑳亡去：逃去。㉑范書〈朱祐傳〉作：二十四年（西元四八年）卒。㉒降：貶抑。

二十四年（西元四八年）

㈠春，正月乙亥（十九日），赦天下。

㈡匈奴八部大人共議，立日逐王比為呼韓邪單于，款五原塞㈠，願永為藩蔽，扞㈡禦北虜。事下公卿，議者皆以為天下初定，中國空虛，夷狄情偽難知，不可許。五官中郎將㊂耿國獨以為宜如孝宣故事，受之㊃，令東扞鮮卑，北拒匈奴，率厲四夷，完復邊郡㊄。帝從之。

㈢秋，七月，武陵蠻寇沅臨㊅，遣謁者㊆李嵩、中山㊇太守馬成討之，不克。馬援請行，帝愍㊈其老，未許。援曰：「臣尚能被甲上馬。」帝令試之。援據鞍顧眄㊉以示可用。帝笑曰：「矍鑠⑪者是翁！」遂遣援率中郎將馬武、耿舒等將四萬餘人征五溪⑫。援謂友人杜愔曰：「吾受厚恩，年迫日索⑬，常恐不得死國事，今獲所願，甘心瞑目，但畏長者家兒⑭或在左右，或與從事，殊難得調，介介⑮獨惡是耳。」

㈣冬，十月，匈奴日逐王比自立為南單于，遣使詣闕，奉藩稱臣。上以問朗陵⑯侯臧宮。宮曰：「匈奴饑疫分爭，臣願得五千騎以立功。」帝笑曰：「常勝之家，難與慮敵。吾方自思之。」

【今註】 ㊀款五原塞：叩五原塞門來降。五原塞，漢五原郡之榆抑塞，在今山西五原縣地。㊁扞：保衛，亦作捍。㊂五官中郎將：漢官名，掌五官郎。《漢書》：「中郎有五官左右三將。」㊃如孝宣故事受之：事見卷二十宣帝甘露、黃龍間。[五]完復邊郡：時邊郡殘破，有南匈奴為藩屏，則可以完復矣。[六]臨沅：漢縣名，故城在今湖南常德縣境。[七]謁者：漢官名，掌賓讚，其長稱大謁者。[八]中山：國名，漢置。故治即今河北津海道西部之地。津海道，民國置，治天津縣，轄撫寧、昌黎、天津、靜海、青縣、滄縣、東光、故城等三十二縣。[九]愍：憐恤。[十]顧眄：回視。[十一]矍鑠：勇健貌。[十二]五溪：《水經注》：「武陵有五溪，謂雄溪、樠溪、酉溪、潕溪、辰溪，悉蠻夷所居。」今湖南省鳳凰、辰谿、永順、保靖、乾城、晃縣以及貴州省鎮遠、黎平、思南、松桃諸地，均屬古五溪地。[十三]索：盡也。[十四]長者家兒：胡三省曰：「長者家兒，謂權要子弟等。」[十五]介介：猶言耿耿。[十六]朗陵：屬漢置汝南郡，故城在今河南汝南縣。

二十五年（西元四九年）

㈠春，正月，遼東[一]徼外[二]貊人[三]寇邊，太守祭肜招降之。肜又以財利撫納鮮卑大都護[四]偏何，使招致異種，駱驛款塞[五]。肜曰：「審[六]欲立功，當歸擊匈奴，斬送頭首，乃信耳。」偏何等即擊匈奴，斬首二千餘級，持頭詣郡。其後歲歲相攻，輒送首級，受賞賜。自是匈奴衰弱，邊無寇警，鮮卑、烏桓並入朝貢。肜為人質厚重毅，撫夷狄以恩信，故皆畏而愛之，得其死力。

㈡南單于遣其弟左賢王莫將兵萬餘人擊北單于弟薁鞬左賢王，生獲之；北單于震怖，卻地千餘里。北部薁鞬骨都侯率眾三萬餘人歸南單于。

三月，南單于復遣使詣闕貢獻，求使者監護，遣侍子，修舊約㈦。

㈢戊申晦（二十九日），日有食之。

㈣馬援軍至臨鄉㈧，擊破蠻兵，斬獲二千餘人。

初，援嘗有疾，虎賁中郎將㈨梁松來候之，獨拜牀下，援不答。松去後，諸子問曰：「梁伯孫，帝婿㈩，貴重朝廷，公卿已下莫不憚之。大人奈何獨不為禮？」援曰：「我乃松父友也，雖貴，何得失其序乎！」

援兄子嚴、敦並喜譏議⑪，通輕俠。援前在交趾，還書誡之曰：「吾欲汝曹聞人過失，如聞父母之名，耳可得聞，口不可得言也。好議論人長短，妄是非政灋⑫，此吾所大惡也；寧死，不願子孫有此行也。龍伯高敦厚周慎，口無擇言，謙約節儉，廉公有威，吾愛之重之，願汝曹效之。杜季良豪俠好義，憂人之憂，樂人之樂，父喪致客，數郡畢至，吾愛之重之，不願汝曹效也。效伯高不得，猶為謹敕之士，所謂刻鵠不成尚類鶩者也〔一三〕；效季良不得，陷為天下輕薄子，所謂畫虎不成反類狗者也〔一四〕。」伯高者，山都長龍述也；季良者，越騎司馬〔一五〕杜保也；皆京兆〔一六〕人。會保仇人上書，訟保為行浮薄，亂羣惑眾，伏波將軍萬里還書以誡兄子，而梁松、竇固與之交結，將扇〔一七〕其輕偽，敗亂諸夏。書奏，帝召責松、固，以訟書及援誡書示之，松、固叩頭流血，而得不罪。詔免保官，擢拜龍述為零陵〔一八〕太守。松由是恨援。

及援討武陵蠻，軍次〔一九〕下雋〔二〇〕，有兩道可入：從壺頭〔二一〕則路近而水嶮，從充〔二二〕則塗夷〔二三〕而運遠。耿舒欲從充道；援以為棄日費糧，不如進壺頭，搤〔二四〕其喉咽，充賊自破。以事上之，上從援策。進營壺頭，賊乘高守隘，水疾，船不得上。會暑甚，士卒多疫死，援亦中病，乃穿岸為室〔二五〕以避炎氣。賊每升險鼓譟〔二六〕，援輒曳足〔二七〕以觀之，左右哀其壯意，莫不為之流涕。耿舒與兄好畤〔二八〕侯弇書曰：

「前舒上書當先擊充，糧雖難運而兵馬得用，軍人數萬，爭欲先奮。今壺頭竟不得進，大眾怫鬱行死㉙，誠可痛惜！前到臨鄉，賊無故自致㉚，若夜擊之，即可殄滅，伏波類西域賈胡㉛，到一處輒止，以是失利。今果疾疫，皆如舒言。」弇得書奏之。帝乃使梁松乘驛責問援，因代監軍。

會援卒，松因是構陷援。帝大怒，追收新息㉜侯印綬。初，援在交趾，常餌薏苡㉝，實能輕身，勝障㉞氣。軍還，載之一車。及卒後，有上書譖之者，以為前所載還皆明珠文犀㉟。帝益怒。援妻孥㊱惶懼，不敢以喪還舊塋，稾葬域西㊲，賓客故人，莫敢弔會㊳。嚴與援妻子草索相連，詣闕請罪。帝乃出松書以示之，方知所坐。上書訴冤，前後六上，辭甚哀切。前雲陽㊴令扶風㊵朱勃詣闕上書曰：「竊見故伏波將軍馬援，拔自西州，欽慕聖義，間關㊶險難，觸冒萬死，經營隴、冀㊷，謀如涌泉，勢如轉規㊸，兵動有功，師進輒克。誅鋤先零，飛矢貫脛㊹；出征交趾，與妻子生訣。間復南討，立陷臨鄉，師已有業㊺，未竟而死；吏士雖疫，援不獨存。夫戰或以久而立功，或以速而致敗，深入未必為得，不進未必為非，人情豈樂久屯絕地不生歸哉？惟援得事朝廷二十二年，北出塞漠，南渡江海，觸冒害氣，僵死軍事，名滅爵絕，國土不傳，海內不知其過，眾庶未聞其毀，家屬杜門，葬不歸墓，怨隙並興，宗親怖慄，死者不能自列，生者莫為之訟，臣竊傷之！夫明主醲㊻於用賞，約於用刑，高祖嘗與陳平金四萬斤以間楚軍，不問出入所為，豈復疑以錢穀間哉？願下公卿，平援功罪，宜絕宜續，以厭海內之望。」帝意稍解。

初，勃年十二，能誦詩、書，常候援兄況，辭言嫺雅㊼，援裁㊽知書，見之自失。況知其意，乃自酌酒慰援曰：「朱勃小器速成，智盡此耳，卒當從汝稟學㊾，勿畏也。」勃未二十，右扶風請試守㊿渭城(51)宰(52)。及援為將軍封侯，而勃位不過縣令。援後雖貴，常待以舊恩而卑侮之，勃愈身自親。及援遇讒，唯勃能終焉。

謁者南陽(53)宗均監援軍，援既卒，軍士疫死者太半，蠻亦饑困。均乃與諸將議曰：「今道遠士病，不可以戰，欲權承制降之，何如？」諸將皆伏地莫敢應。均曰：「夫忠臣出竟(五四)，有可以安國家，專之(五五)可也。」乃矯(五六)制調伏波司馬呂种守沅陵長，命种奉詔書入虜營，告以恩信，因勒兵隨其後。蠻夷震怖，冬十月，共斬其大帥而降。於是均入賊營，散其眾，遣歸本郡，為置長吏而還，羣蠻遂平。均未至，先自劾矯制之罪；上嘉其功，迎，賜以金帛，令過家上冢(五七)。

(五)是歲，遼西烏桓大人郝旦等率眾內屬，【考異】帝紀：今春，既著烏桓來朝。歲末，又紀是歲烏桓朝貢內屬。蓋始獨大人來朝，復乃率種族內屬耳。詔封烏桓渠帥為侯、王、君長者八十一人，使居塞內，布於緣邊諸郡，令招來種人，給其衣食，遂為漢偵候(五八)，助擊匈奴、鮮卑。時司徒椽班彪上言：「烏桓天性輕黠，好為寇賊，若久放縱而無總領者，必復掠居人。但委主降掾吏，恐非所能制。臣愚以為宜復置烏桓校尉(五九)，誠有益於附集，省國家之邊慮。」帝從之，於是始復置校尉於上谷寧城(六〇)，開營府，并領鮮卑賞賜、質子，歲時互市焉。

【今註】㊀遼東：郡名，秦置，故治即今遼寧、吉林、安東諸省東南境地，在遼河之東，故名。㊁徼外：域外之意。㊂貊：北狄。㊃大都護：官名。漢置都護以督護諸國。㊄駱驛款塞：相繼來塞下請降。㊅審：助詞，猶言果如。㊆舊約：指宣帝時事。㊇臨鄉：今湖南武陵縣境。㊈虎賁中郎將：官名，領虎賁郎，主宿衞。㊉梁伯孫，帝婿：梁松字伯孫，尚帝女舞陰公主。⑪譏議：譏，誚也。議：謗訕。⑫政法：時政。⑬刻鵠不成尚類鶩者也：仿效雖未如理想，然尚相去不多。⑭畫虎不成反類狗者也：謂好高而無所成就。⑮越騎司馬：官名。〈百官志〉：「越騎校尉，其屬有司馬，秩千石。」越騎謂能騎射者。⑯京兆：猶言京師，為漢三輔之一，在今陝西長安以東至華縣之地。⑰扇：與煽同。⑱零陵：故治即今湖南零陵縣。⑲次：師止曰次。《左傳》：「凡師一宿為舍，再宿為信，過信為次。」⑳下雋：縣名，漢置，故城在今湖南沅陵縣東北。㉑壺頭：山名，在今湖南沅陵縣東。㉒充：縣名，漢置。故治在今湖南常德縣境。㉓塗夷：道路平坦。㉔搤：持也。㉕穿岸為室：《武陵記》曰：「壺頭山邊有石窟，」即馬援所穿室也。㉖皷譟：擊鼓而譁譟。皷即鼓。㉗曳足：謂緩行足不能舉。㉘好畤：縣名，漢置，故治在今陝西乾縣境。㉙佛鬱行死：顏師古曰：「佛鬱，憂不樂貌。」行死，謂行將疫死。㉚賊無故自致：賊無故自來。㉛賈胡：商胡。㉜新息：《郡國志》：「新息侯國，屬汝南郡。」故治在今河南汝南縣東南。㉝薏苡：一年生草，葉狹長，有平行脈，花生於葉腋，其仁可雜於米中作粥飯，并入藥。《神農本草經》：「薏苡味甘，微寒，……久服輕身益氣。」㉞障：與瘴同。㉟明珠文犀：明珠，謂夜明珠。文犀，犀之有文彩者。㊱孥：音奴，兒子。㊲槀葬域西：槀，草率之意。域西，墓地之西。謂馬援妻孥惶懼，草葬馬援於塋域之西而不敢歸葬舊塋。㊳莫敢弔會：不敢往弔及會葬。㊴雲陽：秦縣，故治在今陝西淳化縣西北。㊵扶風：郡名，漢置，為三輔之一，故治在今陝西鳳翔西境。㊶間關：崎嶇。㊷經營隴、冀：謂馬援征隗囂事。㊸勢如轉規：規，圓也。《孫子》曰：「戰如轉圓石於萬仞之山者勢也。」㊹脛：足莖也。自膝至踵曰脛，俗稱小腿。㊺業：胡三省曰：「業，緒也。」㊻醲：厚也。㊼嫺雅：沈靜。㊽裁：僅也，與纔同。㊾卒當從汝稟學：胡三省曰：「卒，終也。稟，受也。」㊿試守：《漢書音義》曰：「試守者，試守一歲乃為真，食其全俸。」(51)渭城：漢縣名，右扶風治此，故城在今陝西長安縣西。(52)宰：邑之長。(53)南陽：郡名，秦置，故治在今河南南陽與湖北襄陽諸地。(54)竟：與境同。(55)專之：有權處理。(56)矯：詐稱曰矯。(57)過家上冢：胡三省曰：「受命而出，未復命則不當先過家。今使過家，所以示寵榮也。」(58)偵候：探伺。(59)烏桓校尉：胡三省曰：「西都置護烏桓校尉，至王莽時，烏桓叛，校尉由是罷。」(60)寧城：故地在今河北宣化縣西北。

二十六年（西元五〇年）

㈠正月，詔增百官奉㈠，其千石已上㈡，減於西京舊制，六百石已下，增於舊秩。

㈡初作壽陵㊂。帝曰：「古者帝王之葬，皆陶人、瓦器、木車、茅馬，使後世之人不知其處。太宗識終始之義，景帝能述遵孝道，遭天下反覆，而霸陵獨完㊃，受其福，豈不美哉！今所制地不過二三頃，無山陵，陂池裁令流水而已㊄。使迭興㊅之後，與丘隴同體。」

㈢詔遣中郎將段彬、副校尉王郁使南匈奴，立其庭，去五原西部塞八十里。使者令單于伏拜受詔，單于顧望有頃，乃伏稱臣。拜訖，令譯曉使者曰：「單于新立，誠慙於左右，願使者眾中無相屈折也。」詔聽南單于入居雲中㊆，始置使匈奴中郎將，將兵衛護之。

㈣夏，南單于所獲北虜薁鞬左賢王將其眾及南部五骨都侯㊇合三萬餘人畔歸，去北庭三百餘里，自立為單于。月餘，日更相攻擊，五骨都侯皆死，左賢王自殺，諸骨都侯子各擁兵自守。

㈤秋，南單于遣子入侍。詔賜單于冠帶、璽綬㊈、車馬、金帛、甲兵、什器㊉。又轉河東米糒㊁二萬五千斛、牛羊三萬六千頭以贍給之。令中郎將將弛刑㊂五十人，隨單于所處，參辭訟，察動靜。

【考異】帝紀：今年春，使段彬賜璽綬，置使匈奴中郎將。據匈奴傳：賜璽綬在秋，其置中郎將亦未知決在何時。或者今春置之，至是更為之約束制度耳。單于歲盡，輒遣奉奏，送侍子入朝，漢遣謁者送前侍子還單于庭，賜單于及閼氏㊂、左右賢王以下繒綵㊃合萬匹，歲以為常。於是雲中、五原、朔方、北地、定襄、鴈門、上谷、代八郡民歸於本土㊄。遣謁者分將弛刑，補治城郭，發遣邊民在中國者布還諸縣，皆賜以裝錢，轉給糧食。時城郭丘墟，掃地更為，上乃悔前徙之。

㈥冬，南匈奴五骨都侯子復將其眾三千人歸南部，北單于使騎追擊，悉獲其眾。南單于遣兵拒之，逆戰不利，於是復詔單于徙居西河美稷㊅，因使段彬、王郁留西河擁護之，令西河長史歲將騎二千、弛刑五百人助中郎將衛護單于，冬屯夏罷，自後以為常。南單于既居西河，亦列置諸部王，助漢扞戍北地、朔方、五原、雲中、定襄、鴈門、代郡，皆領部眾，為郡縣偵邏耳目。北單于惶恐，頗還所掠漢民以示善意，鈔兵每到南部下，還過亭候，輒謝曰：「自擊亡虜薁鞬日逐耳，非敢犯漢民也。」

【今註】㈠百官奉：〈百官志〉：大將軍三公俸，月三百五十斛。秩中二千石俸，月百八十斛。二千石，月百二十斛。比二千石，月百斛。千石，月九十斛。比千石，月八十斛。六百石，月七十斛。比六百石，月五十斛。四百石，月五十斛。比四百石，月四十五斛。三百石，月四十斛。比三百石，月三十七斛。二百石，月三十斛。比二百石，月二十七斛。百石，月十六斛。斗食，月十一斛。佐史，月八斛。凡諸俸，錢穀各半。㈡已上：以上。㈢壽陵：李賢曰：「初作陵，未有名，故號壽陵，蓋取久長之義。」㈣霸陵獨完：胡三省曰：「赤眉入長安，惟霸陵不掘。」㈤今所制地不過二三頃，……流水而已：謂壽陵幷不需高如山陵，但求微微升起，陂池使不積水即可。陂，蓄水之意。㈥迭興：謂易姓而王。㈦雲中：郡名，治雲中縣，即今綏遠托克托縣。㈧五骨都侯：胡三省曰：「韓氏骨都侯、當于骨都侯、呼衍骨都侯、郎氏骨都侯、粟藉骨都侯，凡五。」㈨璽綬：〈南匈奴傳〉：「黃金璽、盭緺綬。」李賢曰：「音戾，草名；以戾草染綬，因以為名，別漢諸侯王制。戾，綠色。緺，紫青色。」㈩什器：李賢曰：「古之師行，二五為什，食器之類必供之，故曰什物什具。今人通謂生生之具為什物。」⑪糒：乾糧。讀如備。⑫弛刑：胡三省曰：「弛刑者，弛刑徒也。說文：『弓解曰弛。』此謂解其罪而輸作者。」⑬閼氏：匈奴皇后之稱號。讀如煙支。⑭繒綵：繒，絲織物之總稱。綵，有色之絲。⑮民歸於本土：胡三省曰：「前此避匈奴內徙者，今皆歸復本土。」⑯美稷：漢縣名，屬西河郡，故城在今鄂爾多斯左翼中旗。

二十七年（西元五一年）

㈠夏，四月戊午（二十一日），大司徒玉況薨。

㈡五月丁丑（十一日），詔司徒、司空幷去「大」名，改大司馬為太尉。驃騎大將軍行大司馬劉隆即日罷，以太僕趙熹為太尉，大司農馮勤為司徒。

㈢北匈奴遣使詣武威求和親，帝召公卿廷議，不決。皇太子言曰：「南單于新附，北虜懼於見伐，故傾耳而聽，爭欲歸義耳。今未能出兵而反交通北虜，臣恐南單于將有二心，北虜降者且不復來矣！」帝然之，告武威太守勿受其使。

㈣朗陵侯臧宮、楊虛侯馬武上書曰：「匈奴貪利，無有禮信，窮則稽首，安則侵盜。虜今人畜疫死，旱蝗赤地，疲困乏力，不當中國一郡，萬里死命，縣㈡在陛下；福不再來，時或易失，豈宜固守文德而墮武事乎！今命將臨塞，厚縣購賞，喻告高句驪、烏桓、鮮卑攻其左，發河西四郡、天水㈢、隴西㈣羌胡擊其右，如此，北虜之滅，不過數年。臣恐陛下仁恩不忍，謀臣狐疑，令萬世刻石之功不立於聖世！」詔報曰：「『黃石公記曰：『柔能制剛，弱能制彊。舍近謀遠者，勞而無功；舍遠謀近者，逸而有終。故曰：務廣地者荒，務廣德者彊，有其有者安，貪人有者殘。殘滅之政，雖成必敗。』今國無善政，災變不息，百姓驚惶，人不自保，而復欲遠事邊外乎！孔子曰：『吾恐季孫之憂不在顓臾㈤。』「且北狄尚彊，而屯田警備，傳聞之事，恒多失實。誠能舉天下之半以滅大寇，豈非至願！苟非其時，不如息民。」自是諸將莫敢復言兵事者。

㈤上問趙憙以久長之計，憙請遣諸王就國。冬，上始遣魯王興、齊王石㈥就國。

㈥是歲，帝舅壽張㈦恭侯樊宏薨。【考異】「袁紀：宏皆作密，今從范書。」宏為人謙柔畏慎，每當朝會，輒迎期先到，俯伏待事；所上便宜，手自書寫㈧，毀削草本；公朝訪逮㈨，不敢眾對。宗族染其化，未嘗犯灋。帝甚重之。及病困，遺令薄葬，一無所用。以為棺柩一藏，不宜復見，如有腐敗，傷孝子之心，使與夫人同墳異藏㈩。帝善其令，以書示百官，因曰：「今不順壽張侯意，無以彰其德；且吾萬歲之後，欲以為式。」

【今註】㊀武威：郡名，漢置，今甘肅舊涼州府地，治姑臧，即今武威縣。㊁縣：繫也。讀曰懸。㊂天水：郡名，漢置，故治在今甘肅通渭縣西南。㊃隴西：郡名，秦置，今甘肅蘭州、鞏昌、秦州諸地皆屬之。㊄吾恐季孫之憂不在顓臾：事見《論語》。顓臾：魯附庸之國。魯卿季氏貪其土地，欲伐而兼之。時孔子之弟子冉有仕於季氏。孔子責之。冉有曰：「今夫顓臾固而近季氏之邑，今不取，恐為子孫之憂。」孔子曰：「吾恐季孫之憂不在顓臾，而在蕭牆之內也。」蕭牆，言至近之地。㊅魯王興，齊王石：興，縯之次子。石，章之子，縯之嫡孫。㊆壽張：漢縣名，故城在今山東東平縣西南。㊇手自書寫：謂上書論失得時，常手自書。㊈逮：及也。㊉同墳異藏：胡三省曰：「古夫婦合葬。詩曰：『穀則異室，死則同穴』是也。同墳異葬，實始自樊宏。」

二十八年（西元五二年）

㈠春，正月己巳（是年正月癸巳朔，無己巳日），徙魯王興為北海王；以魯益東海。帝以東海王彊去就有禮㊀，故優以大封，食二十九縣，賜虎賁、旄頭㊁，設鍾虡之樂㊂，擬於乘輿。

㈡夏，六月丁卯（初七日），沛太后郭氏薨。

㈢初，馬援兄子壻王磐，平阿侯仁之子也。王莽敗，磐擁富貲㊃為游俠，有名江、淮間。後游京師，與諸貴戚友善，援謂姊子曹訓曰：「王氏，廢姓也，子石㊄當屏居自守，而反游京師長者㊅，用氣自行，多所陵折，其敗必也！」後歲餘，磐坐事死；磐子肅復出入王侯邸第。時禁罔㊆尚疏，諸王皆在京師，競修名譽，招游士。馬援謂司馬呂种曰：「建武之元，名為天下重開，自今以往，海內日當安耳。但憂國家諸子並壯而舊防㊇未立，若多通賓客，則大獄起矣。卿曹戒慎之！」至是，有上書告肅等受誅之家，為諸王賓客，慮因事生亂。會更始之子壽光㊈侯鯉得幸於沛王，怨劉盆子，結客殺故式侯恭㊉。帝怒，沛王坐繫詔獄，三日乃得出。因詔郡縣捕諸王賓客，更相牽引，死者以千數；呂种亦與其禍，臨命嘆曰：「馬將軍誠神人也！」

㈣秋，八月戊寅（十九日），東海王彊、沛王輔、楚王英、濟南王康、淮陽王延始就國。

㈤上大會羣臣，問「誰可傅太子者？」羣臣承望上意，皆言「太子舅執金吾(一一)原鹿(一二)侯陰識可。」博士(一三)張佚正色曰：「今陛下立太子，為陰氏乎？為天下乎？即為陰氏，則陰侯可；為天下，則宜用天下之賢才！」帝稱善，曰：「欲置傅者，以輔太子也；今博士不難正朕，況太子乎！」即拜佚為太子太傅，以博士桓榮為少傅，賜以輜車、乘馬。榮大會諸生，陳其車馬、印綬曰：「今日所蒙，稽古之力也，可不勉哉！」

(六)北匈奴遣使貢馬及裘，更乞和親，並請音樂，又求率西域諸國胡客俱獻見。帝下三府(一四)議酬答之宜。司徒椽班彪曰：「臣聞孝宣皇帝敕邊守尉曰：『匈奴大國，多變詐，交接得其情，則卻敵抗衡；應對入其數(一五)，則反為輕欺。』今北單于見南單于來附，懼謀其國，故數乞和親，又遠驅牛馬與漢合市，重遣名王，多所貢獻，斯皆外示富彊以相欺誕也。臣見其獻益重，知其國益虛；歸親愈數，為懼愈多。然今既未獲助南，則亦不宜絕北，羈縻之義，禮無不答。謂可頗加賞賜，略與所獻相當，報答之辭，令必有適(一六)。今立稾草并上，曰：『單于不忘漢恩，追念先祖舊約，欲修和親以輔身安國，計議甚高，為單于嘉之！往者匈奴數有乖亂，呼韓邪、郅支自相讎隙，並蒙孝宣帝垂恩救護，故各遣侍子稱藩保塞。其後郅支忿戾，自絕皇澤，而呼韓附親，忠孝彌著。及漢滅郅支，遂保國傳嗣，子孫相繼。今南單于携眾向南，款塞歸命，自以呼韓嫡長，次第當立，而侵奪失職，猜疑相背，數請兵將，歸掃北庭，策謀紛紜，無所不至。惟(一七)念斯言不可獨聽，又以北單于比年(一八)貢獻，欲修和親，故拒而未許，將以成單于忠孝之義。漢秉威信，總率萬國，日月所照，皆為臣妾(一九)，殊俗百蠻，義無親疎，服順者褒賞，畔逆者誅罰，善惡之效，呼韓、郅支是也。今單于欲修和親，款誠已達，何嫌而欲率西域諸國俱來獻見！西域國屬匈奴與屬漢何異！單于數連兵亂，國內虛耗，貢物裁以道禮，何必獻馬裘！今齎(二〇)雜繒五百匹，弓鞬韇丸(二一)一，矢四發，遺單于；又賜獻馬左骨都侯、右谷蠡王雜繒各四百匹，斬馬劍各一。單于前言「先帝所賜呼韓邪竽(二二)、瑟、空侯(二三)皆敗，願復裁賜(二四)。』念單于國尚未安，方厲武節，以戰攻為務，竽、瑟之用，不如良弓、利劍，故未以齎。朕不愛小物，於單于便宜，所欲遣驛以聞。』」帝悉納從之。

【今註】㊀去就有禮：謂東海王彊曾以天下讓。㊁旄頭：先驅之騎士。㊂鍾虡：《爾雅》：「木謂之虡，所以懸鍾磬也。」《說文》：「虡飾為猛獸。」鍾與鐘同。虡音巨。㊃貲：財貨。㊄子石：王磐字子石。㊅長者：胡三省曰：「長者，諸貴戚耳。」㊆罔：網。㊇舊防：李賢曰：「舊防，諸侯王子，不許交通賓客。」㊈壽光：縣名，漢置。故地在今山東壽光縣。㊉故式侯恭：劉盆子之兄。⑪執金吾：官名。秦置中尉，掌徼循京師，漢武帝更名為執金吾。應劭曰：「吾者禦也，掌執金革以禦非常。」⑫原鹿：縣名，即春秋之鹿上，在今安徽阜陽縣南。⑬博士：官名，秦置，掌通古今。兩漢太常屬官，皆有博士。⑭三府：太尉、司徒、司空三府。⑮數：胡三省曰：「數，術數也，言入其術中也。」⑯適：適當。⑰惟：思也。⑱比年：每年。⑲臣妾：役人之賤者。男曰臣，女曰妾。⑳齎：持以與人。㉑弓鞬韇丸：《方言》曰：「藏弓為鞬，藏箭為韇。」丸，盛弓矢之器。㉒竽：笙類之樂器。㉓空侯：樂器名，以瑟改成者。㉔願復裁賜：胡三省曰：「裁，量也。」裁賜，量多少以賜。

二十九年（西元五三年）

㈠春，二月丁巳朔，日有食之。

三十年（西元五四年）

㈠春，二月，車駕東巡。羣臣上言：「即位三十年，宜封禪㊀泰山。」詔曰：「即位三十年，百姓怨氣滿腹，『吾誰欺，欺天乎？』『曾謂泰山不如林放㊁乎！』何事污七十二代㊂之編錄！若郡縣遠遣吏上壽，盛稱虛美，必髡㊃，令屯田㊄。」於是羣臣不敢復言。

甲子（十三日），上幸魯濟南；閏月癸丑（初三日），還宮。

㈡有星孛㊅於紫宮㊆。

㈢夏，四月戊子（初九日），徙左翊王焉為中山王。

㈣五月，大水。

㈤秋，七月丁酉（是年七月己酉朔，無丁酉日），上行幸魯。

冬，十一月丁酉（是年十一月丁未朔，無丁酉日），還宮。

㈥膠東剛侯㈧賈復薨。【考異】本傳在三十一年，今從袁紀。復從征伐，未嘗喪敗，與諸將潰圍解急，身被十二創。帝以復敢深入，希令遠征。而壯其勇節，常自從之㈨，故復少方面之勳㈩。諸將每論功伐，復未嘗有言。帝輒曰：「賈君之功，我自知之。」

【今註】㈠封禪：泰山上築土為壇以祭天，報天之功，曰封。泰山下小山上除地，報地之功曰禪。自古易姓而王者必藉封禪以致太平，以求長生。㈡林放：春秋魯人，孔子弟子，曾問禮之本，孔子稱之。㈢七十二代：相傳古代易姓而王曾封禪者有七十二代之多。㈣髡：古刑之一，去髮為髡。㈤屯田：謂使其充當戍卒從事於墾植。㈥孛：光出貌。㈦紫宮：《神異經》：「青丘山上有紫宮，天真仙女，多遊於此。」後世多以帝王宮禁稱紫宮。㈧膠東剛侯：膠東，漢置王國名，故治在今山東平度縣等地。剛，直也。以賈復剛毅，故稱膠東剛侯。㈨常自從之：謂帝常以復自從。㈩復少方面之勳：《東觀漢記》：「吳漢擊蜀未破，上書請復自助，上不遣。」故謂賈復少方面之勳。

三十一年（西元五五年）

㈠夏，五月，大水。

㈡癸酉晦，日有食之。

㈢蝗。

㈣京兆椽第五倫㊀領長安市，公平廉介，市無姦枉。每讀詔書，常嘆息曰：「此聖主也，一見決矣！」等輩笑之曰：「爾說將尚不能下㊁，安能動萬乘乎！」倫曰：「未遇知己，道不同故耳！」後舉孝廉，補淮陽㊂王醫工長㊃。

【今註】㊀第五倫：字伯魚，漢代名臣，峭直無私，以清節著稱。㊁爾說將尚不能下：華嶠書曰：「蓋延代鮮于褒為馮翊，多非法，倫數切諫，延恨之，故滯不得舉。」將，州將也。㊂淮陽：漢置王國。故治在今河南淮陽縣西。㊃醫工長：〈百官志〉：「王國官有禮樂長，主樂人。衞士長，主衞士。醫工長，主醫藥。永巷長，主宮中婢使。祠祀長，主祠祀。皆比四百石。」

中元元年㊀（西元五六年）

㈠春，正月，淮陽王入朝，倫隨官屬得會見。帝問以政事，倫因此酬對，帝大悅。明日，復持召入，與語至夕。帝謂倫曰：「聞卿為吏，篣㊁婦公，不過從兄飯，寧有之邪？」對曰：「臣三娶妻，皆無父。少遭饑亂，實不敢妄過人食。眾人以臣愚蔽，故生是語耳㊂。」帝大笑。以倫為扶夷㊃長，未到官，追拜會稽太守；為政清而有惠，百姓愛之。

㈡上讀阿圖會昌符㊄曰：「赤劉之九，會命岱宗㊅。」上感此久，乃詔虎賁中郎將梁松等按察河、雒讖文，言九世當封禪者凡三十六事。於是張純等復奏請封禪，上乃許焉，詔有司求元封故事㊆，當用方石再累，玉檢、金泥㊇。上以石功難就，欲因孝武故封石，置玉牒㊈其中；梁松等爭以為不可，乃命石工取完青石，無必五色㊉。丁卯（二十八日），車駕東巡。二月己卯（初十日）幸魯，進幸泰山。辛卯（二十二日）晨，燎祭天於泰山下南方，羣神皆從⑪，用樂如南郊⑫。事畢，至食時，天子御輦⑬登山，日中後，到山上，更衣⑭。晡時，升壇北面，尚書令奉玉牒檢，天子以寸二分璽親封之，訖，太常命騶騎二千餘人發壇上方石，尚書令藏玉牒已，復石覆訖，尚書令以五寸印封石檢。事畢，天子再拜。羣臣稱萬歲，乃復道下⑮。夜半後，上乃到山下，百官明旦乃訖。甲午（二十五日），禪祭地於梁陰⑯，以高后配，山川羣神從，如元始中北郊㈦故事。

㈢三月戊辰（三十日），司空張純薨。

㈣夏，四月癸酉（初五日），車駕還宮。己卯（二十八日）赦天下，改元。【考異】續漢志云：「以建武三十二年為建武中元元年。」紀年通譜云：「據紀、志俱出范氏，而所記載不同，此必傳寫脫誤。今官書累經校定，學者失於精審，但見紀元復有建武二字，輒以意刪去，斯為繆矣。梁武帝大同之號俱有中字，是亦憲章於此。」今從袁紀、范書。

㈤上行幸長安，五月乙丑（二十八日），還宮。

㈥六月辛卯（二十四日），以太僕馮魴為司空。

㈦乙未（二十八日），司徒馮勤薨。

㈧京師醴泉㈧湧出，又有赤草㈨生於水崖，郡國頻上甘露。羣臣奏言：「靈物仍降，宜令太史㈩撰集，以傳來世。」帝不納。帝自謙無德，每郡國所上，輒抑而不當，故史官罕得記焉。

㈨秋，郡國三蝗。

㈩冬，十月辛未（初六日），以司隸校尉㈡東萊㈢李訢為司徒。

㈡甲申（十九日），使司空告祠高廟，上薄太后尊號曰高皇后，配食地祇。遷呂太后廟主于園㈢，四時上祭。

(土)十一月甲子晦，日有食之。

(圭)是歲，起明堂㉔、靈臺㉕、辟雍㉖，宣布圖讖㉗於天下。

初，上以赤伏符即帝位，由是信用讖文，多以決定嫌疑。給事中㉘桓譚上疏諫曰：「凡人情忽於見事而貴於異聞。觀先王之所記述，咸以仁義正道為本，非有奇怪虛誕之事。蓋天道性命，聖人所難言也，自子貢以下，不得而聞㉙，況後世淺儒，能通之乎！今諸巧慧小才、伎數㉚之人，增益圖書㉛，矯稱讖記，以欺惑貪邪，詿誤㉜人主，焉可不抑遠之哉！臣譚伏聞陛下窮折方士㉝黃白㉞之術，甚為明矣；而乃欲聽納讖記，又何誤也！其事雖有時合，譬猶卜數隻偶㉟之類。陛下宜垂明聽，發聖意，屏羣小之曲說，述五經之正義。」疏奏，帝不悅。會議靈臺所處，帝謂譚曰：「吾欲以讖決之，何如？」譚默然，良久曰：「臣不讀讖。」帝問其故，譚復極言讖之非經。帝大怒曰：「桓譚非聖無法，將下，斬之㊱。」譚叩頭流血，良久，乃得解。出為六安㊲郡丞，道病卒。

范曄論曰：桓譚以不善讖流亡，鄭興以遜辭僅免，賈逵能傅會文致，最差貴顯㉘。世主以此論學，悲哉！

逵，扶風人也。

㉙南單于比死，弟左賢王莫立，為丘浮尤鞮單于。帝遣使齎璽書拜授璽綬，賜以衣冠及繒綵。是後，遂以為常。

【今註】㈠中元元年：胡三省曰：「洪氏隸釋曰：成都有漢蜀郡太守何君造尊楗閣碑，其末云建武中元二年六月。按范史本紀，建武止三十一年，次年改為中元，直書為中元元年。觀此所刻，乃是雖別為中元，猶冠以建武，如文、景中元、後元之類也。又祭祀志載封禪後赦天下詔，明言云改建武三十二年為建武中元元年。東夷倭國傳建武中元二年來奉貢，證據甚明。宋莒公紀元通譜云，紀志俱出范史，必傳寫脫誤，學者失於精審，以意刪去。梁武帝大同、大通俱有中字，是亦憲章於此。司馬公作通鑑，不取其說。余按考異，溫公非不取宋說也，從袁、范書中元者，從簡易耳。」㈡筭：捶。㈢華嶠書曰：「上復曰：『聞卿為市椽，人有遺母一笥餅者，卿從外來，見之，奪母笥，探其中餅。信乎？』倫對曰：『實無，此眾人以臣愚蔽，故為生是語也！』……」㈣扶夷：漢縣名，故治在今湖南武岡縣東北。㈤河圖讖昌符：古之讖書。㈥岱宗：泰山，山之尊者，一曰岱宗，岱，始也，宗，長也。萬物之始，陰陽交代，故為五岳之長。（泰山尊稱為岱宗，始於漢代。）㈦元封故事：武帝封禪故事。㈧玉檢金泥：檢，書署也。古書函以繩緘之，然後填以泥，題書其上而印之。此謂以玉為檢，填以水銀與金混成之泥。㊈玉牒：封禪之文，以玉書之，藏方石內。㊉乃命石工取完青石，無必五色：胡三省曰：「舊制用石，蓋各依方色也。」㊁從：從祀。㊂南郊：祀天。舊制每歲冬至日，大祀皇天上帝，地在南郊，故亦稱為南郊大祀。㊂輦：天子之車曰輦。㊃更衣：胡三省曰：「易服，乃即事也。」㊄乃復道下：謂復由故道而下山。㊅梁陰：梁父之北。梁父，山名，為泰山之支阜，在今山東泰安縣南，接新泰縣界。梁父亦作梁甫。㊆北郊：祀地。舊制每歲夏至日，大祭地祇，地在北郊。㊇醴泉：《爾雅》曰：「甘雨時降，萬物以嘉，謂之醴泉。」㊈赤草：瑞草。《大戴禮》曰：「朱草日生一葉，至十五日以後，日落一葉，週而復始。」朱草即赤草。㊉太史：史官之長。㊁司隸校尉：官名。漢武帝仿周官司隸而置者。始亦使將徒治道路溝渠之役，後稍尊之，使察畿輔。東漢時領有一州，無所不糾，威權尤重。㊂東萊：郡名，漢置，今山東掖縣及附近諸地屬之。㊂園：塋域。以呂后幾危劉氏，故遷之。㊃明堂：明政教之堂也。古祀上帝，祭祖先，朝諸侯，養老尊賢，凡關於大典禮者，皆於此行之。《孟子》曰：「明堂，王者之堂也。」㊄靈臺：望氣之臺。鄭箋云：「天子有靈臺者，所以觀祲象，察氣之妖祥也。」㊅辟雍：天子所設之大學，形圓而四面以水環之。《白虎通》：「辟者，壁也。象壁圓，又以法天，於雍水側，象教化之流行也。」㊆圖讖：占驗之書。㊇給事中：官名。秦漢為加官，名曰左右曹諸吏，分平尚書奏事，以在殿中，故曰給事中。㊈天道性命……不得而聞：《論語》子貢曰：「夫子之言性與天道，不可得而聞也。」㊉伎數：伎，方伎；數，數術。㊁圖書：指讖緯符命之書。㊂詿誤：為人所欺蒙牽引而致錯誤。㉓方士：方術之士。如求神仙、燒金丹及禁呪、祈禳諸術秦漢時益行。㉔黃白：道家燒煉丹藥，化成黃金白銀，謂之黃白之術。㉕隻偶：李賢曰：「偶，中也。」惠棟曰：「隻偶猶言奇偶，偶非中之意。」㉖將下，斬之：猶言領去斬首。㉗六安：故治即今安徽六安縣。㉘鄭興以遜僅免，賈逵能傅會文致：鄭興事見建武七年。明帝永平中，賈逵上言左氏與圖讖合明，劉氏為堯後，帝嘉之，歷遷侍中，領騎都尉，甚見信用。

二年（西元五七年）

㈠春，正月辛未（初八日），初立北郊，祀后土。

㈡二月戊戌（初五日），帝崩於南宮①前殿，年六十二。帝每旦視朝，日昃②乃罷，數引公卿、郎將，講論經理，夜分③乃寐。皇太子見帝勤勞不怠，承間諫曰：「陛下有禹、湯之明，而失黃、老養性之福，願頤愛精神，優游自寧。」帝曰：「我自樂此，不為疲也！」雖以征伐濟大業，及天下既定，乃退功臣而進文吏，明慎政體，總攬權綱，量時度力，舉無過事，故能恢復前烈，身致太平。

太尉趙熹典喪事。時經王莽之亂，舊典不存，皇太子與諸王雜止同席，藩國官屬出入宮省㊃，與百僚無別。熹正色，橫劍殿階，扶下諸王以明尊卑；奏遣謁者將護官屬分止他縣，諸王並令就邸，唯得朝晡入臨㊄；整禮儀，嚴門衛㊅，內外肅然。

㈢太子即皇帝位，尊皇后曰皇太后。

㈣山陽㊆王荊臨哭不哀，而作飛書㊇，令蒼頭㊈詐稱大鴻臚㊉郭況書與東海王彊，言其無罪被廢，及郭后黜辱，勸令東歸舉兵以取天下，且曰：「高祖起亭長，陛下興白水⑪，何法於王，陛下長子、故副主哉⑫！當為秋霜，毋為檻羊⑬。人主崩亡，閭閻⑭之伍尚為盜賊，欲其所望，何況王耶！」彊得書惶怖，即執其使，封書上云。明帝以荊母弟⑮，秘其事，遣荊出止河南宮⑯。

㈤三月丁卯（初五日），葬光武皇帝於原陵⑰。

㈥夏，四月丙辰（二十四日），詔曰：「方今上無天子，下無方伯⑱，若涉淵水而無舟楫。夫萬乘至重而壯者慮輕⑲，實賴有德左右小子⑳。高密㉑侯禹，元功之首；東平㉒王蒼，寬博有謀；其以禹為太傅，蒼為驃騎將軍。」蒼懇辭，帝不許。又詔驃騎將軍置長史、椽史員四十人，位在三公上㊂。蒼嘗薦西曹㊃椽齊國吳良，帝曰：「薦賢助國，宰相之職也。蕭何舉韓信，設壇而拜，不復考試，今以良為議郎㊄。」

(七)初，燒當羌豪滇良擊破先零㊅，奪居其地；滇良卒，子滇吾立，附落轉盛。秋，滇吾與弟滇岸率眾寇隴西，敗太守劉盱於允街㊆，於是守塞諸羌皆叛。詔謁者張鴻領諸郡兵擊之，戰於允吾㊇，鴻軍敗沒。冬，十一月，復遣中郎將竇固監捕虜將軍馬武等二將軍、四萬人討之。

(八)是歲，南單于莫死，弟汗立，為伊伐於慮鞮單于。

【今註】㊀南宮：漢宮名，在今河南洛陽縣東故洛陽城中。《輿地志》：「秦時已有南北宮，漢高祖置洛陽南宮，光武帝即位幸南宮，遂定都。」㊁昃：日過中則昃。㊂夜分：夜半。㊃宮省：宮禁。㊄臨：臨哭。㊅嚴門衛：賈公彥曰：「漢宮殿門每門皆使名馬一人守門，比千石，皆號司馬殿門。」㊆山陽：漢縣名，在今河南修武縣。㊇飛書：匿名信。㊈蒼頭：漢代家僕隸謂蒼頭，以蒼巾為飾，異於人民。㊉大鴻臚：漢官名，即秦官典客，武帝太初元年更名曰大鴻臚，掌歸義蠻夷。

㉑白水：謂光武起於南陽春陽之白水鄉。㉒故副主：謂舊為太子。㉓當為秋霜，毋為檻羊：當效秋霜能肅殺於物，不作檻羊受制於人。㉔閭閻：猶言民間。㉕明帝以荊母弟：帝及荊皆陰后所生。㉖河南宮：宮在河南縣。河南縣故治在今洛陽縣西。㉗原陵：在今河南孟津縣西。㉘方伯：一方諸侯之長。㉙壯者慮輕：帝謙言年尚少壯，思慮輕淺。㉚左右小子：左右，助也；小子，明帝謙稱。㉛高密：故治即山東膠東道，膠東道治福山之煙臺、轄福山、蓬萊、益都、日照等二十六縣。㉜東平：今山東東平縣。㉝置長史椽史員四十人：李賢曰：「四府椽吏皆無四十人，今特置以優之也。」㉞西曹：〈百官志〉：西曹主府史官署用椽，秩比四百石。㉟議郎：官名，秩比六百石，掌論議。㊱燒當、先零：胡三省曰：「羌無弋爰劒玄孫研，居湟中，至豪健，羌中號其種為研種。至研十三世孫燒當復豪健，其子孫更以燒當為種號。滇良者，燒當之玄孫也。自燒當至滇良，世居河北大允谷，而先零卑湳，並皆強富。滇良集諸雜種，掩擊先零卑湳，大破之，奪居大榆中地，繇是始強。」㊲允街：縣名，漢置，故城在今甘肅平番縣南。㊳允吾：縣名，漢置，故城在今甘肅皐蘭縣北。

顯宗孝明皇帝上 幼名陽，後改名莊；光武第四子也。

永平元年（西元五八年）

(一)春，正月，帝率公卿已下，朝于原陵，如元會儀㈠。乘輿拜神坐，退，坐東廂；侍衛官皆在神坐後，太官上食，太常奏樂；郡國上計吏㊁以次前，當神軒㊂占其郡穀價及民所疾苦㊃。是後遂以為常。

㈡夏，五月，高密元㊄侯鄧禹薨。

㈢東海王彊病，上遣使者、太醫乘驛視疾，駱驛不絕。詔沛王輔、濟南王康、淮陽王延詣魯省疾。戊寅（二十二日），彊薨，臨終，上書謝恩，言：「身既夭命，孤弱㊅復為皇太后、陛下憂慮，誠悲誠慙！息政㊆，小人也，猥當襲臣後，必非所以全利之也，願還東海郡。今天下新罹大憂，惟陛下加供養皇太后，數進御餐。臣彊困劣，言不能盡意，願並謝諸王，不意永不復相見也！」帝覽書悲慟，從太后出幸津門亭㊇發哀，使大司空持節護喪事㊈，贈送以殊禮，詔楚王英、趙王栩、北海王興及京師親戚皆會葬。帝追惟㊉彊深執謙儉，不欲厚葬以違其意，於是特詔：「遣送之物，務從約省，衣足斂形，茅車瓦器，物減於制，以彰王卓爾㊁獨行之志。」將作大匠㊂留起陵廟。

㈣秋，七月，馬武等擊燒當羌，大破之，餘皆降散。

㈤山陽王荊私迎能為星者，與謀議，冀天下有變；帝聞之，徙封荊廣陵㊂王，遣之國。

㈥遼東太守祭肜使偏何討赤山烏桓，大破之，斬其魁帥。塞外震讋，西自武威，東盡玄菟㊃，皆來內附，野無風塵，乃悉罷緣邊屯兵。

㈦東平王蒼以為中興三十餘年，四方無虞，宜修禮樂，乃與公卿共議定南北郊冠冕、車服制度㊄及光武廟登歌、八佾舞㊅數，上之。

㈧好畤慇侯㊆耿弇薨。

【今註】㊀如元會儀：朝陵如元會儀，猶事死如事生。元會，元日期會之意。㊁計吏：上計簿之官。㊂神軒：神殿前檐特起，曲椽無中梁之處。㊃占其郡穀價及民所疾苦：凡此等等，皆欲先帝魂魄聞之者。㊄元：謚法：行義說民曰元，主義行德曰元，此特以鄧禹中興元功而謚之耳。後世謚法，始有茂德不績曰元。㊅孤弱：指子孫言。㊆息政：胡三省曰：「息，子也，政其名。」即東海王彊言及其子名政者。㊇津門亭：李賢曰：「津門在洛陽城南，一名津陽門。每門皆有亭。」㊈使大司空持節護喪事：〈百官志〉：「司空掌水土事。大喪，掌將校復土。」胡三省曰：「今使護藩王喪，殊禮也。」⑩惟：思念。㊁卓爾：不羣也。㊂將作大匠：官名，即秦之將作少府，掌營造宗廟、路寢、宮室、陵園等工程。㊂廣陵：郡名，本為漢之廣陵國，後漢改郡，故城在今江蘇江都縣東北。㊃玄菟：郡名，武帝破朝鮮所置，故治即今朝鮮咸鏡道及我國吉林省南境。㊄議定南北郊冠冕、車服制度：光武建武三年立南郊，中元元年立北郊，今定其冠冕車服制度。㊅八佾舞：古天子所用之舞樂。八八六十四人共舞。佾音逸；舞，行列也。㊆愍：諡法：在國遭憂曰愍。時國有大喪，故以諡弇，言與國同戚。

二年（西元五九年）

㈠春，正月辛未（十九日），宗㊀祀光武皇帝於明堂，帝及公卿列侯始服冠冕玉佩以行事。禮畢，登靈臺，望雲物。赦天下。

㈡三月，臨辟雍，初行大射禮㊁。

冬，十月壬子（初五日），上幸辟雍，初行養老禮；以李躬為三老，桓榮為五更㊂。三老服都紵㊃大袍，冠進賢㊄，扶玉杖㊅；五更亦如之，不杖。乘輿到辟雍禮殿，御坐東廂，遣使者安車迎三老、五更於太學講堂，天子迎於門屏，交禮；道(七)自阼階(八)，三老升自賓階，至階，天子揖如禮。三老升，東面，三公設几(九)，九卿正履，天子親袒割牲，執醬而饋(一〇)，執爵而酳(一一)，祝鯁在前，祝饐在後(一二)。五更南面，三公進供，禮亦如之。禮畢，引桓榮及弟子升堂，上自為下說(一三)，諸儒執經問難於前，冠帶縉紳之人圜橋門而觀聽者，蓋億萬計(一四)。於是下詔賜榮爵關內侯(一五)；【考異】帝紀載詔文，上言李躬而下獨封榮，似脫「躬」字。榮傳、袁紀獨言桓榮，不及李躬，今闕疑。三老五更皆以二千石祿養終厥身。賜天下三老酒，人一石，肉四十斤。

上自為太子，受尚書於桓榮，及即帝位，猶尊榮以師禮。嘗幸太常(一六)府，令榮坐東面，設几杖，會百官及榮門生數百人，上親自執業(一七)；諸生或避位發難(一八)，上謙曰：「大師在是。」既罷，悉以太官(一九)供具賜太常家。榮每疾病，帝輒遣使者存問，太官、太醫、相望於道。及篤，上疏謝恩，讓還爵土。帝幸其家問起居，入街，下車，擁經而前，撫榮垂涕，賜以牀茵、帷帳、刀劍、衣被，良久乃去。自是諸侯、將軍、大夫問疾者，不敢復乘車到門，皆拜牀下。榮卒，帝親自變服臨喪送葬，賜冢塋于首山⑳之陽。子郁當嗣，讓其兄子汎；帝不許，郁乃受封，而悉以租入與之。帝以郁為侍中㉑。

㈢上以中山王焉，郭太后少子，太后尤愛之，故獨留京師，至是，始與諸王俱就國，賜以虎賁、官騎，恩寵尤厚，獨得往來京師。帝禮待陰、郭，每事必均，數受賞賜，恩寵俱渥。

㈣甲子（十七日），上行幸長安。十一月甲申（二十六日），遣使者以中牢㉒祠蕭何、霍光，帝過，式㉓其墓。進幸河東；癸卯（二十六日），還宮。

㈤十二月，護羌校尉竇林坐欺罔及臧罪，下獄死㉔。林者，融之從兄子也。於是竇氏一公、兩侯、三公主、四二千石相與並時㉕。自祖及孫，官府邸第相望京邑，於親戚功臣中莫與為比。及林誅，帝數下詔切責融，融惶恐乞骸骨㉖，詔令歸第養病。

㈥是歲，初迎氣於五郊㉗。

㈦新陽侯陰就子豐尚酈邑㉘公主。公主驕妒，豐殺之，被誅，父母皆自殺。

(八)南單于汗死，單于比之子適立，為醢僮尸逐侯鞮單于。

【今註】㊀宗：胡三省曰：「宗，尊也。尊而祀之以配上帝。」㊁大射禮：《儀禮》曰：「大射之禮，王將祭，射弓擇士以助祭也。張虎侯、熊侯、豹侯，其制若今之射的。」㊂三老五更：古天子設三老五更，以父兄之禮養之。鄭康成按漢制以為三老、五更各為一人，取象三辰五星，天所以照明天下者。三老五更皆老人，均為深知三德（正直剛柔）與五事（貌言視聽思）者（見禮注）。㊃都紵：紵，麻屬，可織為布。《說文》曰：「紵，檾屬，績紵以為美布，故曰都紵。」㊄進賢：《續漢志》：「進賢冠，古緇布冠也，文儒之服也。前高七寸，後高三寸，長八寸。」㊅玉杖：胡三省曰：「民年始七十，授之以玉杖。玉杖，長九尺，端以鳩鳥為飾；鳩者不噎之鳥也。欲以老人不噎。」《爾雅翼》曰：「刻玉為鳩，置之杖端，謂之鳩杖，亦曰玉杖。」㊆道：導。㊇阼階：東階。古代賓主相見，賓自西階，主人東階見（見《儀禮》）。因答酬賓客，故曰阼階。㊈几：桌案古人設於座側，倦則憑之。㊉執醬而饋：饋，進食。醬，食味之主，故執之而饋。⑪執爵而酳：爵，酒器。酳，以酒漱口。《音義隱》云：「飯畢盪口也。」⑫祝鯁在前，祝饐在後：祝，以言告神，為人祈禱。鯁，魚骨刺喉曰鯁。饐，食時窒氣不通之謂。《音義隱》云：「老人食多鯁饐，故置人前後祝之，令其不鯁饐也。」⑬下說：謂下語而講說之意。⑭圜橋門而觀者蓋億萬人：《漢官儀》曰：辟雍四門外有水，以節觀者，門外皆有橋，今觀者在水外，故云圜橋門。⑮關內侯：秦置，爵第十九級曰關內侯，漢因之。《漢書・百官表》注，言有侯號無國邑而居京畿者曰關內侯。⑯太常：官名，秦置奉常，漢更名為太常，掌宗廟禮儀者。⑰執業：守弟子之禮而受業。⑱發難：發疑難。⑲太官：〈百官志〉：「太官令一人，秩六百石，掌御膳飲食。」⑳首山：李賢曰：「首陽山亦曰首山，在今偃師縣西北。」偃師縣即今河南偃師縣。㉑侍中：官名。漢以侍中為加官，分掌乘輿、服物，與宦官俱在禁中。㉒式：敬也。㉓中牢：即少牢，指羊豕言。㉔竇林坐欺罔及臧罪下獄死：《東觀漢記》：林奉使羌，滇岸降詣林，林欲以為功效，奏言大豪。後滇岸、滇吾復詣林，林言其第一豪。問事狀，林對前後兩屈。林以誣罔詣獄，上不忍誅，免官。後涼州刺史奏林贓罪，復收繫羽林監，遂死獄中。㉕竇氏一公、兩侯、三公主、四二千石：李賢曰：「一公，大司空也。兩侯，安豐，顯親也。四二千石，衛尉、城門校尉、護羌校尉、中郎將也。」胡三省又據〈竇融傳〉云：「融子穆尚內黃公主，穆子勳尚東海王彊女沘陽公主，友子固尚光武女涅陽公主。」㉖乞骸骨：大臣辭職曰乞骸骨，言使骸骨得歸葬其鄉土。㉗迎氣於五郊：《續漢書》曰：「立春之日，迎春於東郊，祭青帝。立夏之日，迎夏於南郊，祭赤帝。先立秋十八日，迎黃靈於中兆，祭黃帝后土。立秋之日，迎秋於西郊，祭白帝。立冬之日，迎冬於北郊，祭黑帝。」㉘酈邑：故治在今河南內鄉縣境。

三年（西元六〇年）

㈠春，二月甲寅（初九日），太尉趙熹、司徒李訢免。丙辰（十一日），以左馮翊郭丹為司徒。己未（十四日），以南陽太守虞延為太尉。

㈡甲子（十九日），立貴人㊀馬氏為皇后，皇子炟為太子。后，援之女也。光武時，以選入太子宮，能奉承陰后，傍接同列，禮則脩備，上下安之，遂見寵異。及帝即位，為貴人。時后前母姊女賈氏亦以選入，生皇子炟；帝以后無子，命養之，謂曰：「人未必當自生子，但患愛養不至耳。」后於是盡心撫育，勞悴過於所生。太子亦孝性淳篤，母子慈愛，始終無纖介之間㊁。后常以皇嗣未廣，薦達左右，若恐不及。後宮有進見者，每加慰納；若數所寵引，輒加隆遇。及有司奏立長秋宮㊂，帝未有所言，皇太后曰：「馬貴人德冠後宮，即其人也。」后既正位宮闈，愈自謙肅，好讀書。常衣大練㊃，裙不加緣；朔望諸姬主朝請，望見后袍衣疏麤㊄，以為綺縠㊅，就視，乃笑。后曰：「此繒特宜染色，故用之耳。」羣臣奏事有難平者㈦，帝數以試后，后輒分解趣理，各得其情，然未嘗以家私干政事。帝由是寵敬，始終無衰焉。

㈢帝思中興功臣，乃圖畫二十八將於南宮雲臺，以鄧禹為首，次馬成、吳漢、王梁、賈復、陳俊、耿弇、杜茂、寇恂、傅俊、岑彭、堅鐔、馮異、王霸、朱祐、任光、祭遵、李忠、景丹、萬脩、蓋延、邳彤、銚期、劉植、耿純、臧宮、馬武、劉隆；又益以王常、李通、竇融、卓茂，合三十二人。馬援以椒房㈧之親，獨不與焉。

㈣夏，四月辛酉（十七日），封皇子建為千乘王㈨，羨為廣平㈩王。

㈤六月丁卯（二十四日），有星孛於天船㈡北。

㈥帝大起北宮。時大旱，尚書僕射㈢會稽鍾離意詣闕、免冠、上疏曰：「昔成湯遭旱，以六事自責曰：『政不節㈢邪？使民疾邪？宮室營邪？女謁㈣盛邪？苞苴㈤行邪？纔夫昌邪？』竊見北宮大作，民失農時；自古非苦宮室小狹，但患民不安寧，宜且罷止，以應天心。」帝策詔㈥報曰：「湯引六事，咎在一人，其冠、履，勿謝！」又敕大匠止作諸官，減省不急。詔因謝公卿百僚，遂應時澍（一七）雨。

意薦全椒（一八）長劉平，詔徵拜議郎。平在全椒，政有恩惠，民或增貲就賦，或減年從役。刺史、太守行部（一九），獄無繫囚，人自以得所（二〇），不知所問，唯班詔書而去。

帝性偏察，好以耳目隱發為明（二一）。公卿大臣數被詆毀，近臣尚書以下至見提曳（二二）。常以事怒郎藥崧，以杖撞之；崧走入牀下，帝怒甚，疾言曰：「郎出！」崧乃曰：「『天子穆穆，諸侯皇皇（二三）。』未聞人君，自起撞郎！」帝乃赦之。

是時，朝廷莫不悚慄，爭為嚴切以避誅責，唯鍾離意獨敢諫爭，數封還詔書，臣下過失，輒救解之。會連有變異，上疏曰：「陛下敬畏鬼神，憂恤黎元（二四），而天氣未和，寒暑違節者，咎在羣臣不能宣化治職，而以苛刻為俗，百官無相親之心，吏民無雍雍（二五）之志，至於感逆和氣，以致天災。百姓可以德勝，難以力服，鹿鳴之詩必言宴樂者（二六），以人神之心洽，然後天氣和也。願陛下垂聖德，緩刑罰，順時氣以調陰陽。」帝雖不能時用，然知其至誠，終愛厚之。

㈦秋，八月戊辰（二十五日），詔改太樂官曰太予㉗，用讖文也。

㈧壬申晦，日有食之。詔曰：「昔楚莊無災，以致戒懼㉘，魯哀禍大，天不降譴㉙。今之動變，儻尚可救，有司勉司厥職，以匡無德！」

㈨冬，十月甲子（二十二日），車駕從皇太后幸章陵㉚。荊州刺史郭賀，官有殊政，上賜以三公之服，黼黻㉛冕旒㉜；敕行部去襜帷㉝，使百姓見其容服，以章其德。戊辰（二十六日），還自章陵。

㈩是歲，京師及郡國七大水。

(十一)莎車㉞、王賢以兵威逼奪于窴㉟、大宛㊱、嬀塞㊲王國，使其將守之。于窴人殺其將君德，立大人休莫霸為王，賢率諸國兵數萬擊之，大為休莫霸所敗，脫身走還。休莫霸進圍莎車，中流矢死。于窴人復立其兄子廣德為王，廣德使其弟仁攻賢。廣德父先拘在莎車，賢乃歸其父，以女妻之，與之和親。

【今註】 ㊀貴人：女官名，位次皇后。㊁纖介之間：纖介，細微之意。間，隙。㊂奏立長秋宮：長秋宮，皇后所居。長者永久，秋者萬物成熟之初，故名。奏立長秋宮，意即奏請立皇后，因不敢指言，故以宮名稱之。㊃大練：厚而寬大之絲織衣。㊄麄：同麤。大而不精曰麤。讀音如粗。㊅綺縠：綺，有文彩之絲。縠，紗之有縐襞促縮者。㊆有難平者：有不易解決者。㊇椒房：殿名，在未央宮，皇后所居。椒實多而香，皇后宮多以椒塗壁，取其溫暖，故漢世皇后亦稱椒房。㊈千乘：郡名，漢置，今山東益都縣以北，至濟南東境皆屬之。故城在今山東高苑縣北。㊉廣平：縣名，漢置，故城在今河北雞澤縣。⑪天船：星名。《續漢志》：「天船為水彗，出之為大水。」晉《天文志》：「天船一曰舟星，所以濟不通也。」⑫尚書僕射：官名。主封門，掌授廩假錢穀諸事。〈百官志〉：「尚書僕射一人，秩六百石，署尚書事，令不在，則奏下眾事。」⑬節：適可謂之節。⑭女謁：指宮闈招權亂政之變寵。⑮苞苴：納賄於人之謂。⑯策詔：胡三省曰：「策詔者，書詔於策也。」⑰澍：雨潤及物曰澍。⑱全椒：漢縣名，即今安徽全椒縣。⑲行部：巡視部屬。⑳人自以得所：王先謙曰：「人自以得所，人自以為得所也。」㉑好以耳目隱發為明：帝好以耳目窺人隱私而發之。㉒提曳：擲物以擊之曰提。拖引曰曳。㉓天子穆穆，諸侯皇皇：記〈曲禮〉之文，鄭曰：「皆行容止之貌也。」李賢曰：「穆穆，美也。煌煌，盛也。」㉔黎元：庶民。㉕雍雍：《爾雅》：「雍雍，和也。」㉖鹿鳴：《詩・小雅》：宴羣臣也。㉗太予：《漢官儀》曰：「太予樂令一人，秩六百石。」蔡邕《禮樂志》曰：「漢樂四品：一曰太予樂，典郊廟上陵殿諸食舉之樂；二曰周頌雅樂，典辟雍饗射六宗社稷之樂；三曰黃門鼓吹，天子所以宴樂羣臣；四曰短簫鐃歌，軍樂也。」㉘楚莊無災，以致戒懼：楚莊王在位，因「天不見妖，地不出孽。」故曰：「天其忘予歟？」此乃能「求過於天，必不逆諫」之表現。㉙魯哀禍大，天不降譴：古代以為政亂當致日食之變。魯哀公政彌亂絕，而哀公之篇，絕無日食之記載，其不應者，實因「譴之何益，告之不悟」也。㉚章陵：後漢光武祖考陵，在今湖北棗陽縣東。㉛黼黻：衣裳繪繡之文。㉜旒冕：以絲繩貫玉垂冕前後之謂。胡三省曰：「東漢之制，冕冠垂旒，前後邃延，三公、諸侯七旒，青玉為珠。」㉝襜帷：車之前帷。㉞莎車：漢西域國名，故治即今新疆莎車縣。㉟于寘：漢西域國名，故地在今葱嶺之北。㊱大宛：古國名，今俄領中亞細亞之佛哈那州即其故屬之地。㊲嬀塞：胡三省曰：「嬀塞國，塞種，臨嬀水而居，因以為國名。」

卷四十五　漢紀三十七

起重光作噩，盡旃蒙大淵獻，凡十五年。（辛酉至乙亥，西元六一年至七五年。）

司馬光編集
杜維運　註

顯宗孝明皇帝下

永平四年（西元六一年）

㈠春，帝近出觀覽城第㈠，欲遂校獵河內。東平王蒼上書諫，帝覽奏，即還宮。

㈡秋，九月，戊寅（十二日），千乘哀王建薨，無子國除。

㈢冬，十月，乙卯（十九日），司徒郭丹、司空馮魴免，以河南尹沛國范遷㈡為司徒，太僕伏恭為司空。恭，湛㈢之兄子也。

㈣陵鄉「侯」梁松坐怨望縣飛書誹謗㈣，下獄死。

初，上為太子，太中大夫鄭興子眾以通經知名㈤，太子及山陽王荊，因梁松以縑帛請之。眾曰：「太子儲㈥君，無外交㈦之義，漢有舊防㈧，蕃王不宜私通賓客。」松曰：「長者意不可逆。」眾曰：「犯禁觸罪，不如守正而死。」遂不往。及松敗，賓客多坐之，唯眾不染於辭。

㈤于窴王廣德將諸國兵三萬人，攻莎車，誘莎車王賢殺之，并其國。匈奴發諸國兵圍于窴，廣德請降。匈奴立賢質子不居徵㈨為莎車王，廣德又攻殺之，更立其弟齊黎為莎車王。

㈥東平王蒼自以至親⑩輔政⑪，聲望日重，意不自安，前後累上疏，稱自漢興以來，宗室子弟，無得在公卿位者，乞上驃騎將軍印綬，退就藩國。辭甚懇切，帝乃許蒼還國，而不聽上將軍印綬。

【注】㈠城第：城，雒陽城；第，邸宅。㈡沛國范遷：范遷沛國人。㈢湛：伏湛：伏生之後，光武朝任大司徒。㈣縣飛書誹謗：縣，讀懸。飛書，匿名書。《後漢書・馬援傳》，梁松素恨援，會援病卒，遂因事上書陷之，光武帝大怒，追收援新息侯印綬。馬嚴與援妻子草索相連，詣闕請罪，帝乃出松書以示之，方知所坐。則松之傾險誹謗，已非一朝一夕。㈤知名：聞名當世。㈥儲：副。㈦外交：與外界私相交往。㈧舊防：舊禁令。㈨質子不居徵：質音致。王先謙曰：「不居徵蓋前匈奴龜茲共攻莎車時所質。」⑩至親：明帝，東平王蒼皆光武帝光烈皇后所生。⑪輔政：中元二年，東平王蒼任驃騎將軍。

五年（西元六二年）

㈠春，二月，庚戌（十六日），蒼罷歸藩㊀。帝以驃騎長史為東平太傅，掾為中大夫，令史為王家郎㊁，加賜錢五千萬，布十萬匹。

㈡冬，十月，上行幸鄴㊂。是月還宮。

㈢十一月，北匈奴寇五原。十二月，寇雲中。南單于擊卻之。

㈣是歲發遣邊民在內郡者，賜裝錢㊃人二萬。

㈤安豐戴「侯」㊄竇「融」年老，子孫縱誕，多不瀍。長子穆尚內黃公主㊅，矯稱陰太后詔，令六安㊆侯劉盱去婦，以女妻之。盱婦家上書言狀，帝大怒，盡免穆等官；諸竇為郎吏者，皆將家屬歸故郡㊇，獨留「融」京師。融尋薨。後數歲，穆等復坐事，與子勳、宣皆下獄死。久之，詔還「融」夫人與小孫一人居雒陽。

【今註】㊀藩：蒼藩在東平國。㊁以驃騎長史為東平太傅，掾為中大夫，令史為王家郎：《後漢志・百官志》，將軍長史一人，秩千石；掾屬二十九人，秩比四百石至二百石；令史及御屬三十一人，百石。王國，太傅秩二千石，中大夫比六百石，郎二百石。㊂鄴：在今河南臨漳縣西。㊃裝錢：辦理行裝所需之錢。㊄戴侯：竇融死，謚戴侯。㊅內黃公主：內黃，在今河南內黃縣西北。錢大昕曰：「內黃公主不見於皇后紀，疑諸王女。」㊆六安：在今安徽六安縣北。㊇故郡：竇氏故扶風平陵人。

六年（西元六三年）

㈠春，二月，王雒山㊀出寶鼎，獻之。夏，四月，甲子（七日），詔曰：「祥瑞之降，以應有德。方今政化多僻，何以致茲？易曰：『鼎象三公㊁。』豈公卿奉職，得其理邪？其賜三公帛五十匹，九卿、二千石半之。先帝詔書，禁人上事言聖㊂，而間者章奏頗多浮詞。自今若有過稱虛譽，尚書皆宜抑而不省㊃，示不為諂子蚩㊄也。」

㈡冬，十月，上行幸魯。十二月，還幸陽城㊅。壬午（二十九日），還宮。

㈢是歲南單于適死，單于莫之子蘇立，為丘除車林鞮單于。數月，復死。單于適之弟長立，為湖邪尸逐侯鞮單于。

【今註】㊀王雒山：惠棟曰：「東觀記作雄。」按《東觀記》亦作雒，惠氏誤。㊁易曰鼎象三公：

胡三省曰：「三公鼎足承君，故云然。此蓋易緯之辭。」㊂先帝詔書禁人上事言聖：見卷四十二光武建武七年。㊃不省：猶今言不受理。㊄蚩：笑。㊅陽城：在今河南登封縣東南。

七年（西元六四年）

㈠春，正月，癸卯（二十日），皇太后陰氏崩。二月，庚申（八日），葬光烈皇后㊀。

㈡北匈奴猶盛，數寇邊，遣使求合市㊁。上冀其交通，不復為寇，許之㊂。

㈢以東海相宋均為尚書令。初均為九江太守，五日一聽事㊃，悉省掾史，閉督郵府內㊄，屬縣無事，百姓安業。九江舊多虎暴，常募設檻穽㊅，而猶多傷害。均下記屬縣曰：「夫江淮之有猛獸，猶北土之有雞豚也。今為民害，咎在殘吏，而勞勤張捕㊆，非憂恤之本也。其務退姦貪，思進忠善，可一去檻穽，除削課制㊇。」其後無復虎患。帝聞均名，故任以樞機㊈。均謂人曰：「國家喜文法廉吏，以為足止姦也。然文吏習為欺謾⑩，而廉吏清在一己，無益百姓流亡，盜賊為害也。均欲叩頭爭之，時未可改也。久將自苦之，乃可言耳。」未及言，會遷司隸校尉。後上聞其言，追善之。

【今註】㊀光烈皇后：陰太后崩，諡曰光烈。胡三省曰：「西京諸后，皆從帝諡，惟衞思后、許恭哀后不以壽終，而別追諡之。從帶諡而又加一字自陰后始。」㊁合市：互通貿易。㊂北匈奴猶盛，數寇邊，遣使求合市，上冀其交通，不復為寇，許之：按《後漢書・南匈奴傳》，在永平六年。㊃聽事：猶今言辦公。㊄閉督郵府內：督郵監察屬縣，閉督郵於府內者，恐其以監察邀功，侵擾屬縣，滋生事件。㊅檻穽：設機以捕獸曰檻；穽，陷穽。㊆張捕：張，鋪設；張捕，設機穽以捕鳥獸。㊇課制：徵稅制度。㊈任以樞機：指任命宋均為尚書令。㊉謾：音慢，欺騙。

八年（西元六五年）

㊀春，正月，己卯（二日），司徒范遷薨。

㊁三月，辛卯（是月丁未朔，無辛卯），以太尉虞延為司徒，衞尉趙熹行太尉事。

㊂越騎司馬㊀鄭眾使北匈奴，單于欲令眾拜，眾不為屈。單于圍

守閉之，不與水火，眾拔刀自誓㈡，單于恐而止。乃更發使隨眾還京師。

初，大司農耿國上言，宜置度遼將軍，屯五原，以防南匈奴逃亡。朝廷不從。南匈奴須卜骨都侯㈢等知漢與北虜㈣交使，內懷嫌怨，欲畔。密使人詣北虜，令遣兵迎之。鄭眾出塞，疑有異，伺候，果得須卜使人。乃上言宜更置大將，以防二虜㈤交通。由是始置度遼營，以中郎將吳棠行度遼將軍㈥事，將黎陽虎牙營士㈦，屯五原曼栢㈧。

㈣秋，郡國十四大水。

㈤冬，十月，北宮成。

㈥丙子（四日），募死罪繫囚詣度遼營，有罪亡命者，令贖罪，各有差。

楚王英奉黃縑白紈㈨，詣國相㈩曰：「託在藩輔，過惡累積。歡喜大恩⑪，奉送縑帛以贖愆⑫罪。」國相以聞，詔報曰：「楚王誦黃老之微言⑬，尚浮屠之仁慈⑭，潔齊⑮三月，與神為誓，何嫌何疑，當有悔吝？其還⑯贖以助伊蒲塞桑門⑰之盛饌。」

初帝聞西域有神，其名曰佛，因遣使之天竺⑱，求其道，得其書及沙門以來。其書大抵以虛無為宗，貴慈悲不殺，以為人死精神不滅，隨復受形；生時所行善惡，皆有報應。故所貴修煉精神，以至為佛。善為宏闊勝大之言，以勸誘愚俗。精於其道者，號曰沙門。於是中國始傳其術，圖其形像；而王公貴人，獨楚王英最先好之。

㈤壬寅（三十日）晦，日有食之，既⑲。詔羣司勉修職事，極言⑳無諱。於是在位者皆上封事㉑，各言得失。帝覽章㉒深自引咎，以所上班示百官。詔曰：「羣僚所言，皆朕之過。民冤不能理，吏黠不能禁，而輕用民力，繕修宮宇㉓，出入無節，喜怒過差，永覽前戒㉔，竦然兢懼，徒恐薄德久而致怠耳。」

㈥北匈奴雖遣使入貢，而寇鈔㉕不息，邊城晝閉。帝議遣使報其使者。鄭眾上疏諫曰：「臣聞北單于所以要致漢使者，欲以離南單于之眾，堅三十六國之心㉖也。又當揚漢和親，誇示鄰敵，令西域欲歸化者，局足狐疑㉗；懷土之人，絕望中國耳。漢使既到，便偃蹇㉘自信㉙。若復遣之，虜必自謂得謀㉚。其羣臣駮議㉛者，不敢復言。如是，南庭動搖㉜，烏桓有離心㉝矣。南單于久居漢地，具知形埶，萬分離析，旋為邊害。今幸有度遼之眾，揚威北垂，雖勿報答，不敢為患。」帝不從。復遣眾往。眾因上言：「臣前奉使，不為匈奴拜，單于恚㉞恨，遣兵圍臣。今復銜命，必見陵折㉟。臣誠不忍持大漢節，對氈裘㊱獨拜。如令匈奴遂能服臣，將有損大漢之彊㊲。」帝不聽。眾不得已，既行在路，連上書固爭之。詔切責眾，追還繫廷尉。會赦歸家。其後帝見匈奴來者，聞眾與單于爭禮之狀，乃復召眾為軍司馬㊳。

【今註】㈠越騎司馬：《漢官儀》曰：「越騎司馬一人，秩千石。」㈡自誓：以死自誓，不為單于屈辱。㈢骨都侯：匈奴異姓大臣左右骨都侯。須卜氏為匈奴異姓名族，與單于通婚姻。其他若呼衍氏、立林氏、蘭氏皆為匈奴國中與單于通婚姻之異姓名族。㈣北虜：北匈奴。㈤二虜：指南匈奴及北匈奴。㈥度遼將軍：漢昭帝元鳳三年，以范明友為度遼將軍，至此復置。㈦黎陽虎牙營士：《漢官儀》曰：「光武以幽冀兵克定天下，故於黎陽立營，以謁者監領兵騎千人。」㈧曼柏：王先謙曰：

「當在今烏喇忒旗北境。」(九)黃縑白紈：縑，生絲織物，色微黃。紈，熟絲織物，色潔白。(一〇)國相：漢成帝時，王國省去內史，令相治民，職權如太守，秩二千石。(一一)大恩：《後漢書・楚王英傳》作天恩，指漢天子優越待遇。(一二)愆：過錯。(一三)誦黃老之微言：《三國志・烏丸傳》裴松之注《浮屠經》曰：「浮屠所載與中國老子經相出入。」佛經未入中土以前，學浮屠者皆誦黃老之言。(一四)尚浮屠之仁慈：浮屠即佛，當時楚王英最先信佛教。(一五)齊：讀齋。(一六)還贖：退還楚王英所上黃縑白紈贖罪之物。(一七)伊蒲塞桑門：伊蒲塞，義即近住，言受戒行堪近僧居。桑門，沙門，即佛教之僧。(一八)天竺：今印度。(一九)日有食之，既：既，盡。日全蝕。(二〇)極言：盡言。(二一)封事：漢宣帝時開始令羣臣得奏封事，以期下情上達。封有正有副，領尚書者先發副封，所言不善，屏而不奏。後魏相奏去副封，以防壅蔽。(二二)章：奏摺。(二三)繕修宮宇：指建築北宮及諸官府。事在永平三年。(二四)永覽前戒：按《後漢書・明宗紀》，永覽前戒句前，有「昔應門失守，關雎刺世；飛蓬隨風，微子所歎」數語，所謂前戒，即係指此。溫公刪此數語，微覺「永覽前戒」句突然。(二五)寇鈔：攻刼略取。(二六)堅三十六國之心：三十六國，西域諸國。堅其心謂欲使之專附匈奴。(二七)局足狐疑：局足，裹足不前。狐疑，猶豫不決。(二八)偃蹇：傲慢。(二九)信：音申。(三〇)得謀：得計。(三一)駁議：指勸單于歸漢。(三二)動搖：指欲出塞北去。(三三)烏桓有離心矣：烏桓本附匈奴，漢置校尉領護，使不得與匈奴交通。離心謂其心不親附漢而嚮往匈奴。(三四)恚：憤恨。(三五)陵折：侮辱。(三六)氈裘：《漢書・匈奴傳》曰：「自君王以下，皆食畜肉，衣其皮革，被旃裘。」旃與氈同。(三七)彊：同強。(三八)軍司馬：漢制，大將軍營五部，部校尉一人，比二千石；軍司馬一人，比千石。軍司馬掌行軍之事，有征伐則署之，還則免，有時但稱司馬。

九年（西元六六年）

㈠夏，四月，甲辰（是月辛未朔，無甲辰），詔司隸校尉部刺史歲上墨綬長吏㊀視事三歲已上，治狀尤異者，各一人，與計偕上㊁，及尤不治者，亦以聞。

㈡是歲大有年㊂。

㈢賜皇子恭號曰靈壽王，黨號曰重熹王，未有國邑。

㈣帝崇尚儒學，自皇太子、諸王侯、及大臣子弟、功臣子孫，莫不受經。又為外戚樊氏、郭氏、陰氏、馬氏諸子，立學於南宮，號四姓小侯㊃。置五經師，搜選㊄高能，以授其業。自期門羽林之士，悉令通孝經章句。匈奴亦遣子入學。

㈤廣陵王荊復呼相工㊅，謂曰：「我貌類先帝㊆，先帝三十得天下㊇，我今亦三十，可起兵未㊈？」相者詣吏告之。荊惶恐自繫獄，帝加恩，不考極其事，詔不得臣屬吏民，唯食租如故⑩，使相中尉謹宿衛之。

荊又使巫祭祀祝詛，詔長水校尉樊鯈等雜治其獄。事竟，奏請誅荊。帝怒曰：「諸卿以我弟，故欲誅之。即我子，卿等敢爾邪？」鯈對曰：「天下者，高帝天下，非陛下之天下也。春秋之義，君親無將⑪，將而必誅。臣等以荊屬託母弟⑫，陛下留聖心，加惻隱，故敢請耳。如今陛下子，臣等專誅⑬而已。」帝歎息善之。鯈，宏之子也。

【今註】㊀墨綬長吏：指大縣令以下。㊁與計偕上：偕，俱。與計偕上，謂徵召之人，偕郡國上計之吏，同至京師。㊂大有年：豐年。㊃小侯：以非列侯，故稱小侯。㊄搜選：網羅選擇。㊅廣陵王荊復呼相工：相工，看相者。永平元年，荊曾私迎能為星者與謀議。㊆先帝：光武帝。㊇先帝三十得天下：光武即位時年三十一。趙翼《廿二史劄記》《後漢書》間有疏漏處條云：「光武紀書帝起兵時年二十八，下有更始元年，破王尋王邑，持節北渡河，鎮慰州郡。二年，誅王郎，更始拜帝為蕭王。明年六月始即位，改元建武。是帝年已三十一。」㊈可起兵未：謂可否起兵。⑩不得臣屬吏民，惟食租如故：恐其復謀不軌，故不使其臣屬吏民，以掌政權，但食國之租稅。⑪將：將為弒逆之事。㊂母弟：明帝與廣陵王荊皆陰后所生。㊂專誅：專謂不請示。惠棟曰：「專誅謂如呂步舒治淮南獄，專斷於外，不先請也。」

十年（西元六七年）

㈠春，二月，廣陵思王荊自殺，國除。

㈡夏，四月，戊子（二十四日），赦天下。

㈢閏月，甲午（三日），上幸南陽，召校㊀官弟子作雅樂，奏鹿鳴㊁，帝自御塤篪㊂和之，以娛嘉賓。還幸南頓。冬，十二月，甲午（四日），還宮。

㈣初，陵陽㊃侯丁綝卒，子鴻當襲封，上書稱病，讓國於弟盛。不報。既葬，乃挂衰絰於冢廬而逃去。友人九江鮑駿㊄遇鴻於東海，讓之曰：「昔伯夷吳札，亂世權行㊅，故得申其志㊆耳。春秋之義，不以家事廢王事㊇。今子以兄弟私恩，而絕父不滅之基，可乎？」鴻感悟垂涕，乃還就國。鮑駿因上書薦鴻經學至行㊈，上徵鴻為侍中。

【今註】㈠校：學。㈡鹿鳴：《詩．小雅》篇名，宴羣臣嘉賓之詩。㈢塤篪：皆樂器，聲能相和。郭璞曰：「塤燒土為之，大如鵝子，銳上平底，形似稱鎚，六孔，小者如雞子。」孔世本曰：「暴辛公作篪，以竹為之，長尺四寸，有八孔。」㈣陵陽：在今安徽石埭縣東北。㈤鮑駿：惠棟曰：「袁宏紀作俊。」按袁宏紀末載丁鴻讓國及鮑駿責讓丁鴻事。㈥伯夷吳札亂世權行：伯夷孤竹君之子，讓其弟叔齊，餓死首陽山。吳札吳王壽夢之季子，諸兄欲讓以國，季子乃舍其室而耕。二者皆是權時所行，非常道。伯夷當紂時，吳札值周末，故言亂世。㈦申其志：指讓位。㈧春秋之義不以家事廢王事：春秋，衞靈公卒，孫輒立，父蒯聵與輒爭國。《公羊傳》曰：輒者蒯聵之子，然則何為不立蒯聵而立輒？蒯聵無道，靈公逐之而立輒。然則輒之義可以立乎？曰：可，不以父命辭於王命，不以家事辭於王事。㈨上書薦鴻經學至行：《續漢書》載鮑駿書，言丁鴻經明行修，志節清妙。

十一年（西元六八年）

㈠春，正月，東平王蒼與諸王俱來朝，月餘還國，帝臨送㈠歸宮，悽然懷思，乃遣使手詔賜東平國中傅曰：「辭別之後，獨坐不樂，因就車歸，伏軾㈡而吟。瞻望永懷，實勞我心；誦及采菽㈢，以增歎息。日者問東平王處家何等最樂，王言為善最樂。其言甚大，副是要腹矣㈣。今送列侯印十九枚，諸王子年五歲已上，能趨拜者，皆令帶之。」

【今註】㈠臨送：親自送行。㈡軾：車前橫木。㈢采菽：《詩・小雅》篇名。其詩曰：「采菽采菽，筐之筥之，君子來朝，何錫予之。」《毛詩》注云：「菽所以芼太牢而待君子。」菽，大豆。㈣副是要腹：副，倍。要，讀腰。副是要腹，言東平王蒼言大，倍於其腰腹。史中曾記蒼腰帶十圍。

十二年（西元六九年）

㈠春，哀牢㈠王柳貌㈡率其民五萬餘戶內附，以其地置哀牢博南二縣㈢。始通博南山㈣，度蘭倉水㈤，行者苦之。歌曰：「漢德廣，開不賓；度蘭倉，為它人。」

㈡初，平帝時河汴決壞，久而不修。建武十年，光武欲修之。浚儀㈥令樂俊上言民新被兵革，未宜興役。乃止。其後汴渠東侵，日月彌廣，兗豫百姓怨歎，以為縣官恒興他役，不先民急。會有薦樂浪王景能治水者㈦。夏，四月，詔發卒數十萬，遣景與將作謁者㈧王吳修汴渠㈨隄，自滎陽東至千乘海口千餘里，十里立一水門，令更相洄⑩注，無復潰漏之患。景雖簡省役費，然猶以百億計焉。

㈢秋，七月，乙亥（二十四日），司空伏恭罷。乙未（是月壬子朔，無乙未），以大司農牟融為司空。

㈣是時天下安平，人無傜役，歲比登稔㈡，百姓殷富，粟斛三十，牛羊被野。

【今註】㈠哀牢：西南夷之一種。㈡柳貌：惠棟曰：「華陽國志作抑狼。案哀牢傳，柳貌生扈栗，則扈栗子當為抑狼也。」㈢哀牢博南：哀牢，在今雲南保山縣東。博南，在今雲南永平縣東。㈣博南山：在今雲南永平縣西南。㈤蘭倉水：即今之瀾滄江。㈥浚儀：在今河南開封縣西北。㈦會有薦樂浪王景能治水者：王景樂浪人。惠棟曰：「案水經注，景為伏恭所薦。」㈧將作謁者：漢承秦制，置將作，掌土木之役。景帝時改名將作大匠。光步中元二年省，謁者領之。章帝建初元年復真置。王吳以謁者而兼領將作大匠，故稱將作謁者。㈨汴渠：即莨蕩渠。⑩洄：逆流。㈡登稔：稔，穀熟。登稔，言豐收。

十三年（西元七〇年）

㈠夏，四月，汴渠成，河汴分流，復其舊迹㊀。辛巳（四日），帝行幸滎陽，巡行河渠。遂度河登太行，幸上黨。壬寅（二十五日），還宮。

㈡冬，十月，壬辰（是月甲辰朔，無壬辰），晦，日有食之。

㈢楚王英與方士作金龜玉鶴，刻文字為符瑞。男子燕廣告英與漁陽王平、顏忠等造作圖書，有逆謀。事下案驗，有司奏英大逆不道，請誅之。帝以親親不忍。十一月，廢英徙丹陽涇縣㊁，賜湯沐邑㊂五百戶；男女為侯主者，食邑如故；許太后㊃勿上璽綬，留住楚宮。

先是有私以英謀告司徒虞延者，延以英藩戚至親㊄，不然其言。及英事覺，詔書切讓㊅延。

【今註】㊀河汴分流，復其舊迹：漢平帝時河汴決壞，汴渠東侵，與黃河合流。汴渠隄成，黃河東北入海，汴東南入泗，二者分流，恢復平帝以前狀態。㊁涇縣：在今安徽涇縣西。㊂湯沐邑：古代天子賜諸侯湯沐邑，使取其邑賦稅所入，供湯沐之資。㊃許太后：楚王英母許氏。㊄英藩戚至親：明帝與楚王英為異母兄弟。㊅切讓：痛責。

十四年（西元七一年）

㈠春，三月，甲戌（三日），延自殺，以太常周澤行司徒事。頃之，復為太常。【考異】澤傳云十二年。按十二年不闕司徒，當是虞延免後，邢穆未至間，澤行司徒事爾。故云數月。夏，四月，丁巳（十六日），以鉅鹿太守南陽邢穆為司徒。

㈡楚王英至丹陽，自殺。詔以諸侯禮葬於涇，封燕廣為折姦侯。是時窮治楚獄，遂至累年，其辭語相連，自京師親戚諸侯，州郡豪桀，及考案吏阿附，坐死徙者以千數，而繫獄者尚數千人。

初，樊鯈弟鮪為其子賞求楚王英女，鯈聞而止之，曰：「建武中吾家並受榮寵，一宗五侯㈠。時特進㈡一言，女可以配王，男可以尚主。但以貴寵過盛，即為禍患，故不為也。且爾一子，奈何棄之於楚乎？」鮪不從。及楚事覺㈢，鯈已卒，上追念鯈謹恪㈣，故其諸子皆得不坐。

英陰疏天下名士，上得其錄，有吳郡太守尹興名。乃徵興及掾史五百餘人，詣廷尉就考。諸吏不勝掠治㈤，死者太半。唯門下掾㈥

陸續、主簿梁宏、功曹史㊆，駟勳備受五毒㊇，肌肉消爛，終無異辭。續母自吳來雒陽，作食以饋續，續雖見考，辭色未嘗變，而對食悲泣不自勝。治獄使者問其故，續曰：「母來不得見，故悲耳！」問何以知之？續曰：「母截肉未嘗不方，斷葱以寸為度，故知之。」使者以狀聞，上乃赦興等，禁錮終身。

顏忠、王平辭引㊈隧鄉侯耿建㊉、朗陵侯臧信⑪、濩澤侯鄧鯉、曲成侯劉建⑫，建等辭未嘗與忠平相見。是時上怒甚，吏皆惶恐，諸所連及，率一切陷入，無敢以情恕者。侍御史寒朗⑬心傷其冤，【考異】范書作寒。陸龜蒙離合詩云：初寒朗詠徘徊立。袁紀作蹇。按今有蹇姓，音件，與袁紀合，今從之。試以建等物色⑭，獨問忠平，而二人錯愕⑮，不能對。朗知其詐，乃上言建等無姦，專為忠平所誣，疑天下無辜，類多如此。帝曰：「即如是，忠、平何故引之？」對曰：「忠、平自知所犯不道⑯，故多有虛引，冀以自明。」帝曰：「即如是，何不早奏？」對曰：「臣恐海內別有發其姦者。」帝怒曰：「吏持兩端，促提下捶之！」左右方引去，朗曰：「願一言而死。」帝曰：「誰與共為章？」對曰：「臣獨作之。」

上曰：「何以不與三府[一七]議。」對曰：「臣自知當必族滅，不敢多汙染人。」上曰：「何故族滅？」對曰：「臣考事一年，不能窮盡姦狀，反為罪人訟冤[一八]，故知當族滅。然臣所以言者，誠冀陛下一覺悟而已。臣見考囚在事者，咸共言妖惡大故[一九]，臣子所宜同疾，今出之不如入[二〇]之，可無後責。是以考一連十，考十連百。又公卿朝會，陛下問以得失，皆長跪言舊制大罪禍及九族[二一]，陛下大恩，裁[二二]止於身，天下幸甚。及其歸舍，口雖不言，而仰屋竊歎，莫不知其多冤，無敢牾[二三]陛下言者。臣今所陳，誠死無悔。」帝意解，詔遣朗出。後二日，車駕自幸洛陽獄，錄囚徒[二四]，理出千餘人。時天旱，即大雨。馬后亦以楚獄多濫，乘間為帝言之。帝惻然感悟，夜起彷徨[二五]，由是多所降宥。任城[二六]令汝南袁安遷楚郡太守，到郡不入府，先往按楚王英獄事，理其無明驗者，條上出之。府丞掾史皆叩頭爭，以為阿附反虜，法與同罪，不可。安曰：「如有不合，太守自當坐之，不以相及也。」遂分別具奏。帝感悟，即報許，得出者四百餘家。

㈢夏，五月，封故廣陵王荊子元壽為廣陵侯，食六縣。又封竇融孫嘉為安豐侯。

㈣初作壽陵㉗，制令流水而已㉘，無得起墳。萬年之後，掃地而祭，杅㉙水脯糒㉚而已。過百日，唯四時設奠，置吏卒數人，供給灑掃。敢有所興作者，以擅議宗廟法從事㉛。

【今註】 ㊀一宗五侯：指樊宏封壽張侯、弟丹射陽侯、兄子尋玄鄉侯、兄忠更父侯、少子茂平望侯。㊁特進：光武建武中，樊宏拜光祿大夫，位特進，次三公。㊂覺：發覺。㊃恪：敬。㊄掠治：拷問。㊅門下掾：州郡有掾，用本郡之人，由郡縣自辟除之，常居門下，總錄眾事，故稱門下掾。㊆功曹史：主選署功勞。㊇備受五毒：四肢及身備受五毒之刑。胡三省曰：「或云鞭箠及灼及徽纆為五毒。」㊈引：連及。㊉隧鄉侯耿建：胡三省曰：「耿純弟宿封隧鄉侯，建蓋紹封者也。」惠棟曰：「耿純傳，宿封隧鄉侯，非建也。坐楚事為耿阜，以東光侯徙封莒鄉侯。隧當作莒，建當作阜。」錢大昕曰：「寒朗傳有隧鄉侯耿建，蓋即宿之後。」⑪臧信：臧宮子。⑫濩澤侯鄧鯉、曲成侯劉建：王先謙曰：「通鑑胡注鄧鯉劉建無考。案袁宏紀作濩澤侯劉鯉，曲成侯竇建。劉元傳，元三子，求、歆、鯉，求為襄邑侯，鯉為壽光侯，求卒，子巡嗣，徙封濩澤侯。然則濩澤侯乃劉巡，非鯉也。竇建亦無考。」⑬寒朗：惠棟曰：「袁紀作蹇，今有蹇姓，音件，與袁紀合，當從之。胡注：『姓譜有寒姓諸侯，后寒之後。又曰周武王子寒侯之後。』棟案左傳，邘晉應韓，武之穆也，寒與韓古字通。」⑭物色：形狀。⑮錯愕：倉卒。愕或作愣。⑯不道：漢法有大逆不道。⑰三府：太尉、司徒、司空三府。⑱反為罪人訟冤：袁宏紀作不為罪人訟。⑲故：事。⑳出之不如入之：出其罪不如入其罪，猶言赦之不如加之以刑。㉑舊制大罪禍及九族：惠棟曰：「漢律云：大逆不道，父母妻子同產皆棄市。尚書歐陽夏侯說云：九族父族四，母族三，妻族二，故云九族。」㉒裁：與纔同。㉓牾：逆。㉔錄囚徒：顏師古曰：「省錄之知其情狀，為冤滯為不也。」㉕彷徨：徘徊，表示不自安。㉖任城：今山東濟寧縣。㉗初作壽陵：蘇輿曰：「建武二十六年，初作壽陵。此明帝預自制陵，書法宜有別。後又云，帝初作壽陵，裁令流水而已，即用光武制。以文核之，並不當云初作。」㉘制令流水而已：李賢曰：「言不起山陵，裁令封土，陂池不停水而已。」㉙杅：音于，飲器。㉚脯糒：脯，乾肉。糒，同糒，乾飯。㉛以擅議宗廟法從事：《漢書・韋玄成傳》，初高后時，患臣下妄非議先帝廟寢園官，故定著令，敢有擅議者棄市。元帝改制，蠲除此令。成帝又復之。

十五年（西元七二年）

㈠春，二月，庚子（四日），上東巡。癸亥（二十七日），耕于下邳①。三月，至魯，幸孔子宅②，親御講堂③，命皇太子、諸王說經。又幸東平、大梁㈣。夏，四月，庚子（五日），還宮。

㈡封皇子恭為鉅鹿王，黨為樂成王，衍為下邳王，暢為汝南王，昞為常山王，長為濟陰㈤王。帝親定其封域，裁令半楚淮陽㈥。馬后曰：「諸子數縣，於制不亦儉乎？」帝曰：「我子豈宜與先帝子等，歲給二千萬足矣！」

㈢乙巳（十日），赦天下。

㈣謁者僕射㈦耿秉數上言，請擊匈奴㈧。上以顯親侯竇固嘗從其世父㈨融在河西，明習邊事，乃使秉、固與太僕祭肜、虎賁中郎將馬廖、下博侯劉張㈩、好畤⑪侯耿忠等共議之。耿秉曰：「昔者匈奴援引弓之類，幷左衽之屬，故不可得而制。孝武既得河西四郡⑫及居延⑬朔方，虜失其肥饒畜兵之地，羌胡分離，唯有西域，俄復內屬，故呼韓邪單于請事款塞，其勢易乘也。今有南單于，形勢相似，然西域尚未內屬，北虜未有釁隙。臣愚以為當先擊白山⑭，得伊吾⑮，破車師，通使烏孫諸國，以斷其右臂。伊吾亦有匈奴南呼衍一部，破此，復為折其左角，然後匈奴可擊也。」上善其言。

議者或以為今兵出白山，匈奴必幷兵相助，又當分其東以離其眾。上從之。十二月。以秉為駙馬都尉㊅，固為奉車都尉㊆，以騎都尉㊇秦彭為秉副，耿忠為固副，皆置從事司馬，出屯涼州。秉，國之子；忠，弇之子；廖，援之子也。

【今註】㊀下邳：今江蘇邳縣。㊁孔子宅：在今山東曲阜縣城中。㊂講堂：講授之堂。㊃大梁：即浚儀縣，在今河南開封縣西北。㊄濟陰：在今山東定陶縣東南。㊅帝親定其封域，裁令半楚淮陽：《東觀漢記・明帝紀》，自帝即位，尊奉建武之政，有加而無損。建武之朝，無權臣外戚，陰郭之家，不過九卿，親屬勢位，不能及許史王氏之半。至永平，后妃外家貴者，裁家一人，備別將校尉，在兵馬官，充奉宿衞闔門而已，無封侯預朝政者。自皇子之封，皆減舊制，帝嘗案輿地圖，皇后在旁，言鉅鹿、樂成、廣平各數縣，租穀百萬。帝令滿二千萬止，諸小王皆略與楚淮陽相比，什減三四。㊆謁者僕射：秩比千石。《漢官儀》曰：「秦官也。謁，請也；僕，主也。古重武事，故設主射以督課之。」㊇耿秉數上言請擊匈奴：袁宏《後漢紀》，永平十三年，匈奴頻犯塞，耿秉因上書曰：「中國虛費，邊陲不寧，其患專在匈奴，以戰去戰可也。」天子內有圖匈奴志，陰納秉言，乃召入見，使具陳其狀。上善其言，以為可任將帥，拜謁者僕射。每公卿論邊事，秉輒預其議。㊈世父：伯父。竇融弟友為竇固父。㊉劉張：齊王縯之孫。⑪時：音止。⑫河西四郡：武威、張掖、酒泉、敦煌。㈢居延：今寧夏居延縣。㈣白山：冬夏有雪，故曰白山。今之天山。㈤伊吾：今新疆哈密縣。㈥駙馬都尉：武帝時置，秩二千石，掌天子之副馬。㈦奉車都尉：武帝時置，秩二千石，掌天子之乘輿。㈧騎都尉：武帝時置，秩二千石。

十六年（西元七三年）

㈠春，二月，遣彤與度遼將軍吳棠將河東、西河羌胡㈠及南單于兵萬一千騎，出高闕塞㈡；竇固、耿忠率酒泉、敦煌、張掖甲卒及盧水羌胡㈢萬二千騎出酒泉塞；耿秉、秦彭率武威、隴西、天水募士及羌胡萬騎出張掖、居延塞；騎都尉來苗、護烏桓校尉文穆將太原、鴈門、代郡、上谷、漁陽、右北平、定襄郡兵及烏桓鮮卑萬一千騎出平城塞，伐北匈奴。竇固、耿忠至天山㈣，擊呼衍王，斬首千餘級，追至蒲類海㈤，取伊吾盧地，置宜禾都尉，留吏士屯田伊吾盧城。耿秉、秦彭擊匈林王㈥，絕幕㈦六百餘里，至三木樓山㈧而還。來苗、文穆至匈河㈨水上，虜皆犇㈩走，無所獲。祭彤與南匈奴左賢王信不相得㈡，出高闕塞九百餘里，得小山，信妄言以為涿邪山(一二)，不見虜而還。肜與吳棠坐逗留畏懦下獄免。【考異】袁紀棠皆作常，今從范書。

肜自恨無功，出獄數日，歐血死。臨終謂其子曰：「吾蒙國厚恩，奉使不稱，身死誠慚恨。義不可以無功受賞，死後若(一三)悉簿上所得物(一四)，身自詣兵屯，效死前行，以副吾心。」既卒，其子逢上疏具陳遺言。帝雅重肜，方更任用，聞之大驚，嗟嘆良久，烏桓、鮮卑每朝賀京師，常過肜冢拜謁，仰天號泣。遼東吏民為立祠，四時奉祭焉(一五)。

竇固獨有功，加位特進。固使假司馬(一六)班超與從事郭恂俱使西域。超行到鄯善(一七)，鄯善王廣奉超禮敬甚備，後忽更疏懈，超謂其官屬曰：「寧覺廣禮意薄乎？」官屬曰：「胡人不能常久，無它故也。」超曰：「此必有北虜使來，狐疑未知所從故也。明者睹未萌，況已著邪？」乃召侍胡(一八)詐之曰：「匈奴使來數日，今安在乎？」侍胡惶恐曰：「到已三日，去此三十里。」超乃閉侍胡，悉會其吏士三十六人，與共飲，酒酣，因激怒之曰：「卿曹(一九)與我俱在絕域，今虜使到裁㉚數日，而王廣禮敬即廢；如令鄯善收吾屬送匈奴，骸骨長為豺狼食矣！死為之奈何？」官屬皆曰：「今在危亡之地，死生從司馬，」超曰：「不入虎穴，不得虎子。當今之計，獨有因夜以火攻虜使，彼不知我多少，必大震怖，可殄盡也。滅此虜，則鄯善破膽，功成事立矣。」眾曰：「當與從事議之。」超怒曰：「吉凶決於今日，從事文俗吏，聞此必恐而謀泄，死無所名，非壯士也。」眾曰：「善！」初夜㉛，超遂將吏士往犇虜營，會天大風，超令十人持鼓藏虜舍後，約曰：「見火然㉜皆當鳴鼓大呼。」餘人悉持兵弩，夾門而伏。超乃順風縱火，前後鼓噪，虜眾驚亂，超手格殺三人，吏兵斬其使及從士三十餘級，餘眾百許人，悉燒死。明日乃還告郭恂，恂大驚，既而色動㉝。超知其意，舉手曰：「掾雖㉞不行，班超何心獨擅之乎？」恂乃悅。超於是召鄯善王廣，以虜使首示之，一國震怖。超告以漢威德，自今以後，勿復與北虜通。廣叩頭，願屬漢無二心。遂納子為質㉟。還白竇固，固大喜，具上超功效，幷求更選使使西域。帝曰：「吏如班超，何故不遣，而更選乎？今以超為軍司馬，令遂前㉖功。」固復使超使于窴，欲益其兵。超願但將本所從三十六人，曰：「于窴國大而遠，今將數百人，無益於彊。如有不虞㉗，多益為累耳。」是時于窴王廣德雄張南道㉘，而匈奴遣使監護其國。超既至于窴，廣德禮意甚疏。且其俗信巫，巫言神怒，何故欲向漢？漢使有騧馬㉙，急求取以祠我。廣德乃遣國相私來比就超請馬。超密知其狀，報許之，而令巫自來取馬。有頃巫至，超即斬其首，收私來比，鞭笞數百，以巫首送廣德，因責讓之。廣德素聞超在鄯善誅滅虜使，大惶恐，即殺匈奴使者而降。超重賜其王以下，因鎮撫焉。於是諸國皆遣子入侍。西域與漢絕六十五㉚載，至是乃復通焉。超，彪之子也。

㈡淮陽王延性驕奢，而遇下嚴烈，有上書告延與姬兄謝弇及姊婿韓光招姦猾作圖讖，祠祭祝詛。事下案驗。五月，癸丑（二十五日），弇光及司徒邢穆皆坐死，所連及死徙者甚眾。

㈢戊午（三十日），晦，日有食之。

㈣六月，丙寅（八日），以大司農西河王敏㉛為司徒。

㈤有司奏請誅淮陽王延。上以延罪薄於楚王英，秋七月，徙延為阜陵㉜王食二縣。

㈥是歲北匈奴大入雲中，雲中太守廉范拒之。吏以眾少，欲移書傍郡求救。范不許。會日暮，范令軍士各交縛兩炬，三頭爇火㉝，營中星列。虜謂漢兵救至，大驚，待旦將退，范令軍中蓐食㉞，晨往赴之，斬首數百級，虜自相轔藉㉟，死者千餘人。由此不敢復向雲中。范，丹㊱之孫也。

【今註】㈠將河東、西河羌胡：按《後漢書・竇固傳》，為將河東、北地、西河羌胡。㈡高闕塞：李賢曰：「高闕，山名，因以名塞，在朔方北。」惠棟曰：「袁紀出朔方高闕塞。水經注云，史記趙武靈王既襲胡服，自代並陰山下至高闕為塞，山下有長城，其山中斷，望若闕焉，故有高闕之名。闕口有城，跨山治局，謂之高闕戍。上古迄今，常置重捍，以坊塞道。」王先謙曰：「據水經河水注，河水自朔方郡臨渾縣來，為北河，東逕高闕南，衞青敗右賢王於高闕，即此。又東逕臨河縣故城北，又東逕陽山南。吳卓信云：臨河縣在北河之南，今榆林邊外河套內。」㈢盧水羌胡：按《後漢書・西南夷傳》，冉駹夷北有黃石北地盧水胡。㈣天山：即今之祁連山。李賢曰：「呼衍匈奴王號天山，即祁連山，一名雪山，今名折羅漫山，在伊州北。」沈欽韓曰：「元和志，天山夷名折羅漫山，在西州前庭縣北三十里。注有脫誤。天山有二，名祁連山者，在今甘州府張掖縣西南。名白山者，在唐之伊州，今哈密城北百二十里。固所至乃哈密白山也。」㊄蒲類海：匈奴中海名，在新疆鎮西縣西，即今之巴里坤湖。㊅匈林王：胡三省曰：「匈林恐當作句林，建武時匈奴嘗遣句林王迎盧芳。」㊆幕：與漢通。㊇三木樓山：匈奴中山名，袁宏《後漢紀》作沐樓山。㊈匈河：水名。㊉犇：與奔通。⑪不相得：有嫌隙。⑫涿邪山：袁宏《後漢紀》作涿邪王山。沈欽韓曰：「今在喀爾喀部界。」⑬若：汝。⑭悉簿上所得物：將所得賞賜物品，全部造成簿冊，以呈還於皇帝。⑮烏桓鮮卑每朝賀至四時奉祭焉：祭肜先為遼東太守，威信行於烏桓鮮卑。⑯假司馬：大將軍營五部，部有校尉一人，軍司馬一人；其不置校尉，部但有軍司馬一人，又有軍假司馬為副貳。⑰鄯善：本西域樓蘭國，昭帝元鳳四年改為鄯善。今羅布泊西北之樓蘭遺址。⑱侍胡：鄯善所遣侍班超者。⑲曹：輩。⑳裁：纔。㉑初夜：初更時分。胡三省曰：「甲夜。」㉒然：與燃通。㉓色動：郭恂想分班超功，不覺形於顏色。㉔掾：時郭恂任從事掾。㉕質：音致。㉖遂：完成。㉗不虞：不測。㉘是時于窴王廣德雄張南道：雄張，熾盛。是時于窴王廣德新破莎車。南道：《後漢書・西域傳》云：「自鄯善踰蔥嶺出西諸國有兩道：傍南山北，陂河西行，至莎車為南道。南道西踰蔥嶺，則出大月氏安息之國也。自車師前王庭隨北山陂河西行，至疏勒，為北道。北道西踰蔥嶺，出大宛康居。」㉙騧馬：馬之一種，顏色淺黑。李賢曰：「續漢及華嶠書騧字並作騩。」㉚西域與漢絕六十五載：王莽天鳳三年，焉耆擊殺王駿，西域遂絕，迄明帝永平十六年，共五十八載（西元一六年至七三年）。此處言與漢絕六十五載，蓋自始建國元年（西元九年）數起，謂莽篡漢而西域遂與漢絕。㊂西河王敏：《漢官儀》曰：「敏字叔公，幷州隰城人。」㊂皐陵：在今安徽全椒縣東。㊂交縛兩炬，三頭爇火：用兩炬交縛如十字，燃其三頭，手持一端，使敵人望之，疑兵士之多。㊃欂食：早起食於寢欂中。㊄轔藉：轔，車所踐踏。藉，互相蹈藉。㊅丹：廉丹，王莽將。

十七年（西元七四年）

㈠春，正月，上當謁原陵，夜夢先帝太后，如平生歡，既寤，悲不能寐，即案歷，明旦日吉，遂率百官上陵。其日降甘露於陵樹。【考異】帝紀云：「甘露降甘陵。」皇后紀云：「謁原陵，甘露降於樹。」然則實降原陵也。帝紀誤以原為甘。帝令百官采取以薦，會畢，帝從席前伏御床，視太后鏡奩㊀中物，感動悲涕。令易脂澤裝具㊁，左右皆泣，莫能仰視。

㈡北海敬王睦㊂薨。睦少好學，光武及上皆愛之。嘗遣中大夫㊃詣京師朝賀，召而謂之曰：「朝廷㊄設問寡人，大夫將何辭以對？」使者曰：「大王忠孝慈仁，敬賢樂士，臣敢不以實對！」睦曰：

「吁[六]，子危我哉！此乃孤幼時進趣[七]之行也。大夫其對以孤襲爵以來，志意衰惰，聲色是娛，犬馬是好，乃為相愛耳。」其智慮畏慎如此[八]。

㈢二月，乙巳（日曆乙卯朔，無乙巳），司徒王敏薨。

㈣三月，癸丑（二十九日），以汝南太守鮑昱為司徒。昱，永之子也。

㈤益州刺史[九]梁國朱輔[一〇]，宣示漢德，威懷遠夷，自汶山[一一]以西前世所不至，正朔所未[一二]加，白狼槃木等百餘國，皆舉種稱臣奉貢。白狼王唐菆作詩三章，歌頌漢德，輔使犍為郡掾由恭[一三]譯而獻之[一四]。

㈥初，龜茲王建為匈奴所立，倚恃虜威，據有北道，攻殺疏勒王，立其臣兜題為疏勒王。班超從間道至疏勒，去兜題所居槃槖城九十里，逆遣[一五]吏田慮先往降之。敕慮曰：「兜題本非疏勒種，國人必不用命。若不即降，便可執之。」慮既到，兜題見慮輕弱，殊無降意。慮因其無備，遂前劫縛兜題，左右出其不意，皆驚懼奔走。虜馳報超，超即赴之，悉召疏勒將吏，說以龜茲無道之狀，因立其故王兄子忠為王。【考異】袁紀云：「求索故王近屬，得兄榆勒，立之，更名忠。」續漢書云：「求得故王兄子榆勒立之，更名忠」今從超傳。國人大悅。超問忠及官屬，當殺兜題邪？生遣之邪？咸曰：「當殺之。」超曰：「殺之無益於事，當令龜茲知漢威德。」遂解遣之。

㈦夏，五月，戊子（五日），公卿百官以帝威德懷遠，祥物顯應，並集朝堂⑯，奉觴上壽⑰。制曰：「天生神物，以應王者；遠人慕化，實由有德。朕以虛薄，何以享斯？唯高祖、光武，聖德所被，不敢有辭。其敬舉觴，太常擇吉日，策告宗廟。」仍推恩賜民爵及粟有差⑱。

㈧冬，十一月，遣奉車都尉竇固、駙馬都尉耿秉、騎都尉劉張出敦煌昆侖塞⑲，擊西域。秉張皆去符傳以屬固⑳，合兵萬四千騎，擊破白山虜於蒲類海上，遂進擊車師。車師前王㉑，即後王之子也，其廷相去五百餘里㉒。固以後王道遠，山谷深，士卒寒苦，欲攻前王。秉以為先赴後王，并力根本，則前王自服。固計未決，秉奮身而起曰：「請行前！」乃上馬，引兵北入，眾軍不得已並進，斬首數千級。後王安得震怖，走出門迎秉，脫帽抱馬足降，秉將以詣固。其前王亦歸命，遂定車師而還。於是固奏復置西域都護及戊已校尉㉓，以陳睦為都護；【考異】袁紀睦作穆，今從范書。司馬耿恭為戊校尉，屯後王部金蒲城㉔，謁者關寵為已校尉，屯前王部柳中城㉕，【考異】袁紀作析中，今從范書。屯各置數百人。恭，況㉖之孫也。

【今註】㈠匳：音廉，鏡匣。㈡脂澤裝具：三代以前無墓祭，至秦始出寢起於墓側。漢因秦制，上陵皆有園寢，故稱寢殿，起居衣服，象生人之具。㈢北海敬王睦：北海靖王興之子。㈣中大夫：王國官，掌奉玉使京師，奉璧賀正月。㈤朝廷：指天子。㈥吁：音于，怪疑聲。㈦趣：讀趨，進取。㈧其智慮畏慎如此：永平年間，對藩王法憲頗峻，北海敬王睦慮及此，故抑絕名迹，以聲色犬馬之是娛自譬，以期避其鋒而遠其禍。㈨益州刺史：益州轄漢中、巴郡、廣漢、蜀郡、犍為、牂牁、越巂、益州、永昌等郡。益州刺史治廣漢郡雒縣，今四川廣漢縣。㈩梁國朱輔：朱輔梁國人。《東觀漢記》輔作酺。《後漢書・馬嚴傳》亦作酺。⑪汶山：胡三省曰：「汶山在蜀郡湔氐道西徼外，江水所出。」⑫正朔所未加：漢政令所不及。⑬由恭：《後漢書・西南夷傳》作田恭。⑭譯而獻之：夷言與中國語言隔閡，故經過翻譯而後進獻。⑮逆遣：預遣。⑯朝堂：殿庭左右。⑰奉觴上壽：李賢曰：「壽者人之所欲，故卑下奉觴進酒，皆言上壽。」⑱賜民爵及粟有差：時賜天下男子爵人二級，三老孝悌力田人三級，流人無名數欲占者人一級，鰥寡孤獨篤癃貧不能自存者粟人三斛。⑲昆侖塞：昆侖，山名，因以為塞。在今甘肅省酒泉縣西南。⑳秉張皆去符傳以屬固：按《後漢書．竇固傳》，為明帝詔秉、張皆去符傳以屬固。符，兵符。傳，出關之符信。專將有符傳。㉑車師前王：車師有後王前王。㉒其廷相去五百餘里：車師前王居交河城，今新疆吐魯番縣。後王居務塗谷，今新疆奇台縣。㉓復置西域都護及戊巳校尉：宣帝置都護，元帝置戊巳校尉。自王莽之亂，西域與中國絕，不復置。今通西域，復置之。㉔金蒲城：即車師後王所治務塗谷。㉕柳中城：今新疆鄯善縣之魯克沁。㉖況：耿況以上谷歸光武，子孫多有功勳。

十八年（西元七五年）

㈠春，二月，詔竇固等罷兵，還京師。

㈡北單于遣左鹿蠡王率二萬騎擊車師，耿恭遣司馬將兵三百人救之，皆為所沒，匈奴遂破殺車師後王安得，而攻金蒲城。恭以毒藥傅矢，語匈奴曰：「漢家箭神㊀，其中瘡者，必有異。」虜中矢者，視瘡㊁皆沸，大驚。會天暴風雨，隨雨擊之，殺傷甚眾。匈奴震怖，相謂曰：「漢兵神，真可畏也！」遂解去。

㈢夏，六月，己未（十二日），有星孛於太微。

㈣耿恭以疏勒㊂城傍有澗水，可固，引兵據之。秋，七月，匈奴復來攻，擁絕澗水。恭於城中穿井，十五丈不得水，吏士渴乏，至笮㊃馬糞汁而飲之。恭身自率士輓籠㊄，有頃，水泉奔出，衆皆稱萬歲，乃令吏士揚水以示虜，虜出不意，以為神明，遂引去。

㈤八月，壬子（六日），帝崩於東宮前殿，年四十八。遺詔無起寢廟，藏主於光烈皇后更衣別室㊅。帝遵奉建武制度，無所變更，后妃之家，不得封侯與政㊆。館陶公主㊇為子求郎，不許，而賜錢千萬。謂羣臣曰：「郎官上應列宿㊈，出宰百里，苟非其人，則民受其殃。是以難之。」公車以反支日(一〇)不受章奏，帝聞而怪曰：「民廢農桑，遠來詣闕，而復拘以禁忌，豈為政之意乎？」於是遂(一一)蠲其制。尚書閻章二妹為貴人，章精力(一二)曉舊典，久次(一三)當遷重職，帝為後宮親屬，竟不用。是以吏得其人，民樂其業，遠近畏服，戶口滋殖焉。

㈥太子即位，年十八。尊皇后曰皇太后。明帝初崩，馬氏兄弟，爭欲入宮㈣，北宮衞士令㈤楊仁被甲持戟，嚴勒門衞，人莫敢輕進者。諸馬乃共譖仁於章帝，言其峻刻。帝知其忠，愈善之，拜為什邡令㈥。

㈦壬戌（十六日），葬孝明皇帝于顯節陵㈦。

㈧冬，十月，丁未（二日），赦天下。

㈨詔以行太尉事節鄉侯熹為太傅，司空融為太尉，並錄尚書事㈧。

㈩十一月，戊戌（二十四日），以蜀郡太守第五倫為司空。倫在郡公清，所舉吏多得其人，故帝自遠郡用之㈨。

⑪焉耆、龜茲攻沒都護陳睦，北匈奴圍關寵於柳中城。會中國有大喪㈩，救兵不至，車師復叛，與匈奴共攻耿恭。恭率厲士眾禦之，數月，食盡窮困。乃煮鎧弩，食其筋革。恭與士卒推誠同死生，故皆無二心。而稍稍死亡，餘數十人。單于知恭已困，欲必降之，遣使招恭曰：「若降者當封為白屋㈡王，妻以女子。」恭誘其使上城，手擊殺之，炙諸城上，單于大怒，更益兵圍恭，不能下。

關寵上書求救，詔公卿會議。司空倫以為不宜救。司徒鮑昱曰：「今使人於危難之地，急而棄之，外則縱蠻夷之暴，內則傷死難之臣。誠令權時，後無邊事可也。匈奴如復犯塞為寇，陛下將何以使將？又二部㉒兵人裁各數十，匈奴圍之，歷旬不下㉓，是其寡弱力盡㉔之效也。可令敦煌、酒泉太守各將精騎二千，多其幡幟，倍道兼行，以赴其急。匈奴疲極之兵，必不敢當。四十日間，足還入塞。」帝然之。乃遣征西將軍耿秉屯酒泉，行太守事，遣酒泉太守段彭㉕【考異】耿恭傳云秦彭，今從帝紀。與謁者王蒙、皇甫援，發張掖、酒泉、敦煌三郡及鄯善兵，合七千餘人以救之。

㈩甲辰（三十日），晦，日有食之。

㈪太后㉖兄弟虎賁中郎廖、及黃門郎㉗防光，終明帝世未嘗改官，帝以廖為衞尉，防為中郎將，光為越騎校尉。廖等傾身交結，冠蓋之士，爭赴趣之。第五倫上疏曰：「臣聞書曰㉘：『臣無作威作福㉙，其害于而家，凶于而國。』近世光烈皇后㉚，雖友愛天至，而抑損陰氏，不假以權勢㉛。其後梁、竇之家，互有非法。明帝即位，竟多誅之㉒。自是洛中無復權戚，書記請託，一皆斷絕。又諭諸外戚曰：『苦身待士，不如為國；戴盆望天，事不兩施㉓。』今之議者，復以馬氏為言。竊聞衞尉廖以布三千匹，城門校尉防以錢三百萬㉔，私贍三輔衣冠，知與不知，莫不畢給。又聞臘日亦遺其在雒中者，錢各五千。越騎校尉光臘用羊三百頭，米四百斛，肉五千斤。臣愚以為不應經義，惶恐不敢不以聞。陛下情欲厚之，亦宜所以安之。臣今言此，誠欲上忠陛下，下全后家也。」

(十四)是歲京師及兗、豫、徐州㉕大旱。

【今註】㈠箭神：《東觀漢記》、袁宏《後漢紀》皆作神箭。㈡瘡：袁宏《後漢紀》作創。㈢疏勒城：在車師後部，非疏勒國城。胡三省曰：「此疏勒城在車師後部，非疏勒國城也。據西域傳，疏勒國去長史所居五千里，後部去長史所居五百里，耿恭自後部金蒲城移據疏勒城，其後范羌又自前部交河城從山北至疏勒迎恭，審視本末，則非疏勒國城明矣。」㈣笮：壓，音窄。袁宏《後漢紀》作作。㈤輓籠：前牽曰輓。籠，盛土之器。㈥藏主於光烈皇后更衣別室：禮藏主於廟，既不起寢廟，故藏於后之更衣別室。更，更易。㈦帝遵奉建武制度，無所變更，后妃之家，不得封侯與政：《東觀漢記》曰：「光武閔傷前世權臣太盛，外戚預政，上濁明主，下危臣子，后族陰郭之家，不過九卿，親屬勢位，不能及許史王氏之半。至永平，后妃外家，貴者裁家一人，備列將校尉，在兵馬官，充奉宿衞闔門而已，無封侯預朝政者。自皇子之封，皆減舊制，諸王皆略與楚淮陽相比，什減三四。」㈧館陶公主：光武女，適駙馬都尉韓光。㈨郎官上應列宿：《史記・天官書》云：「太微宮後十五星，郎位也。」宿，音秀。㈩反支日：凡反支日用月朔為正，戌亥朔一日反支，申酉朔二日反支，午未朔三日反支，辰巳朔四日反支，寅卯朔五日反支，子丑朔六日反支。⑪蠲：除去。⑫精力：勵精努力。⑬久次：久在任。⑭爭欲入宮：欲入北宮謁后。⑮北宮衞士令：東都（洛陽）南北宮皆有衞士令一人，秩六百石，各掌其宮衞士。⑯什邡：今四川什邡縣。邡，音方。⑰顯節陵：故富壽亭，在洛陽西北三十七里。⑱錄尚書事：武帝時，左右曹諸吏，分平尚書奏事，知樞要者，始領尚書事。張安世以車騎將軍，霍光以大將軍，王鳳以大司馬，師丹以左將軍，並領尚書事。章帝以太傅趙熹、太尉牟融並錄尚書事，尚書有錄名自此始，亦西漢領尚書之任。⑲自遠郡用之：第五倫以蜀郡太守至京師洛陽任司空，故稱自遠郡用之。沈欽韓曰：「華陽國志，漢中趙瑤自扶風太守徙蜀郡，司空張溫謂之曰：『昔第五伯魚自蜀郡為司空，今掃吾第以待足下矣。』蓋漢世以為美談。」伯魚，第五倫字。⑳大喪：指明帝之崩。㉑白屋：北狄之一種。㉒二部：指關寵及耿恭。㉓歷旬不下：惠棟曰：「班固耿恭守疏勒城賦曰：日兮月兮扼重圍。故云歷旬。」㉔力盡：猶言盡力。㉕段彭：袁宏《後漢紀》作殷彭。㉖太后：馬太后。㉗黃門郎：給事黃門侍郎，秩六百石，掌侍從左右。㉘書曰：《尚書・洪範》言。㉙作威作福：作威，專刑罰；作福，專爵賞。㉚光烈皇后：陰后。

㉑抑損陰氏，不假以權勢：謂陰后不為宗親求位。㉒竟多誅之：指誅梁松竇穆等。㉓戴盆望天，事不兩施：《漢書・司馬遷傳》〈遷報任安書〉曰：「戴盆何以望天？」㉔錢三百萬：《後漢書・第五倫傳》作二百萬。㉕兗、豫、徐州：兗州轄陳留、東郡、東平、泰山、濟北、山陽、濟陰等郡國。豫州轄汝南、潁川二郡，梁、沛、陳、魯等國。徐州轄東海、琅邪、彭城、廣陵、下邳等郡國。

卷四十六　漢紀三十八

起柔兆困敦，盡閼逢涒灘，凡九年。（丙子至甲申，西元七六年至西元八四年。）

司馬光編集
杜維運註

肅宗孝章帝上㊀諱炟，顯宗第五子，母賈貴人，以馬后母養為嫡即位。

建初元年（西元七六年）

㈠春，正月，詔兗、豫、徐三州稟贍饑民㊁。上問司徒鮑昱何以消復㊂旱災，對曰：「陛下始踐天位，雖有失得，未能致異。臣前為汝南太守，典治楚事㊃，繫者千餘人，恐未能盡當其罪。夫大獄一起，冤者過半，又諸徙者，骨肉離分，孤魂不祀。宜一切還諸徙家，蠲除禁錮，使死生獲所，則和氣可致。」帝納其言。

校書郎㊄楊終上疏曰：「間者北征匈奴，西開三十六國，百姓頻年服役，轉輸煩費。愁困之民，足以感動天地㊅。陛下宜留念省察。」帝下其章，第五倫亦同終議。牟融、鮑昱皆以為孝子無改父之道㊆，征伐匈奴，屯戍西域，先帝所建，不宜回異。終復上疏曰：「秦築長城，功役繁興，胡亥不革，卒亡四海。故孝元棄珠厓之郡(八)，光武絕西域之國(九)，不以介鱗(一〇)易我衣裳(一一)。魯文公毀泉臺，春秋譏之曰：『先祖為之，而已毀之，不如勿居而已。』以其無妨害於民也。襄公作三軍，昭公舍之，君子大其復古，以為不舍則有害於民也。今伊吾之役(一二)，樓蘭之屯兵(一三)，久而未還，非天意也。」帝從之。

(二)丙寅（二十三日），詔二千石勉勸農桑，罪非殊死，須秋案驗，有司明慎選舉，進柔良，退貪猾，順時令，理冤獄。是時承永平故事，吏政尚嚴切，尚書決事，率近於重。尚書沛國陳寵(一四)，以帝新即位，宜改前世苛俗，乃上疏曰：「臣聞先王之政，賞不僭，刑不濫，與其不得已，寧僭無濫(一五)。往者(一六)斷獄嚴明，所以威懲姦慝。姦慝既平，必宜濟(一七)之以寬。陛下即位，率由此義，數詔羣僚，弘崇晏晏(一八)。而有司未悉奉承，猶尚深刻，斷獄者急於篣(一九)格(二〇)酷烈之痛，執憲者煩於詆欺放濫之文，或因公行私，逞縱威福。夫為政猶張琴瑟，大絃急者小絃絕(二一)。陛下宜隆先王之道，蕩滌煩苛之灋(二二)，輕薄箠楚，以濟羣生；全廣至德，以奉天心。」帝深納寵言，每事務於寬厚。

(三)酒泉太守段彭等兵會柳中，擊車師，攻交河城(二三)，斬首三千八百級，獲生口三千餘人，北匈奴驚走，車師復降。會關寵已歿(二四)，謁者王蒙等欲引兵還，耿恭軍吏范羌時在軍中(二五)，固請迎恭。諸將不敢前，乃分兵二千人與羌，從山北迎恭。遇大雪丈餘，軍僅能至。城(二六)中夜聞兵馬聲，以為虜來，大驚。羌遙呼曰：「我范羌也！漢遣軍迎校尉耳(二七)。」城中皆稱萬歲，開門共相持涕泣(二八)。明日遂相隨俱歸，虜兵追之，且戰且行。吏士素飢困，發疏勒時，尚有二十六人，隨路死歿，三月至玉門(二九)，唯餘十三人，衣屨穿決，形容枯槁。中郎將鄭眾(三〇)為恭以下洗沐易衣冠，上疏奏恭以單兵守孤城，當匈奴數萬之眾，連月踰年，心力困盡，鑿山為井，煮弩為糧，前後殺傷醜虜數百千計，卒全忠勇，不為大漢恥，宜蒙顯爵，以厲將帥。恭至雒陽，拜騎都尉。詔悉罷戊巳校尉及都護官(三一)，徵還班超。

超將發還，疏勒舉國憂恐。其都尉㉜黎弇曰：「漢使棄我，我必復為龜茲所滅耳！誠不忍見漢使去。」因以刀自剄。超還至于竇，王侯以下皆號泣，曰：「依漢使如父母，誠不可去！」互抱超馬腳，不得行。超亦欲遂其本志，乃更還疏勒。疏勒兩城已降龜茲，而與尉頭㉝連兵，超捕斬反者，擊破尉頭，殺六百餘人，疏勒復安。

㈣甲寅（十二日），山陽東平地震。

㈤東平王蒼上便宜三事，帝報書曰：「間吏民奏事，亦有此言，但明智淺短，或謂儻是，復慮為非，不知所定。得王深策，恢然㉞意解。思惟嘉謀，以次奉行。」特賜王錢五百萬。

後帝欲為原陵、顯節陵起縣邑，蒼上疏諫曰：「竊見光武皇帝，躬履儉約之行，深覩始終之分，勤勤懇懇，以葬制為言㉟。孝明皇帝，大孝無違，承奉遵行㊱，謙德之美，於斯為盛。臣愚以園邑之興，始自彊秦㊲。古者丘隴且不欲其著明㊳，豈況築郭邑建都郛㊴哉！上違先帝聖心，下造無益之功，虛費國用，動搖百姓，非所以致和氣，祈豐年也。陛下履有虞之至性㊵，追祖禰㊶之深思，臣蒼誠傷二帝純德之美，不暢於無窮也㊷。」帝乃止。自是朝廷每有疑政，輒驛使諮問，蒼悉心以對，皆見納用。

㈤秋，八月，庚寅（二十日），有星孛於天市。

㈥初，益州西部都尉廣漢鄭純為政清潔，化行夷貊，君長感慕，皆奉珍內附。明帝為之置永昌郡㊸，以純為太守。純在官十年而卒。後人不能撫循夷人。九月，哀牢王類牢殺守令，反攻博南。

㈦阜陵王延數懷怨望，有告延與子男魴造逆謀者，上不忍誅。冬，十一月，貶延為阜陵侯，食一縣，不得與吏民通。

㈧北匈奴皐林溫禺犢王將眾還居涿邪山㊹，南單于與邊郡及烏桓共擊破之。

是歲南部大饑，詔稟給之。

【今註】㈠名炟，明帝第五子，母賈貴人，馬皇后養為己子。炟音達。㈡詔兗豫徐三州稟贍饑民：永平十八年兗豫徐三州大旱。㈢消復：消去災異，恢復常態。㈣前為汝南太守典治楚事：永平十三年，楚王英謀反，繫獄者甚眾，鮑昱時為汝南太守，典治其獄。㈤校書郎：漢蘭臺為藏書之室，使當時文學之士讎校於其中，故有校書之職，如劉向揚雄輩是。東漢於蘭臺置令史，典校秘書。若以郎居其任者，謂之校書郎。㊅感動天地：指移變陰陽，招致災異。㊆孝子無改父之道：此《論語》孔子之言。㊇孝元棄珠厓之郡：元帝初元二年，珠厓郡反，待詔賈捐之以為宜棄珠厓，救人飢餓，乃罷珠厓郡。㊈光武絕西域之國：光武建武二十一年，鄯善車師王等十八國皆遣子入侍，請都護，帝以中國初定，未遑外事，還其侍子，厚加賞賜。[一〇]介鱗：喻遠夷，言其人與魚鱉無異。[一一]衣裳：指中國。[一二]伊吾之役：指竇固等取伊吾，見卷四十五永平十六年。[一三]樓蘭之屯兵：樓蘭即鄯善，屯兵蓋指班超所將吏士。[一四]沛國陳寵：陳寵沛國人。[一五]先王之政，賞不僭，刑不濫，與其不得已，寧僭無濫：《左傳》蔡大夫聲子之言。[一六]往者：指永平年間。[一七]濟：益。[一八]晏晏：溫和。[一九]篣：與榜通，笞擊。[二〇]格：擊。[二一]為政猶張琴瑟，大絃急者小絃絕：《新序》，臧孫魯大夫，行猛政，子貢非之，曰：夫政猶張琴瑟也，大絃急則小絃絕矣。故曰：罰得則姦邪止，賞得則下歡悅。[二二]瀍：與法通。[二三]交河城：車師前王居交河城，河水分流，繞城下，故稱交河。今新疆吐魯番縣。[二四]會關寵已歿：袁宏《後漢紀》，關寵病死，以喪歸。[二五]耿恭軍吏范羌時在軍中：先是恭遣羌至敦煌，迎兵士寒服，羌因隨王蒙軍出塞。[二六]城：指耿恭據守之疏勒城，在車師後部，非疏勒國城。[二七]校尉：耿恭時任戊校尉。[二八]相持涕泣：擁抱痛哭。[二九]玉門：玉門關，在今甘肅敦煌縣西北。[三〇]中郎將鄭眾：鄭眾先以軍司馬與馬廖擊車師，至敦煌拜中郎將。[三一]悉罷戊巳校尉及都護官：戊巳校尉及都護官明帝十七年置。[三二]都尉：疏勒國官有疏勒侯、擊胡侯、輔國侯、都尉。[三三]尉頭：尉頭國，居尉頭谷，南與疏勒接壤。今新疆烏什縣。[三四]恢然：廓然。[三五]勤勤懇懇，以葬制為言：事見卷四十四光武建武二十六年。㊱孝明皇帝大孝無違，承奉遵行：事見卷四十五明帝永平十四年。㊲園邑之興，始自彊秦：秦始皇葬於驪山，徙三萬家起驪邑。西漢因之，諸陵皆起陵邑，至元帝乃止。㊳古者丘隴且不欲其著明：《禮記》曰：「古者墓而不墳。」故言不欲其著明。著明，顯露突出之意。㊴都郛：人之所聚曰都。郛，外城。㊵陛下履有虞之至性：虞舜事親至孝，故以為言。㊶禰：父廟曰禰。㊷陛下履有虞之至性，追祖禰之深思，臣蒼誠傷二帝純德之美，不暢於無窮也：授《後漢書・東平王蒼傳》云：「陛下履有虞之至性，追祖禰之深思，然懼左右過議，以累聖心。臣蒼誠傷二帝純德之美，不暢於無窮也。」《通鑑》刪去「然懼左右過議，以累聖心」二語，意義頗覺不明。㊸明帝為之置永昌郡：明帝永平十年，置益州西部都尉，居嶲唐，領不韋、嶲唐、比蘇、楪榆、邪龍、雲南六縣。十二年，哀牢內屬，置哀牢博南二縣，合為永昌郡。㊹北匈奴皐林溫禺犢王將眾還居涿邪山：皐林溫禺犢王本居涿邪山，永平十六年，祭肜等北伐，將眾遁去。今復還。

二年（西元七七年）

㈠春，三月，甲辰（八日），罷伊吾盧屯兵㈠，匈奴復遣兵守其地。

㈡永昌、越嶲㈡、益州三郡兵及昆明夷鹵承等擊哀牢王類牢於博南，大破斬之。

㈢夏，四月，戊子（二十二日），詔還坐楚淮陽事㊂徙者四百餘家。

㈣上欲封爵諸舅，太后不聽。會大旱，言事者以為不封外戚之故。有司請依舊典㊃。太后詔曰：「凡言事者，皆欲媚朕以要福耳。昔王氏五侯，同日俱封㊄，黃霧四塞，不聞澍㊅雨之應。夫外戚貴盛，鮮不傾覆。故先帝防慎舅氏，不令在樞機㊆之位。又言我子不當與先帝子等㊇。今有司奈何欲以馬氏比陰氏乎？且陰衞尉㊈天下稱之，省中㊉御者⑪至門，出不及履，此蘧伯玉⑫之敬也。新陽侯⑬雖剛彊微失理，然有方略，據地談論，一朝無雙。原鹿貞侯⑭勇猛誠信。此三人者，天下選臣，豈可及哉？馬氏不及陰氏遠矣！吾不才，夙夜累息⑮，常恐虧先后之法，有毛髮之罪。吾不釋言之，不捨晝夜，而親屬犯之不止，治喪起墳，又不時覺，是吾言之不立，而耳目之塞也。吾為天下母，而身服大練⑯，食不求甘，左右但著帛布，無香薰之飾者，欲身率下也。以為外親見之，當傷心自敕，但笑言太后素好儉。前過濯龍〔一七〕、門上，見外家問起居者，車如流水，馬如游龍，倉頭衣綠褠〔一八〕，領袖正白〔一九〕。顧視御者，不及遠矣。故不加譴怒，但絕歲用而已，冀以默愧其心，猶懈怠無憂國忘家之慮。知臣莫若君，況親屬乎？吾豈可上負先帝之旨，下虧先人之德，重襲西京敗亡之禍〔二〇〕哉！」固不許。帝省詔悲嘆，復重請曰：「漢興舅氏之封侯，猶皇子之為王也。太后誠存謙虛，奈何令臣獨不加恩三舅乎？且衞尉〔二一〕年尊，兩校尉〔二二〕有大病，如令不諱，使臣長抱刻骨之恨。宜及吉時〔二三〕，不可稽留。」太后報曰：「吾反覆念之，思令兩善〔二四〕。豈徒欲獲謙讓之名，而使帝受不外施〔二五〕之嫌哉。昔竇太后〔二六〕欲封王皇后〔二七〕之兄〔二八〕，丞相條侯〔二九〕言高祖約無軍功不侯〔三〇〕。今馬氏無功於國，豈得與陰郭中興之后等邪？常觀富貴之家，祿位重疊，猶再實之木，其根必傷〔三一〕。且人所以願封侯者，欲上奉祭祀，下求溫飽耳。今祭祀則受太官之賜，衣食則蒙御府餘資〔三二〕，斯豈不可足，而必當得一縣乎？吾計之孰〔三三〕矣！勿有疑也。夫至孝之行，安親為上〔三四〕。今數遭變異，穀價數倍，憂惶晝夜，不安坐臥，而欲先營外家之封，違慈母之拳拳㉟乎？吾素剛急，有匈中氣㊱，不可不順也。子之未冠，由於父母；已冠成人，則行子之志。念帝人君也，吾以未踰三年之故，自吾家族，故得專之。若陰陽調和，邊境清靜，然後行子之志，吾但當含飴弄㊲孫，不能復關政㊳矣。」上乃止。

太后嘗詔三輔諸馬昏親，有屬託郡縣，干亂吏治者，以法聞㊴。太夫人㊵葬，起墳微高㊶，太后以為言，兄衛尉廖等即時減削。其外親有謙素義行者，輒假借溫言，賞以財位；如有纖介，則先見嚴恪之色，然後加譴；其美車服，不遵法度者，便絕屬籍㊷，遣歸田里。廣平、鉅鹿、樂成王㊸車騎朴素，無金銀之飾，帝以白太后，即賜錢各五百萬。於是內外從化，被服如一㊹，諸家惶恐，倍於永平時。

置織室㊺，蠶於濯龍中，數往觀視，以為娛樂。常與帝旦夕言道㊻政事，及教授小王㊼論語經書，述敘平生，雍和終日。馬廖慮美業難終，上疏勸成德政曰：「昔元帝罷服官㊽，成帝御浣衣㊾，哀帝去樂府(五〇)，然而侈費不息，至於衰亂者，百姓從行不從言(五一)也。夫改政移風，必有其本。傳曰：『吳王(五二)好劍客，百姓多創瘢(五三)；楚王好細腰，宮中多餓死(五四)。』長安語(五五)曰：『城中好高結(五六)，四方高一尺；城中好廣眉，四方且半額；城中好大袖，四方全匹帛。』斯言如戲，有切事實。前下制度未幾(五七)，後稍不行，雖或吏不奉法，良由慢起京師。今陛下素簡所安(五八)，發自聖性，誠令斯事一竟(五九)，則四海誦德，聲薰天地(六〇)，神明可通。況於行令乎？」太后深納之。

㈤初，安夷縣(六一)吏略(六二)妻卑湳種羌人婦，吏為其夫所殺，安夷長宗延追之出塞，種人恐見誅，遂共殺延，而與勒姐(六三)、吾良二種相結為寇。於是燒當羌豪滇吾之子迷吾率諸種俱反，敗金城太守郝崇。詔以武威太守北地傅育為護羌校尉，自安夷徙居臨羌(六四)。迷吾又與封養種豪布橋等五萬餘人，共寇隴西漢陽(六五)。秋，八月，遣行車騎將軍馬防、長水校尉耿恭將北軍五校兵(六六)，及諸郡射士(六七)三萬人擊之。第五倫上疏曰：「臣愚以為貴戚可封侯以富之，不當任以職事。何者？繩以法則傷恩，私以親則違憲。伏聞馬防今當西征，臣以太后恩仁，陛下至孝，恐卒有纖介，難為意愛(六八)。」帝不從。馬防等軍到冀，布橋等圍南部都尉於臨洮(六九)，防進擊破之，斬首虜四千餘人，遂解臨洮圍，其眾皆降，唯布橋等二萬餘人屯望曲谷(七〇)不下。

(六)十二月，戊寅（十六日），有星孛于紫宮。

(七)帝納竇勳女為貴人，有寵。貴人母即東海恭王女沘(七一)陽公主也。

(八)第五倫上疏曰：「光武承王莽之餘，頗以嚴猛為政。後代因之，遂成風化。郡國所舉，類多辦職俗吏，殊未有寬博之選，以應上求者也。陳留(七二)令劉豫、冠軍(七三)令駟協，並以刻薄之姿，務為嚴苦，吏民愁怨，莫不疾之。而今之議者，反以為能。違天心，失經義，非徒應坐豫、協，亦宜譴(七四)舉者(七五)。務進仁賢，以任時政，不過數人，則風俗自化矣。臣嘗讀書記，知秦以酷急亡國。又目見王莽亦以苛法自滅。故勤勤懇懇，實在於此。又聞諸王主貴戚，驕奢踰制，京師尚然，何以示遠？故曰：『其身不正，雖令不行㊱。』以身教者從，以言教者訟。」上善之。倫雖天性峭㊲直，然常疾俗吏苛刻，論議每依寬厚云。

【今註】㈠伊吾盧屯兵：明帝永平十六年置。㈡嶲：音髓。㈢楚淮陽事：楚獄及淮陽獄。楚獄見卷四十五明帝永平十四年。淮陽獄即阜陵王延徙封時所興之獄。㈣舊典：漢制外戚以恩澤封侯。㈤王氏五侯同日俱封：成帝封太后弟王譚、王商、王立、王根、王逢時等同時為關內侯。㈥澍：音注。雨潤及物曰澍。㈦樞機：近要之官。㈧又言我子不當與先帝子等：事見卷四十五永平十五年。㈨陰衞尉：陰興，光武建武十九年拜衞尉。㈩省中：禁中。⑪御者：內人。⑫蘧伯玉：春秋衞賢大夫。⑬新陽侯：陰就。新陽在今安徽太和縣西北。袁宏《後漢紀》作親陽侯誤，東漢無親陽縣。⑭原鹿貞侯：陰識。原鹿在今安徽阜陽縣南。⑮累息：猶屏息。⑯大練：粗絲織成之帛。⑰濯龍：園名，近北宮。⑱綠褠：綠單衣。⑲領袖正白：言其新潔無垢污。⑳西京敗亡之禍：西漢外戚呂祿、呂產、竇嬰、上官桀安父子、霍禹等皆被誅。㉑衞尉：太后兄馬廖。㉒兩校尉：太后兄馬防及馬光。㉓宜及吉時：漢封爵羣臣，皆擇吉日。㉔兩善：謂國家無濫恩，而外戚亦以安全。㉕外施：以恩澤封爵外戚。㉖竇太后：文帝后。㉗王皇后：景帝后。㉘兄：指王信，後封為蓋侯。㉙條侯：周亞夫。㉚高祖約無軍功不侯：高祖與功臣約，非劉氏不王，非有功不侯，不如約天下共擊之。㉛再實之木，其根必傷：文子曰：「再實之木根必傷，掘臧之家後必殃。」㉜祭祀則受太官之賜，衣食則蒙御府餘資：胡三省曰：「自西都以來，皇后家祀其父母，太官供具，御府令掌中衣服及補澣之屬，飲食則太官主之。此言衣食皆資於御府，概言之也。」(三三)孰：古字孰熟通。(三四)至孝之行，安親為上：楊子曰：「孝莫大於寧親，寧親莫大於得四表之驩心。」(三五)拳拳：懇至之意。(三六)匈中氣：疾病名。匈與胸同。(三七)含飴弄孫：言年老但圖自適，不問餘事。(三八)關政：豫政。(三九)以法聞：胡三省曰：「繩以法而奏聞。」(四〇)太夫人：馬太后母。(四一)起墳微高：漢律，列侯墳高四丈，關內侯以下至庶人各有差。(四二)絕屬籍：絕外戚之屬籍。(四三)廣平鉅鹿樂成王：廣平王羨、鉅鹿王恭、樂成王黨皆明帝子。(四四)被服如一：惠棟曰：「東觀記，明德后詔書流布，咸稱正德，王主諸室，莫敢犯禁。時廣平樂成王在邸，入問起居，帝望見車騎鞍勒皆純黑，無金銀綵飾，馬不踰六尺。於是以白太后，即賜錢各五百萬。於是施親戚被服自此始。」(四五)織室：《漢書》有東織西織，屬少府。平帝省東織，改西織名織室。(四六)言道：談論。(四七)小王：諸王年尚幼未就國者。(四八)元帝罷服官：事見卷二十八初元五年。(四九)御浣衣：言穿經過浣濯之衣。(五〇)哀帝去樂府：哀帝即位，詔罷鄭衛之音，減郊祭及武樂等人數。(五一)從行不從言：《書》曰：「違上所命，從厥攸好。」(五二)吳王：胡三省曰：「蓋指吳王闔閭。」(五三)瘢：痕。(五四)楚王好細腰，宮中多餓死：《墨子》曰：「楚靈王好細腰，而國多餓人。」(五五)長安語：當時諺語。(五六)高結：高髻。(五七)未幾：不久。(五八)素簡所安：言馬太后安於儉約。(五九)竟：終；完成。(六〇)聲薰天地：薰，蒸。言芳聲充滿宇內。(六一)安夷縣：在今青海西寧東。(六二)略：掠奪。(六三)勒姐：勒姐羌，居勒姐溪，因以為種名。(六四)臨羌：當在今青海西寧西。(六五)漢陽：本天水郡，明帝永平十七年改名漢陽。(六六)北軍五校兵：武帝置北軍八校：中壘、屯騎、越騎、長水、胡騎、射聲、步兵、虎賁。光武中興，省中壘、胡騎、虎賁。惟存越騎、屯騎、步兵、長水、射聲五校。屯騎、越騎、步兵、射聲各領士七百人，長水領烏桓胡騎七百三十六人，皆宿衞兵。(六七)射士：《後漢書・馬防傳》作積射士。(六八)恐卒有纖介，難為意愛：李賢曰：「恐卒然有小過，愛而不罰，則廢法也。」卒，讀猝。(六九)臨洮：今甘肅省岷縣。(七〇)望曲谷：在甘肅岷縣西南。(七一)泚：音比。(七二)陳留：今河南陳留縣。(七三)冠軍：在今河南鄧縣西北。(七四)譴：責。(七五)亦宜譴舉者：應劭《漢官儀》，丞相故事，四科辟召，及刺史二千石察舉茂才尤異者孝廉廉吏，務盡實覈。有非其人，臨計過署，不便習曹事，書疏不端正，不如詔書，有司奏罪名並正舉者。(七六)其身不正，雖令不行：孔子語，見《論語・子路篇》。(七七)峭：峻急。

三年（西元七八年）

(一)春，正月，己酉（十七日），宗祀明堂，登靈臺，赦天下。

(二)馬防擊布橋，大破之。【考異】帝紀，防破羌在四月。蓋春破而京師四月始聞也。今從防傳。布橋將種人萬餘降。詔徵防還，留耿恭擊諸未服者，斬首虜千餘人，勒姐(一)燒何等十三種數萬人皆詣恭降。恭嘗以言事忤馬防(二)，監營謁者承旨奏恭不憂軍事，坐徵下獄㊂，免官。

㈢三月，癸巳（二日），立貴人竇氏為皇后。

㈣初，顯宗之世，治虖沱、石臼㊃河，從都慮㊄至羊腸倉㊅，欲令通漕㊆太原。吏民苦役，連年無成，死者不可勝㊇筭。帝以郎中鄧訓為謁者，監領其事。訓考量隱括㊈，知其難成，具以上言。夏，四月，己巳（九日），詔罷其役，更用驢輦。歲省費億萬計，全活徒士數千人。訓，禹之子也。

㈤閏月，西域假司馬班超⑩率疏勒、康居⑪于寘⑫、拘彌⑬兵一萬人，攻姑墨⑭石城，破之，斬首七百級。

㈥冬，十二月，丁酉（十一日），以馬防為車騎將軍。

㈦武陵漊⑮中蠻反。

㈧是歲有司奏遣廣平王羡、鉅鹿王恭、樂成王黨俱就國。上性篤愛，不忍與諸王乖離，遂皆留京師。

【今註】㊀勒姐：姐音紫。在今青海西寧東南。㊁恭嘗以言事忤馬防：初，耿恭出隴西，上言薦竇固鎮撫涼部，由是大忤於防。又袁宏《後漢紀》，恭又薦臨邑侯劉復素好邊事，明略卓異，反以微過歸國，宜令以功自效，復將烏桓兵，所向必克，由是忤於防。㊂坐徵下獄：《東觀漢記》云「恭坐將兵不憂事，肆心縱欲，飛鷹走狗，遊戲道上，虜至不敢出，得詔書怨懟，徵下獄。」㊃石臼：河名，亦稱濊河。今淤塞。㊄都慮：《水經注》作都盧。㊅羊腸倉：在今山西交城縣東南。㊆漕：水運。㊇勝：音升。㊈隱括：隱，度；括，量。㊉西域假司馬班超：李宗侗案當作「西域軍司馬班超」。前卷永平十六年㈠：「固使假司馬班超與從事郭恂俱使西域。」同年：「固大喜，具上超功効，並求更選使使西域。帝曰：『吏如班超，何故不遣而更選乎？今以超為軍司馬，令遂前功。』」是班超已於永平十六年，由假司馬遷軍司馬，而《後漢書・班超傳》自遷軍司馬後，無改降假司馬事。〈竇固傳〉亦無此事。然後《漢書・章帝紀》則云：「西域假司馬班超擊姑墨，大破之。」此誤當沿自范書，甚而來自《東觀漢記》，皆非溫公之誤也。⑪康居：不屬西域都護，伊犂以西，迄以裏海之一大地。⑫于寘：今新疆和闐縣。⑬拘彌：在今新疆策勒縣北沙漠中。西名 Chira。⑭姑墨：今新疆阿克蘇縣。⑮溇：音婁，水名。

四年（西元七九年）

㈠春，二月，庚寅（五日），太尉牟融薨。

㈡夏，四月，戊子（四日），立皇子慶為太子。

㈢己丑（五日），徙鉅鹿王恭為江陵王，汝南王暢為梁王，常山王昞為淮陽王。

㈣辛卯（七日），封皇子伉㊀為千乘王，全為平春㊁王。

㈤有司連據舊典，請封諸舅。帝以天下豐稔，方垂無事，癸卯（十九日），遂封衛尉廖為順陽㊂侯，車騎將軍防為潁陽㊃侯，執金吾光為許㊄侯。太后聞之，曰：「吾少壯時，但慕竹帛，志不顧命㊅。今雖已老，猶戒之在得㊆。故日夜惕厲㊇，思自降損，冀乘此道，不負先帝。所以化導兄弟，共同斯志，欲令瞑目之日，無所復恨。何意老志復不從哉！萬年之日長恨矣！」廖等並辭讓，願就關內侯，【考異】皇后紀，稱廖等並辭讓，願就關內侯，太后聞之云云，廖等不得已受封爵。按太后之辭，皆不欲封廖等之意，而史家文勢，反似太后欲令廖等受封。今輒移廖等辭讓於太后語下，使文勢有序，讀者易解。帝不許。廖等不得已受封爵，而上書辭位。帝許之。五月，丙辰（二日），防、廖、光皆以特進就第。

㈥甲戌（二十日），以司徒鮑昱為太尉，南陽太守桓虞為司徒。

㈦六月，癸丑（三十日），皇太后馬氏崩。帝既為太后所養，專以馬氏為外家，故賈貴人不登極位，賈氏親族，無受寵榮者。

及太后崩，但加貴人王赤綬㈨。安車一駟，永巷宮人㈩二百，御府雜帛二萬匹，大司農黃金千斤，錢二千萬而已。

(八)秋，七月，壬戌（九日），葬明德皇后。

(九)校書郎楊終建言：「宣帝博徵羣儒，論定五經於石渠閣㈠。方今天下少事，學者得成其業，而章句之徒，破壞㈢大體。宜如石渠故事，永為後世則。」帝從之。冬，十一月，壬戌（十一日），詔太常、將、大夫、博士、郎官㈢及諸儒會白虎觀㈣，議五經同異。使五官中郎將㈤魏應承制問。侍中淳于恭奏帝親稱制臨決，作白虎議奏㈥。名儒丁鴻、樓望、成封、桓郁、班固、賈逵及廣平王羨皆與㈦焉。固，超之兄也。

【今註】㈠伉：音抗。㈡平春：在今河南信陽西北。㈢順陽：在今河南淅川縣東。㈣潁陽：在今河南許昌縣西南。㈤許：在今河南許昌縣西南。㈥但慕竹帛，志不顧命：言只羨慕古人留名史冊，不顧慮壽命長短。㈦戒之在得：《論語・季氏篇》：「孔子曰：『及其老也，戒之在得。』」㈧惕厲：惕，懼；厲，危。㈨王赤綬：諸侯王赤綬。漢制，貴人綠綬，三采，綠紫紺，長二丈一尺，二百四十首。諸侯赤綬，四采，赤黃縹紺，長二丈一尺，三百首。㈩永巷宮人：永巷，宮中署名，後改為掖庭。永巷宮人，即宮婢。㈡宣帝博徵羣儒，論定五經於石渠閣：事見卷二十七甘露三年。㈢壞：音怪。㈢將大夫博士郎官：將，三署及虎賁、羽林、中郎將。大夫，光祿、太中、中散、諫議大夫。博士，五經博士。郎官，五署郎及尚書郎、蘭臺東觀校書郎。㈣白虎觀：在北宮。㈤五官中郎將：比二千石。㈥白虎議奏：即《白虎通議》，簡稱《白虎通》。㈦與：音預，參預。

五年（西元八〇年）

㈠春，二月，庚辰（一日），朔，日有食之。詔舉直言極諫。

㈡荊豫諸郡兵討漊中蠻，破之。

㈢夏，五月，辛亥（三日），詔曰：「朕思遲㈠直士，側席㈡異聞，其先至者，各已發憤吐懣，略聞子大夫㈢之志矣。皆欲置於左右，顧問省納。建武詔書又曰：『堯試臣以職，不直以言語筆札。』今外官多曠，並可以補任。」

㈣戊辰（二十日），太傅趙熹薨。

㈤班超欲遂平西域，上疏請兵曰：「臣竊見先帝欲開西域，故北擊匈奴，西使外國，鄯善于窴，即時向化。今拘彌、莎車、疏勒、月氏、烏孫、康居，復願歸附，欲共幷力，破滅龜茲，平通漢道。若得龜茲，則西域未服者，百分之一耳。前世議者，皆曰：『取三十六國，號為斷匈奴右臂㊃。』今西域諸國，自日之所入㊄，莫不向化，大小欣欣，貢奉不絕。唯焉耆、龜茲獨未服從。臣前與官屬三十六人，奉使絕域，備遭艱戹。自孤守疏勒，於今五載，胡夷情數，臣頗識之，問其城郭小大皆言倚漢與依天等㊅。以是效㊆之，則葱領㊇可通，龜茲可伐。今宜拜龜茲侍子白霸為其國王，以步騎數百送之，與諸國連兵，歲月之間，龜茲可禽。以夷狄攻夷狄，計之善者也。臣見莎車、疏勒田地肥廣，草牧饒衍，不比敦煌、鄯善間也。兵可不費中國，而糧食自足。且姑墨、溫宿㊈二王，特為龜茲所置，既非其種，更相厭苦，其勢必有降者。若二國來降，則龜茲自破。願下臣章，參考行事，誠有萬分，死復何恨。臣超區區，特蒙神靈，竊冀未便僵仆，目見西域平定，陛下舉萬年之觴㊉，薦勳祖廟⑪，布大喜於天下。」書奏，帝知其功可成，議欲給兵。平陵徐幹⑫上疏，願奮身佐超，帝以幹為假司馬，將弛刑㊂及義從㊃千人就超。先是莎車以為漢兵不出，遂降於龜茲，而疏勒、都尉、番㊄辰亦叛。會徐幹適至，超遂與幹擊番辰，大破之，斬首千餘級。欲進攻龜茲，以烏孫兵彊，宜因其力。乃上言：「烏孫大國，控弦十萬，故武帝妻以公主㊅。至孝宣帝卒得其用㊆。今可遣使招慰，與共合力。」帝納之。

【今註】㊀遲：待。㊁側席：李賢曰：「側席謂不正坐，所以待賢良也。」惠棟曰：「典禮，有憂者側席而坐。鄭玄注，側猶特也，不布他面席。案側席與儀禮側殺側受醴之側同，憂在進賢故側席。注非。」㊂子大夫：稱子大夫表示親近之意。㊃前世議者皆曰，取三十六國，號為斷匈奴右臂：李賢曰：「前書曰：漢遣公主為烏孫夫人，結為昆弟，則是斷匈奴右臂也。哀帝時劉歆上議曰，武帝時立五屬國，起朔方，伐朝鮮，起玄菟樂浪，以斷匈奴之左臂也。西伐大宛，結烏孫，裂匈奴之右臂也。南面以西為右。」㊄日之所入：《漢書．西域傳》曰：「自條支國乘水西行，可百餘日，近日所入。」此為天文及地理知識未發展前之揣測。㊅問其城郭小大皆言倚漢與依天等：胡三省曰：「謂城郭之國，若小若大，其言皆然。」㊆效：驗。㊇領：即嶺，古領嶺兩字通。㊈溫宿：今新疆烏什縣。㊉西域平定，陛下舉萬年之觴：言西域平定，廷臣畢賀，天子為之舉觴。⑪薦勳祖廟：言西域平定，告成功於祖廟。⑫平陵徐幹：徐幹扶風平陵人。⑬弛刑：胡三省曰：「弛刑徒也。」⑭義從：自奮願從行者。一說為胡人。㈤番：音潘。㈥武帝妻以公主：烏孫國居赤谷城，武帝元封中，以江都王女細君為公主以妻烏孫，贈送甚盛，烏孫以為右夫人。㈦孝宣帝卒得其用：《漢書・西域傳》，宣帝即位，烏孫遣使上書，言匈奴連發大兵，侵擊烏孫，欲隔絕漢。烏孫願發國精兵五萬騎，盡力擊匈奴，唯天子出兵以救公主。漢大發十五萬騎，五將軍分道竝出，烏孫以五萬騎從西方入至右谷蠡王庭，獲四萬餘級，馬牛羊七千餘萬。

六年（西元八一年）

㈠春，二月，辛卯（十八日），琅邪孝王京薨。

㈡夏，六月，丙辰（十五日），太尉鮑昱薨。

㈢辛未（三十日），晦，日有食之。

㈣秋，七月，癸巳（二十二日），以大司農鄧彪為太尉。

㈤武都太守廉范遷蜀郡太守，成都民物豐盛，邑宇逼側。舊制禁民夜作，以防火災，而更相隱蔽，燒者日屬㈠。范乃毀削先令，但嚴使儲水而已。百姓以為便，歌之曰：「廉叔度㈡，來何暮？不禁火，民安作。昔無襦㈢，今五絝㈣。」

㈥帝以沛王等將入朝，遣謁者賜貂裘及太官食物珍果㈤。又使大鴻臚竇固持節郊迎，帝親自循行邸第，豫設帷牀，其錢帛器物，無不充備。

【今註】㈠燒者日屬：屬，聯。言不斷有火災。㈡廉叔度：廉范字叔度。㈢襦：短衣。㈣絝：即褌。㈤帝以沛王等將入朝，遣謁者賜貂裘，及太官食物珍果：按《後漢書・東平王蒼傳》云：「(建初)六年冬，蒼上疏求朝。明年正月，帝許之，特賜裝錢千五百萬，其餘諸王各千萬。帝以蒼冒涉寒露，遣謁者賜貂裘及太官食物珍果。」是章帝僅遣謁者賜東平王蒼貂裘及太官食物珍果，並未遍賜及沛王等諸王也。沛王等諸王傳皆未言及此事。袁宏《後漢紀》亦云：「使中謁者以乘輿服太官珍膳迎蒼於郊。」又此為建初七年事，繫於六年下亦覺未妥。

七年（西元八二年）

㈠春，正月，沛王輔、濟南王康、東平王蒼、中山王焉、東海王政㈠、琅邪王宇㈡來朝。詔沛、濟南、東平、中山王贊拜不名㈢，升殿乃拜。上親答之，所以寵光榮顯，加於前古。每入宮，輒以輦迎，至省閤㈣乃下，上為之興席改容，皇后親拜於內，皆鞠躬辭謝不自安。

㈡三月，大鴻臚奏遣諸王歸國，帝特留東平王蒼於京師。

㈢初，明德太后為帝納扶風宋楊二女為貴人，大貴人生太子慶。梁松弟竦有二女，亦為貴人，小貴人生皇子肇。竇皇后無子，養肇為子。宋貴人有寵於馬太后，太后崩，竇皇后寵盛，與母泚陽公主㊄謀陷宋氏，外令兄弟求其纖過，內使御者偵㊅伺得失。宋貴人病思生兔㊆，令家求之，因誣言欲為厭勝㊇之術。由是太子出居承祿觀㊈。夏，六月，甲寅（十八日），詔曰：「皇太子有失惑無常之性，不可以奉宗廟。大義滅親㊉，況降退乎？今廢慶為清河王。皇太子肇保育皇后，承訓懷衽㈡，今以肇為皇太子。」遂出宋貴人姊妹，置丙舍㊂，使小黃門蔡倫案之，二貴人皆飲藥自殺。父議郎楊免歸本郡。慶時雖幼，亦知避嫌畏禍，言不敢及宋氏。帝更憐之，敕皇后令衣服與太子齊等。太子亦親愛慶，入則共室，出則同輿。

㈣己未（二十三日），徙廣平王羨為西平㊂王。

㈤秋，八月，飲酎畢，有司復奏遣東平王蒼歸國，帝乃許之。手詔賜蒼曰：「骨肉天性，誠不以遠近為親疏。然數見顏色，情重昔時。念王久勞，思得還休，欲署大鴻臚奏㉔，不忍下筆；顧授小黃門㉕，中心戀戀，惻然不能言。」於是車駕祖送㉖，流涕而訣。復賜乘輿服御珍寶輿馬錢布，以億萬計。

㈥九月，甲戌（十日），帝幸偃師㉗，東涉卷㉘津，至河內。下詔曰：「車駕行秋稼，觀收穫，因涉郡界，皆精騎輕行。無他輜重，不得輒修道橋，遠離城郭，遣吏逢迎，刺探㉙起居，出入前後，以為煩擾，動務省約，但患不能脫粟㉚瓢飲耳㉛。」己酉（是月乙丑朔，無己酉），進幸鄴。辛卯（二十七日），還宮。

㈦冬，十月，癸丑（十九日），帝行幸長安，封蕭何末孫熊為酇侯。進幸槐里㉜、岐山㉝。又幸長平㉞，御池陽宮㉟，東至高陵㊱。十二月，丁亥（是月申午朔，無丁亥。疑誤。）還宮。

㈧東平獻王蒼疾病，【考異】范書作憲，今從袁紀。馳遣名醫小黃門侍疾㊲，使者冠蓋不絕於道。又置驛馬，千里傳問起居。

【今註】㊀東海王政：東海王彊子。㊁琅邪王宇：琅邪王京子。㊂贊拜不名：言讚者不唱其名，表示優禮。沛、濟南、東平、中山四王皆章帝諸父，故異其禮。㊃省閤：入禁中閤門。㊄沘陽公主：東海王彊女。沘音比。㊅偵：候察。㊆兎：獸名，霜前獵取而食之，其味甚美。㊇厭勝：厭伏其人，呪詛求勝。㊈丞祿觀：《續漢志》，中藏府有丞祿署。㊉大義滅親：《左傳》隱公四年，衞石碏殺其子厚，君子曰：「石碏純臣也，惡州吁而厚與焉。大義滅親，其是之謂乎！」⑪衽：衣襟，亦為臥席。⑫丙舍：宮中之室，以甲乙丙為次第。《續漢志》，南宮有丙署。⑬西平：在今河南西平縣西。⑭大鴻臚奏：大鴻臚主賓客之官，奏請遣東平王歸國。⑮小黃門：受詔者。⑯祖送：猶今言送行。胡三省曰：「祖道供張以送之。」⑰偃師：今河南偃師縣。⑱卷：在今河南原武縣西北，其北即河津。⑲刺探：候伺。⑳脫粟：晏子相齊，食脫粟之飯。脫粟，粗米。㉑瓢飲：孔子曰：「顏回一瓢飲。」㉒槐里：在今陝西興平縣東南。㉓岐山：在今陝西武功縣西南。㉔長平：長平坂，在今陝西涇陽縣西南。㉕池陽宮：在今陵西涇陽縣西北。㉖高陵：在今陝西高陵縣西南。㉗馳遣名醫小黃門侍疾：《東觀漢記》云：「蒼到國後病水氣喘逆，上遣太醫丞相視之。」《續漢書》云：「詔遣太醫丞將高手醫視病。」

八年（西元八三年）

㈠春，正月，壬辰（二十九日），王薨。詔告中傅封上王自建武以來章奏並集覽焉㈠。遣大鴻臚持節監喪㈡，令四姓小侯諸國王主悉會葬。

㈡夏，六月，北匈奴三木樓訾大人稽留斯㊂等，率三萬餘人款五原塞降。

㈢冬，十二月，甲午（七日），上行幸陳留、梁國、淮陽、潁陽㊃。戊申（二十一日），還宮。

㈣太子肇之立也，梁氏私相慶。諸竇聞而惡之㊄。皇后欲專名外家，忌梁貴人姊妹，數譖之於帝，漸致疏嫌。是歲竇氏作飛書㊅，陷梁竦以惡逆。竦遂死獄中，家屬徙九真，貴人姊妹以憂死。辭語連及梁松妻舞陰公主㊆，坐徙新城㊇。

㈤順陽侯馬廖謹篤自守，而性寬緩，不能教勒子弟，皆驕奢不謹。校書郎楊終與廖書戒之曰：「君位地尊重，海內所望。黃門郎㊈年幼，血氣方盛，既無長君退讓之風㊉，而要結輕狡無行之客，縱而莫誨，視成任性，覽念前往，可為寒心。」廖不能從。

防、光兄弟，資產巨億，大起第觀，彌亙街路，食客常數百人。防又多牧馬畜，賦斂羌胡，帝不喜之，數加譴敕，所以禁遏甚備。由是權埶稍損，賓客亦衰。廖子豫為步兵校尉，投書怨誹，於是有司幷奏防、光兄弟奢侈踰僭，濁亂聖化。悉免就國，臨上路[11]，詔曰：「舅氏一門，俱就國封，四時陵廟無助祭先后者。朕甚傷之！其令許侯思僁田廬[12]。有司勿復請，以慰朕渭陽之情[13]。」光比防稍為謹密，故帝特留之。後復位特進。豫隨廖歸國，考擊物故[14]。後復有詔還廖京師。

諸馬既得罪，竇氏益貴盛。皇后兄憲為侍中虎賁中郎將，弟篤為黃門侍郎，並侍宮省，賞賜累積，喜交通賓客。司空第五倫上疏曰：「臣伏見虎賁中郎將竇憲，椒房之親[15]，典司禁兵，出入省闥，年盛志美，卑讓樂善，此誠其好士交結之方。然諸出入貴戚者，類多瑕釁禁錮之人，尤少守約安貧之節；士大夫無志之徒，更相販賣，雲集其門。蓋驕佚所從生也。三輔論議者，至云以貴戚廢錮，當復以貴戚浣濯之，猶解醒[16]當以酒也。詖[17]險趨埶之徒，誠不可親近。臣愚願陛下中官嚴敕憲等，閉門自守，無妄交通士大夫。防其未萌，慮於無形，令憲永保福祿，君臣交歡，無纖介之隙，此臣之所至願也。」憲恃宮掖聲埶，自王主及陰馬諸家，莫不畏憚。憲以賤直(一八)請奪沁水公主(一九)園田，主逼畏，不敢計(二〇)。後帝出過園，指以問憲，憲陰喝(二一)不得對。後發覺，帝大怒，召憲切責曰：「深思前過！奪主田園時，何用愈(二二)趙高指鹿為馬(二三)，久念使人驚怖。昔永平中，常令陰黨、陰博、鄧疊三人，更相糾察(二四)，故諸豪戚莫敢犯法者。今貴主尚見枉奪，何況小民哉？國家棄憲，如孤雛腐鼠耳！」憲大懼，皇后為毀服(二五)深謝，良久乃得解，使以田還主，雖不繩其罪，然亦不授以重任。

(六)臣光曰：「人臣之罪，莫大於欺罔。是以明君疾之。孝章謂竇憲何異指鹿為馬，善矣。然卒不能罪憲，則姦臣安所懲哉！夫人主之於臣下，患在不知其姦。苟或知之，而復赦之，則不若不知之為愈也。何以言之？彼或為姦，而上不之知，猶有所畏。既知而不能討，彼知其不足畏也，則放縱而無所顧矣。是故知善而不能用，知惡而不能去，人主之深戒也。」

㈦下邳周紆㉖為雒陽令，下車先問大姓主名，吏數閭里豪強以對。紆厲聲怒曰：「本問貴戚，若馬竇等輩，豈能知此賣菜傭乎？」於是部吏望風旨，爭以激切為事，貴戚跼蹐㉗，京師肅清。竇篤㉘夜至止姦亭，亭長霍延拔劍擬篤，肆詈㉙恣口，篤以表聞。詔召司隸校尉河南尹詣尚書譴問，遣劍戟士㉚收紆送廷尉詔獄。數日㉛貰出之。

㈧帝拜班超為將兵長史㉜，以徐幹為軍司馬，別遣衞侯李邑護送烏孫使者。邑到于窴，值龜茲攻疏勒，恐懼不敢前，因上書陳西域之功不可成，又盛毀超擁愛妻，抱愛子，安樂外國，無內顧心。超聞之歎曰：「身非曾參，而有三至之讒㉝，恐見疑於當時矣！」遂去其妻。帝知超忠，乃切責邑曰：「縱超擁愛妻，抱愛子，思歸之士千餘人，何能盡與超同心乎？」令邑詣超受節度，詔若邑任在外者，便留與從事。超即遣邑將烏孫侍子還京師。徐幹謂超曰：「邑前親毀君，欲敗西域，今何不緣詔書留之，更遣他吏送侍子乎？」超曰：「是何言之陋也！以邑毀超，故今遣之。內省不疚，何卹人言㉞！快意留之，非忠臣也。」

(九)帝以侍中會稽鄭弘㉟大司農。舊交趾七郡㊱貢獻轉運，皆從東冶㊲汎海而至，風波艱阻，沉溺相係㊳。弘奏開零陵、桂陽嶠道，自是夷通，遂為常路㊴。在職二年，所息省以億萬計㊵。遭天下旱，邊方有警，民食不足，而帑㊶藏殷積。弘又奏宜省貢獻，減徭費，以利飢民。帝從之。

【今註】㊀詔告中傅封上王自建武以來章奏並集覽焉：《後漢書・東平王蒼傳》：「詔告中傅封上蒼自建武以來章奏及所作書記賦頌七言別字歌詩竝集覽焉。」《隋書・經籍志》：「梁東平王蒼集五卷。」㊁遣大鴻臚持節監喪：袁宏《後漢紀》，舊制，無三公出者，乃遣大鴻臚持節護喪事。㊂稽留斯：胡三省曰：「稽留斯等部落，蓋居三木樓山。」㊃潁陽：《後漢書・章帝紀》作潁陽，袁宏《後漢紀》作潁川。㊄惡之：恐梁氏得志，為竇氏害。㊅飛書：見卷四十五永平四年注㊃。㊆舞陰公主：光武女。㊇新城：在今河南洛陽縣南。㊈黃門郎：馬廖弟防及光俱為黃門郎。㊉長君退讓之風：漢文帝竇皇后兄長君退讓，不敢以富貴驕人。⑪臨上路：臨行。⑫令許侯思諐田廬：許侯，指馬光。諐，與愆同。言令馬光留於京師，以守田廬，而思愆過。⑬渭陽之情：渭陽，《詩・

秦風》。秦康公送舅晉文公于渭陽，念母之不見也，其詩曰：「我見舅氏，如母存焉。」⑭考擊物故：謂死於考掠。漢以來謂死為物故。⑮椒房之親：后妃以椒塗壁，取其繁衍多子，故曰椒房。⑯酲：病酒曰酲。⑰詖：佞諂。⑱賤直：便宜價值。⑲沁水公主：明帝女。沁水在今河南省濟源縣東北。⑳主逼畏，不敢計：言沁水公主因竇憲逼脅而恐懼，不敢與之計較。㉑陰喝：噎塞。㉒愈：差。㉓趙高指鹿為馬：事見卷八秦二世三年。㉔昔永平中常令陰黨、陰博、鄧疊三人更相糾察：以陰鄧皆外戚，恐其踰侈，故使更相糾察。博，陰興之子。㉕毀服：降服。㉖下邳周紆：周紆下邳人。㉗貴戚跼蹐：言貴戚不敢肆無忌憚。㉘竇篤：竇皇后弟。㉙詈：罵。㉚劍戟士：左右都候掌之。㉛貰：赦。㉜將兵長史：大將軍置長史司馬，其不置將軍而長史特將者，為將兵長史。㉝三至之讒：事見卷三周赧王七年。㉞內省不疚，何卹人言：疚，病。卹，憂。《論語·顏淵篇》，孔子曰：「內省不疚，夫何憂何懼！」《左傳》：「詩云：『禮義不愆，何卹人之言！』」詩指逸詩。㉟會稽鄭弘：鄭弘會稽人。㊱交阯七郡：南海、蒼梧、鬱林、合浦、交阯、九真、日南。㊲東冶：在今福建福州東北。㊳係：繼。㊴弘奏開零陵桂陽嶠道，自是夷通，遂為常路：嶠，嶺。夷，平。漢武帝元鼎五年，遣路博德出桂陽，下湟水；楊僕出豫章，下湞水；歸義越侯嚴出零陵，下離水。是零陵桂陽嶠道，本舊時所有，弘特修之使通。㊵所息省以億萬計：《後漢書·鄭弘傳》作三億萬。㊶帑：藏金帛之府。

元和元年㈠（西元八四年）

㈠春，閏正月，辛丑（十五日），濟陰悼王長薨。

㈡夏，四月，己卯（二十四日），分東平國封獻王子尚為任城王。

㈢六月，辛酉（七日），沛獻王輔薨。

㈣陳事者多言郡國貢舉，率非功次，故守職益懈，而吏事寖疏，咎在州郡。有詔下公卿朝臣議。大鴻臚韋彪上議曰：「夫國以簡㈡賢為務，賢以孝行為首，是以求忠臣必於孝子之門㈢。夫人才行少能相兼，是以孟公綽優於趙魏老，不可以為滕薛大夫㈣。忠孝之人，持心近厚；鍛練之吏㈤，持心近薄。士宜以才行為先，不可純以閥閱㈥。然其要歸，在於選二千石。二千石賢，則貢舉皆得其人矣。」彪又上疏曰：「天下樞要，在於尚書㈦。尚書之選，豈可不重？而間者多從郎官超升此位，雖曉習文法，長於應對，然察察小慧，類無大能。宜鑒嗇夫捷急之對㈧，深思絳侯木訥之功㈨也。」帝皆納之。彪，賢㈩之玄孫也。

(五)秋，七月，丁未（二十三日），詔曰：「律云：掠者唯得榜笞立[一]。又令丙箠長短有數[二]。自往者大獄[三]以來，掠者多酷鉆[四]鑽[五]之屬，慘苦無極。念其痛毒，怵[六]然動心！宜及秋冬治獄，明為其禁。」

(六)八月，甲子（十一日），太尉鄧彪罷。以大司農鄭弘為太尉。

(七)癸酉（二十日），詔改元[七]。丁酉（是月甲寅朔，無丁酉），車駕南巡，詔所經道上郡縣，毋得設儲跱[八]。命司空自將徒支拄橋梁[九]。有遣使奉迎探知起居，二千石當坐。

(八)九月，辛丑（十八日），幸章陵。十月，己未（七日），進幸江陵。還幸宛。召前臨淮太守宛人朱暉，拜尚書僕射。暉在臨淮，有善政，民歌之曰：「彊直自遂，南陽朱季[一〇]；吏畏其威，民懷其惠[一一]。」時坐法免[一二]家居，故上召而用之。十一月，己丑（七日），車駕還宮。尚書張林上言縣官經用[一三]不足，宜自煮鹽，及復修武帝均輸之法[一四]。朱暉固執以為不可，曰：「均輸之法，與賈販無異；鹽利歸官，則下民窮怨。誠非明主所宜行。」帝因發怒，切責諸尚書，暉等皆自繫獄。三日詔敕出之，曰：「國家樂聞駁議，黃髮㉕無愆，詔書過耳！何故自繫？」暉因稱病篤，不肯復署議。尚書令以下惶怖，謂暉曰：「今臨得譴讓㉖，奈何稱病？其禍不細。」暉曰：「行年八十，蒙恩得在機密，當以死報。若心知不可，而順旨靁同㉗，負臣子之義。今耳目無所聞見，伏待死命。」遂閉口不復言。諸尚書不知所為，乃共劾奏暉。帝意解，寢其事㉘。後數日，詔使直事郎㉙問暉起居，太醫視疾，太官賜食，暉乃起謝㉚。復賜錢十萬，布百匹，衣十領。

(九)魯國孔僖、涿郡崔駰㉛同遊太學，相與論孝武皇帝，始為天子，崇信聖道，五六年間，號勝文景㉜，及後恣己，忘其前善。鄰房生梁郁上書告駰、僖誹謗先帝，刺譏當世。事下有司，駰詣吏受訊㉝，僖以書自訟曰：「凡言誹謗者，謂實無此事，而虛加誣之也。至如孝武皇帝，政之美惡，顯在漢史，坦如日月，是為直說書傳實事，非虛謗也。夫帝者，為善為惡，天下莫不知，斯皆有以致之，故不可以誅㉞於人也。且陛下即位以來，政教未過㉟，而德澤有加，天下所具也[三六]。臣等獨何譏刺哉？假使所非實是，則固應悛改；儻其不當，亦宜含容，又何罪焉。陛下不推原大數，深自為計，徒肆私忌，以快其意，臣等受戮，死即死耳，顧天下之人，必回視易慮，以此事闚陛下心。自今以後，苟見不可之事，終莫復言者矣。齊桓公親揚其先君之惡，以唱管仲[三七]，然後羣臣得盡其心。今陛下乃欲為十世[三八]之武帝，遠諱實事，豈不與桓公異哉！臣恐有司卒[三九]然見構，銜恨蒙枉，不得自敘，使後世論者，擅以陛下有所比方，寧可復使子孫追掩之乎？謹詣闕伏待重誅。」書奏，帝立詔勿問，拜僖蘭臺令史[四〇]。

(十)十二月，壬子（一日），詔前以妖惡禁錮[四一]三屬[四二]者，一皆蠲除之，但不得在宿衞而已。

(十一)廬江毛義、東平鄭均皆以行義稱於鄉里。南陽張奉慕義名，往候之，坐定而府檄[四三]適至，以義守安陽[四四]令，義捧檄而入，喜動顏色，奉心賤之，辭去。後義母死，徵辟皆不至，奉乃歎曰：「賢者固不可測！往日之喜，乃為親屈也。」均兄為縣吏[四五]，頗受禮遺㊻，均諫不聽，乃脫身為傭，歲餘，得錢帛㊼歸以與兄曰：「物盡可復得，為吏坐臧，終身捐棄。」兄感其言，遂為廉潔。均仕為尚書，免歸。帝下詔褒寵義、均，賜穀各千斛，常以八月長吏問起居，加賜羊酒。【考異】義傳云建初中。今從均傳。

(十二)武威太守孟雲上言北匈奴復願與吏民合市。詔許之。北匈奴大且渠伊莫訾王等驅牛馬萬餘頭來，與漢交易。南單于遣輕騎出上郡鈔㊽之，大獲而還。

(十三)帝復遣假司馬和恭等，將兵八百人詣班超，超因發疏勒、于窴兵擊莎車。莎車以賂誘疏勒王忠，忠遂反，從之，西保烏即城。超乃更立其府丞㊾成大為疏勒王，悉發其不反者以攻忠。使人說康居王執忠以歸其國㊿，烏即城遂降。

【今註】㊀元和元年：是年八月始改建初九年為元和元年。㊁簡：選。㊂求忠臣必於孝子之門：孝經緯之文。㊃孟公綽優於趙魏老，不可以為滕薛大夫：孔子語，見《論語・憲問篇》。家臣稱老；趙魏，晉卿之邑；孟公綽，魯大夫。公綽性寡欲，趙魏老優閑無事，故優為之；而滕薛小國，大夫職繁，故不能勝其任。㊄鍛鍊之吏：酷吏。㊅閥閱：門閥閱歷。明其等曰閥，積功曰閱。㊆天下樞要在於尚書：尚書主知公卿、二千石、吏官上書、外國夷狄事，故曰天下樞要在尚書。⑧嗇夫捷急之對：事見卷十四文帝三年。嗇夫，官名。文帝出上林，登虎圈，因問上林尉禽獸簿，不能對。虎圈嗇夫從旁代對，響應無窮，文帝拜嗇夫為上林令。張釋之曰：「夫絳侯東陽侯言事，曾不能出口，豈效此嗇夫喋喋利口捷急哉！」文帝曰：「善！」遂不拜嗇夫為上林令。⑨絳侯木訥之功：絳侯，周勃；木，質；訥，遲鈍。《漢書・高帝紀》，高帝語呂后曰：「周勃厚重少文，然安劉氏者必勃也。」⑩賢：韋賢，宣帝丞相。胡三省曰：「韋賢相元帝。」誤。賢宣帝本始三年任丞相，地節三年以老病致仕。⑪掠者唯得榜笞立：掠，音亮，考問。榜，音彭，捶擊。立，謂立而考訊之。⑫令丙箠長短有數：李賢曰：「令丙為篇之次也。前書音義曰：令有先後，有令甲令乙令丙。又景帝定箠令，箠長五尺，本大一寸，其竹也末薄半寸，其平去節，故曰長短有數。」⑬大獄：指楚王英等獄。⑭鉆：與鉗同，古酷刑，以鐵束頸。⑮鑽：亦古酷刑，以鑽鑿去人膝蓋骨。⑯怵：恐懼。⑰改元：改元元和。⑱毋得設儲跱：儲，蓄積；跱，具。言不得豫有蓄備。⑲命司空自將徒支拄橋梁：司空掌水土，故使之。⑳朱季：朱暉字文季。㉑民懷其惠：《東觀漢記》曰：「建武十六年，四方牛大疫，臨淮獨不疫，隣郡人多牽牛入界。」按此應為永平年間事。建武間朱暉僅拜郎官，旋亦離職，明帝永平間始拜臨淮太守。又《漢書・五行志》惟永平十八年有牛疫。《東觀漢記》誤。㉒坐法免：《東觀漢記》曰：「坐考長吏囚死獄中，州奏免官。」㉓經用：經常費用。㉔均輸之法：郡國進獻皇帝貢品，不運於京師，而運於價高處賣之，謂之均輸。此法創始於武帝。㉕黃髮：老者之稱，指朱暉。

㉖臨得譴讓：謂譴讓已臨於前。㉗靁：同雷。㉘寢其事：沈欽韓曰：「和帝紀，以肅宗遺詔，罷鹽鐵之禁，從事鑄煮。則當其時事未嘗寢也。」㉙直事郎：值班之署郎。㉚暉乃起謝：上既加禮，乃起謝，所謂「強直自遂」，此其一例。㉛駰：音因。㉜五六年間，號勝文景：武帝年十七即位，即位一年，議立明堂，安車蒲輪，徵魯申公。六年，舉賢良。班固贊曰：「以武帝之雄才大略，不改文景之恭儉，以濟斯人，雖詩書所稱，何以加焉。」㉝受訊：謂受審問。㉞誅：責。㉟政教未過：言政教未有過失。㊱天下所具也：謂天下之人所具知。袁宏《後漢紀》云天下所共見。㊲齊桓公親揚其先君之惡，以唱管仲：《國語》，魯莊公束縛管仲，以與齊桓公，公親迎於郊，而與之坐，問曰：「昔吾先君襄公，築臺以為高位，田狩畢弋，不聽國政，卑聖侮士，而唯女是崇；九妃六嬪，陳妾數百，食必粱肉，衣必文繡，戎士凍餒。是以國家不日引，不月長。恐宗廟不掃除，社稷不血食。敢問為此若何？」管仲對以致霸之術。㊳十世：武、昭、宣、元、成、哀、平、光、明及章帝。㊴卒：與猝同。㊵蘭臺令史：六百石，掌奏及印工文書。㊶禁錮：令勿仕。㊷三屬：即三族，指父族、母族及妻族。㊸檄：召書。㊹安陽：在今河南正陽縣西南。㊺均兄為縣吏：《東觀漢記》曰：「兄仲為縣游徼。」㊻禮遺：贈。㊼得錢帛：《東觀漢記》作得數萬錢。㊽鈔：略奪。㊾府丞：《後漢書・百官志》，四夷國王皆有丞，比郡縣。㊿使人說康居王執忠以歸其國：《後漢書・班超傳》：「超攻忠，積半歲，而康居遣精兵救之，超不能下。是時月氏新與康居婚，相親，超乃使使多齎錦帛遺月氏王，令曉示康居王，康居王乃罷兵，執忠以歸其國。」

卷四十七　漢紀三十九

起旃蒙作噩，盡重光單閼，凡七年。（乙酉至辛卯，西元八五年至西元九一年。）

司馬光編集
杜維運註

肅宗孝章皇帝下

元和二年（西元八五年）

㈠春，正月，乙酉（五日），詔曰：「令云：『民有產子者，復勿筭三歲㊀』。今諸懷妊㊁者，賜胎養穀人三斛，復其夫勿筭一歲。著以為令」。又詔三公曰：「夫俗矯飾外貌，似是而非。朕甚饜之，甚苦之！安靜之吏，悃愊㊂無華，日計不足，月計有餘㊃。如襄城㊄令劉方，吏民同聲謂之不煩，雖未有他異，斯亦殆近之矣。夫以苛為察，以刻為明，以輕為德，以重為威，四者或興，則下有怨心。吾詔書數下，冠蓋接道㊅，而吏不加治，民或失職，其咎安在？勉思舊令㊆，稱朕意焉。」

㈡北匈奴大人車利涿兵等亡來入塞，凡七十三輩。時北虜衰耗，黨眾離畔，南部攻其前，丁零寇其後，鮮卑擊其左，西域侵其右，不復自立，乃遠引而去。

㈢南單于長死，單于汗之子宣立為伊屠於閭鞮單于。

㈣太初曆施行百有餘年，曆稍後天㊇。上命治曆編訢李梵等綜校其狀，作四分曆。【考異】按王莽初已廢太初，用三統歷，今雲太初歷，失天益遠。蓋光武中興，廢莽歷，復用太初也。續漢志又云：「自太初元年，始用三統歷。」按三統歷劉歆所造，云太初元年始用，誤也。二月甲寅（四日），始施行之。

㈤帝之為太子也，受尚書於東郡太守汝南張酺㊈。丙辰（六日），帝東巡，幸東郡，引酺及門生幷郡掾史，並會庭⑩中。帝先備弟子之儀，使酺講尚書一篇，然後修君臣之禮。賞賜殊特，莫不沾洽⑪。行過任城，幸鄭均舍，賜尚書祿⑫，以終其身。時人號為白衣尚書。

㈥乙丑（十五日），帝耕於定陶。辛未（二十一日），幸泰山，柴告岱宗⑬。進幸奉高。壬申（二十二日），宗祀五帝于汶上明堂⑭。丙子（二十六日），赦天下。戊寅（二十八日），進幸濟南。三月，己丑（十日），幸魯。庚寅（十一日），祠孔子於闕里⑮及七十二弟子⑯，作六代之樂⑰，大會孔氏男子二十以上者六十二人㊅。帝謂孔僖曰：「今日之會，寧於卿宗有光榮乎？」對曰：「臣聞明王聖主，莫不尊師貴道。今陛下親屈萬乘，辱臨敝里，此乃崇禮先師㊆，增煇聖德。至於光榮，非所敢承。」帝大笑曰：「非聖者子孫，焉有斯言乎？」拜僖郎中。

㈦壬辰（十三日），帝幸東平，追念獻王㊇，謂其諸子曰：「思其人，至其鄉，其處在，其人亡！」因泣下沾襟。遂幸獻王陵㊈，祠以太牢，親拜祠坐，哭泣盡哀。獻王之歸國也㊉，驃騎府吏丁牧、周栩以獻王愛賢下士㊊，不忍去之，遂為王家大夫數十年，事祖及孫㊋。帝聞之，皆引見，既愍其淹滯，且欲揚獻王德美，即皆擢為議郎。乙未（十六日），幸東阿，北登太行山，至天井關㊌。夏，四月，乙卯（六日），還宮。庚申（十一日），假㊍于祖禰㊎。

㈧五月，徙江陵王恭為六安㊏王。

㈨秋，七月，庚子（二十三日），詔曰：「春秋重三正，慎三微㊐。其定律無以十一月十二月報囚，止用冬初十月而已。」

(十)冬，南單于遣兵與北虜溫禺犢王戰於涿邪山，斬獲而還。武威太守孟雲上言：「北虜以前既和親，而南部復往抄掠，北單于謂漢欺之，謀欲犯塞。謂宜還南所掠生口⊜，以慰安其意。」詔百官議於朝堂。太尉鄭弘、司空第五倫以為不可許，司徒桓虞及太僕袁安以為當與之。弘因大言激厲虞曰：「諸言當還生口者，皆為不忠！」虞廷叱之。倫及大鴻臚韋彪皆作色變容。司隸校尉舉奏弘等，弘等皆上印綬謝。詔報曰：「久議沈滯，各有所志。蓋事以議從，策由眾定，誾誾㊁衎衎㊂，得禮之容，寑嘿抑心㊂，更非朝廷之福。君何尤而深謝？其各冠履。」帝乃下詔曰：「江海所以長百川者，以其下之也㊃。少加屈下，尚何足病？況今與匈奴君臣分定，辭順約明，貢獻累至，豈宜違信，自受其曲？其敕度遼及領中郎將㊄龐奮，倍雇㊅南部所得生口，以還北虜。其南部斬首獲生，計功受賞，如常科。」

【今註】㊀令云：民有產子者，復，勿筭三歲：惠棟曰：「高祖七年令也。杜佑理道要訣云：漢高帝每歲人常賦百二十錢；至孝文時省儉至四十；武帝事邊費廣，人產子三歲則出口錢；孝宣減人算三十；孝成減四十；光武有產子復以三年之算。」漢自高帝起，即收丁稅，所謂算賦。復謂復其夫勿納算賦。㊁懷妊：懷孕。妊音任。㊂悃愊：至誠。音綑必（ㄎㄨㄣˇ ㄅㄧˋ）。㊃日計不足，月計有餘：《莊子》：「有庚桑子者，偏得老聃之道，以居畏壘之山，畏壘之人相與云：庚桑子之始來，吾洒然異之，今吾日計之不足，歲計之有餘，庶幾其聖人乎？」此謂以日計功，若不足者，然久而計之，則民安其生，家給人足，固沛然而有餘裕。㊄襄城：在今河南襄城縣西。㊅冠蓋接道：謂奉詔出使者相接於道。㊆舊令：謂故府之籍所疏載者。㊇歷稍後天：胡三省曰：「謂七曜之行，在歷家所推步躔次之前，晦朔弦望不合。」㊈汝南張酺：張酺汝南郡人。⑩庭：東郡庭。⑪沾洽：滿足。⑫尚書祿：尚書秩六百石，祿每月七十石。⑬柴告岱宗：《書・舜典》：「至於岱宗，柴。」孔安國注曰：「泰山為四岳所宗，燔柴祭天告至。」⑭汶上明堂：武帝所作，在奉高縣（今山東泰安縣東北）西南。⑮闕里：在今山東曲阜縣城內，孔子即居於此。⑯七十二弟子：自顏回以下七十餘人。⑰六代之樂：黃帝曰雲門，堯曰咸池，舜曰大韶，禹曰大夏，湯曰大護，周曰大武。⑱六十二人：《後漢書・孔僖傳》作六十三人。⑲先師：指孔子。⑳獻王：獻王蒼。㉑獻王陵：在今山東東平縣東北。㉒獻王之歸國也：事見卷四十二明帝永平四年。㉓獻王愛賢下士：《東觀漢記》，蒼為驃騎將軍，開東閣，延英雄，上書表薦桓虞等，虛己禮下，與參政事。㉔祖及孫：獻王及子懷王忠、孫孝王敞。㉕天井關：一名太行關，在今山西省晉城縣南太行山上。㉖假：至，音格。㉗禰：父廟。㉘六安：是年改盧江郡為六安國。㉙春秋重三正，慎三微：李賢曰：「三正謂天地人之正。所以有三者，由有三微之月，王者所當奉而成之。禮記曰：正朔三而改，文質再而復。三微者，三正之始，萬物皆微，物色不同，故王者取法焉。十一月，時陽氣始施於黃泉之下，色皆赤，赤者陽氣，故周為天正，色尚赤；十二月，萬物始牙，而色白，白者陰氣，故殷為地正，色尚白；十三月，萬物莩甲而出，其色皆黑，人得加功展業，故夏為人正，色尚黑。尚書大傳曰：夏以十三月為正，平旦為朔；殷以十二月為正，雞鳴為朔；周以十一月為正，夜半為朔。必以三微之月為正者，當爾之時，物皆尚微，王者受命當扶微理弱奉成之義也。」錢大昕曰：「此禮三正記之文，注脫三正二字。」惠棟曰：「禮記曰正朔三而改，此禮緯文，非禮記也。注譌。」㉚謂宜還南所掠生口：按「謂」字宜刪去。《後漢書・袁安傳》無「謂」字，〈匈奴傳〉則有之。㉛誾誾：忠正貌。㉜衎衎：和樂貌。㉝寑嘿抑心：寑，息。嘿，默。謂沈默不言。㉞江海所以長百川者，以其下之也：《老子》曰：「江海所以為百谷王者，以其善下也。」㉟領中郎將：領護匈奴中郎將。㊱雇：李賢曰：「雇，賞報也。」

三年（西元八六年）

㈠春，正月，丙申（二十二日），帝北巡。辛丑（二十七日），耕于懷。二月，乙丑（二十一日），敕侍御史司空㊀曰：「方春所過，無得有所伐殺。車可以引避，引避之；騑馬㈡可輟解，輟解之。」戊辰（二十四日），進幸中山，出長城㈢。癸酉（二十九日），還幸元氏。三月己卯（六日），進幸趙。辛卯（十八日），還宮。

㈡太尉鄭弘數陳侍中竇憲權勢太盛，言甚苦切，憲疾之。會弘奏憲黨尚書張林、雒陽令楊光在官貪殘，書奏，吏與光故舊，因以告之，光報憲，憲奏弘大臣漏泄密事，帝詰讓弘。夏，四月，丙寅（二十三日），收弘印綬，弘自詣廷尉，詔敕出之，因乞骸骨歸，未許，病篤，上書陳謝曰：「竇憲姦惡，貫天達地，海內疑惑，賢愚疾惡，謂憲何術，以迷主上？近日王氏之禍㈣，昞㈤然可見。陛下處天子之尊，保萬世之祚，而信讒佞之臣，不計存亡之機，臣雖命在晷刻㈥，死不忘忠，願陛下誅四凶㈧之罪，以猒㈦人鬼憤結之望。**【考異】**袁紀云：「弘為尚書僕射，烏孫王遣子入侍，上問弘當答其使否，弘對曰：『烏孫前為大單于所攻，陛下使小單于往救之，尚未賞，今如答之，小單于不當怨乎？』上以弘議問侍中竇憲，對曰：『禮有往來，弘章句諸生，不達國體。』上遂答烏孫。小單于忿恚，攻金城郡，殺太守任昌。上謂弘曰：『朕前不從君議，果如此。』弘對曰：『竇憲姦臣也，有少正卯之行，未被兩觀之誅，陛下前何為用其議。』」按肅宗時無小單于冠金城事，今不取。帝省章，遣醫視弘病，比至已薨。

㈢以大司農宋由㊈為太尉。

㈣司空第五倫以老病乞身㊉。五月，丙子（三日），賜策罷，以二千石俸終其身。倫奉公盡節，言事無所依違㊀，性質愨㊁，少文采，在位以貞白稱。或問倫曰：「公有私乎？」對曰：「昔人有與吾千里馬者，吾雖不受，每三公有所選舉，心不能忘，亦終不用也。若是者，豈可謂無私乎？」

㈤以太僕袁安為司空。

㈥秋，八月，乙丑（二十四日）帝幸安邑㊂，觀鹽池㊃。九月，還宮。

㈦燒當羌迷吾復與弟號吾及諸種反，號吾先輕入，寇隴西界，督烽掾㊄李章追之，生得號吾，將詣郡，號吾曰：「獨殺我無損於羌，誠得生歸，必悉罷兵，不復犯塞。」隴西太守張紆放遣之，羌即為解散，各歸故地，迷吾退居河北㊅歸義城㊆。

㈧疏勒王忠從康居王借兵，還據損中㊇，遣使詐降於班超，超知其姦，而偽許之。忠從輕騎詣超，超斬之㊈，因擊破其眾，南道㊉

遂通。

㈨楚許太后薨。詔改葬楚王英，追爵謚曰楚厲侯㉑。

㈩帝以潁川郭躬㉒為廷尉，決獄斷刑，多依矜恕，條諸重文可從輕者四十一奏之，事皆施行。

(十一)博士魯國曹褒㉓上疏，以為宜定文制，著成漢禮。太常巢堪以為一世大典，非褒所定㉔，不可許。帝知諸儒拘攣㉕，難與圖始，朝廷禮憲，宜以時立，乃拜褒侍中玄武司馬㉖。班固以為宜廣集諸儒，共議得失，帝曰：「諺言作舍道邊，三年不成；會禮㉗之家，名為聚訟㉘。互生疑異，筆不得下。昔堯作大章㉙，一夔足矣㉚。」

【今註】㊀敕侍御史、司空：侍御史掌舉劾，司空掌土功，車駕行幸，則侍御史掌舉劾道路之不如法，司空師工徒治道路，修橋梁，故皆敕之。㊁騑馬：夾轅者為服馬，服馬外為騑馬。孔穎達曰：「車有一轅，而四馬駕之，中央兩馬夾轅者，名服馬，兩邊名騑馬，亦曰驂馬。」㊂長城：胡三省曰：「此非秦長城，蓋趙所築長城。」㊃王氏之禍：謂王莽以外戚而成篡國之禍。㊄昞：炳，音丙。㊅晷刻：猶言頃刻。㊆猒：滿。㊇四凶：古之凶人渾敦、窮奇、檮杌、饕餮，舜按其罪而流放之。㊈宋由：袁宏《後漢紀》作宗由，惟袁紀亦有兩處作宋由，可證宗由為非。宋宗形相涉而譌。

⑽乞身：猶言乞骸骨。⑾依違：模稜兩可。胡三省曰：「若依若違，兩可不決之論也。」⑿愨：誠實。⒀安邑：在今山西夏縣北。⒁鹽池：許慎曰：「河東鹽池袤五十一里，廣七里，周百一十六里。」在今山西解縣東，安邑縣南。⒂督烽掾：郡掾之督烽燧者。⒃河北：逢留大河之北。逢留大河即黃河，河水至青海省貴德縣，有逢留之名。⒄歸義城：原為漢朝所築，以招來諸羌之歸義者。⒅損中：李賢曰：「損中未詳。」胡三省曰：「西域傳靈帝建寧三年，涼州刺史孟佗遣兵討疏勒，攻楨中城。楨中是也。」⒆超斬之：《後漢書・班超傳》，忠從輕騎詣超，超密勒兵待之，為供張設樂，酒行，乃叱吏縛忠，斬之。⒇南道：註見卷四十五永平十六年註㉖。㉑厲侯：謚法，殺戮無辜曰厲。㉒潁川郭躬：郭躬潁川郡人。㉓魯國曹褒：曹褒魯國人。㉔非褒所定：言非褒所能定。㉕拘攣：猶言拘束。㉖玄武司馬：主玄武門。漢宮掖門每門司馬一人，秩比千石。㉗會禮：言會而議禮。㉘聚訟：言相爭不定。㉙大章：堯作樂曰《大章》。㉚一夔足矣：夔，堯樂官。《呂氏春秋》曰：「魯哀公問於孔子曰：『樂正夔一足矣。』」亦見《韓非子・外儲說》。意謂只夔一人已足。

章和元年㈠（西元八七年）

㈠春，正月，帝召褒受以叔孫通漢儀十二篇㈡，曰：「此制散略㈢，多不合經，今宜依禮條正，使可施行。」

㈡護羌校尉傅育欲伐燒當羌，為其新降，不欲出兵，乃募人鬪諸羌胡㈣，羌胡不肯，遂復叛出塞，更依迷吾。育請發諸郡兵數萬人，共擊羌，未及會，三月，育獨進軍。迷吾聞之，徙廬落㈤去，育遣精騎三千窮追之，夜至三兜谷，不設備，迷吾襲擊，大破之，殺育及吏士八百八十人。及諸郡兵到，羌遂引去。詔以隴西太守張紆為校尉，將萬人屯臨羌。

㈢夏，六月，戊辰（二日），司徒桓虞免。癸卯（是月丁卯朔，無癸卯），以司空袁安為司徒，光祿勳任隗為司空。隗，光之子也。

㈣齊王晃㈥及弟利侯剛，與母太姬更相誣告。秋，七月，癸卯（八日），詔貶晃爵為蕪湖㈦侯，削剛戶三千，收太姬璽綬。

㈤壬子，（十七日），淮陽頃王昞薨。

㈥鮮卑入左地㈧，擊北匈奴，大破之，斬優留單于而還。

㈦羌豪迷吾復與諸種寇金城塞，張紆遣從事㈨河內司馬防與戰於木乘谷，迷吾兵敗走，因譯使㈩欲降，紆納之。迷吾將人眾詣臨羌，紆設兵㈡大會，施毒酒中，伏兵殺其酋豪八百餘人，斬迷吾頭，以祭傅育冢，復放兵擊其餘眾，斬獲數千人。迷吾子迷唐與諸種解仇，結婚交質㈡，據大小楡谷㈢以叛，種眾熾盛，張紆不能制。

㈧壬戌（二十七日），詔以瑞物仍集，改元章和。是時京師四方，屢有嘉瑞，前後數百千，言事者咸以為美。而太尉掾平陵何敞㈣獨惡之，謂宋由、袁安曰：「夫瑞應依德而至，災異緣政而生。今異鳥翔於殿屋，怪草生於庭際，不可不察。」由、安懼不敢答。

㈨八月，癸酉（八日），帝南巡。戊子（二十三日），幸梁。乙未（三十日）晦，幸沛。

㈩日有食之。

⑾九月，庚子（五日）帝幸彭城。辛亥（十六日），幸壽春㈤。復封阜陵侯延為阜陵王㈥。己未（二十四日），幸汝陰㈦。冬，十月，丙子（十二日），還宮。

⑿北匈奴大亂，屈蘭儲㈧等五十八部，口二十八萬㈨，詣雲中、

五原、朔方、北地降。

(十三)曹褒依準舊典，雜以五經讖記之文，撰次天子至於庶人冠婚吉凶終始制度，凡百五十篇，奏之。帝以眾論難一，故但納之，不復令有司平奏⑳。

(十四)是歲班超發于窴諸國兵共二萬五千人，擊莎車。龜茲㉑王發溫宿、姑墨、尉頭兵合五萬人，救之。超召將校及于窴王議曰：「今兵少不敵，其計莫若各散去。于窴從是而東，長史亦於此西歸㉒，可須㉓夜鼓聲㉔而發。」陰緩所得生口㉕，龜茲王聞之，大喜，自以萬騎於西界遮超，溫宿王將八千騎於東界徼㉖于窴。超知二虜已出，密召諸部勒兵，雞鳴，馳赴莎車營，胡大驚亂犇走，追斬五千餘級，莎車遂降，龜茲等因各退散，自是威震西域。

【今註】㊀章和元年：元和四年七月改元章和元年。㊁叔孫通漢儀十二篇：通制漢儀見卷十高帝元年七年。㊂散略：疏略。㊃募人鬬諸羌胡：募人離間諸羌，使之自鬬。㊄盧落：盧，穹盧；落，村落。㊅齊王晃：齊武王縯之曾孫，煬王石之子。㊆蕪湖：在今安徽省蕪湖縣東。㊇左地：匈奴左地。㊈從事：胡三省曰：「百官志，使匈奴中郎將置從事二人。護羌校尉蓋亦置二人也。」㊉譯使：通夷言之使節。胡三省曰：「譯通夷言，使之將命，因謂之譯使。」㈡設兵：陳兵。㈢質：音致。㈢大小榆谷：二榆谷土地肥美，羌所盤踞。沈欽韓曰：「行都司志，榆谷在金城西二百里。案在西寧府西南邊外。」金城在今甘肅省皋蘭縣西南，則大小榆谷東距皋蘭尚二百里。㈣平陵何敞：何敞平陵人。㈤壽春：今安徽壽縣。㈥復封阜陵侯延為阜陵王：延被貶事見卷四十六建初元年。㈦汝陰：今安徽阜陽縣。㈧屈蘭儲：《後漢書・章帝紀》屈作屋，〈南匈奴傳〉作屈。㈨口二十八萬：按《後漢書・匈奴傳》，為口二十萬，勝兵八千。㈩平奏：平其可行與否而奏之。㈡龜茲：音丘慈。㈢長史亦於此西歸：胡三省曰：「班超時為將兵長史，蓋西歸疏勒也。」㈢須：等待。㈣夜鼓聲：鼓鼙之聲。胡三省曰：「周禮，軍旅夜鼓鼜。注云，鼜，夜戒守鼓也。司馬法曰，昏鼓四通，為大鼜；夜半三通，為晨戒；旦明五通，為發昫。所謂三鼜也。此則待夜半鼓聲也。」㈤緩所得生口：使生口得歸，言將散去。㈥徼：遮。

二年（西元八八年）

㈠春，正月，濟南王康、阜陵王延、中山王焉來朝。上性寬仁，篤於親親，故叔父濟南、中山二王，每數入朝，特加恩寵，及諸昆弟，並留京師，不遣就國㈠。又賞賜羣臣，過於制度，倉帑為虛。何敞奏記宋由曰：「比年水旱，民不收穫，涼州緣邊，家被凶害㈡，中州內郡，公私屈竭。此實損膳節用之時。國恩覆載㈢，賞賚過度，但聞臘賜自郎官以上，公卿王侯以下，至於空竭帑藏，損耗國資。尋公家之用，皆百姓之力。明君賜賚，宜有品制；忠臣受賞，亦應有度㈣。是以夏禹玄圭㈤，周公束帛㈥。今明公㈦位尊任重，責深負大，上當匡正綱紀，下當濟安元元，豈但空空㈧無違而已哉！宜先正己，以率羣下；還所得賜，因陳得失；奏王侯就國；除苑囿之禁；節省浮費；賑卹窮孤，則恩澤下暢，黎庶悅豫矣。」由不能用。【考異】敞傳此事在肅宗崩後，云竇氏專政，外戚侈奢，賞賜過制，敞奏記云云。袁紀在元和三年。按敞記云：「明公視事，出入再朞。」又言「臘賜」，知在此時。

尚書南陽宋意㈨上疏曰：「陛下至孝烝烝㈩，恩愛隆深，禮寵諸王，同之家人；車入殿門(一一)，即席不拜(一二)，分甘損膳(一三)，賞賜優渥(一四)。康、焉(一五)幸以支庶，享食大國。陛下恩寵踰制，禮敬過度。春秋之義，諸父昆弟，無所不臣(一六)。所以尊尊卑卑，彊幹弱枝者也。陛下德業隆盛，當為萬世典法，不宜以私恩損上下之正。

又西平王羨等六王，皆妻子成家(一七)，官屬備具(一八)，當早就蕃國，為子孫基阯。而室第相望，久磐(一九)京邑，驕奢僭擬，寵祿隆過。宜割情不忍，以義斷恩(二〇)，發遣康、焉各歸蕃國，令羨等速就便時(二一)，以塞眾望。」帝未及遣。

(二)壬辰（是月甲午朔，無壬辰），帝崩于章德前殿(二二)。年三十一。遺詔無起寢廟，一如先帝灋制。

(三)范曄論曰：「魏文帝稱明帝察察，章帝長者。章帝素知人，厭明帝苛切，事從寬厚；奉承明德太后，盡心孝道；平徭簡賦，而民賴其慶。又體之以忠恕，文之以禮樂，謂之長者，不亦宜乎！」

(四)太子即位，年十歲。尊皇后曰皇太后。

(五)三月，丁酉，用遺詔徙西平王羨為陳王，六安王恭為彭城王。

(六)癸卯（十一日）葬孝章皇帝于敬陵(二三)。

(七)南單于宣死，單于長之弟屯屠何立為休蘭尸逐侯鞮單于。

(八)太后臨朝(二四)，竇憲以侍中內幹(二五)機密，出宣誥命；弟篤為虎賁中郎將；篤弟景、瓌並為中常侍(二六)。兄弟在親要之地。憲客崔駰以書戒憲曰：「傳曰：『生而富者驕，生而貴者傲㉗。』生富貴而能不驕傲者，未之有也。今寵祿初隆，百僚觀行，豈可不庶幾夙夜，以永終譽㉘乎。昔馮野王以外戚居位，稱為賢臣㉙。近陰衛尉㉚克己復禮㉛，終受多福。外戚所以獲譏於時，垂愆於後者，蓋在滿而不挹㉜，位有餘而仁不足也。漢興以後，迄于哀平，外家二十㉝，保族全身，四人而已㉞。書曰：『鑒于有殷㉟。』可不慎哉！」

㈨庚戌（十八日），皇太后詔以故太尉鄧彪為太傅，賜爵關內侯，錄尚書事，百官總己以聽㊱。竇憲以彪有義讓，先帝所敬㊲，而仁厚委隨㊳，故尊崇之。其所施為，輒外令彪奏，內白太后，事無不從。彪在位，修身而已，不能有所匡正。憲性果急，睚眦㊴之怨，莫不報復。永平時，謁者韓紆考劾憲父勳獄㊵，憲遂令客斬紆子，以首祭勳塚。

㈩癸亥（是月癸巳朔，無癸亥），陳王羨、彭城王恭、樂成王黨、下邳王衍、梁王暢始就國㊶。

(十一)夏，四月，戊寅（十七日），以遺詔罷郡國鹽鐵之禁，縱民賁鑄㊷。

(十一)五月，京師旱。

(十二)北匈奴饑亂，降南部者，歲數千人。秋，七月，南單于上言：「宜及北虜分爭，出兵討伐，破北成南，共為一國。【考異】袁紀，章和元年十月，南單于上書求出兵，破北成南。宋意諫，不聽，師未出而帝寢疾。范書南匈奴傳，事並在此年七月。按單于書云，孝章皇帝聖思遠慮。則范書是也。今從之。令漢家長無北念㊸。臣等生長漢地，開口仰食，歲時賞賜，動輒億萬，雖垂拱安枕，慚無報效之義。願發國中及諸郡故胡㊹新降㊺精兵，分道並出，期十二月，同會虜地。臣兵眾單少，不足以防內外，願遣執金吾耿秉、度遼將軍鄧鴻及西河、雲中、五原、朔方上郡太守，幷力而北，冀因聖帝威神，一舉平定。臣國成敗，要在今年。已敕諸部嚴兵馬，唯裁哀省察。」太后以示耿秉㊻，秉上言：「昔武帝單㊼極天下，欲臣虜匈奴，未遇天時，事遂無成。今幸遭天授，北虜分爭，以夷伐夷㊽，國家之利。宜可聽許。」秉因自陳受恩，分當出命效用。太后議欲從之，尚書宋意㊾上書曰：「夫戎狄簡賤禮義，無有上下，彊者為雄，弱即屈服。自漢興以來，征伐數矣，其所克獲，曾不補害(五〇)。光武皇帝躬服金革之難，深昭天地之明，因其來降，羈縻畜養，邊民得生，勞役休息，於茲四十餘年矣(五一)。今鮮卑奉順，斬獲萬數(五二)，中國坐享大功，而百姓不知其勞，漢興功烈，於斯為盛。所以然者，夷虜相攻，無損漢兵者也。臣察鮮卑侵伐匈奴，正是(五三)利其抄掠，及歸功聖朝，實由貪得重賞。今若聽南虜還都北庭，則不得不禁制鮮卑，鮮卑外失暴掠之願，內無功勞之賞，豺狼貪婪(五四)，必為邊患。今北虜西遁，請求和親，宜因其歸附，以為外扞。巍巍之業，無以過此。若引兵費賦，以順南虜，則坐失上略，去安即(五五)危矣。誠不可許。」會齊殤王(五六)子都鄉侯暢來弔國憂(五七)，【考異】袁紀作郁鄉侯暢。今從范書。太后數召見之(五八)，竇憲懼暢分宮省之權，遣客刺殺暢於屯衛(五九)之中，而歸罪於暢弟利侯剛。乃使侍御史與青州刺史雜考剛等(六〇)，尚書潁川韓稜(六一)以為賊在京師，不宜捨近問遠，恐為姦臣所笑。太后怒，以切責稜，稜固執其議。何敞說宋由曰：「暢宗室肺府(六二)，茅土藩臣，來弔大憂，上書須(六三)報，親在武衛，致此殘酷，奉憲之吏，莫適討捕(六四)，蹤跡不顯，主名不立。敞備數股肱(六五)，職典賊曹(六六)，欲親至發所(六七)，以糾(六八)其變。而二府(六九)執事，以為故事三公不與賊盜(七〇)。公縱姦慝，莫以為咎，敞請獨奏案之。」由乃許焉。二府聞敞行，皆遣主者(七一)隨之。於是推舉，具得事實。太后怒，閉憲於內宮。憲懼誅，因自求擊匈奴以贖死。冬，十月，乙亥（十七日），以憲為車騎將軍，伐北匈奴，以執金吾耿秉為副，發北軍五校(七二)、黎陽雍營(七三)、緣邊十二郡(七四)騎士及羌胡兵出塞。

㈣公卿舉故張掖太守鄧訓代張紆為護羌校尉(七五)。迷唐率兵萬騎，來至塞下，未敢攻訓，先欲脅小月氏(七六)胡。訓擁衛小月氏胡，令不得戰。議者咸以羌胡相攻，縣官之利，不宜禁護。訓曰：「張紆失信，眾羌大動；涼州吏民，命縣(七七)絲髮。原諸胡所以難得意者，皆恩信不厚耳。今因其迫急，以德懷之，庶能有用。」遂令開城及所居園門(七八)，悉驅羣胡妻子內之，嚴兵守衛。羌掠(七九)無所得，又不敢逼諸胡，因即解去。由是湟中(八〇)諸胡，皆言漢家常欲鬬我曹，今鄧使君待我以恩信，開門內我妻子，乃是得父母也。咸歡喜叩頭曰：「唯使君所命！」訓遂撫養教諭，大小莫不感悅。於是賞賂諸羌種，使相招誘。迷唐叔父號吾將其種人八百戶來降。訓因發湟中秦胡羌兵四千人出塞，掩擊迷唐於寫谷㉒，破之。迷唐乃去大小榆㉓，居頗巖谷，眾悉離散。

【今註】㊀就國：漢制，諸藩王朝會之禮畢，各就國，不得留京師。㊁涼州緣邊，家被凶害：時西羌犯邊肆虐。㊂國恩覆載：言國恩如同天地。㊃明君賜賚至亦應有度：李賢曰：「臘賜，大將軍、三公錢各二十萬，牛肉二百斤，粳米二百斛；特進、侯十五萬；卿十萬；校尉五萬；尚書三萬；侍中、將、大夫各二萬；千石、六百石各七千；虎賁羽林郎二人共三千，以為祀門戶直。見漢官儀。」㊄夏禹玄圭：《書・禹貢》曰：「禹錫玄圭。」㊅周公束帛：《尚書》曰：「召公出取幣，入錫周公。」㊆明公：指宋由。㊇空空：胡三省曰：「空當作悾。悾悾，謹愨貌。」㊈南陽宋意：宋意南陽郡人。㊉烝烝：胡三省曰：「烝，進也；烝烝，進進也。」⑪車入殿門：漢制，太子諸王，至司馬門，皆下車，故謂止車門。⑫即席不拜：臣於君前，拜而後就席。⑬分甘損膳：損御膳以分甘。⑭優渥：恩澤豐厚曰優渥。⑮康焉：濟南王康、中山王焉。⑯春秋之義，諸父昆弟無所不臣：《春秋》尊王，君君臣臣，故以為《春秋》之義。⑰妻子成家：謂有妻有子，自成一家。⑱官屬備具：謂王國官已具備。⑲磐：謂盤桓不去。⑳以義斷恩：《禮記》曰：「門內之政恩掩義，門外之政義斷恩。」㉑便時：行日取便利之時，猶言擇日而行。㉒（正月）壬辰，帝崩于章德前殿：袁宏《後漢紀》在二月壬辰。《後漢書・和帝紀》和帝二月壬辰即皇帝位，君位一日不可虛，舊君崩，新君即日即位，則章帝之崩，當在是時。《通鑑》根據《後漢書・章帝紀》，恐誤。且正月甲午朔，亦無壬辰日。（二月癸亥朔，壬辰為二十九日。）㉓敬陵：在洛陽城東南。㉔臨朝：臨朝攝政。蔡邕《獨斷》曰：「少帝即位，太后即代攝政，臨前殿，朝羣臣，太后東面，少帝西面，羣臣上書奏事，皆為兩通，一詣太后，一詣少帝。」㉕幹：主。沈欽韓曰：「幹當為斡。」㉖篤弟景瓌並為中常侍：錢大昕曰：「中常侍宦者之職，非外戚所宜居，恐誤。」㉗慠：同傲。㉘庶幾夙夜，以永終譽：《詩・周頌》振鷺之辭，言庶幾於夙夜匪懈，以終保令名於無窮。㉙馮野王以外戚居位，稱為賢臣：馮野王妹為元帝昭儀，於九卿中，野王行能第一。㉚陰衞尉：光烈皇后同母弟陰興。㉛克己復禮：指陰興讓侯爵又讓大司馬。㉜挹：損。㉝外家二十：呂氏、張氏、薄氏、竇氏、王氏、陳氏、衞氏、李氏、趙氏、上官氏、史氏、許氏、霍氏、卭成王氏、元后王氏、趙氏、傅氏、丁氏、馬氏、衞氏。㉞漢興以後，迄於哀平，外家二十，保族全身，四人而已：謂高帝呂后產祿謀反誅，惠帝張皇后廢，文帝母薄太后弟昭被殺，孝文帝竇皇后從昆弟子嬰誅，景帝薄皇后、武帝陳皇后並廢，衞皇后自殺，昭帝上官皇后家族誅，宣帝祖母史良娣為巫蠱死，宣帝母王夫人弟子商下獄死，霍皇后家破，元帝王皇后弟王莽篡位，成帝許皇后賜死，趙皇后廢自殺，哀帝祖母傅太后家屬徙合浦，平帝母衞姬家屬誅，昭帝趙太后憂死。惟哀帝母丁姬、景帝王皇后、宣帝許皇后、王皇后四人，其家族並全。此共二十一家。〔三五〕書曰鑒于有殷：《書．召誥》曰：「我不可不鑒于有夏，亦不可不鑒于有殷。」〔三六〕錄尚書事，百官總己以聽：李賢曰：「古者君在諒闇，百官總己之職事，以聽于冢宰。錄尚書則冢宰之任也。」〔三七〕彪有義讓，先帝所敬：彪父邯封鄳鄉侯，父卒，彪讓國於弟鳳，明帝高其節。〔三八〕委隨：順從。〔三九〕睚眦：張目忤視。〔四〇〕韓紆考劾憲父勳獄：勳下獄死事見卷四十五明帝永平五年。〔四一〕陳王羨、彭城王恭、樂成王黨、下邳王衍、梁王暢始就國：建初三年，章帝不忍與諸王分離，留諸王於京師。至是和帝即位，始遣之國。〔四二〕罷郡國鹽鐵之禁，縱民煮鑄：漢自武帝以來，鹽鐵有禁。光武中興，迄於章帝，政府仍專有鹽鐵之利。至和帝即位，始縱民自由煮鑄（煮鹽鑄鐵）。〔四三〕今漢家長無北念：謂北部既滅，南部保塞，則漢家無復北顧之憂。〔四四〕故胡：南部舊眾。〔四五〕新降：新從北部來降者。〔四六〕以示耿秉：以南單于書示耿秉。〔四七〕單：與殫同。〔四八〕以夷伐夷：指以南匈奴伐北匈奴。〔四九〕宋意：袁宏《後漢紀》作宗意。〔五〇〕其所克獲，曾不補害：言得不償失。〔五一〕於茲四十餘年矣：自建武二十四年（西元四八年）受南單于降，至是（章和二年，西元八八年）四十一年。〔五二〕斬獲萬數：謂鮮卑破殺優留單于。〔五三〕正：《後漢書．宋意傳》作止。〔五四〕婪：殺人而取其財曰婪。〔五五〕即：就。〔五六〕齊殤王：齊殤王石，齊武王縯之孫，哀王章之子。劉攽曰：「案殤者不成人之名，今王石立二十四年，不可以殤謚，蓋是煬字。」惠棟曰：「何敞傳作煬王。」按《後漢書．何敞傳》亦作殤王。〔五七〕國憂：指章帝之崩。〔五八〕太后數召見之：《後漢書．竇憲傳》，暢素行邪僻，因鄧疊母元自通長樂宮，得幸太后。〔五九〕屯衞：屯兵宿衞之所。《後漢書．何敞傳》曰：「刺殺暢於城門屯衞之中。」(六〇)乃使侍御史與青州刺史雜考剛等：胡三省曰：「青州刺史部齊國，暢見殺於京師，而令青州刺史考竟，欲移獄以絕蹤也。」(六一)潁川韓稜：韓稜潁川郡人。(六二)府：與腑同。(六三)須：待。(六四)莫適討捕：李賢曰：「適音的，謂無指的討捕也。」(六五)股肱：手足之要部。自胯至膝謂之股，自肘至腕謂之肱。(六六)賊曹：公府有賊曹，主辦盜賊。(六七)發所：盜賊發生地點。(六八)糾：督察。(六九)二府：謂司徒司空。(七〇)故事三公不與賊盜：邴吉為丞相，不案事，遂以為故事。(七一)主者：主辦盜賊之官。李賢曰：「主知賊盜之曹。」(七二)北軍五校：屯騎、越騎、步兵、長水、射聲五校尉所掌之宿衛兵。(七三)黎陽雍營：光武中興，以幽冀幷州兵騎克定天下，故於黎陽立營，以謁者監之，稱黎陽營。又扶風校尉部在雍縣，以涼州近羌，數犯三輔，將兵衛護園陵，故俗稱雍營。(七四)緣邊十二郡：上郡、西河、五原、雲中、定襄、鴈門、朔方、代郡、上谷、漁陽、安定、北地。(七五)公卿舉故張掖太守鄧訓代張紆為護羌校尉：按《後漢書・鄧訓傳》，元和三年，拜訓張掖太守，章和二年，訓尚在職，不應稱故張掖太守。《後漢書・西羌傳》亦謂以張掖太守鄧訓代為校尉。(七六)小月氏：匈奴破月氏，月氏西徙，其餘眾保南山不得去者，號小月氏。氏音支。(七七)縣：讀懸。(七八)園門：護羌校尉所居寺舍後園之門。(七九)掠：刼奪。(八〇)湟中：月氏胡所居。胡三省曰：「夾湟兩岸之地，通謂之湟中。」沈欽韓曰：「一統志，湟河番名波洛沖克河，在西寧邊外西北，青海之東，源出噶爾藏嶺，入西寧西川邊內為西寧河。又東南三百餘里至莊浪衛降唐堡，入大通河（即浩亹水）。湟中城在西寧邊外西北。」(八一)寫谷：《東觀漢記》作瀉谷。顧炎武《天下郡國利病書・西寧衛下》云：「雁谷在今臨羌縣西，鄧訓掩擊羌迷唐處。」臨羌在今青海省西寧西。㈢大小榆：大榆谷、小榆谷，見本卷章和元年註㈢。

孝和皇帝上 諱肇，肅宗第四子也。竇后養以為子，廢長立之。謚法不剛不柔曰和。伏侯古今註曰：「肇之字曰始，音兆。」賢曰：「案許慎說文，肇音大可翻，上諱也，但伏侯許慎並漢時人，而帝諱音不同，蓋應別有所據。」

永元元年（西元八九年）

㈠春，迷唐欲復歸故地，鄧訓發湟中六千人，令長史任尚將之，縫革為船，置於箄㈠上以度河，掩擊迷唐，大破之，斬首前後一千八百餘級，獲生口二千人，馬牛羊三萬餘頭，一種㈡殆盡。【考異】西羌傳，永元元年張紆坐徵，以訓代為校尉。鄧訓傳章和二年紆誘誅羌，羌謀報怨，公卿舉訓代紆，擊破之。其春，迷唐復欲歸，訓又破之。按訓傳下云永元二年，則其春永元元年春也。今從訓傳。迷唐收其餘眾，西徙千餘里，諸附落㈢小種皆畔之。燒當豪帥東號㈣稽顙歸死㈤，餘皆款塞納質。於是訓綏接歸附，威信大行。遂罷屯兵，各令歸郡㈥，唯置弛刑徒二千餘人，分以屯田，修理塢壁而已。

㈡竇憲將征匈奴，三公九卿詣朝堂上書諫，以為匈奴不犯邊塞，而無故勞師遠涉，損費國用，徼㈦功萬里，非社稷之計。書連上輒寢。宋由懼，遂不敢復署議。而諸卿稍自引止，唯袁安、任隗守正不移，至免冠朝堂固爭，前後且十上，眾皆為之危懼，安、隗正色自若。侍御史魯恭上疏曰：「國家新遭大憂㈧，陛下方在諒闇㈨，百姓闕然，三時不聞警蹕之音㈩，莫不懷思皇皇，若有求而不得。今乃以盛春之月，興發軍役，擾動天下，以事戎夷，誠非所以垂恩中國，改元正時，由內及外也。萬民者，天之所生。天愛其所生，猶父母愛其子，一物有不得其所，則天氣為之舛錯，況於人乎？故愛民者，必有天報。夫戎狄者，四方之異氣，與鳥獸無別。若雜居中國，則錯亂天氣，汙辱善人。是以聖王之制，羈縻㈢不絕而已。今匈奴為鮮卑所破，遠藏於史侯河西，去塞數千里，而欲乘其虛耗，利其微弱，是非義之所出也。今始徵發，而大司農調度不足，上下相迫，民間之急，亦已甚矣！羣僚百姓，咸曰不可，陛下奈何以一人之計，棄萬人之命，不卹其言乎？上觀天心，下察人志，足以知事之得失。臣恐中國不為中國，豈徒匈奴而已哉！」尚書令韓稜、騎都尉朱暉、議郎京兆樂恢(一三)皆上疏諫，太后不聽。又詔使者為憲弟篤、景並起邸第，勞役百姓。侍御史何敞上疏曰：「臣聞匈奴之為桀逆久矣。平城之圍(一四)，慢書之恥(一五)，此二辱者，臣子所為捐軀而必死，高祖、呂后忍怒含忿，舍而不誅。今匈奴無逆節之罪，漢朝無可慙之恥，而盛春東作(一六)，興動大役，元元怨恨，咸懷不悅。又猥(一七)為衞尉篤、奉車都尉景繕修館第，彌街絕里。篤、景親近貴臣，當為百僚表儀，今眾軍在道，朝廷焦唇，百姓愁苦，縣官無用(一八)，而遽起大第，崇飾玩好，非所以垂令德，示無窮也。宜且罷工匠，專憂北邊，恤民之困。」書奏不省。竇憲嘗使門生齎書詣尚書僕射郅壽，有所請託，壽即送詔獄。前後上書陳憲驕恣，引王莽以誡國家。又因朝會，刺譏憲等以伐匈奴起第宅事，厲音正色，辭旨甚切。憲怒，陷壽以買公田誹謗，下吏當誅。何敞上疏曰：「壽機密近臣，匡救為職，若懷默不言，其罪當誅。今壽違眾正議，以安宗廟，豈其私邪？臣所以觸死瞽言(一九)，非為壽也。忠臣盡節，以死為歸。臣雖不知壽，度其甘心安之，誠不欲聖朝行誹謗之誅，以傷晏晏㉚之化，杜塞忠直，垂譏無窮。臣敞謬與機密，言所不宜，罪名明白，當塡牢獄，先壽僵仆，萬死有餘。」書奏，壽得減死論，徙合浦，未行自殺。壽，惲之子也。

夏，六月，竇憲、耿秉出朔方雞鹿塞㉛，南單于出蒲夷谷㉜，度遼將軍鄧鴻出稒陽塞㉝，皆會涿邪山。憲分遣副校尉閻盤、司馬耿夔、耿譚將南匈奴精騎萬餘，與北單于戰于稽落山㉞，大破之，單于遁走。追擊諸部，遂臨私渠北鞮海㉟，斬名王已下萬三千級，獲生口甚眾，雜畜百餘萬頭，諸裨小王率眾降者，前後八十一部，二十餘萬人。憲、秉出塞三千餘里，登燕然山㊱，命中護軍㊲班固刻石勒功，紀漢威德而還。遣軍司馬吳汜、梁諷奉金帛遺北單于。時虜中乖亂，汜、諷及北單于於西海上，宣國威信，以詔致賜，單于稽首拜受。諷因說令修呼韓邪故事㊳，單于喜悅，即將其眾與諷俱還。到私渠海，聞漢軍已入塞，乃遣弟右溫禺鞮王奉貢入侍，隨諷詣闕，憲以單于不自身到，奏還其侍弟。

㈢秋，七月，乙未（十一日），會稽山崩。

㈣九月，庚申（七日），以竇憲為大將軍，中郎將劉尚為車騎將軍。封憲武陽侯㉙，食邑二萬戶。憲固辭封爵，詔許之。舊大將軍位在三公下，至是詔憲位次太傅下，三公上。長史司馬秩中二千石㉚。封耿秉為美陽㉛侯。

竇氏兄弟驕縱，而執金吾景尤甚，奴客緹騎㉜，強奪人財貨，篡取罪人，妻略婦女，商賈閉塞，如避寇讎。又擅發緣邊諸郡突騎有才力者，有司莫敢舉奏。袁安劾景擅發邊兵，驚惑吏民，二千石不待符信，而輒承景檄㉝，當伏顯誅。又奏司隸校尉河南尹阿附貴戚，不舉劾，請免官案罪。并寢不報。駙馬都尉瓌獨好經書，節約自修。尚書何敞上封事曰：「昔鄭武姜之幸叔段㉞，衛莊公之寵州吁㉟，愛而不教，終至凶戾。由是觀之，愛子若此，猶饑而食之以毒，適所以害之也。伏見大將軍憲，始遭大憂，公卿比㊱奏，欲令典幹㊲國事，憲深執謙退，固辭盛位，懇懇勤勤，言之深至，天下聞之，莫不悅喜。今踰年未幾，大禮未終㊳，卒然中改，兄弟專朝。憲秉三軍之重，篤、景總宮衛之權，而虐用百姓，奢侈僭偪，誅戮無罪，肆心自快。今者論議訩訩，咸謂叔段、州吁復生於漢。臣觀公卿，懷持兩端，不肯極言者，以為憲等若有匪懈之志，則已受吉甫褒申伯之功㊴，如憲等陷於罪辜，則自取陳平、周勃順呂后之權㊵。終不以憲等吉凶為憂也。臣敞區區㊶，誠欲計策兩安，絕其緜緜，塞其涓涓㊷，上不欲令皇太后損文母之號㊸，陛下有誓泉之譏㊹；下使憲等得長保其福祐也。駙馬都尉瓌比請退身，願抑家權，可與參謀，聽順其意，誠宗廟至計，竇氏之福。」時濟南王康㊺尊貴驕甚，憲乃白出敞為濟南太傅。康有違失，敞輒諫爭，康雖不能從，然素敬重敞，無所嫌牾㊻焉。

㈤冬，十月，庚子（十八日），阜陵質王延薨。

㈥是歲郡國九大水。

【今註】㊀箄：木筏。㊁一種：指迷唐。㊂附落：羌部落之附迷唐者。㊃東號：羌名。㊄歸死：自歸而請死。㊅遂罷屯兵各令歸郡：以羌反發諸郡兵屯於塞上，今羌已破，罷令各歸其郡。㊆徼：求。㊇大憂：指章帝之崩。㊈諒闇：凶廬稱諒闇，指居喪。闇音陰。㊉三時不聞警蹕之音：三時，夏秋冬。天子出稱警，入稱蹕。和帝初即位，新遭章帝之喪，在諒闇不出，故百姓三時不聞警蹕之音。⑪皇皇若有求而不得：《禮記・檀弓》，魯人顏丁善居喪，始死，皇皇如有求而不得。此言百姓思慕之義。⑫羈縻：羈，馬絡頭。縻，牛繮。⑬京兆樂恢：樂恢京兆人。⑭平城之圍：事見卷十一高帝七年。⑮慢書之恥：事見卷十二惠帝三年。《後漢書・何敞傳》慢作嫚。⑯東作：李賢曰：「歲起於東，人始就耕，故曰東作。」⑰猥：助詞。⑱無用：無財用。⑲瞽言：《論語・季氏篇》：「侍於君子有三愆，未見顏色而言謂之瞽。」⑳晏晏：寬容覆載，謂之晏晏。《後漢書・郅壽傳》作塞晏。道德純備謂之塞。㉑雞鹿塞：沈欽韓曰：「明志榆林衞西北有雞鹿塞。」在今綏遠省河套西北。㉒滿夷谷：當在今綏遠東勝縣西北。㉓稒陽塞：沈欽韓曰：「今在吳喇忒旗北故九原城東北。」㉔稽落山：匈奴中山名，在燕然山南。㉕私渠北鞮海：匈奴中海名。《後漢書・和帝紀》私作和。㉖燕然山：當即今杭愛山。㉗中護軍：西漢有護軍都尉，至是有中護軍。㉘修呼韓邪故事：謂臣服於漢為北藩。宣帝時呼韓邪單于款塞，朝于甘泉宮，請留居光祿，塞下有急，保漢受降城。㉙武陽侯：胡三省曰：「郡國志東郡有東武陽縣，泰山郡有南武陽侯國，憲其封南武陽歟？」㉚長史司馬秩中二千石：大將軍長史司馬秩千石，今秩中二千石，則亦比於九卿。漢官制有中二千石，一歲得二千一百六十石。中，滿足之意，意即滿二千石。㉛美陽：在今陝西省武功縣西南。㉜緹騎：執金吾緹騎二百人。㉝二千石不待符信而輒承景檄：《後漢書・袁安傳》，景擅使乘驛施檄緣邊諸郡，發突騎及善騎射有才力者，漁陽、雁門、上谷三郡各遣吏將送詣景第。㉞鄭武姜之幸叔段：

《左傳》隱公元年，鄭武姜愛少子叔段，莊公立，武姜請以京封叔段，謂之京城太叔。後武姜引以襲鄭，莊公伐之，出奔共。㉟衞莊公之寵州吁：《左傳》隱公三年，衞莊公寵庶子州吁，州吁好兵，公弗禁，石碏諫不聽，及桓公立，州吁乃弒桓公而篡。㊱比：頻。㊲幹：主。㊳大禮未終：胡三省曰：「禮事君方喪三年，時遭國憂纔踰年，故曰大禮未終。」㊴吉甫褒申伯之功：申伯，周宣王元舅，有令德，故尹吉甫作詩以美之。其詩曰：「維嶽降神，生甫及申，申伯之德，柔惠且直，揉此萬邦，聞于四國。」㊵陳平周勃順呂后之權：呂后欲封呂祿呂產為王，王陵諫，不許；陳平周勃順旨而封之。呂后崩，平勃合謀，卒誅產祿。㊶區區：《廣雅》云：「區區，誠也。」㊷絕其緜緜，塞其涓涓：周金人銘曰：「涓涓不壅，終為江河；緜緜不絕，或成網羅。」㊸文母之號：《詩》曰：「思齊大任，文王之母。」㊹誓泉之譏：《左傳》隱公元年，鄭武姜引太叔段襲莊公，莊公置姜氏於城潁而誓之曰：「不及黃泉，無相見也。」㊺濟南王康：光武少子。㊻牾：逆。

二年（西元九〇年）

㈠春，正月，丁丑（二十六日），赦天下。

㈡二月，壬午（二日），日有食之。

㈢夏，五月，丙辰（七日），封皇弟壽為濟北王，開為河間王，淑為城陽王。紹封故淮陽頃王子側為常山王㈠。

㈣竇憲遣副校尉閻礱㈡將二千餘騎，掩擊北匈奴之守伊吾者㈢，復取其地。【考異】西域傳作閻槃，今從帝紀。車師震慴，前後王㈣各遣子入侍。

㈤月氏求尚公主，班超拒還其使，由是怨恨，遣其副王謝㈤將兵七萬攻超。超眾少，皆大恐。超譬㈥軍士曰：「月氏兵雖多，然數千里踰葱嶺來，非有運輸，何足憂邪？但當收穀堅守，彼饑窮自降，不過數十日決矣㈦。」謝遂前攻超，不下。又鈔掠無所得。超度其糧將盡，必從龜茲求食㈧，乃遣兵數百於東界要之。謝果遣騎齎金銀珠玉以賂龜茲，超伏兵遮擊，盡殺之，持其使首以示謝，謝大驚，即遣使請罪，願得生歸，超縱遣之。月氏由是大震，歲奉貢獻。

㈥初，北海哀王無後㈨，肅宗以齊武王首創大業，而後嗣廢絕，心常愍之。遺詔令復齊、北海二國。丁卯（十八日），封蕪湖侯無忌㈩為齊王，北海敬王庶子威為北海王㈡。

㈦六月，辛卯（十二日），中山簡王焉薨。焉，東海恭王之母弟，而竇太后恭王之甥(一二)也，故加賻(一三)錢一億，大為修冢塋，平夷吏民冢墓以千數，作者萬餘人，凡徵發搖動六州、十八郡。

(八)詔封竇憲為冠軍(一四)侯，篤為郾(一五)侯，瓌為夏陽(一六)侯(一七)。憲獨不受封。

(九)秋，七月，乙卯（七日），竇憲出屯涼州(一八)，以侍中竇疊行征西將軍事為副。

(十)北單于以漢還其侍弟，九月，復遣使款塞稱臣，欲入朝見。冬，十月，竇憲遣班固、梁諷迎之。會南單于復上書，求滅北庭，於是遣左谷蠡王師子等將左右部八千騎出雞鹿塞，中郎將耿譚(一九)遣從事將護(二〇)之，襲擊北單于。夜至圍之，北單于被創，僅而得免。獲閼氏(二一)及男女五人，斬首八千級，生虜數千口。班固至私渠海而還。是時南部黨眾益盛，領戶三萬四千，勝兵五萬。

【今註】㈠紹封故淮陽頃王子側為常山王：章和元年，淮陽頃王昞薨，未及立嗣，而國有大喪，今乃紹封。㈡閻礱：《後漢書．和帝紀》作閻礱，《竇憲傳》作閻盤，《西域傳》作閻槃。胡三省曰：「余謂副校尉閻槃即前戰于稽落山，恐當作盤。」㈢北匈奴之守伊吾者：章帝建初二年，罷伊吾屯田，北匈奴遣兵守其地。見《後漢書・西域傳》。㊃前後王：車師有前王後王，前王即後王之子，其王庭相去五百里。㊄副王謝：副王，猶裨王。謝，副王之名。㊅譬：喻。㊆決矣：謂勝負決定。㊇求食：《後漢書・班超傳》作求救。㊈北海哀王無後：章帝元和三年，北海哀王基薨，無後。㊉蕪湖侯無忌：齊王晃子，章帝章和元年晃貶為蕪湖侯。⑪北海敬王：北海敬王睦。⑫竇太后恭王之甥也：竇太后母沘陽公主為東海恭王彊之女。⑬賻：音附。⑭冠軍：在今河南鄧縣西北。⑮酈：在今河南酈城縣西北。⑯夏陽：在今河南韓城南。⑰詔封竇憲為冠軍侯，篤為酈侯，瓌為夏陽侯：《後漢書・竇憲傳》尚有封景為汝陽侯，疑《通鑑》脫。⑱涼州：轄隴西、漢陽、武都、金城、安定、北地、武威、張掖、燉煌、酒泉等郡。⑲中郎將耿譚：耿譚為使匈奴中郎將。⑳將護：將，領。護，監。㉑氏：音支，下同。

三年（西元九一年）

㈠春，正月，甲子（十九日），帝用曹褒新禮㊀，加元服㊁，擢褒監羽林左騎㊂。

㈡竇憲以北匈奴微弱，欲遂滅之。二月，遣左校尉耿夔、司馬任尚出居延㊃塞，圍北單于於金微山㊄，大破之，獲其母閼氏㊅名王已下五千餘級，北單于逃走，不知所在。出塞五千餘里而還，自漢出師，所未嘗至也。封夔為粟邑㊆侯。

㈢竇憲既立大功，威名益盛，以耿夔、任尚等為爪牙；鄧疊、郭璜為心腹；班固、傅毅之徒典文章；刺史守令，多出其門㊇，賦斂吏民，共為賂遺。司徒袁安，司空任隗舉奏諸二千石幷所連及貶秩免官四十餘人，竇氏大恨。但安、隗素行高㊈，亦未有以害之。尚書僕射樂恢刺舉無所回避，憲等疾之。恢上書曰：「陛下富於春秋㊉，纂承大業，諸舅不宜幹正王室，以示天下之私。方今之宜，上以義自割，下以謙自引，四舅⑪可長保爵土之榮，皇太后永無慙負宗廟之憂，誠策之上者也。」書奏不省。恢稱疾，乞骸骨歸長陵⑫，憲風厲州郡，迫脅恢飲藥死。於是朝臣震慴，望風承旨，無敢違者。袁安以天子幼弱，外戚擅權，每朝會進見，及與公卿言國家事，未嘗不喑嗚⑬流涕。自天子及大臣，皆恃賴之。

㈣冬，十月，癸未（十二日），上行幸長安，詔求蕭、曹近親宜為嗣者，紹其封邑。

㈤詔竇憲與車駕會長安。憲至，尚書以下議欲拜之，伏稱萬歲。尚書韓稜正色曰：「夫上交不諂，下交不瀆㈣。禮無人臣稱萬歲之制。」議者皆慙而止。尚書左丞㈤王龍私奏記上牛酒於憲，稜舉奏龍，論為城旦。

㈥龜茲、姑墨、溫宿諸國皆降。十二月，復置西域都護、騎都尉、戊巳校尉官㈥。以班超為都護，徐幹為長史。拜龜茲侍子白霸為龜茲王，遣司馬姚光送之。超與光共脅龜茲，廢其王尤利多，而立白霸。使光將尤利多還詣京師。超居龜茲它乾城，徐幹屯疏勒，惟焉耆、危須、尉犂以前沒都護㈦，猶懷二心。其餘悉定。

㈦庚辰（十日）上至自長安。

㈧初，北單于既亡，其弟右谷蠡王於除鞬自立為單于，將眾數千人，止蒲類海，遣使款塞。竇憲請遣使立於除鞬為單于，置中郎將領護，如南單于故事。事下公卿議。宋由等以為可許，袁安、任隗奏，以為光武招懷南虜，非謂可永安內地，正以權時之算，可得扞禦北狄故也。今朔漠既定，宜令南單于反其北庭，并領降眾，無緣更立於除鞬，以增國費。事奏，未以時定(一八)，安懼憲計遂行，乃獨上封事(一九)曰：「南單于屯(二〇)先父舉眾歸德，自蒙恩以來，四十餘年，三帝積累，以遺陛下。陛下深宜追述先志，成就其業。況屯首創大謀，空盡北虜，輟而弗圖，更立新降，以一朝之計，違三世之規，失信於所養(二一)，建立於無功(二二)。論語曰：『言忠信，行篤敬，雖蠻貊行焉。』今若失信於一屯，則百蠻不敢復保誓矣(二三)。又烏桓鮮卑，新殺北單于(二四)，凡人之情，咸畏仇讎，今立其弟，則二虜懷怨。且漢故事，供給南單于，費直歲一億九十餘萬，西域歲七千四百八十萬。今北庭彌遠，其費過倍，是乃空盡天下，而非建策之要也。」詔下其議。安又與憲更相難折，憲險急負埶，言辭驕訐(二五)，至詆毀安，稱光武誅韓歆、戴涉故事(二六)，安終不移。然上竟從憲策。【考異】袁安傳云：「憲請立左鹿蠡王阿佟為北單于，安以為不可，憲竟立右鹿蠡王於除鞬。」據此，則阿佟與於除鞬是二人。袁紀作阿修。南匈奴傳止有右谷蠡王於除鞬，無阿佟名。今從之。袁紀又云：「宋由、丁鴻、尹睦以為阿修誅君之子，又與烏丸、鮮卑為父兄之讎，不可立。南單于先帝所置，今首破北虜，新建大功，宜令並領降眾。」與范書不同。又云：「卒從安議。」蓋誤。今從袁安傳。

【今註】(一)曹褒新禮：章帝時，曹褒受命整理漢代儀禮，撰次天子至於庶人冠婚吉凶終始制度，共百五十篇。（二）加元服：元，首。謂加冠於首。（三）羽林左騎：《後漢書・百官志》，羽林左監秩六百石，領羽林左騎，屬光祿勳。（四）居延：在今寧夏省額濟納舊土爾扈特旗境，居延海在故城東北。（五）金微山：當在外蒙與西伯利亞界上。（六）閼氏：音焉支，匈奴后之號。（七）栗邑：在今陝西白水縣西北。（八）刺史守令，多出其門：《後漢書・袁安傳》注引袁山松書云：「憲日益橫，盡樹其私人於名都大郡，河南尹王調，漢陽太守朱敞，南陽太守滿殷高丹等皆其賓客。」（九）但安隗素行高：惠士奇曰：「先秦兩漢文，凡轉捩語從未有用但字者。南宋文氣卑靡，《朱子集注》多用但字。蔚宗文氣亦卑，此蔚宗之筆，非東漢文也。但，古文祖，後世改但為祖，而以但為語辭。漢文作第不作但，故但去為第去。非轉語，乃後世方言，不合古訓。」（一〇）富於春秋：言尚年輕。李賢曰：「春秋謂年也，言年少春秋尚多，故稱富。」（一一）四舅：指竇憲及其弟篤、景、瓌。（一二）歸長陵：樂恢京兆長陵人。（一三）喑嗚：傷歎貌，《後漢書・袁安傳》作噫嗚。（一四）上交不諂，下交不瀆：《易》下繫之辭。（一五）尚書左丞：《後漢書・百官志》，尚書左丞右丞各一人，掌錄文書期會。左丞主吏民章報及騶伯史，右丞假署印綬及紙筆墨諸財用庫藏。秩皆四百石。（一六）復置西域都護騎都尉戊巳校尉官：章帝建初元年，罷西域都護及戊巳校尉官，今復置。又劉攽曰：「案西域傳，此時但置戊校尉，多一巳字。」（一七）焉耆危須尉犂前沒都護：事見卷四十五明帝永平十八年。（一八）事奏，未以時定：言其議雖已奏上，而上未能即時決定從否。（一九）安懼憲計遂行，乃獨上封事：按《後漢書・周榮傳》，此章為周榮所草。時榮辟袁安府。（二〇）南單于屯：錢大昕曰：「本名屯屠何，此單舉上一字。」（二一）所養：指南單于。（二二）無功：指於除鞬。㉓誓：謂漢與夷人信誓之言。㉔烏桓鮮卑新殺北單于：指章帝章和元年斬優留單于。㉕訐：謂揚人之惡。㉖光武誅韓歆戴涉故事：建武十五年韓歆坐非帝讀隗囂書自殺，建武二十年戴涉坐殺太倉令下獄死。

卷四十八　漢紀四十

起玄黓執徐，盡旃蒙大荒落，凡十四年。（壬辰至乙巳，西元九二年至西元一〇五年。）

司馬光編集
杜維運註

孝和皇帝下

永元四年（西元九二年）

㈠春，正月，遣大將軍左校尉耿夔授於除鞬印綬，使中郎將任尚持節衛護屯伊吾，如南單于故事。初，廬江周榮辟袁安府，安舉奏竇景㊀及爭立北單于事㊁，皆榮所具草。竇氏客太尉掾徐齮深惡之。脅榮曰：「子為袁公腹心之謀，排奏竇氏，竇氏悍士刺客滿城中，謹備之矣！」榮曰：「榮江淮孤生，得備宰士㊂，縱為竇氏所害，誠所甘心。」因敕㊃妻子，若卒㊄遇飛禍㊅，無得殯斂，冀以區區腐身，覺悟朝廷。

㈡三月，癸丑（十四日），司徒袁安薨。

㈢閏月，丁丑（九日），以太常丁鴻為司徒。

(四)夏，四月，丙辰（十八日），竇憲還至京師。

(五)六月，戊戌（一日），朔，日有食之。丁鴻上疏曰：「昔諸呂擅權，統嗣幾移㊆；哀平之末，廟不血食㊇。故雖有周公之親，而無其德，不得行其埶也。今大將軍雖欲敕身自約，不敢僭差，然而天下遠近，皆惶怖承旨，刺史二千石初除謁辭㊈，求通待報㊉，雖奉符璽，受臺敕㊁，不敢便去，久者至數十日，背王室，向私門，此乃上威損，下權盛也。人道悖於下，效驗見於天，雖有隱謀，神照其情，垂象見戒，以告人君。禁微則易，救末則難，人莫不忽於微細，以致其大。恩不忍誨，義不忍割，去事之後，未然之明鏡也㊂。夫天不可以不剛，不剛則三光㊂不明。王不可以不彊，不彊則宰牧從橫㊃。宜因大變，改政匡失，以塞天意。」

(六)丙辰（十九日），郡國十三地震。

(七)旱蝗。

(八)竇氏父子兄弟並為卿校㊄，充滿朝廷。穰侯鄧疊、疊弟步兵校尉磊及母元、憲女壻射聲校尉郭舉、舉父長樂少府㊅璜共相交結，元、舉並出入禁中，舉得幸太后，遂共圖為殺害（一七），帝陰知其謀。是時憲兄弟專權，帝與內外臣僚，莫由親接，所與居者，閹宦而已。帝以朝臣上下，莫不附憲，獨中常侍鉤盾令（一八）鄭眾謹敏有心幾（一九），不事豪黨，遂與眾定議誅憲。以憲在外（二〇），慮其為亂，忍而未發。會憲與鄧疊皆還京師，時清河王慶恩遇尤渥，常入省（二一）宿止，帝將發其謀，欲得外戚傳（二二），懼左右不敢使，令慶私從千乘王（二三）求，夜獨內之。又令慶傳語鄭眾，求索故事（二四）。庚申（二十三日），帝幸北宮。詔執金吾五校尉勒兵屯衛南北宮（二五），閉城門，收捕郭璜、郭舉、鄧疊、鄧磊，皆下獄死。遣謁者僕射收憲大將軍印綬，更封為冠軍侯（二六），與篤、景、瓌皆就國。帝以太后故，不欲名誅憲（二七），為選嚴能相督察之，憲、篤、景到國，皆迫令自殺。

初，河南尹張酺數以正法繩治竇景（二八），反竇氏敗，酺上疏曰：「方憲等寵貴，羣臣阿附，唯恐不及，皆言憲受顧命（二九）之託，懷伊呂之忠，至乃復比鄧夫人於文母（三〇）。今嚴威既行，皆言當死，不復顧其前後，考折厥衷。臣伏見夏侯瓌，每存忠善，前與臣言，常有盡節之心，檢敕賓客，未嘗犯灋。臣聞王政骨肉之刑，有三宥之義㉛，過厚不過薄。今議者欲為瓌選嚴能相㉜，恐其迫切，必不完免。宜裁加貸宥，以崇厚德。」帝感其言，由是瓌獨得全。

竇氏宗族賓客，以憲為官者，皆免歸故郡。

初，班固奴嘗醉罵洛陽令种兢，兢因逮考竇氏賓客，收捕固，死獄中。固嘗著漢書，尚未就，詔固女弟曹壽妻昭㉝踵而成之。

㈨華嶠論曰：「固之序事，不激詭，不抑抗㉞，贍而不穢，詳而有體，使讀之者，亹亹㉟而不厭。信哉其能成名也。固譏司馬遷是非頗謬於聖人㊱，然其論議，常排死節㊲，否正直㊳，而不敍殺身成仁之為美㊴，則輕仁義，賤守節甚矣。」

㈩初，竇憲納妻，天下郡國皆有禮慶，漢中郡亦當遣吏㊵，戶曹㊶李郃諫曰：「竇將軍椒房之親，不修德禮，而專權驕恣，危亡之禍，可翹㊷足而待。願明府一心王室，勿與交通。」太守固遣之，郃不能止，請求自行，許之。郃遂所在遲留，以觀其變。行至扶風，而憲就國，凡交通者，皆坐免官，漢中太守獨不與焉。

帝賜清河王慶奴婢輿馬錢帛珍寶充牣其第。慶或時不安，帝朝夕問訊，進膳藥，所以垂意甚備。慶亦小心恭孝，自以廢黜，尤畏事慎灋，故能保其寵祿焉。

⑾帝除袁安子賞為郎，任隗子屯為步兵校尉㊸，鄭眾遷大長秋㊹。帝策勳班賞，眾每辭多受少，帝由是賢之，常與之議論政事。宦官用權，自此始矣！

⑿秋，七月，己丑（二十三日），太尉宋由以竇氏黨策免，自殺。

⒀八月，辛亥（十五日），司空任隗薨。

⒁癸丑（十七日）以大司農尹睦為太尉。太傅鄧彪以老病上還樞機職㊺，詔許焉。以睦代彪錄尚書事㊻。

⒂冬，十月己亥（四日）以宗正劉方為司空。

⒃武陵零陵澧中蠻叛。

⒄護羌校尉鄧訓卒，吏民羌胡旦夕臨㊼者，日數千人；羌胡或以刀自割，又刺殺其犬馬牛羊，曰：「鄧使君已死，我曹亦俱死耳！」前烏桓吏士㊽，皆犇走道路，至空城郭。吏執不聽，以狀白

校尉徐傿(四九)。傿歎息曰：「此為義也！」乃釋之。遂家家為訓立祠，每有疾病，輒請禱求福。蜀郡太守聶尚代訓為護羌校尉，欲以恩懷諸羌，乃遣譯使招呼迷唐，使還居大小榆谷(五〇)。迷唐既還，遣祖母卑缺(五一)詣尚，尚自送至塞下，為設祖道，令譯田汜等五人，護送至廬落，迷唐遂反，與諸種共生屠裂汜等以血盟詛，復寇金城塞。尚坐免(五二)。

【今註】㈠安舉奏竇景：見上卷永元元年。㈡爭立北單于事：見上卷永元三年。㈢宰士：李賢曰：「榮辟司徒府，故稱宰士。」㈣敕：戒。㈤卒：讀猝。㈥飛禍：謂不測之禍。胡三省曰：「飛禍者，言刺客竊發，不可得而備，若鳥之飛集也。」㈦諸呂擅權，統嗣幾移：諸呂謂呂產呂祿；產領南軍，祿領北軍，謀危劉氏，漢祚幾絕。㈧哀平之末，廟不血食：指外戚王莽之禍。㈨初除謁辭：初拜官者，先謁辭於大將軍竇憲，然後赴任。㈩求通待報：求通，求通名；待報，得謁與不得謁，得辭與不得辭，等待回報。(一一)受臺敕：初除者詣尚書臺受敕。(一二)去事之後，未然之明鏡也：言禍伏於隱微，人多忽之，及發現之後，昭昭而不可掩，是為未然之明鏡。(一三)三光：日月星。(一四)從橫：即縱橫。(一五)卿校：卿，九卿；校，諸校尉。(一六)長樂少府：太谷居長樂宮，故有少府，秩二千石。(一七)共圖為殺害：謀弒和帝。(一八)鉤盾令：《後漢書．百官志》，鉤盾令秩六百石，宦者為之，典諸近池苑囿遊觀之處，屬少府。㊈有心綫：謂胸有城府。㊉憲在外：指竇憲出屯涼州時。㊁省：禁中。㊂外戚傳：《漢書·外戚傳》。㊂千乘王：千乘王伉，和帝長兄。㊃故事：謂文帝誅薄昭、武帝誅竇嬰故事。㊄詔執金吾五校尉勒兵屯衞南北宮：執金吾掌宮外，戒司非常，北軍五校尉掌宿衞兵，故令執金吾及五校尉勒兵屯衞南北宮。㊅更封為冠軍侯：竇憲已先封冠軍侯不受，今復封以冠軍侯。㊆不欲名誅憲：言不欲正名誅之。㊇河南尹張酺數以正法繩治竇憲：酺先為魏郡太守，郡人鄭據奏竇憲罪，景遣掾夏猛私謝酺，使罪據子，酺收猛繫獄。及入為河南尹，景家人擊傷市卒，吏捕得之，景怒，遣緹騎侯海毆傷市丞，酺部吏楊章窮究，正海罪，徙朔方。㊈顧命：臨終之命曰顧命。㊉比鄧夫人於文母：鄧夫人即穰侯鄧疊母元，元出入宮掖，共竇憲女壻郭舉父子同謀殺害，與竇氏同誅，故張酺論竇憲，兼及其黨。文母，文王之妻。㊁王政骨肉之刑，有三宥之義：《禮記》，公族有罪，獄成，有司讞之於公曰：「某之罪在大辟，」公曰：「宥之。」有司又曰：「在大辟。」公又曰：「宥之。」有司又曰：「在大辟。」公又曰：「宥之。」及三宥，不對走出，致刑於甸人。公又使人追之曰：「雖然，必宥之！」有司曰：「無及也。」反命於公，公素服如其倫之喪。㊂相：侯國相。㊂昭：班昭，即曹大家。㊃不激詭，不抑抗：李賢曰：「激，揚也；詭，毀也；抑，退也；抗，進也。」胡三省曰：「激詭抑抗，皆指史家作意以為文之病。」㊄亹亹：猶勉勉。㊅固譏司馬遷是非頗謬於聖人：言遷所是非，與聖人乖謬，即指遷崇黃老而薄六經，輕仁義而賤守節。㊆排死節：如言龔勝竟夭天年之類。㊇否正直：如言王陵、汲黯之戇之類。㊈不敍殺身成仁之為美：如班書〈王章傳〉贊云：「不量輕重，以陷刑戮。」〈何武等傳〉云：「依世則廢道，違俗則危殆。」〈翟義傳〉：「義不量力，以覆其宗。」故華嶠譏之。㊵亦當遣吏：按《後漢書・李郃傳》，無「當」字。㊶戶曹：郡有戶曹，主民戶祠祀農桑。㊷翹：舉。㊸除袁安子賞為郎，任隗子屯為步兵校尉：以安、隗守正，不阿附竇氏之故。㊹大長秋：秩二千石，皇后卿。㊺樞機職：鄧彪錄尚書，尚書樞機之職。㊻錄尚書事：錄尚書自牟融始。㊼臨：哭。㊽前烏桓吏士：鄧訓前任烏桓校尉時吏士。㊾校尉徐傿：胡三省曰：「傿蓋為烏桓校尉。」㊿遣譯使招呼迷唐，使還居大小榆谷：迷唐去大小榆谷事見上卷章和二年。鄧訓驅逐迷唐，聶尚則招呼之，欲以一反鄧訓之政。㊿一卑缺：胡三省曰：「卑缺蓋迷唐之母。」㊿二尚坐免：按《後漢書・西羌傳》，聶尚坐免在永元五年。

五年（西元九三年）

㈠春，正月，乙亥（十一日），宗祀明堂，登靈臺，赦天下。

㈡戊子（二十四日），千乘貞王伉㊀薨。

㈢辛卯（二十七日），封皇弟萬歲為廣宗㊁王。

㈣甲寅（是月乙丑朔，無甲寅）太傅鄧彪薨㊂。

㈤戊午（是月乙丑朔，無戊午），隴西地震。

㈥夏，四月，壬子（二十日），紹封阜陵殤王兄魴為阜陵王㊃。

㈦九月，辛酉（一日），廣宗殤王萬歲薨無子，國除。

㈧初，竇憲既立於除鞬為北單于，欲輔歸北庭，會憲誅而止，於除鞬自畔還北。詔遣將兵長史王輔，以千餘騎與任尚共追討斬之，破滅其眾。

㈨耿夔之破北匈奴也，鮮卑因此轉徙，據其地㊄。匈奴餘種留者，尚有十餘萬落，皆自號鮮卑。鮮卑由此漸盛。

㈩冬，十月，辛未（是月庚寅朔，無辛未），太尉尹睦薨。

(十一)十一月，乙丑（六日），太僕張酺為太尉。酺與尚書張敏等，奏射聲校尉曹褒擅制漢禮㊅，破亂聖術，宜加刑誅。書凡五奏，帝知酺守學不通㊆，雖寢其奏，而漢禮遂不行。

(十二)是歲武陵郡兵破叛蠻，降之。

(十三)梁王暢與從官卞忌祠祭求福，忌等諂媚云：「神言王當為天子。」暢與相應答。為有司所奏，請徵詣詔獄。帝不許，但削成武㊇、單父㊈二縣。暢慚懼，上疏深自刻責曰：「臣天性狂愚，不知防禁，自陷死罪，分㊉伏顯誅。陛下聖德，枉瀍曲平㊁，横赦貸臣，為臣受汗㊂。臣知大貸不可再得，自誓束身，約妻子，不敢復出入失繩墨，不敢復有所横費。租入有餘，乞裁食睢陽、穀熟、虞、蒙、寧陵五縣，還餘所食四縣㊂。臣暢小妻三十七人㊃，其無子者，願還本家，自選擇謹敕奴婢二百人，其餘所受虎賁、官騎及諸工技、鼓吹、倉頭、奴婢、兵弩、廄馬皆上還本署㊄。臣暢以骨肉近親亂聖化，汙清流，既得生活，誠無心面目㊅，以凶惡復居大宮，食大國，張官屬，藏什物㊆。願陛下加恩開許。」上優詔不聽。

㊃護羌校尉貫友，遣譯使構離諸羌，誘以財貨，由是解散。乃遣兵出塞，攻迷唐於大小榆谷，獲首虜八百餘人，收麥數萬斛。遂夾逢留大河㊇，築城塢，作大航，造河橋，欲度兵擊迷唐。迷唐率部落遠徙，依賜支河曲㊈。

㊄單于屯屠何死，單于宣弟安國立。安國初為左賢王，無稱譽，及為單于，單于適之子右谷蠡王師子㊉，以次轉為左賢王。師子素

勇黠多知㉑，前單于宣及屯屠何皆愛其氣決，數遣將兵出塞，掩擊北庭，還受賞賜，天子亦加殊異。由是國中盡敬師子，而不附安國。安國欲殺之。諸新降胡，初在塞外㉒，數為師子所驅掠，多怨之，安國因是委計降者，與同謀議。師子覺其謀，乃別居五原界，每龍庭㉓會議，師子輒稱病不往。度遼將軍皇甫稜知之，亦擁護不遣，單于懷憤益甚。

【今註】㈠伉：音抗。㈡廣宗：在今河北威縣東。㈢（正月）甲寅，太傅鄧彪薨：《按後漢書·和帝紀》，太傅鄧彪二月甲寅薨，《通鑑》誤為正月。下文戊午隴西地震亦在二月。袁宏《後漢紀》同。永元五年正月乙丑朔，亦無甲寅、乙丑二日。㈣紹封阜陵殤王兄魴為阜陵王：阜陵殤王沖質王延之子，永元元年嗣封，三年薨，無嗣。今以魴紹封。㈤耿夔之破北匈奴也，鮮卑因此轉徙，據其地：永元三年，竇憲遣耿夔出居延塞，大破北匈奴，鮮卑乃乘機徙居其地。拓拔氏自北荒南徙，蓋在此時。㈥漢禮：曹褒制漢禮事見上卷章帝章和元年。㈦酺守學不通：言酺守其家學，不知變通。酺少從祖父充受尚書，能專其業。㈧成武：今山東城武縣。㈨單父：在今山東單縣南。㈩分：應當。⑪曲平：李賢曰：「曲法申恩，平處其罪。」⑫受汙：猶言含垢。⑬四縣：下邑、尉氏、薄、酈。⑭小妻三十七人：凡非正室皆小妻。漢制，諸王小妻不得過四十人。⑮所受虎賁、官騎及諸工技、鼓吹、倉頭、奴婢、兵弩、廐馬，皆上還本署：虎賁士屬虎賁中郎將；官騎即騶騎，與廐馬皆屬太僕；工技屬尚方：鼓吹屬黃門；倉頭奴婢屬永巷御府奚官等令；兵弩屬考工令，各有本署。㈥無心面目：心字疑衍。㈦什物：胡三省曰：「生生之具為什物。」猶今言日用品。㈧逢留大河：胡三省曰：「即黃河，河水至此有逢留之名，在二榆谷北。」㈨賜支河曲：賜支即禹貢所謂析支，司馬彪曰：「西羌自析支以西，濱河首在右居也，河水屈而東北流，逕於析支之地，是為河曲矣。」應劭曰：「禹貢析支，屬雍州，在河關之西，東去河關千餘里，羌人所居，謂之河曲羌。」㈩右谷蠡王師子：按《後漢書・南匈奴傳》，為左谷蠡王。㈪知：與智通。㈫在塞外：謂先屬北匈奴時。㈬龍庭：匈奴龍庭，本在塞外，是時南單于居塞內，亦稱所居為龍庭。

六年（西元九四年）

㈠春，正月，皇甫稜免，以執金吾朱徽行度遼將軍。時單于與中郎㈠將杜崇不相平㈡，乃上書告崇。崇諷西河太守，令斷單于章㈢，單于無由自聞。崇因與朱徽上言：「南單于安國，疏遠故胡，親近新降，欲殺左賢王師子及左臺且渠劉利等。又右部降者，謀共迫脅安國，起兵背畔。請西河、上郡、安定為之儆備。」帝下公卿議，皆以為：「蠻夷反覆，雖難測知，然大兵聚會，必未敢動搖。今宜遣有方略使者，之單于庭，與杜崇、朱徽及西河太守幷力觀其動靜。如無他變，可令崇等就安國，會其左右大臣，責其部眾橫暴為邊害者，共平罪誅㊃。若不從命，令為權時方略，事畢之後，裁行賞賜㊄，亦足以威示百蠻。」帝從之。於是徽、崇遂發兵造其庭，安國夜聞漢軍至，大驚，棄帳㊅而去，因舉兵欲誅師子，師子先知，乃悉將廬落入曼柏㊆城，安國追到城下，門閉不得入。朱徽遣吏譬㊇和之，安國不聽。城既不下，乃引兵屯五原。崇、徽因發諸郡騎追赴之，急，眾皆大恐，安國舅骨都侯喜為等慮幷被誅，乃格殺安國㊈。【考異】帝紀在去年，誤。今從南匈奴傳。立師子為亭獨尸逐侯鞮單于。

㈡己卯（二十一日）司徒丁鴻薨。

㈢二月，丁未（二十日），以司空劉方為司徒，太常張奮為司空。

㈣夏，五月，城陽懷王淑薨，無子，國除。

㈤秋，七月，京師旱。

(六)西域都護班超，發龜茲、鄯善等八國兵，合七萬餘人，討焉耆。到其城下，誘焉耆王廣、尉犂王汎等於陳睦故城斬之，傳首京師。【考異】袁紀汎作沉。今從超傳。因縱兵鈔掠，斬首五千餘級，獲生口萬五千人，更立焉耆左侯(一〇)元孟為焉耆王。超留焉耆半歲，慰撫之。於是西域五十餘國，悉納質內屬，至于海濱(一一)，四萬里外，皆重譯貢獻。

(七)南單于師子立，降胡五六百人夜襲師子，安集掾(一二)王怙將衛護士與戰破之。於是降胡遂相驚動，十五部二十餘萬人皆反，脅立前單于屯屠何子薁鞮日逐王逢侯(一三)為單于。遂殺略吏民，燔燒郵亭(一四)廬帳，將車重向朔方，欲度幕北。九月，癸丑（是月乙卯朔，無癸丑）以光祿勳鄧鴻行車騎將軍事，與越騎校尉馮柱、行度遼將軍朱徽將左右羽林、北軍五校士及郡國迹射(一五)緣邊兵，烏桓校尉任尚，將烏桓鮮卑，合四萬人討之。時南單于及中郎將杜崇屯牧師城(一六)，逢侯將萬餘騎攻圍之。冬，十一月，鄧鴻等至美稷，逢侯乃解圍去，向滿夷谷。南單于遣子將萬騎，及杜崇所領四千騎，與鄧鴻等追擊逢侯於大城(一七)塞，斬首四千餘級(一八)。任尚率鮮卑烏桓要擊逢侯於滿夷谷，復大破之。前後凡斬萬七千餘級。逢侯遂率眾出塞，漢兵不能追而還。

⑻以大司農陳寵為廷尉。寵性仁矜，數議疑獄⑲，每附經典，務從寬恕。刻敝之風，於此少衰。帝以尚書令江夏黃香⑳為東郡太守，香辭以典郡從政，才非所宜，乞留備冗官㉑，賜以督責小職，任之宮臺煩事㉒。帝乃復留香為尚書令，增秩二千石㉓，甚見親重。香亦祗勤物務，憂公如家。

【今註】㈠中郎將：漢使匈奴中郎將。㈡不相平：不和好。㈢崇諷西河太守令斷單于章：單于居西河美稷（今綏遠省東勝附近），故杜崇諷令太守斷其章，使不上聞。㈣共平罪誅：胡三省曰：「相與平處其罪，當誅者則誅之。」㈤裁行賞賜：酌量賜物，不多給與。㈥帳：單于所居，即所謂穹廬；又稱為廬帳。㈦曼柏：馬與龍曰：「據河水注，漢五原郡地，在漢朔方郡之東，雲中郡之西，今套北黃河東流處兩岸境也。漢置度遼營以防南北二虜交通，是曼柏縣去郡不遠，故城當在今烏喇忒旗北境。章懷注曼柏今勝州銀城縣，李兆洛謂在今榆林府府谷縣北鄂爾多斯黃河西岸，皆誤。」㈧譬：曉譬。㈨六年春正月皇甫稜免至乃格殺安國：考異曰：「帝紀在去年，誤。今從南匈奴傳。」惠棟曰：「通鑑以為永平（按應作永元，永平乃明帝年號）六年事，據南單于傳，亦屬五年。通鑑誤也。」按《後漢書・南匈奴傳》（惠氏所謂〈南單于傳〉，即指〈南匈奴傳〉），為永元六年事，惠氏誤。(一〇)焉耆左侯：焉耆國有左右將，左右侯。(一一)海濱：西海之濱。西海，今之地中海。(一二)安集掾：使匈奴中郎將置掾，隨事為員，安集掾以安集匈奴為稱。光武在河北，亦置安集掾。(一三)薁鞮日逐王逢侯：按《後漢書・南匈奴傳》，鞮作鞬。李賢曰：「薁鞮或作薁鞬，前書兩字通。」又逢侯為右薁鞬日逐王。《通鑑》脫右字。(一四)鄄亭：《論衡》云：「鄄亭為長右廨。」(一五)迹射：漢有迹射士，言尋迹而射之。(一六)牧師城：漢邊郡有牧師菀以養馬，此即牧師菀城。當在今綏遠東勝縣附近。(一七)大城：清《一統志》云：「故城在今套內鄂爾多斯左翼前旗界。」(一八)追擊逢侯於大城塞，斬首四千餘級：按《後漢書・南匈奴傳》，為斬首三千餘級。馮柱分兵追擊逢侯別部，則斬首四千餘級耳。《通鑑》誤。(一九)數議疑獄：《東觀漢記》，寵為廷尉，有疑獄輒手筆作議，所活者甚多。(二〇)江夏黃香：黃香江夏人。(二一)宂官：閒散之官。(二二)宮臺煩事：宮謂宮中，臺謂尚書臺。黃香時任尚書令，而尚書出納王命，故云宮臺煩事。(二三)增秩二千石：按《後漢書・百官志》，尚書令秩千石。

七年（西元九五年）

(一)春，正月，鄧鴻等軍還。馮柱將虎牙營留屯五原。鴻坐逗留失利，下獄死(一)。後帝知朱徽、杜崇失胡和，又禁其上書，以致胡反，皆徵下獄死。

㈡夏，四月，辛亥（一日），朔，日有食之。

㈢秋，七月，乙巳（二十六日），易陽㊁地裂。

㈣九月，癸卯（二十五日），京師地震。

㈤樂成王黨坐賊殺人㊂，削東光㊃鄡㊄二縣。

【今註】㊀鴻坐逗留失利下獄死：按軍法，逗留畏懦者斬。㊁易陽：在今河北永年縣西。㊂樂成王黨賊殺人：黨急刻不遵法度，舊禁宮人出嫁，不得適諸國，有故掖庭技人哀置，嫁男子章初，黨召哀置入宮與通。初欲上書告之，黨恐懼，賂哀置姊焦殺初。又縊殺內侍三人以絕口。㊃東光：在今河北東光縣東。㊄鄡：在今河北東鹿縣東。

八年（西元九六年）

㈠春，二月，立貴人陰氏為皇后。后，識之曾孫也。夏，四月癸亥（十八日），樂成靖王黨薨、子哀王崇立，尋薨㊀，無子國除。

㈡五月，河內、陳留蝗。

㈢南匈奴右溫禺犢王烏居戰㊁畔出塞。秋，七月，度遼將軍龐奮、越騎校尉馮柱追擊破之，徙其餘眾及諸降胡二萬餘人於安定、北地㊂。

㈣車師後部王涿鞮反，擊前王尉畢大㊃，獲其妻子。

㈤九月，京師蝗。

㈥冬，十月，乙丑（二十三日），北海王㊄威以非敬王子，又坐誹謗，自殺。

㈦十二月，辛亥（十日），陳敬王羡薨。

㈧丁巳（十六日），南宮宣室殿火。

㈨護羌校尉貫友卒，以漢陽太守史充代之。充至，遂發湟中羌胡，出塞擊迷唐，迷唐迎敗充兵，殺數百人。充坐徵，以代郡太守吳祉代之。

【今註】㊀哀王崇立，尋薨：崇嗣立二月而薨。見《後漢書・樂成靖王黨傳》。㊁溫禺犢王烏居戰：溫禺犢王名烏居戰。㊂安定北地：二郡名。㊃車師後部王涿鞮反，擊前王尉畢大：時戊巳校尉索頵欲廢後部王涿鞮，涿鞮忿前王尉畢大賣己，因反擊尉畢大。又尉畢大《後漢書・西域傳》作尉卑大。惠棟曰：「通鑑異字大要本袁宏紀。」㊄北海：在今山東昌樂縣西北。

九年（西元九七年）

㈠春，三月，庚辰（十日），隴西地震。

㈡癸巳（二十三日），濟南安王康薨。

㈢西域長史王林擊車師後王，斬之。

㈣夏，四月，丁卯（二十八日），封樂成王黨子巡為樂成王。

㈤五月，封皇后父屯騎校尉陰綱為吳房侯㊀，以特進就第。

㈥六月，旱蝗。

㈦秋，八月，鮮卑寇肥如㊁，遼東太守祭參坐沮敗，下獄死㊂。

㈧閏月，辛巳（十四日），皇太后竇氏崩。

初，梁貴人㊃既死，宮省事秘，莫有知帝為梁氏出者。舞陰公主子梁扈㊄遣從兄襢㊅奏記三府，以為漢家舊典，崇貴母氏，而梁貴人親育聖躬，不蒙尊號，求得申議㊆。太尉張酺言狀㊇，帝感慟良久㊈，曰：「於君意若何？」酺請追上尊號，存錄諸舅。帝從之。會貴人姊南陽樊調妻嫕【考異】袁紀嫕皆作懯。今從皇后紀梁竦傳。上書自訟曰：「妾父竦冤死牢獄，骸骨不掩；母氏年踰七十，及弟棠等遠在絕域，不知死生。願乞收竦朽骨，使母弟得歸本郡。」帝引見嫕，乃知貴人枉歿之狀。三公㈩上奏，請依光武黜呂太后故事(十一)，貶竇太后尊號，不宜合葬先帝。百官亦多上言者。帝手詔曰：「竇氏雖不遵灋度，而太后常自減損。朕奉事十年(十二)，深惟(十三)大義，禮，臣子無貶尊上之文，恩不忍離，義不忍虧。案前世上官太后，亦無降黜(十四)。其勿復議。」丙申（二十九日），葬章德皇后。

㈨燒唐羌(十五)迷唐率眾八千人，寇隴西，脅塞內諸種羌，合步騎三萬人，擊破隴西兵，殺大夏(十六)長。詔遣行征西將軍劉尚，越騎校尉趙世(十七)副之，【考異】西羌傳作趙代。今從帝紀。將漢兵羌胡共三萬人討之。尚屯狄道，世屯枹罕(十八)，尚遣司馬寇盱監諸郡兵，四面並會，迷唐懼，棄老弱，犇入臨洮南(十九)，尚等追至高山，大破之，斬虜千餘人，迷唐引去。漢兵死傷亦多，不能復追，乃還。

㈩九月，庚申（二十四日），司徒劉方策免，自殺。

(十一)甲子（二十八日），追尊梁貴人為皇太后，諡曰恭懷，追復喪制⑳。冬，十月，乙酉（十九日），改葬梁太后及其姊大貴人於西陵㉑。擢樊調為羽林左監。追封謚皇太后父竦為褒親愍侯，遣使迎其喪，葬於恭懷皇后陵旁。徵還竦妻子，封子棠為樂平㉒侯，棠弟雍為乘氏㉓侯，雍弟翟為單父㉔侯，位皆特進，賞賜以巨萬計，寵遇光於當世，梁氏自此盛矣。

清河王慶始敢求上母宋貴人塚㉕，帝許之，詔太官四時給祭具。慶垂涕曰：「生雖不獲供養，終得奉祭祀，私願足矣！」欲求作祠堂，恐有自同恭懷梁后之嫌，遂不敢言，常泣向左右，以為沒齒㉖之恨。後上言外祖母王年老，乞詣雒陽療疾。於是詔宋氏悉歸京師㉗，除慶舅衍、俊、蓋、暹等皆為郎。

(十二)十一月，癸卯（八日），以光祿勳河南呂蓋㉘為司徒。

(十三)十二月，丙寅（一日），司空張奮罷。壬申（七日），以太僕韓稜為司空。

(十四)西域都護定遠侯班超遣掾甘英使大秦㉙、條支㉚，窮西海㉛，皆前世所不至，莫不備其風土，傳㉜其珍怪焉。及安息㉝西界，臨大海㉔，欲度，船人謂英曰：「海水廣大，往來者逢善風㉕，三月乃得度。若遇遲風，亦有二歲者。故入海人皆齎三歲糧。海中善使人思土戀慕，數有死亡者。」英乃止。

【今註】㊀吳房侯：袁宏《後漢紀》作防侯。吳房在今河南遂平縣西。㊁肥如：在今河北盧龍縣北。㊂鮮卑寇肥如，遼東太守祭參坐沮敗下獄死：《東觀漢記》：「鮮卑千餘騎攻肥如城，殺略吏民，祭參坐沮敗下獄誅。」胡三省曰：「按後漢書祭肜傳，參守遼東，鮮卑入郡界，參坐沮敗下獄。蓋寇遼西之肥如，遂入遼東郡界也。」㊃梁貴人：和帝母，少失母，為伯母舞陰公主所養。㊄舞陰公主子梁扈：梁松尚光武帝女舞陰公主，生子扈。㊅禫：古禪字。㊆求得申議：李賢曰：「求申理而議之。」㊇言狀：言禫奏記情形。㊈良久：甚久。㊉三公：指太尉張酺、司徒劉方、司空張奮。⑪光武黜呂太后故事：事見卷四十四光武中元元年。⑫奉事十年：指自嗣位至是十年。⑬惟：思。⑭前世上官太后亦無降黜：上官太后，昭帝后。昭帝時上官桀父子以謀反誅而未累及上官后。事見卷二十三昭帝元鳳元年。當時后年少，又為霍光外孫，故不廢。⑮燒唐羌：應作燒當羌。⑯大夏：在今甘肅臨夏縣東南。⑰趙世：考異曰：「西羌傳作趙代，今從帝紀。」胡三省曰：「唐太宗諱世民，賢注范史，偶檢點及此，遂改世為代耳。」錢大昕曰：「西羌傳作趙代，蓋章懷避唐諱改之。趙熹傳亦作代。和帝紀作世，又唐以後人回改。」⑱枹罕：今甘肅臨夏縣。⑲犇入臨洮南：奔入臨洮南山。⑳追復喪制：《後漢書・皇后紀》作追服喪制。㉑西陵：蓋以其地在敬陵之西，故稱西陵。猶如薄太后陵在霸陵南稱南陵。㉒樂平：在今山東堂邑縣東南。㉓乘氏：今山東鉅野縣。㉔單父：在今山東單縣南。㉕宋貴人家：宋貴人受竇后壓迫，飲藥自殺，其家在洛陽城北樊濯聚。㉖沒齒：終身。㉗詔宋氏悉歸京師：宋氏歸故郡事見卷四十六章帝建初七年。㉘呂蓋：字君玉，宛陵人。㉙大秦：指羅馬帝國全部而言。㉚條支：Taoke，美索不達米亞（Mesopotamia）一帶。㉛西海：指紅海。㉜傳：致。㉝安息：Parthia，今伊朗境。㉞大海：指地中海。㉟善風：順風。

十年（西元九八年）

㈠夏，五月，京師大水。

㈡秋，七月，己巳（是月癸巳朔，無己巳），司空韓稜薨。八月，丙子（十五日），以太常太山巢堪㊀為司空。

㈢冬，十月，五州雨水。

㈣行征西將軍劉尚、越騎校尉趙世坐畏懦徵下獄免。謁者王信領尚營，屯枹罕；謁者耿譚領世營，屯白石㊁。譚乃設購賞，諸種頗來內附，迷唐恐，乃請降。信、譚遂受降罷兵。十二月，迷唐等帥種人詣闕貢獻。

㈤戊寅（十九日），梁節王暢薨。

㈥初，居巢㊂侯劉般㊃薨，子愷當嗣，稱父遺意，讓其弟憲，遁逃。久之，有司奏請絕愷國，肅宗美其義，特優假之，愷猶不出。積十餘歲，有司復奏之。侍中賈逵上書曰：「孔子稱能以禮讓為國乎何有㊄。有司不原㊅樂善之心，而繩㊆以循常之法，懼非長克讓之風，成含弘之化也。」帝納之。下詔曰：「王瀼崇善，成人之美。其聽憲嗣爵，遭事之宜，後不得以為比。」乃徵愷拜為郎。

㈦南單于師子死，單于長之子檀立為萬氏尸逐鞮單于。

【今註】㊀太山巢堪：巢堪字次朗，太山南城人。㊁白石：在今甘肅臨夏縣西南。㊂居巢：在今安徽巢縣東北。㊃劉般：建初三年薨。㊄孔子稱「能以禮讓為國乎何有」：見《論語・里仁篇》。何有者，言何難之有。㊅原：本。㊆繩：正。

十一年（西元九九年）

㈠夏，四月，丙寅（九日），赦天下。

㈡帝因朝會召見諸儒，使中大夫魯丕與侍中賈逵、尚書令黃香等相難數事㊀。帝善丕說，罷朝特賜衣冠。丕因上疏曰：「臣聞說經者，傳先師之言，非從己出，不得相讓。相讓則道不明。若規矩權衡㊁之不可枉也。難者必明其據，說者務立其義㊂，浮華無用之言，不陳於前。故精思不勞，而道術愈章㊃，灋異者各令自說師灋，博觀其義，無令芻蕘㊄以言得罪，幽遠獨有遺失也。」

【今註】㊀相難數事：以經義疑問數條相論難。㊁規矩權衡：規，圓；矩，方；權，秤錘；衡，秤衡。㊂難者必明其據，說者務立其義：胡三省曰：「漢儒專門名家，各守師說，故發難者必明其師之說以為據，答難者亦必務立大義，以申其師之說。」㊃章：明。㊄芻蕘：採薪者。

十二年（西元一〇〇年）

㈠夏，四月，戊辰（十六日），秭歸山崩㊀。

㈡秋，七月，辛亥（一日），朔，日有食之。

㈢九月，戊午（九日），太尉張酺免。

㈣丙寅（十七日），以大司農張禹為太尉。

㈤燒當羌豪迷唐既入朝，其餘種人，不滿二千，飢窘不立㈡，入居金城。帝令迷唐將其種人還大小榆谷，迷唐以漢作河橋㈢，兵來無常，故地不可復居，辭以種人飢餓，不肯遠出。護羌校尉吳祉等多賜迷唐金帛，令糴穀市畜，促使出塞。種人更懷猜驚。是歲迷唐復叛，脅將湟中諸胡寇鈔而去。王信、耿譚、吳祉皆坐徵。

【今註】㈠四月戊辰秭歸山崩：按《後漢書・和帝紀》，在閏月戊辰。袁宏《後漢紀》亦在閏四月。《通鑑》誤。又秭歸今湖北秭歸縣。㈡不立：不能自立。㈢河橋：即永元五年貫友所作之橋。

十三年（西元一〇一年）

㈠秋，八月，己亥（二十五日），北宮盛饌門閣㈠火。

㈡迷唐復還賜支河曲，將兵向塞。護羌校尉周鮪與金城太守侯霸及諸郡兵、屬國羌胡合三萬人出塞，至允川㈡，侯霸擊破迷唐，種人瓦解，降者六千餘口，分徙漢陽、安定、隴西。迷唐遂弱，遠踰賜支河首，依發羌㈢居。久之病死，其子來降，戶不滿數十㈣。

㈢荊州雨水。

㈣冬，十一月，丙辰（十四日），詔曰：「幽并涼州，戶口率少㊄，邊役眾劇，束脩㊅良吏，進仕路狹。撫接夷狄，以人為本，其令緣邊郡口十萬以上，歲舉孝廉一人；不滿十萬，二歲舉一人；五萬以下三歲舉一人。」

㈤鮮卑寇右北平，遂入漁陽，漁陽太守擊破之。

㈥戊辰（二十六日），司徒呂蓋以老病致仕。

㈦巫㊆蠻許聖以郡收稅不均怨恨，遂反。辛卯（是月癸卯朔，無辛卯），寇南郡。

【今註】㊀盛饌門閤：胡三省曰：「盛饌門閤，御廚門閤也。」㊁允川：在大小榆谷之西。㊂發羌：羌之別種。一說唐之吐蕃即其後。㊃久之病死，其子來降，戶不滿數十：按《後漢書・西羌傳》，迷唐病死及其子來降，皆在安帝永初中。又數十作數千。㊄幽幷涼州戶口率少：幽州轄涿郡、廣陽、代郡、上谷、漁陽、右北平、遼西、遼東、玄菟、樂浪等郡；幷州轄上黨、太原、上郡、西河、五原、雲中、定襄、鴈門、朔方等郡。幽州大郡戶猶十萬餘，唯玄菟戶一千五百二十四；幷州大郡三萬餘，小郡不滿二千；涼州大郡不滿三萬，敦煌七百四十八。㊅束脩：謂束髮自修。㊆巫：在今四川巫山縣東。

十四年（西元一〇二年）

㈠春，安定降羌燒何種㊀反，郡兵擊滅之。時西海及大小榆谷左右㊁，無復羌寇。隃麋㊂相曹鳳上言：「自建武以來，西羌犯灋者，常從燒當種起。所以然者，以其居大小榆谷，土地肥美，有西海魚鹽之利㊃，阻大河以為固。又近塞內諸種，易以為非，難以攻伐。故能彊大，常雄諸種，恃其拳勇㊄，招誘羌胡。今者衰困，黨援壞沮㊅，亡逃棲竄，遠依發羌。臣愚以為宜及此時，建復西海郡縣㊆，規㊇固二榆，廣設屯田；隔塞羌胡交關㊈之路，遏絕狂狡窺欲之源。又殖穀富邊，省委輸之役，國家可以無西方之憂。」上從之。繕脩故西海郡，徙金城西部都尉㊉以戍之。拜鳳為金城西部都尉，屯龍耆㊁。後增廣屯田，列屯夾河，合三十四部，其功垂立。會永初中諸羌叛，乃罷。

㈡三月，戊辰（二十七日），臨辟雍，饗射，赦天下。

㈢夏，四月，遣使者督荊州兵萬餘人，分道討巫蠻許聖等，大破之，聖等乞降，悉徙置江夏㈢。

㈣陰皇后多妬忌⑬，寵遇浸衰，數懷恚恨。后外祖母鄧朱出入宮掖，有言后與朱共挾巫蠱⑭道者。帝使中常侍張慎與尚書陳褒按之。劾以大逆無道。朱二子奉、毅，后弟輔，皆考死獄中。六月辛卯（二十二日），后坐廢，遷于桐宮，以憂死。父特進綱自殺。后弟軼、敞及朱家屬徙日南比景⑮。

㈤秋，七月，壬子（十三日），常山殤王側薨，無子，立其兄防子侯章為常山王。

㈥三州大水。

㈦班超久在絕域⑯，年老思土，上書乞歸曰：「臣不敢望到酒泉郡，但願生入玉門關⑰。謹遣子勇，隨安息獻物入塞⑱。及臣生在，令勇目見中土！」朝廷久之未報，超妹曹大家⑲，上書曰：「蠻夷之性，悖逆侮老，而超旦暮入地，久不見代，恐開姦宄之源，生逆亂之心。而卿大夫咸懷一切⑳，莫肯遠慮。如有卒暴，超之氣力，不能從心。便為上損國家累世之功，下棄忠臣竭力之用。

誠可痛也！故超萬里歸誠，自陳苦急，延頸踰㉑望，三年於今，未蒙省錄。妾竊聞古者十五受兵，六十還之㉒，亦有休息，不任職也。故妾敢觸死，為超求哀，匃㉓超餘年。一得生還，復見闕庭，使國家無勞遠之慮，西域無倉卒之憂，超得長蒙文王葬骨之恩㉔，子方哀老之惠㉕。」帝感其言，乃徵超還。八月，超至雒陽，拜為射聲校尉。九月卒。【考異】本傳稱超十二年上疏。十四年至雒陽。而妹昭上書曰：「延頸踰望，三年於今。」注引東觀記曰：「安息遣使獻大雀師子，超遣子勇隨入塞。」按帝紀，「十三年安息國入貢。」袁紀載超書，亦在十三年。今并置其書於此。袁紀又云：「超到數月薨。」今從本傳。超之被徵，以戊巳校尉㉖任尚代為都護。尚謂超曰㉗：「君侯在外國三十餘年，而小人猥承君後，任重力淺，宜有以誨之。」超曰㉘：「年老失智，君數當大位，豈班超所能及哉！必不得已，願進愚言：塞外吏士，本非孝子順孫，皆以罪過徙補邊屯。而蠻夷懷鳥獸之心，難養易敗。今君性嚴急，水清無大魚，察政不得下和㉙，宜蕩佚㉚簡易，寬小過，總大綱而已。」超去，尚私謂所親曰：「我以班君當有奇策，今所言平平耳！」尚後竟失邊㉛和，如超所言。

(八)初，太傅鄧禹嘗謂人曰：「吾將百萬之眾，未嘗妄殺一人，後世必有興者。」其子護羌校尉訓有女曰綏，性孝友，好書傳[31]，常晝修婦業，暮誦經典，家人號曰諸生[32]。叔父陔曰：「嘗聞活千人者，子孫有封。兄訓為謁者，使脩石臼河[33]，歲活數千人，天道可信，家必蒙福。」綏後選入宮為貴人，恭肅小心，動有法度。承事陰后，接撫同列，常克己[35]以下之。雖宮人隸役，皆加恩借[36]。帝深嘉焉。嘗有疾，帝特令其母兄弟入親醫藥，不限以日數，貴人辭曰：「宮禁至重，而使外舍[37]久在內省[38]，上令陛下有私幸[39]之譏，下使賤妾獲不知足之謗，上下交損[40]，誠不願也。」帝曰：「人皆以數入為榮，貴人反以為憂邪？」每有讌會，諸姬競自修飾，貴人獨尚質素。其衣有與陰后同色者，即時解易。若並時進見，則不敢正坐離[41]立。行則僂[42]身自卑。帝每有所問，常逡巡後對，不敢先后言。陰后短小，舉止時失儀，左右掩口而笑，貴人獨愴然不樂，為之隱諱，若己之失。帝知貴人勞心曲體，歎曰：「修德之勞，乃如是乎！」後陰后寵衰，貴人每當御[43]見，輒辭以疾。時帝數失皇子，貴人憂繼嗣不廣，數選進才人[44]以博[45]帝意。

陰后見貴人德稱日盛，深疾之㊻。帝嘗寢病，危甚，陰后密言：「我得意，不令鄧氏復有遺類！」貴人聞之，流涕言曰：「我竭誠盡心，以事皇后，竟不為所祐！今我當從死，上以報帝之恩，中以解宗族之禍，下不令陰氏有人豕㊼之譏。」即欲飲藥，宮人趙玉者固禁止之，因詐言屬㊽有使來，上疾已愈，貴人乃止。明日，上果瘳。及陰后之廢，貴人請救，不能得。帝欲以貴人為皇后，貴人愈稱疾篤，深自閉絕。冬，十月，辛卯（二十四日），詔立貴人鄧氏為皇后，后辭讓，不得已然後即位。郡國貢獻㊾，悉令禁絕，歲時但供紙㊿墨而已。帝每欲官爵鄧氏，后輒哀請謙讓，故兄騭(51)終帝世不過虎賁中郎將。

㈨丁酉（三十日），司空巢堪罷(52)。

㈩十一月，癸卯（六日），以大司農沛國徐防(53)為司空，防上疏以為「漢立博士十有四家(54)，設甲乙之科(55)，以勉勸學者。伏見太學試博士弟子，皆以意說(56)，不修家灋(57)，私相容隱，開生姦路。每有策試，輒興諍(58)訟，論議紛錯，互相是非。孔子稱述而不作(59)，又曰吾猶及史之闕文(六〇)。今不依章句，妄生穿鑿，以遵師為非義，意說為得理，輕侮道術，浸以成俗。誠非詔書實選本意。改薄從忠，三代常道(六一)，專精務本，儒學所先。臣以為博士及甲乙策試，宜從其家章句，開五十難以試之，解釋多者為上第，引文明者為高說。若不依先師，義有相伐(六二)，皆正以為非。」上從之。

(十)是歲初封大長秋鄭眾為鄛鄉侯(六三)。

【今註】(一)燒何種：燒當與燒何各是羌之一種。(二)西海及大小榆谷左右：胡三省曰：「水經，河水自東河曲逕西海郡南，又東逕允川，而歷大小榆谷北。」(三)隃麋：在今陝西汧陽縣東。隃，音踰。麋，音眉。(四)有西海魚鹽之利：胡三省曰：「西海有允谷鹽池。」(五)拳勇：腕力勇氣。《詩》云：「無拳無勇。」毛萇注曰：「拳，力也。」又《後漢書・西羌傳》作權勇。(六)今者衰困，黨援壞沮：《後漢書・西羌傳》謂其餘勝兵不過數百。(七)建復西海郡縣：恢復西海郡縣。杜佑云：「武帝逐諸羌，置西海郡，今在酒泉郡北千二百里，欲復立之。」胡三省云：「建，立也。立策復置郡縣也。置西海郡在平帝元始四年。」(八)規：圖；謀。一作有解。(九)交關：交通。(一〇)金城西部都尉：金城西部都尉府在金城縣，金城縣在今甘肅省皋蘭縣西南。《續漢志》，每屬國置都尉一人，比二千石。金城屬國宣帝神爵二年置。(一一)龍耆：在今甘肅皋蘭縣西北。(一二)悉徙置江夏：胡三省曰：「晉宋之荊州蠻，分居沔中西陽者，即巫蠻之餘種也。」⑬陰皇后多妬忌：《後漢書・和熹鄧皇后紀》，鄧后德稱日盛，陰后不知所為，遂造祝詛，欲以為害；和帝嘗寢疾，危甚，陰后密言：「我得意，不令鄧氏復有遺類！」⑭巫蠱：巫師為蠱，故云巫蠱。⑮日南比景：日南郡所屬比景縣，在今越南北部。⑯班超久在絕域：超始出西域見四十五卷明帝永平十六年。⑰玉門關：在今甘肅敦煌縣西北。⑱謹遣子勇隨安息獻物入塞：時安息遣使獻大爵師子，班超遣子勇隨之入塞。⑲曹大家：超妹昭，嫁曹壽，博學高才，有節行法度，和帝數召入宮，令皇后諸貴人師事之，號曰大家。家，後人相傳讀姑；大家者，宮中相尊之稱。⑳一切：猶言權宜。顏師古云：「一切者，權時之事，非經常也，猶如以刀切物，苟取整齊，不顧長短縱橫，故言一切。」㉑踰：遙。胡三省曰：「余案前書當作隃，讀曰遙，傳寫誤作踰。」㉒古者十五受兵，六十還之：李賢曰：「周禮卿大夫職曰：國中七尺以及六十，野自六尺以及六十有五，皆征之。征謂賦稅從征役也。韓詩外傳曰：二十行役，六十免役。與周禮國中同。即知一與周禮七尺同。禮，國中六十免役，野即六十有五，晚於國中五年；國中七尺從役，野六尺，即是野又早於國中五年。七尺謂二十，六尺即十五也。此言十五受兵，據野外為言，六十還之，據國中為說也。」劉攽曰：「注：即知一與周禮七尺同，禮國中六十免役。案文一字當作二十，又下文禮國中當云周禮國中。」㉓匄：乞。㉔文王葬骨之恩：周文王作靈臺，掘地得死人之骨，文王曰：「更葬之。」吏曰：「此無主矣。」文王曰：「有天下者，天下之主也；有一國者，一國之主也。寡人固其主，又安求之主？」遂更葬之。天下皆曰：「文王賢矣，澤及朽骨，而況於人乎！」事見《新序》。㉕子方哀老之惠：魏文侯之師田子方見君之老馬被棄，曰：「少盡其力，老而棄之，非仁也。」於是收而養之。事見《史記》。㉖戊己校尉：案是時但有戊校尉，多己字。㉗尚謂超曰：袁宏《後漢紀》作尚與超書曰。㉘超曰：據袁宏《後漢紀》尚與超書，則超此語亦答書，非面論。㉙水清無大魚，察政不得下和：孔子曰：「水至清則無魚，人至察則無徒。」見家語。㉚蕩佚：史炤曰：「蕩佚，無儀檢也。」㉛尚後竟失邊和：尚至數年，而西域反亂。㉜好書傳：鄧訓女綏即和帝鄧后，六歲能史書，十二通《詩》、《論語》，志在典籍。見《後漢書·和熹鄧皇后紀》。㉝諸生：學官弟子。㉞訓為謁者使脩石臼河：事見卷四十六章帝建初三年。惠棟曰：「何焯曰：『使脩當作罷脩。』棟案，脩本治字，罷治石臼河，為不辭矣。袁紀曰：『治石臼河甚有方，活數千人。』蓋訓先治之，後知其難成而復罷之也。」㉟克己：約身。㊱恩借：胡三省曰：「既有以恩之，又假借以辭色。」㊲外舍：外家。㊳內省：內禁。㊴私幸：謂私於所幸者。《後漢書·和熹鄧皇后紀》作幸私。㊵交損：謂互相有損失。㊶離：並。㊷僂：俯。㊸御：進。㊹才人：西漢宮中爵號，有美人良人，而無才人，才人蓋東漢所置。㊺博：廣。㊻疾：妬。㊼人豕：即人彘。漢高帝愛幸戚夫人，帝崩，呂太后斷夫人手足，去眼薰耳，使居鞠室中，名曰人彘。㊽屬：會。㊾郡國貢獻：漢郡國貢獻，除進呈皇帝外，並別上皇后宮。㊿紙：胡三省曰：「毛晃云：楮籍不知所始，後漢蔡倫以魚網木皮為紙。俗以為紙始於倫，非也。案前書外戚傳已有赫蹏紙矣。」(51)隮：《東觀漢記》作陟。(52)司空巢堪罷：《東觀漢記》，堪為司空十四年，自乙上印綬，賜千石俸。案《後漢書·和帝紀》，和帝永元十年司空韓稜薨，巢堪為司空。則巢堪僅為司空五年（永元十年至永元十四年）。(五三)沛國徐防：徐防沛國人。(五四)漢立博士十有四家：光武中興，恢弘稽古，《易》有施、孟、梁丘賀、京房；《書》有歐陽和伯、夏侯勝、建；《詩》有申公、轅固、韓嬰；《春秋》有嚴彭祖、顏安樂；禮有戴德、戴聖，凡十四博士。見《漢官儀》。(五五)甲乙之科：博士弟子歲課甲科四十人為郎中，乙科二十人為太子舍人，丙科四十人補文學掌故。(五六)意說：猶言臆說。胡三省曰：「意說者，創意而為之說。」(五七)家法：漢經學最重家法，諸經各自名家，成一家之學，師生授受，相傳不衰。(五八)諍：音爭。(五九)述而不作：但述先聖之言，不自創作。見《論語・述而篇》。(六〇)吾猶及史之闕文：古者史官於書事，有不知，則闕以待能者。孔子言吾少時猶及見史古官之闕文，今則無之，疾時多穿鑿附會，不肯闕所不知。見《論語・衞靈公篇》。(六一)改薄從忠，三代常道：太史公曰：「夏之政忠，忠之敝小人以野，故殷人承之以敬；敬之敝小人以鬼，故周人承之以文；文之敝小人以薄，故救薄莫若以忠。三王之道若循環，周而復始。」(六二)相伐：謂自相攻擊。(六三)初封大長秋鄭眾為鄛鄉侯：賞鄭眾誅竇憲功，宦官封侯自此始。又鄛鄉屬漢南陽郡棘陽縣，在今河南新野縣東北。

十五年（西元一〇三年）

㈠夏，四月，甲子（三十日），晦，日有食之。時帝遵肅宗故事，兄弟皆留京師㈠。有司以日食陰盛，契遣諸王就國。詔曰：「甲子之異㈡，責由一人。諸王幼穉，早離顧復㈢，弱冠相育，常有蓼莪㈣凱風㈤之哀，選懦㈥之恩，知非國典，且復宿留㈦。」

㈡秋，九月，壬午（二十日），車駕南巡，清河、濟北、河間三王㈧並從。

㈢四州雨水。

㈣冬，十月，戊申（十七日），帝幸章陵。戊午（二十七日），進幸雲夢㈨。時太尉張禹留守㈩，聞車駕當幸江陵，以為不宜冒險遠遊，驛馬上諫。詔報曰：「祠謁⑾既訖，當南禮大江。會得君⑿奏，臨漢⒀回輿而旋。」十一月，甲申（二十三日），還宮。

㈤嶺南舊貢生龍眼⒁荔枝⒂，十里一置⒃，五里一候⒄，晝夜傳送。臨武⒅長汝南唐羌，上書曰：「臣聞上不以滋味為德，下不以貢膳為功。伏見交阯七郡⒆，獻生龍眼等，鳥驚風發⒇。南州土地炎熱，惡蟲猛獸，不絕於路，至於觸犯死亡之害。死者不可復生，來者猶可救也。此二物升殿，未必延年益壽。」帝下詔曰：「遠國珍羞，本以薦奉宗廟。苟有傷害，豈愛民之本，其敕太官勿復受獻。」

㈥是歲初令郡國以日北至按薄刑㉑。

【今註】㊀帝遵肅宗故事，兄弟皆留京師：肅宗性寬仁，篤於親親，諸昆弟並留京師，不遣就國。㊁甲子之異：指甲子日食。㊂顧復：《詩．小雅》云：「父兮生我，母兮鞠我，顧我復我，出入腹我。」鄭氏箋云：「顧，旋視也；復，反覆也。」顧復，言反覆照顧之。㊃蓼莪：《詩．小雅》云：「蓼蓼者莪，匪莪伊蒿；哀哀父母，生我劬勞。」㊄凱風：《詩．國風》云：「凱風自南，吹彼棘心；棘心夭夭，母氏劬勞。」㊅選懦：慈戀不決之意。㊆宿留：宿音秀，《東觀漢記》作須留。㊇清河、濟北、河間三王：清河王慶、濟北王壽、河間王開。㊈雲夢：在今湖北安陸縣南。㊉時太尉張禹留守：和帝車駕南巡，張禹以太尉兼衞尉留守。⑪祠謁：謂幸章陵祠謁四親陵廟。⑫君：指張禹。⑬漢：漢水。⑭生龍眼：果實名，產於熱帶地區。⑮荔枝：果實名，亦產於熱帶地區。⑯置：謂驛。⑰候：即堠。⑱臨武：縣名，嶺南入獻，道經臨武。今湖南臨武縣。⑲交阯七郡：交阯州轄南海、蒼梧、鬱林、合浦、交阯、九真、日南七郡。⑳鳥驚風發：言其疾速。㉑是歲初令郡國以日北至按薄刑：時有司奏以為夏至則微陰起，靡草死，可以決小事，遂令以日北至按薄刑。惠棟曰：「胡三省云：『案安帝永初元年，魯恭言自永元十五年，按薄刑改用孟夏，則夏至乃謂夏之初至。范史以日北至書之，其誤後人甚矣。』棟案，有司奏以為夏至則微陰起，夏至必孟夏之謁，胡說是也。」

十六年（西元一〇四年）

㈠秋，七月，旱。

㈡辛酉（四日），司徒魯恭免。

㈢庚午（十三日），以光祿勳張酺為司徒。八月己酉（二十二日），酺薨。

㈣冬，十月，辛卯（五日），以司空徐防為司徒，大鴻臚陳寵為司空。

㈤十一月，己丑（是月丙辰朔，無己丑），帝行幸緱氏㊀，登百坯山㊁。

㈥北匈奴遣使稱臣貢獻，願和親，修呼韓邪故約。帝以其舊禮不備，未許，而厚加賞賜，不答其使。

【今註】㊀緱氏：在今河南偃師縣南。㊁百坯山：在今河南偃師縣南五十里。

元興元年（西元一〇五年）

㈠春，高句驪王宮㈠入遼東塞，寇略六縣。

㈡夏，四月，庚午（是月甲申朔，無庚午），赦天下改元。

㈢秋，九月，遼東太守耿夔擊高句驪，破之。

㈣冬，十二月，辛未（二十二日），帝崩于章德前殿㈡。初，帝失皇子，前後十數，後生者輒隱秘養於民間，羣臣無知者。及帝崩，鄧皇后乃收皇子於民間。長子勝有痼㈢疾，少子隆生始百餘日，迎立以為皇太子。是夜即皇帝位。尊皇后曰皇太后，太后臨朝。是時新遭大憂，法禁未設，宮中亡大珠一篋㈣。太后念欲考問必有不辜㈤，乃親閱宮人，觀察顏色，即時首服。又和帝幸人㈥吉成御者㈦，共枉吉成以巫蠱事㈧。下掖庭考訊，辭㈨證㈩明白。太后以吉成先帝左右，待之有恩，平日尚無惡言，今反若此，不合人情㈡。更自呼見實覈㈢，果御者所為。莫不歎服，以為聖明。

㈤北匈奴重遣使詣敦煌貢獻，辭以國貧未能備禮，願請大使，當遣子入侍⑬。太后亦不答其使，加賜而已。

㈥雒陽令廣漢王渙⑭居身平正，能以明察發摘姦伏，外行猛政，內懷慈仁，凡所平斷，人莫不悅服，京師以為有神。是歲卒官，百姓市道，莫不咨嗟流涕。渙喪西歸，道經弘農，民庶皆設槃按⑮於路。吏問其故，咸言「平常持米到雒，為吏卒所鈔⑯，恒亡其半。自王君在事⑰，不見侵枉。故來報恩。」雒陽民為立祠作詩，每祭輒弦歌⑱而薦之。太后詔曰：「夫忠良之吏，國家之所以為治也。求之甚勤，得之至寡。今以渙子石為郎中，以勸勞勤。」

【今註】㊀高句驪王宮：高句驪至宮漸強，數犯邊。㊁帝崩於章德前殿：時和帝年二十七。㊂痼：久病曰痼。㊃篋：竹笥。㊄太后念欲考問，必有不辜：若考問必下於獄，辭所連及，當有無辜而被逮者。㊅幸人：和帝寵幸之宮人。㊆御者：侍者。㊇杜吉成以巫蠱事：袁宏《後漢紀》，吉成御者志恨成，乃為桐人，書太后姓字埋之。㊈辭：謂告者之辭。㊉證：證據。⑪太后以吉成先帝左右，待之有恩，平日尚無惡言，今反若此，不合人情：胡三省曰：「謂婦人之情，有寵則上僭而生譖愬，吉成在先帝之時，后待之以恩，尚未嘗挾寵而有惡言加於后，今帝已晏駕，太后臨朝，不應反為巫蠱。」⑫實覈：反覆考其實情。⑬願請大使，當遣子入侍。天子派遣大使至其國，即遣子隨大使入侍：㈣廣漢王渙：王渙廣漢人。㈤槃按：槃以盛祭物，按以陳槃。㈥鈔：胡三省曰：「賢曰：『鈔，掠也。』余謂此言鈔者，非至如盜賊之鈔掠，特不以道而侵取之，故曰鈔。」㈦王君在事：指王渙任雒陽令。㈧弦歌：以所作詩被之弦歌。

卷四十九　漢紀四十一

起柔兆敦牂，盡旃蒙單閼，凡十年。（丙午至乙卯，西元一〇六年至一一五年。）

司馬光編集
杜維運　註

孝殤皇帝

諱隆，和帝少子也。謚法：短折不成曰殤。伏侯古今註曰：「隆之字曰盛。」

延平元年（西元一〇六年）

㈠春，正月，辛卯（十三日），以太尉張禹為太傅，司徒徐防為太尉，參錄尚書事。太后以帝在襁褓，欲令重臣居禁內，乃詔禹舍宮中，五日一歸府，每朝見特贊㊀，與三公絕席㊁。

㈡封皇兄勝為平原王。

㈢癸卯（二十五日），以光祿勳梁鮪㊂為司徒。

㈣三月甲申（七日），葬孝和皇帝于慎陵㊃，廟曰穆宗。

㈤丙戌（九日），清河王慶、濟北王壽、河間王開、常山王章始就國，太后特加慶以殊禮㊄。慶子祜㊅年十三，太后以帝幼弱，遠慮不虞，留祜與嫡母耿姬居清河邸。耿姬，況㊆之曾孫也。祜母犍為左姬也。

㈥夏，四月，鮮卑寇漁陽，漁陽太守張顯率數百人出塞追之，兵馬掾㊇嚴授諫曰：「前道險阻，賊勢難量，宜且結營，先令輕騎偵視之。」顯意甚銳，怒欲斬之。遂進兵，遇虜伏發，士卒悉走，唯授力戰，身被十創，手殺數人而死。主簿衛福、功曹徐咸皆自投赴顯，俱沒於陳㊈。

㈦丙寅（十九日），以虎賁中郎將鄧騭為車騎將軍儀同三司㊉，騭弟黃門侍郎悝為虎賁中郎將，弘、閶皆侍中。

㈧司空陳寵薨。

㈨五月，辛卯（十五日），赦天下。

㈩壬辰（十六日），河東垣⑪山崩。

(十一)六月，丁未（一日），以太常尹勤為司空。

(十二)郡國三十七雨水。

(十三)己未（十二日），太后詔減太官⑫導官⑬尚方⑭內署⑮諸服御膳靡麗難成之物，自非供陵廟，稻粱米不得導⑯擇，朝夕一肉飯而已。舊太官湯官⑰經⑱用歲且二萬萬，自是裁數千萬，及郡國所貢，皆減其過半，悉斥賣上林⑲鷹犬；離宮別館，儲峙⑳米糒㉑薪炭，悉令省之。

㉔丁卯（二十一日），詔免遣掖庭宮人及宗室沒入者皆為庶民㉒。

㉕秋，七月，庚寅（十五日），敕司隸校尉部刺史㉓曰：「間者郡國或有水災，妨害秋稼，朝廷惟咎㉔，憂惶悼懼。而郡國欲獲豐穰虛飾之譽，遂覆蔽災害，多張墾田，不揣流亡，競增戶口，掩匿盜賊，令姦惡無懲㉕，署用非次，選舉乖宜，貪苛慘毒，延及平民㉖，刺史垂頭塞耳，阿私下比，不畏于天，不愧于人㉗。假貸之恩，不可數恃。自今以後，將糾其罰，二千石長吏其各實覈所傷害，為除田租芻稾。」

㉖八月，辛卯（是月丙午朔，無辛卯），帝崩㉘。癸丑（八日），殯于崇德前殿㉙。太后與兄車騎將軍隲、虎賁中郎將悝等定策禁中㉚。其夜使隲持節以王青蓋車㉛迎清河王子祜，齋于殿中，皇太后御崇德殿，百官皆吉服陪位㉜，引拜祜為長安侯㉝，乃下詔以祜

為孝和皇帝嗣。又作策命，有司讀策畢，太尉奉上璽綬，即皇帝位。太后猶臨朝㉞，詔告司隸校尉河南尹南陽太守曰：「每覽前代外戚賓客，濁亂奉公㉟，為民患苦，咎在執灋怠懈，不輒行其罰故也。今車騎將軍隲等，雖懷敬順之志，而宗門㊱廣大，姻戚不小，賓客姦猾，多干㊲禁憲，其明加檢敕，勿相容護。」自是親屬犯罪，無所假貸。

㈦九月六州大水㊳。

㈧丙寅（是月乙亥朔，無丙寅。）葬孝殤皇帝于康陵㊴。以連遭大憂㊵，百姓苦役，方中秘藏㊶，及諸工作，事事減約，十分居一㊷。

㈨乙亥（一日），隕石于陳留。

㈩詔以北地梁慬為西域副校尉。慬行至河西，會西域諸國反攻都護任尚於疏勒，尚上書求救，詔慬將河西四郡羌胡五千騎馳赴之。慬未至，而尚已得解。詔徵尚還，以騎都尉段禧為都護，西域長史趙博為騎都尉。禧、博守它乾城㊸，城小，梁慬以為不可固，乃譎說龜茲㊹王白霸，欲入共保其城，白霸許之。吏民固諫，白霸不聽。慬既入，遣將急迎段禧、趙博，合軍八九千人。龜茲吏民並叛其王，而與溫宿姑墨數萬兵反共圍城，慬等出戰，大破之。連兵數月，胡眾敗走，乘勝追擊，凡斬首萬餘級，獲生口數千人，龜茲乃定。

(卌)冬，十月，四州大水雨雹。

(卌一)清河孝王慶病篤，上書求葬樊濯宋貴人(四五)冢旁。十二月甲子（二十一日），王薨。

(卌二)乙酉（是月甲辰朔，無乙酉），罷魚龍曼延戲(四六)。

(卌三)尚書郎南陽樊準以儒風寖衰(四七)，上疏曰：「臣聞人君不可以不學(四八)。光武皇帝受命中興，東西誅戰，不遑啟處(四九)，然猶投戈講藝，息馬論道(五〇)。孝明皇帝庶政萬幾，無不簡(五一)心，而垂情古典(五二)，游意經藝，每饗射禮畢，正坐自講，諸儒並聽，四方欣欣；又多徵名儒，布在廊廟，每讌會，則論難衎衎(五三)，共求政化。期門(五四)羽林介胄之士，悉通孝經(五五)。化自聖躬，流及蠻荒，是以議者每稱盛時，咸言永平。今學者益少，遠方尤甚；博士倚席(五六)不講，儒者競論浮麗；忘蹇蹇之忠，習諓諓[廿七]之辭。臣愚以為宜下明詔，博求幽隱，寵進儒雅，以俟聖上講習之期[廿八]。」太后深納其言，詔「公卿中二千石各舉隱士大儒，務取高行，以勸後進；妙[廿九]簡博士，必得其人。」

【今註】㊀特贊：每朝見贊拜者先獨贊張禹名，既乃贊太尉以下名，禹不與三公同贊。㊁絕席：朝位獨在百僚上，不與三公聯席。㊂梁鮪：字伯元，河東平陽人。㊃慎陵：在洛陽東南三十里。㊄殊禮：殊，異也，其禮異於諸王。《後漢書・清河王慶傳》，鄧太后特聽清河王置中尉內史，賜什物，皆取乘輿上御，以宋衍等並為清河中大夫。㊅祜：《後漢書・清河王慶傳》作祐。惠棟曰：「依說文當作祜。」㊆耿況：曾以上谷從光武。㊇兵馬掾：緣邊郡曹有兵馬掾，掌兵馬。㊈陳：與陣通，《後漢書・鮮卑傳》作陣。㊉儀同三司：三司，三公。儀同三司之名，始自隲。[十一]垣：今山西垣曲縣。[十二]太官：周官，秩千石，掌天子廚膳。[十三]導官：掌擇御米，秩六百石。[十四]尚方：掌作御刀劍諸器物，秩六百石。[十五]內署：掌內府衣物，秩六百石。[十六]導：擇。王先謙曰：「導當作䆃，前書百官表少府屬有䆃官。」[十七]湯官：主酒，屬太官令。[十八]經：常。[十九]上林：漢東都洛陽亦有上林苑，在洛陽西。[二〇]儲峙：猶云蓄積。[二一]糒：乾飯。[二二]詔免遣掖庭宮人及宗室沒入者皆為庶民：惠棟曰：「案蔡邕集是時免遣者六百餘人。」[二三]司隸校尉部刺史：司隸校尉及諸州部刺史。《後漢書・百官志》：「秦有監御史，監諸郡。漢興省之，但遣丞相史，分刺諸州，無常官。孝武帝初，置刺史十三人，秩六百石。成帝更為牧秩二千石。建武十八年，復為刺史十二人，各主一州，其一州屬司隸校尉。諸州常以八月巡行所部郡國，錄囚徒，考殿最，初歲盡詣京都奏事。」㉔惟咎：惟，思。咎，過。㉕掩匿盜賊，令姦惡無懲：隱蔽盜賊，不以上聞，弗加誅討，使姦惡無所懲戒。㉖平民：指善良之人。㉗不畏于天，不愧于人：《詩・小雅》何人斯之辭。㉘帝崩：時殤帝年二歲。㉙崇德前殿：洛陽南宮有崇德殿。㉚太后與兄車騎將軍隲虎賁中郎將悝等定策禁中：《東觀漢記・殤帝紀序》云：「孝殤襁褓承統，寢疾不豫，天命早崩，國祚中絕，社稷無主，天下敬然，賴皇太后。孔子稱有婦人焉，信哉！」㉛王青蓋車：皇太子皇子皆安車，朱班輪，青蓋，皇子為王，錫以乘之，故曰王青蓋車。皇孫則綠車。見《後漢書・輿服志》。㉜百官皆吉服陪位：李賢曰：「不可以凶事臨朝，故吉服也。」㉝引拜祜為長安侯：李賢曰：「不即立為天子而封侯者，不欲從微即登皇位。」胡三省曰：「先封侯者，用立孝宣帝故事。」㉞太后猶臨朝：《公羊傳》曰：「猶者可止之辭。」《東觀漢記》曰：「帝謙讓恪懃，孜孜經學，篤志供養，委政長樂宮。」㉟濁亂奉公：言其挾勢恣横，奉公之吏，為所濁亂。㊱宗門：宗族。㊲干：犯。㊳六州大水：惠棟曰：「袁山松書六州河濟渭雒洧水盛長泛溢，傷秋稼。」㊴康陵：在慎陵塋中庚地。㊵連遭大憂：指和帝及殤帝之崩。㊶方中祕藏：方中，陵中，冢藏之中，故言祕。㊷事減約十分居一：謂減去十分之九。㊸它乾城：班超為都護，居龜茲它乾城。㊹龜茲：音丘慈。㊺宋貴人：清河王慶母。㊻魚龍曼延戲：漢武帝元封三年作魚龍曼延戲，至是罷之。《漢官典儀》曰：「作九賓樂，舍利之獸，從西方來，戲於庭，入前殿，激水化成比目魚，嗽水作霧，化成黃龍，長八丈，出水遨戲於庭，炫燿日光。」曼延者，獸名，張衡〈西京賦〉所云巨獸百尋，即為曼延。㊼寢衰：陵替。㊽人君不可以不學：賈誼語。㊾啟處：寧處。㊿投戈講藝，息馬論道：《東觀漢記》，光武數召諸將，置酒賞賜，坐席之間，以要其死力。當此之時，賊檄日以百數，憂不可勝，上猶以餘閒講經藝。(51)簡：閱。(52)垂情古典：惠棟曰：「皇覽聖賢冢墓記曰：『漢明帝時，公卿大夫諸儒八十餘人，論五經誤失，符節令宋九上言：臣聞昭王與呂不韋好書，皆以書葬，王至尊，不韋久貴，冢皆以黃腸題湊，處地高燥未坏，臣願發昭王不韋冢。』」(53)衎衎：和樂貌。(54)期門：即虎賁士。(55)悉通孝經：《漢書．儒林傳》：「期門羽林之士，悉令通孝經章句。」(56)倚席：言不設講坐。(57)諓諓：諂言，音踐。(58)以俟聖上講習之期：時安帝年十三，故延請儒雅，以俟講習。(59)妙：精。

孝安皇帝上

諱祜，肅宗孫也。父曰清河孝王慶。諡法：寬容和平曰安。伏侯古今注曰：祜之字曰福。

永初元年（西元一〇七年）

㈠春，正月，癸酉（一日），朔赦天下。

㈡蜀郡徼外羌內屬㈠。

㈢二月丁卯（二十五日），分清河國封帝弟常保㈡為廣川㈢王。

㈣庚午（二十八日），司徒梁鮪薨。

㈤三月癸酉（二日），日有食之。

㈥己卯（八日），永昌徼外僬僥種夷㈣陸類等舉種內附。

㈦甲申（十三日），葬清河孝王於廣丘㈤，司空宗正護喪事，儀比東海恭王㈥。【考異】帝紀書車騎將軍護葬，今從傳。

㈧自和帝之喪，鄧隲兄弟常居禁中㈦，隲不欲久在內，連求還第㈧，太后許之。夏四月，封太傅張禹、太尉徐防、司空尹勤、車騎將軍鄧隲、城門校尉鄧悝、虎賁中郎將鄧弘、黃門郎鄧閶皆為列侯㈨，【考異】「袁紀前作閶，後作閶，蓋誤。」食邑各萬戶。隲以定策功，增三千戶，隲及諸弟辭讓不獲，遂逃避使者，間關㈩詣闕，上疏自陳，至于五六，乃許之。

㈨五月甲戌（三日），以長樂衞尉㈡魯恭為司徒。恭上言：「舊制，立秋乃行薄刑。自永元十五年以來，改用孟夏㈢，而刺史太守因以盛夏，徵召農民，拘對考驗，連滯㈢無已。上逆時氣，下傷農業。案月令孟夏斷薄刑者，謂其輕罪已正㈣，不欲令久繫，故時斷之也㈤。臣愚以為今孟夏之制，可從此令，其決獄案考，皆以立秋為斷。」又奏：「孝章皇帝欲助三正之微，定律著令，斷獄皆以冬至之前㈥，小吏不與國同心者，率入十一月得死罪賊，不問曲直，便即格殺，雖有疑罪，不復讞正㈦。可令大辟之科，盡冬月乃斷。」朝廷皆從之。

㈩丁丑（六日），詔封北海王睦孫壽光侯普為北海王㈧。

㈩一九真徼外夜郎蠻夷舉土內屬。

㈩二西域都護段禧等雖保龜茲，而道路隔塞，檄書不通。公卿議者以為西域阻遠，數有背叛，吏士屯田，其費無已。六月壬戌（二十二日），罷西域都護㈨，遣騎都尉王弘發關中兵，迎禧及梁慬趙博伊吾盧柳中屯田吏士而還㈩。

㈩三初，燒當羌豪東號之子麻奴隨父來降㈠，居於安定。時諸降羌布在郡縣，皆為吏民豪右所徭㈡役，積以愁怨。及王弘西迎段禧，發金城、隴西、漢陽羌數百千騎與俱，郡縣迫促發遣㉓。羣羌懼遠屯不還，行到酒泉，頗有散叛。諸郡各發兵邀遮，或覆其廬落，於是勒姐當煎大豪東岸等愈驚，遂同時犇潰。麻奴兄弟因此與種人俱西出塞，先零別種㉔滇零與鍾羌諸種大為寇掠，斷隴道㉕。時羌歸附既久，無復器甲，或持竹竿木枝，以代戈矛；或負板案以為楯；或執銅鏡以象兵㉖，郡縣畏懦，不能制。丁卯（二十七日），赦除諸羌相連結謀叛逆者罪。

(十四)秋，九月，庚午（一日），太尉徐防以災異寇賊策免㉗。三公以災異免自防始。辛未（二日），司空尹勤以水雨漂流策免㉘。

(十五)仲長統昌言曰：「光武皇帝慍㉙數世㉚之失權，忿彊臣㉛之竊命，矯枉過直，政不任下；雖置三公，事歸臺閣㉜。自此以來，三公之職，備員而已。然政有不治，猶加譴責。而權移外戚之家，寵被近習之豎；親其黨類，用其私人，內充京師，外布州郡；顛倒賢愚；貿㉝易選舉，疲駑㉞守境，貪殘牧民，撓擾百姓，忿怒四夷，招致乖叛，亂離斯瘼㉟，怨氣並作，陰陽失和，三光虧缺，怪異數至，蟲螟食稼，水旱為災。此皆戚宦㊱之臣所致然也。反以策讓三公，至於死免，乃足為叫呼蒼天，號咷㊲泣血者矣！又中世之選三公也，務於清慤謹慎，循常習故者，是乃婦女之檢柙㊳，鄉曲之常人耳，惡足以居斯位邪！埶既如彼，選又如此，而欲望三公勳立於國家，績加於生民，不亦遠乎！昔文帝之於鄧通，可謂至愛，而猶展申徒嘉之志㊴。夫見任如此，則何患於左右小臣哉！至如近世，外戚宦豎，請託不行，意氣不滿，立能陷人於不測之禍，惡可得彈正者哉。曩者任之重而責之輕，今者任之輕而責之重。光武奪三公之重，至今而加甚；不假后黨以權，數世而不行。蓋親疏之埶異也㊵。今人主誠尊委三公，分任責成，而在位病民㊶，舉用失賢，百姓不安，爭訟不息，天地多變，人物多妖，然後可以分此罪矣。」

（十六）壬午（十三日），詔太僕少府減黃門鼓吹㊷，以補羽林士㊸；廄馬非乘輿㊹常所御者，皆減半食；諸所造作，非供宗廟園陵之用，皆且止。

(十七)庚寅（二十一日），以太傅張禹為太尉，太常周章為司空。

(十八)大長秋鄭眾、中常侍蔡倫等皆乘勢豫政，周章數進直言，太后不能用。初，太后以平原王勝有痼㊺疾，而貪殤帝孩抱，養為己子，故立焉。及殤帝崩，羣臣以勝疾非痼，意咸歸之。太后以前不立勝，恐後為怨，乃迎帝而立之。周章以眾心不附，密謀閉宮門㊻，誅鄧隲兄弟及鄭眾蔡倫，劫尚書，廢太后於南宮，封帝為遠國㊼王，而立平原王。事覺。冬，十一月丁亥（十九日），章自殺。

(十九)戊子（二十日），敕司隸校尉冀并二州刺史：「民訛言相驚，棄捐舊居，老弱相攜，窮困道路，其各敕所部長吏，躬親曉喻，若欲歸本郡，在所為封㊽長檄㊾，不欲勿彊。」

(廿)十二月乙卯（十九日），以潁川太守張敏為司空。

(廿一)詔車騎將軍鄧隲、征西校尉任尚將五營㊿及諸郡(五一)兵五萬人，屯漢陽以備羌。【考異】「帝紀在六月，今從西羌傳。」

(廿二)是歲郡國十八地震，四十一大水，二十八大風雨雹。

(廿三)鮮卑大人燕荔陽詣闕朝賀，太后賜燕荔陽王印綬，赤車參駕[五二]，令止烏桓校尉所居寧城下，通胡市。因築南北兩部質館[五三]，鮮卑邑落百二十部，各遣入質。

【今註】㊀蜀郡徼外羌內屬：《東觀漢記》云：「徼外羌龍橋等六種慕義降附。」㊁帝弟常保：錢大昕曰：「安帝弟名常保，子亦名保，當有一誤。」㊂廣川：在今河北棗強縣東。㊃僬僥種夷：胡三省曰：「僬僥國人，長不過三尺。」㊄廣丘：後更名甘陵，在今河北清河縣東南，俗名英陵。㊅儀比東海恭王：恭王之葬見卷四十五明帝永平元年。㊆自和帝之喪，鄧隲兄弟常居禁中：《東觀漢記・鄧悝傳》云：「自延平之初，以國新遭大憂，故悝兄弟率常在中供養兩宮。」㊇連求還策：《東觀漢記》鄧悝兄弟上疏自陳：「愚闇糞朽，幸得遭值明盛，兄弟充列顯位，並侍帷幄，預聞政事，無拾遺一言之助，以補萬分，而久在禁省，日月益長，罪責日深，惟陛下哀矜之。」㊈皆為列侯：張禹安鄉侯；徐防龍鄉侯；尹勤傅亭侯；鄧隲上蔡侯；鄧悝葉侯；鄧弘西平侯；鄧閶西華侯。㊉閭關：李賢曰：「猶崎嶇也。」[十一]長樂衞尉：衞尉，秦官，掌宮門衞屯兵。長樂、建章、甘泉宮皆隨所掌以為官名，秩中二千石。[十二]自永元十五年以來，改用孟夏：事見上卷。[十三]連滯：連謂獄辭相連及；滯謂留滯不決。[十四]已正：胡三省曰：「謂已結正也。」[十五]謂其輕罪已正，不欲令久繫，故時斷之也：袁宏《後漢紀》作「謂正罪不欲令久繫，不謂可考正罪法也，故出輕繫，明不欲拘之也。」[十六]孝章皇帝欲助三正之微，定律著令，斷獄皆以冬至之前：事見卷四十七章帝元和二年。(17)讞正：以公正議罪。(18)詔封北海王睦孫壽光侯普為北海王：和帝永元八年，北海王威自殺，今復紹封。壽光在今山東壽光縣東。(19)罷西域都護：和帝永元三年，復置西域都護，今罷。(20)還：按《後漢書・梁慬傳》，為永初二年春還。(21)初，燒當羌豪東號之子麻奴隨父來降：東號之降見卷四十七和帝永元元年。(22)徭：使。(23)郡縣迫促發遣：按《後漢書・西羌傳》，為王弘迫促發遣。(24)鍾羌：鍾羌九千餘戶，在隴西臨洮谷，見《續漢書》。(25)隴道：隴坻之道。(26)執銅鏡以象兵：銅鏡映日，人遙望之以為兵。(27)太尉徐防以災異寇賊策免：《東觀漢記》曰：「郡國被水災，比州湮沒，死者以千數；災異數降，西羌反叛，殺略人吏，京師淫雨，蟊賊傷稼穡。防比上書，自陳過咎，遂策免。」虞世南《北堂書鈔》云：「以日蝕免，」與此異。(28)司空尹勤以水雨漂流策免：《後漢書・陳寵傳》為勤以雨水傷稼策免。(29)慍：恨。(30)數世：指元成哀平四世。(31)彊臣：指王莽。(32)雖置三公，事歸臺閣：李賢曰：「臺閣謂尚書也。」胡三省曰：「三公失職，非至光武時始然也。自武帝游宴後庭，用宦者處樞機；至於宣帝，專任恭顯，而丞相御史取充位，事歸臺閣，其所由來者漸矣。」(33)貿：音茂。(34)疲駑：比喻無才能之吏。(35)瘼：病。(36)戚宦：外戚宦官。(37)號咷：放聲而哭。(38)檢柙：檢束。(39)昔文帝之於鄧通至展申徒嘉之志：事見十四卷文帝後二年。(40)光武奪三公之重，至今而加甚，不假后黨以權，數世而不行，蓋親疏之埶異也：李賢曰：「言光武奪三公重任，今奪更甚；光武不假后黨威權，數代遂不遵行，此為三公疏后黨親故也。」(41)病民：謂百姓受其害。(42)黃門鼓吹：

漢代有黃門鼓吹，享宴食舉樂十三曲，百四十五人。㊸羽林士：羽林左監主羽林八百人，右監主九百人。㊹乘輿：天子所乘車輿，不敢斥言尊者，故稱乘輿。㊺痼：廢。㊻密謀閉宮門：續志周章與王尊叔元茂等謀欲閉宮門。㊼遠國：僻遠之國。㊽封：印封之。㊾長檄：長牒。欲歸者皆給以長牒為驗。㊿五營：北軍五校營也。(51)諸郡：指三河三輔汝南南陽潁川太原上黨諸郡。見《後漢書・西羌傳》。(52)赤車參駕：赤車，帷裳衡軛皆赤之車。參駕，駕三馬。(53)質館：受降服者人質之館。

二年（西元一〇八年）

㈠春，正月，鄧騭至漢陽，諸郡兵未至，鍾羌數千人擊敗騭軍于冀西㊀，殺千餘人。梁慬還至燉煌㊁，逆㊂詔慬留為諸軍援。慬至張掖，破諸羌萬餘人，其能脫者十二三。進至姑臧，羌大豪三百餘人詣慬降，並慰譬遣還故地。

㈡御史中丞樊準以郡國連年水旱，民多饑困，上疏「請令太官、尚方、考功㊃、上林、池籞㊄諸官，實減㊅無事之物；五府調省中都官吏京師作者㊆。又被災之郡，百姓凋殘，恐非賑給所能勝贍，雖有其名，終無其實。可依征和元年故事㊇，遣使持節慰安尤困乏者，徙置荊揚孰〔九〕郡。今雖有西屯之役〔一〇〕，宜先東州之急〔一一〕。」太后從之，悉以公田賦〔一二〕與貧民，即擢準與議郎呂倉並守光祿大夫。二月乙丑（二十九日），遣準使冀州，倉使兗州，稟貸〔一三〕流民，咸得蘇息〔一四〕。

㈢夏旱，五月丙寅（一日），皇太后幸雒陽寺〔一五〕及若盧獄〔一六〕，錄囚徒。雒陽有囚，實不殺人，而被考自誣，羸困輿見〔一七〕，畏吏不敢言，將去，舉頭若欲自訴，太后察視覺之，即呼還問狀，具得枉實〔一八〕。即時收雒陽令，下獄抵罪。行未還宮，澍雨〔一九〕大降。

㈣六月，京師及郡國四十大水大風雨雹〔二〇〕。

㈤秋七月，太白入北斗。

㈥閏月辛丑（五日），廣川王常保薨，無子，國除。

㈦癸未（是月乙未朔，無癸未），蜀郡徼外羌舉土內屬〔二一〕。

㈧冬，鄧騭使任尚及從事中郎河內司馬鈞率諸郡兵，與滇零等數萬人戰于平襄〔二二〕。尚軍大敗，死者八千餘人。羌眾遂大盛，朝廷不能制。湟中諸縣，粟石萬錢，百姓死亡，不可勝數，而轉運難劇㉓。故左校令㉔河南龐參，先坐灋輸作若盧，使其子俊上書㉕曰：「方今西州流民擾動，而徵發不絕。水潦不休，地力不復㉖，重之以大軍，疲之以遠戍，農功消於轉運，資財竭於徵發，田疇不得墾闢，禾稼不得收入；搏手㉗困窮，無望來秋；百姓力屈，不復堪命。臣愚以為萬里運糧，遠就羌戎，不若總兵養眾，以待其疲。車騎將軍隲宜且振旅㉘，留征西校尉任尚，使督涼州士民，轉居三輔，休徭役以助其時，止煩賦以益其財；令男得耕種，女得織紝㉙。然後畜精銳，乘懈沮，出其不意，攻其不備，則邊民之仇報，奔北之恥雪矣。」書奏，會樊準上疏薦參，太后即擢參於徒中，召拜謁者，使西督三輔諸軍屯。

十一月辛酉（二十九日），詔鄧隲還師，留任尚屯漢陽，為諸軍節度。遣使迎拜隲為大將軍。既至，使大鴻臚親迎，中常侍郊勞；王主㉚以下，候望於道；寵靈顯赫，光震都鄙。

㈨滇零自稱天子於北地，招集武都參狼㉛，上郡西河諸雜種羌，斷隴道，寇鈔三輔，南入益州，殺漢中太守董炳。梁慬受詔，當屯金城，聞羌寇三輔，即引兵赴擊，轉戰武功美陽間⑰，連破走之，羌稍退散⑱。

（十）十二月，廣漢塞外參狼羌⑲降。

（十一）是歲郡國十二地震。

【今註】㈠冀西：胡三省曰：「冀縣之西。」㈡還至燉煌：自西域還至燉煌。㈢逆：迎。㈣考功：劉攽曰：「案功當作工，考工官名見前書。」㈤太官尚方考功上林池籞：《漢書．百官表》，少府掌山海池澤之稅，屬官有太官考工尚方上林中十池監。太官掌御膳飲食；考工主作器械；尚方主作刀劍；籞者，於池苑中以竹緜聯之，以為禁籞。㈥實減：切實審查其數而減之。㈦五府調省中都官吏京師作者：李賢曰：「五府謂太傅、太尉、司徒、司空、大將軍也。」胡三省曰：「此時不拜大將軍，獨鄧騭為車騎將軍耳。」調，徵發。省，減。中都官吏，在京師之官吏。作者，營作者。㈧征和元年故事：李賢曰：「武帝征和元年詔曰：『當今務在禁苛暴，止擅賦，力本農桑，無乏武備而已。』」胡三省曰：「案此乃征和四年詔也，征和元年當有遣使慰安故事。」㈨孰：孰熟古字通。⑩西屯之役：指討羌之師。時先零羌斷隴道，大為寇害，漢遣車騎將軍鄧騭征西校尉任尚討之。⑪東州之急：時洛陽以東冀兗諸州被水旱之災。⑫賦：布。⑬稟貸：稟，給。貸，施。⑭蘇息：死而更生曰蘇，氣絕而復續曰息。⑮寺：官舍。⑯若盧獄：西漢有若盧獄，屬少府，主鞫將相大臣。東漢初省，和帝永元九年復置。⑰羸困輿見：輿，箯輿，編竹木以為之。獄囚被掠，羸困者置之箯輿，乘以謁見太后。⑱具得枉實：得其冤枉之實。⑲澍雨：時雨。⑳大風雨雹：《東觀漢記．安帝紀》云：「雹大如芋魁雞子，風拔樹發屋。」㉑蜀郡徼外羌舉土內屬：《東觀漢記．安帝紀》云：「徼外羌薄申等八種舉眾降。」㉒平襄：在今甘肅通渭縣西南。㉓劇：甚。㉔左校令：將作大匠屬官有左右校令各一人，秩六百石，左校令掌左工徒，右校令掌右工徒。㉕使其子俊上書：《後漢書．龐參傳》，參使其子俊上書在永初元年，蓋誤。㉖不復：言其耗損，不復於舊。㉗搏手：兩手相搏，言無計可施。㉘振旅：振，整也。振旅，整軍而歸。㉙織紝：織繒布。㉚王主：諸王及諸公主。㉛武都參狼：羌居武都者為參狼種。㉜武功美陽：二縣名。武功在今陝西武功縣西南；美陽在今陝西扶風縣北。㉝羌稍退散：《後漢書．梁慬傳》作羌遂奔散。按是時羌勢正方興未艾，故溫公稍易其辭耳。㉞廣漢塞外參狼羌：此與武都參狼同種，而分居廣漢塞外者。

三年（西元一〇九年）

㈠春，正月，庚子（九日），皇帝加元服㈠，赦天下。

㈡遣騎都尉任仁督諸郡屯兵救三輔。仁戰數不利，當煎勒姐羌攻沒破羌縣，鍾羌攻沒臨洮縣，執隴西南部都尉㈡。

㈢三月，京師大饑，民相食。壬辰（二日），公卿詣闕謝。詔務思變復㊂，以助不逮。

㈣壬寅（十二日），司徒魯恭罷。恭再在公位㊃，選辟高第，至列卿郡守者數十人㊄。而門下耆生㊅，或不蒙薦舉，至有怨望者。恭聞之，曰：「學之不講，是吾憂也㊆。諸生不有鄉舉者乎㊇。」終無所言，亦不借之議論。學者受業，必窮核問難，道成然後謝遣之。學者曰：「魯公謝與議論，不可虛得。」

㈤夏，四月，丙寅（七日），以大鴻臚九江夏勤㊈為司徒。

㈥三公以國用不足，奏令吏民入錢穀得為關內侯、虎賁羽林郎、五官大夫㊉、官府吏㊁、緹騎㊂營士㊂各有差。

㈦甲申（二十五日），清河愍王虎威薨，無子。五月丙申（七日），封樂安王寵子延平為清河王，奉孝王後。

㈧六月，漁陽烏桓與右北平胡千餘寇代郡上谷。

㈨漢人韓琮隨匈奴南單于入朝㊃，既還，說南單于云：「關東水潦，人民饑餓死盡，可擊也。」單于信其言，遂反。

(十)秋七月，海賊張伯路等寇濱海九郡，殺二千石令長。遣侍御史巴郡龐雄督州郡兵擊之。伯路等乞降，尋復屯聚。

(十一)九月，鴈門烏桓率眾王無何允⑮與鮮卑大人丘倫等，及南匈奴骨都侯，合七千騎，寇五原，與太守戰于高渠谷⑯，漢兵大敗。

(十二)南單于圍中郎將耿种於美稷⑰。冬十一月，以大司農陳國何熙行車騎將軍事，中郎將龐雄為副，將五營及邊郡兵二萬餘人。又詔遼東太守耿夔，率鮮卑及諸郡兵共擊之。以梁慬行度遼將軍事。雄夔擊南匈奴薁鞬日逐王，破之。

(十三)十二月辛酉（五日），郡國九地震。

(十四)乙亥（十九日），有星孛于天苑⑱。

(十五)是歲京師及郡國四十一雨水，并涼二州大饑，人相食。

(十六)太后以陰陽不和，軍旅數興，詔歲終饗遣衛士⑲，勿設戲作樂，減逐疫侲子⑳之半。

【今註】 ㈠加元服：指加冠。㈡隴西南部都尉：隴西南部都尉治臨洮。臨洮今甘肅岷縣。㈢變復：變，改也。變復，改過以復於善。㈣恭再在公位：和帝永元十三年恭代呂蓋為司徒，永初元年復代梁鮪為司徒。㊄選辟高第，至列卿郡守者數十人：此謂恭府掾屬之高第。㊅門下耆生：《後漢書・魯恭傳》作耆舊大姓，《通鑑》從袁宏《後漢紀》。耆，老。㊆學之不講，是吾憂也：《論語》孔子之言。㊇諸生不有鄉舉者乎：李賢曰：「言人患學之不習耳，若能究習，自有鄉里之舉，豈要待三公之辟乎！」㊈夏勤：惠棟曰：「謝承書，九江夏勤字伯宗，家貧，作履供食，常作一量履，斷，勤置不賣，出行，妻賣以糴米，勤歸，適炊熟，怪問何所得米，妻以實告，勤責妻曰：『賣毀物，欺取其直也。』因棄不食，仕至司徒。」㊉五官大夫：《後漢書・安帝紀》作五大人。惠棟曰：「通鑑作五官大夫。案王符潛夫論，今時權時令募運民耕邊，入穀遠郡千斛，近郡二千斛，拜爵五大夫。又光和二年義井碑陰，稱五大夫者三十二人。蓋當時以資受爵，本有是官，始於永初，盛於元和。司馬氏以後漢無是爵，增入官字，殊違本義也。前書注，五大夫第九爵。」⑪官府吏：給事諸官府者。⑫緹騎：執金吾緹騎二百人。緹，赤黃色。⑬營士：五校營士，屯騎、越騎、步兵、射聲各領士七百人，長水領士千三百六十七人。⑭漢人韓琮隨匈奴南單于入朝：漢人與匈奴錯居，韓琮因事南單于。⑮王無何允：劉攽曰：「案魏志名無何而已，無允字。此下文（指《後漢書・烏桓傳》）降時亦無之。緣下有乞字，遂此誤有允也。」⑯高渠谷：《東觀漢記・安帝紀》作高梁谷，梁渠形相似，必有一誤。⑰南單于圍中郎將耿种於美稷：按《後漢書・安帝紀》為十月事，〈南匈奴傳〉則為夏季事。⑱天苑：星名。⑲歲終饗遣衛士：西漢之制，歲終衛卒交代，上臨饗，罷遣之。《續漢志・禮儀志》云：「饗遣故衛士儀，百官會位定，謁者持節，引故衛士入自端門，衛司馬執幡鉦護行，行定，侍御史持節慰勞，以詔恩問所疾苦，受其章奏，所欲言畢，饗賜作樂，觀以角抵樂闋罷遣勸以農桑。」㊂侲子：善童幼子，逐疫之人。大儺，選中黃門子弟年十歲以上十二以下百二十人為侲子，皆赤幘皂製，執大鼗。逐疫謂之大儺。又惠棟曰：「侲亦作振。」

四年（西元一一〇年）

㈠春正月，元會㈠徹樂，不陳充庭車㈡。

㈡鄧騭在位頗能推進賢士，薦何熙、李郃等列於朝廷，又辟弘農楊震、巴郡陳禪等置之幕府。天下稱之。震孤貧好學，明歐陽尚書，通達博覽，諸儒為之語曰：「關西夫子楊伯起㈢。」教授二十餘年，不荅州郡禮命㈣。眾人謂之晚暮㈤，而震志愈篤㈥。騭聞而辟之，時震年已五十餘，累遷荊州刺史、東萊太守。當之郡，道經昌邑㈦，故所舉荊州茂才王密為昌邑令，夜懷金十斤以遺震，震曰：「故人知君，君不知故人，何也？」密曰：「暮夜無知者。」震曰：「天知，地知，我知，子㈧知，何謂無知者？」密愧而出。後轉涿郡太守。性公廉，子孫常蔬食步行。故舊或欲令為開產業，震不肯，曰：「使後世稱為清白吏子孫。以此遺之，不亦厚乎！」

㈢張伯路復攻郡縣，殺守令，黨眾浸盛，詔遣御史中丞王宗持節，發幽冀諸郡兵，合數萬人。徵宛陵令扶風灋雄為青州刺史，與宗並力討之。

㈣南單于圍耿种數月，梁慬、耿夔擊斬其別將於屬國故城⑨。單于自將迎戰，慬等復破之。單于遂引還虎澤⑩。

㈤丙午（二十一日），詔減百官及州郡縣奉各有差。

㈥二月，南匈奴寇常山。

㈦滇零遣兵寇褒中⑪，漢中太守鄭勤⑫移屯褒中。任尚軍久出無功，民廢農桑。乃詔尚將吏民還屯長安，罷遣南陽、潁川、汝南吏士。乙丑（十日），初置京兆虎牙都尉於長安，扶風都尉於雍⑬，如西京三輔都尉⑭故事。謁者龐參說鄧騭徙邊郡不能自存者入居三輔，騭然之，欲棄涼州，並力北邊，乃會公卿集議。騭曰：「譬若衣敗壞，一以相補，猶有所完。若不如此，將兩無所保。」公卿皆以為然。

郎中陳國虞詡言於太尉張禹㈤曰：「若大將軍之策，不可者三：先帝開拓土宇，劬勞後定，而今憚小費，舉而棄之。此不可一也。涼州既棄，即以三輔為塞㈥，則園陵單外㈦。此不可二也。喭曰：『關西出將，關東出相㈧。』烈士武臣，多出涼州；土風壯猛，便習兵事。今羌胡所以不敢入據三輔，為心腹之害者，以涼州在後故也。涼州士民，所以推鋒執銳，蒙矢石於行陳，父死於前，子戰於後，無反顧之心者，為臣屬於漢故也。今推而捐之，割而棄之，民庶安土重遷，必引領而怨曰：『中國棄我於夷狄』，雖赴義從善之人，不能無恨。如卒然起謀，因天下之飢敝，乘海內之虛弱，豪雄相聚，量材立帥，驅氐羌以為前鋒，席卷㈨而東，雖賁育為卒，太公為將，猶恐不足當禦。如此則函谷以西，園陵舊京，非復漢有。此不可三也。議者喻以補衣，猶有所完。詡恐其疽食侵淫，而無限極也㈩！」禹曰：「吾意不及此。微㈪子之言，幾敗國事！」詡因說禹「收羅涼土豪桀，引其牧守子弟於朝，令諸府各辟數人，外以勸厲，答其功勤；內以拘致，防其邪計。」禹善其言。更集四府，皆從詡議㉒。於是辟西州豪傑為掾屬，拜牧守長吏子弟為郎以安慰之。

鄧騭由是惡詡，欲以吏法中傷之。會朝歌賊寧季等數千人攻殺長吏，屯聚連年，州郡不能禁，乃以詡為朝歌㉓長。故舊皆弔之，詡笑曰：「事不避難，臣之職也。不遇槃根錯節，無以別利器。此乃吾立功之秋也。」始到，謁河內太守馬棱㉔，棱曰：「君儒者，當謀謨廟堂，乃在朝歌，甚為君憂之！」詡曰：「此賊犬羊相聚，以求溫飽耳。願明府不以為憂。」棱曰：「何以言之？」詡曰：「朝歌者，韓魏之郊㉕，背太行，臨黃河，去敖倉不過百里；而青冀之民，流亡萬數，賊不知開倉招眾，劫庫兵，守成皐，斷天下右臂㉖。此不足憂也。今其眾新盛，難與爭鋒。兵不猒權，願寬假轡策，勿令有所拘閡而已㉗。」及到官，設三科以募求壯士，自掾史㉘以下，各舉所知。其攻劫者為上，傷人偷盜者次之，不事家業者為下。收得百餘人。詡為饗會，悉貰其罪㉙，使入賊中，誘令劫掠。乃伏兵以待之，遂殺賊數百人。又潛遣貧人能縫者傭作賊衣，以采線縫其裙，有出市里者，吏輒禽之。賊由是駭散，咸稱神明，縣境皆平。

(八)三月，何熙軍到五原曼栢，暴疾不能進，遣龐雄與梁慬、耿种將步騎萬六千人攻虎澤。連營稍前，單于見諸軍並進，大恐怖。顧讓韓琮[二〇]曰：「汝言漢人死盡，今是何等人也？」乃遣使乞降，許之。單于脫帽徒跣，對龐雄等拜，陳道死罪[二一]。於是赦之，遇待如初。乃還所鈔漢民男女，及羌所略轉賣入匈奴中者，合萬餘人。會熙卒，即拜梁慬為度遼將軍。龐雄還為大鴻臚。

(九)先零羌復寇褒中。鄭勤欲擊之，主簿段崇諫，以為虜乘勝，鋒不可當，宜堅守待之。勤不從，出戰，大敗，死者三千餘人。段崇及門下史[二二]王宗、原展以身扞刃，與勤俱死。

(十)徙金城郡居襄武[二三]。

(十一)戊子（四日），杜陵園[二四]火。

(十二)癸巳（九日），郡國九地震[二五]。

(十三)夏四月，六州蝗。

(十四)丁丑（二十三日），赦天下。

(十五)王宗灋雄與張伯路連戰，破走之。會赦到[三六]，賊以軍未解甲，不敢歸降。王宗召刺史太守[三七]共議，皆以為當遂擊之。灋雄曰：「不然。兵凶器，戰危事[三八]。勇不可恃，勝不可必。賊若乘船浮海，深入遠島，攻之未易也。及有赦令，可且罷兵，以慰誘其心，埶必解散，然後圖之，可不戰而定也。」宗善其言，即罷兵，賊聞大喜，乃還所略人。而東萊郡兵獨未解甲，賊復驚恐，遁走遼東，止海島上。

(十六)秋七月乙酉（三日），三郡大水。

(十七)騎都尉任仁與羌戰累敗，而兵士放縱，檻車徵詣廷尉，死。護羌校尉段禧卒。復以前校尉侯霸代之，移居張掖[三九]。

(十八)九月甲申（三日），益州郡地震。

(十九)皇太后母新野君病，太后幸其第，連日宿止。三公上表固爭，乃還宮。冬十月甲戌（二十三日），新野君薨。使司空護喪事，儀比東海恭王㊵。鄧隲等乞身行服，太后欲不許，以問曹大家㊶，大家上疏曰：「妾聞謙讓之風，德莫大焉。今四舅㊷深執忠孝，引身自退。而以方垂未靜，拒而不許。如後有毫毛加於今日，誠恐推讓之名，不可再得㊸。」太后乃許之。及服除，詔隲復還輔朝政，更授前封㊹。隲等叩頭固讓，乃止。於是並奉朝請，位次三公下，特進侯上㊺，其有大議，乃詣朝堂，與公卿參謀。

(廿)太后詔陰后家屬皆歸故郡㊻，還其資財五百餘萬。

【今註】㈠元會：元旦之朝會。㈡不陳充庭車：每大朝會，必陳乘輿法物車輦於庭，故謂之充庭車。以年饑饉，故不陳。㈢關西夫子楊伯起：楊震字伯起，居弘農，在函谷關之西。㈣禮命：禮謂延聘之禮，命謂辟置之命。㈤晚暮：謂歲月已老，而出仕遲晚。㈥震志愈篤：惠棟曰：「郡國志，虢州楊震宅西有龍望原，南崖有太尉公藏書龕，太原初，有獸人入穴，見古書二千餘卷。」㈦昌邑：在今山東金鄉縣西北。㈧天知地知我知子知：《東觀漢記．楊震傳》惟作天知神知。㈨屬國故城：西河美稷縣為屬國都尉治所，故城蓋在今綏遠東勝附近。㈩虎澤：胡三省曰：「班志西河郡穀羅縣武澤在西北，武澤即虎澤也。師古避唐諱，以虎為武。」(一一)褒中：在今陝西褒城縣東南。(一二)鄭勤：《華陽國志》作鄭廑。一說廑古勤字。(一三)初置京兆虎牙都尉於長安，扶風都尉於雍：京兆、虎牙、扶風都尉，以涼州近羌，數犯三輔，將兵衞護園陵。扶風都尉居雍，俗稱雍營。見《漢官儀》。㉔西京三輔都尉：西京三輔，京兆有京輔都尉，馮翊有左輔都尉，扶風有右輔都尉。㉕郎中陳國虞詡言於太尉張禹：《後漢書・虞詡傳》為詡說太尉李修，《通鑑》從袁宏《後漢紀》。按是時禹為太尉，禹永初元年拜太尉，五年免，李修則五年繼禹為太尉。㉖涼州既棄，即以三輔為塞：隴西、安定、北地皆涼州所轄，涼州既棄，則三輔為邊陲。㉗單外：言無蔽障。㉘關西出將，關東出相：秦漢以來，山西出將，山東出相，秦時郿白起、頻陽王翦；漢興義渠公孫賀、傅介子，成紀李廣、李蔡，上邽趙充國，狄道辛武賢，皆名將。丞相則蕭曹魏丙韋平孔翟之輩。見《漢書》。㉙席卷：言其勢便易。㉚恐其疽食侵淫，而無限極也：疽，癰瘡。食，侵食肌肉。言如疽之食肉，浸淫腐潰，而無止極。㉛微：無。㉜皆從詡議：王符《潛夫論》云：「前羌始反，公卿師尹咸欲捐棄涼州，卻保三輔，朝廷不聽。後羌遂侵，而論者多恨不從咸議。余竊笑之！所謂媾亦悔不媾亦有悔者爾，未始識變之理。地無邊則亡，是故失涼州則三輔為邊，三輔內入則宏農為邊，宏農內入則洛陽為邊，推此以相況，雖盡東海猶有邊也。今不厲武以誅虜，選材以全境，而云邊不可守，欲先自割便寇敵，不亦惑乎?!」其說與詡議合。㉝朝歌：在今河南淇縣東北。㉞馬稜：字伯威，馬援族孫。㉟朝歌者韓魏之郊：李賢曰：「韓界上黨，魏界河內，相接犬牙，故云郊也。」㊱右臂：右臂之說，源於張儀，見卷三周赧王四年。㊲願寬假轡策，勿令有所拘閡而已：閡與礙同。詡欲用度外之人，以制羣盜，恐郡守循常襲故，以文法繩之，故先以此言於馬稜。㊳掾史：縣有廷掾，監鄉部，春夏為勸農掾，秋冬為制度掾。史有獄史、佐史、斗食、令史、掾史、幹小史。皆縣之官屬。㉙悉貰其罪：以上三種人，皆惡少年，負有罪戾，今皆貰之，收買其心，使入賊為間。㉚顧讓韓琮：顧，反。讓，責。反顧責韓琮。㉛陳道死罪：自陳罪當死。㉜門下史：郡門下有掾有史。㉝徙金城郡居襄武：錢大昕曰：「漢時郡所治亦曰都，臧洪傳徙為東郡太守，都東武陽是也。」王先謙曰：「襄武在今鞏昌府隴西縣西南。金城郡治允吾，今蘭州府皐蘭縣地也。為羌所偪故徙焉。」襄武在今甘肅隴西縣西南。㉞杜陵園：宣帝陵園。㉟郡國九地震：《續漢志》九作四，《通鑑》從《後漢書．安帝紀》。㊱赦到：赦詔到。㊲刺史太守：刺史，青州刺史；太守，青州所轄諸郡太守。㊳兵凶器，戰危事：《史記》范蠡之語。㊴復以前校尉侯霸代之，移居張掖：永初二年，侯霸以眾羌反叛免護羌校尉，時居狄道，今移居張掖，以隴西殘破，復渡河而西。㊵儀比東海恭王：恭王事見卷四十四明帝永平元年。㊶曹大家：班昭。㊷四舅：指鄧騭、鄧悝、鄧弘、鄧閶。㊸如後有毫毛，加於今日，誠恐推讓之名，不可再得：謂有纖微之過，則推讓之美即失。㊹更授前封：安帝即位之初，封騭、悝、弘、閶，皆辭不受。㊺特進侯上：位在特進及列侯之上。㊻詔陰后家屬皆歸故郡：陰后家南徙事見上卷和帝永元十四年。歸故郡，指歸南陽。

五年（西元一一一年）

㈠春，正月，庚辰（一日），朔，日有食之。

㈡丙戌（七日），郡國十地震㊀。

㈢己丑（十日），太尉張禹免。甲申（是月庚辰朔，無甲申），以光祿勳潁川李脩為太尉。

㈣先零羌寇河東，至河內，百姓相驚，多南犇度河。使北軍中候㊁朱寵將五營士屯孟津。詔魏郡、趙國、常山、中山繕作塢候六百一十六所㊂。羌既轉盛，而緣邊二千石令長多內郡人，並無守戰意，皆爭上徙郡縣㊃，以避寇難。三月，詔隴西徙襄武㊄，【考異】「上云金城徙襄武，此又云隴西徙襄武，紀傳皆然。或者二郡皆寄治於襄武歟？」安定徙美陽㊅，北地徙池陽㊆，上郡治衙㊇。百姓戀土，不樂去舊，遂乃刈其禾稼，發徹室屋，夷營壁，破積聚。時連旱蝗饑荒，而驅蹙㊈劫掠，流離分散，隨道死亡，或棄捐老弱，或為人僕妾，喪其太半。復以任尚為侍御史，擊羌於上黨羊頭山㊉，破之。乃罷孟津屯。

㈤夫餘王寇樂浪㊁。

㈥高句驪王宮與濊貊寇玄菟㊂。

㈦夏閏四月丁酉（十九日），赦涼州河西四郡。

㈧海賊張伯路復寇東萊，青州刺史瀌雄擊破之。賊逃還遼東，遼東人李久等共斬之。於是州界清靜㊂。

㈨秋九月，漢陽人杜琦及弟季貢同郡王信等與羌通謀，聚眾據上邽城。冬十二月，漢陽太守趙博遣客杜習㊃刺殺琦，封習討姦侯。杜季貢王信等將其眾據樗泉營。

㈩是歲九州蝗，郡國八雨水。

【今註】㊀郡國十地震：《後漢書・安帝紀》為郡國十二地震，《通鑑》從《續漢志・五行志》。㊁北軍中侯：掌監屯騎、越騎、步兵、長水、射聲五營。漢武帝置中壘校尉，領北軍營壘之事；光武中興，省中壘，但置中侯，以監五營。㊂詔魏郡趙國常山中山繕作塢侯六百一十六所：魏郡、趙國、常山、中山皆屬冀州，懼羌自河東、河內北入冀州界，故作塢侯以備之。㊃爭上徙郡縣：謂爭上書求內徙。㊄隴西徙襄武：隴西郡本治狄道。㊅安定徙美陽：安定郡本治高平。美陽屬右扶風，在今陝西武功縣西南。㊆北地徙池陽：北地郡本治富平。池陽屬左馮翊，在今陝西涇陽縣西北。㊇上郡治衙：上郡本治膚施。衙屬左馮翊，在今陝西白水縣東北。又《後漢書・安帝紀》及《西羌傳》治皆作徙。㊈驅蹙：驅逐蹙迫。蹴與蹙同。㊉羊頭山：在今山西長子縣東。㊁夫餘王寇樂浪：夫餘為寇，自此開始。㈢高句驪王宮與濊貊寇玄菟：按《後漢書・安帝紀》及〈東夷傳〉皆為安帝元初五年事，《通鑑》誤。永初五年，高句驪王宮則遣使貢獻，求屬玄菟也。㈢海賊張伯路復寇東萊至州界清靜云云：按《後漢書・法雄》傳，為是年春事。㈣客杜習：客，刺客。《東觀漢記》作故吏杜習。

六年（西元一一二年）

㈠春，正月，甲寅（十一日），詔曰㊀：「凡供薦新味，多非其節，或鬱養彊孰㊁，或穿掘萌芽，味無所至，而夭折生長。豈所以順時育物乎？傳曰：『非其時不食㊂。』自今當奉祠陵廟及給御者，皆須時乃上㊃。」凡所省二十三種。

㈡三月，十州蝗。

㈢夏四月乙丑（是月癸酉朔，無乙丑），司空張敏罷。己卯（七日），以太常劉愷為司空。

㈣詔建武元功二十八將皆紹封。

㈤五月旱。

㈥丙寅（二十五日），詔令中二千石下至黃綬，一切復秩㊄。

㈦六月壬辰（二十一日），豫章員谿原山崩。

㈧辛巳（十日），赦天下。

㈨侍御史唐喜討漢陽賊王信，破斬之。杜季貢亡從滇零。是歲滇零死，子零昌立，年尚少，同種狼莫為其計策，以季貢為將軍，別居丁奚城㊅。

【今註】㊀六年春正月甲寅詔曰云云：《後漢書・皇后紀》在七年春正月庚戌。李賢曰：「案東觀續漢袁山松謝沈書古今注皆云六年正月甲寅。」㊁鬱養彊孰：言物非其時，未及成熟，為土室蓄火其下，使土氣烝暖，鬱而養之，強使先時成熟。㊂傳曰非其時不食：《論語・鄉黨篇》云：「不時不食。」言不合時令季節之物，則不食之。㊃須時乃上：時熟乃進上。㊄中二千石下至黃綬一切復秩：中二千石青綬，四百石三百石二百石黃綬。永初四年，減百官俸，今復之。㊅丁奚城：按《東觀漢記》丁奚城在北地郡靈州縣，今寧夏靈武縣。

七年（西元一一三年）

㈠春，二月，丙午（是月戊辰朔，無丙午），郡國十八地震。

(二)夏，四月，乙未（二十九日），平原懷王勝薨，無子，太后立樂安夷王寵子得為平原王。

(三)丙申（三十日），晦，日有食之。

(四)秋，護羌校尉侯霸、騎都尉馬賢擊先零別部牢羌於安定。獲首虜千人。

(五)蝗。

元初元年（西元一一四年）

(一)春，正月，甲子（二日）改元。

(二)二月，乙卯（二十四日），日南地坼長百餘里(一)。

(三)三月，癸亥（二日），日有食之。【考異】「帝紀，二月己卯日南地坼，三月癸酉日食。本志及袁紀，皆云三月己卯日南地坼。按長曆，是年二月壬辰朔，無己卯。三月壬戌朔，癸酉十二日，不應日食。二月當是乙卯，三月當是癸亥。」

(四)詔遣兵屯河內通谷衝要三十三所，皆作塢壁，設鳴鼓，以備羌寇(二)。

(五)夏，四月，丁酉（七日），赦天下。

（六）京師及郡國五旱蝗。

（七）五月，先零羌寇雍城㊂。

（八）秋，七月，蜀郡夷寇蠶陵㊃，殺縣令。

（九）九月乙丑（七日），太尉李脩罷。

（十）羌豪號多與諸種鈔掠武漢中巴郡，板楯蠻㊄救之，漢中五官掾㊅程信率郡兵與蠻共擊破之。號多走還，斷隴道，與零昌合，侯霸馬賢與戰於枹罕㊆，破之。

（十一）辛未（十三日），以大司農山陽司馬苞為太尉。

（十二）冬，十月，戊子（一日），朔，日有食之。

（十三）涼州刺史皮楊擊羌於狄道㊇，大敗，死者八百餘人。**【考異】**「紀作皮陽，今從西羌傳。」

（十四）是歲郡國十五地震。

【今註】 ㊀日南地坼長百餘里：《東觀漢記》云：「坼長一百八十二里，廣五十六里。」㊁皆作塢壁，設鳴鼓，以備羌寇：自太行山以北至恆山，限隔幷冀，其間多有谷道以相通，今於衝要之地，作塢壁以備羌寇。㊂雍城：右扶風雍縣之城。雍縣在今陝西鳳翔縣南。㊃蠶陵：在今四川松潘縣境。

㊄板楯蠻：《後漢書・南蠻傳》云：「板楯蠻夷者，秦昭襄王時射殺白虎有功，昭王復夷人頃田不租，十妻不算，傷人者論，殺人者得以倓錢贖死。高祖為漢王，發夷人以定三秦，復其渠帥七姓，不輸租賦，餘戶乃歲入賨錢口四十，世號為板楯蠻夷。閬中有渝水，其人多居水左右，天性勁勇，數陷陣，喜歌舞，高祖為制巴渝舞。」其人挾板楯而戰，因稱為板楯蠻。㊅五官掾：郡有五官掾，署功曹及諸曹事。㊆枹罕：在今甘肅臨夏縣。枹音膚。㊇擊羌於狄道：隴西郡舊治狄道，永初五年徙襄武，則其地已放棄四年。

二年（西元一一五年）

㈠春，護羌校尉龐參以恩信招誘諸羌，號多等帥眾降。參遣詣闕，賜號多侯印遣之。參始還治令居㊀，通河西道。

㈡零昌分兵寇益州，遣中郎將尹就討之。

㈢夏，四月丙午（二十一日），立貴人滎陽閻氏為皇后。后性妒忌，後宮李氏生皇子保㊁，后鴆殺李氏。

㈣五月，京師旱，河南㊂及郡國十九蝗。

㈤六月丙戌（二日），太尉司馬苞薨。

㈥秋，七月辛巳（二十八日），以太僕泰山馬英為太尉。

㈦八月，遼東鮮卑圍無慮。九月又攻夫犁㊃營，殺縣令。

㈧壬午（三十日），晦，日有食之。

㈨尹就擊羌黨呂叔都等，蜀人陳省、羅橫應募，刺殺叔都，皆封侯賜錢。

㈩詔屯騎校尉班雄屯三輔。雄，超之子也。以左馮翊司馬鈞行征西將軍，督關中諸郡兵八千餘人，龐參將羌胡兵七千餘人，與鈞分道並擊零昌。參兵至勇士㊄東，為杜季貢所敗，引退。鈞等獨進，攻拔丁奚城，杜季貢率眾偽逃。鈞令右扶風仲光等收羌禾稼，【考異】「袁紀作右扶風太守种暠，今從范書。」光等違鈞節度，散兵深入，羌乃設伏要擊之，鈞在城中，怒而不救。冬，十月乙未（十三日），光等兵敗並沒，死者三千餘人，鈞乃遁還。龐參既失期，稱病引還，皆坐徵下獄。鈞自殺。

時度遼將軍梁慬亦坐事抵罪。校書郎中㊅扶風馬融上書稱參、慬智能，宜宥過責效。詔赦參等，【考異】「慬傳曰：慬為度遼將軍，明年，安定北地上郡皆被羌寇，不能自立，詔慬發邊兵，迎三郡吏民，徙扶風界。懂即遣南單于兄子優孤塗奴將兵迎之。既還，懂以塗奴接其家屬有勞，輒授以羌侯印綬。坐專擅，徵下獄抵罪。明年，校書郎馬融上書，訟懂與參。按懂為度遼將軍在永初四年，徙三郡民在五年，參下獄在今年。不得云明年融訟之也。疑傳誤。」以馬賢代參領護羌校尉，復以任尚為中郎將，代班雄屯三輔。【考異】「帝紀，冬十月，遣任尚屯三輔。按西羌傳，司馬鈞抵罪後，尚乃代雄屯三輔耳。」

懷令虞詡說尚曰：「兵法，弱不攻彊，走不逐飛。自然之埶也。今虜皆馬騎，日行數百里，來如風雨，去如絕弦，以步追之，埶不相及。所以雖屯兵二十餘萬，曠日而無功也。為使君計，莫如罷諸郡兵，各令出錢數千，二十人共市一馬，以萬騎之眾，逐數千之虜，追尾㊆掩截㊇，其道自窮㊈，便民利事，大功立矣。」尚即上言用其計，遣輕騎擊杜季貢於丁奚城，破之。太后聞虞詡有將帥之略，以為武都太守。【考異】詡傳曰：羌寇武都，太后以詡有將帥之略，遷武都太守。又曰：賊敗散，南入益州。本紀元初元年，羌寇武都漢中。據此似詡以元初元年為武都太守也。然按西羌傳，龐參抵罪後，任尚屯三輔，時詡猶為懷令，說尚用騎兵。袁紀亦云：懷令虞詡說尚。如范書所言。又云：上問何從發此計，尚表之受於懷令，虞詡由是知名，遷武都太守。以此驗之，當在龐參抵罪後也。羌眾數千，遮詡於陳倉崤谷㊉。詡即停軍不進，而宣言上書請兵，須到當發。羌聞之，乃分鈔傍縣。詡因其兵散，日夜進道，兼行百餘里；令吏士各作兩竈，日增倍之。羌不敢逼。或問曰：「孫臏減竈㊁，而君增之。兵法，日行不過三十里㊂，以戒不虞。而今日且二百里，何也？」詡曰：「虜眾多，吾兵少，徐行則易為所及，速進則彼所不測。虜見吾竈日增，必謂郡兵來迎。眾多行速，必憚追我。孫臏見弱，吾今示彊，埶有不同故也。」既到郡，兵不滿三千，而羌眾萬餘，攻圍赤亭㈢數十日。詡乃令軍中彊弩勿發，而潛發小弩。羌以為矢力弱，不能至，并兵急攻。詡於是使二十彊弩共射一人，發無不中㈣。羌大震，退，詡因出城奮擊，多所傷殺。明日，悉陳其兵眾，令從東郭門出，北郭門入，貿易衣服，回轉數周，羌不知其數，更相恐動。詡計賊當退，乃潛遣五百餘人於淺水，設伏候其走路㈤。虜果大犇，因掩擊，大破之，斬獲甚眾。賊由是敗散。詡乃占相地埶，築營壁百八十所㈥，招還流亡，假賑貧民，開通水運㈦。詡始到郡，穀石千，鹽石八千，見戶㈧萬三千。視事三年，米石八十，鹽石四百，民增至四萬餘戶，人足家給，一郡遂安。

(十一)十一月庚申（十九日），郡國十地震。

(十二)十二月，武陵澧中㈨蠻反，州郡討平之。

(十三)己酉（二十八日），司徒夏勤罷。

(十四)庚戌（二十九日），以司空劉愷為司徒，光祿勳袁敞為司空。敞，安之子也。

(十五)前虎賁中郎將鄧弘⑳卒。弘性儉素，治歐陽尚書㉑，授帝禁中，有司奏贈弘驃騎將軍，位特進，封西平㉒侯。太后追弘雅意，不加贈位衣服，但賜錢千萬，布萬匹。兄隲等復辭不受。詔封弘子廣德為西平侯。將葬，有司復奏發五營輕車騎士，禮儀如霍光故事㉓，太后皆不聽，但白蓋雙騎㉔，門生輓送。後以帝師之重，分西平之都鄉封廣德弟甫德為鄉侯。

【今註】㊀還治令居：自張掖徙還令居。㊁皇子保：後立為順帝。㊂河南：即京師。㊃夫犂：惠棟曰：「鮮卑傳作扶黎；章懷注云：『縣名，屬遼東屬國』；胡三省以為西漢無此縣。棟案，遼東屬國有昌黎縣，都尉所治，昌黎即前漢之交黎也，夫交相似而誤耳。俗本郡國志，昌黎譌昌遼，交黎譌天遼。」㊄勇士：縣名，屬漢陽郡。清《一統志》云：「故城今蘭州府金縣東北。」㊅校書郎中：馬融以郎中校蘭臺書，故稱校書郎中。㊆追尾：追擊。㊇掩截：掩，襲擊。截，邀擊。㊈其道自窮：言虜之路自窮，不復能捷出而寇掠。㊉崤谷：胡三省曰：「此崤谷當在陳倉縣界，即今之大散關，非弘農澠池縣之崤山也。」㈡孫臏減竈：事見卷二周顯王二十八年。㈢兵法日行不過三十里：《漢書》王吉上疏曰：「古者師行三十里，吉行五十里。」㈣赤亭：地名，在今甘肅成縣西。㈤發無不中：《太平御覽》三百四十八《續漢書》云：「三發而三中，虜眾潰。」㈥於淺水設伏，候其走路：詡知賊退，遇水必踏淺而渡，因於其處設伏以待之。㈦築營壁百八十所：按《後漢書・虞詡傳》作二百八十所，《通鑑》從袁宏《後漢紀》。㈧開通水運：《後漢書・虞詡傳》云：「詡自將吏士案行川谷，自沮（今陝西略陽縣東）至下辨數十里，皆燒石翦木，開漕船道。」《太平御覽》五十三《續漢書》云：「下辨東三十餘里有峽，中當泉水生，大石障塞水流，每至春夏，輒溢沒秋稼，壞敗營郭，詡乃使人燒石，以水灌之，石皆坼裂，因鐫去石，遂無汎溺之患也。」㈨見戶：現存之戶。㈩澧中：今湖南澧縣。⑾前虎賁中郎將鄧弘：弘自遭母喪，去官，奉朝請，故曰前。⑿歐陽尚書：胡三省曰：「漢千乘歐陽生傳伏生尚書，由是尚書有歐陽氏學。」⒀西平：在今河南西平縣西。⒁禮儀如霍光故事：霍光薨，宣帝遣太中大夫侍御史持節護喪事，中二千石修莫府冢，上賜玉衣、梓宮、便房、黃腸題湊、轀輬車、黃屋左纛，輕車材官五校士以送葬。⒂白蓋雙騎：白蓋，白蓋車。沈欽韓曰：「續志千石以上皁繒覆蓋，三百石以皁布蓋，二百石以下白布蓋。又騎吏千石以下至三百石縣長二人。此白蓋雙騎，庶士之禮。」

卷五十　漢紀四十二

起柔兆執徐，盡閼逢困敦，凡九年。（丙辰至甲子，西元一一六年至一二四年。）

司馬光編集
杜維運　註

孝安皇帝中

元初三年（西元一一六年）

㈠春正月，蒼梧、鬱林、合浦㊀蠻夷反。二月，遣侍御史任逴督州郡兵討之。

㈡郡國十地震。

㈢三月辛亥（二日），日有食之。

㈣夏四月，京師旱。

㈤五月，武陵蠻反，州郡討破之。

㈥癸酉（二十五日），度遼將軍鄧遵㊁率南單于擊零昌於靈州㊂，斬首八百餘級。

㈦越巂徼外夷舉種內屬。

(八)六月，中郎將任尚遣兵擊破先零羌於丁奚城。

(九)秋七月，武陵蠻復反，州郡討平之。

(十)九月，築馮翊北界㊃候塢五百所以備羌。

(十一)冬十一月，蒼梧、鬱林、合浦蠻夷降。

(十二)舊制，公卿二千石刺史不得行三年喪。司徒劉愷以為非所以師表百姓，宣美風俗。丙戌（十一日），初聽大臣行三年喪㊄。

(十三)癸卯（二十八日），郡國九地震。

(十四)十二月丁巳（十二日），任尚遣兵擊零昌於北地，殺其妻子，燒其廬舍，斬首七百餘級㊅。

【今註】㊀蒼梧鬱林合浦：三郡皆屬交州。㊁度遼將軍鄧遵：自置度遼將軍以來，皆權行其事，獨遵以皇太后從弟，為真將軍，此後更無行將軍者。度遼將軍，銀印，青綬，秩二千石。㊂靈州：在今甘肅靈臺縣。㊃馮翊北界：接安定、北地。㊄初聽大臣行三年喪：文帝遺詔以日易月，嗣後大臣遂以為常。至此復遵古制。㊅任尚擊零昌云云：羌勢自此衰。

四年（西元一一七年）

㈠春二月乙巳（一日），朔，日有食之。
㈡乙卯（十一日），赦天下。
㈢壬戌（十八日），武庫災。
㈣任尚遣當闐種羌榆鬼等刺殺杜季貢，封榆鬼為破羌侯。
㈤司空袁敞廉勁，不阿權貴，失鄧氏旨。尚書郎張俊有私書與敞子俊，怨家封上之。夏四月戊申（五日），敞坐策免，自殺。俊等下獄，當死，俊上書自訟，臨刑，太后詔以減死論。
㈥己巳（二十六日），遼西鮮卑連休等入寇。【考異】漢書・鮮卑傳，上作連休，下作休連。今從上文。郡兵與烏桓大人於秩居等共擊，大破之，斬首千三百級。
㈦六月戊辰（二十六日），三郡雨雹㈠。
㈧尹就坐不能定益州，徵抵罪㈡，以益州刺史張喬領其軍屯，招誘叛羌，稍稍降散。
㈨秋七月，京師及郡國十雨水。
㈩九月，護羌校尉任尚復募効功種羌號封刺殺零昌，封號封為羌王。

(十一)冬十一月己卯（九日），彭城靖王恭薨。

(十二)越嶲夷以郡縣賦斂煩數，十二月，大牛種封離等反，殺遂久㈢令。

【考異】西南夷傳云五年叛，今從帝紀。

(十三)甲子（二十五日），任尚與騎都尉馬賢共擊先零羌狼莫，追至北地，相持六十餘日，戰於富平河上㈣，大破之。斬首五千級，狼莫逃去。於是西河虔人種羌萬人㈤詣鄧遵降，隴右平㈥。

(十四)是歲郡國十三地震。

【今註】㈠三郡雨雹：《續漢志》云：「大如杅杯及雞子，殺六畜。」㈡尹就坐不能定益州，徵抵罪：《華陽國志》云：「中郎將尹就伐羌，擾動益部，百姓諺曰：『虜來尚可，尹將殺我；就徵還後，羌自破退。』」㈢遂久：沈欽韓曰：「今寧遠府塩源縣西。」㈣戰於富平河上：胡三省曰：「范書帝紀作富平上河，西羌傳作河上。按水經，河水東北逕安定郡眴卷縣故城西，注曰：地理志，河水別出為河溝，東至富平北入河，河水於此，有上河之名。前漢馮參為上河典農都尉，則上河為是。」㈤西河虔人種羌萬人：《後漢書・西羌傳》作萬一千人。㈥隴右平：狼莫者，零昌之謀主，零昌既死，而狼莫敗逃，虔人羌失援而降，故隴右平。

五年（西元一一八年）

㈠春三月，京師及郡國五旱。

㈡夏六月，高句驪與濊貊寇玄菟。

㈢永昌、益州、蜀郡夷皆叛應封離，眾至十餘萬，破壞二十餘縣，殺長吏，焚掠百姓，骸骨委積，千里無人。

㈣秋八月丙申（一日），朔，日有食之。

㈤代郡鮮卑入寇，殺長吏。【考異】獨行傳云：元初中，鮮卑數百餘騎，寇漁陽。太守張顯率吏士追出塞，遙望虜營煙火，急趣之。兵馬掾嚴授慮有伏兵，苦諫止，不聽。顯蹴令進，授不獲已，前戰，伏兵發，授身被十創，沒於陳。顯拔刃追散兵，不能制。虜射中顯，主簿衛福，功曹徐咸遽趣之，顯遂墮馬，福以身擁蔽，虜幷殺之。朝廷愍授等節，詔書褒歎，厚加賞賜。按元初凡六年，鮮卑不曾犯漁陽，殺長吏。惟是入代郡，曾殺長吏。今疑漁陽本是代郡，史之誤也。㊀發緣邊甲卒、黎陽營兵，屯上谷以備之。冬十月，鮮卑寇上谷，攻居庸關㊁。復發緣邊諸郡黎陽營兵積射士步騎二萬人，屯列衝要。

㈥鄧遵募上郡全無種羌雕何刺殺狼莫，封雕何為羌侯。自羌叛十餘年間㊂，軍旅之費，凡用二百四十餘億，府帑空竭，邊民及內郡死者，不可勝數，幷涼二州，遂至虛耗。及零昌狼莫死，諸羌瓦解，三輔益州，無復寇警。詔封鄧遵為武陽㈣侯，邑三千戶。遵以太后從弟，故爵封優大。任尚與遵爭功，又坐詐增首級，受賕枉濃贓千萬已上㈤，十二月，檻車徵尚棄市，沒入財物。鄧騭子侍中鳳嘗受尚馬，騭髡妻及鳳以謝罪。

㈦是歲郡國十四地震。

㈧太后弟悝、閶皆卒，封悝子廣宗為葉㈥侯，閶子忠為西華㈦侯。

【今註】㈠考異曰云云：按張顯事《通鑑》已書於上卷殤帝延平元年。㈡居庸關：在今河北昌平縣西北。㈢自羌叛十餘年間：永初元年羌叛，至是年，凡十二年（西元一〇七年至一一八年。）㈣武陽：《後漢書・鄧騭傳》作舞陽。㈤任尚與遵爭功，又坐詐增首級，受賕枉法，贓千萬已上：《後漢書・鄧騭傳》云：「尚坐斷盜軍糧。」㈥葉：在今河南葉縣南。㈦西華：在今河南西華縣南。

六年（西元一一九年）

㈠春二月乙巳（十二日），京師及郡國四十二地震。

㈡夏四月，沛國勃海大風雨雹。

㈢五月，京師旱。

㈣六月丙戌（二十六日），平原哀王得薨，無子。
㈤秋七月，鮮卑寇馬城㊀塞，殺長吏。度遼將軍鄧遵及中郎將馬續率南單于追擊，大破之。
㈥九月癸巳（四日），陳懷王竦㊁薨，無子，國除。
㈦冬十二月戊午（一日），朔，日有食之，既。
㈧郡國八地震。
㈨是歲太后徵和帝弟濟北王壽、河間王開子男女年五歲以上四十餘人，及鄧氏近親子孫三十餘人，並為開邸㊂第，教學經書，躬自監試。詔從兄河南尹豹、越騎校尉康等曰：「末世貴戚食祿之家，溫衣美飯，乘堅驅良㊃，而面牆術學㊄，不識臧否，斯故禍敗之所從來也。」
㈩豫章有芝草生，太守劉祗欲上之，以問郡人唐檀，檀曰：「方今外戚豪盛，君道微弱，斯豈嘉瑞乎？」祗乃止㊅。
(十一)益州刺史張喬遣從事楊竦將兵至楪榆㊆，擊封離等，大破之，斬首三萬餘級，獲生口千五百人。封離等惶怖，斬其同謀渠師，詣竦乞降。竦厚加慰納，其餘三十六種皆來降附。竦因奏長吏姦猾侵犯蠻夷者九十人，皆減死論。

（十一）初，西域諸國既絕於漢㈧，北匈奴復以兵威役屬之㈨，與共為邊寇。敦煌太守曹宗㈩患之，乃上遣⑪行長史⑫索班將千餘人，屯伊吾以招撫之。於是車師前王及鄯善王復來降。

（十二）初，疏勒王安國死，無子，國人立其舅子遺腹為王⑬。遺腹叔父臣磐在月氏，月氏納而立之⑭。後莎車畔于窴，屬疏勒⑮，疏勒遂彊，與龜茲于闐為敵國焉。

【今註】㈠馬城：在今察哈爾懷安縣北。㈡陳懷王竦：陳敬王羨之孫。㈢邸：舍。㈣乘堅驅良：堅，指好車。良，指善馬。此語出《史記・范蠡傳》。㈤面牆術學：《尚書》云：「弗學面牆。」言面牆而立，不能有所見。術一作弗。㈥豫章有芝草生云云：《後漢書・唐檀傳》為元初七年事。按元初僅六年（元初七年四月改元永寧），《後漢書》誤。㈦楪榆：在今雲南大理縣東北。㈧初西域諸國既絕於漢：事見上卷永初元年。㈨役屬：役使而臣屬之。㈩曹宗：《通典》作曹崇。⑪上遣：上奏而遣之。⑫行長史：行長史事，未真置。⑬疏勒王安國死，無子，國人立其舅子遺腹為王：按《後漢書・西域傳》，為疏勒國人立安國之舅臣磐同產弟子遺腹為王。下文有「遺腹叔父臣磐」，則遺腹明非臣磐之子也。㈣遺腹叔父臣磐在月氏，月氏納而立之：《後漢書・西域傳》云：「元初中，安國以舅臣磐有罪，徙於月氏，月氏王親愛之。遺腹既立，月氏遣兵送臣磐還疏勒，國人素敬愛臣磐，又畏憚月氏，即共奪遺腹印綬，迎臣磐立以為王。」㈤莎軍畔于寘，屬疏勒：自明帝永平四年起，莎車屬於于寘。

永寧元年㈠（西元一二〇年）

㈠春三月丁酉（十一日），濟北惠王壽薨。

㈡北匈奴率車師後王軍就，共殺後部司馬㈡及敦煌長史索班等。

【考異】班勇傳，元初六年，曹宗遣索班屯伊吾，後數月，北單于與車師後部共攻沒索班。按本紀，永寧元年，車師後王叛，殺部司馬。車師傳亦曰永寧元年，後王軍就及毋沙麻反畔，殺後部司馬及敦煌行事。蓋班以去年末屯伊吾，今春見殺。或今春奏事方到也。

遂擊走其前王，略有北道。鄯善逼急，求救於曹宗。宗因此請出兵五千人擊匈奴，以報索班之恥，因復取西域。公卿多以為宜閉玉門關，絕西域。太后聞軍司馬班勇有父風，召詣朝堂㈢問之。勇上議曰：「昔孝武皇帝，患匈奴彊盛，於是開通西域，論者以為奪匈奴府藏，斷其右臂。光武中興，未遑外事，故匈奴負彊，驅率諸國。及至永平，再攻敦煌，河西諸郡，城門晝閉。孝明皇帝深惟㊃廟策㊄，乃命虎臣㊅出征西域，故匈奴遠遁，邊境得安。及至永元，莫不內屬。會閒者羌亂，西域復絕。北虜遂遣責諸國，備其逋租㊆，高其價直，嚴以期會，鄯善車師，皆懷憤怨，思樂事漢，其路無從。前所以時有叛者，皆由牧養失宜，還為其害故也。今曹宗徒耻於前負㊇，欲報雪㊈匈奴，而不尋出兵故事，未度當時之宜也。夫要功荒外㊉，萬無一成，若兵連禍結，悔無所及。況今府藏未充，師無後繼，是示弱於遠夷，暴短於海內。臣愚以為不可許也。舊敦煌郡有營兵三百人，今宜復之，復置護西域副校尉，居於敦煌，如永元故事。又宜遣西域長史，將五百人屯樓蘭㊁西，當焉耆龜茲徑路，南彊鄯善于窴心膽，北扞匈奴，東近敦煌，如此誠便。」

尚書復問勇利害云何㊂，勇將曰：「昔永平之末，始通西域，初遣中郎將㊂居敦煌，後置副校尉㊃於車師，既為胡虜節度，又禁漢人不得有所侵擾。故外夷歸心，匈奴畏威。今鄯善王尤還㊄漢人外孫，若匈奴得志，則尤還必死。此等雖同鳥獸，亦知避害。若出屯樓蘭，足以招附其心。愚以為便。」

長樂衛尉鐔顯(二六)、廷尉綦毋參、司隸校尉崔據難曰：「朝廷前所以棄西域者，以其無益於中國，而費難供也。今車師已屬匈奴，鄯善不可保信。一旦反覆，班將(二七)能保北虜不為邊害乎？」勇對曰：「今中國置州牧者，以禁郡縣姦猾盜賊也。若州牧能保盜賊不起者，臣亦願以要斬保匈奴之不為邊害也。今通西域，則虜勢必弱；虜勢弱，則為患微矣。孰與歸其府藏，續其斷臂哉？今置校尉以扞撫西域，設長史以招懷諸國；若棄而不立，則西域望絕，望絕之後，屈就北虜，緣邊之郡，將受困害，恐河西城門，必將復有晝閉之儆矣(二八)。今不廓開朝廷之德，而拘屯戍之費，若此，北虜遂熾，豈安邊久長之策哉！」

太尉屬(二九)毛軫難曰：「今若置校尉，則西域駱驛遣使，求索無厭。與之則費難供，不與則失其心。一旦為匈奴所迫，當復求救，則為役大矣。」勇對曰：「今設以西域歸匈奴，而使其恩德大漢，不為鈔盜則可矣。如其不然，則因西域租入之饒，兵馬之眾，以擾動緣邊，是為富仇讎之財，增暴夷之勢也。置校尉者，宣威布德，以繫諸國內向之心，而疑匈奴覬覦之情，而無費財耗國之慮也。且西域之人，無他求索，其來入者，不過稟㊀食而已。今若拒絕，勢歸北屬夷虜㊁，幷力以寇幷涼，則中國之費，不止十億㊂。置之誠便。」

於是從勇議，復敦煌郡營兵三百人，置西域副校尉居敦煌，雖復羈縻西域，然亦未能出屯㊃。其後匈奴果數與車師共入寇鈔，河西大被其害。

㈢沈氐㊄羌寇張掖。

㈣夏四月丙寅（十一日），立皇子保為太子，改元，赦天下。

㈤己巳（十四日），紹封陳敬王子崇為陳王，濟北惠王子萇為樂成王，河間孝王子翼為平原王。

㈥六月，護羌校尉馬賢將萬人討沈氐羌於張掖，破之，斬首千八百級，獲生口千餘人，餘虜悉降。時當煎種大豪飢五等以賢兵在張掖，乃乘虛寇金城。賢還軍，追之出塞，斬首數千級而還。

燒當燒何種聞賢軍還，復寇張掖，殺長吏。

㈦秋七月乙酉（一日），朔，日有食之。

㈧冬十月己巳（十六日），司空李郃免。癸酉（二十日），以衛尉廬江陳褒為司空。

㈨京師及郡國三十三大水。

㈩十二月，永昌徼外撣㉕國王雍曲調㉖遣使者獻樂及幻人㉗。

(十一)戊辰（十六日），司徒劉愷請致仕，許之，以千石祿歸養。

(十二)遼西鮮卑大人烏倫、其至鞬㉘各以其眾詣度遼將軍鄧遵降。

(十三)癸酉（二十一日），以太常楊震為司徒。

(十四)是歲郡國二十三地震。

(十五)太后從弟越騎校尉康㉙以太后久臨朝政，宗門盛滿，數上書太后，以為宜崇公室，自損私權。言甚切至，太后不從。康謝病不朝，太后使內侍者問之。所使者乃康家先婢㉚，自通中大人㉛，康聞而詬㉜之。婢怨恚，還白康詐疾，而言不遜。太后大怒，免康官，遣歸國㉝，絕屬籍。

(廿六)初，當煎種飢五同種大豪盧忽忍良等千餘戶，別留允街，而首施兩端㉔。

【今註】㊀永寧元年：是年夏四月改元。㊁司馬：屬戊己校尉統轄，和帝時置戊己校尉，鎮車師後部。㊂朝堂：蓋在殿庭左右。㊃惟：思。㊄廟策：古時遣將必於廟，先定制勝之策，故謂之廟策。㊅虎臣：指其父班超。㊆備其逋租：備，償。逋，欠。西域屬漢之後，不復以馬畜旃罽輸匈奴，及與漢絕，匈奴復遣使責其積年所逋。㊇負：敗。㊈報雪：報伊吾之役，雪索班之恥。㊉荒外：荒服之外，指絕域。⑪樓蘭：即鄯善。⑫尚書復問勇利害云何：勇既上議，尚書復問，使悉陳其利害。⑬中郎將：指鄭眾。⑭副校尉：指耿恭、關寵。⑮尤還：鄯善王名。⑯鐔顯：字子誦，廣漢郪人，見《華陽國志》。⑰班將：以班勇為軍司馬，故以將言之。⑱恐河西城門，必將復有晝閉之儆矣：明帝永平中，北匈奴脅諸國共寇河西，郡縣城門晝閉。⑲太尉屬：太尉掾屬二十四人，東西曹掾比四百石，餘掾比三百石，屬比二百石。⑳稟：給。㉑勢歸北屬夷虜：胡三省曰：「言其事勢所歸，必至北屬匈奴。」㉒十億：《後漢書・班勇傳》作千億。㉓亦未能出屯：胡三省曰：「謂未能如勇計出屯樓蘭西也。然使盡行勇之計，亦未必能羈制西域。何者？武帝通西域，未能盡臣屬西域也；及宣帝時，日逐降，呼韓邪內附，始盡得西域。明帝使班超通西域，未能盡臣屬西域也；及竇憲破北匈奴，超始盡得西域。今漢內困於諸羌，而北匈奴游魂蒲類，安能以五百人成功哉！」㉔沈氏：

羌號。羌在上郡西河者，號沈氏。㉕撣：音擅，《東觀漢記》作擅。㉖雍曲調：《後漢書・西南夷傳》作雍由調。㉗幻人：《後漢書・西南夷傳》云：「幻人能變化吐火，自支解，易牛馬頭，自言我海西人。海西即大秦也。」大秦，指羅馬帝國。㉘烏倫其至鞬：鮮卑種帥二人之名。㉙太后從弟越騎校尉康：元初六年書從兄康，此書從弟，必有一誤。以《後漢書・皇后紀》稽之，當為從兄。㉚康家先婢：先本康家婢，後入宮，在太后左右。㉛中大人：時宮中耆宿，皆稱中大人。㉜詬：罵。㉝遣歸國：康永初中紹封夷安侯。㉞首施兩端：猶云首鼠兩端。

建光元年㈠**（西元一二一年）**【考異】陳禪傳曰：北匈奴入遼東，追拜禪遼東太守。胡憚其威彊，退還數百里。禪不加兵，但遣吏卒，往曉慰之。單于隨使還郡，禪於學行禮，為說道義以感化之。單于懷服，遺以胡中珍貨而去。當在此年㈡矣。又按北單于漢朝所不能臣，未嘗入朝天子，安肯見遼東太守。此事可疑，今不取。

㈠春，護羌校尉馬賢召盧忽斬之，因放兵擊其種人，獲首虜二千餘，忍良等皆亡出塞。

㈡幽州刺史巴郡馮煥、玄菟太守姚光、遼東太守蔡諷㈢等，將兵擊高句驪。高句驪王宮遣子遂成詐降，而襲玄菟遼東，殺傷二千餘人。

㈢二月，皇太后寢疾。癸亥（十二日），赦天下。三月癸巳（十三日），皇太后鄧氏崩，未及大歛，帝復申前命，封鄧隲為上蔡侯，位特進㈣。丙午（二十六日），葬和熹皇后㈤。太后自臨朝以來，水旱十載，四夷外侵，盜賊內起。每聞民飢，或達旦不寐，躬自減徹㈥，以救災戹。故天下復平，歲還豐穰。

上始親政事，尚書陳忠薦隱逸及直道之士潁川杜根、平原成翊世之徒，上皆納用之。忠，寵之子也。

初，鄧太后臨朝，根為郎中，與同時郎上書，言帝年長，宜親政事。太后大怒，皆令盛以縑囊，於殿上撲殺之㈦。既而載出城外，根得蘇。太后使人檢視，根遂詐死三日，目中生蛆。因得逃竄，為宜城山中酒家保㈧，積十五年。成翊世以郡吏亦坐諫太后不歸政抵罪。帝皆徵詣公車，拜根侍御史，翊世尚書郎。

或問根曰：「往者遇禍，天下同義㈨。知故不少，何至自苦如此！」根曰：「周旋民間，非絕跡之處。邂逅㈩發露，禍及親知，故不為也。」

㈣戊申（二十八日），追尊清河孝王曰孝德皇，皇妣左氏曰孝德后，祖妣宋貴人曰敬隱后。初，長樂太僕蔡倫受竇后諷旨，誣陷宋貴人(一一)。帝敕使自致廷尉(一二)，倫飲藥死。

㈤夏四月，高句麗復與鮮卑入寇遼東，蔡諷追擊於新昌(一三)，戰歿。功曹掾龍端、兵馬掾公孫酺(一四)以身扞諷，俱歿於陳。

㈥丁巳（七日），尊帝嫡母耿姬為甘陵(一五)大貴人。

㈦甲子（十四日），樂成王萇坐驕淫不灋，貶為蕪湖侯(一六)。

㈧己巳（十九日），令公卿下至郡國守相，各舉有道之士一人。

尚書陳忠以詔書既開諫爭，慮言事者必多激切，或致不能容。乃上疏豫通廣帝意曰：「臣聞仁君廣山藪之大(一七)，納切直之謀；忠臣盡謇諤(一八)之節，不畏逆耳(一九)之害。是以高祖舍周昌桀紂之譬(二〇)，孝文嘉袁盎人豕之譏(二一)，武帝納東方朔宣室之正(二二)，元帝容薛廣德自刎之切(二三)。今明詔崇高宗之德(二四)，推宋景之誠(二五)，引咎克躬，諮訪羣吏(二六)。言事者見杜根成翊世等，新蒙表錄，顯列二臺(二七)，必承風響應，爭為切直。若嘉謀異策，宜輒納用。如其管穴(二八)，妄有譏刺，雖苦口逆耳，不得事實，且優游寬容，以示聖朝無諱之美。

若有道之士，對問高者，宜垂省覽，特遷一等，以廣直言之路。」書御㉙，有詔拜有道高第㉚士沛國施延為侍中。

初，汝南薛包少有至行，父娶後妻，而憎包，分出之，包日夜號泣，不能去，至被毆扑。不得已廬於舍外，旦入洒掃。父怒，又逐之。乃廬於里門，晨昏不廢㉛。積歲餘，父母慚而還之。及父母亡，弟子求分財異居，包不能止，乃中分其財，奴婢引其老者，曰：「與我共事久，若㉜不能使也。」田廬取其荒頓㉝者，曰：「吾少時所治，意所戀也。」器物取朽敗者，曰：「我素所服食，身口所安也。」弟子數破其產，輒復賑給。帝聞其名，令公車特徵㉞。至拜侍中，包以死自乞，有詔賜告歸，加禮如毛義㉟。

㈨帝少號聰明，故鄧太后立之。及長，多不德。稍不可太后意㊱。帝乳母王聖知之。太后徵濟北河間王子詣京師，河間王子翼美容儀，太后奇之，以為平原懷王後，留京師。王聖見太后久不歸政，慮有廢置，常與中黃門李閏、江京，候伺左右，共毀短太后於帝。帝每懷忿懼。及太后崩，宮人先有受罰者懷怨恚，因誣告太后兄弟悝、弘、閶先從尚書鄧訪〔三七〕取廢帝故事，謀立平原王。帝聞追怒，令有司奏悝等大逆無道。遂廢西平侯廣宗、葉侯廣德〔三八〕、西華侯忠〔三九〕、陽安侯珍〔四〇〕、都鄉侯甫德皆為庶人。鄧騭以不與謀，但免特進，遣就國，宗族免官，歸故郡〔四一〕，沒入騭等貲財田宅，徙鄧訪及家屬於遠郡。郡縣逼迫，廣宗及忠皆自殺。又徙封騭為羅〔四二〕侯。五月庚辰（一日），騭與子鳳並不食而死。騭從弟河南尹豹〔四三〕、度遼將軍舞陽侯遵、將作大匠暢皆自殺。唯廣德兄弟以母與閻后同產，得留京師。以耿夔為度遼將軍，徵樂安侯鄧康〔四四〕為太僕。丙申（十七日），貶平原王翼為都鄉侯，遣歸河間。翼謝絕賓客，閉門自守，由是得免。

㈩初，鄧后之立〔四五〕也，太尉張禹、司徒徐防欲與司空陳寵共奏追封后父訓，寵以先世無奏請故事，爭之連日，不能奪。及訓追加封謚，禹、防復約寵，俱遣子奉禮於虎賁中郎將騭，寵不從。故寵子忠不得志于鄧氏。騭等敗，忠為尚書，數上疏陷成其惡。

大司農京兆朱寵痛騭無罪遇禍，乃肉袒輿櫬〔四六〕，上疏曰：「伏惟和熹皇后，聖善之德，為漢文母(四七)；兄弟忠孝，同心憂國，宗廟有主，王室是賴(四八)。功成身退，讓國遜位，歷世外戚，無與為比。當享積善履謙之祐(四九)，而横為宮人單辭(五〇)所陷。利口傾險，反亂國家(五一)，罪無申(五二)證，獄不訊鞫(五三)。遂令隲等罹此酷禍，一門七人(五四)，並不以命，尸骸流離，冤魂不反。逆天感人，率土喪氣。宜收還冢次，寵樹遺孤，奉承血祀(五五)，以謝亡靈。」寵知其言切，自致廷尉。陳忠復劾奏寵。詔免官歸田里。

眾庶多為隲稱枉者，帝意頗悟，乃譴讓州郡(五六)，還葬隲等於北芒(五七)，諸從兄弟，皆得歸京師。

㈩帝以耿貴人兄牟平侯寶監羽林左軍車騎(五八)，封宋楊四子，皆為列侯。宋氏為卿校(五九)、侍中、大夫、謁者、郎吏十餘人。閻皇后兄弟顯、景、耀並為卿校，典禁兵。於是內寵始盛。帝以江京嘗迎帝於邸(六〇)，以為京功，封都鄉侯。封李閏為雍鄉侯。閏、京並遷中常侍，京兼大長秋，與中常侍樊豐、黃門令劉安、鉤盾令(六一)陳達及王聖、聖女伯榮，扇動內外，競為侈虐。伯榮出入宮掖，傳通姦賂。司徒楊震上疏曰：「臣聞政以得賢為本(六二)，治以去穢為務(六三)。是以唐虞俊乂(六四)在官，四凶流放，天下咸服，以致雍熙(六五)。方今九德未事(六六)，嬖倖充庭。阿母王聖出自賤微，得遭千載，奉養聖躬，雖有推燥居溼之勤(六七)，前後賞惠，過報勞苦。而無厭之心，不知紀極(六八)，外交屬託，擾亂天下，損辱清朝，塵點日月。夫女子小人，近之喜，遠之怨，實為難養(六九)。宜速出阿母，令居外舍；斷絕伯榮，莫使往來。令恩德兩隆，上下俱美。」奏御，帝以示阿母等，內倖皆懷忿恚。而伯榮驕淫尤甚，通於故朝陽侯劉護(七〇)從兄瓌，瓌遂以為妻，官至侍中，得襲護爵。震上疏曰：「經制，父死子繼，兄亡弟及。以防簒也(七一)。伏見詔書封故朝陽侯劉護再從兄瓌襲護爵為侯，護同產弟威今猶見在。臣聞天子專封，封有功；諸侯專爵，爵有德。今瓌無它功行，但以配阿母女，一時之間，既位侍中，又至封侯。不稽舊制，不合經義，行人喧譁，百姓不安。陛下宜鑒鏡既往，順帝之則。」尚書廣陵翟酺(七二)上疏曰：「昔竇鄧之寵，傾動四方，兼官重紱，盈金積貨。至使議弄神器(七三)，改更社稷。豈不以勢尊威廣，以致斯患乎？及其破壞，頭顙墮地，願為孤豚，豈可得哉（七四）！夫致貴無漸，失必暴；受爵非道，殃必疾。今外戚寵幸，功均造化，漢元（七五）以來，未有等比。陛下誠仁恩周洽，以親九族。然祿去公室，政移私門，覆車重尋，寧無摧折！此最安危之極戒，社稷之深計也。昔文帝愛百金於露臺，飾帷帳於阜囊（七六），或有譏其儉者，上曰：『朕為天下守財耳。豈得妄用之哉！』今自初政以來，日月未久，費用賞賜，已不可筭。斂天下之財，積無功之家，帑藏單（七七）盡，民物彫傷。卒有不虞（七八），復當重賦。百姓怨叛既生，危亂可待也。願陛下勉求忠貞之臣，誅遠佞諂之黨，割情欲之歡，罷宴私之好，心存亡國所以失之，鑒觀興王所以得之，庶災害可息，豐年可招矣。」書奏，皆不省。

（十一）秋七月己卯（一日），改元，赦天下。

（十二）壬寅（二十四日），太尉馬英薨。【考異】傳作策罷，誤。今從紀。（七九）燒當羌忍良等以麻奴兄弟，本燒當世嫡（八〇），而校尉馬賢撫恤不至，常有怨心，遂相結共脅將諸種寇湟中，攻金城諸縣。

(十四)八月，賢將先零種擊之，戰於牧苑(八一)不利。麻奴等又敗武威張掖郡兵於令居，因脅將先零沈氏諸種四千餘戶，緣山西走，寇武威。賢追到鸞鳥(八二)，招引之，諸種降者數千。麻奴南還湟中。

(十五)甲子（十六日），以前司徒劉愷為太尉。初，清河相叔孫光坐臧抵罪，遂增禁錮二世(八三)。至是居延都尉(八四)范邠復犯臧罪，朝廷欲依光比(八五)，劉愷獨以為「春秋之義，善善及子孫，惡惡止其身(八六)，所以進人於善也。如今使臧吏禁錮子孫，以輕從重，懼及善人(八七)，非先王詳刑(八八)之意也。」尚書陳忠亦以為然。有詔太尉議是。

(十六)鮮卑其至護(八九)寇居庸關。九月，雲中太守成嚴擊之(九〇)，兵敗。功曹楊穆以身扞嚴，與之俱歿。鮮卑於是圍烏桓校尉徐常於馬城。度遼將軍耿夔與幽州刺史龐參發廣陽、漁陽、涿郡甲卒救之，鮮卑解去。

(十七)戊子（十日），帝幸衞尉馮石府，留飲十餘日，【考異】袁紀曰：十二月丙申，乃還宮。今從石傳。賞賜甚厚，拜其子世為黃門侍郎，世弟二人，皆為郎中。石，陽邑侯魴(九一)之孫也。父柱，尚顯宗女獲嘉(九二)公主，石襲公主爵為獲嘉侯。能取悅當世，故為帝所寵。

(十八)京師及郡國二十七雨水(九三)。

(十九)冬十一月己丑（十二日），郡國三十五地震(九四)。

(廿)鮮卑寇玄菟。

(廿一)尚書令祋諷(九五)等奏以為「孝文皇帝定約禮之制(九六)，光武皇帝絕告寧(九七)之典，貽則萬世，誠不可改。宜復斷大臣行三年喪。」尚書陳忠上疏曰：「高祖受命，蕭何創制，大臣有寧告之科(九八)，合於致憂(九九)之義。建武之初，新承大亂，凡諸國政，多趣簡易，大臣既不得告寧，而羣司營祿念私，鮮循三年之喪，以報顧復之恩(一〇〇)者。禮義之方，實為彫損。陛下聽大臣終喪，聖功美業，靡以尚茲。孟子曰：『老吾老以及人之老，幼吾幼以及人之幼，天下可運於掌(一〇一)。』臣願陛下登高北望，以甘陵(一〇二)之思，揆度臣子之心，則海內咸得其所。」時宦官不便之，竟寢忠奏。庚子（二十三日），復斷二千石以上行三年喪(一〇三)。

(廿二)袁宏論曰：「古之帝王，所以篤化美俗，率民為善，因其自然，而不奪其情，民猶有不及者。而況毀禮止哀，滅其天性乎？」

(廿三)十二月㉔，高句驪王宮率馬韓㉕濊貊數千騎圍玄菟。夫餘王遣子尉仇台㉖將二萬餘人，與州郡并力討破之。是歲宮死，子遂成立。玄菟太守姚光上言，欲因其喪，發兵擊之。議者皆以為可許。陳忠曰：「宮前桀黠，光不能討，死而擊之，非義也。宜遣使弔問，因責讓前罪，赦不加誅，取其後善。」帝從之。

【今註】㊀建光元年：是年七月改元。㊁考異云云：胡三省曰：「按和帝以來，北匈奴益西徙，自代郡以東，至遼東塞外之地，皆鮮卑烏桓居之，北單于安能至遼東耶？不取當也。」㊂蔡諷：《三國志．魏志》及《北史》作蔡風。㊃帝復申前命，封鄧隲為上蔡侯，位特進：封隲事見上卷永初元年。㊄和熹皇后：范曄曰：「漢世皇后無諡，皆因帝諡以為稱。雖呂氏專政，上官臨制，亦無殊號。中興明帝始建光烈之稱，其後並以德為配，至於賢愚優劣，混同一貫，故馬竇二后，俱稱德焉。其餘皇帝之庶母，及蕃王承統，以追尊之重，特為其號，恭懷孝崇之比是也。初平中，蔡邕始追正和熹之諡，其安思順烈以下，皆依而加焉。」蔡邕集諡議云：「漢世母后無諡，至於明帝，始建光烈之稱。是後轉因帝號，加之以德，上下優劣，混而為一，違禮大行受大名小行受小名之制。諡法，有功安民曰熹。帝后一體，禮亦宜同，大行皇太后諡宜為和熹。」㊅減徹：指減膳徹樂之類。㊆撲殺之：周壽昌曰：「案國策秦茅焦有囊撲二弟語，是撲刑起於暴秦。後漢書申屠剛傳，尚書近臣，至乃捶撲牽曳於前，則光武時已有撲刑。左雄傳，孝明皇帝始有撲罰。皆非古典。順帝陽嘉年間，從雄言改之，其後九卿無復捶撲者。」㈧保：傭人。《廣雅》云：「保，使也，言為人傭力，保任而使也。」㈨往者遇禍，天下同義：天下之士，以杜根直諫遇禍，同義之。㈩邂逅：不期而遇，謂出於意料之外。⑪蔡倫云云：事見四十六卷章帝建初七年。⑫自致廷尉：自詣獄。⑬新昌：在今遼寧海城縣東。⑭功曹掾龍端、兵馬掾公孫酺：《後漢書・東夷傳》作功曹耿耗、兵曹掾龍端、兵馬掾公孫酺。胡三省曰：「范書東夷傳作功曹耿耗、兵馬掾龍端。」亦未盡是。⑮甘陵：孝德皇之陵，安帝因以為縣，在今山東清平縣南。⑯蕪湖侯：《後漢書・安帝紀》及〈樂成王傳〉皆作臨湖侯。⑰山藪之大：《左傳》云：「川澤納汙，山藪藏疾，瑾瑜匿瑕，國君含垢，天之道也。」⑱謇諤：《史記》趙簡子曰：「眾人之唯唯，不如周舍之諤諤。」⑲逆耳：《家語》孔子曰：「忠言逆耳，利於行也。」⑳高祖舍周昌桀紂之譬：周昌為御史大夫，嘗燕入奏事，高祖方擁戚姬，昌還走，帝逐得，騎昌項問曰：「我何如主？」昌仰曰：「陛下桀紂之主也！」上笑，自是心憚昌。㉑孝文嘉袁盎人豕之譏：事見卷十三文帝二年。㉒武帝納東方朔宣室之正：事見卷十八武帝元光五年。㉓元帝容薛廣德自刎之切：事見卷二十八元帝永光元年。㉔崇高宗之德：高宗，殷王武丁，有雉登鼎耳而雊，懼而修德。㉕推宋景之誠：宋景公時，熒惑守心星，太史子韋請移之，大臣國人與歲公皆不聽，天感其誠，熒惑為之退三舍。見《史記》。㉖諮訪羣吏：時詔公卿百僚各上封事。㉗顯列二臺：指杜根任侍御史，成翊世任尚書郎。漢制，尚書、御史皆曰臺。㉘管穴：言所見者小。《史記》扁鵲曰：「若以管窺天，以隙視文。」隙即穴也。㉙御：進。㉚有道高第：舉有道對問為上第。㉛不廢：不廢定省之禮。㉜若：汝。㉝荒頓：荒廢。㉞特徵：特，獨也。特徵，獨徵之，當時無與並者。㉟加禮如毛義：毛義事見卷四十六章帝元和元年。㊱稍不可太后意：言稍不中太后意。㊲鄧訪：袁宏《後漢紀》訪作防。㊳西平侯廣宗、葉侯廣德：按《後漢書・鄧騭傳》，應作西平侯廣德，葉侯廣宗。《通鑑》永初六年亦云：「封廣德為西平侯」，元初五年云：「封廣宗為葉侯。」㊴忠：鄧閶之子。㊵陽安侯珍：珍，鄧悝兄京之子。陽安，在今河南確山縣東北。㊶故郡：鄧氏故南陽人。㊷羅：在今湖南湘陰縣北。㊸騭從弟河南尹豹：沈欽韓曰：「東觀記：『豹字伯庠，遷大匠，工無虛張之繕，徒無饑寒之色。』御覽二百五十二引李郃別傳曰：『豹為將作大匠，河南尹缺，豹欲得之，上及騭兄弟欲用，難便召拜，詔令公卿舉，騭以旨遣人諷公卿悉舉豹。公曰：司隸河南尹當整頓京師，檢御貴戚，今反使親家為之，不可為後法。公舉司隸羊祲，不舉豹，豹竟不得尹，恨公卿不舉，對士大夫曰：李公能不舉，故我不得尹耶。』案此云河南尹豹，則豹竟得之也。」王先謙曰：「豹欲得尹容有之，或亦后意所屬。以騭之賢，而以旨諷公卿舉豹，必無是事。所謂盡信書則不如無書也。」㊹樂安侯鄧康：按《後漢書・鄧禹傳》，明帝分禹國為三，封其三子，季子珍為夷安侯。康以珍之子紹封，樂安當作夷安。㊺鄧后之立：見卷四十八和帝永元十四年。㊻櫬：親身棺。㊼文母：文王之母太任。朱寵言鄧太后有聖善之德，比於文母。一說文母謂太姒。㊽王室是賴：殤帝崩，太后與騭定立安帝。(49)積善履謙之祜：《易》曰：「積善之家，必有餘慶。」又曰：「鬼神害盈而福謙。」(50)單辭：胡三省曰：「兩造不備，又無左證者為單辭。」(51)利口傾險，反亂國家：《論語》云：「惡利口之覆邦家者。」(52)申：明白。(53)訊鞫：訊，問。鞫，窮。(54)七人：指隲、從弟豹、遵、暢、隲子鳳、鳳從弟廣宗及忠。(55)血祀：謂祭廟殺牲取血以告神。(56)譴讓州郡：以逼迫廣宗等，故讓之。(57)北芒：山名，在洛陽城北。(58)監羽林左軍車騎：羽林分左右監，各主左右騎。(59)卿校：九卿及諸校尉。(60)江京嘗迎帝於邸：延平元年，江京迎安帝於清河邸。(61)黃門令、鉤盾令：黃門令主省中諸宦者，鉤盾令典諸近池苑囿游觀之處，皆宦者為之。(62)政以得賢為本：《墨子》曰：「夫尚賢者，政本也。」(63)治以去穢為務：《左傳》隱公六年云：「為國家者，見惡如農夫之務去草焉。」(64)俊乂：孔安國曰：「俊乂，俊德能治之士。」馬融曰：「千人曰俊，百人曰乂。」(65)四凶流放，天下咸服，以致雍熙：《尚書》云：「四罪而天下咸服。」又云：「黎人於變時雍，庶績咸熙。」雍熙，和樂貌。(66)九德未事：《尚書・皋繇謨》云：「亦行有九德，寬而栗，柔而立，愿而恭，亂而敬，擾而毅，直而溫，簡而廉，剛而塞，強而義。」又云：「九德咸事，俊乂在官。」九德未事，謂九德之人皆未得在位用事。(67)推燥居溼之勤：《孝經・援神契》云：「母之於子也，鞠養殷勤，推燥居濕，絕少分甘也。」(68)無厭之心，不知紀極：《左傳》文公十八年云：「縉雲氏有不才子，聚斂積實，不知紀極。」(69)女子小人，近之喜，遠之怨，實為難養：《論語・陽貨篇》云：「唯女子與小人為難養也，近之則不遜，遠之則怨。」(70)朝陽侯劉護：劉護，泗水王歙之從曾孫。朝陽，屬南陽郡，在今河南鄧縣東南。胡三省曰：「朝陽縣屬南郡。」誤。⑪經制，父死子繼，兄亡弟及，以防篡也：《公羊傳》云：「劉子單子以王猛入于王城者何？西周也。其言入何？篡亂也。冬十月，王子猛卒，此未踰年之君，其稱王子猛卒何？不予當也。不予當者，不予當父死子繼，兄亡弟及也。」⑫廣陵翟酺：《後漢書・翟酺傳》，酺廣漢雒人，陵當作漢。⑬議弄神器：李賢曰：「神器，天位。」胡三省曰：「威福人主之神器，此言弄威福耳。」⑭願為孤豚，豈可得哉：《莊子》曰：「或聘莊子，莊子謂其使曰：『子見夫犧牛乎？衣以文繡，食以芻菽，及其牽而入于太廟，欲為孤犢，其可得乎！』」此作豚，略不同。⑮漢元：漢初。⑯文帝愛百金於露臺，飾帷帳於皁囊：漢文帝嘗欲作露臺，計直百金，曰：「百金中人十家之產，何以臺為？」遂止不作。又文帝集上書皁囊以為殿帷。⑰單：與殫同。⑱不虞：虞，度也。不虞，謂事變出於慮度之外者。⑲考異云云：按《後漢書》無〈馬英傳〉，當據〈劉愷傳〉。⑳麻奴兄弟本燒當世嫡：麻奴為燒當豪帥東號之子，和帝永元元年，東號降，安帝永初元年，麻奴叛出塞。㉑牧苑：漢邊郡皆有牧苑以養馬，此牧苑在金城界。惠棟曰：「衞宏漢舊儀云：『大僕牧師諸苑三十六所，分布北邊西邊，以郎為苑監，中興省。漢陽有牧馬苑，以羽林郎監領。』」㉒鸞鳥：在今甘肅武威縣南。鳥音雀。㉓禁錮二世：謂父子俱禁錮。㉔居延都尉：安帝置居延屬國都尉，別領居延一城。㉕依光比：比，類也。以范邠罪類叔孫光，亦並其子而禁錮之。㉖春秋之義云云：《公羊傳》曰：「曹公孫會自鄸出奔宋，畔也，曷為不言畔，為公子喜時之後諱也。春秋為賢者諱也。何賢乎？公子喜時讓國也。君子之善善也長，惡惡也短，惡惡止其身，善善及子孫，賢者子孫，故君子為其諱也。」(八七)懼及善人：《左傳》云：「刑濫則懼及善人。」(八八)詳刑：《尚書》周穆王曰：「有邦有土，告汝詳刑。」鄭玄注云：「詳，審察之也。」(八九)其至護：按《後漢書・鮮卑傳》作其至鞬，作其至護誤。永寧元年，其至鞬及烏倫率眾詣鄧遵降，今復畔。(九〇)雲中太守成嚴擊之：胡三省曰：「居庸關在上谷界，蓋鮮卑先寇居庸關，遂入雲中界也。」(九一)陽邑侯魴：馮魴封陽邑鄉侯，見《後漢書・魴傳》。(九二)獲嘉：在今河南新鄉縣西南。(九三)郡國二十七雨水：《後漢書・安帝紀》作二十九。(九四)十一月己丑郡國三十五地震：《續漢志》作九月己丑，《通鑑》從《後漢書・安帝紀》。(九五)殺諷：《後漢書・陳忠傳》殺作祝。(九六)約禮之制：約，儉約。漢文帝崩，遺詔薄葬，以日易月，凡三十六日釋服，後遂以為常制。(九七)告寧：休謁之名，吉曰告，凶曰寧。(九八)大臣有寧告之科：寧，謂處家持喪服。漢律，不為親行三年服，不得察舉。(九九)致憂：《論語》云：「人未有自致者也，必也親喪乎。」(一〇〇)顧復之恩：《詩・蓼莪》云：「父母生兮，顧我復我，欲報之德，昊天罔極。」(一〇一)孟子曰云云：言敬吾老亦敬人之老，愛吾幼亦愛人之幼，有敬愛之心，則天下歸順之。可運於掌言其容易。(一〇二)甘陵：安帝父母之陵，陵在清河（今山東清平縣南），故言北望。(一〇三)復斷二千石以上行三年喪：元初三年聽大臣行三年之喪，今復斷之。(一〇四)十二月：《後漢書・東夷傳》在秋季，《通鑑》從本紀及袁紀。(一〇五)馬韓：韓有三種，一曰馬韓，二曰辰韓，三曰弁韓，馬韓在西部，有五十四國。(一〇六)尉仇台：台一作治。

延光元年（西元一二二年）

㈠春三月丙午（二日），改元，赦天下。

㈡護羌校尉馬賢追擊麻奴到湟中，破之，種眾散遁㊀。

㈢夏四月癸未（九日），京師郡國二十一雨雹，河西雹大者如斗㊁。

㈣幽州刺史馮煥、玄菟太守姚光數糾發姦惡，怨者詐作璽書，譴責煥、光，賜以歐刀㊂，又下遼東都尉龐奮使速行刑。奮即斬收煥。【考異】帝紀，建光元年四月甲戌，龐奮承偽璽書，殺姚光。馮緄傳亦云建光元年。按帝紀，去年十一月高驪圍玄菟。而高驪傳有姚光上言。蓋光實以延光元年被殺，紀傳誤以延為建。又今年四月無甲戌。煥欲自殺，其子緄疑詔文有異，止煥曰：「大人在州，志欲去惡，實無他故。必是凶人妄詐，規肆姦毒。願以事自上，甘罪無晚。」煥從其言，上書自訟，果詐者所為。徵奮抵罪。

㈤癸巳（十九日），司空陳褒免㊃。五月庚戌（七日），宗正彭城劉授為司空。

㈥己巳（二十六日），封河間孝王子德為安平王，嗣樂成靖王後㊄。

㈦六月，郡國蝗。

㈧秋七月癸卯（一日），京師及郡國十三地震。

㈨高句驪王遂成還漢生口，詣玄菟降。其後濊貊率服，東垂少事。

㈩虔人羌與上郡胡反，度遼將軍耿夔擊破之。

㈩㈠八月陽陵㊅園寢火。

㈩㈡九月甲戌（是月壬寅朔，無甲戌），郡國二十七地震。

㈩㈢鮮卑既累殺郡守，膽意轉盛，控弦數萬騎。冬十月，復寇鴈門、定襄。十一月，寇太原。

㈩㈣燒當羌麻奴飢困，將種眾詣漢陽太守耿种降。

㈩㈤是歲京師及郡國二十七雨水。

㈩㈥帝數遣黃門常侍及中使伯榮㊆往來甘陵，尚書僕射陳忠上疏曰：「今天心未得，隔幷㊇屢臻，青冀之域，淫雨漏河㊈；徐岱㊉之濱，海水盆㊁溢；兗豫蝗蝝㊂滋生，荊揚稻收儉薄，幷涼二州，羌戎叛戾。加以百姓不足，府帑虛匱。陛下以不得親奉孝德皇㊂園廟，比遣中使致敬甘陵，朱軒⑭駢⑮馬，相望道路，可謂孝至矣。然臣竊聞使者所過，威權翕赫，震動郡縣，王侯二千石，至為伯榮獨拜車下，發民修道，繕理亭傳，多設儲偫⑯，徵役無度，老弱相隨，動有萬計，賂遺僕從，人數百匹⑰，頓踣⑱呼嗟，莫不叩心。河間託叔父之屬⑲，清河有陵廟之尊⑳，及剖符大臣，皆猥為伯榮屈節車下。陛下不問，必以為陛下欲其然也。伯榮之威，重於陛下；陛下之柄，在於臣妾。水災之發，必起於此。昔韓嫣託副車之乘，受馳視之使，江都誤為一拜，而嫣受歐刀之誅㉑。臣願明主嚴天元㉒之尊，正乾剛之位，不宜復令女使干錯萬機；重察左右，得無石顯漏泄之姦㉓；尚書納言，得無趙昌譖崇之詐㉔；公卿大臣，得無朱博阿傅之援㉕；外屬近戚，得無王鳳害商之謀㉖。若國政一由帝命，王事每決於己，則下不得偪上，臣不得干君，常雨大水，必當霽㉗止；四方眾異，不能為害。」書奏，不省。

時三府任輕，機事專委尚書，而災眚變咎，輒切免三公㉘。陳忠上疏曰：「漢興㉙舊事，丞相所請，靡有不聽。今之三公，雖當其名，而無其實。選舉誅賞，一由尚書。尚書見任，重於三公。陵遲以來，其漸久矣。臣忠心常獨不安。近以地震策免司空陳褒。今者災異，復欲切讓三公。昔孝成皇帝，以妖星守心，移咎丞相⑳，卒不蒙上天之福，徒乖宋景之誠㉑。故知是非之分，較然有歸矣。又尚書決事，多違故典，罪灋無例，詆欺為先，文慘言醜，有乖章憲。宜責㉒求其意，割而勿聽。上順國典，下防威福；置方圓於規矩，審輕重於衡石㉓，誠國家之典，萬世之灋也。」

㈦汝南太守山陽王龔，政崇寬和，好才愛士，以袁閬為功曹，引進郡人黃憲、陳蕃等。憲雖不屈，蕃遂就吏㉔。閬不修異操，而致名當時。蕃性氣高明。龔皆禮之。由是羣士莫不歸心。

憲世貧賤，父為牛醫。潁川荀淑至慎陽㉕，遇憲於逆旅㉖，時年十四，淑竦然異之，揖與語，移日㉗不能去。謂憲曰：「子吾之師表也！」既而前至袁閬㉘所，未及勞問，逆曰：「子國有顏子，寧識之乎㉙？」閬曰：「見吾叔度㉚邪？」是時同郡戴良，才高倨傲，而見憲未嘗不正容。及歸，罔然若有失也。其母問曰：「汝復從牛醫兒來邪？」對曰：「良不見叔度，自以為無不及。既覩其人，則瞻之在前，忽然在後㊶，固難得而測矣！」陳蕃及同郡周舉㊷嘗相謂曰：「時月之間㊸，不見黃生，則鄙吝㊹之萌，復存乎心矣！」太原郭泰少遊汝南，先過袁閬，不宿而退。進往從憲，累日方還。或以問泰㊺，曰：「奉高㊻之器，譬諸氿㊼濫，雖清而易挹。叔度汪汪若千頃㊽陂，澄之不清，淆㊾之不濁，不可量也。」憲初舉孝廉㊿，又辟公府，友人勸其仕，憲亦不拒之。暫到京師，即還。竟無所就。年四十八終。

(十六)范曄論曰：「黃憲言論風旨，無所傳聞。然士君子見之者，靡不服深遠，去玭(五一)吝。將以道周性全(五二)，無德而稱乎(五三)？余曾祖穆侯(五四)，以為憲隤然(五五)其處順，淵乎(五六)其似道，淺深莫臻其分，清濁未議其方(五七)。若及門於孔氏，其殆庶乎(五八)？」

【今註】 ㈠護羌校尉馬賢追擊麻奴到湟中，破之，種眾散遁：按《後漢書．西羌傳》云：「麻奴南還湟中，延光元年春，賢追到湟中，麻奴出塞度河，賢復追擊，戰破之，種眾散遁。」是賢追到湟中後，麻奴出塞渡河，賢復追擊，始破之也。《通鑑》誤。㈡河西雹大者如斗：按《續漢志》為雹大如雞子，《通鑑》從《後漢書・孔僖傳》。㊂歐刀：李賢曰：「刑人之刀。」胡三省曰：「古歐冶子善作劍，故謂劍為歐。」㊃司空陳褒免：《後漢書・陳忠傳》，褒以地震策免。㊄封河間孝王子德為安平王，嗣樂成靖王後：建光元年，樂成王萇以罪廢，今以德紹樂成靖王後，自是樂成國改為安平。㊅陽陵：景帝陵。㊆伯榮：安帝乳母王聖女。㊇隔并：謂水旱不節。《尚書》曰：「一極備凶，一極無凶。」沈濤曰：「（後漢書）順帝紀，政失厥和，陰陽隔并。郎顗傳，若令雨可請降，水可禳止，則歲無隔并。翟酺傳注引益部耆舊傳曰：時詔問酺陰陽失序，水旱隔并。皆以隔并為災歉之名。」㊈漏河：雨久不止，河隄為之決漏。㊉徐岱：禹貢海岱及淮為徐州，故曰徐岱。⑪坌：淹。⑫蝝：蝗子。⑬孝德皇：安帝父清河王慶。⑭朱軒：朱軒車使者所乘。⑮駢：並。⑯偫：具。⑰人數百匹：謂縑帛人數百匹。⑱踣：僵斃。⑲河間託叔父之屬：河間王開為安帝叔父。⑳清河有陵廟之尊：李賢曰：「清河王延平也，陵廟所在，故曰尊。」㉑昔韓嫣云云：韓嫣有寵於漢武帝，常與帝共臥起。江都王入朝，從上獵上林中，天子車駕蹕道未行，先使嫣乘副車，從數十百騎，馳視獸。江都王望見，以為天子，避從者，伏謁道旁，嫣驅不見。既過，江都王怒，向太后泣訴，太后由此銜嫣，遂誅之。㉒天元：猶云乾元。㉓石顯漏泄之姦：事見卷二十九元帝建昭二年。㉔趙昌譖崇之詐：事見卷三十四哀帝建平四年。㉕朱博阿傅之援：事見卷三十四建平二年。㉖王鳳害商之謀：事見卷三十成帝河平四年。㉗霽：止。㉘災變眚咎，輒切免三公：切，責也。仲長統《昌言》云：「光武皇帝慍數世之失權，忿彊臣之竊命，矯枉過直，政不任下，雖置三公，事歸台閣。自此以來，三公之職，備員而已。然政有不理，猶加譴責。」㉙漢興：袁宏《後漢紀》及《後漢書・陳忠傳》興皆作典。㉚孝成皇帝以妖星守心，移咎丞相：事見卷三十三綏和二年。㉛宋景之誠：宋景公有災身自引咎。㉜責：王先謙曰：「責如簿責，謂問也。」㉝置方圓於規矩，審輕重於衡石：言決事當依法則。㉞就吏：就辟而為吏。㉟慎陽：在今河南正陽縣北。黃憲此縣人。一說慎字本作滇，音真，後誤為慎。㊱逆旅：客舍。㊲移日：言日移晷。㊳袁閬：一作袁閎。㊴子國有顏子，寧識之乎：惠棟曰：「周斐汝南先賢傳，憲黃中通理，齊聖廣淵，不矜名以詭時，不抗行以矯俗，闚其門者莫敢踐其庭，睹其流者不敢測其深，論者咸曰：『顏子復生乎漢之代矣！』」袁閬，汝南汝陽人，與黃憲同郡。顏子，顏回。㊵叔度：黃憲字叔度。㊶瞻之在前，忽然在後：《論語・子罕篇》顏回慕孔子之言。㊷周舉：惠棟曰：「案世說及袁宏紀，皆作周子居。《汝南先賢傳》，周乘字子居，汝南安城人，天資聰朗，高峙嶽立，非陳仲舉、黃叔度之儔，則不交也，為太山太守，甚有惠政。」㊸時月之間：三月為一時。㊹鄙吝：作事可卑賤者謂之鄙，作事可羞恨者謂之吝。㊺或以問泰：《郭泰別傳》云：「時泰過薛恭祖，恭祖問曰：『聞足下見袁奉高，車不停軌，鑾不輟軛；從叔度乃彌信宿也？』」㊻奉高：袁閬字。㊼氿：音軌。《爾雅》云：「側出氿泉，正出濫泉。」一作汎，譌。㊽千頃：《續漢書》作萬頃。㊾淆：混。㊿憲初舉孝廉：惠棟曰：「杜元凱女誡，憲與同郡周子居、艾伯堅、郅伯尚、封武典、盛孔叔同為太守李倀所舉，受版未行，倀死，子居等遂駐行喪，倀妻于柩側下帷見之，厲以宜行，子居曰：『不有行者莫宣公，不有居者莫卹居。』於是與伯堅即日辭行，封黃四人留隨柩居。」(五二)玭：與疵古字通。(五三)道周性全：李賢曰：「道周備，性全一。」

(五三)無德而稱：言德大無以名之。(五四)余曾祖穆侯：《晉書》云：「范汪字玄平，安北將軍，謚曰穆侯。汪生甯，甯生泰，泰生曄。」錢大昕曰：「案范甯撰穀梁集解，往往采其先人及兄弟子姪之說；蔚宗作史，亦舉曾祖穆侯汪，王父豫章君甯，先大夫宣侯泰。」(五五)隤然：柔順貌。(五六)淵乎：言淵深不可測。(五七)方：所。(五八)其殆庶乎：《易・繫辭》云：「顏氏之子，其殆庶幾乎？」

二年（西元一二三年）

㈠春正月，旄牛夷反。益州刺史張喬擊破之。

㈡夏四月戊子（二十日），爵乳母王聖為野王君。

㈢北匈奴連與車師入寇河西，議者欲復閉玉門陽關(一)，以絕其患。敦煌太守張璫上書曰：「臣在京師，亦以為西域宜棄。今親踐其土地，乃知棄西域，則河西不能自存。謹陳西域三策：北虜呼衍王常展轉蒲類秦海之間(二)，專制西域，共為寇鈔。今以酒泉屬國吏士二千餘人，集昆侖塞(三)，先擊呼衍王，絕其根本(四)，因發鄯善兵五千人，脅車師後部，此上計也。若不能出兵，可置軍司馬將士五百人，四郡㊄供其犂牛穀食，出據柳中㊅，此中計也。如又不能，則宜棄交河城，收鄯善等，悉使入塞，此下計也。」朝廷下其議。陳忠上疏曰：「西域內附日久，區區東望㊆扣關者數矣。此其不樂匈奴慕漢之效也。今北虜已破車師，埶必南攻鄯善。棄而不救，則諸國從矣㊇。若然，則虜財賄益增，膽埶益殖㊈，威臨南羌[一〇]，與之交通。如此河西四郡危矣。河西既危，不可不救，則百倍之役興，不訾[一一]之費發矣。議者但念西域絕遠，卹之煩費，不見孝武苦心勤勞之意也。方今敦煌孤危，遠來告急，復不輔助，內無以慰勞吏民，外無以威示百蠻。蹙國減土，非良計也。臣以為敦煌宜置校尉，按舊增四郡屯兵，以西撫諸國。」帝納之，於是復以班勇為西域長史[一二]，將兵五百人，出屯柳中。

㈣秋七月，丹陽山崩[一三]。

㈤九月，郡國五雨水。

㈥冬十月辛未（六日），太尉劉愷罷。甲戌（九日），以司徒楊震為太尉，光祿勳東萊劉熹為司徒。大鴻臚耿寶自候[一四]震，薦中常侍李閏兄於震曰：「李常侍國家所重，欲令公辟其兄。寶唯傳上意耳㉕。」震曰：「如朝廷欲令三府辟召，故宜有尚書敕。」寶大恨而去。執金吾閻顯亦薦所親於震，震又不從。司空劉授聞之，即辟此二人。由是震益見怨。

時詔遣使者大㉖為王聖修第。中常侍樊豐及侍中周廣、謝惲等，更相扇動，傾搖朝廷。震上疏曰：「臣伏念方今災害滋甚，百姓空虛，三邊㉗震擾，帑藏匱乏。殆非社稷安寧之時。詔書為阿母興起第舍，合兩為一㉘，連里㉙竟街，雕修繕飾，窮極巧伎，攻山採石，轉相迫促，為費巨億。周廣、謝惲兄弟，與國無肺府㉚枝葉之屬，依倚近倖姦佞之人，與之分威共權，屬託州郡，傾動大臣，宰司辟召㉛，承望旨意，招來海內貪汙之人，受其貨賂，至有臧錮棄世㉜之徒，復得顯用。白黑渾淆，清濁同源，天下讙譁，為朝結譏。臣聞師言㉝，上之所取，財盡則怨，力盡則叛，怨叛之人，不可復使。惟陛下度之。」上不聽。

㈦鮮卑其至鞬自將萬餘騎攻南匈奴於曼栢，薁鞬日逐王戰死，殺千餘人。

(八)十二月戊辰（四日），京師及郡國三地震㉔。

(九)陳忠薦汝南周燮、南陽馮良學行深純，隱居不仕，名重於世。帝以玄纁羔幣㉕聘之。燮宗族更勸之曰：「夫修德立行，所以為國。君獨何為守東岡之陂乎㉖？」燮曰：「夫修道者，度其時而動㉗。動而不時，焉得亨㉘乎？」與良皆自載至近縣，稱病而還。

【今註】㊀玉門陽關：玉門關及陽關。㊁展轉蒲類秦海之間：李賢曰：「大秦國在西海西，故曰秦海。」胡三省曰：「按蒲類海在唐庭州界，蓋此時北匈奴雖微弱，然東畏鮮卑，不敢還故地，但結連車師鄯善以擾河西，故呼衍一部，常為河西患。若賢注，以大秦海西之國為秦海，則約言之耳。西海廣遠，甘英之不能越，北匈奴兵威所未嘗役屬，言展轉二海間，特當時上書者張言之耳。」惠棟曰：「歐陽忞云：西州蒲昌縣有蒲類海，胡人呼為婆昔海。」王先謙曰：「大秦在海西，去北匈奴絕遠，呼衍王不得展轉其間，張璫即不明地理，上書何得任意妄言至此。且大秦海西同為國名，璫不能約大秦海西四字為秦海，疑匈奴中別有秦海，再考。」㊂今以酒泉屬國吏士二千餘人集昆侖塞：袁宏《後漢紀》云：「可發張掖酒泉屬國之吏士義從合三千五百人集崑崙塞。」㊃絕其根本：斷其互相應援之路。㊄四郡：武威、酒泉、張掖、敦煌。㊅柳中：李賢曰：「柳中，今西州縣，余按西域傳，柳中在後部金蒲城之北去交河城八十里。」杜佑曰：「唐平高昌以田地城為柳中縣。」(七)望：惠棟曰：「一作向。」(八)則諸國從矣：言從北匈奴。(九)殖：生。(一〇)南羌：即湟中及南山諸羌。(一一)不訾：謂無量可比。(一二)西域長史：李賢曰：「西域都護之長史。」胡三省曰：「按班超未為都護，亦為將兵長史。」(一三)丹陽山崩：《續漢志》云：「崩四十七所。」(一四)候：見。(一五)唯傳上意耳：言非出己本心，係傳天子之意。(一六)大：無限極之謂。(一七)三邊：指東西北。袁宏《後漢紀》作二邊。(一八)合兩為一：合兩坊而為一宅。(一九)里：即坊。(二〇)府：與腑同。《後漢書・楊震傳》作腑。(二一)宰司辟召：指劉授。(二二)臧錮棄世：贓吏三世禁錮，故云臧錮棄世。(二三)師言：眾言。(二四)京師及郡國三地震：《續漢志》作三十二，袁宏《後漢紀》作三十七，《通鑑》從《後漢書・安帝紀》。(二五)玄纁羔幣：玄，黑色。纁，淺絳色。李賢曰：「禮，卿執羔。董仲舒春秋繁露，凡贄，卿用羔，羔有角而不用，類仁者；執之不鳴，殺之不嗥，類死義者；羔飲其母必跪，類知禮者，故以為贄。」(二六)君獨何為守東岡之陂乎：周燮居汝南安城，有先人草廬結于岡畔，下有陂田，常勤勞其間以自給。(二七)度其時而動：《書》曰：「慮善而動，動惟厥時。」(二八)亨：通。

三年（西元一二四年）

(一)春正月，班勇至樓蘭，以鄯善歸，附特加三綬(一)。而龜茲王白英猶自疑未下，勇開以恩信，白英乃率姑墨溫宿自縛詣勇。因發其兵步騎萬餘人，到車師前王庭，擊走匈奴伊蠡王於伊和谷，收得前部五千餘人。於是前部始復開通。還屯田柳中。

㈡二月丙子（十三日），車駕東巡。辛卯（二十八日），幸泰山。三月戊戌（五日），幸魯還幸東平，至東郡，歷魏郡、河內而還。

㈢初，樊豐、周廣、謝惲等見楊震連諫不從，無所顧忌，遂詐作詔書，調發司農錢穀、大匠見徒材木，各起冢舍㈡園池廬觀，役費無數。震復上疏曰：「臣備臺輔，不能調和陰陽。去年十二月四日，京師地動。其日戊辰，三者皆土㈢，位在中宮。【考異】震傳作十一月四日。按下文，其日戊辰，十一月丙申朔，戊辰乃十一月四日也。此中臣近官，持權用事之象也。臣伏惟陛下以邊境未寧，躬自菲薄，宮殿垣屋，傾倚㈣枝柱而已。而親近倖臣，未崇斷金㈤，驕溢踰法，多請徒士，盛修第舍，賣弄威福，道路讙譁。地動之變，殆為此發。又冬無宿雪，春節未雨，百僚焦心，而繕修不止。誠致旱之徵也。惟陛下奮乾剛之德，棄驕奢之臣，以承皇天之戒。」

震前後所言轉切，帝既不平之，而樊豐等皆側目憤怨，以其名儒，未敢加害。會河間男子趙騰上書，指陳得失，帝發怒，遂收考詔獄，結㈥以罔上不道。震上疏救之曰：「臣聞殷周哲王，小人怨詈，則還自敬德㈦。今趙騰所坐，激訐謗語，為罪與手刃犯瀍有差。乞為虧㈧除，全騰之命，以誘芻蕘輿人之言㈨。」帝不聽，騰竟伏尸都市㈩。及帝東巡，樊豐等因乘輿在外，競修第宅。太尉部掾⑪高舒召大匠令史⑫考校之，得豐等所詐下詔書，具奏，須行還上之⑬。豐等惶怖。會太史言星變逆行，遂共譖震云：「自趙騰死後，深用怨懟⑭。且鄧氏故史⑮，有恚恨之心。」壬戌（二十九日），車駕還京師，便時太學⑯，夜遣使者策收震太尉印綬。震於是柴門⑰，絕賓客。豐等復惡之，令大鴻臚耿寶奏震大臣不服罪，懷恚望。有詔遣歸本郡⑱。震行至城西⑲几陽亭⑳，乃慷慨謂其諸子門人曰：「死者士之常分。吾蒙恩居上司，疾姦臣狡猾，而不能誅；惡嬖女傾亂，而不能禁。何面目復見日月？身死之日，以雜木為棺，布單被裁足蓋形，勿歸冢次，勿設祭祀。」因飲酖而卒。弘農太守移良承樊豐等旨，遣吏於陝縣，留停震喪，露棺道側㉑，謫震諸子代郵行書㉒。道路皆為隕涕。太僕征羌㉓侯來歷曰：「耿寶託元舅之親㉔，榮寵過厚，不念報國恩，而傾側姦臣，傷害忠良，其天禍亦將至矣。」歷，歙之曾孫也。

㈣夏四月乙丑（二日），車駕入宮。

㈤戊辰（五日），以光祿勳馮石為太尉。

㈥南單于檀死，弟拔立，為烏稽侯尸逐鞮單于。時鮮卑數寇邊，度遼將軍耿夔與溫禺犢王呼尤徽將新降者，連年出塞擊之，還使屯列衝要㉕。耿夔徵發煩劇，新降者皆怨恨。大人阿族㉖等遂反㉗，脅呼尤徽，欲與俱去。呼尤徽曰：「我老矣！受漢家恩，寧死不能相隨。」眾欲殺之，有救者得免。阿族等遂將其眾亡去，中郎將馬翼與胡騎追擊破之，斬獲殆盡。

㈦日南徼外蠻夷內屬。

㈧六月，鮮卑寇玄菟。

㈨庚午（八日），閬中㉘山崩。

㈩秋八月辛巳（二十日），以大鴻臚耿寶為大將軍。

(十一)王聖、江京、樊豐等譖太子乳母王男、廚監㉙邴吉等，殺之，家屬徙比景。太子思男、吉，數為歎息。京、豐懼有後害，乃與閻后妄造虛無，構讒太子及東宮官屬。帝怒，召公卿以下，議廢太子。耿寶等承旨皆以為當廢。太僕來歷、與太常桓焉、廷尉犍為張皓議曰：「經說年未滿十五，過惡不在其身㉚。且男、吉之謀，皇太子容有不知。宜選忠良保傅，輔以禮義。廢置事重，此誠聖恩所宜宿留㉛。」帝不從。焉，郁之子也。

張皓退復上書曰：「昔賊臣江充，造構讒逆，傾覆戾園，孝武久乃覺寤，雖追前失，悔之何及㉜！今皇太子方十歲，未習保傅之教，可遽責乎？」書奏不省。九月丁酉（七日），廢皇太子保為濟陰王，居於德陽殿㉝西鍾下。

來歷乃要結光祿勳祋諷、宗正劉瑋、將作大匠薛皓、侍中閭丘弘㉔、陳光、趙代、施延、太中大夫九江朱倀等十餘人，俱詣鴻都門證太子無過。帝與左右患之。乃使中常侍奉詔脅羣臣曰：「父子一體，天性自然㉕。以義割恩，為天下也。歷諷等不識大典，而與羣小共為讙譁，外見忠直，而內希後福，飾邪違義，豈事君之禮？朝廷廣開言路，故且一切假貸。若懷迷不反，當顯明刑書。」諫者莫不失色。薛皓先頓首曰：「固宜如明詔。」歷怫然㉖，廷詰皓曰：「屬通諫，何言而今復背之㉗，大臣乘朝車，處國事，固得輾轉㉘若此乎？」乃各稍自引起。歷獨守闕，連日不肯去。帝大怒，尚書令陳忠與諸尚書遂共劾奏歷等，帝乃免歷兄弟官，削國租㉙，黜歷母武安公主㊵不得會見。

（十二）隴西郡始還狄道㊶。

（十三）燒當羌豪麻奴死，弟犀苦立。

（十四）庚申（三十日），晦，日有食之。

（十五）冬十月，上行幸長安。十一月乙丑（六日），還雒陽。

（十六）是歲京師及諸郡國二十三地震，三十六大水、雨雹。

【今註】㊀三綬：胡三省曰：「疑當作王綬。」㊁冢舍：《後漢書．楊震傳》作家舍。㊂三者皆土：李賢曰：「戊干辰支皆土也，幷地動，故言三者。」㊃倚：邪。㊄斷金：《易．繫辭》云：「二人同心，其利斷金。」言邪佞之臣，不與上同心。㊅結：定其罪。㊆殷周哲王，小人怨詈，則還自敬德：《尚書．無逸》之辭。還，反也。敬德，加謹以增修其德。㊇虧：減。㊈芻蕘輿人之言：輿，眾也。《詩》云：「詢于芻蕘。」《左傳》云：「聽輿人之謀。」㊉騰竟伏尸都市：惠士奇曰：「（後漢書）張皓傳，清河趙騰譏刺朝政，以誹謗當伏重法，皓上疏諫，得減死一等。此河間趙騰，名同而事亦同，一在安帝之末，一在順帝之初，時又相近；然彼得減罪一等，此乃伏尸都市，或記者誤耶？抑一時而有兩趙騰耶？」顧炎武、洪亮吉說同。王先謙曰：「考袁紀通鑑均係之安帝延光三年，並無順帝即位張皓救騰事。予謂此斷為楊震事，傳者誤以屬張皓，范氏遂兩存之，以附於傳疑之條。豈有三年之中，姓同名同地同事同，特一尸都市，一減死罪為稍異？又何以並不見他書耶？故證以袁紀通鑑，可無兩趙騰之疑矣。」⑪部掾：漢公府諸曹掾各有分部。⑫今史：漢諸官府各有令史。⑬須行還上之：須，待也。待車駕還上其事。⑭懟：怨怒。⑮鄧氏故吏：楊震初為鄧騭所辟，故云鄧氏故吏。⑯便時太學：於太學待吉時而後入。⑰柴門：塞其門。⑱本郡：楊震弘農華陰人。⑲城西：洛陽城西。⑳几陽亭：一作夕陽亭。《東觀漢記》作洛陽都亭，袁宏《後漢紀》作洛陽沈亭。㉑露棺道側：李賢曰：「謝承書云：『震臨沒謂諸子以牛車薄簀，載柩還歸。』」㉒讁震諸子代郵行書：郵，驛也。言使震諸子代驛吏傳行文書。㉓征羌：侯國，屬汝南郡。光武帝以來歷曾祖歙有平羌隴之功，改汝南當鄉縣為征羌國以封之。在今河南省郾城縣東南。㉔耿寶託元舅之親：寶女弟清河王慶姬，即安帝嫡母，故寶於安帝為元舅。㉕還使屯列衝要：還令新降者屯列衝要之地。㉖阿族：新降一部之大人。㉗大人阿族等遂反：《後漢書・安帝紀》為南匈奴左日逐王叛。㉘閬中：在今四川閬中縣。㉙廚監：主飲食。㉚經說年未滿十五，過惡不在其身：王先謙曰：「昭二十三年公羊傳，尹氏立王子朝。何休注：『尹氏貶王子朝不貶者，年未滿十歲，未知欲富貴，不當坐，明罪在尹氏。』此議言經說年未滿十五過惡不在其身，蓋漢時治經者，舊有此說，故來歷等據之以爭濟陰王，何休據之以詁王子朝耳。濟陰王廢時，年才十歲，見張皓所上疏。」㉛宿留：停留。㉜昔賊臣江充云：事見卷二十三武帝征和二年三年。㉝德陽殿：在北宮掖庭中。蔡質《漢儀》云：「正月旦天子幸德陽殿，臨軒，公卿將大夫百官各陪朝賀，蠻貊胡羌朝貢畢見，屬郡計吏皆覲，宗室諸劉雜會。」又云：「德陽殿周旋容萬人，陛高二丈，皆文石作壇，激沼水於殿下，天子正旦節會朝百僚於此。」㉞侍中閭丘弘：袁宏《後漢紀》作中郎將閭丘弘，《通鑑》從《後漢書・來歷傳》。㉟父子一體，天性自然：《孟子》曰：「父子之道，天性也。」㊱怫然：憤鬱見於顏色。㊲屬通諫，何言而今復背之：屬，近。通，共。言近者共諫，何乃相背。㊳輾轉：不定。㊴削國租：削其征羌國之租。㊵武安公主：漢明帝女。㊶隴西郡始還狄道：永初五年隴西徙襄武。

卷五十一　漢紀四十三

司馬光編集
杜維運　註

起旃蒙赤奮若，盡昭陽作噩，凡九年。（乙丑至癸酉，西元一二五年至一三三年。）

孝安皇帝下

延光四年（西元一二五年）

㈠春二月乙亥（是月戊子朔，無乙亥），下邳惠王衍薨。

㈡甲辰（十七日），車駕南巡。

㈢三月戊午（一日），朔，日有食之。

㈣庚申（三日），帝至宛，不豫。乙丑（八日），帝發自宛。丁卯（十日），至葉，崩于乘輿。年三十二。皇后與閻顯兄弟江京樊豐等謀曰：「今晏駕㈠道次㈡，濟陰王在內，邂逅公卿，立之還為大害。」乃偽云帝疾甚，徙御臥車，所在上食，問起居如故。驅馳行四日，庚午（十三日），還宮㈢。辛未（十四日），遣司徒劉熹詣郊廟社稷告天請命㈣，其夕發喪，尊皇后曰皇太后。太后臨朝，以顯為車騎將軍儀同三司。太后欲久專國政，貪立幼年，與顯等定策禁中，迎濟北惠王㊄子北鄉侯懿為嗣。【考異】東觀記、續漢書作北鄉侯犢。今從袁紀范書。濟陰王以廢黜不得上殿，親臨梓宮，悲號不食，內外羣僚，莫不哀之。

㈤甲戌（十七日），濟南孝王香㊅薨，無子，國絕。

㈥乙酉（二十八日），北鄉侯即皇帝位。

㈦夏四月丁酉（十一日），太尉馮石為太傅，司徒劉熹為太尉，參錄尚書事。前司空李郃為司徒。

㈧閻顯忌大將軍耿寶位尊權重，威行前朝，乃風有司奏寶及其黨與中常侍樊豐、虎賁中郎將謝惲、侍中周廣、野王君王聖、聖女永等更相阿黨，互作威福，皆大不道。辛卯，豐惲廣皆下獄死，家屬徙比景。貶寶及弟子林慮侯承㊆，皆為亭侯㊇，遣就國。寶於道自殺。王聖母子徙鴈門。於是以閻景為衞尉，耀為城門校尉，晏為執金吾。兄弟並處權要，威福自由㊈。

㈨己酉（二十五日），葬孝安皇帝于恭陵㊉，廟曰恭宗。

(十)六月乙巳(二十日),赦天下。

(十一)秋七月,西域長史㊁班勇發敦煌、張掖、酒泉六千騎及鄯善、疏勒、車師前部兵,擊後部王軍就,大破之。獲首虜八千餘人,生得軍就及匈奴持節使者,將至索班沒處㊂斬之,傳首京師。

(十二)冬十月丙午(二十二日),越巂山㊂崩。

(十三)北鄉侯病篤,中常侍孫程謂濟陰王謁者長興渠㊃曰:「王以嫡統,本無失德,先帝用讒,遂至廢黜。若北鄉侯不起,相與共斷江京閻顯,事無不成者。」渠然之。又中黃門南陽王康先為太子府史㊄,及長樂太官丞㊅京兆王國等,並附同㊆於程。江京謂閻顯曰:「北鄉侯病不解㊇,國嗣宜以時定。何不早徵諸王子,簡㊈所置乎㊉?」顯以為然。辛亥(二十七日),北鄉侯薨。顯白太后秘不發喪,更徵諸王子閉宮門,屯兵自守。

十一月乙卯(二日),孫程、王康、王國與中黃門黃龍、彭愷、孟叔、李建、王成、張賢、史汎、馬國、王道、李元、楊佗、陳予、趙封、李剛、魏猛、苗光等聚謀於西鍾下㊁,皆截單衣為誓。

丁巳（四日），京師及郡國十六地震。是夜程等共會崇德殿㉒上，因入章臺門。時江京、劉安及李閏、陳達等俱坐省門下㉓。程與王康共就斬京、安、達。以李閏權勢積為省內所服㉔，欲引為主，因舉刃脅閏曰：「今當立濟陰王，毋得搖動！」閏曰：「諾！」於是扶閏起，俱於西鍾下迎濟陰王即皇帝位。時年十一。召尚書令僕射以下從輦幸南宮，程等留守省門，遮扞內外。帝登雲臺，召公卿百僚，使虎賁羽林士屯南北宮諸門。

閻顯時在禁中㉕，憂迫不知所為。小黃門樊登勸顯以太后詔，召越騎校尉馮詩、虎賁中郎將閻崇將兵屯平朔門，以禦程等。【考異】宦者傳作朔平門。今從袁紀。㉖顯誘詩入省，謂曰：「濟陰王立，非皇太后意。璽綬在此！苟盡力效功，封侯可得。」太后使授之印曰：「能得濟陰王者，封萬戶侯。得李閏者五千戶侯。」詩等皆許諾，辭以卒被召所將眾少㉘，顯使與登迎吏士於左掖門外。詩因格殺登，歸營屯守。

顯弟衛尉景遽從省中還外府㉙，收兵至盛德門。孫程傳召㉚諸尚書使收景。尚書郭鎮時臥病，聞之即率直宿羽林，出南止車門，逢景。從吏士拔白刃呼曰：「無干兵！」鎮即下車，持節詔之。景曰：「何等詔！」因斫鎮不中。鎮引劒擊景，墮車，左右以戟叉其匈，遂禽之，送廷尉獄，即夜死。

戊午（五日），遣使者入省，奪得璽綬，帝乃幸嘉德殿㉛。遣侍御史持節收閻顯及其弟城門校尉耀、執金吾晏，並下獄誅，家屬皆徙比景。遷太后於離宮。己未（六日），開門罷屯兵。壬戌（九日），詔司隸校尉：「惟閻顯江京近親，當伏辜誅，其餘務崇寬貸。」封孫程等皆為列侯。程食邑萬戶；王康、王國食九千戶；黃龍食五千戶；彭愷、孟叔、李建食四千二百戶；王成、張賢、史汎、馬國、王道、李元、楊佗、陳予、趙封、李剛食四千戶；魏猛食二千戶；苗光食千戶。是為十九侯㉜。加賜車馬金銀錢帛各有差。李閏以先不豫謀，故不封。擢孫程為騎都尉。

初，程等入章臺門，苗光獨不入。詔書錄功臣，令王康疏名，康詐疏光入章臺門。光未受符策㉝，心不自安，詣黃門令自告㉞。

有司奏康光欺詐主上。詔書勿問。以將作大匠來歷為衛尉。祋諷、劉瑋、閭丘弘等先卒，皆拜其子為郎。朱倀、施延、陳光、趙代皆見拔用，後至公卿㉟。徵王男、邴吉家屬還京師㊱，厚加賞賜。帝之見廢也，監太子家小黃門籍建、傅㊲高梵、長秋長趙熹、丞良賀、藥長夏珍㊳皆坐徙朔方。帝即位，並擢為中常侍。

初，閻顯辟崔駰之子瑗為吏，瑗以北鄉侯立不以正，知顯將敗，欲說令廢立。而顯日沈醉，不能得見。乃謂長史陳禪曰：「中常侍江京等，惑蠱先帝，廢黜正統，扶立疎孽㊴。少帝即位，發病廟中。周勃之徵，於斯復見㊵。今欲與君共求見，說將軍白太后收京等，廢少帝，引立濟陰王。必上當天心，下合人望。伊霍之功，不下席而立。則將軍兄弟，傳祚於無窮。若拒違天意，久曠神器，則將以無罪並辜㊶元惡㊷。此所謂禍福之會，分功之時也㊸。」禪猶豫未敢從。會顯敗，瑗坐被斥。門生蘇祇欲上書言狀，瑗遽止之。時陳禪為司隸校尉，召瑗謂曰：「弟㊹聽祇上書，禪請為之證。」瑗曰：「此譬猶兒妾屏語㊺耳。願使君㊻勿復出口！」遂辭歸，不復應州郡命。

㈣己卯（二十六日），以諸王禮葬北鄉侯。

㈤司空劉授以阿附惡逆，辟召非其人㊼策免。

㈥十二月甲申（一日），以少府河南陶敦㊽為司空。

㈦楊震門生虞放、陳翼詣闕追訟震事㊾。詔除震二子為郎㊿，贈錢百萬，以禮改葬於華陰潼亭㊀。遠近畢至。有大鳥高丈餘，集震喪前。郡以狀上，帝感震忠直，詔復以中牢㊁具祠之。

㈧議郎陳禪以為閻太后與帝無母子恩，宜徙別館，絕朝見。羣臣議者咸以為宜。司徒掾汝南周舉謂李郃曰：「昔瞽瞍常欲殺舜，舜事之逾謹㊂。鄭武姜謀殺莊公，莊公誓之黃泉。秦始皇怨母失行，久而隔絕。後感潁考叔、茅蕉之言，復脩子道，書傳美之㊃。今諸閻新誅，太后幽在離宮，若悲愁生疾，一旦不虞，主上將何以令於天下？如從禪議，後世歸咎明公。宜密表朝廷，令奉太后，率羣臣朝覲如舊，以厭㊄天心，以答人望。」郃即上疏陳之。

【今註】㈠晏駕：李賢曰：「晏，晚也。臣下不敢斥言帝崩，猶言晚駕而出。」㈡道次：猶言途中。㊂驅馳行四日，庚午還宮：自葉至洛陽六百餘里。㊃告天請命：周武王有疾，周公為三壇，因太王、王季、文王以請命于天，後世踵而行之。㊄濟北惠王：名壽，章帝子。㊅濟南孝王香：香，濟南安王康之孫，康，光武子。㊆林慮侯承：牟平侯耿舒子襲尚顯宗女隆慮公主，寶嗣襲封，而弟子承紹公主封，為林慮侯，林慮即隆慮，避殤帝諱改隆為林。㊇亭侯：《後漢書・皇后紀》作則亭侯，《通鑑》從〈耿弇傳〉。㊈自由：由己。㊉恭陵：在洛陽東北二十七里。⑪西域長史：西域都護之長史。⑫索班沒處：索班事見上卷永寧元年。⑬嶲：音髓。⑭謁者長興渠：李賢曰：「興姓，渠名。」胡三省曰：「按百官志，王國謁者比四百石，其下有禮樂長，衛士長，醫工長，永巷長，祠祀長，而無謁者長。竊意長興姓也。」惠棟曰：「案傳（後漢書孫程傳）云，詔書錄微功，封興渠為高望亭侯。不得如胡說也。」⑮太子府史：掌東宮府藏。⑯長樂太官丞：掌太后食膳。⑰附同：既相黨附，又與之同謀。⑱病不解：解，散也，言病纏綿於身而不散。⑲簡：擇。⑳置：立。㉑聚謀於西鍾下：江京等譖誣太子，廢為濟陰王，居西鍾下，故孫程等聚謀於此。㉒崇德殿：胡三省曰：「崇德殿在南宮。水經注，魏文帝於漢崇德殿故處起太極殿。蓋南宮正殿也。」㉓省門：即禁門。㉔積為省內所服：猶言素為省內所服。㉕閻顯時在禁中：顯蓋在北宮。㉖考異云云：胡三省曰：「按百官志，朔平門北宮北門也，恐當以宦者傳為是。」㉗璽綬：指天子璽綬。㉘辭以卒被召所將眾少：按袁宏《後漢紀》云：「卒被召，所將吏士少。」馮詩是否以所將眾少為辭，不可得而知。《後漢書・孫程傳》云：「（閻）顯以詩所將眾少，使與（樊）登迎吏士於左掖門外」，則是閻顯以詩所眾少，非詩本人以此為辭。㉙外府：衛尉府。㉚傳召：傳詔召之。㉛嘉德殿：在南宮。㉜十九侯：孫程為浮陽侯，王康為華容侯，王國為酈侯，黃龍為湘南侯，彭愷為西平昌侯，孟宿為中廬侯，李建為復陽侯，王成為廣宗侯，張賢為祝阿侯，史汎為臨沮侯，馬國為廣平侯，王道為范縣侯，李元為褒信侯，楊佗為山都侯，陳予為下雋侯，趙封為析縣侯，李剛為枝江侯，魏猛為夷陵侯，苗光為東阿侯。㉝符策：漢初封王侯皆剖符，至武帝封齊燕廣陵三王始作策。㉞詣黃門令自告：黃門令主省中諸宦者，故詣之自告。㉟以將作大匠來歷為衛尉云云：由於來歷等鴻都門之諫，事見上卷延光三年。㊱徵王男邴吉家屬還京師：男吉家屬徙邊事見上卷延光三年。㊲傳：《後漢書．來歷傳》作中傳。㊳長秋長趙熹，丞良賀，藥長夏珍：長秋長蓋即大長秋，丞一人，六百石，中宮藥長四百石，皆皇后宮官。㊴疏孽：血統疏遠之庶子。㊵周勃云云：呂后立惠帝後宮子為少帝，周勃廢之。㊶並辜：與之同獲罪。㊷元惡：大惡。㊸此所謂禍福之會，分功之時也：《史記》蔡澤說范睢曰：「君獨不觀夫博者乎，或欲大投，或欲分功。今君相秦，坐制諸侯，使天下皆畏秦，此亦秦分功之時也。」㊹弟：但。㊺屏語：於隱屏之處，相與私語。㊻使君：陳禪時為司隸校尉，故以使君稱之。司隸校尉部察三輔三河弘農，其職猶十三部使者。㊼辟召非其人：事見上卷延光二年。㊽陶敦：惠棟曰：「案陶氏家傳云：『敦為司空，當朝正色。』」㊾追訟震事：震事見上卷延光三年。㊿詔除震二子為郎：沈欽韓曰：「隸釋沛相楊統碑，孝順皇帝西巡，以掾史召見，帝嘉其忠臣之裔，詔拜郎中。是不獨二子為郎，又恩及其孫。」(五一)改葬於華陰潼亭：李賢曰：「墓在今潼關西大道之北，其碑尚存。」王先謙曰：「在今縣東三十里，潼關西七里是。」〔五二〕中牢：即少牢，羊豕皆具備。〔五三〕昔瞽瞍常欲殺舜，舜事之逾謹：瞽瞍使舜塗廩，而自下焚廩；使浚井，既入，從而掩之。其欲殺舜者屢，而舜事瞽瞍彌謹。《書》云：「祇載見瞽瞍，夔夕齋粟。」〔五四〕鄭武姜云云：鄭武姜生莊公及共叔段，愛叔段，謀襲莊公，公置姜氏於城潁而誓之曰：「不及黃泉，無相見也！」既而悔之。潁考叔食肉遺母，公感慟，潁考叔曰：「若掘地及泉，隧而相見，其誰曰不然？」公從之，遂為母子如初。見《左傳》隱公元年。秦始皇事見卷六九年。〔五五〕厭：滿。

孝順皇帝上

諱保，安帝之子也。謚法慈和偏服曰順。伏侯古今注曰：保之字曰守。

永建元年（西元一二六年）

㈠春正月，帝朝太后於東宮，太后意乃安。

㈡甲寅（二日），赦天下。

㈢辛未（十九日），皇太后閻氏崩。

㈣辛巳（二十九日），太傅馮石、太尉劉熹以阿黨權貴免。司徒李郃罷㊀。

㈤二月甲申（二日），葬安思皇后㊁。

㈥丙戌（四日），以太常桓焉為太傅，大鴻臚朱寵為太尉，參錄尚書事，長樂少府朱倀為司徒。

㈦封尚書郭鎮為定潁侯㊂。

㈧隴西鍾羌反，校尉馬賢擊之。戰於臨洮，斬首千餘級，羌眾皆降。由是涼州復安。

㈨六月己亥（十九日），封濟南簡王錯子顯為濟南王㊃。

㈩秋七月庚午（二十一日），以衞尉來歷為車騎將軍。

（十一）八月，鮮卑寇代郡，太守李超戰歿。

（十二）司隸校尉虞詡到官數月，奏馮石、劉熹免之。又劾奏中常侍程璜、陳秉、孟生、李閏等。百官側目，號為苛刻。三公劾奏詡盛夏多拘繫無辜，為吏民患㊄。詡上書自訟【考異】詡傳曰：帝省其章，乃為免司空陶敦。按袁紀，孫程就國在九月，而敦免在十月，蓋帝由此知敦不直，因事免之。不然，何三府共奏，而獨免敦也？曰：「灋禁者，俗之隄防；刑罰者，民之銜轡。今州曰任郡，郡曰任縣，更相委遠，百姓怨窮，以苟容為賢，盡節為愚。臣所發舉臧㊅罪非一，三府恐為臣所奏，遂加誣罪。臣將從史魚㊆死，即以尸諫耳！」帝省其章，乃不罪詡。

中常侍張防賣弄權勢，請託受取。詡案之，屢寢不報。詡不勝其憤，乃自繫廷尉，奏言曰：「昔孝安皇帝，任用樊豐，交亂嫡統，幾亡社稷(八)。今者張防復弄威柄，國家之禍，將重至矣。臣不忍與防同朝，謹自繫以聞。無令臣襲楊震(九)之跡。」書奏，防流涕訴帝，詡坐論輸左校(一〇)。防必欲害之，二日之中，傳考四獄。獄吏勸詡自引(一一)，詡曰：「寧伏歐刀，以示遠近(一二)。喑嗚(一三)自殺，是非孰辨邪？」浮陽侯孫程、祝阿侯張賢相率乞見，程曰：「陛下始與臣等造事之時(一四)，常疾姦臣，知其傾國。今者即位，而復自為，何以非先帝乎？司隸校尉虞詡為陛下盡忠，而更被拘繫。常侍張防，臧罪明正，反構忠良。今客星守羽林(一五)，其占宮中有姦臣。宜急收防送獄，以塞天變。」時防立在帝後，程叱防曰：「姦臣張防，何不下殿！」防不得已，趨就東箱(一六)。程曰：「陛下急收防，無令從阿母(一七)求請。」帝問諸尚書，尚書賈朗素與防善，證詡之罪。帝疑焉，謂程曰：「且出，吾方思之！」於是詡子顗與門生百餘人，與幡侯中常侍高梵車，叩頭流血，訴言枉狀。梵入言之。防坐徙邊，賈朗等六人，或死或黜。即日赦出詡。程復上書，陳詡有大功，語甚切激。帝感悟，復徵拜議郎。數日遷尚書僕射。詡上疏薦議郎南陽左雄曰：「臣見方今公卿以下，類多拱默㈧，以樹恩為賢，盡節為愚。至相戒曰：『白璧不可為，容容多後福㈨。』伏見議郎左雄，有王臣蹇蹇之節㈩，宜擢在喉舌之官㈪，必有匡弼之益。」由是拜雄尚書。

㈫浮陽侯孫程等懷表上殿爭功，帝怒。有司劾奏：「程等干亂悖逆，王國等皆與程黨，久留京都，益其驕恣。」帝乃免程等官，悉徙封遠縣。因遣十九侯就國，敕洛陽令促期發遣。司徒掾周舉說朱倀曰：「朝廷㈬在西鍾下時，非孫程等豈立？今忘其大德，錄其小過，如道路夭折，帝有殺功臣之譏。及今未去，宜急表之。」倀曰：「今詔指方怒，吾獨表此，必致罪譴。」舉曰：「明公年過八十，位為臺輔，不於今時竭忠報國，惜身安寵，欲以何求？祿位雖全，必陷佞邪之譏；諫而獲罪，猶有忠貞之名。若舉言不足採，請從此辭。」倀乃表諫，帝果從之。程徙封宜城侯。【考異】

袁紀，秋七月，有司奏浮陽侯孫程、祝阿侯張賢為司隸校尉虞詡，訶叱左右，謗訕大臣，妄造不祥，干亂悖逆；王國等皆與程黨，久留京師，益其驕溢。詔免程等，徙為都梁侯。程怨恨，封還印綬。更封為宜城侯。范書孫程傳亦云坐訟虞詡，訶叱左右就國。按虞詡傳，程言見用，上不以為怒。周舉傳云：程坐爭功就國。今從之。到國怨恨恚懟㉓，封還印綬符策，亡歸京師，往來山中。詔書追求，復故爵土，賜車馬衣物，遣還國。

(十四)冬十月丁亥（九日），司空陶敦免。

(十五)朔方以西，障塞多壞，鮮卑因此數侵南匈奴。單于憂恐，上書乞修復障塞。庚寅（十二日），詔黎陽營兵出屯中山北界㉔，令緣邊郡增置步兵，列屯塞下，教習戰射。

(十六)以廷尉張皓為司空。

(十七)班勇更立車師後部故王子加特奴為王。勇又使別校誅斬東且彌王㉕，亦更立其種人為王。於是車師六國㉖悉平。勇遂發諸國兵，擊匈奴，呼衍王亡走，其眾二萬餘人皆降。生得單于從兄，勇使加特奴手斬之，以結車師匈奴之隙。北單于自將萬餘騎入後部，至金且谷。勇使假司馬曹俊救之，單于引去，俊追斬其貴人骨都侯。於是呼衍王遂徙居枯梧河上。是後車師無復虜跡。

【今註】㊀司徒李郃罷：《東觀漢記》，李郃以人多疾疫免。㊁安思皇后：安思為閻太后之諡。㊂封尚書郭鎮為定潁侯：由於擒閻景之功。定潁，侯國，在今河南西平縣東。㊃封濟南簡王錯子顯為濟南王：安帝延光四年，濟南國絕，今紹封。㊄三公劾奏云云：三公欲致詡罪，言盛夏當順天地長物之性，不當違法拘繫無辜。㊅臧：古臧贓字通。㊆史魚：衞大夫史魚病且死，謂其子曰：「我數言蘧伯玉之賢，而不能進，彌子瑕不肖而不能退。為人臣生不能進賢退不肖，死不當治喪正堂。殯我於宮足矣。」君問其故，子以父言聞君，乃立召蘧伯玉而貴之，斥彌子瑕而退之，徙殯於正堂，成禮而後去。見《韓詩外傳》。㊇昔孝安皇帝云云：事見上卷安帝延光三年。㊈楊震：其事見上卷延光三年。㊉論輸左校：謂免官為徒，輸作左校。將作大匠有左校令，掌左工徒。⑪自引：自殺。⑫寧伏歐刀，以示遠近：謂寧受刑而死於市。⑬喑嗚：啼泣無聲謂之喑，歎傷謂之嗚。⑭陛下始與臣等造事之時：指順帝被廢，程等謀立之時。⑮客星守羽林：《史記．天官書》，虛危南有眾星曰羽林。⑯箱：正寢之東西室皆稱箱。或作廂。⑰阿母：指宋娥。⑱拱默：言拱手而默無一言。⑲白璧不可為，容容多後福：容容，猶和同也。言不可為白璧之清潔，當與眾人和同。⑳王臣蹇蹇之節：《易》曰：「王臣蹇蹇，匪躬之故。」㉑喉舌之官：東漢謂尚書為喉舌之官，以其出納王命也。㉒朝廷：指順帝。漢魏稱人主，或云國家，或云朝廷。㉓懟：怨。㉔詔黎陽營兵出屯中山北界：李賢曰：「黎陽先置營兵，以南單于求復障塞，恐入侵擾亂，置屯兵於中山北界。」胡三省曰：「移黎陽營屯中山北界，不過為南部聲援耳。」何焯曰：「此禦鮮卑，故屯中山北界。」㉕東且彌：西域國名，在今新疆鄯善縣西南。㈥車師六國：卑陸、蒲類、東且彌、移支、車師前後王。

二年（西元一二七年）

㈠春正月，中郎將張國以南單于兵擊鮮卑其至鞬，破之。

㈡二月，遼東鮮卑寇遼東玄菟。烏桓校尉耿曄發緣邊諸郡兵及烏桓出塞擊之，斬獲甚眾。鮮卑三萬人詣遼東降。

㈢三月旱。

㈣初，帝母李氏㊀瘞在洛陽北，帝初不知。至是左右白之。帝乃發哀，親到瘞所，更以禮殯㊁。六月乙酉（十一日），追謚為恭愍皇后，葬於恭陵之北。

㈤西域城郭諸國，皆服於漢，唯焉耆王元孟㊂未降。班勇奏請攻之。於是遣敦煌太守張朗，將河西四郡㊃兵三千人配勇，因發諸國兵四萬餘人，分為兩道擊之。勇從南道，朗從北道，約期俱至焉耆㊄。而朗先有罪，欲徼功自贖，遂先期至爵離關㊅，遣司馬將兵前戰，獲首虜二千餘人，元孟懼誅，逆遣使乞降，張朗徑入焉耆，受降而還。朗得免誅，勇以後期，徵下獄免㈦。

㈥秋七月甲戌（一日），朔，日有食之。

㈦壬午（九日），太尉朱寵、司徒朱倀免。庚子（二十七日），以太常劉光為太尉，錄尚書事；光祿勳汝南許敬為司徒。光，矩之弟也㈧。敬仕於和安之間，當竇鄧閻氏之盛，無所屈撓。三家既敗，士大夫多染汚者。獨無謗言及於敬。當世以此貴之。

㈧初，南陽樊英少有學行，名著海內，隱於壺山㈨之陽。州郡前後禮請，不應；公卿舉賢良方正有道，皆不行；安帝賜策書徵之，不赴。是歲帝復以策書玄纁，備禮徵英，英固辭疾篤。詔切責郡縣，駕載上道，英不得已到京，稱疾不肯起；彊輿入殿，猶不能屈。帝使出就太醫㈩養疾，月致羊酒。其後帝乃為英設壇，令公車令導，尚書奉引，賜几杖，待以師傅之禮，【考異】英傳云四年三月，乃設壇場見英。黃瓊傳，李固勸瓊書已云樊英設壇席，及瓊至，上疏薦英，稱光祿大夫。則是瓊至之時，英已嘗設壇見之，而為光祿大夫矣。至三年旱，瓊復上疏。若四年方設壇場見英，則都與瓊傳異。知其必不在四年也。延問得失，拜五官中郎將。數月，英稱疾篤，詔以為光祿大夫㈡，賜告歸㈢，令在所送穀，以歲時致牛酒。英辭位不受。有詔譬旨勿聽[一三]。英初被詔命，眾皆以為必不降志。南郡王逸，素與英善，因與其書，多引古譬諭，勸使就聘。英順逸議而至。及後應對，無奇謀深策。談者以為失望，河南張楷與英俱徵，謂英曰：「天下有二道，出與處也。吾前以子之出，能輔是君也，濟斯民也。而子始以不訾[一四]之身，怒萬乘之主[一五]。及其享受爵祿，又不聞匡救之術。進退無所據矣。」

(九)臣光曰：「古之君子，邦有道則仕，邦無道則隱。隱非君子之所欲也。人莫已知，而道不得行；羣邪共處，而害將及身。故深藏以避之。王者舉逸民[一六]，揚仄陋[一七]，固為其有益於國家。非以狥世俗之耳目也。是故有道德足以尊主，智能足以庇民，被褐懷玉，深藏不市[一八]，則王者當盡禮以致之，體以下之，虛心以訪之，克己以從之。然後能利澤施于四表，功烈格于上下。蓋取其道，不取其人，務其實，不務其名也。其或禮備而不至，意勤而不起，則姑內自循省，而不敢彊致其人，曰：『豈吾德之薄而不足慕乎？政之亂而不可輔乎？羣小在朝而不敢進乎？誠心不至，而憂其言之不用乎？何賢者之不我從也？』苟其德已厚矣，政已治矣，羣小遠矣，誠心至矣，彼將扣閣而自售。又安有勤求而不至者哉？荀子曰：『耀蟬(一九)者務在明其火，振其木而已。火不明，雖振其木無益也。』今人主有能明其德，則天下歸之，若蟬之歸明火也。或者人主恥不能致，乃至誘之以高位，脅之以嚴刑。使彼誠君子邪，則位非所貪，刑非所畏，終不可得而致也。可致者，皆貪位畏刑之人也。烏足貴哉！若乃孝弟著於家庭，行誼隆於鄉曲，利不苟取，仕不苟進，潔己安分，優游卒歲，雖不足以尊主庇民，是亦清修之吉士也。王者當褒優安養，俾遂其志。若孝昭之待韓福(二〇)，光武之遇周黨(二一)，以勵廉恥，美風俗，斯亦可矣。固不當如范升之詆毀，又不可如張楷之責望也。至於飾偽以邀譽，釣奇以驚俗；不食君祿，而爭屠沽之利；不受小官，而規卿相之位；名與實反，心與迹違，斯乃華士(二二)少正卯之流(二三)，其得免於聖王之誅幸矣。尚何聘召之有哉！」

(十)時又徵廣漢楊厚、江夏黃瓊。瓊，香之子也。厚既至，豫陳漢有三百五十年之戹㉔以為戒。拜議郎。瓊將至，李固以書逆遺之曰：「君子謂伯夷隘，柳下惠不恭㉕。不夷不惠，可否之間㉖，聖賢居身之所珍也。誠欲枕山棲谷，擬迹巢由，斯則可矣。若當輔政濟民，今其時也。自生民以來，善政少而亂俗多。必待堯舜之君，此為士行其志，終無時矣。嘗聞語曰：『嶢嶢㉗者易缺，皦皦㉘者易汙。』盛名之下，其實難副。近魯陽樊君㉙被徵初至，朝廷設壇席，猶待神明。雖無大異，而言行所守，亦無所缺。而毀謗布流，應時折減㉚者，豈非觀聽望深，聲名太盛乎㉛？是故俗論皆言處士純盜虛聲。願先生弘此遠謨，令眾人歎服，一雪此言耳。」瓊至，拜議郎，稍遷尚書僕射。瓊昔隨父在臺閣㉜，習見故事。及後居職，達練官曹㉝，爭議朝堂，莫能抗奪㉞。數上疏言事，上頗采用之。李固，郃之子，少好學，常改易姓名，杖策㉟驅驢，負笈㊱從師，不遠千里㊲。遂究覽墳籍，為世大儒。每到太學，密入公府，定省父母㊳，不令同業諸生，知其為郃子也。

【今註】㊀李氏：死於安帝元初二年。㊁以禮殯：殯用皇后禮。㊂元孟：和帝永元六年班超所立。

㊃河西四郡：金城、敦煌、張掖、酒泉。㊄勇從南道，朗從北道，約期俱至焉耆：袁宏《後漢紀》，初，勇發諸國兵，使龜茲鄯善自南道入；勇將諸郡兵率車師六國兵，自北道入。㊅爵離關：胡三省曰：「釋氏西域記，龜茲國北四十里山上有寺名雀離大清淨。」㊆勇以後期徵下獄免：胡三省曰：「夏之政典曰：『先時者殺無赦，不及時者殺無赦。』張朗先期以徼功，法所必誅，則班勇非後期也。漢之用刑，不審厥衷，勇免之後，西域事去矣！」㊇光，矩之弟也：按《後漢書・劉矩傳》劉光為矩叔父。㊈壺山：李賢曰：「山在今鄧州新城縣北，即張衡南都賦所云天封大狐是也。」沈欽韓曰：「明志南陽府唐縣西北有大狐山，亦曰壺山。」㊉太醫：太醫令屬少府，掌諸醫，有藥丞方丞。㊀考異云云：沈欽韓曰：「案袁紀永建二年，英與黃瓊、賀純、楊厚俱徵，英既至，天子為設壇席，延問得失，拜五官中郎將。而范書瓊傳則刪去樊英，云瓊與賀純、楊厚同徵至，李固書以樊英為比，此通鑑所以致疑也。考厚傳以永建二年特徵，而瓊傳有稱疾不進之文，未必與厚同時詣闕。又瓊疏云：『永建以後，訖於今日，』則其時已非永建可知。帝紀，陽嘉三年，詔以久旱京師詣獄皆勿考。瓊傳，三年復上疏，應即陽嘉三年。據帝紀連有災異，唯陽嘉改元為甚，則瓊兩上疏皆陽嘉時事。以此觀之，英召自在永建四年，設壇場事不相妨也。袁紀云二年，此傳（指范書樊英傳）在三年四年之間，袁紀於始便竟其事，實在四年也。」㊁詔以為光祿大夫，賜告歸：惠棟曰：「英別傳，詔書告南陽太守曰：『五官中郎將樊英委榮辭祿，不降其節，志不可奪。今以英為光祿大夫，賜還家。』」㊂有詔譬旨勿聽：胡三省曰：「有詔書譬曉以上旨，不聽其辭位。」㊃不訾：訾，量也。

不訾，言無量可比，貴重之極。⑮怒萬乘之主：《後漢書・樊英傳》，英彊輿入殿，猶不以禮屈，帝怒謂英曰：「朕能生君，能殺君，能貴君，能賤君，能富君，能貧君，君何以慢朕命？」英曰：「臣受命於天，生盡其命，天也；死不得其命，亦天也。陛下焉能生臣！焉能殺臣！臣見暴君，如見仇讎，立其朝猶不肯，可得而貴乎！雖在布衣之列，環堵之中，晏然自得，不易萬乘之尊，又可得而賤乎！陛下焉能貴臣，焉能賤臣！非禮之祿，雖萬鍾不受；若申其志，雖簞食不厭也。陛下焉能富臣，焉能貧臣！」帝不能屈，而敬其名，使出就太醫養疾，月致羊酒。⑯舉逸民：《論語》云：「舉逸民，天下之民歸心焉。」⑰揚仄陋：〈堯典〉云：「明明揚側陋。」⑱被褐懷玉，深藏不市：胡三省曰：「聖人被褐懷玉，玉至寶也，被褐而懷之，喻珍美不外見也。良賈深藏若虛，賈有善貨，深藏若無所有者，不得善價則不售。此皆以喻抱道懷材之士。」⑲耀蟬：胡三省曰：「楊倞云：『南方人照蟬取而食之。』」⑳孝昭之待韓福：昭帝元鳳元年三月，賜郡國所選有行義者涿郡韓福等五人帛人五十匹遣歸，詔曰：「朕閔勞以官職之事，其務修孝弟以教鄉里，令郡縣嘗以正月賜羊酒，其有不幸者，賜衣一襲，祠以中牢。」㉑光武之遇周黨：事見卷四十一建武五年。㉒華士：《韓非子・外儲篇》，太公封於齊東海上，有任矞華士昆弟二人，太公殺之，周公急傳而問曰：「二子皆賢人，殺之何也？」太公曰：「是昆弟立議曰不臣天子，是望不得而臣也；不友諸侯，是望不得而友也；耕而食之，掘而飲之，無求於人，是望不得以賞罰勸禁也。且聖王所以使人，非爵賞則刑罰也。今四者不足以使之，則望誰為君乎？是以誅之也。」㉓少正卯：《荀子・宥坐篇》，孔子為魯相七日，而誅少正卯，門人進問曰：「夫少正卯，魯之聞人也。夫子為政，而始誅之，得無失乎？」孔子曰：「其有惡者五，而盜竊不與焉。一曰心達而險，二曰行僻而堅，三曰言偽而辯，四曰記醜而博，五曰順非而澤。此五者有一於人，則不得免於君子之誅，而少正卯兼有之。」㉔漢有三百五十年之戹：李賢曰：「春秋命歷序云：『四百年之間，閉四門，聽外難，羣異並賊，官有孽臣，州有兵亂，五七弱暴，漸之效也。』宋均注云：『五七三百五十歲，當順帝漸微，四方多逆賊也。』」㉕君子謂伯夷隘，柳下惠不恭：孟子曰：「伯夷隘，柳下惠不恭，隘與不恭，君子不由也。」見《孟子・公孫丑篇》。㉖不夷不惠，可否之間：揚雄《法言》云：「或問李仲元何如人，揚子云：『不夷不惠，可否之間也。』」㉗嶢嶢：山高貌。㉘皦皦：玉石白貌。㉙樊君：指樊英。㉚折減：言其名譽折減。㉛豈非觀聽望深，聲名太盛乎：胡三省曰：「言其聲名之盛，素動人之觀聽，故所望者深也。」㉜瓊昔隨父在臺閣：瓊父香和帝時為尚書令。㉝達練官曹：達，明。練，習。達練官曹，言明習尚書諸曹事。㉞莫能抗奪：莫能抗言以奪其議。㉟策：馬鞭。㊱笈：書箱。㊲不遠千里：不憚千里之遠。㊳定省父母：《禮記》云：「凡為人子，冬溫而夏清，昏定而晨省。」孔穎達曰：「安定其牀衽，省問其安否何如。」

三年（西元一二八年）

㈠春正月丙子（六日），京師地震。
㈡夏六月，旱。
㈢秋七月丁酉（二十九日），茂陵園寢災。
㈣九月，鮮卑寇漁陽。
㈤冬十二月己亥（四日），太傅桓焉免。
㈥車騎將軍來歷罷。
㈦南單于拔死，弟休利立，為去特若尸逐就單于。
㈧帝悉召孫程等還京師。

四年（西元一二九年）

㈠春正月丙寅（一日），赦天下。
㈡丙子（十一日），帝加元服。
㈢夏五月壬辰（二十九日），詔曰：「海內頗有災異，朝廷修政，太官減膳，珍玩不御㈠。而桂陽太守㈡文礱，不惟竭忠宣暢本朝㊂，而遠獻大珠，以求幸媚。今封以還之。」

㈣五州雨水。

㈤秋八月丁巳（二十五日），太尉劉光、司空張皓免㊃。

㈥尚書僕射虞詡上言：「安定、北地、上郡山川險阨，沃野千里，土宜畜牧，水可溉漕㊄。頃遭元元㊅之災，眾羌內潰，郡縣兵荒，二十餘年。夫棄沃壤之饒，捐自然之財，不可謂利；離河山之阻，守無險之處，難以為固。今三郡㊆未復，園陵單外㊇，而公卿選懦㊈，容頭過身，張解設難㊉，但計所費，不圖其安。宜開聖聽，考行所長。」九月，詔復安定、北地、上郡還舊土⑪。

㈦癸酉（十二日），以大鴻臚龐參為太尉，錄尚書事；太常王龔為司空。

㈧冬十一月庚辰（二十日），司徒許敬免。

㈨鮮卑寇朔方。

㈩十二月乙卯（二十五日），以宗正弘農劉崎為司徒。

⑾是歲于窴王放前殺拘彌王興，自立其子為拘彌王，而遣使者

貢獻。敦煌太守徐由㊂上求討之。帝赦于窴罪，令歸拘彌國。放前不肯。

【今註】㊀御：進。㊁桂陽太守：袁宏《後漢紀》作漢陽都尉。㊂不惟竭忠宣暢本朝：胡三省曰：「言不思宣暢本朝遇災修省之意。」㊃太尉劉光司空張皓免：《東觀漢記》云：「以陰陽不和久託病策罷。」㊄水可溉漕：言既可溉田，又可通漕運。㊅元元：一說作元二。元二謂元年二年。㊆三郡：指安定、北地、上郡。安帝永初五年，因羌患徙安定、北地、上郡及隴西四郡之人。㊇園陵單外：園陵，謂長安諸陵園。單外，言無蔽障。㊈選懦：柔怯。㊉張解設難：胡三省曰：「張解者，開張其說以為解；設難者，鋪設其辭以發難。」㊁詔復安定北地上郡還舊土：安帝永初五年三郡內徙。㊂徐由：《續漢志》作徐白。

五年（西元一三〇年）

㈠夏四月京師旱。

㈡京師及郡國十二蝗。

㈢定遠侯班超之孫始尚帝姑陰城公主㊀。主驕淫無道，始積忿怒，伏刃殺主。冬十月乙亥始坐腰斬，同產皆棄市。

【今註】㈠陰城公主：清河孝王之女。

六年（西元一三一年）

㈠春二月庚午（十七日），河間孝王開薨，子政嗣。政慠狠不奉灋。帝以侍御史㈠吳郡沈景有彊能，擢為河間相。景到國謁王，王不正服，箕踞殿上。侍郎贊拜，景峙㈡不為禮，問王所在。虎賁曰：「是非王耶？」景曰：「王不正服，常人何別？今相謁王，豈謁無禮者邪？」王慙而更服，景然後拜。出住宮門外，請王傅㈢責之曰：「前發京師，陛見受詔，以王不恭，使相檢督。諸君空受爵祿，曾無訓導之義。」因奏治其罪。詔書讓政，而詰責傅。景因捕諸姦人，奏案其罪，殺戮尤惡者數十人，出冤獄百餘人。政遂為改節，悔過自脩。

㈡帝以伊吾膏腴之地，傍近西域，匈奴資之，以為鈔暴。三月辛亥（二十九日）復令開設屯田，如永元時事㈣，置伊吾司馬一人。

㈢初，安帝薄於藝文，博士不復講習，朋徒相視怠散，學舍頹敝，鞠㊄為園蔬，或牧兒蕘豎㊅，薪刈其下。將作大匠翟酺上疏請脩繕，誘進後學。帝從之。秋九月，繕起太學，凡所造構二百四十房，千八百五十室。

㈣護烏桓校尉耿曄遣兵擊鮮卑，破之。

㈤護羌校尉韓皓轉湟中屯田，置兩河㊆間以逼群羌。皓坐事徵，以張掖太守馬續代為校尉。兩河間羌以屯田近之，恐必見圖，乃解仇詛盟，各自儆備。續上㊇移屯田還湟中。羌意乃安。

㈥帝欲立皇后，而貴人有寵者四人，莫知所建。議欲探籌，以神定選㊈。尚書僕射南郡胡廣與尚書馮翊郭虔、史敞上疏諫曰：「竊見詔書以立后事大，謙不自專，欲假之籌策，決疑靈神。篇籍所記，祖宗典故，未嘗有也。恃神卜筮，既未必當賢，就值其人，猶非德選。夫岐嶷形於自然㊉，俔天必有異表㊁。宜參良家，簡求有德，德同以年，年鈞以貌，稽之典經，斷之聖慮。」帝從之。恭懷皇后㊂弟子乘氏侯商之女，選入掖庭為貴人，常特被引御，從容辭曰：「夫陽以博施為德，陰以不專為義。螽斯則百福所由興也㊂。願陛下思雲雨之均澤，小妾得免於罪。」帝由是賢之。

【今註】㊀侍御史：秩六百石，擢為王國相，秩二千石。㊁峙：立。㊂王傅：漢諸王國有太傅，至成帝時，更名曰傅。㊃開設屯田，如永元時事：事見卷四十七和帝永元二年。㊄鞫：窮。㊅蕘豎：刈草者。㊆兩河：指賜支河及逢留大河。㊇上：上奏。㊈探籌以神定選：書四人姓氏於籌，禱之於神而探之，得之為入選。㊉岐嶷形於自然：《詩》云：「克岐克嶷。」鄭玄注曰：「岐岐然意有所知也，其貌嶷然有所識別也。」㊁俔天必有異表：俔，譬諭。李賢曰：「詩云：文王嘉止，大邦有子，俔天之妹。文王聞太姒之賢則美之，言大邦有子女，譬天之有女弟，故求為配焉。」㊂恭懷皇后：和帝母梁貴人。㊂螽斯則百福所由興也：言后妃不妬忌若螽斯，則子孫眾多，而有百福興矣。

陽嘉元年（西元一三二年）

㈠春正月乙巳（二十八日），立貴人梁氏為皇后。

㈡京師旱㊀。

㈢三月，揚州六郡㊁妖賊章河㊂等寇四十九縣，殺傷長吏。

㈣庚寅（十三日），赦天下，改元。

(五)夏四月，梁商加位特進。頃之，拜執金吾。

(六)冬，耿曄遣烏桓戎末魔(四)等鈔擊鮮卑，大獲而還。鮮卑復寇遼東屬國(五)，耿曄移屯遼東無慮城以拒之。

(七)尚書令左雄上疏曰：「昔宣帝以為吏數變易，則下不安業；久於其事，則民服教化。其有政治者(六)，輒以璽書勉勵，增秩賜金。公卿缺則以次用之。是以吏稱其職，民安其業。漢世良吏，於茲為盛(七)。今典城百里，轉動無常，各懷一切(八)，莫慮長久；謂殺害不辜為威風，聚斂整辦為賢能；以治己安民為劣弱，奉灋循理為不治；髡鉗之戮，生於睚眦(九)；覆尸之禍，成於喜怒；視民如寇讎，稅之如豺虎(一〇)。監司項背相望(一一)，與同疾疢(一二)，見非不舉，聞惡不察，觀政於亭傳(一三)，責成於朞月(一四)；言善不稱德，論功不據實；虛誕者獲譽，拘檢者離(一五)毀。或因罪而引高(一六)，或色斯以求名(一七)。州宰不覆(一八)，競共辟召，踊躍升騰，超等踰匹。或考奏捕案，而亡不受罪。會赦行賂，復見洗滌。朱紫同色，清濁不分。故使姦猾枉濫，輕忽去就，拜除如流，缺動百數。鄉官部吏，職賤祿薄，車馬衣服，一出於民，廉者取足，貪者充家。特選橫調㊆，紛紛不絕；送迎煩費，損政傷民。和氣未洽，災眚不消，咎皆在此。臣愚以為守相長吏，惠和有顯效者，可就增秩，勿移徙；非父母喪，不得去官㊇。其不從瀆禁，不式㊈王命，錮之終身，雖會赦令，不得齒列。若被劾奏，亡不就瀆者，徙家邊郡，以懲其後。其鄉部親民之吏，皆用儒生清白任㊉從政者，寬其負筭㊊，增其秩祿。吏職滿歲，宰府州郡，乃得辟舉。如此威福之路塞，虛偽之端絕，送迎之役損，賦斂之源息，循理之吏，得成其化，率土之民，各寧其所矣。」

帝感其言，復申無故去官之禁㊋。又下有司考吏治真偽，詳所施行。而宦官不便，終不能行。雄又上言：「孔子曰：『四十不惑㊌。』禮稱『彊仕㊍。』請自今孝廉年不滿四十，不得察舉。皆先詣公府，諸生試家法㊎，文吏課牋奏㊏，副之端門㊐，練其虛實，以觀異能，以美風俗。有不承科令者，正其罪法。若有茂材異行，自可不拘年齒。」帝從之。

胡廣、郭虔、史敞上書駁之曰：「凡選舉因才，無拘定制。六奇之策(三〇)，不出經學；鄭阿之政(三一)，非必章奏；甘奇顯用，年乖彊仕(三二)，終賈揚聲，亦在弱冠(三三)。前世以來，貢舉之制，莫或回(三四)革。今以一臣之言，剗(三五)戾(三六)舊章，便利未明，眾心不猒(三七)。矯枉變常，政之所重。而不訪臺司，不謀卿士，若事下之後，議者剝(三八)異，異之則朝失其便，同之則王言已行(三九)。臣愚以為可宣下百官，參其同異，然後覽擇勝否，詳采厥衷。」帝不從。

辛卯，初令郡國舉孝廉，限年四十以上，諸生通章句，文吏能牋奏，乃得應選；其有茂材異行，若顏淵子奇，不拘年齒(四〇)。久之，廣陵所舉孝廉徐淑年未四十，臺郎(四一)詰之。對曰：「詔書曰：『有如顏回子奇，不拘年齒。』是故本郡以臣充選。」郎不能屈。左雄詰之曰：「顏回聞一知十，孝廉聞一知幾邪？」淑無以對。乃罷卻之。郡守坐免。

(八)袁宏論曰：「夫謀事作制，以經世訓物，必使可為也。古者四十而仕，非謂彈冠(四二)之會，必將是年也。以為可仕之時，在於彊盛，故舉其大限，以為民衷㊸。且顏淵子奇，曠代一有，而欲以斯為格，豈不偏乎！」然雄公直精明，能審覈真偽，決志行之。頃之，胡廣出為濟陰太守，與諸郡守十餘人，皆坐謬舉免黜。唯汝南陳蕃、潁川李膺、下邳陳球等三十餘人，得拜郎中。自是牧守畏慄，莫敢輕舉。迄於永嘉，察選清平，多得其人㊹。

㈨閏月庚子（二十八日），恭陵㊺百丈廡㊻災。

㈩上聞北海郎顗精於陰陽之學。

【今註】㊀（正月）京師旱：按《後漢書・順帝紀》，在二月。㊁揚州六郡：九江、丹陽、廬江、會稽、吳、豫章。㊂章河：《續志》作章何。㊃戎末魔：《後漢書・鮮卑傳》作戎末廆。㊄遼東屬國：故邯鄉西部都尉，安帝時以為屬國都尉，領昌遼、賓徒、徒河、扶黎（《後漢書・郡國志》作無慮，誤，今從惠棟、錢大昕之說）、險瀆、房六城。㊅其有政治者：《後漢書・左雄傳》作其有政理者，袁宏《後漢紀》作二千石有治能者。㊆漢世良吏，於茲為盛：指尹翁歸、韓延壽、朱邑、龔遂、黃霸之輩，事皆見〈宣帝紀〉。㊇一切：猶云苟且。㊈睚眥：瞻顧之頃。㊉稅之如豺虎：《國語》，鬭丹廷見令尹子常，與之語，問畜貨聚馬，歸以語其弟曰：「楚其亡乎！吾見令尹如餓獸豺虎焉，殆必亡者也。」⑪項背相望：謂前後相顧。⑫與同疾疢：言同有此病。⑬觀政於亭傳：

言監司按部，但一過亭傳而已，未嘗深考其政治。㉔朞月：一年。㉕離：遭。㉖因罪而引高：因有罪，而先自棄官以為高。㉗色斯以求名：言見上之人顏色不善，則舉而去之，以求見幾之名。錢大昕曰：「此用論語以色斯當遠舉之義。」《論語・鄉黨篇》有「色斯舉矣」之語。㉘覆：審。㉙特選橫調：調，徵收。曰特曰橫，皆出於常賦之外者。㉚非父母喪，不得去官：漢代贓汙吏往往恐劾奏，輒自引去。㉛式：用。㉜任：堪。㉝寬其負筭：負，欠也。筭，口錢。儒生未有品秩，故寬之。㉞復申無故去官之禁：先已有此禁，今復申嚴之。㉟孔子曰四十不惑：見《論語・為政篇》。㊱禮稱彊仕：《曲禮》云：「四十曰彊而仕。」㊲家法：李賢曰：「儒有一家之學，故稱家法。」㊳文吏課箋奏：《漢官儀》云：「尚書郎以孝廉年未五十，先試箋奏，初入臺，稱郎中，滿歲稱侍郎。」箋，表也。胡三省引《漢雜事》云：「凡羣臣之書，通於天子者四品，一曰章，二曰奏，三曰表，四曰駁議。章者需頭稱稽首上以聞，謝恩陳事，詣闕通者也。奏者亦需頭，其京師官，但言稽首言，下言稽首以聞，其中有所請，若罪法劾案，公府送御史臺，卿校送謁者臺也。表者不需頭，上言臣某言，下言誠惶誠恐，頓首頓首，死罪死罪，左方下附曰某官臣某甲乙上。」㊴副之端門：宮之正南門曰端門，尚書於此受天下章奏，令舉者先詣公府課試，以副本納之端門，尚書審覈之。《後漢書・黃瓊傳》云：「左雄議舉吏先試之於公府，又覆之於端門。」惠棟曰：「案副之端門，覆試之也。」㊵六奇之策：陳平六出奇策，以佐漢高帝。㊶鄭阿之政：子產相鄭，擇能而使之，內無國中之亂，外無諸侯之患。晏子化東阿三年，景公召而數之，晏子請改道易行，明年上計，景公迎而賀之，晏子對曰：「臣前之化東阿也，屬託不行，貨賂不至，君反以罪臣。今則反是，而更蒙賀！」景公下席而謝。皆見《說苑》。㉜甘奇顯用，年乖彊仕：《史記》，秦欲與燕伐趙，以廣河間之地，甘羅年十二，使於趙，趙王立割五城，以廣河間，秦乃封羅為上卿。《說苑》，子奇年十八，齊君使主東阿，東阿大化。㉝終賈揚聲，亦在弱冠：《漢書》，終軍年十八，自請願以長纓必羈南越王，而致之闕下，武帝奇其對，擢為諫議大夫，往說越，越聽命。賈誼年十八，揚聲漢庭，文帝超遷之。㉞回：轉，反。㉟剗：削。㊱戾：乖。㊲厭：滿。㊳剝：剝駁古通。㊴異之則朝失其便，同之則王言已行：言若附同雄言，而與駮議者異，則朝政為不便；若與駮議者同，而以雄言為非，則上已從雄言而行之矣。㊵辛卯初令郡國云云：按《後漢書・順帝紀》為十一月辛卯事，《通鑑》脫去其月。上文所云諸事，亦只冠以冬字，究為何月，未曾書明。㊶臺郎：尚書郎。㊷彈冠：言出仕。㊸民表：袁宏《後漢紀》作民表。㊹察舉清平，多得其人：惠棟曰：「張璠漢記云：『時稱左伯豪（左雄字）為尚書，天下皆慎選舉。』」㊺恭陵：安帝陵。㊻廡：廊屋，《說文》，堂下周屋曰廡。

二年（西元一三三年）

㈠春正月，詔公車徵顗，問以災異。顗上章曰：「三公上應臺階，下同元首㊀，政失其道，則寒陰反節。今之在位，競託高虛，納累鍾〔二〕之奉〔三〕，亡天下之憂，棲遲〔四〕偃仰〔五〕，寢疾自逸，被策文，得賜錢，即復起矣。何疾之易，而愈之速？以此消伏災眚，興致升平，其可得乎？今選牧守，委任三府〔六〕。長吏不良，既咎州郡，州郡有失，豈得不歸責舉者。而陛下崇之彌優，自下慢事愈甚。所謂大網疏，小網數〔七〕。三公非臣之仇，臣非狂夫之作。所以發憤忘食，懇懇不已者，誠念朝廷欲致興平。臣書不擇言，死不敢恨。因條便宜七事：一、園陵火災，宜念百姓之勞，罷繕脩之役。二、立春以後，陰寒失節。宜采納良臣，以助聖化。三、今年少陽之歲，春當旱，夏必有水。宜遵前典，惟節惟約。四、去年八月，熒惑〔八〕出入軒轅〔九〕。宜簡出宮女，恣其姻嫁。五、去年閏十月〔一〇〕，有白氣從西方天苑，趨參左足，入玉井〔一一〕。恐立秋以後，將有羌寇畔戾之患。宜豫告諸郡，嚴為備禦。六、今月十四日乙卯，白虹貫日。宜令中外官司，並須立秋，然後考事。七、漢興以來，三百三十九歲，於詩三朞〔一二〕。宜大蠲法令，有所變更。王者隨天，譬猶自春徂夏，改青服絳〔一三〕也。自文帝省刑，適三百年〔一四〕。而輕微之禁，漸已殷積。王者之法，譬猶江河，當使易避而難犯也。」二月，顗復上書薦黃瓊李固，以為宜加擢用。又言：「自冬涉春，訖無嘉澤，數有西風，反逆時節㈤。朝廷勞心，廣為禱祈，薦祭山川，暴龍㈥移市㈦。臣聞皇天感物，不為偽動。災變應人，要在責己。若令雨可請降，水可禳止，則歲無隔并，太平可待。然而災害不息者，患不在此也㈧。」書奏，特拜郎中。辭病不就。

㈡三月，使匈奴中郎將趙稠㈨遣從事將南匈奴兵，出塞擊鮮卑，破之。

㈢初，帝之立也，乳母宋娥與其謀。帝封娥為山陽君，又封執金吾梁商子冀為襄邑㈩侯。尚書令左雄上封事曰：「高帝約，非劉氏不王，非有功不侯。孝安皇帝封江京王聖等，遂致地震之異㈪；永建二年，封陰謀之功㈫，又有日食之變。數術之士，咸歸咎於封爵。今青州飢虐，盜賊未息，誠不宜追錄小恩，虧失大典。」詔不聽㈬。

雄復諫曰：「臣聞人君莫不好忠正而惡讒諛。然而歷世之患，莫不忠正得罪，讒諛蒙倖者，蓋聽忠難從諛易也。夫刑罪人，情之所甚惡；貴寵人，情之所甚欲。是以時俗為忠者少，而習諛者多。故令人主數聞其美，稀知其過，迷而不悟，以至於危亡。臣伏見詔書顧念阿母舊德宿恩，欲特加顯賞。案尚書故事㉔，無乳母爵邑之制。唯先帝時，阿母王聖為野王君，聖造生讒賊廢立之禍㉕，生為天下所咀嚼，死為海內所歡快。桀紂貴為天子，而庸僕羞與為比者，以其無義也。夷齊賤為匹夫，而王侯爭與為伍者，以其有德也。今阿母躬蹈儉約，以身率下，羣僚蒸㉖庶，莫不向風。而與王聖並同爵號，懼違本操，失其常願。臣愚以為凡人之心理不相遠，其所不安，古今一也。百姓深懲王聖傾覆之禍，民萌㉗之命，危於累卵，常懼時世復有此類，怵惕㉘之念，未離於心；恐懼之言，未絕於口。乞如前議，歲以千萬給奉阿母㉙。內足以盡恩愛之歡，外可不為吏民所怪。梁冀之封，事非機急，宜過災戹之運，然後平議可否。」於是冀父商讓還冀封，書十餘上，帝乃從之。

夏四月己亥（二十九日），京師地震。五月庚子（一日），詔羣公卿士各直言厥咎，仍各舉敦樸士一人。左雄復上疏曰：「先帝封野王君，漢陽地震㉚。今封山陽君，而京師復震。專政在陰，其災尤大。臣前後瞽言，封爵至重。王者可私人以財，不可以官。宜還阿母之封，以塞災異。今冀已高讓，山陽君亦宜崇其本節。」雄言切至，娥亦畏懼辭讓。而帝戀戀不能已，卒封之。

是時大司農劉春以職事被譴，召詣尚書，傳呼促步㉛，又加以捶撲。雄上言：「九卿位亞三事㉜，班在大臣，行有佩玉之節㉝，動則有庠序之儀㉞。孝明皇帝，始有撲罰，皆非古典。」帝納之。是後九卿無復捶撲者。

㈣戊午（十九日），司空王龔免㉟。六月辛未（二日），以太常魯國孔扶為司空。

㈤丁丑（八日），雒陽宣德亭㊱地拆，長八十五丈。帝引公卿所舉敦樸之士，使之對策，及特問以當世之敝，為政所宜。李固對曰：「前孝安皇帝，變亂舊典，封爵阿母㊲，因造妖孽，改亂嫡嗣㊳，至令聖躬狼狽，親遇其艱。既拔自困殆㊴，龍興即位，天下喁喁[40]，屬望風政。積敝之後，易致中興。誠當沛然[41]思惟善道。而論者猶云『方今之事，復同於前。』臣伏在草澤，痛心傷臆。實以漢興以來，三百餘年，賢聖相繼，十有八主[42]，豈無阿乳之恩，豈忘貴爵之寵？然上畏天威，俯案經典，知義不可，故不封也。今宋阿母[43]雖有大功勤謹之德[44]，但加賞賜，足以酬其勞苦。至於裂土開國，實乖舊典[45]。聞阿母體性謙虛，必有遜讓。陛下宜許其辭國之高，使成萬安之福[46]。夫妃后之家，所以少完全者，豈天性當然，但以爵位尊顯，顓揔權柄，天道惡盈，不知自損，故致顛仆。先帝寵遇閻氏，位號太疾，故其受禍，曾不旋踵[47]。老子曰：『其進銳者，其退速也[48]。』今梁氏戚為椒房[49]，禮所不臣[50]。尊以高爵，尚可然也。而子弟羣從，榮顯兼加。永平建初故事，殆不如此。宜令步兵校尉冀及諸侍中，還居黃門之官。使權去外戚，政歸國家，豈不休[51]乎！又詔書所以禁侍中尚書中臣子弟，不得為吏察孝廉者，以其秉威權，容請託故也。而中常侍在日月之側，聲埶振天下，子弟祿任，曾無限極。雖外託謙默，不干州郡，而諂偽之徒，望風進舉（五二）。今可為設常禁，同之中臣（五三）。昔館陶公主為子求郎，明帝不許，賜錢千萬（五四）。所以輕厚賜，重薄位者，為官人失才，害及百姓也。竊聞長水司馬（五五）武宣、開陽城門候（五六）羊迪等，無他功德，初拜便真（五七）。此雖小失，而漸壞（五八）舊章（五九）。先聖灋度，所宜堅守。故政教一跌，百年不復。詩云：『上帝板板，下民卒癉（六〇）。』刺周王變祖灋度，故使下民將盡病也。今陛下之有尚書，猶天之有北斗也。斗（六一）為天喉舌，尚書亦為陛下喉舌（六二）。斗斟酌元氣，運平四時（六三）。尚書出納王命，賦（六四）政四海，權尊埶重，責之所歸。若不平心，災眚必至。誠宜審擇其人，以毗（六五）聖政。今與陛下共天下者，外則公卿尚書，內則常侍黃門。譬猶一門之內，一家之事。安則共其福慶，危則通其禍敗。刺史二千石外統職事，內受灋則。夫表曲者，景必邪；源清者，流必潔。猶叩樹本，百枝皆動也。由此言之，本朝號令，豈可蹉跌。天下之紀綱，當今之急務也。夫人君之有政，猶水之有隄防。隄防完全，雖遭雨水霖潦，不能為變。政教一立，暫（六六）遭凶年，不足為憂。誠令隄防穿漏，萬夫同力，不能復救。政教一壞，賢智馳騖，不能復還。今隄防雖堅，漸有孔穴㊄㊆。譬之一人之身，本朝者，心腹也；州郡者，四支也。心腹痛則四支不舉。故臣之所憂，在腹心之疾，非四支之患也。苟堅隄防，務政教，先安心腹，整理本朝，雖有寇賊水旱之變，不足介意也。誠令隄防壞漏，心腹有疾，雖無水旱之災，天下固可以憂矣。又宜罷退宦官，去其權重；裁置常侍二人方直有德者省事，左右小黃門五人才智閑雅者給事殿中㊅㊇。如此則論者厭塞，升平可致也。」

扶風功曹馬融對曰：「今科條品制，四時禁令，所以承天順民者，備矣，悉矣，不可加矣。然而天猶有不平之效，民猶有咨嗟之怨者，百姓屢聞恩澤之聲，而未見惠和之實也。古之足民者，非能家贍而人足之，量其財用，為之制度。故嫁娶之禮儉，則婚者以時矣；喪祭之禮約，則終者掩藏矣；不奪其時，則農夫利矣。夫妻子以累其心，產業以重其志，舍此而為非者，有必不多矣㊅㊈。」

太史令㊆〇南陽張衡對曰：「自初舉孝廉，迄今二百歲矣㊆㊀。皆先孝行，行有餘力，始學文法。辛卯詔書(七二)，以能章句奏案為限。雖有至孝，猶不應科。此棄本而取末。曾子長於孝，然實魯鈍，文學不若游夏，政事不若冉季。今欲使一人兼之，苟外有可觀，內必有闕。則違選舉孝廉之志矣。且郡國守相，剖符寧境，為國大臣，一旦免黜十有餘人(七三)，吏民罷於送迎之役，新故交際，公私放濫。或臨政為百姓所便，而以小過免之，是為奪民父母，使嗟號也。易不遠復(七四)，論不憚改(七五)。朋友交接，且不宿過。況於帝王承天理物，以天下為公者乎？中間(七六)以來，妖星見於上(七七)，震裂著於下(七八)，天誡詳矣。可為寒心！明者消禍於未萌。今既見矣，脩政恐懼，則轉禍為福矣。」

上覽眾對，以李固為第一。即時出阿母還舍，諸常侍悉叩頭謝罪，朝廷肅然。以固為議郎，而阿母宦者皆疾之。詐為飛章，以陷其罪。事從中下(七九)。大司農南郡黃尚等請之於梁商，僕射黃瓊復救明其事，久乃得釋，出為洛令。固棄官歸漢中。

融博通經籍，美文辭對奏。亦拜議郎。衡善屬文，通貫六蓺。

雖才高於世，而無驕尚之情㈧⓪。善機巧，尤致思於天文、陰陽、歷算，作渾天儀，著靈憲㈧㈠。性恬憺，不慕當世。所居之官，輒積年不徙。

㈥太尉龐參在三公中，最名忠直，數為左右所毀。會所舉用忤帝旨，司隸承風案之。時當會茂才孝廉㈧㈡，參以被奏，稱疾不會。廣漢上計掾段恭因會上疏曰：「伏見道路行人，農夫織婦，皆曰：『太尉參竭忠盡節，徒以直道，不能曲心，孤立羣邪之間，自處中傷之地。』夫以讒佞傷毀忠正，此天地之大禁，人主之至誡也。昔白起賜死，諸侯酌酒相賀㈧㈢；季子來歸，魯人喜其紓難㈧㈣。夫國以賢治，君以忠安。今天下咸欣陛下有此忠賢。願卒寵任，以安社稷。」書奏，詔即遣小黃門視參疾㈧㈤，太醫致羊酒。後參夫人疾前妻子，投於井而殺之。雒陽令祝良奏參罪。秋七月己未（二十日），參竟以災異免。

㈦八月己巳（一日），以大鴻臚施延為太尉。

㈧鮮卑寇馬城，代郡太守擊之，不克。頃之，其至鞬死，鮮卑由是抄盜差稀。

【今註】㊀三公上應臺階，下同元首：李賢曰：「春秋元命包曰：魁下六星，兩兩而比，曰三臺。前書音義曰：泰階，三臺也。又黃帝泰階六。符經曰：泰階者，天之三階也，上階為天子，中階為諸侯公卿大夫，下階為士庶人，三階平，則陰陽和，風雨時。尚書曰：君為元首，臣作股肱。言三公上象天之臺階，下與人君同體也。」㊁鍾：六斛四斗。㊂奉：與俸同。㊃棲遲：遊息。㊄偃仰：臥。㊅三府：三公。㊆大網疏，小網數：數，密也。謂緩於三公，而切於州郡。㊇熒惑：火星。㊈軒轅：《晉書・天文志》，軒轅十七星。㊉閏十月：錢大昕曰：「案頭上便宜七事在陽嘉二年，順帝紀（《後漢書・順帝紀》）陽嘉元年閏月戊子，客星出天苑，即其事也。紀書閏月於十二月之後，則是閏十二月也。以四分術推之，是歲閏餘十八，閏當在十二月後，其月癸酉朔，十七日恰得己丑（《後漢書・顗傳》云閏十月十七日己丑）。此傳（《後漢書・顗傳》）云閏十月者，誤也。十字蓋衍文，或當云閏十二月。」㊁有白氣從西方天苑趨參左足入玉井：《續漢志》，時客星氣白廣二尺，長五丈，起天苑西南。《晉書・天文志》，天苑十六星，在昴畢南，天子之苑囿，養獸之所也。參十星，白虎之體，其中三星，橫列三將也，東北曰左肩，主左將；西北曰右肩，主右將；東南曰左足，主後將軍；西南曰右足，主偏將軍；玉井四星，在參左足下，主水漿以給廚。㊂於詩三朞：李賢曰：「謂以三朞之法推之也。」錢大昕曰：「案詩三基（從《後漢書・顗傳》作基）者，蓋詩汜歷樞之別名，猶稽覽圖稱中孚傳也。其法蓋以三百六十歲為一周十二辰，各三十年一辰。」⑬自春徂夏，改青服絳：春服青，夏服絳，各隨時之色。⑭自文帝省刑，適三百年：自文帝十三年（西元前一六七年）除肉刑，至順帝陽嘉二年（西元一三三年），適三百年。⑮數有西風，反逆時節：李賢曰：「春當東風也。」⑯暴龍：董仲舒《春秋繁露》云：「春旱，以甲乙為蒼龍一，長八丈，居中央；為小龍五，各長四丈，皆東向，其間相去八尺，小童八人皆齋三日，服青衣而舞之。夏以丙丁日為赤龍，服赤衣。季夏以戊己日為黃龍，服黃衣。秋以庚辛日為白龍，服白衣。冬以壬癸日為黑龍，服黑衣。龍長與舞童各依其行數，牲各依其方色，皆燔雄雞，燒猳豬尾於里北門及市中以祈焉。」⑰移市：《禮記・檀弓篇》，歲旱，魯穆公問於縣子，縣子曰：「為之徙市，不亦可乎。」⑱不在此：言不在祈禱。⑲趙稠：《後漢書・順帝紀》作王稠，《通鑑》從《後漢書・鮮卑傳》。⑳襄邑：在今河南睢縣西。㉑孝安皇帝封江京王聖等，遂致地震之異：事見上卷安帝建光元年及延光二年。㉒永建二年，封陰謀之功：胡三省曰：「不見于史。」㉓詔不聽：《後漢書・左雄傳》詔作帝，綱目同。㉔尚書故事：漢故事皆尚書主之。㉕王聖云云：事見上卷安帝延光三年。㉖蒸：眾。㉗萌：與氓同。㉘怵惕：悚懼。㉙乞如前議，歲以千萬給奉阿母：胡三省曰：「蓋雄先已有此議，今乞行之也。」㉚先帝封野王君，漢陽地震：胡三省曰：「安帝延光二年，封王聖，是歲京師及郡國三地震，漢陽蓋其一也。」㉛促步：催使速行。㉜三事：《東觀漢記・左雄傳》作三公。㉝行有佩玉之節：《禮記》云：「公侯佩山玄玉，而朱組綬；大夫佩水蒼玉，而緇組綬。」《詩》曰：

「雜佩以贈之。」毛氏注云：「珩璜琚瑀衝牙之類。」《月令章句》曰：「佩上有雙珩，下有雙璜，琚瑀以雜之，衝牙蠙珠，以納其間。」《玉藻》曰：「左徵角，右宮羽，進則揖之，退則揚之，然後玉瑲鳴也。」至漢明帝，乃為大佩，衝牙雙瑀璜皆以白玉，乘輿落以白珠，公卿諸侯以綵絲。」孔穎達曰：「凡佩玉，必上繫於衡，下垂三道，穿以蠙珠，下端前後，以懸於璜，中央下端，懸以衝牙，動則衝牙前後觸璜而為聲，所觸之玉，其形似牙，故曰衝牙。」㉞庠序之儀：胡三省曰：「謂濟濟蹌蹌。」㉟司空王龔免：按《後漢書・王龔傳》，為以地震策免。㊱宣德亭：胡三省曰：「續漢志，宣德亭，近郊地。光武立郊兆於洛陽城南，亭蓋在平城門外。」㊲阿母：指王聖。㊳改亂嫡嗣：謂順帝為太子時廢為濟陰王。㊴殆：危。㊵喁喁：顏師古曰：「眾口向上貌。」㊶沛然：李賢曰：「寬廣之意。」㊷十有八主：高、惠、文、景、武、昭、宣、元、成、哀、平、光、明、章、和、殤、安、順，凡十八主。㊸宋阿母：指宋娥。㊹大功勤謹之德：何焯曰：「大功二字有訛。」惠棟曰：「案袁紀亦云，非訛也。大功謂謀立帝，勤謹謂娥為乳母。」㊺裂土開國，實乖舊典：惠棟曰：「漢書舊典無乳母爵邑之制。」㊻許其辭國之高，使成萬安之福：《後漢書・左雄傳》，宋娥亦畏懼辭讓。㊼閻氏云云：安帝建光元年諸鄧得罪，閻氏始盛，延光四年閻氏誅，為時僅五年。㊽老子曰，其進銳者，其退速也：李賢曰：「案孟子有此文，謝承書亦云孟子，而續漢書復雲老子。」㊾椒房：皇后所居，以椒泥塗之。㊿禮所不臣：禮不臣妻之父母。(五一)休：美。(五二)進舉：謂州郡阿私宦官，進舉其子弟。(五三)中臣：中朝臣，自大將軍下至給事中左右曹為中朝臣。(五四)館陶公主云云：事見卷四十五永平十八年。(五五)長水司馬：《續漢志》，長水校尉一人，比二千石，司馬一人，千石，掌宿衛。(五六)開陽城門候：洛陽城十二門，每門候一人，秩六百石。開陽門其中之一門。(五七)初拜便真：漢制，初拜官稱守，滿歲為真。(五八)壞：音怪。(五九)舊章：《續漢書》云：「中都官千石六百石，故事先守一歲，然後補真。」(六〇)上帝板板，下民卒癉：凡伯刺周厲王之詩。板，反也。卒，盡也。癉，病也。(六一)斗：藝文類聚四十八引續《後漢書》作北斗。(六二)尚書亦為陛下喉舌：《漢官解詁》云：「尚書出納詔命，齊眾喉舌。」傅子云：「尚書出入王命，喉舌之任也。」(六三)斗斟酌元氣，運乎四時：斗為帝車，運乎中央，臨制四方，分陰陽，建四時，均五行，移節度，定諸紀，皆繫於斗。(六四)賦：布。(六五)毗：輔。(六六)蹔：與暫同。(六七)今隄防雖堅，漸有孔穴：胡三省曰：「諭嬖倖之門也。當此之時，不可以言漸矣，固特婉其詞耳。」(六八)裁置常侍二人云云：范曄曰：「漢承秦制，置中常侍官，然亦引用士人，以參其選，皆銀璫左貂，給事殿省。及高后稱制，乃以張卿為大謁者，出入臥內，受宣詔命。文帝時有趙談北宮伯子，頗見親幸。至於武帝，亦愛李延年，帝數宴後庭，或潛遊離館，故請奏機事，多以宦人主之。至元帝之世，史游為黃門令，勤身納忠，有所補益，其後弘恭石顯，以佞險自進，卒有蕭周之禍，損穢帝德焉。中興之初，宦官悉用閹人，不復雜調他士。至永平中，始置員數，中常侍四人，小黃門十人。和帝即祚幼弱，竇憲兄弟專總威權，所與居者，閹宦而已，故鄭眾得專謀禁中，終除大憝，遂享分土之封，超登公卿之位，於是中官始盛矣。自明帝之後，迄于延平，委用漸大，其員稍增，中常侍至有十人，小黃門二十人，改以金璫右貂，兼領卿署之職。鄧后以女主臨政，萬機殷遠，朝臣國議，無由參斷，不得不委用刑人，寄之國命，手握王爵，口銜天憲，非復掖庭永巷之職，閨牖房闥之任也。」(六九)馬融對曰云云：胡三省曰：「馬融之對，不詭於聖人，蓋有得於經學，故其辭氣和平，而切於政體也。」(七〇)太史令：屬太常，秩六百石，掌天時星曆。(七一)自初舉孝廉，迄今二百歲矣：漢武帝元光元年（西元前一三四）初舉孝廉至是（順帝陽嘉二年，西元一三三年）凡二百六十七年。胡三省云凡二百七年誤。(七二)辛卯詔書：指陽嘉元年冬十一月辛卯詔書。(七三)一旦免黜十有餘人：指濟陰太守胡廣等。(七四)易不遠復：《易》云：「不遠復，無祇悔。」(七五)論不憚改：《論語・學而篇》云：「過則勿憚改。」(七六)中間：近年。(七七)妖星見於上：胡三省引《古今注》云：「是年四月壬寅，太白晝見。五月癸巳，又晝見。」(七八)震裂著於下：永建三年京師地震；是年宣德亭地裂。(七九)從中下：謂不經尚書。(八〇)無驕尚之情：胡三省曰：「驕者，以才驕人也；尚者，以才尚人也。」惠棟曰：「碑云：體性溫良，聲氣芬芳，仁愛篤密，與世無傷，可謂淑人君子者矣。」(八一)作渾天儀，著靈憲：蔡邕曰：「言天體者三家，一曰周髀，二曰宣夜，三曰渾天。宣夜之學，絕無師法。周髀數術具存，考驗天狀，多所違失，故史官不用。唯渾天者，近得其情，今史官所用候臺銅儀，則其法也。立八尺圓體之度，而具天地之象，以正黃道，以察法動，以行日月，以布五緯，精微深妙，萬世不易之道也。」《靈憲・序》云：「昔在先王，將步天路，用定靈軌，尋緒本元，先準之於渾體，是為正儀，故靈憲作興。」王蕃曰：「天地之體，狀如雞卵，天包地外，猶殼之裹黃也，周旋無端，其形渾渾然，故曰渾天。周天三百六十五度，五百八十九分，度之百四十五，半露地上，半在地下，其二端謂之南極北極，北極出地三十六度，南極入地亦三十六度，兩極相去一百八十二度半強。繞北極徑七十二度，常見不隱，謂之上規。繞南極七十五度，常隱不見，謂之下規。赤道帶天之紘，去兩極各九十一度少強。黃道日之所行也，半在赤道外，半在赤道內，與赤道東交於角五弱，西交於奎十四少強。其出赤道外極遠者，去赤道二十四度，斗二十一度是也。其入赤道內極遠者，亦二十四度，井二十五度是也。日南至在斗二十一度，去極百一十五度少強是也。日最南去極最遠，故景最長。黃道斗二十一度，出辰入申，故日亦出辰入申，日晝行地上百四十六度強，故日短；夜行地下二百一十九度少弱，故夜長。自南至之後，日去極稍近，故景稍短；日晝行地上度稍多，故日稍長；夜行地下度稍短，故夜稍短；日所在度稍北，故日稍北，以至於夏至，日在井二十五度，去極六十七度稍強是也。日最北，去極最近，景最短，黃道井二十五度，出寅入戌，故日亦出寅入戌，日晝行地上二百一十九度少弱，故日長；夜行地下百四十六度強，故夜短。自夏至之後，日去極稍遠，故景稍長；日晝行地上度稍少，故日稍短；夜行地下度稍多，故夜稍長；日所在度稍南，故日出入稍南，以至於南至，而復初焉，斗二十一，井二十五，南北相覺四十八度。春分日在奎十四稍強，秋分日在角五稍弱，此黃赤二道之交中也，去極俱九十一度少強，南北處斗二十一，井二十五之中，故景居二至短長之中，奎十四角五出卯入酉，故日亦出卯入酉，日晝行地上，夜行地下，俱百八十度半強，故日見之漏晝五十刻，不見之漏五十刻，而晝夜同。夫天之晝夜，以日出入為分，人之晝夜，以昏明為限，日未出二刻半而明，日未入二刻半而昏，故損夜五刻以益晝，是以春秋之漏，晝五十五刻。」㊁會茂才孝廉：漢郡國歲舉茂才孝廉，與上計吏皆至京師，受計之日，公卿皆會于廷，茂才孝廉亦與會。(八三)白起賜死云云：事見卷五周赧王五十年。(八四)季子來歸，魯人喜其紓難：季子，魯公子季友，閔公之時，魯國多難，以季子忠賢，而出奔於陳，故請於霸主齊侯而復之。《公羊傳》云：「季子來歸，其言季子何？賢也。其言來歸，喜之也。」(八五)遣小黃門視參疾：惠棟曰：「華陽國志，帝悟，即日召西曹掾問疾。」

卷五十二　漢紀四十四

起閼逢閹茂，盡旃蒙作噩，凡十二年。（甲戌至乙酉，西元一三四年至一四五年。）

司馬光編集
傅樂成註

孝順皇帝下

陽嘉三年（西元一三四年）

㈠夏，四月，車師後部司馬率後王加特奴，掩擊北匈奴於閶吾陸谷，大破之，獲單于母。

㈡五月，戊戌（四日），詔以春夏連旱，赦天下。上親自露坐㈡德陽殿㈢東廂請雨，以尚書周舉才學優深，特加策問。舉對曰：「臣聞陰陽閉隔，則二氣否塞。陛下廢文帝、光武之法，而循亡秦奢侈之欲；內積怨女，外有曠夫；自枯旱以來，彌歷㈣年歲，未聞陛下改過之効；徒勞至尊，暴露風塵，誠無益也㈤。陛下但務其華，不尋其實，猶緣木希魚，却行求前㈥。誠宜推信革政，崇道變惑；出後宮不御之女，除太官重膳之。費易傳曰：『陽感天，不旋日(七)。』惟陛下留神裁察。」帝復召舉面問得失，舉對以宜慎官人，去貪汙，遠佞邪。帝曰：「官貪汙佞邪者為誰乎？」對曰：「臣從下州超備機密(八)，不足以別羣臣。然公卿大臣數有直言者，忠貞也；阿諛苟容者，佞邪也。」

太史令張衡亦上疏言：「前年京師地震土裂，裂者威分，震者民擾也。竊懼聖思厭倦，制不專己，恩不忍割，與眾共威。威不可分，德不可共。願陛下思惟所以稽古率舊，勿使刑德八柄(九)，不由天子。然後神望允塞，災消不至矣。」

衡又以中興之後，儒者爭學圖緯(一〇)，上疏言：「春秋元命包(一一)，有公輸班(一二)與墨翟，事見戰國；又言別有益州，益州之置，在於漢世(一三)。又劉向父子，領校秘書，閱定九流，亦無讖錄(一四)。則知圖讖成於哀平之際，皆虛偽之徒，以要世取資；欺罔較然，莫之糾禁。且律歷、卦候、九宮、風角(一五)，數有徵効，世莫肯學，而競稱不占之書(一六)。譬猶畫工惡圖犬馬，而好作鬼魅(一七)；誠以實事難形，而虛偽不窮也。宜收藏圖讖，一禁絕之。則朱紫無所眩，典籍無瑕玷矣。」

㈢秋，七月，鍾羌良封等復寇隴西、漢陽，詔拜前校尉馬賢為謁者，鎮撫諸種。冬，十月，護羌校尉馬續遣兵擊良封，破之。㈣十一月，壬寅（十一日），司徒劉崎、司空孔扶免，用周舉之言也。乙巳（十四日），以大司農黃尚為司徒，光祿勳河東王卓為司空。

㈤耿貴人數為耿氏請，帝乃紹封耿寶子箕為牟平侯㈥。

【今註】㊀閶：音昌（ㄔㄤ）。㊁露坐：露天而坐。㊂德陽殿：據《後漢書・七・桓帝紀》，德陽殿在北宮掖庭中。㊃彌歷：經歷。㊄誠無益也：謂不改過修德，雖露坐亦無濟於事。㊅猶緣木希魚，却行求前：李賢曰：「緣木求魚，孟子之文。韓詩外傳曰：『夫明鏡所以照形，往古所以知今；惡知往古之所以危亡，無異卻行而求達於前人也。』」却行，後退而行。二者均喻事之決難有成。㊆費易傳曰：「陽感天，不旋日」：費易，指西漢費直所治之古文易。胡三省引《易稽覽圖・中孚傳》曰：「陽感天，不旋日；諸侯不旋時；大夫不過朞。」鄭玄注云：「陽者，天子。為善一日，天立應以善；為惡一日，天立應以惡。」㊇臣從下州超備機密：胡三省曰：「舉自冀州刺史徵拜尚書。」㊈八柄：胡三省曰：「周禮，王以八柄馭羣臣：一曰爵，以馭其貴；二曰祿，以馭其富；三曰予，以馭其幸；四曰置，以馭其行；五曰生，以馭其福；六曰奪，以馭其貧；七曰廢，以馭其罪；八曰誅，以馭其過。」㈩圖緯：謂圖讖及緯書。圖讖為預言式之文字或圖畫，詭為隱語，以示吉凶。緯書為漢代經生假託經義以究災祥之書，緯者取與經相輔之義。有所謂「七緯」，即易緯、書緯、詩緯、禮緯、樂緯、孝經緯、春秋緯。㈡春秋元命包：春秋緯之一。㈢公輸班：李賢曰：「衡集云：『班與墨翟並當子思時，出仲尼後也。』」㈢益州之置，在於漢世：益州置於武帝元封五年（西元前一〇六年）。㈣劉向父子領校祕書，閱定九流，亦無讖錄：李賢曰：「成哀時，劉向及子歆為祕書，校定經傳諸子等。九流謂儒家、道家、陰陽家、法家、名家、墨家、縱橫家、雜家、農家。見（《漢書》）藝文志，並無讖說。」㈤律歷、卦候、九宮、風角：律歷，謂樂律及曆法。卦候，西漢京房以六十四卦配節候，曰卦候。九宮，陰陽家之星占學。風角，古占候之法，以五音占風而定吉凶。㈥競稱不占之書：不占，無據。謂競稱讖說。㈦惡圖犬馬而好作鬼魅：李賢引《韓非子》曰：「客有為齊王畫者，問『畫孰難？』對曰：『狗馬最難？』『孰易？』曰：『鬼魅最易。狗馬人所知也，故難；鬼魅無形，故易也。』」㈧紹封耿寶子為牟平侯：耿寶貶死事，見卷五十一安帝延光四年㈧。

四年（西元一三五年）

㈠春，北匈奴呼衍王侵車師後部；帝令敦煌太守發兵救之，不利。

㈡二月，丙子（十六日），初聽中官得以養子襲爵㈠。初，帝之復位，宦官之力也㈡。由是有寵，參與㈢政事。御史張綱上書曰：「竊尋文明二帝，德化尤盛，中官常侍，不過兩人；近倖賞賜，裁滿數金。惜費重民，故家給人足。而頃者以來，無功小人，皆有官爵。非愛民重器，承天順道者也。」書奏不省。綱，皓之子也㈣。皓，早。

㈢謁者馬賢擊鍾羌，大破之。

㈣夏，四月，甲子（五日），太尉施延免。

㈤戊寅（十九日），以執金吾梁商為大將軍，故太尉龐參為太尉。商稱疾不起，且一年；帝使太常桓焉奉策，就第即拜㈤，商乃詣闕受命。商少通經傳，謙恭好士，辟漢陽巨覽㈥、上黨陳龜為掾屬，李固為從事中郎，楊倫為長史。

李固以商柔和自守，不能有所整裁，乃奏記於商曰：「數年以來，災怪屢見。孔子曰：『智者見變思形，愚者覩怪諱名㈦。』天道無親，可為祇畏㈧。誠令王綱一整，道行忠立，明公踵伯成之高

㈨，全不朽之譽。豈與此外戚凡輩，耽榮好位者，同日而論哉！」商不能用。

㈥秋，閏八月，丁亥（一日），朔，日有食之。

㈦冬，十月，烏桓寇雲中，度遼將軍耿曄追擊，不利。十一月，烏桓圍曄於蘭池城⑩，發兵數千人救之，烏桓乃退。

㈧十二月甲寅（三十日），京師地震。

【今註】㊀初聽中官得以養子襲爵：胡三省曰：「曹操階之，遂移漢祚，其所由來者漸矣。」㊁帝之復位，宦官之力也：事見卷五十一安帝延光四年㊂。㊂與：讀曰預。㊃綱，皓之子也：張皓見卷五十安帝延光三年㊉。㊄就第即拜：胡三省註謂杜佑曰：「後漢策拜諸王侯三公之儀，百官會位定，謁者引光祿勳前；謁者引當拜者前，伏殿下。光祿前一拜，舉手曰：『制詔，其以某為某。』讀策書畢，拜者稱臣再拜。尚書即以璽印綬付侍御史，前面立受印璽綬，當受策者再拜頓首三。贊謁者曰：『某王臣某新封某公某初除，謝！』中謁者報：『謹謝！』贊者立曰：『皇帝為公興重坐。』受策者拜謝，起就位，禮畢。」自漢以來，惟衞青以有功即軍中拜大將軍，未聞有就第即拜者也。況以此異數加之后父乎！㊅巨覽：巨姓，覽名。㊆孔子曰：「智者見變思形，愚者覩怪諱名」：胡三省曰：「范（曄後漢）書李固傳，形作刑。此二語蓋亦本之緯書。」㊇天道無親，可為祇畏：李賢曰：

「祇，敬也。言天道無親疎，惟善是與，可敬而畏也。」㊈明公踵伯成之高：胡三省引《莊子》曰：「伯成子高，唐虞時為諸侯，至禹，去而耕於野。」㊉蘭池城：胡三省引《續漢志》：「雲中郡沙南縣有蘭池城。」按池南故城在今綏遠省河套內鄂爾多斯左翼後旗地。

永和元年（西元一三六年）

㈠春，正月，己巳（十五日），改元，赦天下。

㈡冬，十月，丁亥（七日），承福殿火。

㈢十一月，丙子（二十七日），太尉龐參罷。

㈣十二月，象林㊀蠻夷反。

㈤乙巳（二十六日），以前司空王龔為太尉。龔疾宦官專權，上書極言其狀。諸黃門使客誣奏龔罪，上命龔亟自實㊁。李固奏記於梁商曰：「王公以堅貞之操，橫為讒佞所構，眾人聞知，莫不歎慄。夫三公尊重，無詣理訴冤之義㊂。纖微感槩，輒引分決。是以舊典不有大罪，不至重問㊃。王公卒㊄有他變，則朝廷獲害賢之名，羣臣無救護之節矣。語曰：『善人在患，饑不及餐㊅。』斯其時也。」商即言之於帝，事乃得釋。

㈥是歲，以執金吾梁冀為河南尹。冀性嗜酒，逸遊自恣，居職多縱暴非濃。父商所親客雒陽令呂放以告商，商以讓冀。冀遣人於道刺殺放，而恐商知之；乃推疑放之怨仇㊆，請以放弟禹為雒陽令，使捕之㊇，盡滅其宗親賓客百餘人。

㈦武陵太守上書，以蠻夷率服㊈，可比漢人增其租賦。議者皆以為可。尚書令虞詡曰：「自古聖王不臣異俗，先帝舊典，貢賦多少，所由來久矣㊉。今猥增之，必有怨叛，計其所得，不償所費，必有後悔。」帝不從。澧中、漊中蠻，各爭貢布非舊約，遂殺鄉吏，舉種反。

【今註】㊀象林：在今越南南部。㊁自實：自詣廷尉，辨明事實。㊂三公尊重，無詣理訴冤之義：理，指廷尉。胡三省曰：「哀帝時，丞相王嘉召詣廷尉。主簿曰：『將相不對理陳冤，相踵以為故事，君侯宜引決。』」㊃不有大罪，不至重問：李賢曰：「大臣獄重，故曰『重問』。成帝時丞相薛宣、御史大夫翟方進有罪，上使五二千石雜問。」㊄卒：讀曰猝。㊅語曰：「善人在患，飢不及餐」：胡三省曰：「言當速救之也。」㊆乃推疑放之怨仇：胡三省曰：「惡自冀出，欲嫁之他人，故託其辭，疑放之怨仇為之。」⑧請以放弟禹為雒陽令，使捕之：李賢曰：「安慰放家，欲以滅口。」胡三省曰：「余謂賢說非也。冀請於商以放弟為令，謂必急於捕賊；而陰使禹滅其兄之宗親賓客，以快己忿耳。」周昌壽曰：「冀推疑於放之仇家，而以其弟禹為令；（李）注故云云。然殺之則可曰滅口，既官放弟以安慰其家，是塞口以泯怨也。（李）注云滅口，誤。」⑨率服：胡三省曰：「言相率而來服。」⑩先帝舊典，貢賦多少，所由來久矣：胡三省曰：「漢興，令武陵諸蠻，大人歲輸布一匹，小口一丈，是謂之賨布。」

二年（西元一三七年）

㈠春，武陵蠻二萬人圍充城①，八千人寇夷道②。

㈡二月，廣漢屬國都尉③擊破白馬羌。

㈢帝遣武陵太守李進擊叛蠻，破平之。進乃簡選良吏，撫循蠻夷，郡境遂安。

㈣三月司空王卓薨。丁丑（三十日），以光祿勳郭虔為司空。

【考異】袁書作乾，今從范書。

㈤夏，四月，丙申（十九日），京師地震。

㈥五月，癸丑（六日），山陽君宋娥坐構姦誣罔，收印綬，歸里舍。黃龍、楊佗、孟叔、李建、張賢、史汎、王道、李元、李剛等九侯，坐與宋娥更相賂遺，求高官增邑，並遣就國。減租四分之一。【考異】孫程傳云：「龍等誣罔曹騰、孟賁。」按梁商傳，誣罔曹騰賁者，張逵等，非龍等也。

㈦象林蠻區憐等，攻縣寺㊃，殺長吏。交趾刺史樊演發交趾九真兵萬餘人救之，兵士憚遠役，秋七月，二郡兵反，攻其府，府雖擊破反者，而蠻埶轉盛。

㈧冬，十月，甲申（十日），上行幸長安，扶風田弱薦同郡灋真，博通內外學㊄，隱居不仕，宜就加衮職㊅。帝虛心欲致之，前後四徵，終不屈。友人郭正稱之曰：「灋真名可得聞，身難得而見；逃名而名我隨，避名而名我追；可謂百世之師者矣。」真，雄之子也㊆。

㈨丁卯㊇，京師地震。太尉王龔以中常侍張昉等專弄國權，欲奏誅之；宗親有以楊震行事諫之者㊈，龔乃止。

㈩十二月，乙亥（二日），上還自長安。

【今註】㈠充：縣名，屬武陵郡，故城在今湖南大庸縣西。㈡夷道：縣名，屬南郡，故城在今湖北宜都縣西北。㈢廣漢屬國都尉：胡三省曰：「安帝改蜀郡北部都尉為廣漢屬國都尉，別領陰平、甸氐、剛氐三道，屬益州。」按廣漢屬國治陰平道，今甘肅省文縣西北。甸氐，今甘肅省文縣西。剛氐，今四川平武縣東。㈣縣寺：縣內之官廳。㈤內外學：胡三省曰：「東都詩儒，以七緯為內學，六經為外學。」㈥袞職：李賢曰：「毛詩曰：『袞職有缺』，謂三公也。」㈦真，雄之子也：瀼雄見卷四十九安帝永初四年㈢。㈧丁卯：是年十月無此日。據《後漢書・順帝紀》，地震在十一月丁卯（二十三日）。㈨宗親有以楊震行事諫之者：楊震事見卷五十安帝延光三年㈢。

三年（西元一三八年）

㈠春，二月，乙亥（三日），京師及金城、隴西地震，二郡山崩。

㈡夏，閏四月，己酉（八日），京師地震。

㈢五月，吳郡丞羊珍反，攻郡府，太守王衡，破斬之。

㈣侍御史賈昌，與州郡幷力討區憐，不尅，為所攻圍。歲餘，兵穀不繼，帝召公卿百官及四府掾屬㈠，問以方略。皆議遣大將發荊、楊、兗、豫四萬人赴之。

李固駮曰：「若荊揚無事，發之可也。今二州㈡盜賊，磐結不散；武陵、南郡，蠻夷未輯；長沙桂陽，數被徵發；如復擾動，必更生患。其不可一也。又兗豫之人，卒被徵發，遠赴萬里，無有還期，詔書迫促，必致叛亡。其不可二也。南州水土溫暑，加有瘴氣㈢，致死亡者，十必四五。其不可三也。遠涉萬里，士卒疲勞，比至嶺南，不復堪鬬。其不可四也。軍行三十里為程，而去日南九千餘里，三百日乃到。計人稟五升㈣，用米六十萬斛。不計將吏驢馬之食，但負甲㈤自致，費便若此。其不可五也。設軍所在，死亡必眾，既不足禦敵，當復更發。此為刻割心腹，以補四支。其不可六也。九真、日南，相去千里，發其吏民，猶尚不堪；何況乃苦四州之卒，以赴萬里之艱哉！其不可七也。前中郎將尹就討益州叛羌，益州諺曰：『虜來尚可，尹來殺我。』後就徵還，以兵付刺史張喬，喬因其將吏，旬月之間，破殄寇虜㈥。此發將無益之效，州郡可任之驗也。宜更選有勇略仁惠任將帥者，以為刺史太守，悉使共住交阯。今日南兵單無穀㈦，守既不足，戰又不能；可一切徙其吏民，北依交趾，事靜之後，乃命歸本。還募蠻夷，使自相攻，轉輸金帛，以為其資。有能反間致頭首㊇者，許以封侯裂土之賞。故幷州刺史長沙祝良，性多勇決；又南陽張喬，前在益州，有破虜之功；皆可任用。昔太宗就加魏尚為雲中守㊈，哀帝即拜龔舍為泰山守⑩；宜即拜良等，便道之官。」

四府悉從固議。即拜祝良為九真太守，張喬為交阯刺史。喬至，開示慰誘，並皆降散。良到九真，單車入賊中，設方略，招以威信，降者數萬人，皆為良築起府寺㊁。由是嶺外復平。

㈤秋，八月，己未（二十日），司徒黃尚免。九月，己酉，以光祿勳長沙劉壽為司徒。

㈥丙戌（十七日），令大將軍三公，舉剛毅武猛，謀謨任將帥者各二人；特進卿校尉各一人。

初，尚書令左雄薦冀州刺史周舉為尚書，既而雄為司隸校尉，舉故冀州刺史馮直任將帥。直嘗坐贓受罪，舉以此劾奏雄㊂。雄曰：「詔書使我選武猛，不使我選清高。」舉曰：「詔書使君選武猛，不使君選貪汙也。」雄曰：「進君適所以自伐也。」舉曰：「昔趙宣子任韓厥為司馬，厥以灋戮宣子僕；宣子謂諸大夫曰：『可賀我矣，吾選厥也，任其事(一三)。』今君不以舉之不才，誤升諸朝，不敢阿君以為君羞；不寤君之意與宣子殊也。」雄悅，謝曰：「吾嘗事馮直之父，又與直善；今宣光(一四)以此奏吾，是吾之過也。」天下益以此賢之(一五)。

是時宦官競賣恩勢(一六)，唯大長秋良賀清儉退厚(一七)；及詔舉武猛，賀獨無所薦。帝問其故，對曰：「臣生自草茅，長於宮掖，既無知人之明，又未嘗交加(一八)士類。昔衛鞅因景監以見，有識知其不終(一九)。今得臣舉者，匪榮伊辱(二〇)，是以不敢。」帝由是賞之。【考異】宦者傳云：「陽嘉」。按此詔蓋誤以永和為陽嘉也。

(七)冬，十月，燒當羌(二一)那離等三千餘騎寇金城，校尉馬賢擊破之。

(八)十二月，戊戌（一日），朔，日有食之。

(九)大將軍商以小黃門南陽曹節等用事於中，遣子冀、不疑與為交友，而宦官忌其寵，反欲陷之。中常侍張逵、蘧政、楊定等，與左右連謀，共諂商及中常侍曹騰、孟賁，云欲徵諸王子，圖議廢立，請收商等案罪。帝曰：「大將軍父子我所親，騰、賁我所愛，必無是；但汝曹共妒之耳。」逵等知言不用，懼迫㊂。遂出，矯詔收縛騰、賁於省中。帝聞震怒，敕宦者李歙，急呼騰賁釋之；收逵等下獄。

【今註】㊀四府掾屬：胡三省曰：「大將軍府掾屬二十九人，太尉府二十四人，司徒府三十一人，司空府二十九人。」㊁二州：謂荊、揚二州。㊂瘴氣：胡三省曰：「度嶺而來，瘴氣甚重，炎熱蒸鬱之所生也。中之者輒死。」㊃計人稟五升：李賢曰：「古升小，故曰五升也。稟，給也。」㊄負甲：兵卒。㊅前中郎將尹就，……破殄寇虜：事見卷四十九安帝元初二年㈡及卷五十元初四年㈧。㊆今日南兵單無穀：胡三省曰：「言孤軍處叛蠻之中，又乏糧也。」㊇頭首：胡三省曰：「謂諸蠻渠帥也。」㊈昔太宗就加魏尚為雲中守：太宗，指文帝。魏尚事見卷十四文帝十四㈠。㊉哀帝即拜龔舍為泰山守：胡三省曰：「前（漢）書，龔舍，楚人，初徵為諫大夫，病免；復徵為博士，又病去。頃之，哀帝遣使即拜舍為泰山太守。」㊁府寺：官署。㊂舉以此劾奏雄：胡三省曰：「劾所舉非其人也。」㊂昔趙宣子任韓厥為司馬，……任其事：胡三省曰：「秦晉戰於河曲，趙宣子將中軍，韓厥為司馬。宣子使以其乘車干行，韓厥戮其僕。眾曰：『韓厥必不沒矣！其主朝升之，而暮戮其事。』宣子謂諸大夫曰：『可賀我矣！吾舉厥也，任其事；吾今乃知免於戾矣。』」按韓厥即韓獻子，事見《國語》。㈣宣光：周舉字。㈤天下益以此賢之：胡三省曰：「聞過而服，天下以此益賢左雄。」㈥競賣恩勢：謂挾勢市恩，以樹黨營私。㈦退厚：李賢曰：「謙退而厚重也。」胡三省曰：「余謂退厚者，不與儕輩爭進趣競浮薄也。」㈧交加：交往。㈨昔禽鞅因景監以見，有識知其不終：事見卷二周顯王三十一年㈠。㈩匪榮伊辱：胡三省曰：「言不以為榮，適以為辱也。」⑪燒當羌：羌之一種，居今青海省東境。⑫逵等知言不用，懼迫：胡三省曰：「言既不用，懼禍且及也。」

四年（西元一三九年）

㈠春，正月，庚辰（十三日），逵等伏誅。事連弘農太守張鳳，安平相楊皓，皆坐死。辭所連染㈠，延及在位大臣，商懼多侵枉，乃上疏曰：「春秋之義，功在元帥，罪止首惡㈡。大獄一起，無辜者眾，死囚久繫，纖微成大㈢；非所以順迎和氣，平政成化也。宜早訖竟，以止逮捕之煩㈣。」帝納之，罪止坐者。

二月，帝以商少子虎賁中郎將不疑為步兵校尉，商上書辭曰：

「不疑童孺，猥處成人之位。昔晏平仲辭邶殿以守其富㊄，公儀休不受魚飧以定其位㊅；臣雖不才，亦願固福祿於聖世。」上乃以不疑為侍中奉車都尉。

㈡三月，乙亥（九日），京師地震。燒當羌那離等復反。夏，四月，癸卯（八日），護羌校尉馬賢討斬之，獲首虜千二百餘級。

㈢戊午（二十三日），赦天下。

㈣五月，戊辰（三日），封故濟北惠王壽子安為濟北王㊆。

㈤秋，八月，太原旱。

【今註】 ㊀連染：牽連。㊁春秋之義，功在元帥，罪止首惡：胡三省曰：「春秋左氏傳，晉郤克帥師敗齊師於鞌，師歸，范文子後入，曰：『師有功，國人喜以逆之，先入必屬耳目焉；是代帥受名也，故不敢。』虞師晉師滅下陽，公羊傳曰：『虞，微國也，曷為序於大國之上？使虞首惡也。』」㊂死囚久繫，纖微成大：李賢曰：「言久繫之，則細微之事，牽引以成大也。」㊃非所以順迎和氣，……以止逮捕之煩：胡三省曰：「謂孟春之月，當行慶施，惠順天地生物之心；不宜使獄事枝蔓。」㊄昔晏平仲辭邶殿以守其富：「左傳，齊討慶封，與晏子邶殿，其鄙六十；弗受。子尾曰：『富，人之所欲也，何故弗受？』對曰：『慶氏之邑足欲，故亡；吾邑不足欲也，益以邶殿，乃足欲；亡無日矣。不受鄁殿，非惡富也，恐失富也。』」鄁，同邶，音佩（ㄆㄟˋ）。㈥公儀休不受魚飧以定其位：胡三省曰：「公儀休為魯相，有遺相魚者，相不受。客曰：『聞君嗜魚，遺君魚，何故不受？』相曰：『以嗜魚故不受也。今為相，能自給魚；受魚而免，誰復給我魚者？故不受也。』」㈦封故濟北惠王壽子安為濟北王：胡三省曰：「去年濟北王多薨，今以安紹封。范（曄後漢）書列傳作安國，此從帝紀。」

五年（西元一四〇年）

㈠春，二月，戊申（十七日），京師地震。

㈡南匈奴句龍王吾斯車紐等反，寇西河，招誘右賢王，合兵圍美稷㈠，殺朔方代郡長吏。夏，五月，度遼將軍馬續與中郎將㈡梁並等，發邊兵及羌胡合二萬餘人，掩擊破之。吾斯等復更屯聚，攻沒城邑。天子遣使責讓單于，單于本不預謀，乃脫帽避帳，詣並謝罪。並以病徵，五原太守陳龜代為中郎將，龜以單于不能制下㈢，逼迫單于及其弟左賢王皆令自殺。龜又欲徙單于近親於內郡，而降者遂更狐疑，龜坐下獄免。

大將軍商上表曰：「匈奴寇畔，自知罪極，窮鳥困獸，皆知救死㈣；況種類繁熾，不可單盡㈤。今轉運日增，三軍疲苦，虛內給外，非中國之利。度遼將軍馬續，素有謀謨，且典邊日久，深曉兵要。每得續書，與臣策合。宜令續深溝高壘，以恩信招降，宣示購賞，明為期約。如此則醜類㈥可服，國家無事矣。」帝從之，乃詔續招降畔虜。商又移書續等曰：「中國安寧，忘戰日久。良騎夜合，交鋒接矢，決勝當時，戎狄之所長，而中國之所短也。彊弩乘城，堅營固守，以待其衰，中國之所長，而戎狄之所短也。宜務先所長，而觀其變；設購開賞，宣示反悔㈦。勿貪小功，以亂大謀。」於是右賢王部抑鞮等萬三千口皆詣續降。

㈢己丑（三十日），晦，日有食之。

㈣初，那離等既平，朝廷以來機為幷州刺史，劉秉為涼州刺史。機等天性虐刻，多所擾發，且凍傳難種羌遂反，攻金城；與雜種羌胡，大寇三輔，殺害長吏。機等並坐徵。於是拜馬賢為征西將軍，以騎都尉耿叔為副，將左右羽林五校士及諸州郡兵十萬人，屯漢陽。

㈤九月，令扶風、漢陽，築隴道塢㈧三百所，置屯兵。

㈥辛未（十四日），太尉王龔以老病罷。

㈦且凍羌寇武都，燒隴關㈨。

㈧壬午（二十五日），以太常桓焉為太尉。

㈨匈奴句龍王吾斯等立車紐為單于，東引烏桓，西收羌胡等數萬人；攻破京兆虎牙營，殺上郡都尉及軍司馬，遂寇掠幷、涼、幽、冀四州。乃徙西河治離石㈩，上郡治夏陽，朔方治五原。十二月，遣使匈奴中郎將張耽，將幽州烏桓諸郡營兵擊車紐等，戰於馬邑，斬首三千級，獲生口甚眾。車紐乞降，而吾斯猶率其部曲與烏桓寇鈔。

㈩初，上命馬賢討西羌，大將軍商以為賢老，不如太中大夫宋漢，帝不從。漢，由之子也㈡。賢到軍，稽留不進。武都太守馬融上疏曰：「今雜種諸羌，轉相鈔盜，宜及其未幷㈢，亟遣深入，破其支黨，而馬賢等處處留滯。羌胡百里望塵⑬，千里聽聲，今逃匿避回⑭，漏出其後⑮，則必侵寇三輔，為民大害。臣願請賢所不可用關東兵五千，裁假部隊之號，盡力率厲，埋根行首⑯，以先吏士。三旬之中，必克破之。臣又聞吳起為將，暑不張蓋⑰，寒不披裘。今賢野次垂幕，珍肴雜遝，兒子侍妾，事與古反。臣懼賢等專守一城，言攻於西，而羌出於東。且其將士將不堪命，必有高克潰叛之變也⑱。」

安定人皇甫規，亦見賢不恤軍事，審⑲其必敗，上書言狀。朝廷皆不從。

【今註】㊀美稷：縣名，故城在今綏遠省鄂爾多斯左翼前旗。㊁中郎將：胡三省曰：「此護匈奴中郎將也。」㊂龜以單于不能制下：李賢曰：「吾斯等攻沒城邑，單于雖不預謀，然不能制下，即是不堪其任。」㊃窮鳥困獸，皆知救死：胡三省曰：「鳥窮則攫，獸困則搏。」㊄單盡：李賢曰：「單，亦盡也。」按，單同殫。㊅醜類：李賢曰：「醜，等也。」胡三省曰：「余謂醜類言凶醜之黨類也。」按，應以胡說為是。㊆宣示反悔：胡三省曰：「宣示招降之意，以開其反悔之心。」㊇塢：同鄔，音ㄨ，小城。㊈隴關：即唐之大震關，在今陝西省隴西縣隴山下。㊉離石：縣名，今山西省離石縣。⑪漢，由之子也：宋由曾於章帝及和帝時為太尉。⑫幷：集合。⑬百里望塵：沈欽韓曰：

「御覽三十七兵書曰：『名將望塵知馬步之多少也。』北齊書斛律金傳，金行兵用匈奴法，望塵識馬步多少，嗅地知軍度遠兵。」㊃避回：胡三省曰：「回，繞也，曲也。」按避回謂曲事逃避，不肯奮勇赴敵。㊄漏出其後：惠棟曰：「王幼學云：『謂脫漏在人之後。』」㊅埋根行首：謂居行伍之首，屹立不退，如樹根之埋於地。㊆蓋：傘。㊇必有高克潰叛之變：胡三省曰：「鄭高克好利而不顧其君，文公使克將兵，而禦狄于竟，陳其師旅，翱翔河上，眾潰而歸。」事見左傳。㊈審：深知。

六年（西元一四一年）

㈠春，正月，丙子（二十一日），征西將軍馬賢與且凍羌戰于射姑山㊀；賢軍敗，賢及二子皆沒，東西羌㊁遂大合。閏月，鞏唐羌寇隴西，遂及三輔，燒園陵，殺掠吏民。

㈡二月，丁巳（三日），有星孛于營室㊂。

㈢三月，上巳㊃，大將軍商大會賓客，讌于雒水。酒闌，繼以𧬝露之歌㊄。從事中郎周舉聞之，歎曰：「此所謂哀樂失時，非其所也。殃將及乎㊅？」

㈣武都太守趙沖，追擊鞏唐羌，【考異】西羌傳作武威太守，今從帝紀。皇甫規傳云：「與護羌校尉趙沖，」按西羌傳，沖時尚為太守，規傳誤也。斬首四百餘級，降二千餘人。詔沖督河西四郡兵(七)，為節度。

安定上計掾皇甫規上疏曰：「臣比年以來，數陳便宜，羌戎未動，策其將反；馬賢始出，知其必敗。誤中之言，在可考校。臣每惟賢等，擁眾四年，未有成功；縣師(八)之費，且百億計，出於平民，回入姦吏(九)。故江湖之人，羣為盜賊，青徐荒饑，襁負流散(一〇)。夫羌戎潰叛，不由承平，皆因邊將失於綏御(一一)，乘常守安，則加侵暴(一二)；苟競小利，則致大害；微勝則虛張首級，軍敗則隱匿不言。軍士勞怨，困於猾吏，進不得快戰以徼功，退不得溫飽以全命。餓死溝渠，暴骨中原，徒見王師之出，不聞振旅之聲(一三)。酋豪泣血，驚懼生變。是以安不能久，叛則經年，臣所以搏手扣心而增歎者也。願假臣兩營二郡(一四)屯列坐食之兵五千，出其不意，與趙沖共相首尾。土地山谷，臣所曉習；兵埶巧便，臣已更(一五)之。可不煩方寸之印，尺帛之賜，高可以滌患，下可以納降。若謂臣年少官輕，不足用者，凡諸敗將，非官爵之不高，年齒之不邁(一六)。臣不勝至誠，沒死⑰自陳。」帝不能用。

㈤庚子（十六日），司空郭虔免。丙午（二十二日），以太僕趙戒為司空。

㈥夏，使匈奴中郎將張耽、度遼將軍馬續率鮮卑到穀城，擊烏桓於通天山⑱，大破之。

㈦鞏唐羌寇北地，【考異】西羌傳作罕種羌，今從帝紀。北地太守賈福與趙沖擊之，不利。

㈧秋八月，乘氏忠侯梁商病篤，敕子冀等曰：「吾生無以輔益朝廷，死何可耗費帑藏！衣衾、飯含⑲、玉匣、珠貝之屬，何益朽骨？百僚勞擾，紛華道路，祇增塵垢耳。宜皆辭之。」丙辰（四日），薨，帝親臨喪。諸子欲從其誨，朝廷不聽，賜以東園秘器，銀鏤、黃腸⑳、玉匣。及葬，賜輕車介士㉑。中宮親送，帝幸宣陽亭㉒，瞻望車騎。壬戌（十日），以河南尹乘氏侯梁冀為大將軍，冀弟侍中不疑為河南尹。

臣光曰：「成帝不能選任賢俊，委政舅家，可謂闇矣。猶知王立之不材，棄而不用㉓。順帝援大柄授之后族，梁冀頑嚚兇暴，著於平昔；而使之繼父之位，終於悖逆。蕩覆漢室。校於成帝，闇又甚焉。」

㈨初，梁商病篤，帝親臨幸，問以遺言。對曰：「臣從事中郎周舉，清高忠正，可重任也。」由是拜舉諫議大夫㉔。

㈩九月，諸羌寇武威。

(十一)辛亥（三十日），晦，日有食之。

(十二)冬，十月，癸丑（二日），以羌寇充斥㉕，涼部震恐，復徙安定居扶風，北地居馮翊㉖。十一月，庚子（二十日），以執金吾張喬行車騎將軍事，將兵萬五千人屯三輔。

(十三)荊州盜賊起，彌年不定，以大將軍從事中郎李固為荊州刺史。固到，遣吏勞問境內，赦寇盜前釁㉗，與之更始；於是賊帥夏密等，率其魁黨六百餘人自縛歸首㉘。固皆原㉙之，遣還使自相招集，開示威灋。半歲間，餘類悉降，州內清平。奏南陽太守高賜等臧㉚穢，賜等重賂大將軍梁冀，冀為之千里移檄㉛，而固持之愈急，冀遂徙固為泰山太守。時泰山盜賊，屯聚歷年，郡兵常千人追討，不能制。固到，悉罷遣歸農，但選留任戰者百餘人，以恩信招誘之。未滿歲，賊皆弭散㊂。

【今註】㊀射姑山：在北地郡。㊁東西羌：胡三省曰：「羌居北地、上郡、西河者，謂之東羌；居隴西、漢陽延及金城塞外者，謂之西羌。」按北地郡，今寧夏省東南隅地；上郡，今陝西省北部地；河西郡，今山西省西北部地；隴西、漢陽、金城三郡，均在今甘肅省東南境。㊂營室：星座名。㊃三月上巳：司馬彪《續漢書》曰：「三月上巳，宮人皆絜於東流水上，自洗潔祓除，為大絜也。」按三月上旬之巳日，曰上巳；自古有修禊之事。自魏以後，但用三月三日，不復用巳日。永和六年之三月上巳為癸巳（初九日）。㊄韰露之歌：李賢引《纂文》曰：「韰露，今之挽歌也。」崔豹《古今注》曰：「韰上露，何易晞！露晞明朝還復落，人死一去何時歸！」韰音械（ㄒㄧㄝ），亦作薤。㊅此所謂哀樂失時，非其所也，殃將及乎：胡三省引《左傳》曰：「哀樂失時，殃咎必至。」㊆詔沖督河西四郡兵：胡三省曰：「余按沖以追羌之功，詔督河西四郡兵，則武威太守為是。武都西北接漢陽，東北接扶風，南接漢中，無緣遠督河西四郡兵。」㊇縣師：李賢曰：「縣，猶停也。」胡三省曰：「余謂出師遠征，其勢縣絕，不能相及；故曰縣師。縣，讀曰懸。」㊈回入姦吏：胡三省曰：「謂為姦吏所侵盜也。」㊉襁負流散：謂百姓攜幼流離。襁負，以襁約小兒負於背。⑪綏御：綏撫制御。⑫乘常守安，則加侵暴：胡三省曰：「言前後相乘，以侵暴羌戎為常也。」⑬振旅：李賢曰：「振，整也；旅，眾也。」穀梁傳曰：「出曰治兵，入曰振旅。」按出謂出師，入謂回軍。⑭兩營二郡：李賢曰：「兩營謂馬賢及趙沖等，二郡安定、隴西也。」胡三省曰：「余謂兩營者，扶風雍營及京兆虎牙營也。」⑮更：經歷。⑯邁：老。⑰沒死：謂冒死罪，其意與「昧死」同。⑱率鮮卑到穀城，擊烏桓於通天山：胡三省曰：「穀城蓋即西河郡之穀羅縣城。通天山蓋即土軍縣之石樓山，以其高絕，故曰通天。」按穀羅縣故城在今山西省離石縣西北；土軍縣故城在今山西省石樓縣。⑲飯含：李賢曰：「含，口實也。」《白虎通》曰：「大夫飯以玉，含以貝；士飯以珠，含以貝也。」按飯含，古喪禮。飯者以碎玉雜米，納於死者口中；含者，以貝實死者之口。⑳東園祕器，銀鏤黃腸：東園，官署名，屬少府；主作陵內器物。祕器，棺材。李賢曰：「棺以銀鏤之，以柏木黃心為椁，曰黃腸。」㉑輕車介士：李賢曰：「輕車，兵車也；介士，甲士也。」㉒宣陽亭：李賢曰：「每城門各有亭，即宣陽門之亭也。」胡三省曰：「余按續漢志，雒陽城十二門，無宣陽門。魏晉之間，洛城始有宣陽門，正南門也。漢雒城門曰平城門。」王先謙按（《後漢書》）〈董卓傳〉，孫堅進洛陽宣陽城門。注云：「洛陽記，洛陽城南面有四門，從東第三門。」㉓猶知王立之不材，棄而不用：事見卷三十二元延元年㈧。㉔拜舉諫議大夫：胡三省引續漢志曰：「武帝元狩五年置諫大夫；世祖中興，以為諫議大夫。」㉕充斥：充溢廣遠。㉖復徙安定居扶風，北地居馮翊：胡三省曰：「永建四年二郡還舊治，今復徙之。」㉗前釁：前過。㉘歸首：來歸自首。㉙原：赦。㉚臧：通贓。㉑千里移檄：李賢曰：「言移檄一日行千里，救之急也。」㉒弭散：胡三省曰：「弭，止也；散，逃潰而去也。」

漢安元年（西元一四二年）

㈠春，正月，癸巳（十四日），赦天下，改元。

㈡秋，八月，南匈奴句龍吾斯與薁鞬臺耆等復反，寇掠並部。

㈢丁卯（二十一日），遣侍中河內杜喬、周舉㊀，守光祿大夫周栩、馮羨、魏郡欒巴、張綱㊁、郭遵、劉班，分行州郡，表賢良，顯忠勤。其貪汙有罪者，刺史二千石驛馬上之㊂；墨綬以下便輒收舉。喬等受命之部，張綱獨埋其車輪於雒陽都亭㊃，曰：「豺狼當路，安問狐狸㊄！」遂劾奏大將軍冀、河南尹不疑以外戚蒙恩，居阿衡之任㊅，而專肆貪叨，縱恣無極㊆。謹條其無君之心十五事，斯皆臣子所切齒者也。書御㊇，京師震竦。時皇后寵方盛，諸梁姻戚滿朝，帝雖知綱言直，不能用也。

杜喬至兗州，表奏泰山太守李固，政為天下第一，上徵固為將作大匠。八使所劾奏，多梁冀及宦者親黨，互為請救，事皆寢遏㊈。侍御史河南种⑩暠疾之，復行案舉。廷尉吳雄、將作大匠李固，亦上言八使所糾，宜急誅罰。帝乃更下八使奏章，令考正其罪。

梁冀恨張綱，思有以中傷之。時廣陵賊張嬰寇亂揚、徐間，積十餘年，二千石不能制。冀乃以綱為廣陵太守，前太守率多求兵馬，綱獨單車之職。既到，徑詣嬰壘門，嬰大驚，遽走閉壘。綱於門罷遣吏民，獨留所親者十餘人，以書喻嬰，請與相見。嬰見綱至誠，乃出拜謁；綱延置上坐，譬之曰：「前後二千石多肆貪暴，故致公等懷憤相聚，二千石信有罪矣。然為之者，又非義也。今主上仁聖，欲以恩德服叛，故遣太守來，思以爵祿相榮；不願以刑罰相加，今誠轉禍為福之時也。若聞義不服，天子赫然震怒，荊、揚、兗、豫，大兵雲合，身首橫分，血嗣⑪俱絕。二者利害，公其深計之。」嬰聞泣下，曰：「荒裔愚民，不能自通朝廷，不堪侵枉，遂復相聚偷生。若魚游釜中，知其不可久，且以喘息須臾間耳。今聞明府之言，乃嬰等更生之辰也。」乃辭還營。明日，將所部萬餘人，與妻子面縛歸降。【考異】帝紀，九月，張嬰寇郡縣。又云：「是歲，嬰詣綱降。」按張綱傳云：「寇亂十餘年。」則非今年九月始寇郡縣也。袁紀置嬰降事於八月下十月上，今從之。綱單車入嬰壘，大會置酒為樂，散遣部眾，任從所之。親為卜居宅，相田疇⑫；子孫欲為吏者，皆引召之。人情悅服，南州晏然。朝廷論功當封，梁冀遏之。在郡一歲卒。張嬰等五百餘人，為之制服行喪，送到犍為，負土成墳。詔拜其子續為郎中，賜錢百萬。

是時二千石長吏有能政者，有雒陽令渤海任峻，冀州刺史京兆蘇章，膠東相陳留吳祐。雒陽令自王渙⑬之後，皆不稱職。峻能選用文武吏，各盡其用，發姦不旋踵，民間不畏吏。其威禁猛於渙，而文理政教不如也。章為冀州刺史，有故人為清河太守，章行部，欲案其姦臧；乃請太守為設酒肴，陳平生之好，甚歡。太守喜曰：「人皆有一天，我獨有二天⑭。」章曰：「今夕蘇孺文⑮與故人飲者，私恩也；明日冀州刺史案事者，公灋也。」遂舉正其罪，州境肅然。後以摧折權豪，忤旨坐免。時天下日敝，民多愁苦，論者日夜稱章，朝廷遂不能復用也。祐為膠東⑯相，政崇仁簡，民不忍欺。嗇夫㈦孫性，私賦民錢，市衣以進其父。父得而怒曰：「有君如是，何忍欺之！」促歸伏罪。性慚懼，詣閤持衣自首，祐屏左右問其故，性具談父言。祐曰：「掾以親故，受污穢之名，所謂『觀過斯知仁』矣㈧。」使歸謝其父，還以衣遺之。

㈣冬，十月，辛未（二十六日），太尉桓焉司徒劉壽免。

㈤罕羌邑落五千餘戶，詣趙沖降，唯燒何種據參䜌未下。甲戌（二十九日），罷張喬軍屯。

㈥十一月，壬午（七日），以司隸校尉下邳趙峻為太尉，大司農胡廣為司徒。

【今註】㈠遣侍中河內杜喬、周舉：胡三省曰：「按范（曄後漢）書紀傳，周舉汝南人，時為光祿大夫。」㈡魏郡欒巴、張綱：張綱，犍為郡武陽縣人；武陽故城在今四川省彭山縣東十里。㈢刺史二千石，驛馬上之；墨綬以下，便輒收舉：胡三省曰：「刺史二千石大吏，驛馬上奏其罪，取旨黜免。驛馬，欲速達京闕也。墨綬，縣令也。令長以下，便收案舉劾其罪。」㈣都亭：凡亭設有傳舍者為都亭，傳舍為過路官吏食宿之所。漢郡國縣道，皆設都亭。㈤豺狼當路，安問狐狸：豺狼喻執政之暴虐，狐狸喻地方官吏之貪污者，蓋謂不當釋大而取小。二語乃哀帝時京兆督郵侯文對司隸孫寶之辭，見《漢書・孫寶傳》。㈥居阿衡之任：謂居宰輔之位。㈦縱恣無極：另本此句下，有加「多樹諂諛，以害忠良；誠天威所不赦，大辟所宜加也」四句者。㈧御：進呈。㈨事皆寢遏：胡三省曰：「寢者，已御其奏，寢而不行；遏者，其奏未達，遏而不上。」㈩种：音春（ㄔㄨㄥ）。㈡血嗣：李賢曰：「凡祭皆用牲，故曰血嗣；或曰父子氣血相傳，故曰血嗣。」㈢親為卜居宅，相田疇：卜居宅者，占卜居宅之吉凶；相田疇者，察看田地之肥瘠。謂綱親為嬰置宅治田。㈢王渙：王渙事見卷四十八和帝元興元年㈥。㈣人皆有一天，我獨有二天：胡三省曰：「謂章必能覆蓋其惡也。」㈤孺文：蘇章字。㈥膠東：侯國名，屬北海國。㈦嗇夫：鄉官名，漢代每鄉置嗇夫一人，主聽訟及收賦稅。㈧觀過斯知仁矣：胡三省曰：「論語（里仁）載孔子之言也。此言觀性之過，在於取民；則知其心，主於奉父。」

二年（西元一四三年）

㈠夏，四月，庚戌（八日），護羌校尉趙沖與漢陽太守張貢，擊燒當羌於參㈠䜌，破之。

㈡六月，丙寅（二十五日），立南匈奴守義王兜樓儲為呼蘭若尸逐就單于㈡。【考異】袁紀，去年六月立兜樓儲為單于。今從范書。時兜樓儲在京師，上親臨軒，授璽綬；引上殿，賜車馬、器服、金帛甚厚。詔太常、大鴻臚與諸國侍子於廣陽門外祖會㈢，饗賜作樂，角抵㈣百戲。

㈢冬，閏十月，趙沖擊燒當羌於阿陽㈤，破之。

㈣十一月，使匈奴中郎將扶風馬實遣人刺殺句龍吾斯。涼州自九月以來，地百八十震，山谷圻裂，壞敗城寺，民壓死者甚眾。尚書令黃瓊以前左雄所上孝廉之選，專用儒學文吏㈥，於取士之義，猶有所遺。乃奏增孝悌及能從政為四科，帝從之。

【今註】㈠擊燒當羌於參䜌：胡三省曰：「『當』當作『何』，此承范（曄後漢書順帝）紀之誤；燒當、燒何，羌兩種也。」參䜌，縣名，屬安定郡，故城在今甘肅省慶陽縣西北。㈡立南匈奴……單于：胡三省曰：「自永和五年吾斯車紐反，陳龜逼殺單于休利，南庭虛位，至是始立單于。」㈢詔太常、大鴻臚與諸國侍子於廣陽門外祖會：胡三省曰：「太常掌樂，大鴻臚典四夷之客，故詔使祖單于。祖會，祖道之會也。」李賢曰：「廣陽，城西面南頭門。」祖道之會，送別之宴會。㈣角抵：古角力之戲，即今之摔角。㈤阿陽：縣名，屬漢陽郡，故城在甘肅省靜寧縣南。㈥以前左雄所上孝廉之選，專用儒學文吏：事見卷五十一陽嘉元年㈦。

建康元年（西元一四四年，是年四月改元）

㈠春，護羌從事馬玄為諸羌所誘，將羌眾亡出塞。領護羌校尉衞琚追擊玄等；斬首八百餘級。趙沖復追叛羌，到建威鸇陰河㈠軍度竟，所將降胡六百餘人叛走，沖將數百人追之，遇羌伏兵，與戰而歿。沖雖死，而前後多所斬獲，羌遂衰耗。詔封沖子為義陽亭侯。

㈡夏，四月，使匈奴中郎將馬實擊南匈奴左部㈡，破之。於是胡、羌、烏桓，悉詣實降。

㈢辛巳（十五日），立皇子炳㈢為太子。改元，赦天下。太子居承光宮，帝使侍御史種暠監太子家。中常侍高梵從中㈣單駕出迎太子，時太傅杜喬等，疑不欲從而未決；暠乃手劒當車曰：「太子國之儲副，人命所係，今常侍來無詔信，何以知非姦邪？今日有死而已。」梵辭屈，不敢對，馳還奏之。詔報，太子乃得去。喬退而歎息，愧暠臨事不惑㈤。帝亦嘉其持重，稱善者良久。

（四）揚徐盜賊羣起，盤互[六]連歲。秋，八月，九江范容、周生等，寇掠城邑，屯據歷陽[七]，為江淮巨患。遣御史中丞馮緄，督州兵討之。【考異】帝紀作馮赦，袁紀作馮放，皆誤。今據緄傳。

（五）庚午（六日），帝崩于玉堂前殿[八]。太子即皇帝位，年二歲。尊皇后曰皇太后，太后臨朝。丁丑（十三日），以太尉趙峻為太傅；大司農李固為太尉，參錄尚書事。

（六）九月，丙午（十七日），葬孝順皇帝于憲陵[九]，廟曰敬宗。

（七）是日，京師及太原、鴈門地震。

（八）庚戌（十六日），詔舉賢良方正之士，策問之。皇甫規對曰：「伏惟孝順皇帝，初勤王政，紀綱四方，幾[一〇]以獲安。後遭姦偽，威分近習[一一]，受賂賣爵，賓客交錯，天下擾擾，從亂如歸，官民並竭，上下窮虛。陛下體兼乾坤[一二]，聰哲純茂，攝政之初，拔用忠貞，其餘維綱，多所改正，遠近翕然，望見太平。而災異不息，寇賊縱橫，殆以姦臣權重之所致也。其常侍尤無狀者[一三]，宜亟黜遣，披埽[一四]凶黨，收入財賄[一五]，以塞痛怨，以答天誡。大將軍冀、河南尹不疑，亦宜增修謙節，輔以儒術，省去遊娛不急之務，割減廬第無益之飾。夫君者舟也，民者水也㈥，羣臣乘舟者也，將軍兄弟操檝㈦者也。若能平志畢力，以度元元，所謂福也；如其怠弛，將淪波濤。可不慎乎！夫德不稱祿，猶鑿墉之趾㈧，以益其高，豈量力審功安固之道哉！凡諸宿猾酒徒戲客，皆宜貶斥，以懲不軌。令冀等深思得賢之福，失人之累。」

梁冀忿之，以規為下第，拜郎中，託疾免歸。州郡承冀旨，幾陷死者再三。遂沈廢於家，積十餘年。【考異】規傳云：「沖質之間，規對策免歸，積十四年。」檢帝紀，此後別無舉賢良事。或者此時規舉賢良，其至對策時，已在質帝世也。故云「沖質之間」。自明年數，至梁冀誅，亦整十四年也。

㈨揚州刺史尹耀、九江太守鄧顯，討范容等於歷陽，敗歿。

㈩冬，十月，日南蠻夷復反，攻燒縣邑。交趾刺史九江夏方，招誘降之。

(十一)十一月，九江盜賊徐鳳、馬勉，攻燒城邑，鳳稱無上將軍，勉稱皇帝。【考異】帝紀，永嘉元年三月，勉稱皇帝。今據滕撫傳。築營於當塗㈨山中，建年號，置百官。

(十二)十二月，九江賊黃虎等攻合肥⑳。

(十三)是歲羣盜發憲陵。

【今註】㊀建威鸇陰河：李賢曰：「讀漢書，建威作武威。鸇陰，縣名，屬安定郡。」鸇陰故城在今甘肅省靖遠縣西北。㊁南匈奴左部：胡三省曰：「左部即句龍吾斯之黨。」㊂炳：胡三省曰：「炳，虞貴人之子也。」㊃中：禁中。㊄愧暠臨事不惑：胡三省曰：「愧者，愧己之不能然也。」㊅盤互：連接。㊆歷陽：縣名，屬九江郡；今安徽省和縣。㊇帝崩于玉堂前殿：帝享年三十。㊈憲陵：李賢曰：「在洛陽西十五里，陵高八丈四尺，周三百步。」㊉幾：讀曰冀。⑪近習：李賢曰：「近習，謂佞幸親近小人也。」⑫體兼乾坤：胡三省曰：「以坤母臨朝，以君天下，行乾之德，故曰體兼乾坤。」⑬無狀：李賢曰：「無狀，謂無善狀。」⑭披埽：驅除。⑮收入財賄：謂沒收其贓賄。⑯夫君者舟也，民者水也：《孔子家語》：「孔子曰：『君者舟也，民者水也；水可載舟，亦以覆舟。君以此思危，則危可知也。』」⑰檝：同楫。⑱鑿墉之趾：墉，墻之高者；趾，基趾。⑲當塗：縣名，屬九江郡；故城在今安徽省懷遠縣東南。⑳合肥：縣名，屬九江郡；故城在今安徽省合肥縣北。

孝沖皇帝

永嘉元年（西元一四五年）【考異】袁紀作元嘉，誤。

㈠春，正月，戊戌（六日），帝崩于玉堂前殿㈠。梁太后以揚徐盜賊方盛，欲須所徵諸王侯到，乃發喪。太尉李固曰：「帝雖幼少，猶天下之父，今日崩亡，人神感動，豈有人子㈡反共掩匿乎？昔秦皇沙丘之謀，及近日北鄉之事㈢，皆秘不發喪，此天下大忌，不可之甚者也。」太后從之，即暮發喪。徵清河王蒜及渤海孝王鴻之子纘，皆至京師。蒜父曰清河恭王延平，延平及鴻，皆樂安夷王寵之子，千乘貞王伉之孫也㈣。清河王為人嚴重，動止有灋度，公卿皆歸心焉。

李固謂大將軍冀曰：「今當立帝，宜擇長年高明有德，任親政事者。願將軍審詳大計，察周霍之立文宣，戒鄧閻之利幼弱㈤。」冀不從，與太后定策禁中。丙辰（二十四日），冀持節以王青蓋車迎纘入南宮。丁巳（二十五日），封為建平侯，其日，即皇帝位，年八歲。蒜罷歸國。

㈡將卜山陵，李固曰：「今處處寇賊，軍興費廣，新創憲陵，賦發非一。帝尚幼小，可起陵於憲陵塋內，依康陵制度㈥。」太后從之。己未（二十七日），葬孝沖皇帝於懷陵。

㈢太后委政宰輔，李固所言，太后多從之。宦官為惡者，一皆斥遣，天下咸望治平，而梁冀深忌疾之。初，順帝時所除官，多不以次，及固在事，奏免百餘人。此等既怨，又希望冀旨，遂共作飛章，誣奏固曰：「太尉李固，因公假私，依正行邪，離間近戚，自隆支黨。大行在殯，路人掩涕㈦，固獨胡粉飾貌㈧，搔頭弄姿，槃旋偃仰，從容治步㈨，曾無慘怛傷悴之心。山陵未成，違矯舊政，善則稱己，過則歸君。斥逐近臣，不得侍送，作威作福，莫固之甚矣。夫子罪莫大於累父，臣惡莫深於毀君，固之過釁，事合誅辟。」書奏，冀以白太后，使下其書，太后不聽。

㈣廣陵賊張嬰，復聚眾數千人，反據廣陵。

㈤二月，乙酉（二十四日），赦天下。西羌叛亂積年，費用八十餘億，諸將多斷盜牢稟㈩，私自潤入。皆以珍寶，貨賂左右，上下放縱，不恤軍事。士卒不得其死者，白骨相望於野。左馮翊梁並，以恩信招誘叛羌，離湳、狐奴(一一)等五萬餘戶，皆詣並降，隴右復平。

㈥太后以徐、揚盜賊益熾，博求將帥，三公舉涿令北海滕撫有文武才。詔拜撫九江都尉，與中郎將趙序助馮緄，合州郡兵數萬人，共討之。又廣開賞募錢邑，各有差(一二)。又議遣太尉李固，未及行。三月，撫等進擊眾賊，大破之，斬馬勉范容周生等千五百級。徐鳳以餘眾燒東城縣(一三)。夏，五月，下邳人謝安應募，率其宗親，設伏擊鳳，斬之。封安為平鄉侯，拜滕撫中郎將，督揚徐二州事。

㈦丙辰（二十六日），詔曰孝殤皇帝，即位踰年，君臣禮成；孝安皇帝，承襲統業；而前世遂令恭陵(一四)在康陵之上，先後相踰，失其次序，今其正之。

㈧六月，鮮卑寇代郡。

㈨秋，廬江盜賊攻尋陽(一五)，又攻盱台(一六)，滕撫遣司馬王章擊破之。

㈩九月，庚戌（二十二日），太傅趙峻薨。

⑪滕撫進擊張嬰，冬，十一月，丙午（十九日），破嬰，斬獲千餘人。丁未（二十日），中郎將趙序，坐畏懦詐增首級，棄市。

⑫歷陽賊華孟，自稱黑帝，攻殺九江太守楊岑。滕撫進擊，破之，斬孟等三千八百級，虜獲七百餘人。於是東南悉平，振旅而還。以撫為左馮翊。

【考異】東觀記曰：「取錢縑三百七十五萬。」今從滕撫傳。

⑬永昌太守劉君世，鑄黃金為文蛇，以獻大將軍冀。益州刺史種暠，糾發逮捕，馳傳上言，冀由是恨暠。會巴郡人服直，聚黨數百人，自稱天王。暠與太守應承，討捕不克，吏民多被傷害。冀因此陷之，傳逮暠、承⑰。李固上疏曰：「臣聞討捕所傷，本非暠、承之意；實由縣吏懼法畏罪，迫逐深苦，致此不詳⑱。比盜賊羣起，處處未絕，暠、承以首舉大姦，而相隨受罪；臣恐沮傷州縣糾發之意，更共飾匿⑲，莫復盡心。」太后省奏，乃赦暠承罪，免官而已。

金蛇輸司農⑳，冀從大司農杜喬借觀之，喬不肯與。冀小女死，令公卿會葬，喬獨不往。冀由是恨之。

【今註】㊀帝崩于玉堂前殿：帝享年三歲。㊁人子：《後漢書・李固傳》作「臣子」。㊂昔秦皇沙丘之謀，及近日北鄉之事：沙丘事見卷七秦始皇三十七年㈠；北鄉事見卷五十一安帝延光四年(十三)。㊃皆樂安夷王寵之子，千乘貞王伉之孫也：胡三省曰：「千乘貞王伉，章帝建初四年封，薨，子寵嗣。和帝永元七年，改千乘國曰樂安。薨，子鴻嗣，是生質帝。帝既立，梁太后以樂安國土卑溼，租委鮮薄，改封鴻渤海王。清河慶王子虎威嗣國，三年而薨；無子，鄧太后立延平為清河王。」㊄察周、霍之立文宣，戒鄧、閻之利幼弱：周勃事見卷十三高后八年㈤，霍光事見卷二十四昭帝元平元年㈤，鄧氏事見卷四十八和帝元興元年㈣，閻氏事見卷五十一安帝延光四年㈣。㊅依康陵制度：胡三省曰：「康陵，殤帝陵，亦在慎陵塋內。」㊆掩涕：胡三省曰：「掩涕者，掩面而涕也。」㊇胡粉飾貌：胡三省曰：「燒鉛汞成粉以傅面。北史曰：『胡粉，出龜茲國。』」按胡粉即今所謂鉛粉。㊈從容治步：胡三省曰：「從容，舒緩也。治步，言修容治儀，行步中規矩也。」按《漢書・李固傳》，「治步」作「冶步」。王先謙曰：「冶步，謂舉止妖冶，通鑑作治步，誤。」⑩斷盜牢稟：李賢曰：「牢，稟食也，古者名稟為牢。斷，割也；咸割牢稟而盜之。」⑪離湳、狐奴：皆羌種名。⑫又廣開賞募，錢邑各有差：胡三省曰：「謂立賞格，錢邑以功之高下為差。錢，賜錢也；邑，封邑也。」⑬東城縣：屬九江郡，故城在今安徽省定遠縣東南。⑭恭陵：安帝陵。⑮尋陽：縣名，屬廬江郡，故城在今湖北黃梅縣北。㈥盱台：音吁（ㄒㄩ）、怡（ㄧˊ），縣名，屬下邳國；故城在今安徽盱眙縣東北。㈦傳逮暠承：逮捕种暠、應承，傳送京師。㈧致此不詳：胡三省曰：「詳，審也。言不能審知賊勢，驅民赴戰，以致死傷也。」㈨飾匿：李賢曰：「言各飾偽辭，隱匿真狀也。」㈩金蛇輸司農：胡三省曰：「大司農掌諸錢穀金帛，故金蛇輸司農。」

卷五十三　漢紀四十五

起柔兆閹茂，盡柔兆涒灘，凡十一年。（丙戌至丙甲，西元一四六年至一五六年。）

司馬光編集
龍宇純　註

孝質皇帝 諱纘，章帝曾孫，勃海孝王鴻之子。

本初元年（西元一四六年）

㈠夏，四月，庚辰（二十五日），令郡國舉明經詣太學㊀；自大將軍以下，皆遣子受業，歲滿課試，拜官有差。又千石、六百石㊁、四府掾屬㊂、三署郎㊃、四姓小侯㊄先能通經者，各令隨家瀍㊅，其高第者㊆上名牒㊇，當以次賞進。自是遊學增盛，至三萬餘生。

㈡五月，庚寅（六日），徙樂安王鴻為勃海王㊈。

㈢海水溢，漂沒民居。

㈣六月，丁巳（三日），赦天下。

㈤帝少而聰慧。嘗因朝會，目梁冀，曰：「此跋扈㊉將軍也。」冀聞，深惡之。閏月，甲申（朔），冀使左右㊁置毒於煑餅而進之，帝苦煩盛㊁，使促召太尉李固。固入前，問帝得患所由㊂。帝尚能言，曰：「食煑餅，今腹中悶，得水尚可活。」時冀亦在側，曰：「恐吐，不可飲水。」語未絕而崩㊃。固伏尸號哭；推舉侍醫㊄。冀慮其事泄，大惡之。

將議立嗣，固與司徒胡廣、司空趙戒，先與冀書曰：「天下不幸，頻年之間，國祚三絕㊅。今當立帝，天下重器，誠知太后垂心㊆，將軍勞慮，詳擇其人，務存聖明㊇。然愚情眷眷㊈，竊獨有懷。遠尋先世廢立舊儀㊉，近見國家踐祚㊁前事，未嘗不詢訪公卿，廣求羣議；令上應天心，下合眾望。傳曰：『以天下與人易，為天下得人難㊂。』昔昌邑㊃之立，昏亂日滋；霍光憂愧發憤，悔之折骨。自非㊄博陸忠勇，延年奮發㊅，大漢之祀，幾將傾矣！至憂至重，可不熟慮？悠悠萬事㊅，唯此為大，國之興衰，在此一舉。」冀得書，乃召三公、中二千石、列侯，大議所立。固、廣、戒、及大鴻臚杜喬，皆以為清河王蒜㊆明德著聞，又屬最尊親，宜立為嗣，朝廷莫不歸心，而中常侍曹騰㊇嘗謁蒜，蒜不為禮，宦者由此惡之。

初，平原王翼既貶歸河間㉙，其父請分蠡吾縣㉚以侯之㉛，順帝許之。翼卒，子志嗣。梁太后欲以女弟妻㉜志，徵到夏門亭㉝。會帝崩，梁冀欲立志。眾論既異，憤憤不得意，而未有以相奪㉞。曹騰等聞之，夜往說冀曰：「將軍累世有椒房之親㉟，秉攝萬機，賓客縱橫，多有過差。清河王嚴明，若果立，則將軍受禍不久㊱矣。不如立蠡吾侯，富貴可長保也。」冀然其言。

明日，重會公卿。冀意氣凶凶，言辭激切。自胡廣、趙戒以下，莫不懾憚；皆曰：「惟大將軍令㊲。」獨李固、杜喬堅守本議。冀厲聲曰：「罷會！」固猶望眾心可立㊳。復以書勸冀，冀愈激怒。丁亥（四日），冀說太后先策免固㊴。戊子（五日），以司徒胡廣為太尉，司空趙戒為司徒，與大將軍冀參錄尚書事；太僕袁湯為司空。湯，安㊵之孫也。庚寅（七日），使大將軍冀持節㊶，以王青蓋車迎蠡吾侯志入南宮，其日，即皇帝位。時年十五，太后猶臨朝政。

㈥秋，七月，乙卯（二日），葬孝質皇帝於靜陵㊷。

㈦大將軍掾朱穆奏記㊸勸戒梁冀，曰：「明年丁亥之歲，刑德合於乾位㊹，易經龍戰之會㊺；陽道將勝，陰道將負。願將軍專心公朝，割除私欲，廣求賢能，斥遠佞惡㊻。為皇帝置師傅，得小心忠篤敦禮㊼之士，將軍與之俱入，參勸講受㊽，師賢灋古。此猶倚南山、坐平原㊾也，誰能傾之？議郎大夫之位，本以式序㊿儒術高行之士，今多非其人；九卿之中，亦有乖其任者，惟將軍察焉。」又薦种暠、欒巴等，冀不能用。穆，暉(51)之孫也。

㈧九月，戊戌（癸丑朔，無戊戌日），追尊河間孝王(52)為孝穆皇，夫人趙氏曰孝穆后，廟曰清廟，陵曰樂成(53)陵；蠡吾先侯(54)曰孝崇皇，廟曰烈廟，陵曰博陵(55)；皆置令丞，使司徒持節，奉策書璽綬，祠以太牢。

㈨冬，十月，甲午（十二日），尊帝母匽氏(56)為博園貴人(57)。

㈩滕撫性方直，不交權勢，為宦官所惡。論討賊(58)功當封，太尉胡廣承旨奏黜之；卒於家。

【今註】 ㊀舉明經詣太學：明經，謂明於經學者。詣，至。㊁千石、六百石：漢制，官品之高低，皆以祿秩計算，自二千石遞減至百石。千石之官，如太尉長史。六百石之官，如太史令、太宰令。㊂四府掾屬：謂大將軍府掾屬、太尉府掾屬、司徒府掾屬、司空府掾屬。掾屬，屬官。㊃署郎：謂五官署郎及左、右署郎，屬光祿勳。㊄四姓小侯：年小受封，稱曰小侯。四姓小侯原指明帝時外戚樊氏、郭氏、陰氏、馬氏諸子弟。其後繼為后族者，亦得稱小侯，此四姓不詳其確指。㊅家瀍：瀍同法。漢時儒者治學各立門戶，師弟一脈相承，故謂一家之學曰家法。㊆高第者：課試成績列在高等者。㊇上名牒：詔書名於牒而上之。㊈徙樂安王鴻為勃海王：樂安，國名。章帝封皇子伉為千乘貞王，和帝改國名樂安，故城在今山東博興縣南。鴻，質帝父。質帝立，以樂安國土卑溼，租委鮮薄，改封勃海王。勃海郡，西漢治浮陽，故城在今河北滄縣；東漢移治南皮，故城在今河北南皮縣東北。㊉跋扈：強橫。⑪左右：帝左右侍從。⑫苦煩盛：盛，一本作甚，《漢書》亦作甚。當以甚為是。⑬得患所由：何由得患。⑭語未絕而崩：帝時年九歲。⑮推舉侍醫：推，推究。舉，檢舉。侍醫，侍從天子之醫。究舉侍醫之罪，實欲由此以揭露梁冀之奸也，故下云「冀慮事泄」。⑯頻年之間，國祚三絕：順帝崩，沖帝立，一年崩，質帝立，一年又崩。⑰垂心：注意。⑱務存聖明：存，察，言務必察其人是否聖明。⑲眷眷：念念不忘。⑳廢立舊儀：廢與立之舊儀。儀，法式。㉑踐祚：國君繼位曰踐祚。踐，履。祚，位。㉒傳曰：以天下與人易，為天下得人難：孟子之言。上「人」指普通人，下「人」指「上應天心，下合眾望」者。㉓昌邑：昌邑王賀。昭帝崩，霍光立賀為帝。在位淫戲無度。㉔自非：倘非。㉕博陸忠勇，延年奮發：博陸，霍光，光封博陸侯。延年，田延年。光見昌邑王昏亂，恐危社稷，因召丞相以下集議，謀為廢立。羣臣驚愕，不知所對，延年案劍陳辭，廢立遂定。事見卷二十四昭帝元平元年。㉖悠悠萬事：《後漢書・崔駰傳》注：悠悠，眾多也。㉗清河王蒜：蒜，質帝兄，與質帝同出樂安王寵，故下曰尊親。《地理風俗記》：甘陵郡東南十七里有清河故城。案甘陵郡故城在今山東清平縣南。㉘曹騰：宦者，故下文云「宦者由此惡之」。㉙平原王翼既貶歸河間：事見卷五十安帝建光元年。平原郡故城即今山東平原縣。河間，國名，故城即今河北河間縣。㉚蠡吾縣：故城在今河北博野縣。㉛侯之：侯，此為動詞，言使為侯。之，代名詞，指翼。㉜妻：此為動詞，猶今言嫁。㉝夏門亭：在城北。㉞未有以相奪：相奪猶言奪之。言冀雖憤憤不得意，然亦別無積極理由非力排眾議不可也。㉟累世有椒房之親：椒，植物名，實多且香。古人以椒泥塗屋。漢世皇后所居曰椒房，遂亦以椒房為皇后代稱。此言皇后，和帝母恭懷皇后、順帝皇后並出梁氏，故曰累世有椒房之親。㊱受禍不久：不久受禍。㊲惟大將軍令：惟大將軍之令是從。㊳猶望眾心可立：胡三省曰：「以眾心屬於清河王，猶望可立也。」㊴先策免固：先以策令免固職。㊵袁安：汝南人。章帝時為河南尹，政尚慈愛，官至司徒。㊶持節：節，符節。古使臣持之以示信。㊷靜陵：在洛陽東南三十里。㊸奏記：書牘，書己之意見於牘以上諫者。㊹丁亥之歲，刑德合於乾位：五行家以刑、德分屬於四時，謂刑德合於時則生福。曆法：太歲在丁、壬，歲德在北宮。太歲在亥、卯，歲刑亦在北宮。宮者，曆法以三十度為宮，即圓周十二分之一。北宮猶言北方。錢大昕曰：乾位謂北方。㊺易經龍戰之會：《易・坤卦》上六：「龍戰于野。」惠棟曰：「陰陽相德，則刑德合門。坤上六在亥，亥者，乾本位也。乾坤合居，故有龍戰之災。」㊻斥遠佞惡：斥，屏拒。遠音願，動詞，猶言使遠，與斥義近平列。㊼敦禮：崇禮。㊽講受：受，一本作授，是。㊾猶倚南山坐平原：喻其安而無傾也。㊿式序：式，用。式序猶言序用。(51)朱暉：字文季，南陽宛人。性矜嚴，進止必以禮。事章帝，拜尚書僕射。(52)河間孝王：桓帝祖父河間孝王開。(53)樂成：樂成縣在今河北獻縣。(54)蠡吾先侯：桓帝父翼。先即先父之先。順帝時，河間孝王以蠡吾縣封翼，故稱蠡吾先侯。(55)博陵：博縣故城在今河北蠡縣。(56)匽氏：諱明，本蠡吾先侯媵妾。(57)博園貴人：博園，博陵寢園也。秦於墓旁築寢，以為致祭之用，謂之園寢。漢承秦制，上陵皆有園寢。貴人，位次皇后。(58)賊：順帝末，揚、徐二州間范容、周生等為亂，為此所指。

孝桓皇帝上之上

諱志，章帝曾孫，蠡吾侯翼之子。

建和元年（西元一四七年）

㈠春，正月，辛亥，朔，日有食之。

㈡戊午（八日），赦天下。

㈢三月，龍見譙㊀。

㈣夏，四月，庚寅（十一日），京師地震。

㈤立阜陵王代兄勃遒亭侯便為阜陵王㈡。

㈥六月，太尉胡廣罷，光祿勳杜喬為太尉。【考異】帝紀云：「大司農杜喬。」喬傳：「喬自司農累遷為大鴻臚、光祿勳乃為太尉。」袁紀亦然。荀淑傳云：「光祿勳杜喬舉淑方正。」今從之。自李固之廢，朝野喪氣，羣臣側足而立㈢，唯喬正色，無所回橈㈣，由是朝野皆倚望焉。

㈦秋，七月，渤海孝王鴻㈤薨，無子，太后立帝弟蠡吾侯悝為渤海王，以奉鴻祀。

㈧詔以定策功㈥，益封梁冀萬三千戶。封冀弟不疑為潁陽㈦侯，蒙為西平㈧侯，冀子胤為襄邑侯㈨，胡廣為安樂侯⑩，趙戒為廚亭侯，袁湯為安國侯⑪。又封中常侍劉廣等皆為列侯⑫。杜喬諫曰：「古之明君，皆以用賢賞罰為務。失國之主，其朝豈無貞幹⑬之臣，典誥⑭之篇哉？患得賢不用其謀，韜⑮書不施其教，聞善不信其義，聽讒不審其理也。陛下自藩臣即位，天人屬心。不急忠賢之禮，而先左右之封。梁氏一門，宦者微孽⑯，並帶無功之紱⑰，裂勞臣之土。其為乖濫，胡可勝言。夫有功不賞，為善失其望；

姦回⑱不詰⑲，為惡肆其凶。故陳資斧⑳而人靡畏，班爵位而物無勸。苟遂㉑斯道，豈伊㉒傷政為亂而已，喪身亡國，可不慎哉！」書奏不省。【考異】喬傳此章在為太尉前，袁紀在為太尉後，今從袁紀。

(九)八月，乙未（十八日），立皇后梁氏。【考異】皇后紀、袁紀皆云八月而無日，帝紀云：「七月乙未。」以長曆考之，七月戊申朔，無乙未，乙未，八月十八日也。蓋帝紀脫八月字。梁冀欲以厚禮迎之，杜喬據執舊典不聽。冀屬㉓喬舉汜宮㉔為尚書，喬以宮為臧罪㉕，不用。由是日忤於冀。

(十)九月，丁卯（九日），京師地震，喬以災異策免。

(十一)冬，十月，以司徒趙戒為太尉，司空袁湯為司徒，前太尉胡廣為司空。

(十二)宦者唐衡、左悺共譖杜喬於帝曰：「陛下前當即位，喬與李固抗議㉖，以為不堪奉漢宗祀。」帝亦怨之。

十一月，清河劉文與南郡㉗妖賊劉鮪交通，妄言清河王當統天下，欲共立蒜。事覺，文等遂劫清河相謝暠曰：「當立王為天子，以暠為公。」暠罵之，文刺殺暠。於是捕文、鮪，誅之。有司劾奏菻，坐(二八)貶爵為尉氏侯(二九)。徙桂陽(三〇)，自殺。

梁冀因誣李固、杜喬，云與文、鮪等交通，請逮按罪。太后素知喬忠，不許。【考異】喬傳云：「策免而已。」喬前已免官，傳誤也。冀遂收固下獄；門生渤海王調貫械(三一)上書，證固之枉；河內趙承等數十人，亦要鈇鑕(三二)詣闕通訴。太后詔赦之。及出獄，京師市里皆稱萬歲。冀聞之，大驚。畏固名德終為己害，乃更據奏前事，大將軍長史吳祐傷固之枉，與冀爭之。冀怒，不從。從事中郎馬融主為冀作章表(三三)，融時在坐，祐謂融曰：「李公之罪，成於卿手，李公若誅，卿何面目視天下人！」冀怒，起，入室；祐亦徑去(三四)，固遂死於獄中。臨命(三五)，與胡廣趙戒書曰：「固受國厚恩，是以竭其股肱(三六)，不顧死亡，志欲扶持王室，比隆文、宣(三七)。何圖一朝梁氏迷謬，公等曲從(三八)，以吉為凶，成事為敗乎！漢家衰微，從此始矣。公等受主厚祿，顛而不扶，傾覆大事(三九)，後之良史，豈有所私！固身已矣，於義得矣，夫復何言！」廣、戒得書悲慙，皆長歎流涕而已。冀使人脅杜喬，曰：「早從宜(四〇)，妻子可得全。」喬不肯。明日，冀遣騎至其門，不聞哭者(四一)，遂白太后收繫之；亦死獄中。

冀暴固、喬尸於城北四衢(四二)，令「有敢臨者加其罪(四三)。」固弟子汝南郭亮(四四)尚未冠，左提章鉞(四五)，右秉鈇鑕，詣闕上書，乞收固尸，不報；與南陽董班俱往臨哭，守喪不去。夏門亭長呵之曰：「卿曹(四六)何等腐生(四七)！公犯詔書，欲干試有司(四八)乎？」亮曰：「義之所動，豈知性命，何為以死相懼邪？」太后聞之，皆赦不誅。杜喬故掾(四九)陳留(五〇)楊匡，號泣星行(五一)到雒陽，著故赤幘，託為夏門亭吏(五二)；守護尸喪(五三)，積十二日。都官從事(五四)執之以聞，太后赦之。匡因詣闕上書，幷乞李、杜二公骸骨，使得歸葬。太后許之。匡送喬喪還家，葬訖，行服(五五)，遂與郭亮、董班皆隱匿，終身不仕。梁冀出(五六)吳祐為河間相；祐自免歸，卒於家。

冀以劉鮪之亂，思朱穆之言(五七)。於是請种暠為從事中郎，薦欒巴為議郎，舉穆高第，為侍御史。

(十三)是歲，南單于兜樓儲死，伊陵尸逐就單于車兒立。

【今註】㈠龍見譙：見音現，言龍現於譙。譙，縣名，故城在今安徽亳縣。㈡立阜陵王代兄勃遒亭侯便為阜陵王：阜陵王延傳國五世至代，無子，國絕，今以代兄便嗣封。阜陵縣在今安徽全椒縣。順帝陽嘉二年封便為勃遒亭侯。又案：便，《漢書・桓帝紀》同，阜陵王傳名便親，紀傳不同。㊂側足而立：言自危懼也。㊃回橈：邪曲。㊄渤海孝王鴻：質帝父。㊅定策功：書立帝之事於策謂之定策。定策功猶言立帝之功。㊆潁陽：縣名，故城在今河南許昌縣西南。㊇西平：縣名，今河南西平縣即其故地。㊈襄邑侯：蓋封潁川之襄城。襄城故城即今河南襄城縣。㊉安樂侯：《漢書・胡廣傳》云，封淯陽縣之安樂鄉。淯陽縣在今河南南召縣。⑪安國侯：安國縣故城在今河北安國縣境。⑫封劉廣等皆為列侯：胡三省曰：「漢書曹騰傳，廣、騰及州輔等七人皆封亭侯。」⑬貞幹：貞與楨同。幹與榦同。⑭典誥：典策詔誥。⑮韜：藏也。此為收藏之義，非隱藏之謂。與韜光、韜筆之義微異。⑯微孽：猶言微賤。⑰帶無功之紱：紱，繫印環之絲繩。帶無功之紱，猶言受無功之封。⑱姦回：姦邪。⑲詰：究辦。⑳資斧：資，銳利。㉑遂：循。㉒伊：唯。㉓屬：讀為囑。㉔汜宮：皇甫謐曰：「汜，本姓凡氏，遭秦亂避地於汜水，因氏焉。」㉕為臧罪：為，作也。古贓字作臧。㉖抗議：抗，舉也，抗議猶言提議。今言抗議為反對之稱，與古異。㉗南郡：故城在今湖北江陵縣。㉘坐：犯罪受刑曰坐。㉙尉氏侯：尉氏，縣名。今河南尉氏縣即其故地。㉚桂陽：故城在今湖南郴縣。㉛貫械：貫，穿。械，桎梏。貫械猶言戴刑具。㉜要鈇鑕：要，古腰字。鈇鑕，腰斬之刑。要鈇鑕，言以鈇鑕置於腰際。㉝馬融主為冀作章表：《漢書・馬融傳》：「初，融懲於鄧氏，不敢復違忤埶家，遂為梁冀草奏李固。」則融之所為，不得已耳。㉞徑去：逕去。㉟臨命：猶言就死之際。㊱竭其股肱：盡其手足之力。㊲比隆文、宣：比，同。謂與文、宣兩世之興隆媲美。文帝、宣帝皆羣臣迎立而興漢祚。㊳曲從：百依百從。㊴大事：猶言社稷、國家。㊵從宜：令其自盡。㊶不聞哭者：知喬未自盡也。㊷暴固、喬尸於城北四衢：暴尸，陳尸以示眾。四衢，四通八達之處。古陳尸於北方，以北方之為象，肅殺陰森也。㊸加其罪：加，施也。施之以罪。㊹固弟子汝南郭亮：沈欽韓曰：「亮非固弟子，乃博士弟子之慕義者。」㊺左提章鉞：章，所上奏章。鉞，斧。㊻卿曹：汝等。㊼腐生：腐儒。㊽干試有司：干，犯。有司，法官。猶言干試法律。㊾故掾：舊時僚屬。㊿陳留：縣名，今河南陳留縣即其故地。㊿一星行：胡三省曰：「見星而行，見星而舍。或曰，戴星而行，夜不遑息也。」㊿二著故赤幘，託為夏門亭吏：吏著赤幘，故著舊時為吏赤幘，以混跡夏門亭吏之間。幘，頭巾。託，假託，猶言冒充。㊿三尸喪：猶單言尸，或單言喪。上文「守喪不去」，下文「送喬喪」，喪並言尸。㊿四都官從事：司隸校尉之屬官，負責糾舉中都官之非法者。㊿五行服：服喪服，所謂守喪也。㊿六出：讀與黜同。㊿七朱穆之言：見本卷〈質帝紀〉。

二年（西元一四八年）

㈠春，正月，甲子（十九日），帝加元服㈠。庚午（二十五日），赦天下。

㈡三月，戊辰（二十四日），帝從皇太后幸大將軍冀府。

㈢白馬羌寇廣漢屬國㊁，殺長吏，益州刺史率板楯蠻㊂討破之。

㈣夏，四月，丙子（三日），封帝弟顧為平原王㊃，奉孝崇皇祀。尊孝崇皇夫人㊄為孝崇園貴人。

㈤五月，癸丑（十日），北宮掖庭㊅中德陽殿及左掖門㊆火，車駕移幸南宮。

㈥六月，改清河為甘陵㊇。立安平孝王得㊈子經侯㊉理為甘陵王，奉孝德皇㊁祀。

㈦秋，七月，京師大水。

【今註】 ㊀元服：元，首也。元服猶言冠。㊁廣漢屬國：《漢書》注：「故北部都尉，屬蜀郡。安帝時以為屬國都尉，別領三城。」齊召南曰：「注蜀郡應是廣漢郡之譌。陰平、甸氏剛氏三道舊屬廣漢陰平道，即廣漢北部都尉治也。」故城蓋在今甘肅文縣。㊂板楯：西南蠻之號。㊃平原王：平原郡故城即今山東平原縣。㊄孝崇皇夫人：馬氏。㊅掖庭：宮中旁舍。㊆左掖門：兩旁之門曰掖門，在左者曰左掖門。㊇改清河為甘陵：梁冀惡清河之名，遂以孝德皇陵為國名。㊈安平孝王得：得，一本作德，河間王開子。安平故城即今河北安平縣。㊉經侯：經縣屬安平國，故城蓋在今河北清河縣。㈡孝德皇：清河孝王慶尊號。

三年（西元一四九年）

㈠夏，四月，丁卯晦，日有食之。

㈡秋，八月，乙丑（三十日），有星孛于天市㈠。

㈢京師大水。

㈣九月，己卯（十四日），地震。庚寅（二十五日），地又震。

㈤郡國五山崩。

㈥冬，十月，太尉趙戒免，以司徒袁湯為太尉，大司農河內張歆為司徒。

㈦是歲，前朗陵㈡侯相荀淑卒。淑少博學，有高行，當世名賢李固、李膺皆師宗之。在朗陵，涖事明治，稱為神君。有子八人，儉、緄、靖、燾、汪、爽、肅、專，並有名稱㈢，時人謂之八龍。所居里舊名西豪，潁陰㈣令渤海苑康，以為昔高陽氏有才子八人㈤，更命其里曰高陽里。

膺性簡亢，無所交接，唯以淑為師，以同郡陳寔為友。荀爽嘗就謁膺，因為其御。既還，喜曰：「今日乃得御李君矣！」其見慕如此。

陳寔出於單微[六]，為郡西門亭長。同郡鍾皓以篤行稱，前後九辟公府[七]，年輩遠在寔前，引以為友。皓為郡功曹，辟司徒府；臨辭，太守問：「誰可代卿者？」皓曰：「明府[八]欲必得其人，西門亭長陳寔可。」寔聞之，曰：「鍾君似不察人，不知何獨識我。」太守遂以寔為功曹。時，中常侍侯覽[九]託太守高倫用吏，倫教[一〇]署為文學掾[一一]。寔知非其人[一二]，懷檄[一三]請見，言曰：「此人不宜用，而侯常侍不可違；寔乞從外署[一四]，不足以塵明德[一五]。」倫從之。於是鄉論[一六]怪其非舉[一七]，寔終無所言[一八]。倫後被徵為尚書，郡中士大夫送至綸氏[一九]。倫謂眾人曰：「吾前為侯常侍用吏，陳君密持教還，而於外白署，比[二〇]聞議者以此少之[二一]，此咎由故人[二二]畏憚彊禦[二三]，陳君可謂『善則稱君，過則稱己[二四]』者也。」寔固自引愆[二五]，聞者方歎息[二六]，由是天下服其德。

後為太丘㉗長，修德清靜，百姓以安。鄰縣民歸附者，寔輒訓導、譬解發遣，各令還本。司官㉘行部，吏慮民有訟者，白㉙欲禁之。寔曰：「訟以求直，禁之，理將何申？其勿有所拘。」司官聞而歎息曰：「陳君所言若是，豈有冤於人乎？」亦竟無訟者㉚。以沛相賦斂違灋，解印綬去，吏民追思之。

鍾皓素與荀淑齊名，李膺常歎曰：「荀君清識㉛難尚，鍾君至德可師。」皓兄子瑾母，膺之姑也。瑾好學慕古，有退讓風，與膺同年，俱有聲名。膺祖太尉脩常言：「瑾似我家性㉜，邦有道，不廢；邦無道，免於刑戮。」復以膺妹妻之㉝。膺謂瑾曰：「孟子以為人無是非之心，非人也；弟於是何太無皁白邪㉞？」瑾嘗以膺言白㉟皓。皓曰：「元禮祖、父㊱在位，諸宗並盛㊲，故得然乎？昔國子好招人過，以致怨惡㊳，今豈其時邪！必欲保身全家，爾道為貴㊴。」

【今註】㈠天市：旗星中四星曰天市。又為三垣星之名。三垣者，紫微垣、太微垣，天市垣。㈡朗陵：侯國名，故城在今河南確山縣。㈢並有名稱：並著聲譽，稱於當世。㈣潁陰：縣名。故城即今河南許昌。㊄高陽氏有才子八人：高陽氏即帝顓頊，黃帝孫，昌意子。《左傳》云：昔高陽氏有才子八人：蒼舒、隤敳、檮戭、大臨、龐降、庭堅、仲容、叔達。㊅單微：單，薄。單微猶言貧賤。㊆九辟公府：九次徵召入三公之府任事。㊇明府：古人太守、牧、令稱府君，或稱明府君，簡稱明府。㊈中常侍侯覽：一本侯覽上有「山陽」二字。㊉倫教：郡太守所出命令曰教。倫教即高倫之教命。⑪文學掾：郡有文學守助掾六十人。⑫知非其人：知其人不堪為文學掾。⑬懷檄：檄，木板所為公文，此言所書高倫之教者。寔恐倫教洩露於外，故懷而藏之。⑭從外署：猶言由寔自行署用，欲示人不出於倫之手，免倫受物議也。⑮塵明德：塵，污也。明德，尊太守之辭。⑯鄉論：猶言輿論。⑰非舉：用人不當。⑱寔終無所言：寔終不自辯。⑲綸氏：縣名，故城在今河南登封縣。⑳比：近來。㉑少之：古人稱美人曰多，輕蔑人曰少。少之，輕視陳寔。㉒故人：高倫自稱。漢人於門生、故吏前可自稱故人。㉓彊禦：猶言彊梁。㉔善則稱君，過則稱己：語見《禮記・坊記》。言凡善行歸之於君，錯誤歸之於己。㉕自引愆：猶今言「找人罵」。㉖歎息：讚歎。古人歎息兼讚美與嗟傷兩者言之。㉗太丘：縣名。故城在今河南永城縣西北。㉘司官：李賢曰：「主司之官也。」㉙白：猶今言呈請。㉚亦竟無訟者：承上文「欲禁之」而言。竟，終究。㉛清識：清，明。識，見地。㉜似我家性：性與姓通，言似我家子姓。子姓即子孫。㉝邦有道不廢，邦無道免於刑戮，復以膺妹妻之：《論語・公冶長》：「子謂南容，邦有道不廢，邦無道免於刑戮，以其兄之子妻之。」為此文所出。㉞弟於是何太無皁白邪：弟，膺自謂。是，此也，指是非言。皁，黑。言我於是非何太無所別擇邪？意謂其直道而行，不能「邦無道免於刑戮」也。膺後以謀誅宦官見殺。㉕白：告。㉖元禮祖、父：元禮，李膺字。祖父脩為太尉，父益為趙相。㉗諸宗並盛：諸家謂大宗小宗。長房曰大宗，次房以下為小宗。㉘國子：一本國下有「武」字，與《漢書》同，當從之。國武子，齊之大夫。為人好盡言，後見殺。《國語》：「齊國佐見單襄公，其語盡。單子曰：立於淫亂之國，而好盡言以招人過，怨之本也。」為此文「國武子好招人過，以致怨惡」之所本。㉙爾道為貴：爾，猶此也。此道指上文邦有道、邦無道兩句言。

和平元年（西元一五〇年）

㈠春，正月，甲子（朔），赦天下，改元。

㈡乙丑（二日），太后詔歸政於帝，始罷稱制㈠。二月，甲寅（二十二日），太后梁氏崩。

㈢三月，車駕徙幸北宮。

㈣甲午（四月三日），葬順烈皇后。增封大將軍冀萬戶，幷前合三萬戶。封冀妻孫壽為襄城㈡君，兼食陽翟㈢租，歲入五千萬；加賜赤紱，比長公主㈣。壽善為妖態㈤以蠱惑冀，冀甚寵憚之。冀愛監奴(六)秦宮，官至太倉令(七)，得出入壽所，威權大震，刺史、二千石皆謁辭(八)之。冀與壽對街為宅，殫極(九)土木，互相誇競。金玉珍怪，充積藏室。又廣開園圃，採土築山，十里九阪，深林絕澗，有若自然。奇禽馴獸，飛走其間。冀、壽共乘輦車(一〇)，遊觀第內，多從倡伎(一一)，酣謳竟路(一二)；或連日繼夜，以騁娛恣。客到門不得通，皆請謝(一三)門者；門者累千金。又多拓林苑，周遍近縣。起兔苑於河南城西，經亙(一四)數十里，移檄所在，調發生兔(一五)。刻其毛以為識(一六)，人有犯者，罪至死刑。嘗有西域賈胡，不知禁忌，誤殺一兔，轉相告言，坐死者十餘人(一七)。又起別第於城西，以納姦亡(一八)；或取良人，悉為奴婢，至數千口，名曰「自賣人」。冀用壽言，多斥奪諸梁在位者(一九)，外以示謙讓，而實崇孫氏。孫氏宗親，冒名為侍中、卿、校、郡守、長吏者十餘人，皆貪饕凶淫。各使私客，籍(二〇)屬縣富人，被以他罪，閉獄掠拷(二一)，使出錢自贖。貲物少者，至於死徙(二二)。扶風人士孫奮(二三)，居富(二四)而性吝，冀以馬乘遺(二五)之，從貸錢五千萬，奮以三千萬與之。冀大怒，乃告郡縣，認(二六)奮母為其守藏婢，云盜白珠十斛、紫金千斤以叛。遂收考奮兄弟死於獄中，悉沒其貲財億七千餘萬。冀又遣客周流四方，遠至塞外，廣求異物。而使人復乘埶橫暴，妻略婦女㉗，毆擊吏卒，所在怨毒㉘。侍御史朱穆自以冀故吏，奏記諫曰：「明將軍㉙地有申伯㉚之尊，位為羣公之首，一日行善，天下歸仁㉛；終朝為惡，四海傾覆。頃者，官民俱匱㉜，加以水、蟲㉝為害；京師諸官㉞，費用增多，詔書發調，或至十倍，各言官無見財，皆當出民㉟，榜掠㊱割剝，彊令充足。公賦既重，私歛又深，牧守長吏，多非德選，貪聚無厭，遇㊲民如虜。或絕命於箠楚㊳之下，或自賊於迫切之求㊴。又掠奪百姓，皆託之尊府㊵，遂令將軍結怨天下，吏民酸毒，道路歎嗟。昔永和㊶之末，綱紀少弛，頗失人望，四五歲耳，而財空戶散，下有離心，馬勉之徒乘敝而起，荊揚之間幾成大患㊷。幸賴順烈皇后初政清靜，內外同力，僅乃討定。今百姓戚戚，困於永和㊸。內非仁愛之心，可得容忍；外非守國之計，所宜久安也。夫將、相、大臣，均體元首㊹，共輿而馳，同舟而濟，輿傾舟覆，患實共之。

豈可以去明即昧，履危自安㊺，主孤時困，而莫之卹乎！宜時易宰守非其人者，減省第宅園池之費，拒絕郡國諸所奉送，內以自明，外解人惑；使挾姦之吏無所依託，司察之臣得盡耳目。憲度㊻既張，遠邇清壹，則將軍身尊事顯，德耀無窮矣！」冀不納。冀雖專朝縱橫，而猶交結左右宦官，任其子弟、賓客為州郡要職，欲以自固恩寵。穆又奏記極諫，冀終不悟。報書云：「如此，僕亦無一可邪？」然素重穆，亦不甚罪也。

冀遣書詣樂安太守陳蕃，有所請託，不得通。使者詐稱他客求謁蕃，蕃怒，笞殺之。坐左轉㊼脩武㊽令。

時皇子有疾，下郡縣市珍藥㊾，而冀遣客齎書詣京兆，幷貨牛黃㊿。京兆尹南陽延篤發書收客(51)，曰：「大將軍椒房外家，而皇子有疾，必應陳進醫方，豈當使客千里求利乎？」遂殺之。冀慙而不得言。有司承旨求其事(52)，篤以病免。

㈤夏，五月，庚辰（十九日），尊博園匽貴人曰孝崇后，宮曰永樂，置太僕、少府以下，皆如長樂宮故事(53)。分鉅鹿(54)九縣為后湯沐邑㉟。

㈥秋，七月，梓潼山崩。

【今註】㊀稱制：謂太后臨朝。㊁襄城：縣名，故城在今河南襄城縣。㊂陽翟：縣名，故城在今河南禹縣。㊃加賜赤紱，比長公主：漢制長公主儀服同諸王，赤紱。㊄壽善為妖態：《漢書》謂壽作愁眉、啼妝、墮馬髻、折腰步、齲齒笑。㊅監奴：奴之監管家務者。㊆太倉令：屬大司農，主受郡國傳漕穀，秩六百石。㊇謁辭：猶言請謁。㊈殫極：極盡。㊉輦車：人挽行之車。⑪倡伎：能歌善唱者。⑫竟路：遍路。⑬請謝：謂以貨賄通之也。⑭經亙：縱橫。⑮移檄所在，調發生兔：移檄，官文書。謂公文所至之處，皆調送生兔至此兔苑。⑯刻其毛以為識：識音誌，記號。⑰轉相告言，坐死者十餘人：民以懼罪展轉指告，竟至處死刑者十餘人。⑱納姦亡：納，收容。姦，邪民。亡，犯罪亡命者。⑲斥奪諸梁在位者：革除梁姓之在官者。⑳籍：調查登記。㉑掠拷：鞭笞。掠音亮。㉒徙：放逐異域。㉓士孫奮：複姓士孫，名奮。㉔居富：猶言家富。㉕遺：讀去聲，贈送。㉖認：強自認定。㉗妻略婦女：胡三省曰：「妻者，私他人之婦女若己妻然，不以道取之曰略。」㉘所在怨毒：毒，痛。言所在之處，其民怨痛。㉙明將軍：明與前明府之明同，尊之之辭。㉚申伯：申國之伯，周宣王之元舅。㉛一日行善，天下歸仁：《論語》：「一日克己復禮，天下歸仁焉。」為此句所本。㉜匱：貧乏。㉝水蟲：水災及蝗蟲。㉞京師諸官：此官指公家，即下文公字所承。下文官無見財，官指吏言，下文私字承之。㉟出民：出於民。㊱榜掠：即掠拷。㊲遇：待遇。㊳箠楚：鞭笞。㊴自賊於迫切之求：賊，殺。為迫切之求索而自殺也。㊵託之尊府：委辭於尊府。尊府，尊稱大將軍府之辭。㊶永和：東漢順帝年號。㊷馬勉之徒……幾成大患：沖帝時，九江盜賊徐鳳、馬勉等稱無上將軍，攻燒城邑。質帝時，馬勉稱皇（或作黃）帝；歷陽賊華孟稱黑帝。事皆為滕撫剿平。九江、歷陽是荊徐之間，故云爾。㊸困於永和：較永和時尤困。㊹均體元首：均，同。元首，國君之言與元首一體也。㊺去明即昧，履危自安：離明就暗，履於危而自以為安。㊻憲度：法度。㊼左轉：貶官。以右為尊，故謂降秩曰左轉，或曰左遷。㊽脩武：縣名。故城即今河南獲嘉縣。㊾下郡縣市珍藥：下，下令。市，收購。㊿貨牛黃：貨與上文市同義。牛黃，藥之最貴者。《吳普本草》曰：「牛黃，牛出入呻者有之。夜，有光，走角中；牛死，入膽中，如雞子黃。」(51)收客：拘其使者。(52)求其事：求，追問。為此事究篤之過也。(53)如長樂宮故事：長樂宮，在陝西長安縣西北故城中。周圍二十里，內有長信、長秋諸殿。漢初為朝會之地，後為太后所居，謂之東宮，或曰東朝。此言永樂宮之設置，一如長樂。(54)鉅鹿：郡名。故城在今河北平鄉縣。(55)湯沐邑：古者天子賜諸侯以湯沐邑，備來朝時食宿之處。漢以後皇后、公主多有湯沐邑，則供其遊覽憩息之用耳。(56)梓橦：今四川梓橦縣即漢梓橦故地。

元嘉元年（西元一五一年）

㈠春，正月朔，羣臣朝會。大將軍冀帶劒入省㊀，尚書蜀郡張陵呵叱令出，敕虎賁、羽林奪劒。冀跪謝㊁，陵不應，即劾奏冀，請廷尉論罪。有詔以一歲俸贖，百僚肅然。河南尹不疑，嘗舉陵孝廉，乃謂陵曰：「昔舉君，適所以自罰㊂也。」陵曰：「明府不以陵不肖，誤見擢序㊃，今申公憲㊄以報私恩。」不疑有愧色。

㈡癸酉（十六日），赦天下，改元。

㈢梁不疑好經書，喜待士，梁冀疾之，轉不疑為光祿勳；以其子胤為河南尹。胤年十六，容貌甚陋，不勝冠帶，道路見者，莫不蚩笑。不疑自恥兄弟有隙，遂讓位歸第，與弟蒙閉門自守。冀不欲令與賓客交通，陰使人變服㊅至門，記往來者。南郡太守馬融、江夏㊆太守田明初除㊇，過謁不疑㊈；冀諷有司，奏融在郡貪濁，及以他事陷明。皆髡㊉笞，徙朔方。融自刺不殊㊁，明遂死於路。

㈣夏，四月，己丑（三日），上微行㊂，幸河南尹梁胤府舍。【考異】袁紀作梁不疑府，今從范書。是日，大風拔樹，晝昏。尚書楊秉上疏，曰：「臣聞：天不言語，以災異譴⑬告王者。至尊出入有常，警蹕而行⑭，靜室而止⑮；自非郊廟之事⑯，則鑾旗不駕⑰。故諸侯入諸臣之家，春秋尚列其誡⑱，況於以先王灋服，而私出槃游⑲？降亂尊卑⑳，等威無序㉑。侍衛守空宮，璽紱委女妾㉒，設有非常之變，任章之謀㉓，上負先帝，下悔靡及㉔。」帝不納。秉，震㉕之子也。

㈤京師旱，任城㉖、梁國㉗饑民相食。

㈥司徒張歆罷，以光祿勳吳雄為司徒。

㈦北匈奴呼衍王寇伊吾㉘，敗伊吾司馬毛愷，攻伊吾屯城。詔敦煌㉙太守馬達將兵救之。至蒲類海㉚，呼衍王引去。

㈧秋，七月，武陵㉛蠻反。

㈨冬，十月，司空胡廣致仕㉜。

㈩十一月，辛巳（二十八日），京師地震。詔百官舉獨行之士㉝。涿郡㉞舉崔寔，詣公車㉟，稱病，不對策㊱，退而論世事，名曰政論。其辭曰：「凡天下所以不治者，常由人主承平日久㊲，俗漸敝而不悟，政寖衰㊳而不改，習亂安危，怢不自覩㊴。或荒耽耆欲㊵，不恤萬機(四一)，或耳蔽箴誨，厭偽忽真(四二)，或猶豫岐路，莫適所從(四三)，或見信之佐，括囊守祿(四四)，或疎遠之臣，言以賤廢(四五)。是以王綱縱弛(四六)於上，智士鬱伊(四七)於下。悲夫！自漢興以來，三百五十餘歲矣。政令垢翫(四八)，上下怠懈；百姓囂然(四九)，咸復思中興之救矣。且濟時拯世之術，在於補綻決壞(五〇)，枝拄邪傾(五一)；隨形裁割(五二)，要措斯世於安寧之域而已。故聖人執權(五三)，遭時定制，步驟之差，各有云設(五四)；不彊人以不能，背急切而慕所聞(五五)也。蓋孔子對葉公以來遠，哀公以臨人，景公以節禮(五六)，非其不同，所急異務也。俗人拘文牽古(五七)，不達權制。奇偉所聞，簡忽所見(五八)，烏可與論國家之大事哉！故言事者，雖合聖聽，輒見掎奪(五九)。何者？其頑士闇於時權，安習所見，不知樂成，況可慮始(六〇)？苟云率由舊章(六一)而已。其達者(六二)或矜名妒能，恥策非己(六三)，舞筆奮辭以破其義；寡不勝眾，遂見擯棄。雖稷、契(六四)復存，猶將困(六五)焉。斯賢智之論，所以常憤鬱而不伸者也。

凡為天下者，自非上德，嚴之則治，寬之則亂。何以明其然也？

近孝宣皇帝明於君人之道，審於為政之理；故嚴刑峻灋，破姦軌(六六)之膽，海內消肅，天下密如(六七)，筭計見效，優於孝文。及元帝即位，多行寬政，卒以墮(六八)損，威權始奪，遂為漢室基禍(六九)之主。政道得失，於斯可鑒。昔孔子作春秋，褒齊桓、懿(七〇)晉文、歎管仲之功，夫豈不美文、武(七一)之道哉？誠達權救敝之理也。聖人能與世推移(七二)，而俗士苦不知變。以為結繩之約，可復治亂秦之緒(七三)；干戚之舞，足以解平城之圍(七四)。夫熊經鳥伸，雖延歷之術，非傷寒之理；呼吸吐納，雖度紀之道，非續骨之膏(七五)。蓋為國之灋，有似理身：平則致養，疾則攻焉(七六)。夫刑罰者，治亂之藥石(七七)也；德教者，興平之粱肉也。夫以德教除殘，是以粱肉養疾(七八)也；以刑罰治平，是以藥石供養也。方今承百王之敝，值戹運之會，自數世以來，政多恩貸(七九)。馭委其轡，馬駘其銜(八〇)，四牡橫犇(八一)，皇路(八二)險傾。方將柑勒、鞬輈(八三)以救之，豈暇鳴和鑾，調節奏(八四)哉？昔文帝雖除肉刑，當斬右趾者棄市，笞者往往至死(八五)。是文帝以嚴致平，非以寬致平也。」寔，瑗(八六)之子也。山陽(八七)仲長統嘗見其書，歎曰：「凡為人主，宜寫一通，置之坐側(八八)。」

臣光曰：「漢家之灋已嚴矣，而崔寔猶病其寬，何哉？蓋衰世之君，率多柔懦；凡愚之佐，唯知姑息(八九)。是以權幸之臣，有罪不坐；豪猾(九〇)之民，犯灋不誅。仁恩所施，止於目前。姦宄得志，紀綱不立。故崔寔之論，以矯一時之枉，非百世之通義也。孔子曰：『政寬則民慢，慢則糾之以猛；猛則民殘，殘則施之以寬。寬以濟猛，猛以濟寬，政是以和(九一)。』斯不易之常道矣。」

(十)閏月，庚午（十八日），任城節王崇薨，無子，國絕。

(十一)以太常黃瓊為司空。

(十二)帝欲褒崇梁冀，使中朝(九二)二千石以上會議其禮。特進(九三)胡廣、太常羊溥、司隸校尉祝恬、太中大夫邊韶等咸稱冀之勳德，宜比周公，錫之山川、土田、附庸(九四)。黃瓊獨曰：「冀前以親迎之勞(九五)，增邑萬三千戶，又其子胤亦加封賞。今諸侯以戶邑為制，不以里數為限，冀可比鄧禹合食四縣(九六)。」朝廷從之。於是有司奏：「冀入朝不趨，劍履上殿，謁讚不名，禮儀比蕭何(九七)；悉以定陶(九八)陽成(九九)餘戶，增封為四縣(一〇〇)，比鄧禹；賞賜金錢、奴婢、采帛、車馬、衣服、甲第、比霍光(一〇一)，以殊元勳(一〇二)。每朝會，與三公絕席(一〇三)。十日一入，平尚書事(一〇四)。宣布天下，為萬世灋。」冀猶以所奏禮薄，意不悅。

【今註】 (一)入省：漢制宮中謂之禁中，後避孝元皇帝父諱，改稱省中。入省猶言入宮也。(二)謝：陪罪。(三)適所以自罰：不疑，梁冀弟。舉陵而罰其兄，故云然。(四)擢序：擢，提拔。序，序用。(五)公憲：公法。(六)變服：易其服以免為不疑所識。(七)江夏：郡名。故城在今湖北黃岡縣西北。(八)初除：初除官之時，猶今言上任之時也。(九)過謁不疑：胡三省曰：「言過其門，因而謁之，禮不專也。」(一〇)髡：音坤，古去髮之刑。(一一)自刺不殊：殊，死。言自殺未死。(一二)微行：微，隱。出行而不使人知之謂之微行。(一三)譴：責。(一四)警蹕而行：警蹕，警戒行人使避道也。謂已清道然後行。(一五)靜室而止：室已清查，然後止宿。(一六)郊廟之事：郊，祀天之名。郊廟之事即祭祀之義。(一七)鑾旗不駕：天子乘輿前驅有鑾旗車。言鑾旗不駕者，猶言不出行也。(一八)諸侯入諸臣之家，春秋尚列其誡：陳靈公如夏徵舒之家，為徵舒所弒，齊莊公如崔杼之家，亦為杼殺。《春秋左氏傳》載之以為人君之誡。(一九)槃游：游樂。(二〇)降亂尊卑：降尊為卑，降與亂義同。(二一)等威無序：《漢書》注：「等威，謂威儀有等差也。左氏傳曰：『貴有常尊，賤有等威。』」(二二)璽紱委女妾：璽紱：天子之印章及組綬。猶言國事交付女妾。㉓任章之謀：謂臣下之叛變。宣帝時，任宣坐謀反，誅。宣子章逃亡渭城界中，夜，玄服入廟，居廊間，執戟立於廟門。待上至，欲為逆，發覺，伏誅。㉔靡及：無及。㉕楊震：字伯起，華陰人。明經博學，諸儒稱之為關西孔子。累官至太尉，忠直不為權倖所容，策免，飲酖而卒。㉖任城：國名，故城在今山東濟寧縣。㉗梁國：故城在今河南商邱縣南。㉘伊吾：地名，在今新疆哈密縣。又名伊吾盧。地為呼衍王庭，後漢取之以通西域。㉙敦煌：郡名，故城即今甘肅敦煌縣。㉚蒲類海：蒲類，西域國名。故地在今新疆鎮西縣一帶。城北有池，名蒲類海。㉛武陵：郡名，故城在今湖南常德縣。㉜致仕：致，還。仕，官。辭官退隱也。㉝獨行之士：志節高尚，不隨世俗浮沈者。㉞涿郡：故城在今河北涿縣。㉟公車：署名。公車所在，因以為名。凡待詔者，皆居此待命。㊱對策：漢代試士，以策書問之，使之逐條對答，謂之對策。策，竹木簡也。㊲承平日久：承繼太平之日長久。㊳寖衰：與上文漸敝同義。㊴習亂安危，怢不自覩：怢，音突，忽忘不能分別之意。言久習於危亂之中，不能明其為危亂也。㊵耆欲：耆讀為嗜。欲，古慾字。㊶不恤萬機：不念國事。㊷厭偽忽真：厭讀為饜，嗜愛也。忽，輕忽。㊸莫適所從：適亦從。言莫知從其所當從。㊹見信之佐，括囊守祿：《易經》：「括囊無咎無譽。」括，結也。括囊喻閉口不言，猶囊之盛物，結其口不使露。守，保。兩句言其親信之臣，則閉口不言，免致怨惡，而保其爵位。㊺言以賤廢：因其卑賤，不從其言。㊻縱弛：廢弛。㊼鬱伊：即抑鬱。㊽政令垢翫：垢，惡。翫，習，音玩。言政令汙惡，積習不改。㊾囂然：喧嘩，言怨聲載道。㊿補綻決壞：綻音戰，縫也，與補同義。

決，破裂。(五一)枝拄邪傾：支撐斜傾。(五二)隨形裁割：以裁衣喻理世之當隨時制宜。即下文「聖人執權，遭時定制」之意。(五三)執權：《孟子》曰執中無權，是執權二字之所出。胡三省曰：「權，秤錘也。執錘者，隨物之輕重，為權之進退以取平。」(五四)云設：云，言論。設，設施。(五五)背急切而慕所聞：言不為當務之急，而嚮慕所聞之事。(五六)孔子對葉公以來遠，哀公以臨人，景公以節禮：節禮，惠棟曰：「前書武帝元朔六年詔……以節禮為節用，當從之。」《韓非子・難三》：「葉公子高問政於仲尼，仲尼曰：『政在悅近而來遠。』哀公問政於仲尼，仲尼曰：『政在選賢。』齊景公問政於仲尼，仲尼曰：『政在節財。』」為此三語所本。臨人謂選賢以措於民之上也。三君之問同，而孔子之對異，引之以明所急異務也。(五七)拘文牽古：拘於成文，制於往古。(五八)奇偉所聞，簡忽所見：上言尊遠古，下言輕時勢。(五九)輒見掎奪：掎音寄上聲，賈逵注《國語》曰：「從後牽曰掎。」《說文》曰：「掎，偏引也。」言忠善之言，每為奸佞者牽制，使不得採納於君。(六〇)不知樂成，況可慮始：言安於現實者，一切漠不經心，於事之成尚不知樂，何能於事之未始而為之謀劃耶？(六一)率由舊章：語出《詩經・大雅・假樂》。率，循，與由同義。舊章，先王之典章制度。(六二)達者：通達之士。(六三)恥策非己：言凡策之不合己意者恥之。(六四)稷、契：稷，后稷，周之始祖。契，商之始祖。並虞舜之臣，後世所謂聖人也。(六五)困：志不得申展。(六六)姦軌：即姦宄。亂在外曰姦，在內曰宄。(六七)天下密如：密，靜也。如，猶然也。言天下密靜。(六八)墮：讀為隳，毀也。(六九)基禍：基為動詞，言奠立禍亂之基。(七〇)懿：美也，此為動詞。(七一)文、武：周之文王武王。(七二)與世推移：時勢變，則隨之而變。(七三)以為結繩之約，可復治亂秦之緒：《易・繫辭》：「上古結繩而治，後世聖人易之以書契，百官以治，萬民以察。」胡三省曰：「亂秦之役，俗益澆薄，非復結繩可為治也。」（七四）干戚之舞，足以解平城之圍：胡三省曰：「干，盾也。戚，鉞也。記曰：『珠冠玉戚，冕而舞大武，所以象武王之伐功也。』書・大禹謨：『禹舞干羽於兩階，而有苗格。』高帝為匈奴圍於平城，用陳平秘計得出，非舞干戚所能解也。」（七五）熊經鳥伸，雖延歷之術，非傷寒之理；呼吸吐納，雖度紀之道，非續骨之膏：經，懸掛。熊經鳥伸，為古方士屈伸手足，使血氣充足，身體輕靈之法。其狀若熊之攀枝以自懸，若鳥之臨空以伸足。延歷、度紀，皆延年益壽之意。理謂藥方。《莊子・刻意》：「吹呴呼吸，吐故納新，熊經鳥伸，為壽而已，此道引之士、養形之人、彭祖壽考者之所好也。」為此文之所本。（七六）疾則攻焉：攻，治。言有病則以藥石治之。（七七）藥石：古時鍼砭用石，故藥石連稱。（七八）以德教除殘，是以粱肉養疾：言以德教除治殘暴，其殘暴愈甚。（七九）政多恩貸：貸，寬免。言當罪者不罪。（八〇）馭委其轡，馬駘其銜：馭，馭馬者。委，棄。轡，所以馭馬之繩。駘，馬銜脫去謂之駘。（八一）犇：亦奔字。（八二）皇路：大路。（八三）柑勒鞬輈：柑，音鉗。一本作拑，拑柑同字。拑者，以木銜馬之口也。勒，馬絡頭。輈，車轅。鞬猶言約束。（八四）鳴和鑾，調節奏：和鑾，車上二鈴名。馬動鑾鳴，和而應之，所以調節奏也。（八五）文帝除肉刑，當斬右趾者棄市，笞者往往至死：見卷十五文帝十三年及景帝元年。（八六）崔瑗：見卷五十一安帝延光元年。（八七）山陽：縣名，故城在今河南修武縣。（八八）置之坐側：以為座右銘。（八九）姑息：苟安。今語姑息為縱容，是此義之引申。（九〇）豪猾：豪強狡猾。（九一）孔子曰：「政寬則民慢……政是以和」：見左氏昭公二十年傳。(九二)中朝：胡三省曰：「此中朝直謂朝廷。」(九三)特進：官名，位在三公之下。凡諸侯王公將軍著有功德，朝廷所敬異者，賜位特進。(九四)宜比周公，錫之山川、土田、附庸：《詩・魯頌・閟宮》：「王曰：叔父，建爾元子，俾侯于魯……錫之土川、土田、附庸。」王，成王。叔父，謂周公。附庸，附屬於諸侯之小國。(九五)親迎之勞：迎立桓帝之功。(九六)比鄧禹合食四縣：鄧禹字仲華，南陽新野人，幼與漢光武帝相親，以功高封高密侯，食高密、昌安、夷安、淳于四縣。(九七)入朝不趨，劍履上殿，謁讚不名，禮儀比蕭何：古者臣朝於天子，必去劍脫履，趨而進，以示尊畏。高祖以蕭何功大，賜以劍履上殿，入朝不趨。禮，君前臣自稱名，今竟不名，視蕭何猶有過之矣。讚，《漢書》作贊，《說文》：「贊，見也。」(九八)定陶：縣名，今山東定陶縣即其故地。(九九)陽成：胡三省曰：「當作成陽，與定陶、乘氏皆屬濟陰郡。」成陽縣故城在今山東濮縣東南。(一〇〇)四縣：初封襄邑，襲封乘氏，合此定陶成陽，是四縣也。(一〇一)賞賜金錢、奴婢、采帛、車馬、衣服、甲第，比霍光：《漢書・霍光傳》：「賞賜前後黃金七千斤，錢六千萬，雜繒三萬疋，奴婢百七十人，馬二千疋，甲第一區……光薨……賜金錢、繒絮繡被百領，衣五十篋，璧珠璣玉衣。」(一〇二)以殊元勳：殊，別。以與其餘元勳別也。元勳，有大功者。(一〇三)與三公絕席：與三公別席而坐，以示尊於三公。(一〇四)平尚書事：官名，掌理平議尚書所奏事。

二年（西元一五二年）

㈠春，正月，西域長史王敬為于窴所殺。初，西域長史趙評在于窴病癰死㊀，評子迎喪，道經拘彌㊁。拘彌王成國與于窴王建素有隙，謂評子曰：「于窴王令胡醫持毒，藥著創㊂中，故致死耳。」評子信之。還，以告敦煌太守馬達。【考異】車師傳作司馬達，今從于窴傳。會敬代為長史㊃，馬達令敬隱覈㊄于窴事。敬先過拘彌，成國復說云：「于窴國人欲以我為王，今可因此罪誅建，于窴必服矣。」敬貪立功名，前到于窴，設供具㊅請建，而陰圖之。或以敬謀告建，建不信，曰：「我無罰，王長史何為欲殺我？」旦日，建從官屬數十人詣敬。坐定，建起行酒。敬叱左右執之；吏士並無殺建意，官屬悉得突走㊆。時成國主簿㊇秦牧隨敬在會，持刀出曰：「大事已定，何為復疑？」即前斬建。于窴侯、將輸僰㊈等，遂會兵攻敬。敬持建頭上樓，宣告曰：「天子使我誅建耳。」輸僰不聽，上樓斬敬，縣㊉首於市。輸僰自立為王，國人殺之，而立建子安國。馬達聞王敬死，欲將諸郡兵出塞擊于窴，帝不聽，徵達還，而以宋亮代為敦煌太守。亮到，開募于窴㊁，令自斬輸僰。時輸僰死已經月，乃斷死人頭送敦煌，而不言其狀。亮後知其詐，而竟不能討也。

㈡丙辰（十五日），京師地震。

㈢夏，四月，甲辰（四月辛亥朔，無甲辰。漢書作甲寅，初四日），孝崇皇后匽氏崩，以帝弟平原王石為喪主。斂送制度比恭懷皇后⑿。五月，辛卯（十二日），葬于博陵。

㈣秋，七月，庚辰（二日），日有食之。

㈤冬，十月，乙亥（二十八日），京師地震。

㈥十一月，司空黃瓊免，十二月，以特進趙戒為司空。

【今註】㊀初，西域長史趙評在于窴病癰死：評死於元嘉元年。㊁拘彌：西域國。在今新疆于闐縣克里雅河以東。㊂創：傷口。㊃代為長史：代，接替；非今言代理。㊄隱覈：胡三省曰：「隱，度也。覈，考實也。」《漢書集解》：「不令顯言，但微考察。」後說較長。㊅設供具：供具，宴饗之具，猶言設宴。㊆突走：奪門逃逸。㊇主簿：官名，管理文書簿籍。㊈于窴侯將輸僰：《前漢書．西域傳》：「西域諸國各置輔國侯左右將。」僰音菔。輸僰人名。㊉縣：古懸字。⑾開募于窴：胡三省曰：「開于窴國人自新之路，仍募使斬輸僰也。」⑿恭懷皇后：和帝母梁氏。

永興元年（西元一五三年）

㈠春，三月，丁亥（十七日），帝幸鴻池㈠。

㈡夏，四月㈡，丙申（二十八日），赦天下，改元。

㈢丁酉（二十九日），濟南㈢悼王廣薨，無子，國除。

㈣秋，七月，郡國三十二蝗，河水溢，百姓饑窮流冗㈣者數十萬戶，冀州尤甚。詔以侍御史㈤朱穆為冀州刺史。冀部令長聞穆濟河，解印綬去者㈥四十餘人。及到，奏劾諸郡貪汙者，有至自殺，或死獄中。宦者趙忠喪父，歸葬安平，僭為玉匣㈦。穆下郡案驗，吏畏其嚴，遂發墓剖棺，陳尸出之。帝聞，大怒，徵穆詣廷尉輸作左校㈧。太學書生潁川㈨劉陶等數千人，詣闕上書訟穆㈩曰：「伏見弛刑徒朱穆⑪，處公憂國，拜州之日，志清姦惡⑫。誠以常侍貴寵父子兄弟，布在州郡，競為虎狼，噬食小民；故穆張理天綱，補綴漏目⑬，羅取殘禍，以塞天意⑭。由是內官⑮咸共恚疾⑯，謗讟煩興，讒隙仍作⑰，極其刑讁，輸作左校。天下有識，皆以穆同勤禹稷〔一八〕，而被共鯀之戾〔一九〕。若死者有知，則唐帝怒於崇山〔二〇〕，重華忿於蒼墓〔二一〕矣。當今中官近習〔二二〕，竊持國柄，手握王爵，口銜天憲〔二三〕，運賞則使餓隸富於季孫〔二四〕，呼噏則令伊、顏化為桀、跖〔二五〕，而穆獨亢然〔二六〕，不顧身害，非惡榮而好辱，惡生而好死也，徒感王綱之不攝〔二七〕，懼天綱之久失，故竭心懷憂，為上〔二八〕深計。臣願黥首繫趾〔二九〕，代穆輸作。」帝覽其奏，乃赦之。

(五)冬，十月，太尉袁湯免，以太常胡廣為太尉。司徒吳雄、司空趙戒免，以太僕黃瓊為司徒，光祿勳房植為司空。

(六)武陵蠻詹山等反，武陵太守汝南應奉招降之。

(七)車師後部〔三〇〕王阿羅多與戊部侯〔三一〕嚴皓不相得，忿戾而反攻，圍屯田，殺傷吏士。後部侯炭遮領餘民畔阿羅多〔三二〕，詣漢吏降。阿羅多迫急，從百餘騎亡入北匈奴。敦煌太守宋亮上立〔三三〕後故王軍就〔三四〕質子〔三五〕卑君為王。後阿羅多復從匈奴中還，與卑君爭國，頗收其國人〔三六〕。戊校尉嚴詳慮其招引北虜，將亂西域，乃開信告示〔三七〕，許復為王。阿羅多乃詣詳降。於是更立阿羅多為王，將〔三八〕卑君還敦煌，以後部人三百帳與之㉙。

【今註】㊀鴻池：在洛陽東二十里。㊁四月：案當從《漢書》作五月，四月無丙申、丁酉也。㊂濟南：郡名，故城在今山東歷城縣。㊃流宂：流散也。宂音戎上聲。㊄侍御史：官名，給事殿中。㊅解印綬去者：吏之貪汚枉法者，以穆之清廉嚴正，皆畏而去官也。㊆僭為玉匣：越禮為僭。玉匣，明器，天子之制也。長尺，廣二寸半，以衣死者，自腰以下至足，連以金縷。㊇輸作左校：輸，致力也；輸作猶言供作，應勞役也。輸作左校言供作於左校。左校，署名，掌工徒。㊈潁川：郡名，故城在今河南禹縣。㊉訟穆：為穆申訴。⑪弛刑徒朱穆：《漢書集解》：「官本弛作施，古字通。」施刑徒朱穆，猶言受徒刑之朱穆。徒者，有罪罰為奴，以充勞役之刑也。上言輸作左校，故此云刑徒。⑫志清姦惡：立志清除姦惡。⑬張理天綱，補綴滿目：滿，一本作漏，是。言整飭王綱，使無漏隙，則作姦犯科者不得逍遙法外也。⑭羅取殘禍，以塞天意：塞，滿也。言網盡殘賊禍亂之人，以愜天意。⑮內官：內官即中官。指上文常侍貴寵言。⑯恚疾：仇恨。恚音卉。⑰仍作：仍，頻。作，起。與上文煩興同義。⑱同勤禹稷：與禹稷同勤。⑲而被共鯀之戾：身受共、鯀之罪名。共，堯臣共工氏，為四凶之一，舜流之於幽州。鯀，禹父。亦四凶之一，舜殛之於羽山。⑳唐帝怒於崇山：帝堯初封唐侯，故稱堯為唐帝。崇山，在今湖南大庸縣西南。相傳堯葬於崇山。㉑重華忿於蒼墓：重華，舜之號。相傳舜葬蒼梧之野。蒼梧在今湖南寧遠縣。蒼墓，蒼梧之墓也。㉒近習：猶言近臣。㉓口銜天憲：胡三省曰：「天憲，王法也。謂刑戮出於其口也。」㉔運賞則使餓隸富於季孫：運賞，行賞。隸，賤者之稱。季孫，魯大夫，三桓之後。魯自文公以後，季氏世執國政。論語：「季氏富於周公。」㉕呼噏則令伊、顏化為桀、跖：噏與吸同。伊，伊尹，商湯相。顏，顏淵，孔子高弟。桀，夏桀。跖，盜跖，柳下惠之弟，為天下大盜。或云黃帝時有盜名跖。此言竊持國柄者，其任意俯仰呼吸間，善人變而為奸惡也。㉖亢然：昂然，不屈貌。㉗不攝：不整飭。㉘上：皇上。㉙黥首繫趾：黥，墨刑，鑿額而注之以墨。繫趾，以鐐繫足。㉚車師後部：車師：西域國，分前後二部。後王居務塗谷，在今新疆孚遠縣。㉛戊部侯：元帝置戊、己校尉，居車師前部，以鎮撫西域。和帝永元三年又置戊部侯，居車師後部。戊部侯屬戊部校尉。㉜後部侯炭遮領餘民畔阿羅多：領，《漢書》作嶺。《集解》云：「謂後部餘人從後部侯在炭遮嶺者。」案：從本書以領為率領、炭遮為後部侯名為順。㉝上立：奏請於上而立之。㉞後故王軍就：後，後部。軍就已為班勇所斬，故稱故王。㉟質子：典押以取信曰質，音至。質子者，軍就之子所質於敦煌者。㊱頗收其國人：收，鳩聚。㊲開信告示：開信，猶言開誠、輸誠。㊳將：讀平聲，持也。猶言偕同。㊴以後部人三百帳與之：帳，猶中國之戶數。與之三百帳，蓋以為侯也。

二年（西元一五四年）

㈠春，正月，甲午（二十四日），赦天下。

㈡二月，辛丑（二日），復聽刺史、二千石行三年喪㈠。

㈢癸卯（四日），京師地震。

㈣夏，蝗。

㈤東海朐山崩㈡。

㈥乙卯（十六日），封乳母馬惠子初為列侯。

㈦秋，九月，丁卯朔，日有食之。

㈧太尉胡廣免，以司徒黃瓊為太尉。閏月，以光祿勳尹頌為司徒。

㈨冬，十一月，甲辰（九日），帝校獵㈢上林苑㈣，遂至函谷關㈤。

㈩泰山、琅邪㈥賊公孫舉、東郭竇等反，殺長吏。

【今註】㈠復聽刺史、二千石行三年喪：安帝元初三年曾聽大臣二千石、刺史行三年喪，建光元年斷行，故此云復。㈡東海朐山崩：東海，郡名，故城在今山東郯城縣。朐山在今江蘇東海縣南四里。朐音渠。㈢校獵：以木相貫穿為欄校，以遮獸而獵取之。㈣上林苑：秦舊苑，漢時拓之於洛陽西，廣袤三百里，離宮七十所。㈤函谷關：在今河南新安縣東北。㈥泰山琅邪：泰山郡故城在今山東泰安縣東北。琅邪國故城在今山東諸城縣東南濱海處。邪音耶。

永壽元年（西元一五五年）

㈠春，正月，戊申（十四日），赦天下，改元。

㈡二月，司隸、冀州㈠饑，人相食。

㈢太學生劉陶上疏陳事曰：「夫天之與帝，帝之與民，猶頭之與足，相須而行也。陛下目不視鳴條之事，耳不聞檀車之聲㈡，天災不有痛於肌膚㈢，震食㈣不即損於聖體；故蔑三光之謬㈤，輕上天之怒。伏念高祖之起，始自布衣，合散扶傷㈥，克成帝業，勤亦至矣。流福遺祚，至於陛下。陛下既不能增明烈考之軌，而忽高祖之勤，妄假利器㈦，委授國柄，使羣醜刑隸㈧，芟刈小民㈨。虎豹窟於麑場㈩，豺狼乳於春囿，貨殖者⑪為窮冤之魂，貧餒者作饑寒之鬼。死者悲於窀穸⑫，生者戚於朝野。是愚臣所為咨嗟、長懷歎息者也。且秦之將亡，正諫者誅，諛進者賞。嘉言結於忠舌⑬，國命出於讒口。擅閻樂於咸陽，授趙高以車府⑭。權去己而不知，威離身而不顧。古今一揆⑮，成敗同埶。願陛下遠覽彊秦之傾，近察哀平之變㊅，得失昭然，禍福可見。臣又聞、危非仁不扶，亂非智不救。竊見故冀州刺史南陽朱穆、前烏桓校尉㊆臣同郡李膺，皆履正清平，貞高絕俗，斯實中興之良佐，國家之柱臣也，宜還本朝㊇，夾輔王室。臣敢吐不時之義㊈，於諱言之朝，猶氷霜見日，必至消滅。臣始悲天下之可悲，今天下亦悲臣之愚惑也。」書奏不省。

㈣夏，南陽大水。

㈤司空房植免，以太常韓縯為司空。

㈥巴郡、益州郡山崩。

㈦秋，南匈奴左薁鞬臺耆、且渠伯德㊂等反，【考異】帝紀作左臺且渠伯德等叛，今從張奐傳。寇美稷，東羌復舉種應之㊁。安定屬國都尉㊂敦煌張奐初到職，壁中㊂唯有二百許人。聞之，即勒兵而出，軍吏以為力不敵，叩頭爭止之。奐不聽，遂進屯長城㊃，收集兵士，遣將王衞招誘東羌，因據龜茲縣㊄，使南匈奴不得交通。東羌諸豪遂相率與奐共擊薁鞬等，破之。伯德惶恐，將其眾降，郡界以寧。羌豪遺奐馬二十匹，金鐻㉖八枚。奐於諸羌前以酒酹地㉗，曰：「使馬如羊，不以入廐；使金如粟，不以入懷㉘，悉以還之。」前此八都尉率好財貨，為羌所患苦。及奐正身潔己，無不悅服，威化大行。

【今註】㊀司隸冀州：河南、河內、弘農、京兆、馮翊、扶風等郡為司隸所部。魏郡、鉅鹿、常山、中山、安平、河間、清河、趙國、勃海等郡國為冀州所部。㊁目不視鳴條之事，耳不聞檀車之聲：李賢曰：「鳴條，地名，在安邑（今山西安邑縣）之西。湯與桀戰于鳴條之野。檀車，兵車也。大雅大明之詩曰：『牧野洋洋，檀車煌煌，維師尚父，時維鷹揚；涼彼武王，肆伐大商。』言桀紂貴為天子，得罪於天，流毒於民，而湯武伐之。亡國之事，不接於帝之耳目，帝不知為戒也。」㊂天災不有痛於肌膚：言無切身之痛。㊃震食：地震與日蝕。古人以二者為天之告誡。㊄蔑三光之謬：蔑，輕視。三光，日月星。三光之謬，言日月之食，與星之隕落與越軌。謬者，乖戾常道之謂也。㊅合散扶傷：收合散亡之眾，將扶傷殘之士。㊆妄假利器：《老子》：「邦之利器，不可以示人。」《說苑》：「國之利器，不可以借人。」《韓非子》：「賞罰者，邦之利器也。」此言君以賞罰之權，假於臣下。㊇羣醜刑隸：羣醜於古書習見，義為羣眾。然醜又訓惡，此葢猶言羣小，與言羣眾者異。刑隸，宦者。㊈芟刈小民：芟刈本割除草之意。此言視民如草芥，任意芟刈之也。芟音杉。刈音易。㊉虎豹窟於麑場：窟，此為動詞，猶言為窟。鹿子曰麑。場，晒穀處。《詩經・東山》「町疃鹿場」，為此語之所本。惟此文饞場義但言場，雖出之詩，實與詩異。古人用典，往往類此。虎豹言上文羣醜刑隸，饞場指小民，言民不得聊生也。下文豺狼乳於春囿，與此同意。乳，產子也。⑪貨殖者：商賈。⑫窀穸：左傳杜注：「窀，厚。穸，夜。厚夜猶言長夜。」後世窀穸義轉為墓穴，從此義讀之，義尤顯豁。窀音諄。⑬嘉言結於忠舌：結者，固結之不使出於口也。⑭擅閻樂於咸陽，授趙高以車府：擅，此為及物動詞，言使之專行。擅閻樂於咸陽，謂使閻樂專行於咸陽。閻樂，趙高子婿。高，秦之宦者。始皇崩，高矯詔賜死太子扶蘇，立二世，又殺丞相李斯，旋又殺二世立子嬰。車府，車府令，主乘輿路車者。《史記》謂高與閻樂謀殺二世，是此文所指。⑮古今一揆：古今一道。⑯哀平之變：哀帝屢誅大臣，國事日非。平帝繼位，寵任外戚王莽，終見弒身，而漢祚中絕。⑰烏桓校尉：烏桓，本東胡別支，漢初，匈奴滅其國，餘類保烏桓山，因以為號。武帝徙之於上谷、漁陽等地（今河北懷來薊縣平谷一帶），置護烏桓校尉。⑱宜還本朝：前年朱穆得罪，李膺時亦免居綸氏，故云然。⑲不時之義：不合時之義。⑳左薁鞬臺耆、且渠伯德：薁鞬，官名，有左右薁鞬。薁音鬱。鞬音堅。且渠，官名。且音居。臺耆、伯德，並人名。㉑舉種應之：領其族以為響應。㉒安定屬國都尉：安定，郡名。《水經注》：「安定屬國都尉治三水縣。」三水故城在今甘肅固原縣。㉓壁中：壘中。㉔屯長城：屯，駐長城，胡三省曰：「此即秦蒙恬所築長城，在上郡界。」案上郡故城在今陝西綏德縣。㉕龜茲縣：龜音丘，或音鳩。茲音慈。屬上郡，本漢西域國名，顏師古曰：「龜茲國人來降附者處之於此，故以為名。」案：龜茲故城在今新疆庫車縣。㉖金鏤：《山海經》郭注：「鏤音渠，金食器名，未詳其器制。」洪頤煊曰：「莊子達生篇釋文引司馬注，『鐻，樂器也，似夾鐘。』」㊄以酒酹地：以酒灌地謂之酹，酹音類。㊅使馬如羊，不以入廐；使金如粟，不以入懷：如羊如粟，喻其多也。廐，馬房。

二年（西元一五六年）

㈠春，三月，蜀郡屬國㊀夷反。

㈡初，鮮卑㊁檀石槐，勇健有智略，部落畏服；乃施瀍禁，平曲直㊂，無敢犯者，遂推以為大人㊃。檀石槐立庭於彈汗山、歠仇水㊄上，去高柳㊅北三百餘里，兵馬甚盛，東西部大人皆歸焉。因南抄緣邊㊆，北拒丁零㊇，東卻夫餘㊈，西擊烏孫㊉，盡據匈奴故地，東西萬四千餘里。秋，七月，檀石槐寇雲中㊀㊀，以故烏桓校尉李膺為度遼將軍㊀㊁。膺到邊，羌胡皆望風畏服，先所掠男女，悉詣塞下送還之。【考異】袁紀：「延熹二年，鮮卑寇遼東，度遼將軍李膺擊破之。」今從范書。

㈢公孫舉、東郭竇等聚眾至三萬人，寇青、兗、徐三州，破壞郡縣。連年討之，不能克。尚書選能治劇㊀㊂者，以司徒掾潁川韓韶為嬴長(一四)。賊聞其賢，相戒不入嬴境。餘縣流民萬餘戶，入縣界；韶開倉賑之，主者(一五)爭謂不可。韶曰：「長活溝壑之人，而以此伏罪，含笑入地矣。」太守素知韶名德，竟無所坐(一六)。韶與同郡荀淑、鍾皓、陳寔皆嘗為縣長，所至以德政稱，時人謂之潁川四長(一七)。

㈣初，鮮卑寇遼東，屬國都尉段熲率所領馳赴之。既而恐賊驚去，乃使驛騎詐齎璽書召熲。熲於道偽退，潛於還路設伏。虜以為信然，乃入追熲，熲因大縱兵，悉斬獲之。坐詐為璽書，當伏重刑(一八)；以有功，論司寇(一九)。刑竟，拜議郎。至是，詔以東方盜賊昌熾，令公卿選將帥有文武材者，司徒尹頌薦熲，拜中郎將。擊舉、竇等，大破、斬之，獲首萬餘級，餘黨降散。封熲為列侯。

㈤冬，十二月，地震。

㈥封梁不疑子馬為潁陰侯，梁胤子桃為城父(二〇)侯。【考異】袁紀：馬、桃封在建和元年；馬作焉、桃作祧。今從范書。

【今註】㈠蜀郡屬國：安帝延光元年，以蜀郡西部都尉為屬國都尉。㈡鮮卑：東胡別支，依鮮卑山，因以為號。鮮卑山在今熱河淩源縣東南。㈢平曲直：決鬭訟。㈣大人：部落酋長之稱。㈤彈汙山歠仇水：汙，《漢書》作汗，未詳所當作。歠音輟。㈥高柳：縣名，故城在今山西陽高縣。㈦南抄緣邊：抄，略取，緣邊，謂漢之邊境。㈧北拒丁零：拒，禦，與下文卻字義近。丁零，古之狄種，時為匈奴屬國。所居在今西伯利亞葉尼塞河上游，至貝加爾湖之南地方。㈨夫餘：夫音扶，國名，今遼北昌圖、洮南以北及科爾沁諸旗皆其地。㈩烏孫：西域國名，所居在今新疆伊犁河流域。⑪雲中：郡名。故城即今綏遠托克托縣。⑫度遼將軍：以渡遼水為名。⑬治劇：治理繁亂。⑭嬴長：嬴縣之長。嬴縣故城在今山東萊蕪縣。⑮主者：謂管守倉庫之吏。⑯無所坐：猶言無所罰。⑰與同郡荀淑、鍾皓、陳寔……謂之潁川四長：荀淑，潁川潁陰人，為當塗（在今安徽懷遠縣東南）長。鍾皓，潁川長社（在今河南長葛縣西）人，徵為林慮（在今河南林縣）長（案：未就）。陳寔，潁川許（今河南許昌縣）人，為太丘長。韓韶為潁川舞陽（今河南舞陽縣）人，故曰潁川四長。⑱坐詐為璽書，當伏重刑：伏通服。言以偽作璽書之罪，當受重刑。重刑，死刑也。⑲以有功論司寇：胡三省曰：「司寇，二歲刑。」論，判定。⑳城父：故城在今河南寶豐縣。

卷五十四 漢紀四十六

起彊圉作噩，盡昭陽單閼，凡七年。（丁酉至癸卯，西元一五七年至西元一六三年。）

司馬光編集
陳文石註

孝桓皇帝上之下

永壽三年（西元一五七年）

㈠春，正月，己未（是年正月癸未朔，無己未日），赦天下。

㈡居風令㈠貪暴無度㈡，縣人朱達等與蠻夷同反，攻殺令，聚眾至四五千人。夏，四月，進攻九真㈢，九真太守兒式㈣戰死。詔九真都尉魏朗討破之。

㈢閏月，庚辰晦，日有食之。

㈣京師蝗㈤。

㈤或上言：「民之貧困，以貨輕錢薄㈥，宜改鑄大錢。」事下四府㈦，羣僚及太學能言之士議之。太學生劉陶上議曰：「當今之憂，不在於貨，在乎民饑。竊見比年已來，良苗盡於蝗螟之口，杼軸空於公私之求[八]，民所患者，豈謂錢貨之厚薄，銖兩之輕重哉。就使當今沙礫化為南金[九]，瓦石變為和玉[一〇]，使百姓渴無所飲，饑無所食，雖皇羲之純德[一一]，唐虞之文明[一二]，猶不能以保蕭牆[一三]之內也。蓋民可百年無貨，不可一朝有飢。故食為至急也。議者不達農殖之本，多言鑄冶之便。蓋萬人鑄之，一人奪之，猶不能給[一四]。況今一人鑄之，則萬人奪之乎！雖以陰陽為炭，萬物為銅[一五]，役不食之民，使不饑之士，猶不能足無猒[一六]之求也。夫欲民殷財阜，要在止役禁奪，則百姓不勞而足。陛下愍海內之憂戚，欲鑄錢齊貨以救其弊，猶養魚沸鼎之中，棲鳥烈火之上。水木，本魚鳥之所生也，用之不時，必至焦爛。願陛下寬鍥薄[一七]之禁，後冶鑄之議，聽民庶之謠吟，問路叟之所憂[一八]，瞰三光之文耀，視山河之分流[一九]，天下之心，國家大事，粲然皆見，無有遺憾者矣。伏念當今地廣而不得耕，民眾而無所食，羣小[二〇]競進，秉國之位，鷹揚天下[二一]，鳥鈔[二二]求飽，吞肌及膚，並噬無猒。誠恐卒[二三]有役夫窮匠起於板築之間[二四]，投斤[二五]攘臂，登高遠呼，使愁怨之民，響應雲合，雖方尺之錢㉖，何有能救其危也？」遂不改錢。

㈥冬，十一月，司徒尹頌薨。【考異】袁紀在六月，今從范書。

㈦長沙蠻反，寇益陽㉗。

㈧以司空韓縯為司徒，以太常北海孫朗為司空。

【今註】㊀居風：在今越南中圻的北部。㊁無度：無厭。㊂九真：郡名，漢置，今越南河內以南，順化以北的清華，乂安等地方。㊃兒：兒音倪（ㄋㄧˊ）。㊄京師蝗：京師地區蝗蟲為災。㊅貨輕錢薄：貨，指當時所發行的錢幣。輕，言其重量輕；薄，言其厚度不足。㊆四府：三公府及大將軍府。㊇抒軸空於公私之求：抒軸，紡織工具；杼所以持緯，軸所以受經。意言民間紡織所得皆被公家及官吏私人所取一空。㊈南金：《詩．魯頌．泮水》：「憬彼淮夷，來獻其琛，元龜象齒，大賂南金。」傳：「南謂荊揚也。」指荊揚二州，於當時諸州中，最處南偏。又此二州產金，故謂之南金。㊉和玉：卞和，春秋時楚人。得璞玉於楚山中，以獻厲王，王以為誑，刖其左足；武王即位復獻之，又以為誑，刖其右足。及文王立，乃抱璞玉泣於荊山之下，王使人問之，曰：「臣非悲刖，寶玉而題之以石，貞士而名之為誑，所以悲也。」王乃使人理其璞，果得玉，遂命曰和氏之璧。⑪皇羲之純德：相傳古有天皇氏，澹泊無為，而民自化。伏羲氏畫八卦，造書契，以代結繩記事之政，時去洪荒之世未遠，民風純樸敦厚。⑫唐虞之文明：易乾文言：「見龍在田，天下文明。」疏：「陽氣在田，始生萬物，故天下有文章而光明也。」⑬蕭牆：鄭氏曰：「蕭，肅也。牆，謂屏也。君臣相見之禮，至屏而加肅焉。是以謂之蕭牆。」⑭給：足。⑮陰陽為炭，萬物為銅：賈誼〈服鳥賦〉語。意謂繼使以陰陽為炭薪，以萬物為銅而鑄之成幣，猶不足用。⑯無猒：猒或作饜，通厭。無猒，是永無厭足。⑰鍥薄：刻薄。⑱聽民庶之謠吟，問路叟之所憂：《列子》曰：「昔堯理天下五十年，不知天下理亂，堯乃微服遊於康衢，兒童謠曰：『立我蒸民，莫匪爾極，不識不知，順帝之則。』」《說苑》曰：「孔子行遊中路，聞哭者，其音甚悲，孔子避車而問之曰：『夫子非有喪也？何哭之悲！』虞丘子對曰：『吾有三失。吾少好學，周偏天下，還後吾親喪，是一失也。事君驕奢不遂，是二失也。厚交友而後絕，是三失也。』」意為人君者，應使下情上達，博採民意，為施政之本。⑲瞰三光之文耀，視山河之分流：謂日月有謫蝕之變，星辰有錯行之異，都是表示國有不詳，上天示警。故應視三光之文耀，而知政治良窳，謹慎戒懼。山河之分流，謂山崩河竭，都是覆亡的象徵，所以不可不察。⑳羣小：指圍繞在君側的小人佞倖。㉑鷹揚天下：此處謂貪官汚吏，兇殘如鷹，逞威天下。㉒鈔：鈔掠。鳥鈔：謂如禽鳥之盜竊糧食也。㉓卒：讀如（ㄘㄨˋ）同猝。㉔役夫窮匠起於板築之間：板築，築牆以兩板相夾，置土其中，而以杵築之，故曰板築。意謂國政不修，民不聊生，築牆之役夫窮匠，投杵而起，挺身革命。㉕斤：斫木斧，亦云為钁，《孟子‧告子》：「斧斤伐之。」㉖方尺之錢：意謂革命一起，天下已亂，此時縱有錢大如方尺，又有何用？㉗益陽：今湖南漢壽縣東南。

延熹元年（西元一五八年）

㈠夏，五月，甲戌晦（二十九日），日有食之。太史令陳授因小黃門徐璜陳日食之變，咎在大將軍冀。冀聞之，諷雒陽收考授㈠，死於獄。帝由是怒冀。【考異】袁紀曰：「冀以私憾專殺議郎邴尊，上益怒。」今從范書。

㈡京師蝗。

㈢六月，戊寅（初四日），赦天下，改元（改元延熹）。

㈣大雩㈡。

㈤秋，七月，甲子（二十日），太尉黃瓊免。以太常胡廣為太尉。

㈥冬，十月，帝校獵廣成，遂幸上林苑㈢。

㈦十二月，南匈奴諸部並叛，與烏桓、鮮卑寇緣邊九郡。帝以京兆尹陳龜為度遼將軍㈣。【考異】按匈奴傳，每除度遼將軍輒書之，此陳龜及前李膺後种暠，皆不記，一時既不當有兩官，今約其事，分著前後。龜臨行，上疏曰：「臣聞三辰不軌㈤，擢士為相；蠻夷不恭，拔卒為將。臣無文武之材，而忝鷹揚㈥之任，雖殁軀體，無所云補。今西州邊鄙，土地塉埆㈦，民數更寇虜，室家殘破，雖含生氣，實同枯朽。往歲幷州水雨，災螟互生，稼穡荒耗，租更(八)空闕。陛下以百姓為子，焉可不垂撫循之恩哉。古公西伯，天下歸仁(九)，豈復輿金輦寶以為民惠乎！陛下繼中興之統，承光武之業，臨朝聽政，而未留聖意。且牧守(一〇)不良，或出中官，懼逆上旨，取過目前(一一)。呼嗟之聲，招致災害。胡虜兇悍，因衰緣隙(一二)。而令倉庫單(一三)於豺狼之口，功業無銖兩之效，皆由將帥不忠，聚姦所致。前涼州刺史祝良，初除到州，多所糾罰，太守令長，貶黜將半，政未踰時，功效卓然。實應賞異(一四)，以勸功能，改任牧守，去斥姦殘。又宜更選匈奴、烏桓、護羌中郎將、校尉，簡練文武，授之灋令，除幷、涼二州今年租更，寬赦罪隷，掃除更始(一五)，則善吏知奉公之祐(一六)，惡者覺營私之禍。胡馬可不窺長城，塞下無候望(一七)之患矣。」帝乃更選幽、幷刺史，自營(一八)、郡太守、都尉以下，多所革易。下詔為陳將軍除幷、涼一年租賦，以賜吏民。龜到職，州郡重足震栗(一九)，省息經用，歲以億計。詔拜安定屬國都尉張奐為北中郎將，以討匈奴、烏桓等。匈奴、烏桓燒度遼將軍門，引屯赤阬，煙火相望，兵眾大恐，各欲亡去。奐安坐帷中，與弟子講誦自若，軍士稍安。乃潛誘烏桓，陰與和通，遂使斬匈奴屠各㊂渠帥，襲破其眾，諸胡悉降。奐以南單于車兒不能統理國事，乃拘之，奏立左谷蠡王為單于。詔曰：「春秋大居正㊁，車兒一心向化，何罪而黜，其遣還庭。」【考異】袁紀：「元康元年四月，中郎將張奐以車兒不能治國事，上言更立左鹿蠡王都紺為單于，詔不許。」范書匈奴傳在延熹元年，今從之。大將軍冀與陳龜素有隙，譖其沮毀國威，挑取㊂功譽，不為胡虜所畏，坐徵還，以种暠為度遼將軍，龜遂乞骸骨歸田里。復徵為尚書。冀暴虐日甚，龜上疏言其罪狀，請誅之，帝不省。龜自知必為冀所害，不食七日而死。种暠到營所，先宣恩信，誘降諸胡，其有不服，然後加討。羌虜先時有生見獲質㊂於郡縣者，悉遣還之。誠心懷撫，信賞分明，由是羌、胡皆來順服。暠乃去烽燧，除候望，邊方晏然無警。入為大司農。

【今註】㊀諷雒陽收考授：雒陽，指雒陽令。收，收捕。考，考訊。授，陳授。㊁大雩：古時求雨時的一種祈禱儀式。《公羊傳》：「大雩，旱祭也，」何休注曰：「君親之南郊，以六事謝過自責曰：『政不善歟？民失職歟？宮室崇歟？婦謁盛歟？苞苴行歟？讒夫昌歟？』使童男女各八人，舞而呼雩，故謂之雩。」㊂廣成、上林苑：廣成，《後漢書·郡國志》一，河南新城廣城聚，有廣成苑。上林苑，東漢時置，明帝曾校獵於此，今河南省洛陽縣東，洛陽故城西。㊃度遼將軍：漢將軍名號，武帝時置，其時度遼水以擊匈奴，故名。㊄三辰不軌：三辰，日月星。不軌，行不循軌而錯亂。㊅鷹揚：《詩》曰：「維師尚父，時維鷹揚。」《爾雅·翼》：「鷹好揚，隼好翔。」比喻尚父的威武。此處謂統軍伐敵，捍衛邊疆的重任。㊆埆埆：埆音（ㄐㄧ），薄土。埆音（ㄑㄩㄝˋ），同确，磐石。㊇租更：租賦及卒更錢。漢制：人民除向政府繳納賦稅外，男子成年，須戍邊三天，不行者出錢三百入官，給戍邊者，叫做過更。又有地方勞役，叫做更卒，一月一更，輪值而不往者，可出錢雇貧人代替，月錢二千。㊈古公西伯，天下歸仁：古公亶父，周王季父，避狄之偪，去邠居岐，從之而遷者如歸市。西伯，周文王。《帝王世紀》曰：「西伯至仁，百姓襁負而至。」㊉牧守：漢時地方行政長官，州有州牧，郡有太守。⑪取過目前：謂不敢拂逆君上意旨，據理而諫。只是迎合獻媚，得過且過。⑫因衰緣隙：謂因中國邊防虛弱，乘隙入犯。⑬單：與殫通，竭盡。⑭賞異：有異人之功，給予不次之賞。⑮掃除更始：掃除以往稗政，去舊布新，另行善政。⑯祐：《楚辭·天問》：驚女采薇鹿何祐。注：祐，福也。⑰候望：邊境斥候，伺守望敵，遇敵窺邊，即燃烽示警，或疾馳傳報。⑱營：胡三省曰：京兆虎牙營，扶風雍營，皆都尉領之。⑲重足震栗：重足，疊足而立不敢前進。謂十分恐懼。栗通慄。⑳屠各：匈奴別種。㉑春秋大居正：李賢曰：「春秋法五始之要，故經曰：元年春正月。言王者即位之年宜大開恩宥。其居車兒即是桓帝即位之建和元年立，自立以來，一心向化，宜寬宥之。」㊂挑取：猶獨取也。獨取其名，如挑戰之義。㊂質：音（ㄓˋ）押物以取信。此謂以人為質。

二年（西元一五九年）

㈠春，二月，鮮卑寇鴈門。

㈡蜀郡夷寇蠶陵㊀。

㈢三月，復斷刺史、二千石行三年喪。

㈣夏，京師大水。

㈤六月，鮮卑寇遼東。

㈥梁皇后恃姊兄蔭埶㊁，恣極奢靡，兼倍前世，專寵妬忌，六宮莫得進見。及太后崩，恩寵頓衰。后既無嗣，每宮人孕育，鮮得全者。帝雖迫畏梁冀，不敢譴怒，然進御轉希，后益憂恚。秋，七月，丙午（初八日），皇后梁氏崩。乙丑（二十七日），葬懿獻皇后於懿陵。

梁冀一門，前後七侯、三皇后㊂、六貴人、二大將軍，夫人女食邑稱君者七人，尚公主者三人，其餘卿、將、尹、校㊃五十七人。冀專擅威柄，凶恣日積，宮衛近侍，並樹所親，禁省起居，纖微必知。其四方調發，歲時貢獻，皆先輸上第於冀，乘輿㊄乃其次焉。吏民齎貨求官請罪㊅者，道路相望。百官遷召，皆先到冀門牋檄㊆謝恩，然後敢詣尚書。下邳吳樹為宛令，之官辭冀，冀賓客布在縣界，以情託樹。樹曰：「小人姦蠹，比屋可誅，明將軍處上將之位，宜崇賢善，以補朝闕㊇。自侍坐以來，未聞稱一長者，而多託非人，誠非敢聞。」冀默然不悅。樹到縣，遂誅殺冀客為人害者數十人。樹後為荊州刺史，辭冀，冀鴆之，出死車上。遼東太守侯猛初拜，不謁冀，冀託以他事腰斬之。郎中汝南袁著，年十九，詣闕上書曰：「夫四時之運，功成則退。高爵厚寵，鮮不致災。今大將軍位極功成，可為至戒。宜遵縣車之禮㊈，高枕頤神㊉。傳曰：『木實繁者披㊁枝害心。』若不抑損盛權，將無以全其身矣。」冀聞而密遣掩捕，著乃變易姓名，託病偽死，結蒲為人，市棺殯送。冀知其詐，求得，笞殺之。太原郝絜、胡武好危言高論，與著友善，絜、武嘗連名奏記三府，薦海內高士，而不詣冀。冀追怒之，敕中都官移檄禽捕，遂誅武家，死者六十餘人。絜初逃亡，知不得免，因輿櫬奏書冀門，書入，仰藥而死，家乃得全。安帝嫡母耿貴人薨，冀從貴人從子林慮侯承求貴人珍玩，不能得，冀怒，并族其家十餘人。涿郡崔琦以文章為冀所善，琦作外戚箴（二二）白鵠賦以風。冀怒。琦曰：「昔管仲相齊，樂聞譏諫之言。蕭何佐漢，乃設書過之吏。今將軍屢世臺輔，任齊伊、周，而德政未聞，黎元塗炭，不能結納貞良以救禍敗。反欲鉗塞士口，杜蔽主聽，將使玄黃（二三）改色，鹿馬易形（二四）乎！」冀無以對，因遣琦歸。琦懼而亡匿，冀捕得殺之。冀秉政幾二十年，威行內外，天子拱手不得有所親與。帝既不平之，及陳授死，帝愈怒。和熹皇后從兄子郎中鄧香妻宣生女猛，香卒，宣更適梁紀。紀，孫壽之舅也。壽以猛色美，引入掖庭（二五）為貴人。冀欲認猛為其女，易猛姓為梁。冀恐猛姊壻議郎邴尊沮敗宣意，遣客刺殺之。又欲殺宣，宣家與中常侍袁赦相比，冀客登赦屋，欲入宣家，赦覺之，鳴鼓會眾以告宣。宣馳入白帝，帝大怒，因如廁，獨呼小黃門史唐衡，問：「左右與外舍[一六]不相得者誰乎？」衡對：「中常侍單超、小黃門史左悺與梁不疑有隙，中常侍徐璜、黃門令具瑗常私忿疾外舍放橫，口不敢道。」於是帝呼超、悺入室，謂曰：「梁將軍兄弟專朝，迫脅內外，公卿以下，從其風旨，今欲誅之，於常侍意如何？」超等對曰：「誠國姦賊，當誅日久，臣等弱劣，未知聖意如何耳？」帝曰：「審然者，常侍密圖之。」對曰：「圖之不難，但恐陛下腹中狐疑。」帝曰：「姦臣脅國，當伏其罪，何疑乎！」於是召璜、瑗五人共定其議。帝齧超臂，出血為盟。超等曰：「陛下今計已決，勿復更言，恐為人所疑。」

冀心疑超等，八月丁丑（初十日），使中黃門張惲入省宿[一七]，以防其變。具瑗敕吏收惲，以輒從外入，欲圖不軌。帝御前殿，召諸尚書入，發其事。使尚書令尹勳持節勒丞郎[一八]以下皆操兵守省閤，斂諸符節送省中，使具瑗將左右廄騶[一九]、虎賁、羽林、都候劍戟士[二〇]合千餘人，與司隸校尉張彪共圍冀第，使光祿勳袁盱持節收冀大將軍印綬，徙封比景都鄉侯。冀及妻壽即日皆自殺。不疑、蒙先卒。悉收梁氏、孫氏中外宗親送詔獄，無少長，皆棄市。他所連及公卿、列校、刺史、二千石，死者數十人。太尉胡廣、司徒韓縯、司空孫朗皆坐阿附梁冀，不衛宮，止長壽亭，減死一等，免為庶人。故吏賓客免黜者三百餘人，朝廷為空。是時，事猝從中發，使者交馳，公卿失其度，官府市里鼎沸，數日乃定，百姓莫不稱慶。收冀財貨，縣官斥賣，合三十餘萬萬，以充王府用。減天下租稅之半，散其苑囿，以業窮民。

㈦壬午（十五日），立梁貴人為皇后。追廢懿陵為貴人冢。帝惡梁氏，改皇后姓為薄氏㈡。久之，知為鄧香女，乃復姓鄧氏。

㈧詔賞誅梁冀之功，封單超、徐璜、具瑗、左悺、唐衡皆為縣侯。超食二萬戶，璜等各萬餘戶，世謂之五侯。仍以悺、衡為中常侍。又封尚書令尹勳等七人皆為亭侯。㈢

㈨以大司農黃瓊為太尉。光祿大夫中山祝恬為司徒。大鴻臚梁國盛允為司空。

是時新誅梁冀，天下想望異政。黃瓊首居公位，乃舉奏州郡素行暴汙，至死徙者十餘人，海內翕然稱之。

瓊辟汝南范滂，滂少厲清節，為州里所服。嘗為清詔使㉓，案察冀州。滂登車攬轡，慨然有澄清天下之志。守令臧汙者，皆望風解印綬去。其所舉奏，莫不厭塞眾議。會詔三府掾屬舉謠言㉔，滂奏刺史、二千石權豪之黨二十餘人。尚書責滂所劾猥多，疑有私故。滂對曰：「臣之所舉，自非叨㉕穢姦暴，深為民害，豈以汙簡札哉！間以會日㉖迫促，故先舉所急，其未審者，方更參實。臣聞農夫去草，嘉穀必茂；忠臣除姦，王道以清。若臣言有貳，甘受顯戮。」尚書不能詰。

㈩尚書令陳蕃上疏薦五處士，豫章徐穉、彭城姜肱、汝南袁閎、京兆韋著、潁川李曇；【考異】范書徐穉傳云延熹二年，尚書令陳蕃、僕射胡廣等上書薦穉。袁紀：五年，尚書令陳蕃薦五處士。按二年，胡廣已為太尉。五年，蕃已為光祿勳。今置在是年，從范書；去廣名，從袁紀。帝悉以安車玄纁㉗，備禮徵之，皆不至。

穉家貧，常自耕稼，非其力不食，恭儉義讓，所居服其德。屢辟公府，不起。陳蕃為豫章太守，以禮請署功曹；穉不之免，既謁而退。蕃性方峻，不接賓客，唯穉來，特設一榻，去則縣之。後舉有道，家拜太原太守㉘，皆不就。穉雖不應諸公之辟，然聞其死喪，輒負笈赴弔。常於家豫炙雞一隻，以一兩綿絮漬酒中，暴乾，以裹雞徑到所赴冢隧外，以水漬綿，使有酒氣，斗米飯，白茅為藉，以雞置前，醊㉙酒畢，留謁㉚則去，不見喪主。

肱與二弟仲海、季江俱以孝友著聞，常同被而寢，不應徵聘。肱嘗與弟季江俱詣郡，夜於道為盜所刼，欲殺之。肱曰：「弟年幼，父母所憐，又未聘娶，願殺身濟弟。」季江曰：「兄年德在前，家之珍寶，國之英俊，乞自受戮，以代兄命。」盜遂兩釋焉，但掠奪衣資而已。既至郡中，見肱無衣服，怪問其故，肱託以他辭，終不言盜。盜聞而感悔，就精廬㉛求見徵君㉜，叩頭謝罪，還所略物，肱不受，勞以酒食而遣之。帝既徵肱不至，乃下彭城，使畫工圖其形狀，肱臥於幽闇，以被韜面㉝，言患眩疾，不欲出風，工竟不得見之。

閎，安之玄孫也，苦身脩節，不應辟召。

著隱居講授，不脩世務。曇繼母苦烈，曇奉之逾謹，得四時珍玩，未嘗不先拜而後進，鄉里以為瀆。

帝又徵安陽魏桓，其鄉人勸之行。桓曰：「夫干祿求進，所以行其志也。今後宮千數，其可損乎？廄馬萬匹，其可減乎？左右權豪，其可去乎？」皆對曰：「不可。」桓乃慨然歎曰：「使桓生行死歸，於諸子何有哉！」遂隱身不出。

(十)帝既誅梁冀，故舊恩私，多受封爵。追贈皇后父鄧香為車騎將軍，封安陽侯。更封后母宣為昆陽君。兄子康、秉皆為列侯，宗族皆列校、郎將㉔，賞賜以巨萬計。中常侍侯覽上縑五千匹，帝賜爵關內侯。又託以與議誅冀，進封高鄉侯。又封小黃門劉普、趙忠等八人為鄉侯，自是權埶專歸宦官矣。五侯尤貪縱，傾動內外。時災異數見，白馬㉕令甘陵李雲露布㉖上書，移副三府㉗曰：「梁冀雖恃權專擅，虐流天下，今以罪行誅，猶召家臣搤殺之耳。而猥封謀臣萬戶以上。高祖聞之，得無見非㉘；西北列將，得無解體。孔子曰：『帝者，諦也(三九)。』今官位錯亂，小人諂進，財貨公行，政化日損。尺一(四〇)拜用，不經御省，是帝欲不諦乎！」帝得奏震怒，下有司逮雲，詔尚書都護、劍戟、送黃門北寺獄(四一)，使中常侍管霸與御史、廷尉雜考之。時弘農五官掾(四二)杜眾傷雲以忠諫獲罪，上書願與雲同日死。帝愈怒，遂並上廷尉。大鴻臚陳蕃上疏曰：「李雲所言，雖不識禁忌，干上逆旨，其意歸於忠國而已。昔高祖忍周昌(四三)不諱之諫，成帝赦朱雲(四四)腰領之誅。今日殺雲，臣恐剖心(四五)之譏，復議於世矣。」太常楊秉、雒陽市長(四六)沐茂、郎中上官資並上疏請雲，帝恚甚。有司奏以為大不敬，詔切責蕃、秉，免歸田里，茂、資貶秩二等。時帝在濯龍池(四七)，管霸奏雲等事，霸跪言曰：「李雲草澤愚儒，杜眾郡中小吏，出於狂戇，不足加罪。」帝謂霸曰：「帝欲不諦，是何等語，而常侍欲原之邪？」顧使小黃門可其奏。雲、眾皆死獄中，於是嬖寵益橫。太尉瓊自度力不能制，乃稱疾不起。上疏曰：「陛下即位以來，未有勝政(四八)。諸梁秉權，豎宦充朝。李固、杜喬既以忠言橫見殘滅，而李雲、杜眾復以直道繼踵受誅。海內傷懼，益以怨結，朝野之人，以忠為諱。尚書周永素事梁冀，假其威勢，見冀將衰，乃陽毀示忠[四九]，遂因姦計，亦取封侯。又黃門挾邪，羣輩相黨，自冀興盛，腹背相親，朝夕圖謀，共搆姦軌。臨冀當誅，無可設巧，復託其惡，以要爵賞。陛下不加清澂[五〇]，審別真偽，復與忠臣並時顯封，粉墨雜糅，所謂抵[五一]金玉於砂礫，碎珪璧於泥塗。四方聞之，莫不憤歎。臣世荷國恩，身輕位重，敢以垂絕之日，陳不諱之言。」書奏，不納。

（十二）冬，十月，壬申（初五日），上行幸長安。

（十三）中常侍單超疾病，壬寅（十月無壬寅日），以超為車騎將軍。

（十四）十二月，己巳（初三日），上還自長安。

（十五）燒當、燒何、當煎、勒姐等八種羌寇隴西金城塞。護羌校尉段熲擊破之。追至羅亭[五二]，斬其酋豪以下二千級，獲生口萬餘人。

（十六）詔復以陳蕃為光祿勳，楊秉為河南尹。單超兄子匡為濟陰太守，負埶貪放，兗州刺史第五種使從事[五三]衛羽案之，得臧五六千萬。種即奏匡，並以劾超。匡窘迫，賂客任方刺羽，羽覺其姦，捕方囚繫雒陽。匡慮楊秉窮竟其事，密令方等突獄亡走。尚書召秉詰責，秉對曰：「方等無狀，釁由單匡，乞檻車徵匡，考覈其事，則姦慝蹤緒，必可立得。」秉竟坐論作左校㉞。時泰山賊叔孫無忌寇暴徐、兗，州郡不能討，單超以是陷第五種，坐徙朔方，

【考異】楊秉傳作「超弟」，宦者傳作「弟子」，今從第五種傳。范書李雲死在延熹三年春，袁紀在二年秋。按楊秉傳：「三年，坐救雲免歸田里。其年冬，復徵拜河南尹，坐單匡使客任方刺衞羽，繫獄亡走，論作左校。」第五種傳：「匡遣客刺羽，超積忿，以事陷種。」若如范書，則雲死時單超已卒，何得更能陷種。又雲書所論者立鄧后與封五侯事，皆在二年，袁紀似近之。種傳又云：「衞羽為種說叔孫無忌，無忌率其黨與三十餘人降。」按帝紀：「延熹三年十一月，無忌攻殺都尉侯章。」又臧旻訟種書稱「種所坐盜賊公負，筋力未就。」然則種必不能降無忌此說妄也。

超外孫董援為朔方太守，稸㉟怒以待之。種故吏孫斌知種必死，結客追種，及於太原，刼之以歸，亡命數年，會赦得免。種，倫之曾孫也。

是時，封賞踰制，內寵猥盛。陳蕃上疏曰：「夫諸侯上象四七㊱，藩屏上國，高祖之約，非功臣不侯。而聞追錄河南尹鄧萬世父遵之微功，更爵尚書令黃雋先人之絀封。近習以非義授邑，左右以無功傳賞，至乃一門之內侯者數人。故緯象失度，陰陽謬序。臣知封事㊲已行，言之無及。誠欲陛下從是而止。又采女㊳數千，食

肉衣綺，脂油粉黛，不可貲計。鄙諺言『盜不過五女門』，以女貧家也。今後宮之女，豈不貧國乎！」帝頗采其言，為出宮女五百餘人。但賜雋爵關內侯，而封萬世南鄉侯。

帝從容問侍中陳留爰延：「朕何如主也？」對曰：「陛下為漢中主(五九)。」帝曰：「何以言之？」對曰：「尚書令陳蕃任事則治，中常侍黃門與政則亂。是以陛下可與為善，可與為非。」帝曰：「昔朱雲廷折欄檻，今侍中面稱朕違，敬聞闕矣。」拜五官中郎將，累遷大鴻臚。會客星經帝坐(六〇)，帝密以問延。延上封事(六一)曰：「陛下以河南尹鄧萬世有龍潛(六二)之舊，封為通侯，恩重公卿，惠豐宗室；加頃引見與之對博，上下媟黷(六三)，有虧尊嚴(六四)。臣聞之，帝左右者，所以咨政德也。善人同處，則日聞嘉訓；惡人從游，則日生邪情。惟陛下遠讒諛之人，納謇謇(六五)之士，則災變可除。」帝不能用，延稱病免歸。

【今註】㊀蠶陵：在今四川松潘縣南。㊁蔭埶：蔭，庇護，埶同勢。㊂七侯三皇后：冀祖雍封乘氏侯，冀封襄邑侯及嗣乘氏侯，其子胤封襄邑侯，弟不疑封潁陽侯，蒙封西平侯，不疑子馬封潁陰侯，胤子桃封城父侯。恭懷、順烈、懿獻三皇后。㊃卿、將、尹、校：卿，九卿。將，中郎將。尹，河南尹京兆尹。校，諸校尉。㊄乘輿：天子所乘的車，古託言乘輿以稱天子。㊅齎貨求官請罪：納賄財貨，請求登用或代為脫罪。㊆牋檄：牋同箋，文體之一種。《漢官儀》：「孝廉試箋奏。」魏晉時百官上書往往稱箋。檄，徵召傳令用。又為罪責曉慰及官文書之通稱。㊇朝闕：朝政之闕失。㊈縣車之禮：縣車即懸車，《後漢書・張儉傳》：「闔門懸車，不豫政事。」謂退隱閒居，不再出仕。㊉高枕頤神：高臥養神。⑪披：分裂。⑫外戚箴原文：「赫赫外戚，華寵煌煌。昔在帝舜，德隆英皇。周興三母，有莘崇湯。宣王晏起，姜后脫簪。齊桓好樂，衞姬不音。皆輔主以禮，扶君以仁。達才進善，以義濟身。爰暨末葉，漸已積虧。貫魚不序，九御差池。晉國之難，禍起於麗。惟家之索，牝雞之晨。專權擅愛，顯己蔽人。陵長間舊，圮剝至親。並后匹嫡，淫女斃陳。匪賢是上，番為司徒。荷爵負乘，采食名都。詩人是刺，德用不憮。暴辛惑婦，拒諫自孤。蝮蛇其心，縱毒不辜。諸父是殺，孕子是刳。天怒地忿，人謀鬼圖。甲子昧爽，身首分離。初為天子，後為人螭。非但耽色，母后尤然。不相率以禮，而競獎以權。先笑後號，卒以辱殘。家國泯絕，宗廟燒燔。末嬉喪夏，褒姒斃周。妲己亡殷，趙靈沙丘。戚姬人豕，呂宗以敗。陳后作巫，卒死於外。霍欲鴆子，身乃罹廢。故曰無謂我貴，天將爾摧。無恃常好，色有歇微。無怙常幸，愛有陵遲。無曰我能，天人爾違。患生不德，福有慎機。日不常中，月盈有虧。履道者固，仗勢者危。微臣司戚，敢告在斯。」⑬玄黃：《易》坤文言：「夫玄黃者天地之雜也，天玄而地黃。」又《文選》揚雄〈劇秦美新〉：「玄黃剖判，上下相嘔。」玄黃謂天地。⑭鹿馬易形：《史記・秦二世紀》：「趙高欲為亂，恐羣臣不聽，乃先設驗，持鹿獻於二世曰：『馬也。』二世笑曰：『丞相誤耶？謂鹿謂馬。』問左右，左右或默，或言馬以阿順趙高，或言鹿者，高因陰中諸言鹿以法。」⑮掖庭：宮庭中旁舍，后妃宮嬪所居。⑯外舍：指懿獻梁皇后家。⑰入省宿：入禁中直宿，以防超等為變。⑱丞郎：尚書左右丞及尚書郎。⑲廐騶：《後漢書・百官志》：太僕：未央廐令一人……本注曰：主乘輿諸事及廐中諸馬。長樂廐丞一人。又本注曰：舊有六廐……中興省約，但置一廐，後置左駿令廐，別主乘輿御馬。⑳都候劍戟士：《後漢書・百官志》：衞府：左右都候各一人……本注曰：主劍戟士，徼循宮及天子有所收考。㉑薄氏：胡三省曰：「以文帝薄太后家謹良也。」㉒五侯……七亭侯：單超新豐侯，徐璜武原侯，具瑗東武陽侯，左悺上蔡侯，唐衡汝南侯。李賢曰：「尹勳宜陽都鄉，霍諝鄴都亭，張敬山陽曲鄉，歐陽參脩武仁亭，李瑋宜陽金門，虞放冤句呂都亭，周永下邳高遷鄉。」㉓清詔使：李賢曰：「蓋三公府有清詔員，以承詔使也。」㉔舉謠言：《漢官儀》：「三公聽採長史臧否，人所疾苦，還條奏之，是謂舉謠言也。頃者舉謠言，掾屬令史都會殿上，主者大言州郡行狀，云何善者，同聲稱之，不善者，默爾銜枚。」㉕叨：同饕。貪也。㉖會日：胡三省曰：「會日謂三府掾屬會于朝堂之日。」㉗安車玄纁：安車謂安坐之車，《漢書・武帝紀》：「遣使安車蒲輪，束帛加璧，以徵魯申生。」是安車為尊賢敬老之殊禮。玄纁：《書・禹貢》：「厥篚玄纁璣組。」為一種貢物，此處用為幣帛之代辭。《後漢書・法真傳》：「將蹈老氏之高蹤，不為玄纁屈也。」㉘家拜太原太守：謂就家中而拜為太原太守。㉙醊：音（ㄔㄨㄛˋ），祭時把酒潑在地上。㉚謁：名刺。㉛精廬：亦稱精舍，講讀之地。㉜徵君：士經朝廷徵聘者謂之徵士，美稱之則曰徵君。㉝韜：藏。㉞列校郎將：謂北軍屯騎、越騎、步兵、長水、射聲五校尉，典謁、左、右三署中郎將。㉟白馬：縣名，故城在今河南省滑縣東。後魏稱今滑縣治，明廢。㊱露布：謂詔書簡牘等不緘封者。《獨斷》：「制書皆璽封，唯赦令贖令，露布下州郡。」露布亦即露板，謂上書不緘封。《南史．謝靈運傳》：「孟顗表其異志，發兵自防，露板上言。」又為軍中告捷之文書，《魏書．韓顯宗傳》：「顯宗破齊軍，孝文問何不作露布。」㊲移副三府：將其所上書之副本同時上呈三公府。㊳高祖聞之得無見非：謂高祖有約，非有功，不封侯。㊴帝者諦也：《春秋運斗樞》曰：「五帝修名立功，修德成化，統調陰陽，招類使神，故稱帝，帝之為言諦也。」此謂為君者應審視萬物也。㊵尺一：《漢官儀》：「尺一，謂板長尺一，以寫詔書。」㊶北寺獄：東漢監獄名，主鞠將相大臣，屬黃門署。㊷五官掾：《後漢書．百官志》，郡有五官掾署功曹及諸曹事。㊸周昌：《漢書．周昌傳》：「昌為人強力，敢直諫……昌嘗燕入奏事，高帝方擁戚姬，昌還走，高帝逐得，騎昌項上問曰：『我何如主也？』昌仰曰：『陛下即桀紂之主也。』」㊹朱雲：朱雲字游，成帝時上書求見曰：「今朝廷大臣，上不能匡主，下無以益民，臣願賜上方斬馬劍，斷佞臣一人，以厲其餘。」上問曰：「誰也？」對曰：「安昌侯張禹。」上大怒曰：「小臣居下訕上廷辱師傅，罪死不赦。」御史將雲下，雲攀殿檻，檻折，呼曰：「臣從龍逢比干，遊於地下足矣。未知朝廷如何耳！」上意乃解及後當修檻，上曰：「勿易，因而輯之，以旌直臣。」事見卷三十二成帝元延元年。並《漢書・朱雲傳》。(四五)剖心：殷紂無道，比干強諫，紂曰：「吾聞聖人心有七竅，剖比干。」觀其心。見《史記・殷本紀》。(四六)雒陽市長：屬太司農，秩四百石。(四七)濯龍池：胡三省曰：「濯龍池在濯龍園中，近北宮。」(四八)勝政：勝越前朝的政治。(四九)陽毀示忠：謂陽毀梁氏，表示忠於帝室。(五〇)清澂：與澄同。(五一)抵：投，擲。(五二)羅亭：李賢注：「東觀記曰：追到積石山，即與羅亭相近。」胡三省注為在鄯州。按大積石山在今青海省西寧市西南，鄯州今青海省樂都縣地。(五三)從事：州之屬吏，如別駕、治中等，皆稱為從事史。為州所自行辟除，通稱曰州從事。(五四)左校：官署名，秦置，漢因之。初有左、右、前、後、中五校，後惟置左、右校，屬將作，掌左右工徒。漢代官吏坐法，常輸作於此。(五五)稸：同蓄，積聚。(五六)上象四七：李賢注：「上象四七，謂二十八宿，各主諸侯之分野。」(五七)封事：謂封爵之事。(五八)采女：《後漢書・皇后紀》：「六宮稱號，唯皇后貴人……又置美人、宮女、采女三等。並無爵秩，歲時賞賜而已。漢法常因八月算人，遣中大夫與掖庭丞及相工於洛陽鄉中閱視良家童，女年十三以上，二十以下，姿色端麗合法相者，載還後宮，擇視可否，迺用登御。」(五九)中主：謂中材之主，可以上，可以下，顧輔佐者如何。(六〇)客星經帝坐：古人以忽隱忽現者為客星。《後漢書・嚴光傳》：「因共偃臥，光以足加帝腹，明日，太史奏客星犯御座甚急。」帝坐：星名，張衡曰：「帝座者，帝王之位也，帝座有五：一在北極，一在紫微，一天市，一大角，一心中央，皆王者所居。」(六一)封事：漢制：臣下奏事，皂囊封板，以防宣泄，謂之封事。(六二)龍潛：謂天子未即位之時。(六三)媟黷：狎習相慢。《漢書・谷永傳》：「無復與羣小媟黷燕飲。」又〈枚乘傳〉：「以故得媟黷貴幸。」注：「媟，狎也；黷，垢濁也。」㊃尊嚴：尊崇嚴肅之義。㊄謇謇：《離騷》：「余因知謇謇之為患兮。」王逸注：「謇謇，忠貞貌也。」

三年（西元一六〇年）

㈠春，正月，丙申（初一日），赦天下。詔求李固後嗣。初，固既策罷，知不免禍，乃遣三子基、茲、燮皆歸鄉里。時燮年十三，姊文姬為同郡趙伯英妻，見二兄歸，具知事本，默然獨悲曰：「李氏滅矣！自太公㈠已來，積德累仁，何以遇此？」密與二兄謀，豫藏匿燮，託言還京師，人咸信之。有頃難作，州郡收基、茲，皆死獄中。文姬乃告父門生王成曰：「君執義先公，有古人之節。今委君以六尺之孤㈡，李氏存滅，其在君矣！」成乃將燮乘江東下，入徐州界，變姓名為酒家傭，而成賣卜於市，各為異人，陰相往來。積十餘年，梁冀既誅，燮乃以本末告酒家，酒家具車重厚遣之，燮皆不受，遂還鄉里，追行喪服，姊弟相見，悲感傍人。姊戒燮曰：「吾家血食㈢將絕，弟幸而得濟，豈非天邪！宜杜絕眾人，勿妄往來，慎無一言加於梁氏。加梁氏則連主上，禍重至矣，唯引咎而已。」爕謹從其誨。後王成卒，爕以禮葬之。每四節，為設上賓之位而祠焉。

㈡丙午（十一日），新豐侯單超卒，賜東園秘器，棺中玉具㈣。及葬，發五營騎士、將作大匠起冢塋。其後四侯轉橫，天下為之語曰：「左回天，具獨坐，徐臥虎，唐雨墮㈤。」【考異】太子賢註范書，「雨墮」作「兩墮」，云隨意所為不定也。諸本「雨」或作「兩」。按雨墮者，謂其性急暴，如雨之墮，無有常處也。皆競起第宅，以華侈相尚，其僕從皆乘牛車而從列騎，兄弟姻戚，宰州臨郡，辜較㈥百姓，與盜無異。虐偏天下，民不堪命，故多為盜賊焉。

中常侍侯覽、小黃門段珪皆有田業，近濟北界，僕從賓客，刼掠行旅。濟北相滕延一切收捕，殺數十人，陳尸路衢。覽、珪以事訴帝，延坐徵詣廷尉免。

左悺兄勝為河東太守，皮氏㈦長京兆趙岐恥之，即日棄官西歸。唐衡兄玹為京兆尹，素與岐有隙，收岐家屬宗親，陷以重灋，盡殺之。岐逃難四方，靡所不歷，自匿姓名，賣餅北海市中。安丘㈧孫蒿見而異之，載與俱歸，藏於複壁中。及諸唐死，遇赦，乃敢出。

㈢閏月，西羌餘眾復與燒何大豪寇張掖，晨薄㊈校尉段熲軍。熲下馬大戰，至日中，刀折矢盡，虜亦引退。熲追之，且鬬且行，晝夜相攻，割肉食雪。四十餘日，遂至積石山，出塞二千餘里，斬燒何大帥，降其餘眾而還。

㈣夏，五月，甲戌（十一日），漢中山崩。

㈤六月，辛丑（初九日），司徒祝恬薨。

㈥秋，七月，以司空盛允為司徒。太常虞放為司空。

㈦長沙蠻反，屯益陽、零陵⑩蠻寇長沙。

㈧九真餘賊屯據日南，眾轉強盛詔復拜桂陽太守夏方為交趾刺史。方威惠素著，冬，十一月，日南㊁賊二萬餘人相率詣方降。

㈨勒姐、零吾種羌圍允街㊂，段熲擊破之。

㈩泰山賊叔孫無忌攻殺都尉侯章，遣中郎將宗資討破之。詔徵皇甫規拜泰山太守。規到官，廣設方略，寇虜悉平。

【今註】㈠太公：李賢注：「太公謂祖父郤也。」㈡六尺之孤：《論語・泰伯》：「可以託六尺之孤。」注：「六尺之孤，幼少之君。」疏：「六尺之孤，年十五已下。」㊂血食：鬼神受牲牢之享祀。此謂幾將全家後嗣斷絕。㊃玉具：胡三省注謂即玉匣也。㊄回天，獨坐，臥虎，雨墮：回天：言有回天之力。獨坐：言驕貴無偶。臥虎：言行事橫暴。雨墮：言流毒天下，徧如雨降。㊅辜較：總括財利，搜刮百姓。㊆皮氏：今山西河津縣西楊村。㊇安丘：今山東濰縣南，濰河支流波河左岸。㊈薄：迫侵。㊉零陵：漢零陵在今廣西全縣北。⑪日南：漢郡名，今安南之順化一帶地。⑫允街：允音沿：故城今甘肅省平番縣。

四年（西元一六一年）

㈠春，正月，辛酉（初二日），南宮嘉德殿火。戊子（二十九日），丙署㊀火。

㈡大疫。

㈢二月，壬辰（初三日），武庫火。

㈣司徒盛允免，以大司農种暠為司徒。【考異】袁紀在去年。按祝恬薨後有盛允，允免，暠為司徒，相去半年，袁紀誤也。今從范書。

㈤三月，太尉黃瓊免。夏，四月，以太常沛國劉矩為太尉。初，矩為雍丘㊁令，以禮讓化民。有訟者，常引之於前，提耳訓告，以為忿恚可忍，縣官不可入，使歸更思，訟者感之，輒各罷去。

㈥甲寅（二十六日），封河間孝王子參戶亭侯㊂博為任城王，奉孝王後。

㈦五月，辛酉（初四日），有星孛于心㊃。

㈧丁卯（初十日），原陵㊄長壽門火。

㈨己卯（二十二日），京師雨雹。

㈩六月，京兆、扶風及涼州地震。

(十一)庚子（十三日），岱山及博尤來山並頹裂㊅。

(十二)己酉（二十二日），赦天下。

(十三)司空虞放免，以前太尉黃瓊為司空。

(十四)犍為屬國㊆夷寇鈔百姓，益州刺史山昱擊破之。

(十五)零吾羌與先零諸種反，寇三輔。

(十六)秋，七月，京師雩。

(十七)減公卿已下奉，貣王侯半租。占賣關內侯、虎賁羽林緹騎營士、五大夫錢各有差⑧。

(十八)九月，司空黃瓊免，以大鴻臚東萊劉寵為司空。寵嘗為會稽太守，簡除煩苛，禁察非濫，郡中大治，徵為將作大匠⑨。山陰縣有五六老叟，自若邪⑩山谷間出，人齎百錢以送寵曰：「山谷鄙生，未嘗識郡朝⑪，他守時，吏發求民間，至夜不絕，或狗吠竟夕，民不得安。自明府⑫下車以來，狗不夜吠，民不見吏，年老遭值聖明。今聞當見棄去，故自扶奉送⑬。」寵曰：「吾政何能及公言邪？勤苦父老。」為人選一大錢受之。

(十九)冬，先零沈氏羌與諸種羌寇并、涼二州⑭，校尉段熲將湟中⑮義從⑯討之。涼州刺史郭閎貪共其功，稽固⑰熲軍，使不得進。義從役久戀鄉舊，皆悉叛歸。郭閎歸罪於熲，熲坐徵下獄，輸作左校，以濟南相胡閎代為校尉。胡閎無威略，羌遂陸梁⑱，覆沒營塢⑲，轉相招結，唐突⑳諸郡，寇患轉盛。泰山太守皇甫規上疏曰：「今猾賊就滅，泰山略平，復聞羣羌並皆反逆。臣生長邠岐，年五十有九，昔為郡吏，再更叛羌，豫籌其事，有誤中之言㉑。臣素有痼疾，恐犬馬齒窮，不報大恩，願乞宂官，備單車一介㉒之使，勞來㉓三輔，宣國威澤，以所習地形兵埶佐助諸軍。臣窮居孤危之中，坐觀郡將㉔，已數十年，自鳥鼠至于東岱，其病一也㉕。力求猛敵，不如清平；勤明孫、吳，未若奉濼㉖。前變未遠，臣誠戚之㉗。是以越職盡其區區。」詔以規為中郎將，持節監關西兵討零吾等。十一月，規擊羌，破之，斬首八百級。先零諸種羌慕規威信，相勸降者十餘萬。

【今註】㊀丙署：《後漢書・百官志》：丙署長七人，皆四百石，黃綬，宦者為之。主中宮別處。㊁雍丘：今河南省杞縣。㊂戸亭：李賢注：「杜預註左傳曰：今丹水縣北有三戸亭，故城在今鄧州內鄉縣西南。」即今河南省內鄉縣。㊃有星孛于心：胡三省注：「晉書天文志，心三星，中星曰明堂天子位，前星為太子，後星為庶子。」㊄原陵：光武陵。㊅岱山及博尤來山並頹裂：岱山：即泰山。博，縣名，漢置。在今山東泰安縣東南。尤來：亦作尤崍，即徂來山，在山東省泰安縣東南。㊆犍為屬國：《後漢書・安帝紀》：永初元年，蜀郡徼外羌內屬，分犍為南郡為屬國都尉在今四川宜賓縣西南地。㊇錢各有差：謂各依其官級高下不同而售價多少不等。㊈將作大匠：官名，掌修作宗廟、路寢、宮室、陵園等土木工程。㊉若邪：山名，在浙江省紹興縣南。⑪郡朝：官府聽事曰朝。胡三省注：「郡聽事曰郡朝，公府聽事曰府朝。」⑫明府：漢人稱太守曰府君，或稱明府君，簡稱明府。⑬故自扶奉送：胡三省曰：「今越州（今浙江紹興縣）城西四十五里錢清鎮，即父老送寵處。」⑭幷、涼二州：漢幷州在今山西省及陝西北部地，後疆土治所上有所變遷，東漢時幷州刺史治晉陽，即今山西省太原縣治。涼州：漢置，今甘肅省地。東漢時置涼州刺史，治隴，即今秦安縣東北故隴城。⑮湟中：今青海省東北境及青海省西寧縣一帶湟水所經之地，通稱湟中。漢時為羌人所居，又有湟中城，為小月氏之地，別稱小湟中，在今西寧、張掖二縣之間。⑯義從：謂湟中之胡人自奮願從征伐者，故下文有義從役久，戀鄉舊，皆悉叛歸語。⑰稽固：李賢注：「稽固猶停留也。」⑱陸梁：跳走貌，張衡〈西京賦〉：「怪獸陸梁，」注：「陸梁，東西倡佯也。」⑲營塢：塢，小障，一曰庳城。營塢即軍壘塢堡。⑳唐突：衝犯。㉑有誤中之言：猶俗語云：「不幸而言中。」見卷五十二，皇甫規論馬賢討西羌，不恤軍事，審其必敗。㉒一介：猶云一人，獨使。㉓勞來：《孟子・滕文公》：「勞之來之。」疏：「民之勤勞於事者，有以償其勞，故曰勞之。民之來歸者，有以償其來，故曰來之。」㉔郡將：李賢注：「郡守也。」㉕自鳥鼠至於東岱，其病一也：李賢注：「鳥鼠山名，在今渭州西，即先零羌寇鈔處也（案當為今甘肅省隴西縣）。東岱謂泰山，叔孫無忌反處也。皆由郡守不加綏撫，致使反叛，其疾同也。」㉖力求猛敵，不如清平；勤明孫、吳，未若奉𤅢：李賢注：「吳起魏將也，孫武吳將也。言若求猛將，不如撫以清平之政。明習兵書，不如郡守奉法，使之無反也。」㉗前變未遠，臣誠戚之：李賢注：「戚憂也。前變謂羌反。」

五年（西元一六二年）

㈠春，正月，壬午（二十九日），南宮丙署火。

㈡三月，沈氐羌寇張掖、酒泉。皇甫規發先零諸種羌共討隴右，而道路隔絕，軍中大疫，死者十三四。規親入庵廬㈠，巡視將士，三軍感悅。東羌遂遣使乞降，涼州復通。先是安定太守孫儁受取狼藉㈡，屬國都尉李翕、督軍御史㈢張稟多殺降羌，涼州刺史郭閎、漢陽太守趙熹並老弱不任職，而皆倚恃權貴，不遵灋度。規到，悉條奏其罪，或免或誅，羌人聞之，翕然反善。沈氐大豪滇昌飢恬等十餘萬口，復詣規降。

㈢夏，四月，長沙賊起，寇桂陽、蒼梧㈣。

㈣乙丑（四月癸未朔，無乙丑日），恭陵㈤東闕火。戊辰（四月無戊辰日），虎賁掖門火㈥。五月，康陵㈦園寢火。

㈤長沙、零陵賊入桂陽、蒼梧、南海，交趾刺史及蒼梧太守望風逃犇，遣御史中丞盛脩督州郡募兵討之，不能克。

(六)乙亥（二十三日），京師地震。

(七)甲申（六月初三日），中藏府[八]丞祿署火。秋，七月，己未（初八日），南宮承善闥火。

(八)烏吾羌寇漢陽，隴西、金城[九]諸郡兵討破之。

(九)艾縣[一〇]賊攻長沙郡縣，殺益陽令，眾至萬餘人，謁者[一一]馬睦督荊州刺史劉度擊之，軍敗，睦、度犇走。零陵蠻亦反。冬，十月，武陵蠻反，寇江陵，南郡太守李肅犇走，主簿胡爽扣馬首諫曰：「蠻夷見郡無儆備，故敢乘間而進。明府為國大臣，連城千里，舉旗鳴鼓，應聲十萬，奈何委符守[一二]之重，而為逋逃之人乎？」肅拔刃向爽曰：「掾促去！大守今急，何暇此計！」爽抱馬固諫，肅遂殺爽而走。帝聞之，徵肅棄市。度、睦減死一等。復[一三]爽門閭，拜家一人為郎。

尚書朱穆舉右校令[一四]山陽[一五]度尚為荊州刺史。辛丑（二十一日），以太常馮緄為車騎將軍，將兵十餘萬討武陵蠻。【考異】帝紀：「三年十二月，武陵蠻寇江陵，車騎將軍馮緄討，皆降散。荊州刺史度尚討長沙蠻，平之。」此事當在今年三月，重出誤也。先是，所遣將帥，宦官多陷以折耗軍資，往往抵罪，緄願請中常侍一人監軍財費。尚書朱穆奏緄以財自嫌，失大臣之節，有詔勿劾。緄請前武陵太守應奉與俱，拜從事中郎㈠㈥。十一月，緄軍至長沙，賊聞之，悉詣營乞降。進擊武陵蠻夷，斬首四千餘級，受降十餘萬人，荊州平定。詔書賜錢一億，固讓不受。振旅㈠㈦還京師，推功於應奉，薦以為司隸校尉㈠㈧，而上書乞骸骨㈠㈨，朝廷不許。

㈩滇那羌寇武威、張掖、酒泉。

㈩㈠太尉劉矩免，以太常楊秉為太尉。

㈩㈡皇甫規持節為將，還督鄉里，既無他私惠，而多所舉奏，又惡絕宦官，不與交通，於是中外並怨，遂共誣規貨賂羣羌，令其文降㈡〇。帝璽書誚讓㈡㈠相屬，規上書自訟曰：「四年之秋，戎醜蠢戾㈡㈡，舊都㈡㈢懼駭，朝廷西顧。臣振國威靈，羌戎稽首㈡㈣，所省之費一億以上。以為忠臣之義，不敢告勞㈡㈤，故恥以片言，自及微効，然比方先事㈡㈥，庶免罪悔。前踐州界，先奏孫雋、李翕、張稟，旋師南征，又上郭閎、趙熹，陳其過惡，執據大辟㈡㈦。凡此五臣，支黨半國㊁八，其餘墨綬㊁九，下至小吏，所連及者復有百餘。吏託報將之怨，子思復父之恥，載贄㊂〇馳車，懷糧步走，交構豪門，競流謗讟㊂一，云臣私報諸羌，讎㊂二以錢貨。若臣以私財，則家無擔石；如物出於官，則文簿易考。就臣愚惑，信如言者，前世尚遺匈奴以宮姬，鎮烏孫以公主㊂三，今臣但費千萬，以懷叛羌，則良臣之才略，兵家之所貴，將有何罪負義違理乎？自永初以來，將出不少，覆軍有五㊂四，動資巨億。有旋車完封㊂五，寫㊂六之權門，而名成功立，厚加爵封。今臣還督本土，糾舉諸郡，絕交離親，戮辱舊故，眾謗陰害，固其宜也。」帝乃徵規還，拜議郎。論功當封，而中常侍徐璜、左悺欲從求貨㊂七，數遣賓客就問功狀，規終不答。璜等忿怒，陷以前事，下之於吏。官屬欲賦斂請謝，規誓而不聽，遂以餘寇不絕，坐繫廷尉，論輸左校。諸公及太學生張鳳等三百餘人詣闕訟之，會赦，歸家。

【今註】㊀庵廬：庵同菴，用草結成的屋舍。㊁狼藉：錯亂不整。此謂貪墨徇私，惡聲四布。㊂督軍御史：胡三省注：「李翕蓋安定屬國都尉，然志無定安屬國，以御史都軍，故曰都軍御史。」

(四)桂陽蒼梧：皆郡名，桂陽：今湖南郴縣。蒼梧：今廣西蒼梧縣。(五)恭陵：漢安帝陵。(六)掖門：非正門而在兩旁者叫掖門。(七)康陵：漢殤帝陵。(八)中藏府：《後漢書・百官志》：掌中幣帛金銀諸貨物。(九)隴西金城：隴西郡：今甘肅東南部地。金城：今甘肅南部西境榆中皋蘭諸縣以西，至青海東部西寧縣以東之地。(一〇)艾縣：李賢注：「故城今（唐）洪州建昌縣。」胡三省亦主此說，如此當在今江西永修縣。(一一)謁者：漢官名，掌賓讚受事。其長曰謁者僕射，東漢大長秋屬官有中宮謁者二人，主報中章。漢哀帝時置河堤謁者，掌河堤。(一二)符守：符本為古時用為憑信之具，如漢之虎符。此謂受命握符守土重任。(一三)復：免除賦役。(一四)右校令：掌右工徒。請見前左、右校注。(一五)山陽：漢郡名，在今山東省金鄉縣西北。(一六)從事中郎：隨將軍出征，職參謀議。(一七)振旅：兵入而整治其部伍曰振旅。《公羊傳》：「出曰治兵，入曰振旅。」(一八)司隸校尉：漢官名，武帝時置，持節掌察舉百官以下及京師近郡犯法者，成帝後並領一州。(一九)乞骸骨：乞身請退休致仕。(二〇)今其文降：李賢注：「謂以文簿虛降，非真心也。」(二一)誚讓：責讓。(二二)蠢戾：蠢動乖戾。(二三)舊都：指長安。(二四)稽首：本至敬之禮，此謂臣服投降。(二五)告勞：《詩・小雅》：「密勿（黽勉）從事，不敢告勞，無罪無辜，讒口嗸嗸。」(二六)先事：李賢注：「先事，謂前輩敗將也。」(二七)大辟：古五刑之一，即死刑。(二八)支黨半國：謂黨羽爪牙據天下之半。(二九)墨綬：綬為印環上的絲條，漢以此絲條顏色區別官階高下。分黃赤綬、赤綬、綠綬、紫綬、青綬、黑綬、黃綬等。千石、六百石黑綬。(三〇)贄：見面禮，初見時執以為禮之物。(三一)謗讟：誹謗痛怨。(三二)讐：償，答謝。(三三)前世尚遺匈奴以宮姬，鎮烏孫以公主：謂元帝時曾以王昭君賜呼韓邪單于。武帝以江都王建女細君嫁烏孫王昆莫。㊃覆軍有五：指鄧騭敗於冀西，任尚敗於平襄，司馬鈞敗於丁奚城，馬賢敗於射姑山，趙仲敗於鸇陰河。㊄旋車完封：李賢注：「覆軍之將：『言旋師之日多載珍寶，封印完全便入權門。』」胡三省曰：「以朝廷供軍之金幣，不發封識，而輸之權門。」㊅寫：輸卸。㊆欲從求貨：謂藉此而向皇甫規要求賄賂。

六年（西元一六三年）

㈠春，二月，戊午（十一日），司徒种暠薨。

㈡三月，戊戌（二十二日），赦天下。

㈢以衞尉㊀潁川許栩為司徒。

㈣夏，四月，辛亥（初五日），康陵東署火。

㈤五月，鮮卑寇遼東屬國。

㈥秋，七月，甲申（初十日），平陵㊁園寢火。

㈦桂陽賊李研等寇郡界，武陵蠻復反太守陳奉討平之。宦官素惡馮緄。八月，緄坐軍還盜賊復發，免。

㈧冬，十月，丙辰（十三日），上校獵廣成，遂幸函谷關、上林苑。光祿勳陳蕃上疏諫曰：「安平之時，遊畋宜有節，況今有三空之戹㊂哉！田野空，朝廷空，倉庫空，加之兵戎未戢，四方離散，是陛下焦心毀顏㊃，坐以待旦之時也。豈宜揚旗曜武，騁心輿馬之觀乎！又前秋多雨，民始種麥，今失其勸種之時，而令給驅禽除路之役，非賢聖恤民之意也。」書奏不納。

㈨十一月，司空劉寵免。十二月，以衞尉周景為司空。景，榮之孫也。

時宦官方熾，景與太尉楊秉上言：「內外吏職，多非其人。舊典，中臣子弟，不得居位秉埶；而今枝葉賓客㊄，布列職署，或年少庸人典據守宰㊅；上下忿患，四方愁毒㊆。可遵用舊章，退貪殘，塞災謗。請下司隸校尉、中二千石、城門、五營校尉、北軍中候㊇，各實覈所部，應當斥罷，自以狀言三府，廉察有遺漏，續上。」帝從之。於是秉條奏牧守青州刺史羊亮等五十餘人，或死或免，天下莫不肅然。

㈩詔徵皇甫規為度遼將軍。初，張奐坐梁冀故吏，免官禁錮。

凡諸交舊，莫敢為言。唯規薦舉前後七上，由是拜武威太守。及規為度遼，到營數月，上書薦奐才略兼優，宜正元帥(九)，以從眾望。若猶謂愚臣宜充舉事者，願乞冗官，以為奐副。」朝廷從之。以奐代規為度遼將軍，以規為使匈奴中郎將。

(十)西州吏民守闕為前護羌校尉(一〇)段熲訟冤者甚眾。會滇那等諸種羌益熾，涼州幾亡，乃復以熲為護羌校尉。

(十一)尚書朱穆疾宦官恣橫，上疏曰：「按漢故事，中常侍(一一)參選士人，建武以後，乃悉用宦者。自延平(一二)以來，浸益貴盛。假貂璫(一三)之飾，處常伯(一四)之任。天朝政事，一更其手，權傾海內，寵貴無極。子弟親戚，並荷榮任。放濫驕溢，莫能禁御。窮破天下，空竭小民。愚臣以為可悉罷省，遵復往初。更選海內清淳之士，明達國體者，以補其處。即兆庶黎萌(一五)，蒙被聖化矣。」帝不納。後穆因進見，復口陳曰：「臣聞漢家舊典，置侍中、中常侍各一人，省尚書事。黃門侍郎一人，傳發書奏，皆用姓族(一六)。自和熹太后以女主稱制，不接公卿，乃以閹人為常侍，小黃門通命兩宮。自此以來，權傾人主，窮困天下，宜皆罷遣，博選耆儒宿德，與參政事。」帝怒，不應。穆伏不肯起，左右傳出(一七)。良久，乃趨而去。自此中官數因事稱詔詆毀之。穆素剛，不得意，居無幾，憤懣發疽卒。

【今註】㊀衞尉：官名，掌門衞屯兵，《後漢書・百官志》：衞尉卿一人，中二千石。本注曰：掌宮門衞士宮中徼循事。丞一人，比千石。㊁平陵：漢昭帝陵。㊂戹：或作厄，通作阨。困窮也。㊃焦心毀顏：謂苦心焦慮，面色不樂。臨于臣民之上，無以為顏。㊄枝葉賓客：謂中官的族親賓客。㊅典據守宰：典守執掌。謂擔任中央某一單位主官或地方行政首長。㊆愁毒：愁怨恨痛。㊇司隸校尉、中二千石、城門、五營校尉、北軍中候：司隸校尉所部三輔、三河、弘農。中二千石，朝中列卿。城門校尉所部十二城司馬門門候；五營校尉為屯騎、越騎、步兵、長水、射聲五校尉司馬員吏。北軍中候掌監五營。㊈宜正元帥：謂應以張奐充任度遼軍。(一〇)護羌校尉：官名，主理西羌事務。(一一)中常侍：官名，秦置，或用宦者或用士人，給事殿省。漢因之，置侍中、中常侍，掌贊導內事，顧問應對，自和熹太后以女主稱制，不接公卿，乃專以宦者為常侍。(一二)延平：東漢殤帝年號。(一三)貂璫：李賢注：「璫以金為之，當冠前，附以金貂也。」《漢官儀》：「中常侍秦官也，漢興或用士人，銀璫左貂，光武以後，專任宦者，右貂金璫。」因貂璫為宦官冠飾，故即以此代稱宦官。(一四)常伯：《書・立政》：「王左右，常伯、常任。」疏：「王之親近左右，常所長事，謂三公也；常所委任，謂六卿也。」後則亦稱給事天子左右之官，如侍中，散騎常侍等為常伯。㊄黎萌：即萌黎。萌，民也；黎，眾也。謂人民。㊅姓族：猶言名族謂引用士人有族望者。㊆傳出：傳令退出。

卷五十五 漢紀四十七

起閼逢執徐，盡柔兆敦牂，凡三年。（甲辰至丙午，西元一六四年至西元一六六年。）

司馬光編集
賈士蘅 註

孝桓皇帝中

延熹七年（西元一六四年）

㈠春，二月，丙戌，邟鄉忠侯㊀黃瓊薨。將葬，四方遠近名士會者六七千人。

初，瓊之教授於家，徐穉從之咨㊁訪大義。及瓊貴，穉絕不復交。至是，穉往弔之，進酹㊂，哀哭而去，人莫知者。諸名士推問喪宰㊃，宰曰：「先時有一書生來，衣麤薄㊄而哭之哀，不記姓字。」眾曰：「必徐孺子㊅也。」於是選能言者陳留㊆茅容輕騎追之，及於塗㊇。容為酤酒市肉，穉為飲食。容問國家之事，穉不答；更問稼穡之事，穉乃答之。容還，以語諸人，或曰：「孔子云：『可與言而不與言，失人㊈。』然則孺子其失人乎！」太原郭泰曰：「不然。孺子之為人，清潔高廉，饑不可得食，寒不可得衣，而為季偉㊀飲酒食肉，此為已知季偉之賢故也！所以不答國事者，是其智可及，其愚不可及也㊁！」

泰博學，善談論。初遊雒陽，時人莫識，陳留符融一見嗟異，因以介㊂於河南尹李膺。膺與相見，曰：「吾見士多矣，未有如郭林宗㊂者也！其聰識通朗，高雅密博，今之華夏㊃，鮮見其儔。」遂與為友，於是名震京師。後歸鄉里，衣冠㊄諸儒送至河上，車數千兩㊅，膺唯與泰同舟而濟，眾賓望之，以為神仙焉。

泰性明知人，好獎訓士類，周遊郡國。茅容年四十餘，耕於野，與等輩避雨樹下，眾皆夷踞㊆相對，容獨危坐㊇愈恭。泰見而異之，因請寓宿。旦日，容殺雞為饌，泰謂為己設；容分半食母，餘半庋置㊈，自為草蔬與客同飯。泰曰：「卿賢哉遠矣㊉！郭林宗猶減三牲之具㊁以供賓旅，而卿如此，乃我友也。」起，對之揖，勸令從學，卒為盛德。鉅鹿㊂孟敏，客居太原，荷甑㊂墮地，不顧而去。泰見而問其意，對曰：「甑已破矣，視之何益！」泰以為有分決㉔，與之言，知其德性，因勸令游學，遂知名當世。陳留申屠蟠，家貧，傭為漆工；鄢陵㉕庾乘，少給事縣廷，為門士㉖；泰見而奇之，其後皆為名士。自餘，或出於屠沽、卒伍㉗，因泰獎進成名者甚眾。

陳國㉘童子魏昭請於泰曰：「經師易遇，人師難遭㉙，願在左右，供給灑掃。」泰許之。泰嘗不佳，命昭作粥，粥成，進泰，泰呵之曰：「為長者作粥，不加意敬，使不可食。」以杯擲地。昭更為粥重進，泰復呵之。如此者三，昭姿容無變。泰乃曰：「吾始見子之面，而今而後，知卿心耳！」遂友而善之。

陳留左原，為郡學生㉚，犯灋見斥，泰遇諸路，為設酒餚以慰之。謂曰：「昔顏涿聚㉛，梁甫㉜之巨盜，段干木㉝，晉國之大駔㉞，卒為齊之忠臣，魏之名賢；蘧瑗、顏回尚不能無過㉟，況其餘乎！慎勿恚恨㊱，責躬㊲而已！」原納其言而去。或有譏泰不絕惡人者，泰曰：「人而不仁，疾之已甚，亂也。」㊳原後忽更懷忿，結客欲報諸生，其日，泰在學，原愧負前言，因遂罷去。後事露，眾人咸謝服焉。

或問范滂(三九)：「郭林宗何如人？」滂曰：「隱不違親(四〇)，貞不絕俗(四一)，天子不得臣，諸侯不得友(四二)，吾不知其它。」

泰嘗舉有道(四三)，不就，同郡宋沖素服其德，以為自漢元(四四)以來，未見其還，嘗勸之仕。泰曰：「吾夜觀乾象(四五)，晝察人事，天之所廢，不可支也，吾將優游卒歲而已。」然猶周旋京師，誨誘不息。徐穉以書戒之曰：「大木將顛，非一繩所維，何為栖栖不遑寧處(四六)！」泰感悟曰：「謹拜斯言，以為師表。」

濟陰(四七)黃允，以雋(四八)才知名，泰見而謂曰：「卿高才絕人，足成偉器，年過四十，聲名著矣。然至於此際，當深自匡持，不然將失之矣。」後司徒(四九)袁隗欲為從女求姻，見允，歎曰：「得婿如是，足矣。」允聞而黜遣其妻。妻請大會宗親為別，因於眾中攘袂數允隱慝十五事而去，允以此廢於時。

初，允與漢中(五〇)晉文經並恃其才智，曜名遠近，徵辟(五一)不就。託言療病京師，不通賓客，公卿大夫遣門生旦暮問疾，郎吏(五二)雜坐其門，猶不得見；三公(53)所辟召者，輒以詢訪之(54)，隨所臧否，以為與奪。符融謂李膺曰：「二子行業(55)無聞，以豪傑自置，遂使公卿問疾，王臣坐門，融恐其小道破義，空譽違實，特宜察焉。」膺然之。二人自是名論漸衰，賓徒稍省，旬日之間，慙歎逃去，後並以罪廢棄。

陳留仇香，至行純嘿(56)，鄉黨(57)無知者。年四十，為蒲亭長。民有陳元，獨與母居，母詣香告元不孝，香驚曰：「吾近日過元舍，廬落(58)整頓，耕耘以時，此非惡人，當是教化未至耳。母守寡養孤，苦身投老(59)，奈何以一旦之忿，棄歷年之勤乎！且母養人遺孤，不能成濟(60)，若死者有知，百歲之後，當何以見亡者！」母涕泣而起。香乃親到元家，為陳人倫教行，譬以禍福之言，元感悟，卒為孝子。考城令(61)河內(62)王奐署香主簿(63)，謂之曰：「聞在蒲亭，陳元不罰而化之，得無少鷹鸇之志邪？(64)」香曰：「以為鷹鸇不若鸞鳳(65)，故不為也。」奐曰：「枳棘(66)之林非鸞鳳所集，百里(67)非大賢之路。」乃以一月奉資香(68)，使入太學(69)。郭泰、符融齎刺(70)

謁之，因留宿；明旦，泰起，下牀拜之曰：「君，泰之師，非泰之友也。」香學畢歸鄉里，雖在宴居(七一)，必正衣服，妻子事之若嚴君；妻子有過，免冠自責，妻子庭謝(七二)思過，香冠，妻子乃敢升堂(七三)，終不見其喜怒聲色之異。不應徵辟，卒於家。

㈡三月，癸亥（三月壬申朔，無癸亥日），隕石于鄠(七四)。

㈢夏五月己丑（十九日），京師雨雹。

㈣荊州刺史度尚募諸蠻夷擊艾縣(七五)賊，大破之，降者數萬人。桂陽宿賊(七六)卜陽、潘鴻等逃入深山，尚窮追數百里，破其三屯(七七)，多獲珍寶。陽、鴻黨眾猶盛，尚欲擊之，而士卒驕富，莫有鬭志。尚計緩之則不戰，逼之必逃亡，乃宣言：「卜陽、潘鴻作賊十年，習於攻守，今兵寡少，未易可進，當須(七八)諸郡所發悉至，乃并力攻之。」申令(七九)軍中，恣聽射獵，兵士喜悅，大小皆出。尚乃密使所親客潛焚其營，珍積皆盡；獵者來還，莫不泣涕。尚人人慰勞，深自咎責，因曰：「卜陽等財寶足富數世，諸卿但不并力耳，所亡少少，何足介意！」眾咸憤踴。尚敕令秣馬(八〇)蓐食(八一)，明旦徑赴賊屯，陽、鴻等自以深固，不復設備，吏士乘銳，遂破平之。尚出兵三年〔八二〕，羣寇悉定，封右鄉侯。

(五)冬，十月，壬寅（初五日），帝南巡。庚申（二十三日），幸章陵〔八三〕。戊辰（十一月初一日），幸雲夢〔八四〕，臨漢水，還幸新野〔八五〕。時公卿、貴戚車騎萬計，徵求費役，不可勝極。護駕從事〔八六〕，桂陽胡騰上言：「天子無外〔八七〕，乘輿所幸，即為京師。臣請以荊州刺史比司隸校尉，臣自同都官從事。」帝從之。自是肅然，莫敢妄干擾郡縣〔八八〕。帝在南陽〔八九〕，左右並通姦利，詔書多除〔九〇〕人為郎〔九一〕，太尉楊秉上疏曰：「太微積星，名為郎位〔九二〕，入奉宿衛，出牧百姓，宜割不忍之恩，以斷求欲之路。」於是詔除乃止。

(六)護羌校尉〔九三〕段熲擊當煎羌，破之。

(七)十二月，辛丑（初四日），車駕還宮。

(八)中常侍〔九四〕汝陽〔九五〕侯唐衡、武原〔九六〕侯徐璜皆卒。

(九)初，侍中〔九七〕寇榮，恂之曾孫也，性矜潔，少所與，以此為權寵所疾。榮從兄子尚帝妹益陽長公主，帝又納其從孫女於後宮。左右益忌之，遂共陷以罪，與宗族免歸故郡〔九八〕，吏承望風旨，持之浸急。榮恐不免，詣闕自訟。未至，刺史張敬〔九九〕追劾榮以擅去邊，有詔捕之。榮逃竄數年，會赦，不得除，積窮困，乃自亡命中上書曰：「陛下統天理物，作民父母，自生齒以上〔一〇〇〕，咸蒙德澤；而臣兄弟獨以無辜，為專權之臣所見批抵。青蠅之人〔一〇一〕所共構會〔一〇二〕，令陛下忽慈母之仁，發投杼之怒〔一〇三〕。殘諂之吏，張設機網，並驅爭先，若赴仇敵，罰及死沒，髡剔墳墓〔一〇四〕，欲使嚴朝必加濫罰；是以不敢觸突天威而自竄山林，以俟陛下發神聖之聽，啟獨覩之明，救可濟〔一〇五〕之人，援沒溺之命。不意滯怒不為春夏息〔一〇六〕，淹恚〔一〇七〕不為歲時怠，遂馳使郵驛，布告遠近，嚴文剋〔一〇八〕剝，痛於霜雪，逐臣者窮人途，追臣者極車軌，雖楚購伍員〔一〇九〕，漢求季布〔一一〇〕，無以過也。臣遇罰以來，三赦再贖，無驗〔一一一〕之罪，足以蠲除〔一一二〕，而陛下疾臣愈深，有司咎臣甫力〔一一三〕，止則見埽滅，行則為亡虜，苟生則為窮人，極死〔一一四〕則為寃鬼，天廣而無以自覆，地厚而無以自載，蹈陸土而有沉淪之憂，遠巖牆而有鎮壓之患。如臣犯元惡大憝〔一一五〕，足以陳原野㉖，備刀鋸㉗，陛下當班布㉘臣之所坐㉙，以解眾論之疑。臣思入國門㉚，坐於肺石㉛之上，使三槐九棘㉜平㉝臣之罪，而閶闔㉞九重，陷穽步設，舉趾觸罘罝㉟，動行絓羅網，無緣至萬乘㊱之前，永無見信之期。悲夫，久生亦復何聊！蓋忠臣殺身以解君怒，孝子殞命以寧親怨，故大舜不避塗廩、浚井之難㊲，申生不辭姬氏讒邪之謗㊳；臣敢忘斯義，不自斃以解明朝之忿哉！乞以身塞責，願陛下丐㊴兄弟死命，使臣一門頗有遺類，以崇陛下寬饒之惠。先死陳情，臨章泣血！」帝省章愈怒，遂誅榮，寇氏由是衰廢。【考異】袁紀置此事於延熹之年。按范書榮傳云：「延熹中被罪。」榮書又云：「遇罰以來，三赦再贖」，不知榮死果在何年。按襄楷、竇武上書，皆言梁、孫、寇、鄧之誅，今置於此。

【今註】㊀邧鄉忠侯：邧，音抗。邧鄉在今河南臨汝縣東。黃瓊於延熹二年受封邧鄉侯，延熹七年卒，時年七十有九，贈車騎將軍，謚曰忠侯。㊁咨：訪問於善為咨。㊂進酹：酹，音耒。醊祭以酒沃地為進酹。㊃喪宰：典喪的人。㊄麤薄：麤音粗，不精。麤薄，疏薄而不精的布。㊅徐孺子：徐穉字孺子。㊆陳留：今河南陳留縣。㊇塗：與途通，道途。㊈孔子云：「可與言而不與言，失人」：《論語》卷十五〈衛靈公篇〉：子曰：「可與言而不與之言，失人。不可與言而與之言，失言。知者不失人，亦不失言。」㊉季偉：茅容字。⑪是其智可及其愚不可及也：此孔子稱寧武子之言，見《論語》，郭泰蓋以寧武子比方徐孺子。⑫介：介紹。古時主有儐，客有介。《孔叢子》曰：士無介，不見。⑬林宗：郭泰字。⑭華夏：中國之古稱。⑮衣冠：衣以彰蔽身體，冠以斂髮，士大夫所服御，遂用衣冠以代表士大夫階級。⑯兩：古與輛通。⑰夷踞：平坐踞傲。⑱危坐：正襟盡前而坐。⑲庋置：置食物於板製之閣中。⑳賢哉遠矣：其賢遠過常人。㉑三牲之具：養親之具。㉒鉅鹿：郡名，秦置。今河北新河縣以西，柏鄉縣以東，平鄉縣以北，晉縣以南皆其地，治鉅鹿縣。漢因之，東漢徙治癭陶，在今晉縣西南。㉓甑：炊器，底有七小孔，用時必以箄蔽甑底，而加米於其上炊之蒸之。㉔分決：分寸決斷也。㉕鄢陵：今河南鄢陵縣之西北。㉖門士：門卒也。㉗出於屠沽卒伍：由屠戶，鬻酒，或行伍間出身。㉘陳國：今河南淮陽縣。㉙經師易遇，人師難遭：經師謂專門名家，教授有師法者。人師謂謹身修行足以範俗者。此言經師易得而人師難得也。㉚郡學：郡國所設之學校，猶後世之府學。㉛顏涿聚：《呂氏春秋》曰：「顏涿聚，梁父大盜也，學於孔子。」《左傳》，晉伐齊，戰于黎丘，齊師敗績，知伯親禽顏庚。杜預註曰：「顏庚，齊大夫顏涿聚也。」㉜梁甫：山名，在今山東泰安縣南，接新泰縣界，泰山之支脈也。㉝段干木：賢者也，魏文侯時人，文侯禮之。《新序》曰：「魏文侯過段干木之閭而軾之，國人誦之曰：「吾君好正，段干木之敬，吾君好忠，段干木之惠。」㉞駔：市儈也。㉟蘧瑗顏回，尚不能無過：《論語》曰：蘧伯玉使人於孔子，子問之曰：「夫子何為？」對曰：「夫子欲寡其過而未能也。」又曰：「顏回好學，不二過。」㊱恚：恨也。㊲責躬：反躬自責。㊳人而不仁，疾之已甚，亂也：孔子之言，見《論語》。鄭玄注云：「不仁之人，當以風化之，若疾之甚，是益使為亂也。」疾：痛惡。㊴范滂：字孟博，建寧二年大誅黨人，滂罹難。㊵隱不違親：遵親命而隱居，如介之推之類。介之推事見《左傳》僖公二十四年。㊶貞不絕俗：自己能守節而不與俗人不通往來，如柳下惠之類。孟子謂柳下惠如此。㊷天子不得臣，諸侯不得友：《禮記》曰：「儒有上不臣天子，下不事諸侯。」此句與《禮記》意相似。㊸有道：有道行之人。泰舉有道事在安帝建光元年。㊹漢元：漢初也。㊺乾象：天象。㊻何為栖栖，不遑寧處：何為皇皇然不暇寧居也。㊼濟陰：漢郡。今山東省菏澤、定陶、濮城武、曹、鉅野等地在其境。㊽雋：秀也。㊾司徒：官名，唐虞時已有之。周制地官大司徒為六卿之一，掌邦禮。漢哀帝元壽二年改丞相為大司徒，與大司馬大司空並列三公。㊿漢中：郡名。今陝西省南部及湖北省西北部。(51)徵辟：以微賤而授以官職曰徵辟。徵辟皆有召也，但分言之則有別。徵者，朝廷徵之也。三公以下召之，皆稱辟。(52)郎吏：郎，官名，漢時光祿勳屬官有議郎、中郎、侍郎、郎中，統稱曰郎，主宿衛侍從。其後分掌尚書事者復有尚書郎。吏，府史之屬曰吏。郎吏即言中下級官員也。(53)三公：周以太師、太傅、太保為三公，西漢以大司徒、大司馬、大司空為三公，東漢改大司馬為太尉，與司徒司空並稱三公，亦曰三司。(54)輒以詢訪之：常諮詢彼等之意見。(55)行業：行事功業。(56)嘿：音墨，同默。(57)鄉黨：《論語・雍也》：「以與爾鄰里鄉黨乎？」註：「萬二千五百家為鄉，五百家為黨。」今亦與「鄉里」通用，猶言「家鄉」或「同鄉」。(58)盧落：房舍院落。(59)投老：垂老。(60)成濟：濟即成。成濟猶言成功也。(61)考城令：考城，舊縣名，今河南民權、東仁二縣境。今猶今之縣長。古者治大縣曰令，治小縣曰長。(六二)河內：郡名，漢置，今河南省黃河以北皆屬之。(六三)主簿：官名，所職者簿書，曹掾之流耳。(六四)鷹鸇之志：鷹鸇以鷙擊為事，志喻誅無禮之人。(六五)鸞鳳：皆神鳥，以喻善類。(六六)枳棘：有刺之木，譬喻讒佞。(六七)百里：約一縣地之大小。時奐為縣令，故自稱為百里。(六八)資：以錢相助。(六九)太學：古學校名。漢立太學，設五經博士以養天下士。(七〇)刺：名刺，古用竹片或木片，故曰刺，猶今之名片。(七一)宴居：宴，宴安。宴居即閒暇無事之時。(七二)庭謝：庭，堂之階前也。庭謝，在庭中謝罪。(七三)升堂：堂，居屋之正廳。言香妻必先在中庭稱謝思過，而後乃得登堂。(七四)鄠：縣名，在今陝西鄠縣北。(七五)艾縣：在今江西修水縣西。(七六)宿賊：久為賊者。(七七)屯：集聚。(七八)須：待。(七九)中令：下令之後又重言之。(八〇)秣馬：以穀飼馬。(八一)蓐食：蓐音辱，謂早晨食於寢蓐。(八二)尚出兵三年：度尚於延熹五年刺荊州，至此凡三年。(八三)章陵：即春陵，世祖時改名，在今湖北棗陽縣東。(八四)雲夢：古時，雲、夢本為二澤，分跨今湖北省境大江南北；江南為夢，江北為雲，面積廣八九百里。今湖北省京山縣以南，枝江縣以東，蘄春縣以西，及湖南省北部邊境華容縣以北，皆其區域，後世淤成陸地，遂並稱之曰雲夢。(八五)新野：縣名，今河南省南陽縣南。(八六)護駕從事：荊州刺史所遣護車駕者。(八七)天子無外：《春秋公羊傳》，曰：「王者不外。」言王之所在，即京師之所在。(八八)胡騰上言云云：胡騰以天子左右猖獗，不恤地方，乃上此言。胡三省曰：「蓋荊州刺史只得察舉所部郡縣，不得察舉扈從之臣，若比司隸校尉，則得察舉其奸，故左右肅然也。」(八九)南陽：今河南南陽縣。(九〇)除：拜官曰除。(九一)郎：官名。漢時光祿勳屬官有議郎、中郎、郎中、侍郎，總稱曰郎，主宿衛侍從。(九二) 太尉積星，名為郎位：《史記・天官書》曰：「太微宮五帝生後聚廿五星蔚然，曰郎位。」(九三) 護羌校尉：官名，二千石。武帝時，諸羌為寇，叛服無常，乃置校尉持節擁護降羌。王莽亂遂罷。建武九年，從班彪議，以牛邯為之，一如舊制。邯卒，官省。明帝永平元年，以謁者竇林領校尉；林誅，以謁者郭襄領之；襄免官，復省。章帝建初元年，復以度遼將軍吳棠領校尉。棠免後以鄰郡太守代行其事，不復專設。(九四) 中常侍：千石，宦者任之，無名額限額，後增秩比二千石。掌侍左右，從入內宮，贊導眾事，顧問應對。(九五) 汝陽：縣名，今河南商水縣西北。(九六) 武原：今江蘇邳縣西北。(九七) 侍中：比二千石，無定額，掌侍左右，贊導眾事，顧問應對。(九八) 故郡：寇氏本上谷昌平人。(九九) 刺史張敬：幽州刺史張敬。(一〇〇)生齒以上：《大戴禮》曰：「男子八月生齒，女子七月生齒。」生齒以上，意即全國人民。(一〇一) 青蠅之人：《詩經》：「營營青蠅，止於樊，豈弟君子，無信讒言。」青蠅能污黑使白，喻佞人變亂善惡也。(一〇二) 構會：陰謀陷害。(一〇三) 忽慈母之仁，發投杼之怒：事見卷三周赧王七年：「魯人有與曾參同姓名者殺人，人告其母，其母織自若也；及三人告之，其母投杼下機，踰牆而走。」言久讒可以惑人之心。(一〇四) 髡剔墳墓：剪伐墳墓上之松柏，如人之髡剔。(一〇五) 可濟：可用。(一〇六) 滯怒不為春夏悉：蘊怒不因春夏而盡。李賢曰：「春夏生長萬物，故不宜怒。」(一〇七) 淹恚：恚，恨意。淹恚與滯怒同，即積蓄久而不化之怒恨。(一〇八) 剋：音克，同刻。(一〇九) 楚購伍員：《史記》：楚人伍奢為平王太子建太傅。費無極僭殺奢，奢子員字子胥奔吳，楚購之，得伍員者賜粟五萬石，爵執珪。(一一〇) 漢求季布：事見卷十一高祖五年。「楚人季布為項籍將，數窘辱帝。項籍滅，帝購求布千金，敢有舍匿，罪三族。」㉑無驗：無罪狀可案驗。㉒蠲除：蠲，音涓，免除也。㉓甫力：始更積極。㉔極死：極與亟通。亟，急也。極死即急死。㉕元惡大憝：憝音隊，惡也，謂首惡之人為人所惡。㉖陳原野：曝尸原野。國語曰：「刑有五，大者陳原野。」㉗備刀鋸：即受刖刑。㉘班布：即頒布意。㉙坐：犯。㉚國門：京城之門。㉛肺石：赤石也。《周禮・秋官・大司寇》：「以肺石達窮民，凡遠近惸獨老幼之欲有復於上而其長弗達者，立於肺石三日，士聽其辭，以告於上而罪其長。」，此石蓋樹之庫門外，外朝之門右者。㉜三槐九棘：《周禮・秋官》曰：「左九棘，孤卿大夫位焉；右九棘，公侯伯子男位焉；面三槐，三公位焉。」三槐九棘為天子及公卿朝士之總稱。㉝平：評議。㉞閶闔：音昌盍，宮門。㉟罘罳：音浮嗟，兔網也。㊱萬乘：天子。㊲大舜不避塗廩、浚井之難：《史記》：舜父瞽叟，常欲殺舜，使舜塗廩，從下焚廩，舜乃以兩笠自扞而下。又使穿井，舜為匿空旁出。舜既入深，父乃下土實之，舜從旁空出去。㊳申生不辭姬氏讒邪之謗：《左傳》：驪姬嬖於晉獻公，欲殺太子申生，謂申生曰：「君夢齊姜，必速祭之。」太子祭于曲沃，歸胙于公。公方田獵，姬寘諸宮，六日。公至，毒而獻之。公祭之地，地墳；與犬，犬斃；與小臣，小臣斃。姬泣曰：「賊由太子。」太子奔新城。或謂太子：「子辭，君必辨焉。」太子曰：「我辭，姬必有罪。」遂縊而死。㊴匄：音蓋，乞也。

八年（西元一六五年）

㈠春，正月，帝遣中常侍左悺之苦縣㊀祠老子。

㈡勃海㊁王悝素行險僻，多僭傲不灋。北軍中候㊂陳留史弼上封事㊃曰：「臣聞帝王之於親戚，愛雖隆必示之以威，體雖貴必禁之以度，如是，和睦之道興，骨肉之恩遂矣。竊聞勃海王悝，外聚剽輕不逞㊄之徒，內荒酒樂，出入無常，所與羣居，皆家之棄子，朝之斥臣，必有羊勝、伍被之變㊅。州司㊆不敢彈糾，傅相㊇不能匡輔，陛下隆於友于㊈，不忍遏絕，恐遂滋蔓㊉，為害彌大。乞露臣奏，宣示百僚，平處其灋。灋決罪定，乃下不忍之詔；臣下固執，然後少有所許。如是，則聖朝無傷親之譏，勃海有享國之慶；不然，懼大獄將興矣。」上不聽，悝果謀為不道㊁，有司請廢之，詔貶為癭陶㊂王，食一縣。

㈢丙申晦，日有食之。詔公、卿、校尉舉賢良方正。

㈣千秋萬歲殿火。

㈤中常侍侯覽兄參為益州刺史，殘暴貪婪，累臧億計。太尉楊秉奏檻車㊂徵參，參於道自殺，閱其車重三百餘兩，皆金銀錦帛。

秉因奏曰：「臣案[一四]舊典，宦者本在給使省闥[一五]，司昏守夜；而今猥受[一六]過寵，執政操權，附會者因公褒舉，違忤者求事中傷，居灋王公，富擬國家，飲食極肴膳，僕妾盈紈素。中常侍侯覽弟參，貪殘元惡，自取禍滅；覽顧知釁[一七]重，必有自疑之意，臣愚以為不宜復見親近。昔懿公刑邴歜之父，奪閻職之妻，而使二人參乘，卒有竹中之難[一八]。覽宜急屏斥，投畀有虎[一九]，若斯之人，非恩所宥[二〇]，請免官送歸本郡。」書奏，尚書召對秉掾屬[二一]，詰之曰：「設官分職，各有司存[二二]。三公統外，御史察內；今越奏近官，經典、漢制，何所依據？其開公具對！」秉使對曰：「春秋傳曰：『除君之惡，唯力是視[二三]』。鄧通懈慢，申屠嘉召通詰責，文帝從而請之[二四]。漢世故事，三公之職，無所不統。」尚書不能詰，帝不得已，竟免覽官。司隸校尉韓縯因奏左悺罪惡，及其兄太僕南鄉[二五]侯稱請託州郡，聚斂為姦，賓客放縱，侵犯吏民。悺、稱皆自殺。縯又奏中常侍具瑗兄沛相恭臧罪，徵詣廷尉。瑗詣獄謝，上還東武侯[二六]印綬，詔貶為都鄉侯[二七]。超及璜、衡襲封者並降為鄉侯[二八]，

【考異】楊秉傳：「南巡之明年，秉劾侯覽」，則是在此年矣。宦者傳：「韓縯奏具瑗，瑗坐奪國為鄉侯」，與秉傳所云削瑗國共是一時事明矣。而袁紀載在去年春，與范不同。今從范書。

子弟分封者悉奪爵土。劉普等貶為關內侯㉙，尹勳等亦皆奪爵。

㈥帝多內寵，宮女至五六千人，及驅役㉚從使㉛復使復兼倍於此，而鄧後恃尊驕忌，與帝所幸郭貴人更相譖訴。癸亥（二月二十七日），廢皇后鄧氏，送暴室㉜，以憂死。河南尹鄧萬世、虎賁中郎將鄧會皆下獄誅。

㈦護羌校尉段熲擊罕姐羌，破之。

㈧三月，辛巳（十八日），赦天下。

㈨宛陵㉝大姓羊元羣罷北海郡，臧污狼籍；郡舍溷軒㉞有奇巧，亦載之以歸。河南尹李膺表按其罪；元羣行賂宦官，膺竟反坐。單超弟遷為山陽㉟太守，以罪繫獄，廷尉馮緄考致㊱其死；中官相黨，共飛章㊲誣緄以罪。中常侍蘇康、管霸，固㊳天下良田美業，州郡不敢詰，大司農劉祐移書所在，依科品㊴沒入之；帝大怒，與膺、緄俱輸作左校。

㈩夏，四月，甲寅（十九日），安陵㊵園寢火。

(十一)丁巳（二十二日），詔壞郡國諸淫祀㊷，特留雒陽王渙、密縣卓茂二祠。

(十二)五月，丙戌（二十二日），太尉楊秉薨。秉為人，清白寡欲，嘗稱「我有三不惑：酒、色、財也。」秉既沒，所舉賢良廣陵㊸劉瑜乃至京師上書言：「中官不當比肩裂土，競立胤嗣㊸，繼體傳爵。又嬖女充積，冗食㊹空宮，傷生費國。又第舍增多，窮極奇巧，掘山攻石，促以嚴刑。州郡官府，各自考事，姦情賕賂，皆為吏餌。民愁鬱結，起入賊黨，官輒興兵誅討其罪，貧困之民，或有賣其首級以要酬賞，父兄相代殘身，妻孥相視分裂。又陛下好微行近習之家，私幸宦者之舍，賓客市買，熏灼道路，因此暴縱，無所不容。惟陛下開廣諫道，博觀前古，遠佞邪之人，放鄭衛之聲㊺，則政致和平，德感祥風矣。」詔特召瑜問災咎之徵。執政者欲令瑜依違其辭，乃更策以它事，瑜復悉心對八千餘言，有切於前。拜為議郎㊻。

(十三)荊州兵朱蓋等叛，與桂陽賊胡蘭等復攻桂陽，太守任胤棄城走；賊眾遂至數萬。轉攻零陵㊼，太守下邳㊽陳球固守拒之。零陵下溼，編木為城，郡中惶恐。掾史㊾白球遣家避難，球怒曰：「太守分國虎符㊿，受任一邦，豈顧妻孥而沮國威乎！復言者斬！」乃弦大木為弓，羽矛為矢，引機發之，多所殺傷。賊激流灌城，球輒於內因地埶，反決水淹賊，相拒十餘日不能下。時度尚徵還京師，詔以尚為中郎將，率步騎二萬餘人救球，發諸郡兵幷埶討擊，大破之，斬蘭等首三千餘級，復以尚為荊州刺史。蒼梧(51)太守張敍為賊所執，及任胤皆徵棄市。胡蘭餘黨南走蒼梧，交趾刺史張磐擊破之，賊復還入荊州界。度尚懼為己負(52)，乃偽上言蒼梧賊入荊州界，於是徵磐下廷尉。辭狀未正，會赦見原(53)，磐不肯出獄，方更牢持械節(54)。【考異】按張磐會赦得原。檢帝紀，此後未有赦，不知會何救也？六年三月赦，前此二年；永康元年六月赦，後此二年。今從帝紀。獄吏謂磐曰：「天恩曠然，而君不出，可乎？」磐曰：「磐備位方伯(55)，為尚所枉，受罪牢獄。夫事有虛實，灋有是非，磐實不辜，赦無所除；如忍以苟免，永受侵辱之恥，生為惡吏，死為敝鬼。乞傳尚詣廷尉(56)，面對曲直，足明真偽。尚不徵(57)者，磐埋骨牢檻，終不虛出，望塵受枉！」廷尉以其狀上，詔書徵尚，到廷尉，辭窮，受罪以先有功得原。

(十四)閏月甲午（閏七月初一日），南宮朔平署(五八)火。

(十五)段熲擊破西羌，進兵窮追，展轉山谷間，自春及秋，無日不戰，虜遂敗散，凡斬首二萬三千級，獲生口數萬人，降者萬餘落。封熲都鄉侯。

(十六)秋，七月，以太中大夫陳蕃為太尉。蕃讓於太常胡廣、議郎王暢、弛刑徒(五九)李膺，帝不許。暢，龔之子也；嘗為南陽太守，疾其多貴戚豪族，下車，奮厲威猛，大姓有犯，或使吏發屋伐樹，堙井夷竈。功曹(六〇)張敞奏記諫曰：「文翁(六一)、召父(六二)、卓茂之徒，皆以溫厚為政，流聞後世。發屋伐樹，將為嚴烈，雖欲懲惡，難以聞遠。郡為舊都侯甸之國(六三)，園廟，出於章陵，三后生自新野(六四)，自中興以來，功臣將相，繼世而隆。愚以為懇懇用刑，不如行恩；孳孳(六五)求姦，未若禮賢。舜舉皐陶，不仁者遠(六六)，化人在德，不在用刑。」暢深納其言，更崇寬政，教化大行。

(十七)八月，戊辰（初六日），初令郡國有田者畝斂稅錢(六七)。

(十八)九月，丁未（十五日），京師地震。

(十九)冬，十月，司空周景免，以太常劉茂為司空。茂，愷之子也。

(廿)郎中竇武，融之玄孫也，有女為貴人(六八)。采女(六九)田聖有寵於帝，帝將立之為后。司隸校尉應奉上書曰：「母后之重，興廢所因；漢立飛燕，胤祀泯絕(七〇)。宜思關雎之所求(七一)，遠五禁之所忌(七二)。」太尉陳蕃亦以田氏卑微，竇族良家，爭之甚固。帝不得已，辛巳（二十日），立竇貴人為皇后，拜武為特進、城門校尉(七三)，封槐里(七四)侯。

(廿一)十一月，壬子（二十七日），黃門北寺(七五)火。

(廿二)陳蕃數言李膺、馮緄、劉祐之枉，請加原宥，升之爵任，言及反覆，誠辭懇切，以至流涕；帝不聽。應奉上疏曰：「夫忠賢武將，國之心膂，竊見左校弛刑徒馮緄、劉祐、李膺等，誅舉邪臣，肆(七六)之以灋；陛下既不聽察，而猥受譖訴，遂令忠臣同愆(七七)元惡，自春迄冬，不蒙降恕，遐邇觀聽，為之歎息。夫立政之要，記功忘失，是以武帝捨安國於徒中(七八)，宣帝徵張敞於亡命(七九)。緄前討蠻荊，均吉甫之功(八〇)，祐數臨督司，有不吐茹之節(八一)；膺著威幽、幷，遺愛度遼(八二)，今三垂蠢動，王旅未振，乞原膺等，以備不虞。」書奏，乃悉免其刑。久之，李膺復拜司隸校尉。時小黃門張讓弟朔為野王(八三)令，貪殘無道，畏膺威嚴，逃還京師，匿於兄家合柱中(八四)。膺知其狀，率吏卒破柱取朔，付雒陽獄，受辭畢，即殺之。讓訴冤於帝，帝召膺，詰以不先請便加誅之意。對曰：「昔仲尼為魯司寇，七日而誅少正卯。今臣到官已積一旬，私懼以稽留為愆，不意獲速疾之罪。誠自知釁責，死不旋踵，特乞留五日，尅殄元惡，退就鼎鑊(八五)，始生之願也。」帝無復言，顧謂讓曰：「此汝弟之罪，司隸何愆！」乃遣出。自此諸黃門、常侍皆鞠躬屏氣，休沐不敢出宮省。帝怪問其故，並叩頭泣曰：「畏李校尉。」時朝廷日亂，綱紀頹阤(八六)，而膺獨持風裁(八七)，以聲名自高，士有被其容接者，名為登龍門(八八)云。

(廿三)徵東海相劉寬為尚書令。寬，崎之子也，歷典三郡(八九)，溫仁多恕，雖在倉卒，未嘗疾言遽(九〇)色。吏民有過，但用蒲鞭(九一)罰之，示辱而已，終不加苦。每見父老，慰以農里之言，少年，勉以孝悌之訓，人皆悅而化之。

【今註】㈠苦縣：今河南鹿邑縣東。㈡勃海：《後漢書．郡國志》：冀州有勃海郡。㈢北軍中候：一人，六百石，掌監五營。㈣封事：漢制，臣下奏事，皂囊封板，以防宣泄，謂之封事。㈤剽輕不逞：剽悍輕狂，包藏禍心而不得逞。㈥羊勝伍被之變：羊勝事見卷十六景帝中二年，伍被事見卷十九武帝元狩元年。㈦州司：州刺史之屬。㈧傅相：《後漢書．百官志》：「皇子封王，其郡為國，每置傅一人，相一人，皆二千石。傅主導王以善，禮如師，不臣也。相如太守。」㈨友于：《書》曰：「惟孝友于兄弟。」後友于可作兄弟代名詞。㈩滋蔓：生長蔓延。⑾謀為不道：謀反。⑿癭陶：故城在今河北寧晉縣西南三十里。⒀檻車：囚禁罪人之車。⒁案：通按。⒂給使省闥：省闥，天子所居也；言在內宮服役。⒃猥受：猥，眾盛。猥受即多受。⒄釁：閒隙。⒅竹中之難：《左傳》，齊懿公之為公子也，與邴歜之父爭，弗勝。及即位，乃掘而刖之，而使歜僕；納閻職之妻，而使職參乘。公游于申池，二人浴於池，歜以鞭抶職，職怒，歜曰：「人奪汝妻而不怒，一抶汝，庸何傷！」職曰：「與刖其父而不能病者如何！」乃謀弒公，納諸竹中。⒆投畀有虎：畀，與。《詩》曰：「取彼譖人，投畀豺虎。」⒇宥：音又，赦也。㉑召對秉掾屬：李賢曰：「召秉掾屬問之。」㉒司存：司在，即職掌。㉓春秋傳曰，除君之惡，唯力是視：見《左傳》載寺人披之言。㉔鄧通懈慢，中屠嘉召通詰責，文帝從而請之：事見卷十五文帝後二年。㉕南鄉：今河南淅川縣東南。㉖東武侯：東武城在今山東武城縣西。《後漢書・宦者傳》謂瑗封東武陽侯。東武陽在今山東朝城縣西。㉗都鄉侯：錢大昕曰：「東京人封都鄉侯者甚多。都鄉者，近郭之鄉，班在鄉侯之上，非皆常上之都鄉也。」㉘鄉侯：漢制，列侯大者食縣，小者食鄉。㉙關內侯：漢承秦制，賜爵十九等為關內侯，無土，寄食所在縣，民租多少，各有戶數為限。㉚驅役：胡三省曰：「嬖倖挾勢驅掠良人，以供掖庭私役者也。」㉛從使：胡三省曰：「趨炎附勢，樂從而為之使者也。」㉜暴室：《漢官儀》曰：「暴室在掖庭內，丞一人，主宮中婦人疾病者。其皇后、貴人有罪者，亦就此室。」㉝宛陵：今安徽宣城縣。㉞溷軒：側屋。㉟山陽：漢郡名，故治在今山東金鄉縣西北。㊱考致：考問而定其死罪。㊲飛章：有急事而急切奏請者曰飛章。㊳固：胡三省曰：「障固也。」㊴科品：法條。㊵安陵：惠帝陵。㊶淫祀：祭其所不當祭曰淫祀。㊷廣陵：今江蘇江都縣。㊸胤嗣：後嗣之人也。劉瑜此書，乃針對順帝陽嘉四年聽中官以養子襲爵之令而上。㊹冗食：胡三省曰：「無事而食，謂之冗食。」㊺鄭衞之聲：淫聲也。㊻議郎：官名，掌議論，漢徵賢良方正之士任之，秩比六百石。㊼零陵：郡名，東漢時治泉陵，在今湖南零陵縣北。㊽下邳：今江蘇邳縣東。㊾掾史：胥吏之類。《後漢書・百官志》：「郡太守、郡丞、縣令、縣長、縣丞、縣尉各置諸曹掾史。」㊿虎符：虎形之兵符。(五一)蒼梧：郡名，治廣信，今廣西蒼梧縣。(五二)懼為己負：胡三省曰：「負，罪負也；懼以不能盡滅羣賊為罪。」(五三)見原：得宥。(五四)械節：胡三省曰：「竹約為節。械節，亦械之刻約處也。」

（五五）方伯：殷周時，一方諸侯之長皆曰方伯。漢州刺史亦方伯之任。（五六）傳詣廷尉：胡三省曰：「以傳車召致廷尉也。」（五七）徵：通懲，懲罰。（五八）朔平署：胡三省曰：「此朔平司馬署也。」《後漢書・百官志》：「朔平司馬主北宮北門。」（五九）弛刑徒：免刑之人。（六〇）功曹：官名。諸州有功曹書佐。在郡曰功曹史，主選署功勞。（六一）文翁：漢時舒人，少好學，能通春秋，景帝末守蜀郡，崇教化，興學校，文風大振；武帝時因令郡國皆立學校。（六二）召父：即召公，周文王庶子，名奭，食采於召。武王滅紂，封於北燕。成王時為三公，與周公分陝而治，有德政；《詩經・甘棠》，即頌召公之恩澤。（六三）郡為舊都侯甸之國：胡三省曰：「古者天子之制，規方千里，以為甸服；又其外五百里，為侯服。光武起於南陽，其後謂之南都，又於雒陽在侯甸之內，故云然。」（六四）園廟出於章陵，三后生自新野：李賢曰：「南頓君以上四廟在章陵，光烈皇后、和帝陰后、鄧后並新野人。」新野在今河南南陽縣南。（六五）孳孳：猶言汲汲，急而勤也。（六六）舜舉皐陶，不仁者遠：《論語》載子夏之言。（六七）畝斂稅錢：李賢曰：「畝十錢也。」胡三省曰：「據宦者傳：張讓等說靈帝斂天下田，畝稅十錢，非此時事也，蓋漢田租三十稅一，而計畝斂錢，則自此始。」（六八）貴人：女官名，位次皇后，金印紫綬。（六九）采女：女官之一，以其采自民家，故曰采女，地位較低，如後之宮女。（七〇）漢立飛燕，胤祀泯絕：事見卷三十三哀帝建平元年。（七一）關雎之所求：《詩經・周南・關雎》章：「關關雎鳩，在河之洲，窈窕淑女，君子好逑。」（七二）五禁之所忌：《韓詩外傳》曰：「婦人有五不娶。喪婦之長女不娶，為其不受命也。世有惡疾不娶，棄於天也。世有刑人不娶，棄於人也。亂家女不娶，類不正也。逆家女不娶，廢人倫也。」（七三）城門校尉：官名，一人，比二千石，掌雒陽十二城門。（七四）槐里：今陝西興平縣東南。（七五）黃門北寺：宦者所掌監獄名。（七六）肆：李賢曰：「陳也。」（七七）愆：罪。（七八）武帝捨安國於徒中：安國謂韓安國。韓安國，梁成安人。景帝時，事於梁孝王為中大夫。安國曾坐法抵罪，未幾梁內史缺，漢使使者拜安國為梁內史，起徒中為二千石，景帝、太后皆重之。孝安薨、共王即位，安國坐法失官家居。武帝即位，安國以五百金遺武安侯田蚡，蚡言之於太后。上素聞安國之賢，即召以為北地都尉，尋遷大司農。（七九）宣帝徵張敞於亡命：事見卷二十七宣帝甘露元年。（八〇）吉甫之功：《詩經・采芑》章有「顯允方叔，征伐玁狁，蠻荊來威」之句，鄭玄注：「方叔與吉甫征伐玁狁，今特征伐蠻荊，皆使來服宣王之威。」緄於順帝時討武陵、長沙蠻夷有功，故以吉甫比之。（八一）不吐茹之節：《詩・大雅・蒸民》：「人亦有言，柔則茹之，剛則吐之。維仲山甫，柔亦不茹，剛亦不吐。」集傳曰：「茹，納也。不茹柔，故不侮矜寡；不吐剛，故不畏強禦。」祐奏梁異弟旻，又為司隸校尉，權豪畏之，故喻以不吐茹之節。（八二）膺著威幽、并，遺愛度遼：胡三省曰：「膺為漁陽太守、烏桓校尉，皆幽部也。度遼將軍，則屯并部，是其著威遺愛之地。」（八三）野王：今河南沁陽縣。（八四）合柱：胡三省曰：「合柱謂兩柱相值兩屋相合處也。」（八五）鼎鑊：古之酷刑，以鼎鑊烹煮。（八六）阤：通弛，壞也。（八七）獨持風裁：謂獨主持風憲，裁制羣品也。（八八）登龍門：龍門在今山西河津縣西北、陝西韓城縣東北，分跨黃河兩岸，形如門闕。〈三秦紀〉曰：「江海大魚數千，薄集龍門下，不得上，上則為龍。」世因以龍門喻名高碩望。（八九）歷典三郡：《後漢書・劉寬傳》：「是年自東海相徵為尚書令，遷南陽太守，典歷三郡。」㈥遽：急。㈨蒲鞭：古時以皮為鞭。劉寬以蒲鞭鞭民，只使其知辱而已。

九年（西元一六六年）

㈠春，正月，辛卯朔，日有食之。詔公卿、郡國舉至孝。太常趙典所舉荀爽對策曰：「昔者聖人建天地之中而謂之禮，眾禮之中，昏禮㈠為首。陽性純而能施，陰體順而能化，以禮濟樂，節宣其氣㈡，故能豐子孫之祥，致老壽之福。及三代之季，淫而無節，陽竭於上，陰隔於下，故周公之戒曰：『時亦罔或克壽㈢』。傳曰：『截趾適屨㈣，孰云其愚，何與斯人，追欲喪軀。』誠可痛也。臣竊聞後宮采女五六千人，從官、侍使㈤復在其外，空賦不辜之民，以供無用之女，百姓窮困於外，陰陽隔塞于內，故感動和氣，災異屢臻。臣愚，以為諸未幸御者，一皆遣出，使成妃合㈥，此誠國家之大福也。」詔拜郎中。

㈡司隸、豫州饑，死者什四五，至有滅戶㈦者。

㈢詔徵張奐為大司農，復以皇甫規代為度遼將軍。規自以為連在大位，欲求退避，數上病，不見聽。會友人喪至，規越界迎之，因令客密告幷州刺史胡芳，言規擅遠軍營，當急舉奏[八]。芳曰：「威明欲避第仕塗[九]，故激發我耳。吾當為朝廷愛才，何能申此子計邪！」遂無所問。

(四)夏，四月，濟陰、東郡、濟北、平原河水清。

(五)司徒許栩免；五月，以太常胡廣為司徒。

(六)庚午（五月己丑朔，無庚午日），上親祠老子於濯龍宮，以文罽[一〇]為壇飾，淳[一一]金釦器[一二]，設華蓋之坐，用郊天樂。

(七)鮮卑聞張奐去，招結南匈奴及烏桓同叛。六月，南匈奴、烏桓、鮮卑數道入塞，寇掠緣邊九郡。秋，七月，鮮卑復入塞，誘引東羌與共盟詛[一三]。於是上郡[一四]沈氏、安定[一五]先零諸種共寇武威、張掖，緣邊大被其毒。詔復以張奐為護匈奴中郎將[一六]，以九卿秩[一七]督幽、幷、涼三州及度遼、烏桓二營[一八]，兼察刺史二千石能否。

(八)初，帝為蠡吾侯，受學於甘陵[一九]周福，及即位，擢福為尚書。時同郡河南尹房植有名當朝，鄉人為之謠曰：「天下規矩房伯武[二〇]，因師獲印周仲進㉑。」二家賓客，互相譏揣㉒，遂各樹朋徒，漸成尤隙㉓。由是甘陵有南北部，黨人之議自此始矣。

汝南太守宗資以范滂為功曹，南陽太守成瑨以岑晊為功曹，皆委心聽任，使之褒善糾違，肅清朝府㉔。滂尤剛勁，疾惡如讎。滂甥李頌素無行，中常侍唐衡以屬資，資用為吏；滂寢而不召。資遷怒，捶書佐㉕朱零，零仰曰：「范滂清裁㉖，今日寧受笞而死，滂不可違。」資乃止。郡中中人以下，莫不怨之。於是二郡為謠曰：「汝南太守范孟博㉗，南陽宗資主畫諾㉘，南陽太守岑公孝㉙，弘農成瑨但坐嘯㉚。」

太學諸生三萬餘人，郭泰及潁川㉛賈彪為其冠，與李膺、陳蕃、王暢更相褒重。學中語曰：「天下模楷李元禮㉜，不畏強禦陳仲舉㉝，天下俊秀王叔茂㉞。」於是中外承風，競以臧否相尚，自公卿以下，莫不畏其貶議，屣履㉟到門。宛有富賈張汎者，【考異】陳蕃傳作「張氾」，謝承書作「張子禁」，今從岑晊傳。與後宮有親，又善雕鏤玩好之物，頗以賂遺中官，以此得顯位，用執縱橫。岑晊與賊曹㊱史張牧勸成瑨收捕汎等；既而遇赦，瑨竟誅之，并收其宗族賓客，殺二百餘人，後乃奏聞。小黃門晉陽(三七)趙津，貪暴放恣，為一縣巨患。太原太守平原(三八)劉瓆使郡吏王允討捕，亦於赦後殺之。於是中常侍侯覽使張汎妻上書訟冤，宦者因緣譖訴瑨、瓆。帝大怒，徵瑨、瓆，皆下獄。有司承旨，奏瑨、瓆罪當棄市。

山陽太守翟超以郡人張儉為東部督郵(三九)。侯覽家在防東(四〇)，殘暴百姓。覽喪母還家，大起塋冢(四一)。儉舉奏覽罪，而覽伺候遮截(四二)，章竟不上。儉遂破覽冢宅，藉沒資財，具奏其狀，復不得御(四三)。

【考異】袁紀：「儉行部至平陵，逢覽母。儉按劍怒曰：何等女子干督郵，此非賊邪！使吏卒收覽母，殺之，追擒覽家屬、賓客，死者百餘人，皆僵尸道路，伐其園宅，井堙木刊，雞犬器物，悉無遺類。」苑康傳亦云：「張儉殺侯覽母，按其宗黨，或有逆匿太山界者。康窮相收掩，無得遺脫。覽大怨之，徵詣廷尉，坐徙日南。」案侯覽傳云：「覽喪母還家。」陳蕃傳云：「翟超沒入侯覽財產，坐髡鉗。」皆不云儉殺其母。若果殺之，則苑康不止徙日南也。侯覽傳又云：「建寧二年喪母」，蓋以誅黨人在其年，致此誤耳。

徐璜兄子宣為下邳令，暴虐尤甚。嘗求故汝南太守李暠女不能得，遂將吏卒至暠家，載其女歸，戲射殺之。東海相汝南黃浮聞之，收宣家屬，無少長，悉考之。掾史以下固爭，浮曰：「徐宣國賊，今日殺之，明日坐死，足以瞑目矣！」即案宣罪棄市，暴其尸。於是宦官訴冤於帝，帝大怒，超、浮並坐髡鉗，輸作左校。

太尉陳蕃、司空劉茂共諫，請瑨、璝、超、浮等罪，【考異】陳蕃傳又有司徒劉矩，按時胡廣為司徒，非矩也。帝不悅。有司劾奏之，茂不敢復言。蕃乃獨上疏曰：「今寇賊在外，四支之疾；內政不理，心腹之患。臣寢不能寐，食不能飽，實憂左右日親，忠言日疎，內患漸積，外難方深。陛下超從列侯，繼承天位㊹，小家畜產百萬之資，子孫尚恥愧失其先業，況乃產兼天下，受之先帝，而欲懈怠以自輕忽乎！誠不愛己，不當念先帝得之勤苦邪！前梁氏五侯，毒徧海內，天啟聖意，收而戮之㊺。天下之議，冀當小平；明鑒未遠，覆車如昨，而近習㊻之權，復相扇結。小黃門趙津、大猾張汎等，肆行貪虐，姦媚左右。前太原太守劉璝、南陽太守成瑨糾而戮之，雖言赦後不當誅殺，原其誠心，在乎去惡，至於陛下，有何悁悁！㊼而小人道長，熒惑聖聽，遂使天威為之發怒，必加刑譴，已為過甚，況乃重罰令伏歐刀㊽乎！又前山陽太守翟超、東海相黃浮，奉公不橈㊾，疾惡如讎，超沒侯覽財物，浮誅徐宣之罪，並蒙刑坐，不逢赦恕。

覽之從横，沒財已幸；宣犯釁過，死有餘辜。昔丞相申屠嘉召責鄧通(50)，雒陽令董宣折辱公主(51)，而文帝從而請之，光武加以重賞，未聞二臣有專命之誅。而今左右羣豎，惡傷黨類，妄相交構，致此刑譴，聞臣是言，當復嗁(52)訴。陛下深宜割塞近習與政之源，引納尚書朝省之士(53)，簡練清高，斥黜佞邪。如是天和於上，地洽於下，休禎(54)符瑞，豈遠乎哉！」帝不納。宦官由此疾蕃彌甚，選舉奏議，輒以中詔(55)譴卻，長史(56)以下多至抵罪，猶以蕃名臣，不敢加害。

平原襄楷詣闕上疏曰：「臣聞皇天不言，以文象(57)設教。臣竊見太微，天廷五帝之坐(58)，而金、火罰星(59)揚光其中，於占，天子凶，又俱入房、心(60)，灋無繼嗣。前年冬大寒，殺鳥獸，害魚鼈，城傍竹栢之葉有傷枯者(61)。【考異】帝紀此年十二月書雒城傍竹柏枯傷，誤也。臣聞於師曰：『栢傷竹枯，不出二年，天子當之。』今自春夏以來，連有霜雹及大雨雷電，臣作威作福，刑罰急刻之所感也。太原太守劉瓆、南陽太守成瑨，志除姦邪，其所誅翦，皆合人望。而陛下受閹豎(62)之譖，乃遠加考逮，三公上書乞哀瓚等，不見採察而嚴被譴讓，憂國之臣，將遂杜口(六三)矣。臣聞殺無罪，誅賢者，禍及三世(六四)。自陛下即位以來，頻行誅罰，梁、竇、孫、鄧(六五)並見族滅，其從坐者又非其數。李雲上書，明主所不當諱；杜眾乞死(六六)，諒以感悟聖朝；曾無赦宥，而幷被殘戮，天下之人，咸知其冤。漢興以來，未有拒諫誅賢，用刑太深如今者也！昔文王一妻，誕致十子(六七)；今宮女數千，未聞慶育，宜脩德省刑，以廣螽斯之祚(六八)。案春秋以來，及古帝王，未有河清。臣以為河者，諸侯位也(六九)。清者，屬陽；濁者，屬陰。河當濁而反清者，陰欲為陽，諸侯欲為帝也。京房(七〇)易傳曰：『河水清，天下平。』今天垂異，地吐妖，人癘疫，三者並時而有，河清猶春秋麟不當見而見，孔子書之以為異也(七一)。願賜清閒，極盡所言。」書奏，不省。

十餘日，復上書曰：「臣聞殷紂好色，妲己是出(七二)；葉公好龍，真龍游廷(七三)。今黃門、常侍，天刑之人(七四)，陛下愛待，兼倍常寵，係嗣未兆(七五)豈不為此！又聞宮中立黃老浮屠(七六)之祠，此道清虛，貴尚無為，好生惡殺，省慾去奢。今陛下耆[七七]欲不去，殺罰過理，既乖[七八]其道，豈獲其祚哉！浮屠不三宿桑下，不欲久生恩愛[七九]，精之至也；其守一如此，乃能成道。今陛下淫女豔婦，極天下之麗，甘肥飲美，單[八〇]天下之味，柰何欲如黃老乎！」書上，即召入，詔尚書問狀。楷言：「古者本無宦臣，武帝末數游後宮，始置之耳。」尚書承旨[八一]，奏：「楷不正辭理，而違背經蓺，假借星宿，造合私意，誣上罔事，請下司隸正楷罪灋，收送雒陽獄。」帝以楷言雖激切，然皆天文恒象[八二]之數，故不誅；猶司寇論刑[八三]。自永平以來，臣民雖有習浮屠術者，而天子未之好，至帝始篤好之。常躬自禱祠，由是其灋浸盛，故楷言及之。

符節令[八四]汝南蔡衍、議郎劉瑜表救成瑨、劉瓆，言甚切厲，亦坐免官。瑨、瑨竟死獄中。瓆、瓆素剛直，有經術，知名當時，故天下惜之。岑晊、張牧逃竄獲免。

晊之亡也，親友競匿之，賈彪獨閉門不納，時人望[八五]之。彪曰：「傳言：『相時而動，無累後人[八六]。』公孝以要君致釁，自遺其咎，吾已不能奮戈相待，反可容隱之乎！」於是咸服其裁正。彪嘗為新息(八七)長，小民困貧，多不養子，彪嚴為其制，與殺人同罪。城南有盜劫害人者，北有婦人殺子者，彪出案驗，掾吏欲引南(八八)，彪怒曰：「賊寇害人，此則常理；母子相殘，逆天違道！」遂驅車北行，案致其罪。城南賊聞之，亦面縛自首。數年間，人養子者以千數，曰：「此賈父所生也。」皆名之為賈。

(九)河南張成善風角(八九)，推占當赦，教子殺人。司隸李膺督促收捕，既而逢宥獲免；膺愈懷憤疾，竟案殺之。【考異】黨錮傳云：「膺為河南尹」，按膺此事非作尹時也。成素以方伎交通宦官，帝亦頗訊(九〇)其占。宦官教成弟子牢修上書，告「膺等養太學游士，交結諸郡生徒，更相驅馳，共為部黨，誹訕朝廷，疑亂風俗。」【考異】袁紀作牢順，今從范書。於是天子震怒，班(九一)下郡國，逮捕黨人，布告天下，使同忿疾。案(九二)經三府，太尉陳蕃卻之曰：「今所案者，皆海內人譽，憂國忠公之臣，此等猶將十世宥(九三)也，豈有罪名不章而致收掠者乎！」不肯平署(九四)。帝愈怒，遂下膺等於黃門北寺獄，其辭所連及，太僕潁川杜密、御史中丞(九五)陳翔及陳寔、范滂之徒二百餘人。或逃遁不獲，皆懸金購募，使者四出相望。陳寔曰：「吾不就獄，眾無所恃。」乃自往請囚。范滂至獄，獄吏謂曰：「凡坐繫者，皆祭皐陶(九六)。」滂曰：「皐陶，古之直臣，知滂無罪，將理之於帝(九七)。如其有罪，祭之何益！」眾人由此亦止。陳蕃復上書極諫，帝諱其言切，託以蕃辟召非其人，策免之。【考異】袁紀，李膺下獄在九月。范書，蕃免在七月。蕃傳：「上書極諫曰：『膺等或禁錮閉隔，或死徙非所』云云。」按膺等赦出在明年六月。再下獄死徙在建寧二年十月。蕃既以此年七月免，則蕃傳所云，疑非蕃書也。又袁紀無陳蕃免事。靈帝即位，以太尉陳蕃為太傅。按蕃免後有太尉周景，蓋袁紀誤也。時黨人獄所染逮(九八)者，皆天下名賢，度遼將軍皇甫規，自以西州豪桀，恥不得與(九九)，乃自上言：「臣前薦故大司農張奐(一〇〇)，是附黨也。又臣昔論輸左校時，太學生張鳳等上書(一〇一)訟臣，是為黨人所附也，臣宜坐之。」朝廷知而不問。

杜密素與李膺名行相次，時人謂之李、杜，故同時被繫。密嘗為北海相，行春到高密(一〇二)，見鄭玄為鄉嗇夫(一〇三)，知其異器，即召署郡職，遂遣就學，卒成大儒。後密去官還家，每謁守令，多所陳託。同郡劉勝，亦自蜀郡告歸鄉里，閉門掃軌(一〇四)，無所干及。太守王昱謂密曰：「劉季陵㉕清高士，公卿多舉之者。」密知昱以激己，對曰：「劉勝位為大夫，見禮上賓㉖，而知善不薦，聞惡無言，隱情惜己，自同寒蟬㉗，此罪人也。今志義力行之賢而密達之，違道失節之士而密糾之，使明府賞刑得中，令問休揚，不亦萬分之一乎！」昱慙服，待之彌厚。

㈩九月，以光祿勳周景為太尉。

(十一)司空劉茂免；冬，十二月，以光祿勳汝南宣酆為司空。

(十二)以越騎校尉㉘竇武為城門校尉。武在位，多辟名士，清身疾惡，禮賂不通；妻子衣食裁充足而已，得兩宮㉙賞賜，悉散與太學諸生及匄施㉚貧民，由是眾譽歸之。

(十三)匈奴烏桓聞張奐至，皆相率還降，凡二十萬口；奐但誅其首惡，餘皆慰納之，唯鮮卑出塞去。朝廷患檀石槐不能制，遣使持印綬封為王，欲與和親。檀石槐不能受，而寇抄㉛滋甚；自分其地為三部：從右北平以東至遼東，接夫餘㉜、濊貊㉝二十餘邑，為東部；從右北平以西至上谷十餘邑，為中部；從上谷以西至敦煌、烏孫二十餘邑，為西部：各置大人領之。

【今註】㈠昏禮：昏通婚，昏禮即婚禮。㈡以禮濟樂，節宣其氣：胡三省曰：「爽言正指帝多內寵也。左傳：晉侯最疾，醫和視之，曰：疾不可為也！是謂疾如蠱，非鬼非食，惑以喪志。公曰：女不可近乎？對曰：節之。先王之樂，所以節百事也。天有六氣，過則為災，於是乎節宣其氣也。」㈢時亦罔或克壽：《尚書》無逸之辭。謂有時亦不克享高壽。㈣𢧵趾適屨：𢧵即截，𢧵趾適履，猶言削足適履。㈤從官侍使：從官，後宮有爵秩而常從者。侍使，侍后妃、貴人左右而給使令，未有爵秩者。㈥妃合：妃音配，妃合即配偶。㈦滅戶：全家無復遺存。㈧因令客密告幷州刺史……當急舉奏：胡三省曰：「度遼將軍屯西河界，幷州刺史所部也。」㈨威明欲避第仕塗：皇甫規字威明。李賢曰：「言欲歸第，避仕宦之途也。」㈩文罽：西夷織毛為布曰罽。文罽是有花紋的毛織品。⑪淳：音純，厚樸意。⑫釦器：以金飾器口曰釦器。⑬盟詛：誓約。⑭上郡：郡名，今陝西西北部及綏遠鄂爾多斯旗右翼地。⑮安定：郡名，今甘肅東部平涼縣以東之地，東漢治臨涇，即今鎮原縣南。⑯護匈奴中郎將：秩比二千石。⑰九卿秩：中二千石。⑱度遼、烏桓二營：指度遼將軍及護烏桓校尉營。⑲甘陵：漢置厝縣。後漢安帝以孝德皇后葬於厝，故曰甘陵，故城在今山東清平縣南。⑳伯武：房植字。㉑仲進：周福字。㉒譏揣：胡三省曰：「度量其輕重長短而為譏議也。」㉓尤隙：怨怒閒隙。㉔朝府：朝者郡朝，府者公卿牧守所居。㉕書佐：《後漢書・百官志》：「郡閣下及諸曹各有書佐，幹主文書。」㉖清裁：清而有制。㉗孟博：范滂字。㉘畫諾：諾，允諾，隨言而應，無所背違。畫諾即畫可。㉙公孝：岑晊字。㉚坐嘯：嘯，吟也。坐嘯，言坐而嘯吟，不理郡事也。㉛潁川：郡名，今河南中部及南部，漢治陽翟，即今禹縣。㉜元禮：李膺字。㉝仲舉：陳蕃字。㉞叔茂：王暢字。㉟徙履：履不躡跟，曳之以行。㊱賊曹：主盜賊事。㊲晉陽：今山西太原縣。㊳平原：今山東平原縣南。㊴督郵：《後漢書・百官志》：「郡有五部督郵監屬縣。」㊵防東：今山東全鎮縣南。㊶塋冢：墓地。㊷戳：同截。㊸御：進。㊹陛下超從列侯，繼承天位：李賢曰：「言帝以蠡吾侯即位。」㊺梁氏五侯……收而戮之：李賢曰：「五侯謂胤、讓、淑、忠、戟，與冀同時誅；事見冀傳。」㊻近習：君所親狎之人。㊼悁悁：恚忿也。㊽歐刀：刀名，刑人之刀。㊾橈：曲也。㊿中屠嘉召責鄧通：事見卷十四文帝後二年。(51)董宣折辱公主：事見卷四十三光武建武十九年。(52)唬：啼。(53)朝省之士：即朝士。(54)休禎：休，喜慶；禎，禎祥。休禎即吉慶祥瑞之意。(55)中詔：宮中詔書。(56)長史：官名，為諸史之長。西漢文帝二年為丞相置長史二人，其後太尉、司徒、司空諸府皆有長史。(57)文象：天象。(58)太微，天廷五帝之坐：〈天文志〉：「太微，天子庭也，五帝之坐也。」(59)金、火罰星：李賢曰：「太白，金也；熒惑，火也。天文志曰：『逆夏令，傷火氣，罰見熒惑。逆秋令，傷金氣，罰見太白。』故金、火並為罰星也。」(60)房、心：〈天文志〉：「房四星為明堂，天子布政之宮也。心三星，天王正位也：中星曰明堂，天子位焉；前星為太子，後星為庶子。」(61)城傍竹柏之葉有傷枯者：《續漢志》曰：「延熹七年，雒陽城旁竹柏葉有傷枯者。」(62)閹豎：宦官之賤稱。(63)杜口：杜，絕也。杜口即緘默其口。(64)殺無罪誅賢者，禍及三世：胡注引《黃石公三略》曰：「傷賢者，殃及三世。蔽賢者，身當其害。達賢者，福流子孫。疾賢者，名不全。」(65)梁、寇、孫、鄧：梁冀、寇榮、孫壽、鄧萬世。梁冀、孫壽事見延熹二年，寇榮事見延熹七年，鄧萬世事見延熹八年。(66)李雲上書、杜眾乞死：事見延熹二年。(67)文王一妻，誕致十子：《史記》：「太姒，文王正妃也，其長子伯邑考，次武王發，次管叔鮮，次周公旦，次蔡叔度，次曹叔振鐸，次成叔武，次霍叔處，次康叔封，次冄季載，同母兄弟十人。」(68)螽斯之祚：螽音終。螽斯為昆蟲之一種。《詩經・周南》有〈螽斯篇〉，以螽斯喻子孫之眾多。(69)河者諸侯位也：胡注引《孝經援神契》曰：五嶽視三公，四瀆視諸侯。」(70)京房：漢人，武帝時為太中大夫，梁丘賀嘗從學易。(71)春秋麟不當見而見，孔子書之以為異：《公羊傳》：西狩獲麟，有以告者，孔子曰：「孰為來哉！孰為來哉！」蓋以為異也。(72)殷紂好色，妲己是出：殷紂王好色，有蘇氏以妲己女之。(73)葉公好龍，真龍游廷：子張語魯哀公曰：「葉公子高好龍，鉤以寫龍，鑿以寫龍，屋石雕文以寫龍，於是天龍聞而下之，窺頭於牖，施尾於堂。」見《新序・雜事》五。(74)天刑之人：謂宦者已受薰腐之刑，得罪於天者也。(75)係嗣未兆：未有慶育之兆。(76)浮屠：李賢曰：「浮屠即佛陁，聲之轉耳，謂佛也。」浮屠蓋梵語，亦作浮圖。(77)耆：同嗜。(78)乖：背也。(79)浮屠不三宿桑下，不欲久生恩愛：李賢曰：「言浮屠之人，寄桑下者，不經三宿，即便移去，示無愛戀之心也。」(80)單：同殫，盡也。(81)承旨：謂承宦官風指。(82)恆象：常象。(83)司寇論刑：司寇，刑罰名。司作伺解，即發往邊地，使防禦外寇。刑期二年。(八四)符節令：〈百官志〉：「符節令秩六百石，為符節臺率，主符節事，秩六百石。」(八五)望：責望。(八六)相時而動，無累後人：《左傳》之文。(八七)新息：在今河南息縣東。(八八)引南：引車南行。(八九)風角：古占侯之法，以五音占風，以定吉凶。《後漢書・郎顗傳》：「父宗，學京氏易，善風角星算。」註：「風角，為侯四方四隅之風，以占吉凶也。」(九〇)訊：問也。(九一)班：布告。(九二)案：文案。(九三)十世宥：《左傳》：晉范宣子囚叔向。祁奚見范宣子曰：「謀而鮮過，惠訓不倦者，叔向有焉，猶將十世宥之，以勸能者。」宥，赦也。(九四)平署：連署。(九五)御史中丞：官名，秩千石，為御史大夫之副貳，掌圖籍秘史，兼理糾察。(九六)皐陶：人名，虞舜臣，造律立獄。《書・舜典》：「皐陶，汝作士。」(九七)帝：謂天也。(九八)染逮：染謂獄辭所汙染也，逮謂連及也。(九九)與：參預。(一〇〇)薦故大司農張奐：事見上卷六年。(一〇一)張鳳等上書：事見五年。(一〇二)行春到高密：〈百官志〉：「凡郡國守相，常以春行所主縣，勸民農桑，振救乏絕。」高密，今山東高密縣西南。(一〇三)鄉嗇夫：鄉官名，職聽訟、收賦稅。(一〇四)閉門掃軌：軌指車軌。閉門掃軌，猶言與外間斷絕交往。(一〇五)季陵：劉勝字。(一〇六)位為大夫，見禮上賓：胡三省曰：「位為大夫，謂在朝列也；見禮上賓，謂郡守接遇之也。」(一〇七)寒蟬：《楚辭》：「悲哉秋之為氣也，蟬寂漠而無聲。」寒蟬謂寂默也。(一〇八)越騎校尉：官名，秩二千石，掌宿衞兵。(一〇九)兩宮：指天子及皇后。(一一〇)匄施：匄，音蓋。匄施即施與。(一一一)抄：抄掠。(一一二)夫餘：古國名，為濊貊別族所建，今遼寧省昌圖、洮南以北，吉林雙城以南，皆其地。(一一三)濊貊：種族名。在今遼寧省鳳城縣東及朝鮮之江原道一帶。

卷五十六　漢紀四十八

起強圉協洽，盡重光大淵獻，凡五年。（丁未至辛亥，西元一六七年至一七一年。）

司馬光編集
林瑞翰註

孝桓皇帝下

永康元年㊀（西元一六七年）

㈠春正月，東羌先零圍祋祤㊁，掠雲陽㊂。當煎諸種復反，段熲擊之於鸞鳥㊃，大破之，西羌遂定。

㈡夫餘王夫台寇玄菟；玄菟太守公孫域擊破之。

㈢夏四月，先零羌寇三輔，攻沒兩營㊄，殺千餘人。

㈣五月壬子晦，日有食之。

㈤陳蕃既免，朝臣震栗，莫敢復為黨人言者。賈彪曰：「吾不西行，大禍不解㊅。」乃入雒陽，說城門校尉竇武、尚書魏郡霍諝等，使訟之。武上疏曰：「陛下即位以來，未聞善政，常侍、黃門，競行譎詐，妄爵非人。伏尋西京㊆，佞臣執政，終喪天下。今不慮前事之失，復循覆車之軌，臣恐二世之難，必將復及，趙高之變，不朝則夕（八）。近者姦臣牢脩造設黨議，遂收司隸校尉李膺等逮考，連及數百人，曠年拘錄，事無效驗（九）。臣惟膺等建忠抗節，志經王室，此誠陛下稷、卨、伊、呂之佐（一〇）；而虛為姦臣賊子之所誣枉，天下寒心，海內失望。惟陛下留神澄省（一一），時見理出（一二），以厭神鬼喁喁（一三）之心。今臺閣近臣，尚書朱寓、荀緄、劉祐、魏朗、劉矩、尹勳等，皆國之貞士，朝之良佐；【考異】武傳：武上疏曰：「今臺閣近臣，尚書令陳蕃、僕射胡廣、尚書朱寓等。」按蕃、廣時不為令僕，故去之。尚書郎張陵、媯皓、苑康、楊喬、邊韶、戴恢等，文質彬彬，明達國典，內外之職，羣才並列，而陛下委任近習，專樹饕餮（一四），外典州郡，內幹心膂，宜以次貶黜，案罪糾罰；信任忠良，平決臧否，使邪正毀譽，各得其所，寶愛天官，唯善是授（一五），如此，咎徵可消，天應可待。間者有嘉禾、芝草、黃龍之見（一六）。夫瑞生必於嘉士（一七），福至實由善人，在德為瑞，無德為災（一八）。陛下所行不合天意，不宜稱慶。」書奏，因以病上還城門校尉、槐里侯印綬。霍諝亦為表清。帝意稍解，使中常侍王甫就獄訊黨人范滂等，皆三木囊頭(一九)，暴於階下，甫以次辯詰曰：「卿等更相拔舉(二〇)，迭為脣齒，其意如何？」滂曰：「仲尼之言，『見善如不及，見惡如探湯(二一)，』滂欲使善善同其清，惡惡同其汙，謂王政之所願聞，不悟更以為黨。古之脩善，自求多福。今之脩善，身陷大戮。身死之日，願埋滂於首陽山側，上不負皇天，下不愧夷、齊(二二)。」甫愍然為之改容，乃得並解桎梏(二三)。李膺等又多引宦官子弟，宦官懼，請帝以天時宜赦。六月庚申（初八日），赦天下，改元(二四)；黨人二百餘人皆歸田里，書名三府(二五)，禁錮終身。【考異】帝紀於去年冬書「李膺等二百餘人受誣為黨人，並坐下獄，書名三府。」按陳蕃以訟李膺免。即膺等下獄已在前，後遇赦，方得書名三府。則帝紀所紀為兩，無所用，故去之。又故書「三府」為「王府」，劉攽曰：當為「三府」。范滂往候霍諝而不謝。或讓之，滂曰：「昔叔向不見祁奚(二六)，吾何謝焉！」滂南歸汝南，南陽士大夫迎之者，車數千兩，鄉人殷陶、黃穆侍衛於旁，應對賓客。滂謂陶等曰：「今子相隨，是重吾禍也！」遂遁還鄉里。

初，詔書下舉鉤黨(二七)，郡國所奏相連及者，多至百數，唯平原相史弼獨無所上。詔書前後迫切，州郡髡笞掾史。從事坐傳舍責曰㉘：「詔書疾惡黨人，旨意懇惻。青州六郡，其五有黨，平原何治而得獨無？」弼曰：「先王疆理天下㉙，畫界分境，水土異齊㉚，風俗不同。他郡自有，平原自無，胡可相比！若承望上司，誣陷良善，淫刑濫罰，以逞非理，則平原之人，戶可為黨。相有死而已，所不能也！」從事大怒，即收郡僚職㉛送獄，遂舉奏弼。會黨禁中解，弼以俸贖罪，所脫者甚眾。

竇武所薦朱寓，沛人；苑康，勃海人；楊喬，會稽人；邊詔，陳留人。喬容儀偉麗，數上言政事，帝愛其才貌，欲妻以公主，喬固辭，不聽，遂閉口不食，七日而死。

㈥秋八月，巴郡言黃龍見。初，郡人欲就池浴，見池水濁，因戲相恐，「此中有黃龍。」語遂行民間，太守欲以為美，故上之。郡吏傅堅諫曰：「此走卒戲語耳。」太守不聽。

㈦六月，大水，勃海溢。

㈧冬十月，先零羌寇三輔，張奐遣司馬尹端、董卓拒擊，大破之，斬其酋豪、首虜萬餘人，三州㉜清定。奐論功當封，以不事宦官故不果封，唯賜錢二十萬，除家一人為郎。奐辭不受，請徙屬弘農。舊制，邊人不得內徙，詔以奐有功，特許之㉝。拜董卓為郎中。卓，隴西人，性粗猛有謀，羌胡畏之。

㈨十二月壬申（二十三日），復癭陶王悝為勃海王㉞。

㈩丁丑（二十八日），帝崩于德陽前殿㉟。戊寅（二十九日），尊皇后曰皇太后。太后臨朝。初，竇后既立，御見甚稀，唯采女田聖等有寵。后素忌忍㊱，帝梓宮尚在前殿，遂殺田聖。城門校尉竇武議立嗣，召侍御史河間劉儵，問以國中宗室之賢者，儵稱解瀆亭㊲侯宏。宏者，河間孝王之曾孫也，祖淑，父萇，世封解瀆亭侯㊳。武乃入白太后，定策禁中，以儵守光祿大夫，與中常侍曹節並持節將中黃門、虎賁、羽林千人，奉迎宏，時年十二。【考異】范書云：「即帝位，年十三」，袁紀，初立為嗣詔書云，「年十有二」；建寧二年誅黨人時，云年十四。袁紀是也。

【今註】㊀永康元年：是年六月始改元，時為延熹十年。㊁殺祤：讀音如投羽，縣名，屬左馮翊，故城在今陝西耀縣東。㊂雲陽：縣名，屬左馮翊，縣境有荊山，相傳夏禹鑄鼎於此，見《帝王世紀》。故城在今陝西淳化縣西北。㊃鸞鳥：讀音如雚雀，縣名，屬武威郡，故城在今陝西武威縣南。

㊄兩營：胡三省曰：「兩營，京兆虎牙營，扶風雍營。」㊅吾不西行，大禍不解：胡三省曰：「賈彪，潁川定陵人，自潁川至雒陽為西行。」㊆西京：謂西漢時代。西漢建都長安，於洛陽為西京。㊇臣恐二世之難，必將復及，趙高之變，不朝則夕：不朝則夕，言將生變於朝夕之間。《史記》秦相趙高使女壻閻樂刺二世於望夷宮。此言桓帝信任宦者，則望夷之事，恐將復見於今日。㊈曠年拘錄，事無效驗：胡三省曰：「謂自去年興獄，至今年，事終無其實也。」曠，久廢也，曠年，謂多廢年月。㊉此誠陛下稷、卨、伊、呂之佐：武蓋以膺比古后稷、后契、伊尹、呂尚諸人。卨，古契字。⑪澄省：胡三省曰：「澄，清也；省，察也。」⑫時見理出：李賢曰：「時，謂即時也。」理出，言理其誣枉而出之於獄。⑬喁喁：仰慕貌。《史記・司馬相如傳》：「喁喁然皆爭歸義。」正義曰：「喁，口向上也。」以為仰慕之譬。⑭專樹饕餮：餮，培養之義。饕餮讀音如滔鐵。《左傳》曰：「天下之民以比三凶，謂之饕餮。」杜注曰：「貪財為饕，貪食為餮。」以喻凶人。⑮寶愛天官，唯善是授：胡三省曰：「天官，言天命有德，人君不可以私授。」⑯閒者有嘉禾、芝草、黃龍之見：《後漢書・桓帝紀》：「是歲魏郡言嘉禾生，巴郡言黃龍見。」《續漢書・五行志》曰：「時民以天熱，欲就池浴，見池水濁，因戲相恐此中有黃龍，語遂行人間，郡欲以為美，故上言之，時史以書帝紀。桓帝政化衰闕而多言瑞應，皆此類也。」⑰嘉士：李賢曰：「嘉士猶善人也。」⑱在德為瑞，無德為災：《續漢書・五行志》曰：「先儒言：『瑞興非時，則為妖孽。』而人言生龍，皆龍孽也。」⑲皆三木囊頭：李賢曰：「三木，項及手足皆有械，更以物蒙覆其頭也。前書司馬遷曰：『魏其，大

將也，衣赭，關三木』也。」⑳卿等更相拔舉：時中士名士共相標榜，有三君、八俊、八顧、八及、八廚之號。㉑見善如不及，見惡如探湯：語見《論語》。李賢曰：「探湯，喻去之疾也。」㉒頤埋滂於首陽山側，上不負皇天，下不愧夷齊：伯夷、叔齊，義不食周粟，餓死首陽山，事見《史記・夷齊列傳》。首陽山在洛陽東北。㉓桎梏：手銬足鐐也。鄭玄曰：「木在手曰桎，在足曰梏。」㉔改元：至是始改延熹十年為永康元年。㉕三府：謂太尉、司徒、司空三公府。㉖昔叔向不見祁奚：《左傳》晉討欒盈之黨，囚叔向，祁奚聞之，見范宣子曰：「夫謀而鮮過，惠訓不倦者，叔向有焉，社稷之固也，猶將十代宥之，今一不免其身，不亦惑乎！」宣子說而免之，祁奚不見叔向而歸，叔向亦不告免焉而朝。㉗鉤黨：鉤拘黨人。李賢曰：「鉤，謂相連也。」㉘詔書前後迫切，州郡髡笞掾史，從事坐傳舍責曰：《續漢書・百官志》：每州有從事史及諸曹掾史。傳舍，驛館也。胡三省曰：「髡笞掾史，句絕。言詔書督迫州郡，至於髡笞掾史，青州從事則坐平原傳舍而責史弼也。」㉙先王疆理天下：疆理，謂正其疆界。《左傳》曰：「先王疆理天下物土之宜而布其利也。」㉚水土異齊，風俗不同：《禮記・王制》曰：「凡居民財，必因天地寒暖燥濕廣谷大川異制，民生其間者異俗，剛柔輕重遲速異齊。」異齊，言互異不齊一也。又《漢書・地理志》曰：「凡民稟五常之性，而有剛柔緩急音聲不同，繫水土之風氣，故謂之風，好惡取捨動靜無常，隨君上之情欲，故謂之俗。」㉛郡僚職：謂郡中諸曹掾史。㉜三州：奐時總督幽、幷、涼三州。㉝舊制，邊人不得內徙，詔以奐有功，特許之：奐，燉煌淵泉人，至是以功特許徙屬弘農。㉞復癭陶王悝為勃海王：悝貶癭陶見上卷延熹八年。㉟帝崩于德陽前殿：時年三十六。㊱忌忍：性妬忌而殘忍。㊲解瀆亭：解瀆亭在今河北安國縣東北。㊳祖淑、父萇，世封解瀆亭侯：李賢曰：「淑以河間王子封為解瀆亭侯，萇襲父封，故言世封也。」

孝靈皇帝上之上

建寧元年（西元一六八年）

㈠春正月，壬午（初三日），以城門校尉竇武為大將軍。【考異】袁紀：「延熹九年四月戊寅，特進竇武為大將軍。武移病固讓，至于數十；不許。」范書在今年正月壬午，武傳，為大將軍亦在迎立靈帝後。今從之。前太尉陳蕃為太傅，【考異】帝紀，拜蕃太傅在即位後；傳在前緣有蕃責尚書等語，故知從傳是也。與武及司徒胡廣參錄尚書事㈠。時新遭大喪，國嗣未立，諸尚書畏懼，多託病不朝㈡。陳蕃移書責之曰：「古人立節，事亡如存㈢。今帝祚未立，政事日蹙，諸君奈何委荼蓼之苦，息偃在牀㈣，於義安乎！」諸尚書惶怖，皆起視事。

㈡己亥（二十日），解瀆亭侯至夏門亭㈤，使竇武持節，以王青蓋車㈥迎入殿中；庚子（二十一日），即皇帝位，改元㈦。

㈢二月辛酉（十三日），葬孝桓皇帝于宣陵㈧，廟曰威宗。

㈣辛未（二十三日），赦天下。

㈤初，護羌校尉段熲既定西羌㈨，而東羌、先零等種猶未服，度遼將軍皇甫規、中郎將張奐招之連年，既降又叛(一〇)。桓帝詔問熲曰：「先零、東羌造惡反逆，而皇甫規、張奐各擁強眾，不時輯定，欲令熲移兵東討，未識其宜，可參思術略。」熲上言曰：「臣伏見先零、東羌雖數叛逆，而降於皇甫規者已二萬許落；善惡既分，餘寇無幾。今張奐躊躇(一一)久不進者，當慮外離內合(一二)，兵往必驚。且自冬踐春，屯結不散，人畜疲羸，有自亡之勢，欲更招降，坐制強敵耳。臣以為狼子野心(一三)，難以恩納，勢窮雖服，兵去復動；唯當長矛挾脅，白刃加頸耳！計東種所餘三萬餘落，近居塞內，路無險折，非有燕、齊、秦、趙從橫之勢，而久亂幷、涼，累侵三輔，西河、上郡，已各內徙(一四)，安定、北地，復至單危(一五)；自雲中、五原，西至漢陽二千餘里(一六)，匈奴諸羌，並擅其地，是為癰疽伏疾，留滯脅下，如不加誅，轉就滋大。若以騎五千、步萬人、車三千兩，三冬二夏，加以破定，無慮㈦用費為錢五十四億，如此，則可令羣羌破盡，匈奴長服，內徙郡縣，得反本土。伏計永初中，諸羌反叛，十有四年，用二百四十億㈧；永和之末，復經七年，用八十餘億㈨。費耗若此，猶不誅盡，餘孽復起，于茲作害。今不暫疲民，則永寧無期。臣庶竭駑劣，伏待節度。」帝許之，悉聽如所上。熲於是將兵萬餘人，齎十五日糧，從彭陽㈩直指高平㈡，與先零諸種戰於逢義山㈢。虜兵盛，熲眾皆恐。熲乃令軍中長鏃利刃，長矛三重，挾以強弩，列輕騎為左右翼，謂將士曰：「今去家數千里，進則事成，走必盡死，努力共功名！」因大呼，眾皆應聲騰赴，馳騎於傍，突而擊之，虜眾大潰，斬首八千級。太后賜詔書褒美㈢曰：「須東羌盡定，當幷錄功勤；今且賜熲錢二十萬，以家一人為郎中。」敕中藏府㈣調金錢、綵物增助軍費，拜熲破羌將軍。

㈥閏月甲午（是年閏三月戊申朔，無甲午日），追尊皇祖為孝元皇㈤，夫人夏氏為孝元后，考為孝仁皇㈥，尊帝母董氏為慎園貴人㉗。

㈦夏四月戊辰（是月戊寅朔，無戊辰日），太尉周景薨，司空宣酆免；以長樂衛尉王暢為司空。

㈧五月丁未朔，日有食之。

㈨以太中大夫劉矩為太尉。

㈩六月，京師大水。

(十一)癸巳（十七日），錄定策功，封竇武為聞喜侯，武子機為渭陽侯㉘，兄子紹為鄠侯，靖為西鄉侯，中常侍曹節為長安鄉侯，侯者凡十一人。

涿郡盧植上書說武曰：「足下之於漢朝，猶旦、奭㉙之在周室，建立聖主，四海有繫，論者以為吾子之功，於斯為重。今同宗相後，披圖按牒，以次建之㉚，何勳之有！豈可橫叨天功以為己力乎㉛！宜辭大賞，以全身名。」武不能用。植身長八尺二寸，音聲如鐘，性剛毅，有大節。少事馬融，融性奢侈，多列女倡歌舞於前，植侍講積年，未嘗轉盼，融以是敬之。

太后以陳蕃舊德，特封高陽鄉侯。蕃上疏讓曰：「臣聞割地之封，功德是為。臣雖無素潔之行㉜，竊慕君子『不以其道得之，不居也㉝』。若受爵不讓㉞，掩面就之，使皇天震怒，災流下民，於臣之身，亦何所寄！」太后不許。蕃固讓，章前後十上，竟不受封。

⑾段熲將輕兵追羌，出橋門㉟，晨夜兼行，與戰於奢延澤㊱、落川㊲、令鮮水㊳上，連破之；又戰於靈武谷㊴，羌遂大敗。秋七月，熲至涇陽㊵，餘寇四千落，悉散入漢陽山谷間。

護匈奴中郎將張奐上言：「東羌雖破，餘種難盡，段熲性輕果，慮負敗難常，宜且以恩降，可無後悔。」詔書下熲，熲復上言：「臣本知東羌雖眾，而輭弱易制，所以比陳愚慮，思為永寧之算；而中郎將張奐說虜強難破，宜用招降。聖朝明監，信納瞽言㊶，故臣謀得行，奐計不用。事勢相反，遂懷猜恨，信叛羌之訴，飾潤辭意，云臣兵『累見折衄㊷』，又言『羌一氣所生，不可誅盡㊸，山谷廣大，不可空靜，血流污野，傷和致災。』臣伏念周、秦之際，戎狄為害，中興以來，羌寇最盛，誅之不盡，雖降復叛。今先零雜種，累以反覆，攻沒縣邑，剽略人物，發冢露尸，禍及生死，上天震怒，假手行誅㊹。昔邢為無道，衞國伐之，師興而雨㊺；臣動兵涉夏，連獲甘澍㊻，歲時豐稔，人無疵疫。上占天心，不為災傷；下察人事，眾和師克㊼。自橋門以西，落川以東㊽，故宮縣邑，更相通屬，非為深險絕域之地，車騎安行，無應折衄。案奐為漢吏，身當武職，駐軍二年㊾，不能平寇虛㊿，欲修文戢戈，招降獷敵㊶，誕辭空說，僭而無徵㊷。何以言之？昔先零作寇，趙充國徙令居內㊸，煎當亂邊，馬援遷之三輔㊹，始服終叛，至今為鯁㊺，故遠識之士，以為深憂。今傍郡戶口單少，數為羌所創毒，而欲令降徒與之雜居，是猶種枳棘於良田，養蛇虺於室內也。故臣奉大漢之威，建長久之策，欲絕其本根，不使能殖㊻。本規三歲之費，用五十四億；今適期年，所耗未半，而餘寇殘燼㊼，將向殄滅。臣每奉詔書，軍不內御㊽，願卒斯言，一以任臣，臨時量宜，不失權便。」

㈢八月，司空王暢免，宗正劉寵為司空。

㈤初，竇太后之立也，陳蕃有力焉㊾。及臨朝，政無大小，皆委於蕃。蕃與竇武同心戮力，以獎王室，徵天下名賢李膺、杜密、尹勳、劉瑜等，皆列於朝廷，與共參政事。於是天下之士，莫不延頸想望太平。而帝乳母趙嬈及諸女尚書㊿，旦夕在太后側，中常侍曹節、王甫等共相朋結，諂事太后，太后信之，數出詔命，有所封拜，蕃、武疾之。嘗共會朝堂，蕃私謂武曰：「曹節、王甫等，自先帝時操弄國權，濁亂海內，今不誅之，後必難圖。」武深然之。蕃大喜，以手推席而起。武於是引同志尚書令尹勳等共定計策。

會有日食之變，蕃謂武曰：「昔蕭望之困一石顯㊳，況今石顯數十輩乎！蕃以八十之年，欲為將軍除害，今可因日食斥罷宦官，以塞天變。」武乃白太后曰：「故事，黃門、常侍但當給事省內門戶㊳，主近署財物㊳耳；今乃使與政事，任重權，子弟布列，專為貪暴。天下匈匈㊳，正以此故，宜悉誅廢以清朝廷。」太后曰：「漢元㊳以來故事，世有宦官，但當誅其有罪者，豈可盡廢耶！」

時中常侍管霸，頗有才略，專制省內，武先白收霸及中常侍蘇康等，皆坐死。武復數白誅曹節等，太后冘豫（六六）未忍，故事久不發。蕃上疏曰：「今京師囂囂（六七），道路諠譁，言侯覽、曹節、公乘昕（六八）、王甫、鄭颯等與趙夫人（六九）、諸尚書並亂天下，附從者升進，忤逆者中傷（七〇），一朝羣臣（七一）如河中木耳，汎汎東西（七二），耽祿畏害。陛下今不急誅此曹，必生變亂，傾危社稷，其禍難量。願出臣章宣示左右，幷令天下諸姦知臣疾之。」太后不納。

是月，太白犯房之上將，入太微（七三）。侍中劉瑜素善天官（七四），上書皇太后曰：「案占書：宮門當閉，將相不利，姦人在主傍；願急防之。」又與武、蕃書，以星辰錯繆不利，大臣宜速斷大計。於是武、蕃以朱寓為司隸校尉，劉祐為河南尹，虞祁為雒陽令。武奏免黃門令魏彪，以所親小黃門山冰（七五）代之，使冰奏收長樂尚書（七六）鄭颯，送北寺獄。蕃謂武曰：「此曹子便當收殺，何復考為！」武不從，令冰與尹勳、侍御史祝瑨雜考颯，辭連及曹節、王甫。勳、冰即奏收節等，使劉瑜內奏。

九月辛亥（初七日），武出宿歸府。典中書者(七七)先以告長樂五官史(七八)朱瑀，瑀盜發武奏，【考異】范書帝紀作「丁亥」，袁紀作「辛亥」。按長曆，是年九月乙巳朔，無丁亥，今從袁紀。罵曰：「中官放縱者，自可誅耳，我曹何罪，而當盡見族滅！」因大呼曰：「陳蕃、竇武奏白太后廢帝，為大逆！」乃夜召素所親壯健者長樂從官史(七九)共普、張亮等十七人，唶血共盟，謀誅武等。曹節白帝曰：「外間切切(八〇)，請出御德陽前殿。」令帝拔劍踊躍，使乳母趙嬈等擁衛左右，取棨信(八一)，閉諸禁門，召尚書官屬，脅以白刃，使作詔板(八二)，拜王甫為黃門令，持節至北寺獄，收尹勳、山冰。冰疑，不受詔，甫格殺之，并殺勳；出鄭颯，還兵劫太后，奪璽綬。令中謁者守南宮，閉門絕複道(八三)。使鄭颯等持節及侍御史謁者捕收武等，武不受詔，馳入步兵營，與其兄子步兵校尉紹共射殺使者，召會北軍五校士數千人屯都亭(八四)，下令軍士曰：「黃門、常侍反，盡力者封侯重賞。」陳蕃聞難，將官屬諸生八十餘人，並拔刃突入承明門，【考異】袁紀：「蕃到承明門，使者不內，曰：『公未被詔召，何得勒兵入宮！』蕃曰：『趙鞅專兵向宮，以逐君側之惡，春秋義之。』有使者出開門，蕃到尚書門，正色云云。」今從范書。到尚書門，攘臂呼曰：「大將軍忠以衛國，黃門反逆，何云竇氏不道邪！」王甫時出與蕃相遇，適聞其言，而讓蕃曰：「先帝新棄天下，山陵未成，武有何功，兄弟父子並封三侯(八五)！又設樂飲讌，多取掖庭宮人，旬日之間，貲財巨萬，大臣若此，為是道邪(八六)！公為宰輔，苟相阿黨，復何求賊！」使劍士收蕃，蕃拔劍叱甫，辭色逾厲。遂執蕃，送北寺獄。【考異】范書蕃傳曰：「蕃拔劍叱甫，甫兵不敢近。乃益人圍之數十重，遂執蕃送獄。」今據袁紀。(八七)黃門從官騶(八八)蹋踧(八九)蕃曰：「死老魅(九〇)！復能損我曹員數，奪我曹稟假不(九一)！」即日殺之。時護匈奴中郎將張奐徵還京師，曹節等以奐新至，不知本謀，矯制以少府周靖行車騎將軍、加節，與奐率五營士討武。夜漏盡(九二)，王甫將虎賁、羽林等合千餘人，出屯朱雀掖門(九三)，與奐等合，已而悉軍闕下，與武對陳。甫兵漸盛，使其士大呼武軍曰：「竇武反，汝皆禁兵，當宿衛宮省，何故隨反者乎！先降有賞！」營府兵(九四)素畏服中官，於是武軍稍稍歸甫，自旦至食時，兵降略盡。武、紹走，諸軍追圍之，皆自殺，梟首雒陽都亭(九五)；收捕宗親賓客姻屬，悉誅之，及侍中劉瑜、屯騎校尉馮述，皆夷其族。宦官又譖虎賁中郎將河間劉淑，故尚書會稽魏朗，云與武等通謀，皆自殺。遷皇太后於南宮，徙武家屬於日南；自公卿以下嘗為蕃、武所舉者及門生故吏，皆免官禁錮。議郎勃海巴肅(九六)，始與武等同謀，曹節等不知，但坐禁錮，後乃知而收之。肅自載詣縣，縣令見肅，入閤，解印綬，欲與俱去。肅曰：「為人臣者，有謀不敢隱，有罪不逃刑，既不隱其謀矣，又敢逃其刑乎！」遂被誅。

曹節遷長樂衛尉，封育陽侯(九七)。王甫遷中常侍，黃門令如故。朱瑀、共普、張亮等六人皆為列侯，十一人為關內侯。於是羣小得志，士大夫皆喪氣。

蕃友人陳留朱震收葬蕃尸，匿其子逸，事覺，繫獄，合門桎梏。震受考掠，誓死不言，逸由是得免。武府掾桂陽胡騰殯殮武尸，行喪，坐以禁錮。武孫輔，年二歲，騰詐以為己子，與令史(九八)南陽張敞共匿之於零陵界中，亦得免。

張奐遷大司農，以功封侯。奐深病為曹節等所賣，固辭不受。

㈤以司徒胡廣為太傅，錄尚書事，司空劉寵為司徒，大鴻臚許栩為司空。

(十六)冬十月甲辰晦，日有食之。

(十七)十一月，太尉劉矩免，以太僕沛國聞人襲(九九)為太尉。

(十八)十二月，鮮卑及濊貊寇幽、幷二州。

(十九)是歲，疏勒王季父和得殺其王自立。

(廿)烏桓大人上谷難樓有眾九千餘落，遼西丘力居有眾五千餘落，自稱王。遼東蘇僕延有眾千餘落，自稱峭王。右北平烏延有眾八百餘落，自稱汗魯王。

【今註】㊀蕃與武及司徒胡廣參錄尚書事：胡三省曰：「三人謂之參。」應劭《漢官儀》載冊書云：「故太尉陳蕃忠亮謇諤，有不吐茹之節，司徒胡廣惇德允元，五世從政。今以蕃為太傅，與廣參錄尚書事。」㊁諸尚書畏懼，多託病不朝：《後漢書．陳蕃傳》作「諸尚書畏懼權官，託病不朝。」周壽昌曰：「權官即權臣，謂持權之宦官也。」㊂古人立節，事亡如存：李賢曰：「言人主雖亡，法度尚在，當行之與不亡時同，故曰如存，前書袁盎曰：『主在與在，主亡與亡』也。」胡三省曰：「余謂事死如事生，事亡如事存，中庸之文，言人主雖死亡，事之如生存也。」按胡說是。㊃諸君奈何委荼蓼之苦，息偃在牀：《詩．國風》曰：「誰謂荼苦？其甘如薺。」〈周頌〉曰：「未堪家多難，予又集於寥。」〈小雅〉曰：「或息偃在牀。」蕃蓋引詩為苟且畏艱之喻。㊄解瀆亭侯至夏門亭：《東觀漢記》曰：「夏門外萬壽亭。」㊅王青蓋車：《續漢書・輿服志》曰：「皇太子、皇子皆安車，朱班輪，青蓋金華，皇子為王，錫以乘之，故曰王青蓋車。」㊆改元：改永康為建寧元年。㊇宣陵：李賢曰：「宣陵在洛陽東南三十里，高十二丈，周三百步。」㊈初，護羌校尉段熲既定西羌：熲定西羌見永康元年正月。㊉而東羌，先零等種猶未服，度遼將軍皇甫規、中郎將張奐招之連年，既降又叛：桓帝延熹四年，皇甫規招降先零、東羌，六年，規薦張奐自代，至永康元年，前後七年間，諸羌叛服無常。⑪躊躇：顏師古曰：「躊躇，住足也。」李賢曰：「躊躇猶蹢躅也。」按即猶豫不前貌。⑫當慮外離內合：謂奐必慮羌雖外示漢以攜離，一有緩急，勢將復合。⑬狼子野心：《左傳》晉叔向母曰：「狼子野心。」喻兇暴之人，其心放縱難制。⑭西河、上郡，已各內徙：事見卷五十二順帝永和五年。徙邊郡郡治令僑寄內地謂之內徙。⑮單危：危弱無援。⑯自雲中、五原西至漢陽二千餘里：杜佑曰：「今榆林郡即漢雲中、五原郡也，漢陽今天水郡。」按榆林郡，隋置，掩有漢雲中、五原二郡地，即今綏遠省鄂爾多斯左翼地。漢雲中郡治即今綏遠省托克托縣，五原郡治即今綏遠省五原縣。漢陽郡，前漢曰天水郡，治平襄，在今甘肅省通渭縣西南，後漢移治冀縣，在今甘肅省伏羌縣南，旋改曰漢陽郡。⑰無慮：李賢曰：「無慮，都凡也。」毛晃曰：「無慮猶言多少、如是，無疑也。」⑱永初中，諸羌反叛，十有四年，用二百四十億：事見卷五十安帝元初五年。⑲永和之末，復經七年，用八十餘億：事見卷五十二沖帝永嘉元年。⑳彭陽：縣名，屬安定郡，故城在今甘肅鎮原縣東。㉑高平：縣名，屬安定郡，故治即今甘肅固原縣。㉒逢義山：李賢曰：「山在今原州平高縣。」杜佑曰：「平高縣，即漢之高平也。」㉓太后賜詔書褒美：時竇太后臨朝，政由后出。㉔中藏府：《續漢書・百官志》，中藏府，屬少府，掌中幣帛金銀諸貨物，置令一人，秩六百石。㉕追尊皇祖為孝元皇：皇祖，即解瀆亭侯淑。㉖考為孝仁皇：考即帝父解瀆亭侯萇。㉗尊帝母董氏為慎園貴人：李賢曰：「慎園在今瀛州樂壽縣東南，俗呼為二皇陵。」唐樂壽故城在今河北省獻縣西南。㉘武子機為渭陽侯：胡三省曰：「考兩漢志，無渭陽縣，蓋因舅氏之親而為封國之名。」㉙旦、奭：周公旦、召公奭。㉚今同宗相後，披圖案牒，以次建之：惠棟曰：「圖，輿地圖也；牒，宗室名牒也。披圖則知諸王分國，案牒則知宗室遠近也。」胡三省曰：「自和帝無嗣，安帝以肅宗之孫入立，沖、質短祚，桓帝以肅宗曾孫入立，桓帝無嗣，又以肅宗玄孫入立，是同宗相後以次建之也。」㉛豈可橫叨天功以為己力乎：《左傳》曰：「叨天之功以為己力。」叨音滔，貪也，橫猶枉也，非己之所應得而貪之，故曰橫叨。㉜臣雖無素潔之行：《後漢書・陳蕃傳》蕃上疏云：「臣孰自思省，前後歷職無他能，合亦食祿，不合亦食祿。」故自謙無素潔之行。㉝竊慕君子不以其道得之不居也：《論語》孔子曰：「富與貴，是人之所欲，不以其道得之不處也。」㉞若受爵不讓：《詩》曰：「受爵不讓，至於已斯亡。」注曰：「爵祿不以相讓，故怨禍及之也。」㉟橋門：《東觀記・段熲傳》曰：「出橋門谷也。」《水經注》曰：「橋門即橋山之長城門也。」按《後漢書・段熲傳》：「熲復追羌，出橋門，至走馬水上。」《水經注》曰：「平水出膚施縣西北平谿，東南入奢延水，又東，走馬水注之。水出西南長城北陽周故城南橋山。」陽周縣，秦置，後漢省，故城在今陝西省安定縣北，橋山當在其南。㊱奢延澤：李賢曰：「即上郡奢延縣界也。」《水經注》曰：「奢延水出奢延縣西南。」奢延縣故城在今綏遠鄂爾多斯右翼前旗西南。㊲落川：《水經注》曰：「落川在奢延水南。」㊳令鮮水：李賢曰：「令鮮，水名，在今甘州張掖縣界，一名合黎水，一名羌谷水也。」程大昌曰：「李注令鮮水非也。在張掖者亦名鮮水，趙充國所謂治湟陿以西橋，令可至鮮水上者是也。今此紀明所追者東羌，乃在上郡，其下言追及靈武谷可見也。」胡三省曰：「余攷熲之擊羌也，既捷於鮮水，乃追戰於靈武谷，此鮮水非甘州之鮮水明矣。水當在上郡、北地界。」㊴靈武谷：李賢曰：「靈武，縣名，有谷，在今靈州懷遠縣西北。」胡三省曰：「據前書地理志，北地郡有靈武縣，靈武谷當在此縣界，非唐靈州之靈武縣也。」㊵涇陽：縣名，前漢置，屬安定郡，後漢廢，故城在今甘肅平涼縣西。㊶瞽言：猶瞽說。《漢書．谷永傳》：「皆瞽說欺天者也。」顏師古曰：「瞽說，言不中道，若無目之人也。」㊷折衄：虧損曰折，傷敗曰衄。㊸又言羌一氣所生，不可誅盡：李賢曰：「言羌亦稟天之一氣所生，誅之不可盡。」㊹假手行誅：假，借也，言假手於漢以行誅伐。㊺昔邢為無道，衞國伐之，師興而雨：《左傳》曰：「衞大旱，卜有事於山川，不吉。甯莊子曰：『昔周饑，克殷而年豐，今邢無道，天其欲衞討邢乎！』從之，師興而雨。」熲蓋引此為比，謂漢伐羌，猶周之伐殷，衞之伐邢也。㊻甘澍：澍音樹，時雨曰澍，猶曰甘霖。㊼眾和師克：《左傳》曰：「師克在和，不在眾也。」克，勝也。㊽自橋門以西，落川以東：杜佑曰：「橋門以西，落川以東，今金城、會寧、平涼郡地屬之。」㊾奐為漢吏，身當武職，駐軍二年：奐以延熹九年拜護匈奴中郎將，以九卿秩督幽、并、涼三州及度遼、烏桓二營，歷永康元年，至是凡二年。㊿寇虛：虛與墟同，謂諸羌所居地。(51)獷敵：獷，猛惡貌。(52)僭而無徵：誕妄無所徵信。《左傳》曰：「臧會卜為信與僭。」杜預曰：「僭，不信也。」(53)昔先零作寇，趙充國徙令居內：宣帝時，先零羌叛，趙充國擊之，降者三萬，充國徙之於金城郡，置金城屬國以處之。(54)煎當亂邊，馬援遷之三輔：煎當，羌種名。李賢曰：「遷置天水、隴西、扶風，見西羌傳。」按《後漢書・西羌傳》云：「建武十一年夏，先零種復寇臨洮，隴西太守馬援破降之，後悉歸服，徙置天水、隴西、扶風三郡。」熲蓋引此以為言。(55)至今為鯁：李賢曰：「鯁與梗同，梗，病也。」余按鯁，害也，言至今尚為害也。〈晉語〉云：「除鯁而避強。」義同。(56)殖：生也。《左傳》曰：「見惡如農夫之務去草焉，絕其本根，勿使能殖。」又引為蓄息之義，〈晉語〉云：「同姓不婚，惡不殖也。」(57)殘燼：杜預曰：「燼，火餘木也。」取其行將殄滅之義。(58)軍不內御：《淮南子》曰：「國不可從外理，軍不可從中御。」《史記》馮唐曰：「臣聞上古王者之遣將也，跪而推轂曰：『閫以內者寡人制之，閫以外者將軍制之。』」其意同。(59)初，竇太后之立也，陳蕃有力焉：事見卷五十五桓帝延熹八年。(60)女尚書：李賢曰：「女尚書，宮內官也。」(61)昔蕭望之困一石顯：元帝時，蕭望之為御史大夫，為閹人石顯所譖殺，事見卷二十八元帝初元二年。(62)故事，黃門、常侍但當給事省內門戶：胡三省曰：「省內謂禁中也。」《續漢書・百官志》曰：「中黃門、冗從僕射，居則宿衞，直守門戶也。」直與值同。

(六三)近署財物：胡三省曰：「近署財物，謂少府所掌中藏府、尚方、內省諸署也。」(六四)匈匈：喧擾貌。或作訩。(六五)漢元：漢初也，《續漢書》作漢興以來。(六六)冘豫：冘音淫。李賢曰：「冘豫，不定也。」(六七)嚚嚚：諠譁貌。(六八)公乘昕：胡三省曰：「公乘，秦爵也，此以爵為氏。」(六九)趙夫人：即趙嬈。(七〇)附從者升進，忤逆者中傷：《前漢書》劉向上書論王鳳曰：「稱譽者登進，忤恨者誅傷。」蕃言蓋襲其意。(七一)一朝羣臣：胡三省曰：「謂舉朝之臣也。」(七二)汎汎東西：謂隨俗浮沈，無獨立特行之節。(七三)太白犯房之上將，入太微：《晉書・天文志》曰：「房四星，為明堂，天子布政之宮也，亦四輔也。第一星，上將也；次，次將也；次，次相也；上星，上相也。太微，天子庭也。」(七四)天官：胡三省曰：「天官即天文也，史記天官書猶後之天文志。」(七五)山冰：山姓，冰名。(七六)長樂尚書：胡三省曰：「長樂尚書，蓋以太后臨朝置之，以掌奏下外朝文書眾事也。」(七七)典中書者：《續漢書・百官志》曰：「中宮尚書五人，宦者，主中文書。」(七八)長樂五官史：胡三省曰：「長樂，太后宮也，太后宮有女尚書五人，五官史主之。」按《續漢書・百官志》，中宮置尚書五人，又長信、長樂署職吏皆以宮名為號，員數、秩次如中宮。劉昭注曰：「長樂五官吏朱瑀之類是也。」五官吏，〈竇武傳〉作五官史。(七九)長樂從官史：胡三省曰：「長樂從官吏，掌太后宮從官。」(八〇)切切：胡三省曰：「切切，猶言迫急也。」(八一)棨信：李賢曰：「棨，有衣戟也。」按《集韻》：「棨形如戟，有幡書之，吏執為信。」蓋刻木為符合以為信，故謂之棨信。《漢官儀》曰：「凡居宮中，皆施籍於掖門，案姓名省入者，本官為封棨，傳審印信，然後受之。」(八二)詔板：胡三省曰：「詔板，所謂尺一也。」

古人以板書詔，故曰詔板。《後漢書・陳蕃傳》：「尺一選舉。」李賢注：「尺一，謂板長尺一以寫詔書也。」(八三)令中謁者守南宮，閉門絕複道：《續漢書・百官志》，中宮謁者令一人，謁者三人，宦者為之，主報中章，又曰中謁者。蔡質《漢官典職儀》曰：「南宮至北宮，相去七里，中央作大屋，復道三行，天子臨行中央，從官夾左右，十步一衞。」復與複同。《漢書・高帝紀》云：「上居南宮，從復道上望見諸將往往耦語。」顏師古曰：「上下有道，故曰復道也。」(八四)都亭：胡三省曰：「此雒陽都亭也。」《史記索隱》曰：「郭下之亭曰都亭。」李賢《後漢書・皇后紀》注：「凡言都亭者，並城內亭也。」(八五)武有何功，兄弟父子並封三侯：胡三省曰：「謂武子機封渭陽侯，兄子紹封鄠侯，紹弟靖封西鄉侯。」(八六)為是道邪：反質之辭。意謂此非不道而何？(八七)考異范書蕃傳云云，今據袁紀：王補曰：「此事通鑑不取益兵圍蕃之說，而從袁紀。然張奐傳：『曹節矯制使張奐率五營士圍武，武自殺，蕃因見害，奐深病為所賣，急為申雪。』則仍當以本傳為是。」惠棟曰：「案張瑩漢南記云：『閹寺之黨於宮中詐稱驚云外有反者，蕃奔入宮，小黃門朱寓以戟刺蕃。』與傳異也。」(八八)黃門從官騶：李賢曰：「騶，騎士也。」惠棟曰：「從官騶謂吏從官及騶僕射，宦者為之，黃門之屬也。」(八九)蹋踧：以足踐踏曰蹋，蹋蹴曰踧。踧與蹙同。(九〇)死老魅：物老而能為精怪曰魅，此詈罵之辭。(九一)復能損我曹員數，奪我曹稟假不：蕃、武白竇后誅中常侍管霸、蘇康等，復奏免黃門令魏彪，收長樂尚書鄭颯，是損其員數也。蔡質《漢官典職儀》曰：「尚書僕射與右丞對掌稟假錢穀。」胡三省曰：「稟，給也；假，借也。時宦官恣橫，黃門從官冗濫尤甚，陳蕃自桓帝以來為尚書令，挨其冗濫，數格奪其稟假故也。」㊈㊁夜漏盡：天黎明時。㊈㊂朱雀掖門：北宮南掖門曰朱雀門，見《續漢書・百官志》。㊈㊃營府兵：胡三省曰：「營府，謂五營校尉府也。」按《續漢書・百官志》，北軍有屯騎、越騎、步兵、長水、射聲五營校尉，俱掌宿衞兵。《九州春秋》袁紹說何進云：「黃門常侍，累世太盛，前竇武欲誅之而反為所害，但坐言語漏泄，以五營士為兵故耳！」是武欲藉以誅宦官者蓋此軍五營府兵。㊈㊄武、紹走，諸軍追圍之，皆自殺，梟首雒陽都亭：《續漢書・五行志》曰：「桓帝末，京師童謠曰：『茅田一頃中有井，四方纖纖不可整，嚼復嚼，今年尚可後年磽。』」案易曰：『拔茅連茹』，喻羣賢也；井者，法也。時中常侍管霸等憎疾海內英賢，並見廢錮，茅田一頃，言羣賢眾多也；中有井者，言雖厄窮不失法度也，四方纖纖，言姦慝不可理也；嚼，飲酒相強之辭也，言不恤王政，徒耽宴而已；今年尚可者，言但禁錮也；後年磽者，陳蕃、竇武等誅，天下大壞也。」㊈㊅議郎勃海巴肅：巴氏，肅名。《後漢書・黨錮傳》云：「肅字恭祖，勃海高城人。」高城在今河北省鹽山縣東南。㊈㊆育陽侯：育陽邑，屬南陽郡，故城在今河南南陽縣南六十里綠楊村。㊈㊇令史：《續漢書・百官志》，大將軍府有令史及御屬三十一人，皆府員職也。㊈㊈聞人襲：複姓聞人，名襲。《風俗通》曰：「少正卯，魯之聞人，其後氏焉！」

二年（西元一六九年）

㈠春正月丁丑（正月甲辰朔，無丁丑日），赦天下。

㈡帝迎董貴人於河間。三月乙巳（初三日），尊為孝仁皇后，居永樂宮；拜其兄寵為執金吾，兄子重為五官中郎將。

㈢夏四月壬辰（二十一日），有青蛇見於御坐上。癸巳（二十二日），大風，雨雹，霹靂，【考異】帝紀：「建寧二年四月癸巳，大風雨雹。」楊賜傳：「熹平元年，青蛇見御坐。」續漢志：「熹平元年四月甲午，青蛇見御坐。」袁紀：「建寧二年四月壬辰，青蛇見，癸巳，大風。」按張奐傳，論陳、竇薦王、李，與袁紀相應，今從之。拔大木百餘。詔公卿以下各上封事。大司農張奐上疏曰：「昔周公葬不如禮，天乃動威㈠。今竇武、陳蕃忠貞，未被明宥，妖眚㈡之來，皆為此也，宜急為收葬，徙還家屬，其從坐禁錮，一切蠲除。又皇太后雖居南宮，而恩禮不接，朝臣莫言，遠近失望。宜思大義顧復之報㈢。」上深嘉奐言，以問諸常侍，左右皆惡之，帝不得自從。奐又與尚書劉猛等共薦王暢、李膺可參三公之選，曹節彌疾其言，遂下詔切責之。奐等皆自囚廷尉，數日乃得出，並以三月俸贖罪。

郎中東郡謝弼㈣上封事曰：「臣聞『惟虺惟蛇，女子之祥㈤』。伏惟皇太后定策宮闥，援立聖明，書曰：『父子兄弟，罪不相及㈥』，竇氏之誅，豈宜咎延太后！幽隔空宮，愁感天心，如有霧露之疾（七），陛下當何面目以見天下！孝和皇帝不絕竇氏之恩（八），前世以為美談。禮，『為人後者為之子』，今以桓帝為父，豈得不以太后為母哉！願陛下仰慕有虞烝烝之化（九），凱風慰母之念（一〇）。臣又聞『開國承家，小人勿用（一一）』，今功臣久外，未蒙爵秩，阿母（一二）寵私，乃享大封，大風雨雹，亦由於茲。又故太傅陳蕃，勤身王室，而見陷羣邪，一旦誅滅，其為酷濫，駭動天下；而門生故吏，並離（一三）徙錮。蕃身已往，人百何贖（一四）！宜還其家屬，解除禁網。夫臺宰重器，國命所繫，今之四公（一五），唯司空劉寵斷斷守善（一六），餘皆素餐致寇（一七）之人，必有折足覆餗（一八）之凶，可因災異，並加罷黜，徵故司空王暢、長樂少府李膺並居政事，庶災變可消，國祚惟永。」左右惡其言，出為廣陵府丞（一九），去官，歸家。曹節從子紹為東郡太守，以他罪收弼，掠死於獄。

帝以蛇妖問光祿勳楊賜，賜上封事曰：「夫善不妄來，災不空發。王者心有所想，雖未形顏色，而五星以之推移，陰陽為其變度。夫皇極不建，則有龍蛇之孽〔二〇〕，詩云：『惟虺惟蛇，女子之祥。』惟陛下思乾剛之道，別內外之宜，抑皇甫之權，割豔妻之愛〔二一〕，則蛇變可消，禎祥立應。」賜，秉之子也。

(四)五月，太尉聞人襲、司空許栩免；六月，以司徒劉寵為太尉，太常汝南許訓為司徒，太僕長沙劉囂為司空。囂素附諸常侍，故致位公輔〔二二〕。

(五)詔遣謁者馮禪說降漢陽散羌。段熲以春農，百姓布野，羌雖暫降，而縣官無廩，必當復為盜賊，不如乘虛放兵〔二三〕，勢必殄滅。熲於是自進營，去羌所屯凡亭山〔二四〕四五十里，遣騎司馬田晏、假司馬夏育將五千人先進，擊破之。羌眾潰東奔，復聚射虎谷〔二五〕，分兵守谷上下門，熲規一舉滅之，不欲復令散走。秋七月，熲遣千人於西縣〔二六〕結木為柵，廣二十步，長四十里遮之。分遣晏、育等將七千人銜枚夜上西山，結營穿塹，去虜一里許，又遣司馬張愷等將三千人上東山，虜乃覺之。熲因與愷等挾東、西山，縱兵奮擊，破之，追至谷上下門，窮山深谷之中，處處破之，斬其渠帥以下萬九千級。馮禪等所招降四千人，分置安定、漢陽、隴西三郡。於是東羌悉平。熲凡百八十戰，斬三萬八千餘級，獲雜畜四十二萬七千頭，費用四十四億，軍士死者四百餘人；更封新豐縣侯，邑萬戶。

臣光曰：「書稱『天地，萬物父母。惟人萬物之靈，亶聰明，作元后，元后作民父母㉗。』夫蠻夷戎狄，氣類雖殊，其就利避害，樂生惡死，亦與人同耳。御之得其道則附順服從，失其道則離叛侵擾，固其宜也。是以先王之政，叛則討之，服則懷之，處之四裔㉘，不使亂禮義之邦而已。若乃視之如草木禽獸，不分臧否，不辨去來，悉艾㉙殺之，豈作民父母之意哉！且夫羌之所以叛者，為郡縣所侵冤㉚故也；叛而不即誅者，將帥非其人故也。苟使良將驅而出之塞外，擇良吏而牧之，則疆埸之臣也，豈得專以多殺為快耶！夫御之不得其道，雖華夏之民，亦將蠭起而為寇，又可盡誅邪！然則段紀明㉛之為將，雖克捷有功，君子所不與也。」

㈥九月，江夏蠻反，州郡討平之。

㈦丹楊山越[32]圍太守陳夤，夤擊破之。

㈧初，李膺等雖廢錮[33]，天下士大夫皆高尚其道而汙穢朝廷，希[34]之者唯恐不及，更共相標榜[35]，為之稱號：以竇武、陳蕃、劉淑為三君，君者，言一世之所宗也；李膺、荀昱[36]、杜密[37]、王暢、劉祐[38]、魏朗[39]、趙典[40]、朱寓[41]為八俊，俊者，言人之英也；郭泰、范滂[42]、尹勳、巴肅及南陽宗慈、陳留夏馥、汝南蔡衍、泰山羊陟為八顧，顧者，言能以德行引人者也；張儉、翟超、岑晊、苑康[43]及山陽劉表、汝南陳翔、魯國孔昱、山陽檀敷[44]為八及，及者，言其能導人追宗[45]者也；度尚[46]及東平張邈[47]、王考[48]、東郡劉儒[49]、泰山胡毋班[50]、陳留秦周[51]、魯國蕃嚮[52]、東萊王章[53]為八廚，廚者，言能以財救人者也。及陳、竇用事，復舉拔膺等；陳、竇誅，膺等復廢。

宦官疾惡膺等，每下詔書，輒申黨人之禁。侯覽怨張儉尤甚[54]，覽鄉人朱並素佞邪，為儉所棄，承覽意指，上書告儉與同鄉二十四人別相署號，共為部黨，圖危社稷，而儉為之魁。詔刊章[55]捕儉等。冬十月，大長秋曹節因此諷有司奏「諸鉤黨者故司空虞放及李膺、杜密、朱寓、荀翌、翟超、劉儒、范滂等，請下州郡考治。」是時上年十四，問節等曰：「何以為鉤黨？」對曰：「鉤黨者，即黨人也。」上曰：「黨人何用為惡而欲誅之邪？」對曰：「皆相舉羣輩，欲為不軌(五六)。」上曰：「不軌欲如何？」對曰：「欲圖社稷。」上乃可其奏。

或謂李膺曰：「可去矣！」對曰：「事不辭難，罪不逃刑(五七)，臣之節也。吾年已六十，死生有命，去將安之！」乃詣詔獄，考死；門生故吏並被禁錮。侍御史蜀郡景毅子顧為膺門徒，未有錄牒，不及於譴(五八)，毅慨然曰：「本謂膺賢，遣子師之，豈可以漏脫名籍，苟安而已！」遂自表免歸。

汝南督郵吳導受詔捕范滂，至征羌(五九)，抱詔書閉傳舍(六〇)，伏牀而泣，一縣不知所為。滂聞之曰：「必為我也。」即自詣獄。縣令郭揖大驚，出，解印綬，引與俱亡，曰：「天下大矣，子何為在此！」滂曰：「滂死則禍塞，何敢以罪累君，又令老母流離乎！」

其母就與之訣，滂白母曰：「仲博(六一)孝敬，足以供養。滂從龍舒君歸黃泉，存亡各得其所。惟大人割不可忍之忍，勿增感戚！」仲博者，滂弟也。龍舒君者，滂父龍舒侯相顯也。母曰：「汝今得與李、杜(六二)齊名，死亦何恨！既有令名，復求壽考，可兼得乎！」滂跪受教，再拜而辭。顧其子曰：「吾欲使汝為惡，惡不可為；使汝為善，則我不為惡(六三)。」行路聞之，莫不流涕。

凡黨人死者百餘人，妻子皆徙邊，天下豪桀及儒學有行義者，宦官一切指為黨人；有怨隙者，因相陷害，睚眦之忿，濫入黨中。州郡承旨，或有未嘗交關，亦離禍毒，其死、徙、廢、禁(六四)者又六七百人。

郭泰聞黨人之死，私為之慟曰：「詩云：『人之云亡，邦國殄瘁(六五)。』漢室滅矣，但未知『瞻烏爰止，于誰之屋』耳(六六)！」泰雖好臧否人倫(六七)，而不為危言覈論(六八)，故能處濁世而怨禍不及焉。

張儉亡命困迫，望門投止(六九)，莫不重其名行，破家相容。後流轉東萊，止李篤家。外黃令毛欽(七〇)操兵到門，篤引欽就席曰：「張儉負罪亡命，篤豈得藏之！若審在此，此人名士明廷，(七一)寧宜執之乎？」欽因起撫篤曰：「蘧伯玉恥獨為君子，足下如何專取仁義！」篤曰：「今欲分之，明廷載半去矣(七二)。」欽歎息而去。篤導儉經北海戲子然家，遂入漁陽出塞。其所經歷，伏重誅者以十數，連引收考者布徧天下，宗親並皆殄滅，郡縣為之殘破。儉與魯國孔褒有舊，亡抵褒(七三)，不遇，褒弟融，年十六，匿之。後事泄，儉得亡走，國相收褒、融送獄，未知所坐。融曰：「保納舍藏(七四)者融也，當坐。」褒曰：「彼來求我，非弟之過。」吏問其母，母曰：「家事任長(七五)，妾當其辜。」一門爭死，郡縣疑不能決，乃上讞(七六)之，詔書竟坐褒。及黨禁解，儉乃還鄉里，後為衛尉，卒，年八十四(七七)。夏馥聞張儉亡命，歎曰：「孽自己作，空汙良善，一人逃死，禍及萬家，何以生為！」乃自翦須(七八)變形，入林慮(七九)山中，隱姓名，為冶家傭，親突煙炭，形貌毀瘁，積二三年，人無知者。馥弟靜載縑帛追求餉之，馥不受曰：「弟奈何載禍相餉乎！」黨禁未解而卒。

初，中常侍張讓父死，歸葬潁川，雖一郡畢至，而名士無往者，讓甚恥之，陳實獨弔焉。及誅黨人，讓以實故，多所全宥。南陽何顒，素與陳蕃、李膺善，亦被收捕，乃變姓名匿汝南間，與袁紹為奔走之交(八〇)，常私入雒陽，從紹計議，為諸名士罹黨事者求救援，設權計，使得逃隱，所全免甚眾。

初，太尉袁湯三子，成、逢、隗，成生紹，逢生術。逢、隗皆有名稱，少歷顯官。時中常侍袁赦【考異】袁紀作「袁朗」，今從范書袁隗傳。以逢、隗宰相家，與之同姓，推崇以為外援，故袁氏貴寵於世，富奢甚，不與他公族同。紹壯健有威容，愛士養名，賓客輻湊歸之(八一)，輜軿、柴轂(八二)，填接街陌。術亦以俠氣聞。逢從兄子閎，少有操行，以耕學為業，逢、隗數饋之，無所受。閎見時方險亂，而家門富盛，常對兄弟歎曰：「吾先公(八三)福祚，後世不能以德守之，而競為驕奢，與亂事爭權，此即晉之三郤矣(八四)。」及黨事起，閎欲投迹深林，以母老，不宜遠遁，乃築土室四周於庭，不為戶，自牖納飲食。母思閎時，往就視，母去，便自掩閉，兄弟妻子莫得見也(八五)。

潛身十八年，卒於土室。

初，范滂等非訐(八六)朝政，自公卿以下皆折節下之，太學生爭慕其風，以為文學將興，處士復用。申屠蟠獨歎曰：「昔戰國之世，處士橫議，列國之王至為擁篲先驅(八七)，卒有坑儒燒書之禍(八八)，今之謂矣。」乃絕迹於梁、碭之間，因樹為屋，自同傭人。居二年，滂等果罹黨錮之禍，唯蟠超然免於評論。

臣光曰：「天下有道，君子揚於王庭以正小人之罪，而莫敢不服。天下無道，君子囊括(八九)不言以避小人之禍，而猶或不免。黨人生昏亂之世，不在其位，四海橫流(九〇)，而欲以口舌救之，臧否人物，激濁揚清，撩虺蛇之頭，虎狼之尾，以至身被淫刑(九一)，禍及朋友，士類殲滅而國隨以亡，不亦悲乎！夫唯郭泰既明且哲，以保其身(九二)，申屠蟠見幾而作，不俟終日(九三)，卓乎其不可及已！」

(九)庚子晦，日有食之。

(十)十一月，太尉劉寵免；太僕扶溝郭禧(九四)為太尉。

(十一)鮮卑寇幷州。

(十一)長樂太僕曹節病困，詔拜車騎將軍。有頃，疾瘳，上印綬，復為中常侍，位特進，秩中二千石。

(十二)高句驪王伯固寇遼東，玄菟太守耿臨討降之。

【今註】㊀昔周公葬不如禮，天乃動威：《尚書．大傳》曰：「周公薨，成王欲葬之成周，天乃雷電以風，禾則盡偃，大木斯拔，邦人大恐。王葬周公於畢，示不敢臣也。」㊁妖眚：猶曰妖異。㊂宜思大義顧復之報：〈小雅．蓼莪〉之詩曰：「父兮生我，母兮鞠我，拊我，畜我，長我，育我，顧我，復我，出入腹我。」鄭箋曰：「顧，旋視也；復，反覆也。」陳奐曰：「顧有回顧旋視之義，復，反也，顧復，猶出入也。腹訓厚，則顧、復皆厚也，重言之者，以明生我劬勞意。」故以顧復為親恩之喻。㊃郎中東郡謝弼：《後漢書．謝弼傳》云：「弼字輔宣，東郡武陽人也。」謝承《後漢書》云：「字輔鸞，東郡濮陽人也。」與范書異。㊄惟虺惟蛇，女子之祥：此《詩．小雅．無羊》之辭。鄭玄曰：「虺蛇穴處，陰之祥也。」㊅書曰，父子兄弟，罪不相及：《左傳》胥臣曰：「康誥曰：『父不慈，子不祇，兄不友，弟不恭，不相及也。』」㊆霧露之疾：文帝徙淮南厲王長於蜀，袁盎曰：「上素驕淮南王，弗為置嚴傅相，淮南王為人剛，今暴摧折之，臣恐卒逢霧露，病死，陛下將有殺弟之名也！」見卷十四文帝前六年。㊇孝和皇帝不絕竇氏之恩：竇太后崩，張酺等奏不宜合葬，和帝曰：「臣子無貶尊上之文，恩不忍離。」於是合葬。事見卷四十七永元九年。㊈有虞烝烝之化：《書・舜典》曰：「烝烝乂，不格姦。」孔安國曰：「烝烝，猶進進也。言舜進於善道。」
⑩凱風慰母之念：《詩經・凱風》：「有子七人，莫慰母心。」美七子能盡孝道，自責以感母心也，後遂用為孝思之喻。《後漢書・東平憲王傳》：「以慰凱風寒泉之思。」⑪開國承家，小人勿用：此《易》師卦上六爻辭。⑫阿母：謂帝乳母趙嬈。⑬離：太史公曰：「離猶遭也。」⑭人百何贖：〈秦風・黃鳥〉之詩曰：「如可贖兮，人百其身。」彌文本此。⑮四公：李賢曰：「四公，謂劉矩為太尉，許訓為司徒，胡廣為太傅及寵也。」胡三省曰：「據是年，聞人襲已代劉矩為太尉，餘三公亦不與賢註合。」按《後漢書・靈帝紀》：「時胡廣為太傅，劉寵為司徒，許栩為司空，聞人襲為太尉。」錢大昕曰：「案劉寵為司空在建寧元年，章懷住所舉太尉劉矩亦以元年十一月免官，似章懷本元是建寧元年，非二年矣，惟許訓為司徒與本紀未合。」⑯唯司空劉寵，斷斷守善：袁宏紀云：「寵在朝廷，正色不可干以私，閉戶靜居，不接賓客，教諸子孫而已。故進不見惡，退無謗言。」《書・秦誓》曰：「如有一介臣，斷斷猗，無他技。」孔安國注云：「斷斷猗然，專一之臣也。」猗，語助辭。⑰素餐致寇：趙岐曰：「無功而食謂之素餐。」《文選》注引韓詩云：「素者質也，人但有質樸而無治民之材名曰素餐。」王充曰：「素者空也，空虛無德，餐人之祿，故曰素餐。」飧與餐同。《易》曰：「負且乘，致寇至。」⑱折足覆餗：《易經・鼎》之辭曰：「鼎折足，覆公餗。」餗鼎中之糝，鼎折足則餗覆，喻大臣當天下之任，若所用非人而國至於覆敗，猶鼎之折足而至覆餗也。
⑲府丞：胡三省曰：「府丞即郡丞也。」⑳夫皇極不建，則有龍蛇之孽：《洪範五行傳》曰：「皇

之不極，是謂不建，時則有龍蛇之孽。」鄭玄曰：「極，中也；建，立也；王象天以性情覆成五事為中和之政也，王政不中和，則是不能立其事也。」㉑抑皇甫之權，割艷妻之愛：李賢曰：「詩云：『皇甫卿士，艷妻煽方處。』艷妻，周幽王后褒姒也；皇甫卿士，皆后之黨，用后嬖寵而居位也。」㉒囂素附諸常侍，故致位公輔：應劭《風俗通》曰：「司隸劉囂以黨附諸常侍，致位公輔。」㉓放兵：胡三省曰：「放兵，謂縱兵擊羌也。」㉔凡亭山：胡三省曰：「魏收地形志安定鶉陰縣有凡亭，杜佑作瓦亭山。注云：『瓦亭山，在今平涼郡蕭關縣。』」蕭關縣，唐置，以蕭關得名，在今甘肅固原縣東南。㉕射虎谷：胡三省曰：「西縣，前漢屬隴西郡，後漢屬漢陽郡。參據二志，皆云縣有嶓冢山，西漢水所出，是則禹貢所謂嶓冢導漾，東流為漢，其發源之地也。段熲討羌，起於安定高平，羌敗，則追至上郡奢延，及大敗於靈武谷，乃追至安定涇陽，諸羌散入漢陽山谷間，聚屯凡亭山，凡亭既破，復聚射虎谷，熲乃於西縣結柵以遮之，以羌奔潰所趨考之，射虎谷在西縣東北，凡亭山當在射虎谷東北。蓋東羌為熲兵所迫，復欲西奔出塞，歸其舊來巢穴，而殲於是谷也。」射虎谷在今甘肅天水縣西。㉖西縣：縣名，前漢屬隴西郡，後漢屬漢陽郡，故城在今甘肅省天水縣西南。㉗天地萬物父母，惟人萬物之靈，亶聰明，作元后，元后作民父母：此《周書・秦誓》之詞。亶與擅同。㉘四裔：裔，邊也。四裔猶曰四邊。《淮南子》云：「雖遊於江潯海裔。」注云：「裔，邊也。」」㉙艾：談曰刈。㉚侵冤：胡三省曰：「侵冤者，所侵刻而含冤。」㉛段紀明：段熲字紀明。㉜山越：胡三省曰：「山越本亦越人，依阻山險，不納王租，故曰山越。」㉝初，李膺等雖廢錮：事見上卷桓帝延熹九年。㉞希：望也。已未有而望有，未達而望達，謂之希。㉟標榜：李賢曰：「標榜，猶相稱揚也。榜與牓同。」胡三省曰：「按立表以示人曰標，揭書以示人曰榜，標榜猶言表揭也。孫綽子或問雅俗曰：『判風流正位，分涇渭殊流，雅鄭異調，題帖分明，標榜可觀，斯謂雅俗矣！』史記：『表商容之閭。』崔浩云：『表者，標榜其里門也。』標榜義取諸此。」㊱荀翌：《三君八俊錄》云：「天下好交荀伯條。」伯條，翌字。翌一作昱。㊲杜密：《三君八俊錄》曰：「天下良輔杜周甫。」周甫，杜密字。㊳劉祐：《三君八俊錄》曰：「天下稽古劉伯祖。」伯祖，劉祐字。㊴魏朗：《三君八俊錄》曰：「天下忠平魏少英。」少英，魏朗字。㊵趙典：《三君八俊錄》云：「天下才英趙仲經。」仲經，趙典字。㊶朱寓：《三君八俊錄》云：「天下氷凌朱季陵。」季陵，朱寓字。范書作寓，薛瑩《漢書》作寓。㊷范滂：《三君八俊錄》八顧無范滂，有劉儒。㊸苑康：范書〈黨錮傳〉作范康，〈荀淑傳〉、〈竇武傳〉並作苑康。㊹檀敷：《三君八俊錄》云：「海內通士檀文有。」文有，檀敷字。按范書〈黨錮傳〉序作敷，本傳作敷。㊺導人追宗：李賢曰：「導，引也；宗謂所宗仰也。」㊻度尚：《三君八俊錄》云：「海內清平度博平。」博平，度尚字。㊼張邈：《三君八俊錄》云：「海內嚴恪張孟卓。」孟卓，張邈字。㊽王考：《三君八俊錄》云：「海內依怙王文祖。」文祖，王考字。㊾劉儒：《三君八俊錄》八廚之號有劉翊，無劉儒。時人為之語曰：「海內光光劉子相。」子相，劉翊字。㊿胡毋班：應劭曰：「胡毋姓本陳胡公之後也，公子完奔齊，遂有齊國，齊宣王母弟別封毋鄉，遠取胡公，近取毋邑，故曰胡毋氏。」(51)秦周：《三君八俊錄》云：「海內貞良秦平王。」平王，秦周字。(五二)蕃嚮：李賢曰：「蕃，姓也。」《三君八俊錄》云：「海內修整蕃善景。」善景，蕃嚮字。顧炎武曰：「蕃音皮，皮古音婆，漢人讀鄱為婆，不知皮之為婆，遂讀蕃為毗矣！」(五三)王章：《三君八俊錄》云：「海內賢智王伯義。」伯義，王章字。(五四)侯覽怨張儉尤甚：儉為山陽東部督郵，劾奏覽母生前罪惡，破其冢宅，故覽怨之尤甚，事見上卷桓帝延熹九年。(五五)刊章：刊，削也。刊章者，刊去告人姓名而下其章也。(五六)不軌：胡三省曰：「軌，法度也。君君臣臣，所謂法也，為人臣而欲圖危社稷，謂之不法。」(五七)事不辭難，罪不逃刑：《左傳》羊舌赤謂晉侯曰：「事君不避難，有罪不逃刑。」膺言蓋襲其意。(五八)侍御史蜀郡景毅子顧為膺門徒，未有錄牒，不及於譴：《華陽國志》曰：「毅字文堅，梓潼人也。」錄，記錄也，牒，名牒也。時膺聚徒教授，而錄其徒姓名於名牒。(五九)征羌：侯國名，屬汝南郡，故城在今河南偃城縣東南。本當鄉縣，光武以來歙有平羌隴之功，改為征羌侯國以封之。洪頤煊曰：「地理、郡國兩志不言故當鄉。范滂傳：『汝南征羌人。』李注謝承書云：『汝南細陽人。』疑當鄉縣，東京初年割細陽所置，故承以滂為細陽人。」(六〇)傳舍：驛舍。(六一)仲博：滂弟字。(六二)李杜：李膺、杜密。(六三)使汝為善，則我不為惡：滂自謂未嘗為惡而得禍，則是善亦不可為也，蓋悲歎之辭。(六四)廢禁：廢徒而禁錮。(六五)人之云亡，邦國殄瘁：此《詩・大雅・瞻卬》之辭。毛萇曰：「殄，盡也；瘁，病也。」喻賢人既亡，為邦國之害。(六六)但未知瞻烏爰止於誰之屋耳：《詩・小雅・正月》：「瞻烏爰止，于誰之屋。」毛萇曰：「富人之屋，烏所集也。」鄭箋云：「視烏集於富人之屋，以言今民亦當求明君而歸之。」郭泰之言，謂漢室將滅，唯不知王業將何所歸。（六七）臧否人倫：《禮記》曰：「擬人必於其倫。」鄭玄曰：「倫猶類也。」臧否人倫，言品藻人物，依其善惡以為等。（六八）危言覈論：《論語》曰：「邦有道，危言危行。」《廣雅》曰：「危，正也。」胡三省曰：「覈，刻覈也，謂深探其實也。」（六九）儉亡命困迫，望門投止：胡三省曰：「望門而投之以求止舍，困急之甚也。」（七〇）外黃令毛欽：胡三省曰：「考兩漢志，外黃縣屬陳留郡，黃縣屬東萊郡，毛欽蓋為黃縣令，外字衍。」（七一）明廷：李賢曰：「明廷猶言明府。」周壽昌曰：「後漢書公沙穆傳穆為繒相，稱繒侯曰明侯，明侯猶明公也，與此明府稱明廷相似。」（七二）今欲分之明廷，載半去矣：李賢曰：「言欽若不執儉，則得義之半矣！」（七三）亡抵褒：李賢曰：「抵，歸也。融家傳，褒字文禮。」（七四）保納舍藏：保納者，謂保其無他而納之，舍藏者，謂舍止而藏匿之。（七五）家事任長：謂家事之抉擇，輩長者任之。（七六）讞：顏師古曰：「讞，平議也。」（七七）及黨禁解，儉乃還鄉里，後為衛尉，卒年八十四：《後漢書・張儉傳》云：「建安初，徵為衛尉，不得已而起。儉見曹氏世德已萌，乃闔門懸車，不豫政事，歲餘，卒于許下。」（七八）須：同鬚。（七九）林慮：縣名，前漢曰隆慮，屬河內郡，避殤帝諱更名，故城在今河南林縣。縣境有山曰隆慮山。（八〇）與袁紹為奔走之交：〈大雅・緜〉之詩曰：「予曰有奔奏。」毛萇曰：「諭德宣譽曰奔奏。」奏與走同。（八一）紹壯健有威容，愛士養名，賓客輻湊歸之：《英雄記》曰：「紹不妄通賓客，非海內知名不得相見，又好游俠，與張孟卓、何伯求、吳子卿、許子遠皆為奔走之友。」孟卓，張邈字；伯求，何顒字；子遠，許攸字；子卿未詳其名。（八二）輜軿柴轂：輜軿，衣車也。《釋名》曰：「輜車，載輜重臥息其中之車也。輜、軿之形同，有邸曰輜，無邸曰軿。」邸與軧同，車之後轅，蘇輿曰：「輜、軿渾言則同，折言則別。」按輜軿，貴者所乘，柴轂，賤者之車。(八三)先公：謂袁安。(八四)此即晉之三郤矣：晉大夫郤錡、郤犨、郤至世為晉卿，憑其世資門慶為驕奢，卒為厲公所殺，見《左傳》。閎蓋以郤氏為袁氏之喻。(八五)閎欲投迹深林至莫得見也：《風俗通》曰：「閎頭不著巾，身無單衣，足常不履，食止薑菜，云我無益家事，莫之能強。」〈高士傳〉范滂美閎而稱之曰：「隱不違親，貞不絕俗，可謂至賢矣！」(八六)訐：李賢曰：「訐，謂橫議是非也。」(八七)戰國之世，處士橫議，列國之王，至為擁篲先驅：《史記》鄒衍如燕，昭王擁篲為之先驅，請列弟子之座而受業焉！築碣石之宮，身親往師事之。(八八)卒有坑儒燒書之禍：事見卷七秦始皇三十四年、三十五年。(八九)囊括：苞含宇內之意，謂容忍也。(九〇)橫流：水行不由故道曰橫流，為政無道之喻。(九一)淫刑：過度曰淫，刑罰無度曰淫刑。(九二)既明且哲，以保其身：《詩・大雅・烝民》尹吉甫美仲山甫之辭。(九三)見幾而作，不俟終日：《易・繫辭》云：「知幾其神乎！幾者，動之微，吉之先見者也。君子見幾而作，不俟終日。」疏云：「言君子既見事之幾微。則須動作而應之，不得待其終日，言赴幾之速也。」(九四)扶溝郭禧：李賢曰：「禧字公房，扶溝人也。」趙明誠曰：「郭氏世為陽翟人，自躬以下皆葬陽翟，其墓尚存。今太尉郭禧碑缺處猶有陳留扶溝字，疑禧嘗寓居是邑，其卒也返葬故鄉，注遂以為扶溝人。」洪适曰：「案郭禧碑既云扶溝華門，應劭漢官儀又云孝靈太尉扶溝郭禧，郭旻碑雲禧之子五原守洪奉柩歸葬舊鄉，則史注初不誤也。」

三年（西元一七〇年）

㈠春三月丙寅晦，日有食之。

㈡徵段熲還京師，拜侍中。熲在邊十餘年，未嘗一日蓐寢㈠，與將士同甘苦，故皆樂為死戰，所嚮有功。

㈢夏四月，太尉郭禧罷；以太中大夫聞人襲為太尉。

㈣秋七月，司空劉囂罷；八月，以大鴻臚梁國橋玄為司空。

㈤九月，執金吾董寵坐矯永樂太后屬請，下獄死。

㈥冬，鬱林太守谷永以恩信招降烏滸㈡人十餘萬，內屬，受冠帶，開置七縣㈢。

㈦涼州刺史扶風孟佗遣從事任涉將敦煌兵五百人，與戊己校尉㈣曹寬、西域長史張宴將焉耆、龜茲、車師前後部，合三萬餘人討疏勒㈤，攻楨中城，四十餘日不能下，引去。其後疏勒王連相殺害，朝廷亦不能復治。

初，中常侍張讓有監奴，典任家事，威形諠赫。孟佗資產饒贍，與奴朋結，傾竭饋問，無所遺愛㊅。奴咸德之，問其所欲。佗曰：「吾望汝曹為我一拜耳！」時賓客求謁讓者，車常數百千兩，佗詣讓，後至，不得進，監奴乃率諸倉頭迎拜於路，遂共轝㊆車入門，賓客咸驚，謂佗善於讓，皆爭以珍玩賂之。佗分以遺讓，讓大喜，由是以佗為涼州刺史。

【今註】㊀未嘗一日蓐寢：郭璞曰：「蓐，薦也。言未嘗一日自安。」㊁烏滸：萬震曰：「烏滸之地，在廣州之南，交州之北。」杜佑曰：「在今南海郡之西南；安南府北。」今廣西橫山縣東有山曰烏滸山，亦曰烏蠻山，即昔烏滸蠻所居之地，亦曰烏浦。《廣州記》曰：「其俗食人。」《異物志》曰：「烏滸者，南夷別名也。其種族為人所殺，則居其死所，且伺殺主，若有過之者，則仇而食之。」㊂開置七縣：劉昫曰：「貴州鬱平縣，漢鬱林廣鬱縣地，古西甌駱越所居。谷永招降烏滸，開置七縣，即此也。」㊃戊己校尉：王觀國《學林》曰：「前漢西域傳曰：『元帝置戊己校尉，屯田車師前王庭。』前漢百官公卿表曰：『元帝初元元年，置戊己校尉。』顏師古注曰：『甲乙丙丁庚辛壬癸皆有正位，惟戊己寄治耳！今所置校尉，亦無常居，故取戊己為名也，有戊校尉，有己校尉。一說：戊己居中，鎮護四方，今所置校尉，亦處西域之中，撫諸國也。』後漢書西域傳曰：『武帝時，西域內屬，有三十六國，漢置校尉領護之，宣帝改曰都護，元帝又置戊己二校尉，屯田於車師前王庭。』

章懷太子注引漢官儀曰：『戊己中央，鎮護四方，又開渠播種以為厭勝，故稱戊己。』觀國按：西域自有都護以統之，元帝又置戊己二校尉屯田於車師前王庭，則都護之外，又添置戊己二校尉，是戊己校尉為都護之屬官也。所置校尉，專主屯田於車師前王庭耳！鎮護四方則非其任也。蓋戊己，土也，屯田以耕土為事，故取戊己為石。既專主屯田於車師前王庭，則有常居矣，非寄治也。前漢西域傳曰：『都護治烏孫壘城於西域，為中都護治焉！』以此觀之，則居中鎮護，實都護之職，戊己校尉所不預焉；況車師王庭，亦非西域居中之地，諸家訓說皆非也。厭勝之說尤謬。所謂戊己二校尉，若後漢耿恭傳曰：『以恭為戊己校尉，屯車師後王部金滿城，關寵為戊己校尉，屯前王柳中城』此類是也。」㈤將焉耆、龜茲、車師前後部合三萬餘人討疏勒：建寧元年，疏勒弒其王，故討之。㈥無所遺愛：言泛愛羣奴，無有遺者。㈦輦：輿或字。

四年（西元一七一年）

㈠春正月甲子（初三日），帝加元服㊀，赦天下，唯黨人不赦。

㈡二月癸卯（十三日），地震。

㈢三月辛酉朔，日有食之。

㈣太尉聞人襲免㊁；以太僕汝南李咸為太尉。

㈤大疫。司徒許訓免；以司空橋玄為司徒；夏四月，以太常南陽來豔為司空。

㈥秋七月，司空來豔免。

㈦癸丑（七月己未朔，無癸丑日），立貴人宋氏為皇后㊂。后，執金吾酆之女也。

㈧司徒橋玄免；以太常南陽宗俱為司空，前司空許栩為司徒。

㈨帝以竇太后有援立之功，冬十月戊子朔，率羣臣朝太后於南宮，親饋㊃上壽。黃門令董萌因此數為太后訴冤，帝深納之，供養資奉，有加於前。曹節、王甫疾之，誣萌以謗訕永樂宮㊄，下獄死。

㈩鮮卑寇并州。

【今註】㊀元服：冠也。顏師古曰：「元，首也，冠者首之所著，故曰元服。」㊁太尉聞人襲免：惠棟曰：「案蔡質漢官典職儀載建寧四年七月立宋皇后儀，稱太尉襲使持節奉璽綬。襲於三月罷，不應七月尚與立后之事。」何焯曰：「蔡氏所載是。詔書不應有誤，當是本紀所書拜罷未審也。」㊂癸丑，立貴人宋氏為皇后：《後漢書・后妃紀》云：「建寧三年，選入掖庭為貴人，明年，立為皇后。」何焯曰：「禮儀志載蔡質所記立后儀，下詔之日非癸丑，乃乙未，太尉奉璽綬者乃聞人襲，非李咸，疑范氏誤。」㊃饋：進食曰饋。㊄永樂宮：謂靈帝母孝仁董太后，后時居永樂宮。

卷五十七　漢紀四十九

起玄黓困敦，盡上章涒灘，凡九年。（壬子至庚申，西元一七二至一八〇年。）

司馬光編集
林瑞翰　註

孝靈皇帝上之下

熹平元年（西元一七二年）

㈠春，正月，車駕上原陵㊀，司徒掾陳留蔡邕曰：「吾聞古不墓祭。朝廷有上陵之禮，始謂可損，今見威儀，察其本意，乃知孝明皇帝至孝惻隱，不易奪也㊁。禮有煩而不可省者，此之謂也。」

㈡三月壬戌（初八日），太傅胡廣薨，年八十二。廣周流四公，三十餘年㊂，歷事六帝㊃，禮任極優，罷免未嘗滿歲，輒復升進，所辟多天下名士，與故吏陳蕃、李咸竝為三司㊄，練達故事，明解朝章㊅，故京師諺曰：「萬事不理問伯始，天下中庸有胡公㊆。」然溫柔謹愨，常遜言恭色以取媚於時，無忠直之風，天下以此薄之。

㈢五月己巳（十六日），赦天下，改元。

(四)長樂太僕[八]侯覽坐專權驕奢，策收印綬，自殺。

(五)六月，京師大水。

(六)竇太后母卒於比景[九]，太后憂思感疾，癸巳（初十日），崩於雲臺[一〇]。宦者積怨竇氏，以衣車[一一]載太后尸置城南市舍，數日，曹節、王甫欲用貴人禮殯，帝曰：「太后親立朕躬，統承大業，豈宜以貴人終乎？」於是發喪成禮。節等欲別葬太后而以馮貴人配祔[一二]，詔公卿大會朝堂，令中常侍趙忠監議。太尉李咸時病，扶輿而起，擣椒自隨[一三]，謂妻子曰：「若皇太后不得配食桓帝，吾不生還矣[一四]。」

既議，坐者數百人，各瞻望良久，莫肯先言。趙忠曰：「議當時定。」廷尉陳球曰：「皇太后以盛德良家，母臨天下，宜配先帝，是無所疑。」忠笑而言曰：「陳廷尉宜便操筆。」球即下議曰：「皇太后自在椒房，有聰明母儀之德，遭時不造，援立聖明，承繼宗廟，功烈至重。先帝晏駕，因遇大獄[一五]，遷居空宮[一六]，不幸早世，家雖獲罪，事非太后[一七]，今若別葬，誠失天下之望；且馮貴人冢嘗被發掘，骸骨暴露，與賊併尸，魂靈汙染⑱，且無功於國，何宜上配至尊？」忠省球議，作色，俛仰蚩⑲球曰：「陳廷尉建此議甚健。」球曰：「陳、竇既冤，皇太后無故幽閉，臣常痛心，天下憤歎，今日言之，退而受罪，宿昔之願也。」李咸曰：「臣本謂宜爾⑳，誠與意合。」於是公卿以下皆從球議。曹節、王甫猶爭以為梁后家犯惡逆，別葬懿陵㉑，武帝黜廢衛后而以李夫人配食㉒。今竇氏罪深，豈得合葬先帝？」李咸復上疏曰：「臣伏惟章德竇后虐害恭懷㉓，安思閻后家犯惡逆㉔，而和帝無異葬之議，順朝無貶降之文，至於衛后，孝武皇帝身所廢棄，不可以為比。今長樂太后尊號在身，親嘗稱制，且援立聖明，光隆皇祚，太后以陛下為子，陛下豈得不以太后為母？子無黜母，臣無貶君，宜合葬宣陵，一如舊制。」帝省奏，從之。【考異】袁紀云：「河南尹李咸執藥上書曰：『昔秦始皇幽閉母后，感茅焦之言，立駕迎母，供養如初。夫以秦后之惡，始皇之悖，尚納直臣之語，不失母子之恩，豈況皇太后不以罪歿？陛下之過，有重始皇。臣謹左手齎章，右手執藥，詣闕自聞，如遂不省，臣當飲鴆自裁。下覲先帝，且陳得失。』章省，上感其言，使公卿更議，廷尉陳球乃下議。」與范不同，今從范書。

(七)秋，七月甲寅（初二日），葬桓思皇后于宣陵。

(八)有人書朱雀闕[25]，言天下大亂，曹節、王甫幽殺太后，【考異】舊云常侍侯覽多殺黨人。按時覽已死，恐誤，今去之。公卿皆尸祿[26]無忠言者，詔司隸校尉劉猛逐捕，十日一會。猛以誹書言直，不肯急捕，月餘，主名不立[27]，猛坐左轉諫議大夫，以御史中丞段熲代之。熲乃四出逐捕，及太學游生，繫者千餘人，節等又使熲以他事奏猛，論輸左校[28]。

初，司隸校尉王寓依倚宦官，求薦於太常張奐，奐拒之，寓遂陷奐以黨罪禁錮。奐嘗與段熲爭擊羌，不相平[29]，熲為司隸，欲逐奐歸敦煌而害之[30]，奐奏記哀請於熲，乃得免。

初，魏郡李暠[31]為司隸校尉，以舊怨殺扶風蘇謙，謙子不韋，瘞而不葬[32]，變姓名，結客報仇。暠遷大司農，不韋匿於廥中，鑿地旁達暠之寢室，殺其妾并小兒[33]，暠大懼，以板藉地，一夕九徙。又掘暠父冢，斷取其頭，標之於市，暠求捕，不獲，憤恚嘔血死。不韋遇赦，還家，乃葬父行喪。張奐素睦於蘇氏，而段熲與暠善，熲辟不韋為司隸從事，不韋懼，稱病不詣。熲怒，使從事張賢就家殺之，先以鴆與賢父曰：「若賢不得不韋，便可飲此。」賢遂收不韋，幷其一門六十餘人，盡誅之。

㈨勃海王悝之貶癭陶也㉔，因中常侍王甫求復國，許謝錢五千萬，既而桓帝遺詔復悝國㉕，悝知非甫功，不肯還謝錢。中常侍鄭颯、中黃門董騰數與悝交通，甫密司察以告段熲。冬，十月，收颯送北寺獄，使尚書令廉忠誣奏颯等謀立悝，大逆不道，遂詔冀州刺史收悝考實，迫責悝令自殺，妃妾十一人、子女七十人、伎女二十四人皆死獄中，傅、相以下悉伏誅，甫等十二人皆以功封列侯。

㈩十一月，會稽妖賊許生起句章㉖，自稱陽明皇帝㉗，眾以萬數，遣揚州刺史臧旻、丹陽太守陳寅討之。

(十一)十二月，司徒許栩罷，以大鴻臚袁隗為司徒。**【考異】**袁紀在四年，今從范書。

(十二)鮮卑寇幷州。

(十三)是歲，單于車兒死，子屠特若尸逐就單于立。

【今註】㈠原陵：光武陵。㈡吾聞古不墓祭至不易奪也：謝承書引蔡邕記曰：「昔京師在長安時，其禮不可盡得聞也。光武即世，始葬於此，明帝嗣位踰年，羣臣朝正，感先帝不復聞見此禮，乃帥公卿百寮就園陵而創焉。」按《續漢書‧禮儀志》：「西都舊有上陵。」黃山曰：「前書元本紀，復孝惠皇帝寢廟園，孝文太后，孝昭太后寢園；成本紀，復太上皇寢廟園。是前漢帝后本皆有園陵寢廟之祭，故志言『西都舊有上陵』也。」又按蔡邕《獨斷》：「古不墓祭，至秦始皇出寢起居於墓側，漢因而不改，故今陵上稱寢殿，有起居衣冠象生之備。」蓋上陵本前漢舊儀，其中廢，明帝復之，其儀文備見卷四十四永平元年。蔡邕所謂「吾聞古不墓祭」，意謂上陵朝禮，甚違古義，故謂其儀可損略也。㊂廣周流四公三十餘年：李賢曰：「廣以順帝漢安元年為司空，至靈帝熹平元年薨，三十一年也。」四公，謂太傅、太尉、司徒、司空。《後漢書‧胡廣傳》云：「廣凡一履司空，再作司徒，三登太尉，又為太傅。」按帝紀及廣傳，廣以順帝漢安元年為司徒，始登公輔，李賢誤作司空。㊃歷事六帝：廣歷事安、順、沖、質、桓、靈，凡六帝。㊄三司：即三公。㊅練達故事，明解朝章：謝承書曰：「廣博綜舊儀，立漢制度，蔡邕依以為志。」㊆萬事不理問伯始，天下中庸有胡公：伯始，胡廣字。李賢曰：「庸，常也，中和可常行之德也。」胡三省曰：「夫既曰萬事不理問伯始，則當時之責望亦重矣，豈可以三十餘年周流四公為榮哉！」㊇長樂太僕：長樂太僕，太后宮官也，主長樂宮駕馭。《漢官儀》曰：「帝母稱長樂宮，職吏皆宦者為之。」㊈比景：縣名，屬日南郡，前書音義曰：「日居於頭上，日景在己下，故名之。」周濟曰：「比景在占城國北境。」占城國即今越南。㊉雲臺：在洛陽南宮中。太后父竇武與太傅陳蕃謀誅宦官，中常侍曹節矯詔殺武、蕃，而幽太后於靈臺。⑪衣車：《釋名‧釋車》曰：「衣車前戶，所以載衣服之車也。」孫詒讓曰：「衣車前戶者，對輜車後戶也。說文云：『輜，輧車前，衣車後也。』漢時輜車、輧車、衣車三者制度蓋略相類，故蒼頡篇云：『輧，衣車也。』明其形大同，惟以前後衣蔽及開戶微有區別，蓋輧車四面有衣蔽，衣車則後有衣蔽而前開戶，可以啟閉，輜車則前有衣蔽而後開戶。漢書霍光傳：『昌邑王略女子，載之衣車。』則衣車亦婦人所乘，又兼載衣服可臥息也。」⑫祔：李賢曰：「祔，謂新死之主祔於先死者之廟，婦祔於其夫。」⑬擣椒自隨：胡三省曰：「本草云：『椒大熱有毒。』按李咸擣椒自隨，齊明帝將殺高武諸孫，勑太官煮椒二斛，蓋其毒而殺人也。」惠棟曰：「魏氏春秋載鍾繇引鴆弗獲，餐椒致噤也。」⑭若皇太后不得配食桓帝，吾不生還矣：言諫而不聽，欲以死繼之。⑮大獄：謂竇武、陳蕃及李膺黨獄。⑯遷居空宮：武、蕃既敗，中常侍幽竇后於南宮之靈臺。⑰家雖獲罪，事非太后：言竇武雖以誅宦官獲罪，然非竇后所指使。⑱且馮貴人冢嘗被發掘，骸骨暴露，與賊併尸，魂靈汙染：李賢曰：「段熲為河南尹，坐盜發馮貴人冢，左遷諫議大夫。」胡三省曰：「熲以延熹三年入為侍中，轉執金吾，河南尹，則發冢之事，於是年近耳！」⑲蚩：或作嗤，笑也，有鄙薄之議。⑳宜爾：謂宜如陳球所議。㉑梁后家犯惡逆，別葬懿陵：梁后，謂桓帝懿獻梁皇后，順烈梁皇后之妹。后先桓帝而崩，葬懿陵，梁冀誅，始廢陵為貴人冢。㉒武帝黜廢衞后而以李夫人配食：武帝戾太子斬江充，帝策廢其母衞后，后自殺，及武帝崩，霍光緣帝雅意以帝寵姬李夫人配食。㉓章德竇后虐害恭懷：事見卷四十六章帝建初八年。㉔安思閻后家犯惡逆：事見卷五十、卷五十一安帝延光三年、四年。㉕朱雀闕：永平二年十一月，建朱雀闕在北宮宮門之外，見崔豹《古今注》。㉖尸祿：韓詩曰：「尸祿者，頗有所知，善惡不言，默然不語，苟欲得祿而已，譬若尸矣。」㉗主名不立：未捕得書闕之人。㉘左校：《續漢書・百官志》將作大匠屬官有左校令、右校令各一人，掌左、右工徒。李祖楙曰：「左、右校，署名，凡臣工坐法，常輸作於此校也。」㉙奐嘗與段熲爭擊羌，不相平：事見上卷建寧元年。㉚熲為司隸，欲逐奐歸敦煌而害之：奐本敦煌淵泉人，以平羌功內徙弘農，事見上卷桓帝永康元年，至是熲欲逐奐歸本郡而害之。㉛暠：音皓。㉜瘞而不葬：《說文》曰：「瘞，幽埋也。」段玉裁曰：「幽者隱也，隱而埋之也。」按葬必行喪禮，具棺椁，否則曰瘞。㉝不韋匿於廥中，鑿地旁達暠之寢室，殺其妾幷小兒：《後漢書・蘇不韋傳》云：「會暠遷大司農，時右校芻廥在寺北垣下，不韋與親從兄弟潛入廥中，夜則鑿地，晝則逃伏，如此經月，遂得旁達暠之寢室，出其牀下，值暠在廁，因殺其妾，並及小兒，留書而去。」廥音儈，《說文》曰：「廥，芻藁藏也。」惠棟曰：「寺，大司農寺也。」按〈不韋傳〉，暠蓋攜家居司農寺中，不韋自司農寺北垣下右校芻廥穿地入司農寺以達暠之寢室。《後漢書・趙岐傳》云：「岐字邠卿，京兆長陵人也，初名嘉，生於御史臺，因字臺卿。」李賢曰：「以其祖為御史，故生於臺也。」然則攜家居官署，乃東漢舊習。㉞勃海王悝之貶癭陶也：事見卷五十五桓帝延熹八年。悝，桓帝弟。㉟既而桓帝遺詔復悝國：事見上卷桓帝永康元年。㊱會稽妖賊許生起句章：《東觀漢記》曰：「會稽許昭聚眾，自稱大將軍，立父生為越王，攻破郡縣。」句章縣屬會稽郡，故城在今浙江省慈谿縣西南。《十三州志》曰：「句踐之地，南至句餘，其後併吳，因大城之，章伯功以示子孫，故曰句章。」句餘，山名，句章在其南，餘姚在其北。《山海經》曰：「句餘之山無草木，多金玉。」郭璞曰：「山在餘姚南，句章北，故二縣因以為名。」句餘山即今四明山，在今浙江省餘姚縣南，跨鄞縣界。許生，《吳志》作許昌，《後漢書・靈帝紀》、〈天文志〉、〈臧洪傳〉俱作許生。㉗自稱陽明皇帝：《後漢書・靈帝紀》、〈臧洪傳〉俱作越王，《吳志・孫堅傳》作陽明皇帝。

二年（西元一七三年）

㈠春，正月，大疫。

㈡丁丑（二十七日），司空宗俱薨。

㈢二月壬午（初二日），赦天下。

㈣以光祿勳楊賜為司空。

㈤三月，太尉李咸免㊀。

㈥夏，五月，以司隸校尉段熲為太尉。

㈦六月，北海地震。

㈧秋，七月，司空楊賜免，以太常潁川唐珍為司空。珍，衡之弟也。

(九)冬，十二月，太尉段熲罷。

(十)鮮卑寇幽、幷二州。

(土)癸酉（二十九日），晦，日有食之。

【今註】㊀太尉李咸免：惠棟引李公碑曰：「公遷臺司，位太尉，功遂身退，以疾自遜，求歸田裏，告老致仕，七十有六，熹平四年薨。」

三年（西元一七四年）

(一)春，二月己巳（二十六日），赦天下。

(二)以太常東海陳耽為太尉。

(三)二月，中山穆王暢薨㊀，無子，國除。【考異】本傳云，子節王稚嗣，無子，國除，與帝紀異，未知孰是，又不知稚薨在何年，今且從帝紀。

(四)夏，六月，封河間王利子康為濟南王，奉孝仁皇祀㊁。

(五)吳郡司馬㊂富春㊃孫堅召募精勇，得千餘人，助州郡討許生。

冬，十一月，臧旻、陳寅大破生於會稽，斬之。

(六)任城王博薨，無子，國絕㊄。

(七)十二月，鮮卑入北地，太守夏育率屠各追擊，破之，遷育為護烏桓校尉。鮮卑又寇幷州。

(八)司空唐珍罷，以永樂少府㈥許訓為司空。

【今註】㈠中山穆王暢薨：暢，中山簡王焉之曾孫，焉，光武子。見《後漢書·中山簡王焉傳》。㈡封河間王利子康為濟南王，奉孝仁皇祀：帝祖淑，父開，世封解瀆亭侯，帝既入承大統，尊其祖為孝元皇，父為孝仁皇，故以康奉孝仁皇祀。康，帝之從兄弟也。㈢吳郡司馬：胡三省曰：「百官志郡有丞、長史而無司馬，蓋是時以盜起，置司馬以主兵也。」㈣富春：縣名，屬吳郡，晉避簡文帝母鄭太后諱改曰富陽，故城在今浙江省富陽縣治西北隅。㈤任城王博薨，無子，國絕：博紹封任城國見卷五十四桓帝延熹四年。㈥永樂少府：永樂少府，太后宮官也，永樂宮，董太后居之。

四年（西元一七五年）

(一)春，三月，詔諸儒正五經文字㈠。命議郎蔡邕為古文、篆、隸三體書之㈡，刻石，立于太學門外㈢，使後儒晚學，咸取正焉。碑始立，其觀視及摹寫者車乘日千餘兩，填塞街陌。

(二)初，朝議以州郡相黨，人情比周㈣，乃制昏姻之家及兩州㈤人士不得對相監臨，至是復有三互灋㊅，禁忌轉密，選用艱難，幽、冀二州，久缺不補。蔡邕上疏曰：「府見幽冀舊壤，鎧馬所出㊆，比年兵饑，漸至空耗。今者闕職經時，吏民延屬㊇，而伏三選舉，踰月不定。臣怪問其故，云避三互。十一州有禁，當取二州而已，又二州之士，或復限以歲月，狐疑遲淹，兩州懸空，萬里蕭條，無所管繫。愚以為三互之禁，禁之薄者。今但申以威靈，明其憲令，對相部主㊈，尚畏懼不敢營私，況乃三互，何足為嫌？昔韓安國起自徒中㊉，朱買臣出於幽賤⑪，並以才宜還守本邦，豈復顧循三互，繫以末制乎？臣願陛下上則先帝，蠲除近禁，其諸州刺史器用可換者，無拘日月三互，以差厥中。」朝廷不從。

臣光曰：「叔向有言：『國將亡，必多制。』⑫明王之政，謹擇忠賢而任之。凡中外之臣，有功則賞，有罪則誅，無所阿私，灋制不煩而天下大治。所以然者何哉？執其本故也，及其衰也，百官之任，不能擇人，而禁令益多，防閑益密，有功者以閡文⑬不賞，為姦者以巧灋⑭免誅，上下勞擾而天下大亂。所以然者何哉？

逐其末故也！孝靈之時，刺史、二千石，貪如豺虎，暴殄烝民，而朝廷方守三互之禁，以今視之，豈不適足為笑而深可為戒哉！」

㈢封河間王建孫佗為任城王⑮。

㈣夏，四月，郡國七大水。

㈤五月丁卯（朔），赦天下。

㈥延陵⑯園災。

㈦鮮卑寇幽州。

㈧六月，弘農、三輔螟。

㈨于窴王安國攻拘彌，大破之，殺其王，戊己校尉⑰、西域長史各發兵輔立拘彌侍子定興為王，人眾裁千口。

【今註】①詔諸儒正五經文字：杭世駿曰：「按蔡邕傳與張馴傳皆云奏求正定六經文字，而靈帝紀云：『詔諸儒正五經文字。』儒林傳序云：『詔諸儒正定五經，刻於石碑。』盧植傳云：『時始立太學石經以正五經文字。』李巡傳云：『乃白帝與諸儒共刻五經文於石。』考邕傳注引洛陽記亦只有尚書、周易、公羊傳、禮記、論語，晉羊欣筆法、魏酈道元水經注亦祇言五經，意熹平四年邕等所奏求定者六經，暨光和六年書丹立石，止五經耳！」按《水經・穀水注》，邕等以熹平四年奏求正定六經文字，迨光和六年，始鏤刻石經立於太學講堂前東側，故杭說云爾。㈡命議郎蔡邕為古文、篆、隸三體書之：胡三省曰：「古文，科斗書也；篆，大篆也；隸，今謂之八分書。」江式曰：「隸書者，始皇使下杜人程邈附於小篆所作也，世人以邈徒隸，即謂之隸書。」趙明誠《金石錄》曰：「石經蓋漢靈帝熹平四年所立，其字則蔡邕小字八分書也，後漢書儒林傳序云：『為古文、篆、隸三體』者非也。蓋邕所書乃八分，而三體石經乃魏時所建也。」洪适《隸續》曰：「石經見於范史帝紀及儒林、宦者傳，皆云五經，蔡邕、張馴傳則云六經，惟儒林傳云為古文、篆、隸三體書法。酈氏水經云：『漢立石經於太學，魏正始中，又刻古文、篆、隸三字石經。』唐志有三字石經、古篆二種，曰尚書，曰左傳，獨隋志所書異同，其目有一字石經七種，三字石經三種，既以七經為蔡邕書矣，又云魏立一字石經，乃其誤也。范蔚宗時，三體石經與熹平所鐫並列於學官，故史筆誤書其事，後人襲其譌錯，或不見石刻，無以考正。趙氏雖以一字為中郎所書而未見三體者，歐陽氏以三體為漢碑而未嘗見一字者。近世方勺作泊宅編，載其弟匋所跋石經，亦為范史、隋志所惑，指三體為漢字。」㈢刻石，立于太學門外：陸機《洛陽記》曰：「太學在洛城南開陽門外，講堂長十丈，廣一丈，堂有石經四部，本碑凡四十六枚，西行尚書、周易、公羊傳，十六碑存，十二碑毀；南行禮記十五碑悉崩壞，東行論語三碑，二碑毀。禮記碑上有諫議大夫馬日磾、議郎蔡邕名。」㈣比周：《左傳》曰：「醜類惡物，頑嚚不友，是與比周。」杜預曰：「比，近也；周，密也。」後以喻阿黨營私者。㈤兩州：謂幽、冀。㈥三互灋：李賢曰：「三互，謂婚姻之家及兩州人不得交互為官也。謝承書曰：『史弼遷山陽太守，其妻鉅野薛氏女，以三互自上轉拜平原相』是也。」⑦幽、冀舊壤，鎧馬所出：李賢曰：「鎧，甲也。周禮考工記曰：『燕無函。』函亦甲也，言幽、燕之地，家家皆能為函，故無函匠也。左傳曰：『冀之北土，馬之所生。』」惠棟引邕集載疏云：「伏見幽州突騎，冀州強弩，為天下精兵，國家贍仗。四方有事，軍師奪攻，未嘗不取辦於二州也。」⑧延屬：胡三省曰：「延頸而屬望也。」⑨對相部主：漢稱刺史曰部刺史，對相部主者，言以冀州之人刺幽州，幽州之人刺冀州也。⑩韓安國起自徒中：韓安國，梁人，坐法抵罪，居無何，天子遣使拜安國為梁內史，起徒中為二千石。⑪朱買臣出於幽賤：朱買臣，吳人，家貧，賣薪以自給食，歌謳道中，後拜會稽太守。⑫國將亡，必多制：《左傳》叔向貽子產之書。⑬閡文：礙於文禁。閡與礙同。⑭巧灋：舞法取巧。⑮封河間王建孫佗為任城王：建，桓帝之弟。佗，《後漢書・靈帝紀》作建孫，光武十三王傳作建子，《靈帝紀》誤。⑯延陵：成帝陵，在咸陽西。⑰戊己校尉：見上卷靈帝建寧三年註㈣。

五年（西元一七六年）

㈠夏，四月，癸亥（四月壬辰朔，無癸亥），赦天下。

㈡益州郡夷反，太守李顒討平之。

㈢大雩①。

㈣五月，太尉陳耽罷，以司空許訓為太尉。

㈤閏月，永昌太守曹鸞上書曰：「夫黨人者，或耆年淵德，或衣冠英賢，皆宜股肱王室，左右大猷者也，而久被禁錮，辱在塗泥。謀反大逆，尚蒙赦宥，黨人何罪，獨不開恕乎？所以災異屢見，水旱洊臻，皆由於斯。宜加沛然㈡，以副天心。」帝省奏，大怒，即詔司隸、益州檻車收鸞，送槐里獄㈢，掠殺之。於是詔州郡更考黨人門生故吏父子兄弟在位者，悉免官禁錮，爰及五屬㈣。

㈥六月壬戌（初三日），以太常南陽劉逸為司空。

㈦秋，七月，太尉許訓罷，以光祿勳劉寬為太尉。

㈧冬，十月，司徒袁隗罷。

㈨十一月丙戌（十一月戊子朔，無丙戌），以光祿大夫楊賜為司徒。

㈩是歲，鮮卑寇幽州。

【今註】㈠雩：音芋，虹也。㈡宜加沛然：言宜加沛然之恩，無使偏枯。《孟子》曰：「如水之就下，沛然誰能禦之？」三蒼曰：「沛，水波流也。」按水流泛濫無所不及，故以喻恩澤廣被。㈢即詔司隸、益州檻車收鸞，送槐里獄：胡三省曰：「永昌郡屬益州刺史，而扶風槐里縣屬司隸，蓋詔益州收鸞，而司隸送槐里獄。」㈣五屬：李賢曰：「謂斬衰、齊衰、小功、大功、緦麻也。」按即五服內親。衰與縗同。

六年（西元一七七年）

㈠春，正月，辛丑（十五日），赦天下。

㈡夏，四月，大旱，七州蝗。令三公條奏長吏苛酷貪汙者罷免之，平原相漁陽陽球坐嚴酷徵詣廷尉，【考異】本傳，司空張顥條奏。按顥光和元年為太尉，未嘗為司空，球光和元年，陷蔡邕時，已為將作大匠，不知被徵果在何年，唯熹平五年、六年，大旱，故附於此。帝以球前為九江太守，討賊有功㈠，特赦之，拜議郎。

㈢鮮卑寇三邊㈡。

㈣市賈小民相聚為宣陵㈢孝子者數十人，詔皆除太子舍人㈣。

㈤秋，七月，司空劉逸免，以衞尉陳球為司空㈤。

㈥初，帝好文學，自造皇羲篇五十章，因引諸生能為文賦者竝待制鴻都門下，後諸為尺牘㈥及工書鳥篆㈦者，皆加引召，遂至數十人。侍中祭酒〔八〕樂松、賈護多引無行趣埶之徒置其間，憙陳閭里小事，帝甚悅之，待以不次之位，又久不親行郊廟之禮。會詔羣臣各陳政要，蔡邕上封事曰：「夫迎氣五郊〔九〕，清廟祭祀〔一〇〕，養老辟雍〔一一〕，皆帝者之大業，祖宗所祗奉也。而有司數以蕃國疎喪〔一二〕、宮內產生〔一三〕及吏卒小汙〔一四〕，廢闕不行。忘禮敬之大，任禁忌之書，拘信小故，以虧大典。自今齋制，宜如故典〔一五〕，庶答風霆災妖之異。又古者取士，必使諸侯歲貢〔一六〕。孝武之世，郡舉孝廉，又有賢良、文學之選，於是名臣輩出，文武竝興，漢之得人，數路而已〔一七〕。夫書畫辭賦，才之小者，匡國治政，未有其能〔一八〕。陛下即位之初，先涉經術，聽取餘日，觀省篇章，聊以游意當代博奕，非以為教化取士之本，而諸生競利，作者鼎沸，其高者頗引經訓風喻之言，下則連偶俗語，有類俳優，或竊成文，虛冒名氏。臣每受詔於盛化門，差次錄第，其未及者，亦復隨輩，皆見拜擢。既加之恩，難復收改，但守奉祿，於義已弘，不可復使治民及在州郡。昔孝宣會諸儒於石渠〔一九〕，章帝集學士於白虎〔二〇〕，通經釋義，其事優大，文武之道，所宜從之。若乃小能小善，雖有可觀，孔子以為致遠則泥，君子固當志其大者㉑。又前一切以宣陵孝子為太子舍人，臣聞孝文皇帝制喪服三十六日㉒，雖繼體之君，父子至親，公卿列臣，受恩之重，皆屈情從制，不敢踰越。今虛偽小人，本非骨肉，既無幸私之恩，又無祿仕之實，惻隱之心，義無所依，至有姦軌之人，通容其中。桓思皇后祖載㉓之時，東郡有盜人妻者，亡在孝中，本縣追捕，乃伏其辜，虛偽雜穢難得勝言。太子官屬，宜搜選令德，豈有但取丘墓凶醜之人？其為不祥，莫與大焉㉔，宜遣歸田里以明詐偽。」書奏，帝乃親迎氣北郊及行辟雍之禮，又詔宣陵孝子為舍人者悉改為丞尉㉕焉。

㈦護烏桓校尉夏育上言：「鮮卑寇邊，自春以來，三十餘發，請徵幽州諸郡兵出塞擊之，一冬二春，必能禽滅。」先是護羌校尉田晏坐事論刑，被原，欲立功自効，乃請中常侍王甫求得為將，甫因此議遣兵，與育并力討賊，帝乃拜晏為破鮮卑中郎將。大臣多有不同，乃召百官議於朝堂。蔡邕議曰：「征討殊類，所由尚矣，然而時有同異，埶有可否，故謀有得失，事有成敗，不可齊也。夫以世宗神武，將帥良猛，財賦充實，所拓廣遠，數十年間，官民俱匱，猶有悔焉(二六)！況今人財並乏，事劣昔時乎？自匈奴遁逃，鮮卑強盛，據其故地(二七)，稱兵十萬，才力勁健，意智益生，加以關塞不嚴，禁網多漏，精金良鐵，皆為賊有，漢人逋逃，為之謀主，兵利馬疾，過於匈奴。昔段熲良將，習兵善戰，有事西羌，猶十餘年(二八)，今育晏、才策未必過熲，鮮卑種眾不弱曩時，而虛計二載，自許有成，若禍結兵連，豈得中休？當復徵發眾人，轉運無已，是為耗竭諸夏，并力蠻夷。夫邊垂之患，手足之疥搔；中國之困，胸背之瘭疽(二九)。方今郡縣盜賊，尚不能禁，況此醜虜而可伏乎？昔高祖忍平城之恥，呂后棄慢書之詬(三〇)，方之於今，何者為盛？天設山河，秦築長城，漢起塞垣，所以別內外，異殊俗也。苟無蹙國內侮之患則可矣，豈與蟲螘之虜校往來之數哉！雖或破之，豈可殄盡？而方令本朝為之旰食乎？昔淮南王安諫伐越曰：『如使越人蒙死以逆執事廝輿(三一)之卒，有一不備而歸者，雖得越王之首，猶為大漢羞之。』而欲以齊民易醜虜，皇威辱外夷，就如其言，猶已危矣，況乎得失不可量邪？」帝不從。八月，遣夏育出高柳，田晏出雲中，匈奴中郎將臧旻率南單于出鴈門，各將萬騎，三道出塞二千餘里。檀石槐命三部大人各帥眾逆戰㊁，育等大敗，喪其節傳輜重，各將數十騎犇還，死者什七八。三將檻車徵下獄，贖為庶人。

㈧冬，十月，癸丑，朔，日有食之。

㈨太尉劉寬免。

㈩辛丑（十月癸丑朔，無辛丑），京師地震。

(十一)十一月，司空陳球免。

(十二)十二月甲寅（初三日），以太常河南孟戫為太尉㊂。

(十三)庚辰（二十九日），司徒楊賜免。

(十四)以太常陳耽為司空。

(十五)遼西太守甘陵趙苞到官，遣使迎母及妻子，垂當到郡，道經柳城㊃，值鮮卑萬餘人，入塞寇鈔，苞母及妻子遂為所刼質，載以擊郡。苞率騎二萬與賊對陳，賊出母以示苞，苞悲號，謂母曰：「為子無狀，欲以微祿奉養朝夕，不圖為母作禍。昔為母子，今為王臣，義不得顧私恩，毀忠節，唯當萬死，無以塞罪。」母遙謂曰：「威豪㉟，人各有命，何得相顧以虧忠義？爾其勉之。」苞即時進戰，賊悉摧破㊱，其母妻皆為所害。苞自上歸葬㊲，帝遣使弔慰，封鄃侯。苞葬訖，謂鄉人曰：「食祿而避難，非忠也；殺母以全義，非孝也；如是有何面目立於天下？」遂歐血而死。

【今註】㊀帝以球前為九江太守，討賊有功：《後漢書・陽球傳》云：「九江山賊起，連月不解，三府上球有理姦才，拜九江太守。球到，設方略，凶賊殄破。」三府即三公府。㊁鮮卑寇三邊：李賢曰：「謂東、西與北邊。」胡三省曰：「鮮卑強盛，東、西、北三邊皆被寇也。」㊂宣陵：桓帝陵。㊃太子舍人：《續漢書・百官志》曰：「太子舍人二百石，無員，更直宿衛如三署郎中。」㊄以衛尉陳球為司空：《後漢書・陳球傳》，球自廷尉遷司空。惠棟曰：「球後碑乃遷衛尉，遂作司空，球傳不載由衛尉遷司空也。」㊅尺牘：《說文》曰：「牘，書版也。」《通訓定聲》曰：「牘長一尺，既書曰牘，未書曰槧。」㊆鳥篆：《漢書・藝文志》曰：「六體者，古文、奇字、篆書、隸書、繆篆、蟲書。」音義曰：「古文謂孔子壁中書也，奇字即古文而異者也，篆書謂小篆，蓋秦始皇使程邈所作也，隸書亦程邈所獻，主於徒隸，從簡易也，繆篆謂其文屈曲纏繞，所以摹印章也，蟲書謂為蟲鳥之形，所以書旛信也。」㈧侍中祭酒：《續漢書・百官志》曰：「侍中，比二千石，無員，掌侍左右，贊導眾事，顧問應對，法駕出則多識者一人參乘，餘皆騎在乘輿車後。本有僕射一人，中興轉為祭酒，或置或否。」李祖楙曰：「卓茂傳：『更始立，以茂為侍中祭酒，建武十七年，拜承宮侍中祭酒。』是侍中祭酒，更始之官號，中興仍其舊制而置此官也。」㈨迎氣五郊：《續漢書・祭祀志》曰：「迎氣五郊之兆，四方之兆各依其位，中央之兆在未，壇皆三尺。立春之日，迎春於東郊，祭青帝句芒，車服皆青，歌青陽，八佾舞雲翹之舞；立夏之日，迎夏於南郊，祭赤帝祝融，車服皆赤，歌朱明，舞如迎春；先立秋十八日，迎黃靈於中兆，祭黃帝后土，車服皆黃，歌朱明，八佾舞雲翹育命之舞；立秋之日，迎秋於西郊，祭白帝蓐收，車服皆白，歌白藏，八佾舞育命之舞；立冬之日，迎冬於北郊，祭黑帝玄冥，車服皆黑，歌玄冥，舞如迎秋。」㈩清廟祭祀：《續漢書・祭祀志》，漢宗廟一歲五祀，春以正月，夏以四月，秋以七月，冬以十月及臘。杜預曰：「清廟，肅然清靜之稱。」㈪養老辟雍：明帝永平二年十月，幸辟雍，初行養老禮，見卷四十四。《白虎通》曰：「辟雍，所以行禮樂，宣德化也。辟者，象璧圓以法天也；雍者，壅之以水，象教化流行也。辟之為言積也，積天下之道德，雍之為言壅也，壅天下之儀則，故謂辟雍也。」㈫疎喪：胡三省曰：「疎喪，謂疎屬之喪也。」㈬宮內產生：王充曰：「俗諱婦人乳子，以為不吉，將舉吉事，皆不與之交通。」㈭小汙：李賢曰：「小汙，謂病及死也。」㈮自今齋制，宜如故典：胡三省曰：「漢制，凡齋，天地七日，宗廟山川五日，小事三日。齋日內有污染，解齋，副倅行。先齋一日有污穢災變，齋祀如儀。」㈥又古者取士，必使諸侯歲貢：《尚書・大傳》曰：「古者諸侯之於天子，三年一貢士。」㈦漢之得人，數路而已：李賢曰：「數路，謂孝廉、賢良、文學之類也。」㈧夫書畫辭賦，才之小者，匡國治政，未有其能：言士之善於書畫辭賦者，未必有匡理國政之才。㈨昔孝宣會諸儒於石渠：事見卷二十七甘露三年。㈩章帝集學士於白虎：事見卷四十六建初四年。㈡若乃小能小善，雖有可觀，孔子以為致遠則泥，君子固當志其大者：李賢曰：「論語子貢曰：『雖小道，必有可觀者焉，致遠恐泥。』鄭玄注云：『小道，如今諸子書也，泥謂滯陷不通。』此邕以為孔子之言，當別有所據也。」惠棟曰：「前書藝文志引孔子曰：『雖小道，必有可觀者焉！』王伯厚云：『蔡蓋因志之誤也。』」㈢臣聞孝文皇帝制喪服三十六日：事見卷十四文帝後七年。㈢祖載：鄭玄曰：「祖謂將祭祖祭於庭，載謂升柩於車也。」㈣其為不祥，莫與大焉：言雖有它不祥，未有如此之大者。㈤丞尉：《續漢書・百官志》曰：「縣置丞各一人，尉大縣二人，小縣一人。丞署文書，典知倉獄，尉主盜賊。」㈥猶有悔焉：謂下輪臺哀痛之詔也。㈦自匈奴遁逃，鮮卑強盛，據其故地：事見卷四十七和帝永元五年。㈧昔段熲良將，習兵善戰，有事西羌，猶十餘年：胡三省曰：「段熲自桓帝延熹二年擊西羌，至建寧二年始成功，凡十一年。」㈨瘭疽：杜預曰：「疽，惡瘡也。」《千金方》云：「肉中忽生點，大如豆，小如粟，甚者如梅李，有根，其痛應心，久則四面腫泡，曰瘭疽。」㈩詬：李賢曰：「詬，恥也。」㈡廝輿：前書音義曰：「廝，微也；輿，眾也。」㈢檀石槐命三部大人各帥部眾逆戰：檀石槐分其國為三部，見卷五十五桓帝延熹九年。㉓以太常河南孟餓為太尉：李賢曰：「餓字叔達。」錢大昕曰：「按成陽堯廟碑：『濟陰太守河南匽師孟府君諱郁，字敬達，治尚書經，歷典六郡，威教若神。』即其人也。餓與郁同。碑立於永康元年，至熹平六年，相距十年矣！註云字叔達而碑云敬達，叔、敬二字相似，碑已亡失，未能決其然否。」㉔柳城：柳城縣，前漢屬遼西郡，後漢廢，故城在今遼寧省興城縣西南。㉕威豪：趙苞字。㉖苞即時進戰，賊悉摧破：《續說苑》云：「苞瞑目援桴厲眾，碎斬其帥，伏尸十里。」㉗自上歸葬：自上奏乞歸葬其母。

光和元年（西元一七八年）

㈠春，正月，合浦、交趾烏滸蠻反，招引九真、日南民攻沒郡縣。

㈡太尉孟餓罷。

㈢二月，辛亥，朔，日有食之。

㈣癸丑（初三日），以光祿勳陳國袁滂為司徒㊀。

㈤己未（初九日），地震。

㈥置鴻都門學㊁，其諸生皆敕州郡三公舉用辟召，或出為刺史、太守、入為尚書、侍中、有封侯、賜爵㊂者，士君子皆恥與為列焉。

(七)三月，辛丑（朔），赦天下，改元。

(八)以太常常山張顥為太尉。顥，中常侍奉之弟也。

(九)夏，四月，丙辰（初七日），地震。

(十)侍中寺雌雞化為雄。

(土)司空陳耽免，以太常來豔為司空。

(士)六月丁丑（二十九日），有黑氣墮帝所御溫德殿東庭中，長十餘丈，似龍。

(圭)秋，七月，壬子（七月己卯朔，無壬子），青虹見玉堂後殿㊃庭中。詔召光祿大夫楊賜等詣金商門㊄，問以災異及消復㊅之術。賜對曰：「春秋讖曰：『天投蜺㊆，天下怨，海內亂。』加四百之期，亦復垂及㊇。今妾媵閹尹之徒，共專國朝，欺罔日月；又鴻都門下，招會羣小，造作賦說，見寵於時，更相薦說，旬月之間，竝各拔擢。樂松處常伯㊈，任芝居納言㊉，郤儉㊀，梁鵠，各受豐爵不次之寵，而令搢紳之徒，委伏畎畮，口誦堯舜之言，身蹈絕俗之行，棄捐溝壑，不見逮及，冠履倒易，陵谷代處㊂，幸賴皇天垂象譴告。周書曰：『天子見怪則修德，諸侯見怪則修政，卿大夫見怪則修職，士庶人見怪則修身。』(一三)唯陛下斥遠佞巧之臣，速徵鶴鳴之士(一四)，斷絕尺一(一五)，抑止槃游，冀上天還威，眾變可弭。」議郎蔡邕對曰：「臣伏思諸異，皆亡國之怪也。天於大漢，殷勤不已，故屢出祆(一六)變以當譴責，欲令人君感悟，改危即安。今蜺墮雞化(一七)，皆婦人干政之所致也。前者乳母趙嬈，貴重天下(一八)，讒諛驕溢，續以永樂門史(一九)霍玉，依阻城社(二〇)，又為姦邪。今道路紛紛，復云有程大人(二一)者，察其風聲，將為國患，宜高為隄防，明設禁令，深惟趙霍(二二)，以為至戒。今太尉張顥為玉所進，光祿勳偉璋(二三)，有名貪濁，又長水校尉趙玹、屯騎校尉蓋升，竝叨時幸，榮富優足。宜念小人在位之咎(二四)，退思引身避賢之福。伏見廷尉郭禧，純厚老成，光祿大夫橋玄，聰達方直，故太尉劉寵，忠實守正，竝宜為謀主，數見訪問。夫宰相、大臣，君之四體(二五)，委任責成，優劣已分，不宜聽納小吏雕琢(二六)大臣也。又尚方工技之作(二七)，鴻都篇賦之文，可且消息，以示惟憂(二八)，宰府孝廉，士之高選，近者以辟召不慎，切責三公，而今竝以小文超取選舉，開請託之門，違明王之典，眾心不厭㉙，莫之敢言。臣願陛下忍而絕之，思惟萬機，以答天望。聖朝既自約厲，左右近臣亦宜從化，人自抑損，以塞咎戒，則天道虧滿，鬼神福謙矣㉚。夫君臣不密，上有漏言之戒，下有失身之禍㉛，願寢臣表，無使盡忠之吏，受怨姦仇。」章奏，帝覽而歎息，因起更衣，曹節於後竊視之，悉宣語左右，事遂漏露，其為邕所裁黜者，側目思報。初，邕與大鴻臚劉郃素不相平，叔父衛尉質㉜又與將作大匠陽球有隙，球即中常侍程璜女夫也。璜遂使人飛章，言邕、質數以私事請託於郃，郃不聽，邕含隱切，志欲相中㉝。於是詔下尚書，召邕詰狀。邕上書曰：「臣實愚戇，不顧後害，陛下不念忠臣直言，宜加掩蔽，誹謗卒至，便用疑怪。臣年四十有六，孤特一身㉞，得託名忠臣，死有餘榮，恐陛下於此，不復聞至言矣！」於是下邕、質於雒陽獄，劾以仇怨奉公㉟，議害大臣㊱，不敬，棄市。事奏，中常侍河南呂強愍邕無罪，力為伸請，帝亦更思其章，有詔減死一等，與家屬髡鉗徙朔方，不得以赦令除。陽球使客追路刺邕，客感其義，皆莫為用；球又賂其部主㊲，使加毒害，所賂者反以其情戒邕，由是得免。

(十四)八月，有星孛于天市㊳。

(十五)九月，太尉張顥罷，以太常陳球為太尉。

(十六)司空來豔薨。【考異】袁紀云，豔以久病罷。今從范書。

(十七)冬，十月，以屯騎校尉袁逢為司空。

(十八)宋皇后無寵，後宮幸姬眾共譖毀渤海王悝妃宋氏㊴，即后之姑也。中常侍王甫恐后怨之，因譖后挾左道祝詛㊵，帝信之，遂策收璽綬。后自致暴室，以憂死，父不其㊶鄉侯酆及兄弟竝被誅。

(十九)丙子，晦，日有食之。尚書盧植上言：「凡諸黨錮，多非其罪，可加赦恕，申宥回枉㊷；又宋后家屬竝以無辜委骸橫尸，不得斂葬，宜敕收拾，以安遊魂；又郡守、刺史，一月數遷，宜依黜陟，以章能否，縱不九載，可滿三歲㊸；又請謁希求，一宜禁塞，選舉之事，責成主者㊹，又天子之體，理無私積，宜弘大務，蠲略細微。」帝不省。

(卌)十一月，太尉陳球免。

(卌一)十二月丁巳（十二日），以光祿大夫橋玄為太尉。

(卌二)鮮卑寇酒泉，種眾日多，緣邊莫不被毒。

(卌三)詔中尚方㊺為鴻都文學樂松、江覽等三十二人圖象立贊，以勸學者，尚書令陽球諫曰：「臣案松覽等皆出於微蔑㊻，斗筲小人㊼，依憑世戚，附託權豪，俛眉承睫，徼進㊽明時，或獻賦一篇，或鳥篆㊾盈簡，而位升郎中，形圖丹青；亦有筆不點牘，辭不辨心，假手請字，妖偽百品，莫不蒙被殊恩，蟬蛻滓濁㊿，是以有識掩口(五一)，天下嗟嘆。臣聞圖象之設，以昭勸戒，欲令人君動鑒得失，未聞豎子小人詐作文頌而可妄竊天官垂象圖素者也。今太學、東觀，足以宣明聖化(五二)，願罷鴻都之選，以銷天下之謗。」書奏，不省。

(卌四)是歲，初開西邸賣官(五三)，入錢各有差，二千石二千萬，四百石四百萬，其以德次應選者半之，或三分之一，於西園立庫以貯之。或詣闕上書，占令長，隨縣好醜，豐約有賈。富者則先入錢，貧者到官，然後倍輸。又私令左右賣公卿，公千萬，卿五百萬。初，帝為侯時，常苦貧，及即位，每歎桓帝不能作家居㉔，曾無私錢，故賣官聚錢以為私藏。帝嘗問侍中楊奇曰：「朕何如桓帝？」對曰：「陛下之於桓帝，亦猶虞舜比德唐堯。」帝不悅，曰：「卿強項㉕，真楊震子孫，死後必復致大鳥矣㉖。」奇，震之曾孫也㉗。

南匈奴屠特若尸逐就單于死，子呼微立。

【今註】㊀以光祿勳陳國袁滂為司徒：李賢曰：「滂字光喜。」袁宏紀曰：「滂子公熙，閎之孫也，純素寡欲，終不言人之短。當權寵之盛，或以同異致禍，滂獨中立於朝，故愛憎不及焉！」㊁鴻都門學：李賢曰：「鴻都，門名也，於內置學。」㊂賜爵：胡三省曰：「賜爵，關內侯以下也。」㊃玉堂後殿：李賢曰：「洛陽宮殿名。南宮有玉堂前、後殿。」㊄金商門：《洛陽記》曰：「南宮有崇德殿、太極殿，殿西有金商門。」㊅消復：胡三省曰：「消復者，消變而復其常也。」㊆天投蜺：《春秋演孔圖》曰：「霓者，斗之亂精也。失度，投蜺見。」宋均注曰：「投，應也。」㊇加四百之期，亦復垂及：《春秋演孔圖》曰：「劉四百歲之際，褒漢王輔，皇王以期，有名不就。」宋均注曰：「雖褒族人為漢王以自輔，以當有應期名見攝錄者，故名不就也。」蓋當時讖緯之謠，謂漢祚終於四百年也。㊈樂松處常伯：常伯，謂侍中、常侍等官，《文選・潘岳藉田賦》：「常伯陪乘，太僕秉轡。」㊉納言：胡三省曰：「納言，尚書。」⑪郤儉：郤《三國志》作郤，《後漢書》作郗。

⑫冠履倒易，陵谷代處：楚詞曰：「冠履兮雜處。」詩曰：「高岸為谷，深谷為陵。」⑬周書曰，天子見怪則修德，諸侯見怪則修政，卿大夫見怪則修職，士庶人見怪則修身：胡三省曰：「此逸書也。」⑭鶴鳴之士：《易》曰：「鶴鳴在陰，其子和之，我有好爵，吾與爾縻之。」〈繫辭〉曰：「君子居室，言善則千里之外應之。鶴鳴之士，言士之修身踐言，為時所稱者也。」⑮尺一：李賢曰：「尺一，謂版長尺一，以寫詔也。」蘇輿曰：「事由中下者為尺一，光武時以尺一出陳升是也，見儒林傳，然不常用。其藏在尚書者詔版宜有定式，除拜諸令，由府具板，經上覽乃下，自宦妾用事，乃借尺一之名行之。桓帝時竇武諫言黃門侍郎自造制度，妄爵非人，見武傳。靈帝時乳母趙嬈及中常侍曹節、王甫等謟事竇太后，數出詔命，有所封拜，故陳蕃請尺一選舉，委尚書之公，並見蕃傳。陽球自司隸校尉徙衛尉，曹節敕尚書令召拜不得稽留尺一，見球傳。而李雲上書亦言尺一拜用，不經省御。蓋此等詔書上不經天子，下不歸臺閣，殆如唐世斜封之類，故賜請斷絕尺一，又云割用板之恩也。」⑯祅：同妖。⑰蜺墮雞化：《續漢志》曰：「南宮侍中寺，雌雞欲化為雄，一身毛皆似雄，但頭冠尚未變。」雞化見光和元年四月，蜺墮見光和元年七月。⑱前者乳母趙嬈，貴重天下：袁山松《後漢書》云：「建寧二年，爵乳母趙嬈為平氏君。」⑲永樂門史：胡三省曰：「永樂門史，董太后宮官。」⑳依阻城社：取城狐社鼠之喻。㉑程大人：胡三省曰：「宮中耆宿，皆稱中大人。」錢大昕曰：「陳球傳云：『楊球小妻，程璜之女，璜用事宮中，所謂程大人也。』漢時宮中耆宿，皆稱中大人，見鄧禹傳。」楊當作陽。洪頤宣曰：「案陳球傳，用事宮中者是程璜之女，非璜也，傳於

用事上衍一璯字。」㉒趙霍：謂趙嬈及霍玉。㉓偉璋：毛本《後漢書・蔡邕傳》作姓璋，李賢注曰：「姓，姓也；璋，名也；漢有姓偉。」周壽昌曰：「官本作光祿勳偉璋。注：『偉，姓也。』案作偉者誤。前書食貨志：『臨淄人姓偉，貲二十萬。』注：『姓，姓也，偉其名。』章懷此注特引以作姓璋之證，若是姓偉，則注文當作漢有偉姓，不當如此云，毛本不誤。」㉔宜念小人在位之咎：《尚書》曰：「君子在野，小人在位。」㉕大宰相、大臣，君之四體：李賢曰：「四體，謂股肱也。」《書》曰：「臣作朕股肱耳目。」疏云：「君為元首，臣為股肱耳目，大體如一身也。足行手取，耳聽目視，身雖百體，四者為大，故舉以為言。」㉖雕琢：李賢曰：「雕琢，猶鐫削以成其罪也。」㉗尚方工技之作：《續漢志》，尚方，少府屬官，掌上手工作御刀劍諸好器物。㉘惟憂：思念憂患。㉙不厭：李賢曰：「厭，伏也。」不厭猶不服。㉚則天道虧滿，鬼神福謙矣：胡三省曰：「易曰：『天道虧盈而益謙，鬼神害盈而福謙。』以盈為滿者，避惠帝諱也。」㉛夫君臣不密，上有漏言之戒，下有失身之禍：《易》曰：「君不密則失臣，臣不密則失身。」《韓非子・外儲右》堂谿公謂昭侯曰：「今為人之主而漏其羣臣之語，是猶無當之玉卮也，雖有聖智，莫盡其術，為其漏也。」㉜叔父衞尉質：李賢曰：「質字子文，著漢職儀。」周壽昌曰：「案隋志：『漢官典職儀式選用二卷，漢衞尉蔡質撰。』唐志：『蔡質漢官儀一卷。』此注云漢職儀，殆即此書之省文也。」㉝志欲相中：李賢曰：「中，傷也。」言其志在傷部。㉞孤特一身：《後漢書・列女傳》云：「曹操素與邕善，痛其無嗣。」蓋邕無子，故云。㉟劾以仇怨奉公：劾邕以請托不聽，而轉仇怨於奉公之吏。㊱議害大臣：謂邕所議，志在中傷劉郃。大臣謂郃。㊲部主：胡三省曰：「部主，州牧、郡守也。」㊳天市：星座名，三垣之下垣也，位於房心東北，有星二十二，以帝座為中樞，成屏藩狀。《史記・天官書》曰：「房心東北曲十二星曰旗，旗中四星曰天市，中六星曰市樓。」正義曰：「天市垣二十二星，在房心東北，主國市聚交易之所，一曰天旗。」㊴後宮幸姬眾共譖毀渤海王悝妃宋氏：悝被誅事見熹平元年。㊵因譖后挾左道祝詛：以言告神曰祝，請神加殃曰詛。《禮記・王制》：「執左道以亂眾，殺無赦。」鄭玄注：「左道，若巫蠱也。」㊶不其：不其侯國，前漢屬琅邪郡，後漢改隸東萊郡，《漢志》作不其，《續漢志》作不期，故城在今山東省即墨縣西南。㊷回枉：回，邪也，不直之義。凡曲法致人於罪使含冤不得申謂之回枉。㊸又郡守、刺史，一月數遷，宜依黜陟，以章能否，縱不九載，可滿三歲：《書》曰：「三載考績，黜陟幽明。」孔安國曰：「三年考功，三考九年，能否幽明有別，升進其明者，黜退其幽者。」植謂縱不能效古行三考黜陟之制，亦宜令滿三歲，以察其能否。漢制刺史居部九歲，高弟者得遷守、相，蓋取此義。㊹主者：謂主司選舉之責者。㊺中尚方：胡三省曰：「即尚方也，屬少府。」㊻微蔑：猶言微末。胡三省曰：「蔑者，微之甚，幾於無也。」㊼斗筲小人：筲，竹器，容斗二升。斗筲皆容器之小者，以喻非濟世之才。㊽徼進：徼倖以求進。㊾鳥篆：見熹平六年註⑦。㊿蟬蛻滓濁：《說文》曰：「蛻，蟬、蛇所解皮也。」喻松等以豎子小人而擢踞清位。(51)掩口：謂掩口竊笑也。(52)今太學、東觀，足以宣明聖化：東觀在南宮，為漢宮中著述及藏書之所，故植以之與太學並提。惠棟曰：「漢法，名臣有德誼者，圖形東觀也。」㉜初開西邸賣官：胡三省曰：「開邸舍於西園，因謂之西邸。」《桓範世論》云：「靈帝置西園之邸賣爵，號曰禮錢，錢積如屋，封塗漆書。」㉞家居：居，積也。家居，謂私家之蓄。㉟強項：李賢曰：「強項，言不低屈也。光武謂董宣為強項令也。」㊱死後必復致大鳥矣：楊震卒，先葬十餘日，有大鳥高丈餘，集震喪前，俯仰悲鳴，淚下霑地，葬畢，乃飛去。見卷五十一安帝延光四年。㊲奇，震之曾孫也：謝承書曰：「奇字公挺，震之元孫，少有志，不以家勢為名，交結英彥，不與豪右相交通。於河南緱氏界中立精舍，門徒常二百人。」按《後漢書．楊震傳》，震五子，長子牧，牧孫奇，則奇乃震曾孫，與謝書異。

二年（西元一七九年）

㈠春，大疫。

㈡三月，司徒袁滂免，以大鴻臚劉郃為司徒。【考異】袁紀二月丁巳，滂免，劉郃作劉邵，今從范書。

㈢乙丑（二十二日），太尉橋玄罷，拜太中大夫，以太中大夫段熲為太尉。玄幼子遊門次，為人所劫，登樓求貨㊀，玄不與。司隸校尉、河南尹圍守玄家，不敢迫。玄瞋目呼曰：「姦人無狀，玄豈以一子之命而縱國賊乎？」促令攻之，玄子亦死。玄因上言：「天下凡有刼質，皆并殺之，不得贖以財寶，開張姦路。」由是刼質遂絕。

㈣京兆地震。

㈤司空袁逢罷，以太常張濟為司空。

㈥夏，四月，甲戌朔，日有食之。

㈦王甫、曹節等姦虐弄權，扇動內外，太尉段熲阿附之。節、甫父兄子弟為卿、校、牧、守、令、長者，布滿天下，所在貪暴。甫養子吉為沛相，尤殘酷，凡殺人皆磔尸㊁車上，隨其罪目㊂宣示屬縣，夏月腐爛，則以繩連其骨，周徧一郡乃止，見者駭懼，視事五年，凡殺萬餘人。尚書令陽球常拊髀發憤曰：「若陽球作司隸，此曹子安得容乎？」既而球果遷司隸。甫使門生於京兆界辜榷㊃官財物七千餘萬，京兆尹楊彪發其姦，言之司隸㊄。彪，賜之子也。時甫休沐里舍㊅，熲方以日食自劾，球詣闕謝恩，因奏甫、熲及中常侍淳于登、袁赦、封昱等罪惡，辛巳（初八日），悉收甫、潁等送雒陽獄，及甫子永樂少府萌、沛相吉。球自臨考甫等，五毒㊆備極，萌先嘗為司隸，乃謂球曰：「父子既當伏誅，亦以先後之義，少以楚毒假借老父。」球曰：「爾罪惡無狀，死不滅責㊇，乃欲論先後求假借邪？」萌乃罵曰：「爾前奉事吾父子如奴㊈，奴敢反汝主乎？今日臨阬相擠，行自及也。」球使以土窒萌口，箠扑交至，父子悉死於杖下，潁亦自殺。乃僵磔甫尸於夏城門，大署牓曰：「賊臣王甫。」盡沒入其財產，妻子皆徙比景。球既誅甫，欲以次表曹節等，乃敕中都官從事㊉曰：「且先去權貴大猾，乃議其餘耳！公卿豪右若袁氏兒輩⑪，從事自辦之，何須校尉邪？」權門聞之，莫不屏氣，曹節等皆不敢出沐。會順帝虞貴人⑫葬，百官會喪還，曹節見磔甫尸，道次，慨然抆淚曰：「我曹可自相食，何宜使犬舐其汁乎？」【考異】袁紀云：「球會虞貴人葬還，入夏城門，曹節見謁於道旁，球大罵曰：『賊臣曹節。』節收淚於車中」而有是語，今從范書。語諸常侍，今且俱入，勿過里舍也。節直入省白帝曰：「陽球故酷暴吏，前三府奏當免官，以九江微功，復見擢用⑬，愆過之人，好為妄作，不宜使在司隸以騁毒虐。」帝乃徙球為衛尉。時球出謁陵㊃，節敕尚書令召拜，不得稽留尺一。球被召急，因求見帝曰：「臣無清高之行，横蒙鷹犬之任㊄，前雖誅王甫、段熲，蓋狐狸小醜，未足宣示天下。願假臣一月，必令豺狼鴟梟，各服其辜。」叩頭流血。殿上呵叱曰：「衞尉扞詔邪？」至於再三，乃受拜。於是曹節、朱瑀等權勢復盛，節領尚書令。

郎中梁人審忠上書曰：「陛下即位之初，未能萬機，皇太后念在撫育，權時攝政，故中常侍蘇康、管霸應時誅殄，太傅陳蕃、大將軍竇武考其黨與，志清朝政，華容侯朱瑀知事覺露，禍及其身，遂興造逆謀，作亂王室，撞蹋省闥，執奪璽綬，迫脅陛下，聚會羣臣，離間骨肉母子之恩，遂誅蕃、武及尹勳等，因共割裂城社，自相封賞㊅，父子兄弟，被蒙尊榮，素所親厚，布在州郡，或登九列，或據三司㊆，不惟祿重位尊之責，而苟營私門，多蓄財貨，繕修第舍，連里竟巷，盜取御水㊇以作漁釣，車馬服玩，擬於天家㊈，羣公卿士，杜口吞聲，莫敢有言，州牧郡守，承順風旨，辟召選舉，釋賢取愚，故蟲蝗為之生，夷寇為之起，天意憤盈，積十餘年，故頻歲日食於上，地震於下，所以譴戒人主，欲令覺悟，誅鉏無狀。昔高宗以雉雊之變，故獲中興之功⑳。近者神祇啟悟陛下，發赫斯之怒㉑，故王甫父子應時馘戮㉒，路人士女莫不稱善，若除父母之讎，誠怪陛下復忍孽臣之類㉓，不悉殄滅。昔秦信趙高以危其國㉔；吳使刑臣，身遘其禍㉕。今以不忍之恩，赦夷族之罪，姦謀一成，悔亦何及？臣為郎十五年，皆耳目聞見，瑀之所為，誠皇天所不復赦，願陛下留漏刻之聽㉖，裁省臣表，埽滅醜類，以答天怒。與瑀考驗，有不如言，願受湯鑊之誅，妻子并徙，以絕妄言之路。」章寢，不報。

中常侍呂強，清忠奉公，帝以眾例，封為都鄉侯，強固辭不受，因上疏陳事曰：「臣聞高祖重約，非功臣不侯，所以重天爵，明勸戒也。中常侍曹節等宦官祐薄㉗，品卑人賤，讒諂媚主，佞邪徼寵，有趙高之禍，未被轘裂之誅㉘，陛下不悟，妄授茅土，開國承家，小人是用㉙；又并及家人，重金兼紫㉚，交結邪黨，下比羣佞，陰陽乖剌，稼穡荒蕪，人用不康，罔不由茲。臣誠知封事㉛已行，言之無逮，所以冒死干觸，陳愚忠者，實願陛下損改既謬，從此一止。臣又聞後宮采女㉜數千餘人，衣食之費日數百金。比㉝穀雖賤而戶有饑色，案法當貴而今更賤者，由賦發繁數以解縣官㉞。寒不敢衣，饑不敢食，民有斯戹而莫之卹，宮女無用，填積後庭，天下雖復盡力耕桑，猶不能供。又前召議郎蔡邕對問於金商門，邕不敢懷道迷國㉟，而切言極對，毀刺貴臣，譏呵宦官，陛下不密其言，至令宣露，羣邪項領，膏脣拭舌㊱，競欲咀嚼，造作飛條㊲，陛下回㊳受誹謗，致邕刑罪，室家徙放，老幼流離，豈不負忠臣哉！今羣臣皆以邕為戒，上畏不測之難，下懼劍客之害㊴，臣知朝廷不復得聞忠言矣！故太尉段熲，武勇冠世，習於邊事，垂髮服戎㊵，功成皓首，歷事二主㊶，勳烈獨昭。陛下既已式序㊷，位登臺司，而為司隸校尉陽球所見誣脅，一身既斃，而妻子遠播㊸，天下惆悵，功臣失望。宜徵邕，更加授任，反熲家屬，則忠貞路開，眾怨以弭矣！」帝知其忠而不能用。

㈧丁酉（二十四日），赦天下。

(九)上祿㊹長和海㊺上言：「禮：從祖兄弟，別居異財，恩義已輕，服屬疏末，而今黨人錮及五族，既乖典訓之文，有謬經常之灋。」帝覽之而悟，於是黨錮自從祖㊻以下皆得解釋。

(十)五月，以衞尉劉寬為太尉。

(十一)護匈奴中郎將張脩與南單于呼徵不相能，脩擅斬之，更立右賢王羌渠為單于。秋，七月，脩坐不先請而擅誅殺，檻車徵詣廷尉死。

(十二)初，司徒劉郃兄侍中儵與竇武同謀，俱死，永樂少府㊼陳球說郃曰：「公出自宗室，位登臺鼎，天下瞻望，社稷鎮衞，豈得雷同，容容㊽無違而已？今曹節等放縱為害，而久在左右，又公兄侍中受害節等，今可表徙衞尉陽球為司隸校尉，以次收節等誅之，政出聖主，天下太平，可翹足而待也。」郃曰：「凶豎多耳目，恐事未會，先受其禍。」尚書劉納曰：「為國棟梁，傾危不持，焉用彼相邪？」㊾郃許諾，亦與陽球結謀。球小妻，程璜之女，由是節等頗得聞知，乃重賂璜，且脅之。璜懼迫，以球謀告節。節因共白帝曰：「郃與劉納、陳球、陽球交通書疏，謀議不軌。」帝大怒，冬，十月甲申（十四日），劉郃、陳球、劉納、陽球皆下獄死。

(十三)巴郡板楯蠻反，遣御史中丞蕭瑗督益州刺史討之，不克。

(十四)十二月，以光祿勳楊賜為司徒。

(十五)鮮卑寇幽、幷二州。

【今註】㈠為人所刼，登樓求貨：刼以為質以求贖。㈡磔尸：車裂尸體。㈢罪目：罪名。㈣辜榷：前書音義曰：「辜，障也；榷，專也。謂障餘人買賣而自取其利。」㈤京兆尹楊彪發其姦，言之司隸：司隸部三河、弘農、三輔七郡，京兆在其部中。㈥時甫休沐里舍：胡三省曰：「漢書，中朝官五日得一下里舍休沐。里舍，私第也。」㈦五毒：胡三省曰：「五毒，四肢及身備受楚毒也。或云鞭、箠及灼及徽、纆為五毒。」㈧死不滅責：惠棟曰：「死有餘責，故云不滅責。」㈨爾前奉事吾父子如奴：錢大昕曰：「案陽球誅王甫輩，雖快人意，然球本中常侍程璜女夫，又以私憾蔡質，故飛章陷質、邕父子，王萌所云事吾父子如奴，殆非誣也。」㈩中都官從事：胡三省曰：「中都官從事，即都官從事。」都官從事，司隸之屬吏。《續漢志》曰：「都官從事，主察舉百官犯法者。」蔡質《漢儀》曰：「都官主雒陽百官朝會，與三府掾同。」《博物記》曰：「中興以來，都官從事多出之河內，掊擊貴戚。」⑪公卿豪右若袁氏兒輩：胡三省曰：「時諸袁以與袁赦同宗，貴寵於世。」諸袁，謂逢、隗等。《後漢書・袁安傳》云：「逢弟隗，少歷顯官，先逢為三公。時中常侍袁赦，隗之宗也，用事於中，以逢、隗世宰相家，推崇以為外援，故袁氏貴寵於世，富奢甚，不與他公族同。」⑫順帝虞貴人：虞貴人，沖帝母。⑬陽球故酷暴吏，前三府奏當免官，以九江微功，復見擢用：事見建寧六年。⑭時球出謁陵：胡三省曰：「諸陵皆在司部，故司隸出謁陵。」⑮橫蒙鷹犬之任：胡三省曰：「謂司隸主搏噬姦非，猶鷹犬也。」⑯皇太后念在撫育，權時攝政至遂誅蕃、武及尹勳等，因共割裂城社，自相封賞：事見上卷建寧元年。皇太后謂桓思竇皇后。⑰或登九列，或據三司：胡三省曰：「九列，九卿也；三司，三公也。」⑱御水：李賢曰：「水入宮苑為御水。」⑲天家：胡三省曰：「天家，猶王家也。君，天也，故謂之天家。」⑳昔高宗以雉雊之變，故獲中興之功：《尚書》：高宗肜日，有飛雉升鼎耳而雊，懼而修德，殷以中興。肜，祭名。祭之明日又祭為肜。㉑赫斯之怒：《詩》曰：「王赫斯怒。」謂赫然發怒也。㉒馘戩：戩，截本字，斷也。截耳曰馘。《詩》曰：「攸馘安安。」《傳》曰：「馘，獲也，不服者殺而獻其左耳。」故亦以伏誅曰馘戩。㉓誠怪陛下復忍孽臣之類：李賢曰：「謂復任用曹節等也。」胡三省曰：「忍，謂含忍也，隱忍也。」㉔昔秦信趙高以危其國：事見卷八秦二世紀。㉕吳使刑臣，身遘其禍：《左傳》曰：「吳伐越，獲俘焉，以為閽，使守舟。吳子餘祭觀舟，閽人以刀弒之。」㉖願陛下留漏刻之聽：胡三省曰：「漏之度，晝夜百刻。留漏刻之聽，言少須臾留聽也。」古無時計，以漏壺盛水，壺上刻度，視水之遞減以紀時，謂之漏刻。㉗祐薄：周壽昌曰：「案祐薄之祐恐應作祜，蓋呂強原疏避安帝諱也。」祜，務也。㉘有趙高之禍，未被轘裂之誅：以車裂尸曰轘裂。趙高教二世以聲色之娛，誤主禍國，事見秦二世紀。㉙開國承家，小人是用：《易》曰：「開國承家，小人勿用。」強謂節等所行皆背道。㉚重金兼紫：李賢曰：「金印紫綬，重、兼，言累積也。」漢制，列侯金印紫綬。㉛封事：胡三省曰：「謂封爵之事也。」㉜采女：《後漢書・皇后紀》曰：「光武中興，六宮稱號，唯皇后、貴人，貴人金印紫綬，奉不過粟數十斛。又置美人、宮人、采女三等，並無爵秩，歲時賞賜充給而已。」㉝比：近來。㉞案法當貴而今更賤者，由賦發繁數以解縣官：李賢曰：「縣官調發既多，故賤糶穀以供之。」㉟迷國：胡三省曰：「蓋引論語迷邦之言，不言邦者，避高帝諱。」㊱羣邪項領，膏唇拭舌：李賢曰：「詩曰：『駕彼四牡，四牡項領。』註曰：『項，大也；四牡者，人所駕，今但養大其領，不肯為用，諭大臣自恣，王不能來也。』膏唇拭舌，謂欲讒毀故也。」㊲飛條：李賢曰：「飛條，飛書也。飛書者，無根而至，若飛來也，即今匿名書。」㊳回：王先謙《後漢書集解》：「官本回作同。」㊴下懼劍客之害：李賢曰：「謂陽球使客追刺邕也。」㊵垂髮服戎：李賢曰：「垂髮，謂童子也。」服戎猶曰從戎。㊶歷事二主：二主，謂桓帝、靈帝。㊷式序：胡三省曰：「式，用也，式序者，用敍其功也。」㊸遠播：播遷邊遠之地。㊹上祿：上祿縣屬武都郡，故城在今甘肅省成縣西。㊺和海：和姓，海名。㊻從祖：緦麻服。㊼永樂少府：永樂宮，董太后所居，置太僕、少府，見《續漢志》。㊽容容：顏師古曰：「容容，隨衆上下也。」李賢曰：「容容，猶和同也。」

㊼為國棟梁，傾危不持，焉用彼相邪：《論語》孔子曰：「危而不扶，顛而不持，則將焉用彼相矣！」

三年（西元一八〇年）

㈠春，正月，癸酉（正月庚子朔，無癸酉），赦天下。

㈡夏，四月，江夏蠻反。

㈢秋，酒泉地震。

㈣冬，有星孛于狼弧㊀。

㈤鮮卑寇幽、幷二州。

㈥十二月，立貴人何氏為皇后，【考異】袁紀在十一月，今從范書。徵後兄穎川太守進為侍中。后本南陽屠家，以選入掖庭㊁，生皇子辨，故立之。

㈦是歲，作罼圭靈昆苑㊂，司徒楊賜諫曰：「先帝之制，左開鴻池，右作上林㊃，不奢不約，以合禮中。今猥規郊城之地以為苑囿，壞沃衍㊄，廢田園，驅居民，畜禽獸，殆非所謂若保赤子之義㊅。今城外之苑已有五六㊆，可以逞情意，順四節也㊇。惟夏禹卑宮㊈太宗露臺之意㊉，以慰下民之勞。」書奏，帝欲止，以問侍中任芝、樂松，【考異】范書云：「中常侍樂松。」松本鴻都文學，必非中常侍，袁紀云侍中，今從之。對曰：「昔文王之囿百里，人以為小，齊宣五里，人以為大(一一)。今與百姓共之，無害於政也。」帝悅，遂為之。

(八)巴郡板楯蠻反。

(九)蒼梧桂陽賊攻郡縣，零陵太守楊琁制馬車數十乘，以排囊(一二)盛石灰於車上，繫布索於馬尾，又為兵車，專彀弓弩。及戰，令馬車居前，順風鼓灰，賊不得視，因以火燒布然，馬驚，犇突賊陣，因使後車弓弩亂發，鉦鼓鳴震，羣盜波駭(一三)破散，追逐傷斬無數，梟(一四)其渠帥，郡境以清。荊州刺史趙凱誣奏琁實非身親破賊，而妄有其功，琁與相章奏，凱有黨助，遂檻車徵琁，防禁嚴密，無由自訟(一五)，乃噬臂出血，書衣為章，具陳破賊形埶及言凱所誣狀，潛令親屬詣闕通之。詔書原琁，拜議郎，凱受誣人之罪。琁，喬之弟也(一五)。

【今註】㈠狼弧：《晉書・天文志》曰：「狼一星，在東井東；弧九星，在狼南。」㈡后本南陽屠家，以選入掖庭：《風俗通》曰：「漢以八月算人，后家以金帛賂遺主者以求入也。」《後漢書・皇后紀》曰：「漢法常因八月算人，遣中大夫與掖庭丞及相工，於洛陽鄉中閱視良家童女，年十三以上，二十以下，姿色端麗合法相者，載還後宮，擇視可否，迺用登御。」《漢儀》注曰：「八月，初為算賦，故曰算人。」惠棟曰：「續漢書：『進父真死，以妹倚黃門得入掖庭。』案何進傳蹇碩與趙忠書曰：『中常侍郭勝，進同郡人也。太后及進之貴幸，勝有力焉！』然則幸由郭勝得入掖庭也。」㊂畢圭靈昆苑：李賢曰：「畢圭苑有二，東畢圭苑周一千五百步，中有魚梁臺；西畢圭苑周三千三百步；並在洛陽宣平門外也。」㊃左開鴻池，右作上林：李賢曰：「鴻池在洛陽東，上林在西。」㊄沃衍：杜預曰：「沃衍，平美之地也。」㊅殆非所謂若保赤子之義：《書》曰：「若保赤子，惟民其康乂。」㊆今城外之苑已有五六：李賢曰：「陽嘉元年，起西苑；延熹二年，造顯陽苑；雒陽宮殿名有平樂苑，上林苑，桓帝延熹元年，置鴻德苑。」㊇可以逞情意，順四節也：李賢曰：「逞，快也。四節，謂春蒐、夏苗、秋獮、冬狩。」㊈夏禹卑宮：孔子曰：「禹惡衣服，卑宮室。」[一〇]太宗露臺：漢文帝欲作露臺，召匠計之，值百金。文帝曰：「百金，中人十家之產。吾奉先帝宮室，常恐羞之，何以臺為？」[一一]昔文王之囿百里，人以為小；齊宣五里，人以為大：李賢曰：「孟子齊宣王問曰：『文王之囿方七十里，人猶以為小，寡人之囿方四十里，人猶以為大，何也？』曰：『文王之囿方七十里，芻蕘者往焉，雉兔者往焉，與人同之，猶以為小，不亦宜乎？』此云文王百里，齊宣五里，與孟子不同也。」惠棟曰：「王懋云世說舉樂松之語，云齊五十里，乃知非五里也。當時史文于五字下脫一十字。蓋七十里近于百里，四十里近于五十，樂松舉其大要耳！揚雄亦曰：『文王之囿百里，齊宣王之囿四十里。』是亦明以文王之囿為百里。文王之囿豈真百里哉！章懷不深考耳！」㊂排囊：李賢曰：「排囊，即今囊袋也。」㊂波駭：胡三省曰：「波駭者，蓋喻以物擊水，一波動，萬波隨而駭動也。」㊃梟：斬首懸之木上以儆眾。㊄遂檻車徵琁，防禁嚴密，無由自訟：謝承書云：「琁為凱横奏，檻車徵，奪其筆硯。」㊅琁，喬之弟也：楊喬見上卷桓帝永康元年。

卷五十八　漢紀五十

起重光作噩，盡強圉單閼，凡七年。（辛酉至丁卯，西元一八一年至西元一八七年。）

司馬光編集
傅樂成　註

孝靈皇帝中

光和四年（西元一八一年）

㈠春，正月，初置騄驥㊀廄丞，領受郡國調馬㊁。豪右辜榷，馬一匹至二百萬。

㈡夏，四月，庚子㊂，赦天下。

㈢交阯烏滸蠻久為亂㊃，牧守不能禁。交阯人梁龍等復反，攻破郡縣。詔拜蘭陵㊄令會稽朱儁為交阯刺史，擊斬梁龍，降者數萬人，旬月盡定；以功封都亭侯，徵為諫議大夫。

㈣六月，庚辰（十九日），雨雹，如雞子。

㈤秋，九月，庚寅朔（一日），日有食之。

㈥太尉劉寬免，衞尉許馘為太尉。【考異】袁紀，十月，許馘坐辟召錯繆，免。楊賜為太尉。今從范書。

㈦閏月⑥，辛酉（二日），北宮東掖庭永巷署⑦災。

㈧司徒楊賜罷。

㈨冬，十月，太常陳耽為司徒。【考異】袁紀，三年，閏月，楊賜久病罷。十月，陳耽為司徒。蓋誤置閏於去年。按長曆，此年閏十月。以袁紀考之，閏九月為是。恐長曆差一月。今從范書帝紀。

㈩鮮卑寇幽、并二州。檀石槐死，子和連代立。和連才力不及父而貪淫，後出攻北地，北地人射殺之。其子騫曼尚幼，兄子魁頭立。後騫曼長大，與魁頭爭國，眾遂離散。魁頭死，弟步度根立。

⑪是歲，帝作列肆於後宮，使諸采女販賣，更相盜竊爭鬪。帝著商賈服，從之飲宴為樂。又於西園弄狗，著進賢冠⑧，帶綬。又駕四驢，帝躬自操轡，驅馳周旋。京師轉相倣效，驢價遂與馬齊。帝好為私稸⑨，收天下之珍貨；每郡國貢獻，先輸中署⑩，名為導行費。中常侍呂強上疏諫曰：「天下之財，莫不生之陰陽⑪，歸之陛下，豈有公私！而今中尚方歛諸郡之寶，中御府積天下之繒⑫，西園引司農之藏，中廐⑬聚太僕之馬；而所輸之府，輒有導行之財，調廣民困，費多獻少；姦吏因其利，百姓受其敝。又阿媚之

臣，好獻其私，容諂姑息，自此而進。舊典，選舉委任三府，尚書受奏御而已㊃。受試任用，責以成功，功無可察，然後付之尚書舉劾，請下廷尉覆案，虛實行其罪罰。於是三公每有所選，參議掾屬，咨其行狀，度其器能；然猶有曠職廢官，荒穢不治。今但任尚書，或有詔用㊄，如是三公得免選舉之負㊅，尚書亦復不坐；責賞無歸，豈肯空自勞苦乎？」書奏不省。

㊉何皇后性彊忌，後宮王美人生皇子協，后酖殺美人㊆。帝大怒，欲廢后，諸中官固請得止。

㊉大長秋華容侯曹節卒。中常侍趙忠代領大長秋。

【今註】㊀騄驥：良馬。㊁調馬：李賢曰：「調，謂徵發也。」何焯曰：「調馬為調良之馬，猶言過馬也。謂徵發似誤。」㊂庚子：本年四月無此日。㊃烏滸蠻久為亂：烏滸蠻反事，始見卷五十七光和元年㊀。㊄蘭陵：縣名，屬東海郡，故城在今山東省嶧縣西北一里。㊅閏月：謂閏九月。㊆永巷署：李賢曰：「永巷，宮中署名也。漢官儀曰：『令一人，宦者為之。秩六百石，掌宮婢侍使。』」劉攽曰：「注，侍使，案使當作史，即給尚書郎侍史之類。」㊇進賢冠：李賢引《三禮圖》曰：「進賢冠，文官服之；前高七寸，後高三寸，長八寸。」汪文臺曰：「續五行志注，弄狗下有『以配人』

三字。」㈨稸：同蓄。㈩先輸中署，名為導行費：李賢曰：「中署，內署也。導，引也。貢獻外別有所入，以為所獻希之導引也。」劉攽曰：「注，希之，案文『希』當作『物』。」(一一)生之陰陽：李賢曰：「萬物稟陰陽而生。」(一二)中尚方斂諸郡之寶，中御府積天下之繒：胡三省曰：「中尚方、中御府皆屬少府，天子私藏也。」(一三)中廄：胡三省曰：「中廄，即騄驥廄。」(一四)選舉委任三府，尚書受奏御而已：胡三省曰：「三府選其人而舉之，尚書受其奏以進御。」(一五)詔用：胡三省曰：「詔用者，不由三公尚書，徑以詔書用之也。」(一六)負：責任。(一七)酖殺美人：惠棟曰：「續漢書，渴飲米粥，遂暴薨。」

五年（西元一八二年）

㈠春，正月，辛未（十四日），赦天下。

㈡詔公卿以謠言舉刺史二千石為民蠹害者㈠。太尉許馘、司空張濟，承望內官，受取貨賂；其宦者子弟賓客，雖貪汙穢濁，皆不敢問；而虛糾邊遠小郡，清修有惠化者二十六人。吏民詣闕陳訴，司徒陳耽上言：「公卿所舉，率黨其私，所謂放鴟梟而囚鸞鳳。」

【考異】劉陶傳，光和五年以謠言舉二千石，耽與議郎曹操上言。按耽已為司徒，不應與議郎同上言。王沈魏書曰：「是歲以災異博問得失，太祖因此上書切諫。」不云與耽同上言也。今但去陳耽。

帝以讓鍼、濟，由是諸坐謠言徵者，悉拜議郎。

㈢二月，大疫。

㈣三月，司徒陳耽免。

㈤夏，四月，旱。

㈥以太常袁隗為司徒。

㈦五月，庚申（五日），永樂宮署災。

㈧秋，七月，有星孛于太微。

㈨板楯蠻寇亂巴郡，連年討之，不能克。帝欲大發兵，以問益州計吏漢中程包，對曰：「板楯七姓㈡，自秦世立功，復其租賦㈢。其人勇猛善戰，昔永初中，羌入漢川，郡縣破壞；得板楯救之，羌死敗殆盡㈣。羌人號為神兵，傳語種輩，勿復南行。至建和二年㈤，羌復大入，實賴板楯連摧破之。前車騎將軍馮緄南征武陵，亦倚板楯以成其功。近益州郡亂，太守李顒亦以板楯討而平之，忠功如此，本無惡心，長吏鄉亭，更賦至重，僕役箠楚，過於奴虜；亦有嫁妻賣子，或乃至自剄割。雖陳冤州郡，而牧守不為通理；闕庭悠遠，不能自聞，含怨呼天，無所叩愬；故邑落相聚以叛戾，非有謀主僭號，以圖不軌。今但選明能牧守，自然安集，不煩征伐也。」帝從其言，選用太守曹謙，宣詔赦之，即時皆降。

㈩八月，起四百尺觀於阿亭道。

(十一)冬，十月，太尉許馘罷㊅。以太常楊賜為太尉。

(十二)帝校獵上林苑，歷函谷關，遂狩于廣成苑。十二月，還幸太學㊆。

(十三)桓典為侍御史，宦官畏之。典常乘驄馬，京師為之語曰：「行行㊇且止，避驄馬㊈御史。」典，焉⑩之孫也。

【今註】㊀以謠言舉刺史二千石為民蠹害者：李賢曰：「謠言，謂聽百姓風謠善惡而黜陟之也。」㊁板楯七姓：胡三省曰：「板楯七姓，羅、朴、督、鄂、度、夕、龔，皆渠帥也。」㊂自秦世立功，復其租賦：惠棟曰：「風俗通雲：『巴有賓人，剽勇。高祖為漢王時，閬中人范目說高祖募賓人定三秦。封目為閬中慈凫鄉侯，并復除目所發賓人盧、朴、沮、鄂、度、夕、龔七姓，不供租賦。』」㊃羌死敗殆盡：事見卷四十九安帝元初元年㈣。㊄建和二年：惠棟曰：「華陽國志作建寧。」㊅太尉許馘罷：惠棟曰：「袁宏紀，馘坐辟召謬錯免。」馘，或本字，音郁（ㄩˋ）。㊆幸太學：惠棟曰：

「典略云：『帝幸太學，自就碑作賦。』」㈧行行：躑躅不進貌。㈨驄馬：青白雜色之馬。㈩焉：胡三省曰：「順帝永建初，焉為太傅。焉，榮之孫也。」

六年（西元一八三年）

㈠春，三月，辛未（二十一日），赦天下。

㈡夏，大旱。

㈢爵號皇后母為舞陽君。

㈣秋，金城河水溢出二十餘里。

㈤五原山岸崩。【考異】本紀云：「大有年」。按今夏大旱，縱使秋成，亦不得為大有年，今不取。

㈥初，鉅鹿㈠張角，奉事黃老，以妖術教授，號太平道。呪符水以療病，令病者跪拜首過，或時病愈，眾共神而信之。角分遣弟子，周行四方，轉相誑誘，十餘年間，徒眾數十萬。自青、徐、幽、冀、荊、揚、兗、豫八州之人，莫不畢應。或棄賣財產，流移犇赴，填塞道路；未至病死者，亦以萬數。郡縣不解其意，反言角以善道教化，為民所歸。

太尉楊賜時為司徒㈡，上書言：「角誑燿百姓，遭赦不悔，稍益滋蔓。今若下州郡捕討，恐更騷擾，速成其患。宜切敕刺史二千石，簡別流民，各護歸本郡，以孤弱其黨；然後誅其渠帥，可不勞而定。」會賜去位，事遂留中㈢。

司徒掾劉陶復上疏，申賜前議，言：「角等陰謀益甚，四方私言云：『角等竊入京師，覘㈣視朝政。』鳥聲獸心，私共鳴呼，州郡忌諱，不欲聞之；但更相告語，莫肯公文。宜下明詔，重募角等，賞以國土；有敢回避，與之同罪。」帝殊不為意，方詔陶次第春秋條例㈤。

角遂置三十六方；方，猶將軍也。大方萬餘人，小方六七千。【考異】袁紀作「坊」。今從范書。各立渠帥。訛言「蒼天已死，黃天當立；歲在甲子㈥，天下大吉。」以白土書京城寺門㈦，及州郡官府，皆作甲子字。大方馬元義等先收荊揚數萬人，期會發於鄴。元義數往來京師，以中常侍封諝、徐奉等為內應，約以三月五日，內外俱起。

【今註】㈠鉅鹿：縣名，屬鉅鹿郡，故城即今河北省平鄉縣治。㈡時為司徒：楊賜於熹平五年為司徒。㊂會賜去位，事遂留中：李賢曰：「謂所論事，留在禁中，未施用之。」胡三省曰：「余據賜以熹平六年免。」㊃覘：音沾（ㄓㄢ），窺視。㊄詔陶次第春秋條例：胡三省曰：「陶明春秋，為之訓詁，故詔之次第條例。」㊅歲在甲子：明年即中平元年，歲在甲子。㊆寺門：謂京城各機關之門。胡三省曰：「寺門，在京城諸官寺舍之門。」

中平元年（西元一八四年）

㈠春，角弟子濟南唐周上書告之。【考異】袁紀云：「濟陰人唐客。」今從范書。於是收馬元義，車裂於雒陽。【考異】袁紀曰：「五月，乙卯，馬元義等於京都謀反，伏誅。」今從范書。詔三公司隸案驗宮省直衛及百姓有事角道者，誅殺千餘人；下冀州逐捕角等。角等知事已露，晨夜馳敕，諸方一時俱起；皆著黃巾，以為標幟，故時人謂之黃巾賊。二月，角自稱天公將軍；角弟寶稱地公將軍；寶弟梁稱人公將軍。【考異】司馬彪九州春秋云，角弟梁，梁弟寶。袁紀云角弟良寶。今從范書。所在燔燒官府，劫略聚邑，州郡失據，長吏多逃亡。旬月之間，天下響應，京師震動。安平、甘陵㊀人各執其王應賊。三月，戊申（三日），以河南尹何進為大將軍，封慎侯；率左右羽林五營營士屯都亭㊁，修理器械，以鎮京師。置函谷、太谷、廣成、伊闕、轘轅、旋門、孟津、小平津、八關㊂都尉。

帝召羣臣會議，北地太守皇甫嵩以為宜解黨禁，益出中藏錢、西園廄馬㊃，以班軍士。嵩，規之兄子也。

上問計於中常侍呂強，對曰：「黨錮久積，人情怨憤，若不赦宥，輕與張角合謀，為變滋大，悔之無救。今請先誅左右貪濁者，大赦黨人，料㊄簡刺史二千石能否，則盜無不平矣。」帝懼而從之。壬子（七日），赦天下黨人，還諸徙者㊅，唯張角不赦。發天下精兵，遣北中郎將㊆盧植討張角；左中郎將皇甫嵩、右中郎將朱儁討潁川黃巾。

是時中常侍趙忠、張讓、夏惲、郭勝、段珪、宋典等，皆封侯貴寵，上常言：「張常侍是我公㊇，趙常侍是我母。」由是宦官無所憚畏，並起第宅，擬則宮室。上嘗欲登永安候臺㊈，宦官恐望見其居處，乃使中大人尚但諫曰：「天子不當登高，登高則百姓虛散。」上自是不敢復升臺榭㊉。及封諝、徐奉事發，上詰責諸常侍曰：「汝曹常言，黨人欲為不軌。皆令禁錮，或有伏誅者。今黨人更為國用，汝曹反與張角通，為可斬未？」皆叩頭曰：「此王甫、侯覽所為也。」於是諸常侍人人求退，各自徵還宗親子弟在州郡者。趙忠、夏惲等遂共譖呂強云：「與黨人共議朝廷，數讀霍光傳㈡。強兄弟所在，並皆貪穢。」帝使中黃門持兵召強，強聞帝召，怒曰：「吾死亂起矣！丈夫欲盡忠國家，豈能對獄吏乎！」遂自殺。忠、惲復譖白：「強見召，未知所問．而就外自屏㈢，有姦明審。」遂收捕其宗親，沒入財產。

侍中河內向栩上便宜，譏刺左右。張讓誣栩與張角同心，欲為內應，收送黃門北寺獄，殺之。

郎中中山張鈞上書曰：「竊惟張角所以能興兵作亂，萬民所以樂附之者，其源皆由十常侍㈢，多放父兄子弟，婚親賓客，典據州郡，辜榷財利，侵掠百姓。百姓之冤，無所告訴，故謀議不軌，聚為盜賊。宜斬十常侍，縣頭南郊，以謝百姓。【考異】范書宦者傳，上列常侍十二人名，而下云「十常侍，」未詳。遣使者告天下，可不須師旅，而大寇自消。」帝以鈞章示諸常侍，皆免冠徒跣頓首，乞自致雒陽詔獄；並出家財，以助軍費。有詔皆冠履視事如故。帝怒鈞曰：「此真狂子也，十常侍固當有一人善者不？」御史承旨，遂誣奏鈞學黃巾道，收掠死獄中。

㈡庚子㈣，南陽黃巾張曼成攻殺太守褚貢。

㈢帝問太尉楊賜以黃巾事，賜所對切直，帝不悅。夏四月，賜坐寇賊免。以太僕弘農鄧盛為太尉。已而帝閱錄故事，得賜與劉陶所上張角奏，乃封賜為臨晉侯，陶為中陵鄉侯。

㈣司空張濟罷。以大司農張溫為司空。

㈤皇甫嵩、朱儁合將四萬餘人，共討潁川㈤。嵩、儁各統一軍，儁與賊波才戰敗，嵩進保長社㈥。

㈥汝南黃巾敗太守趙謙於邵陵㈦。廣陽黃巾殺幽州刺史郭勳及太守劉衛。

㈦波才圍皇甫嵩於長社，嵩兵少，軍中皆恐。賊依草結營，會大風，嵩約敕軍士皆束苣㈧乘城，使銳士間出圍外，縱火大呼，城上舉燎應之。嵩從城中鼓譟而出，犇擊賊陳，賊驚亂走。會騎都尉沛國曹操，將兵適至。五月，嵩、操與朱儁合軍，更與賊戰，大破之，斬首數萬級。封嵩都鄉侯。

操父嵩，為中常侍曹騰養子，不能審其生出本末；或云：「夏侯氏子也㈩九。」操少機警有權數，而任俠放蕩，不治行業，世人未之奇也。唯太尉橋玄及南陽何顒異焉。玄謂操曰：「天下將亂，非命世之才㈡〇，不能濟也。能安之者，其在君乎！」顒見操歎曰：「漢家將亡，安天下者，必此人也！」玄謂操曰：「君未有名，可交許子將。」子將者，訓之從子劭也㈡一，好人倫㈡二，多所賞識，與從兄靖俱有高名。好共覈論鄉黨人物，每月輒更其品題㈡三，故汝南俗有月旦評焉。嘗為郡功曹，府中聞之，莫不改操飾行。曹操往造劭而問之曰：「我何如人？」劭鄙其為人，不答。操乃刦之，劭曰：「子治世之能臣，亂世之姦雄㈡四。」操大喜而去。

朱儁之擊黃巾也，其護軍司馬㈡五北地傅燮上疏曰：「臣聞天下之禍，不由於外，皆興於內。是故虞舜先除四凶，然後用十六相㈡六；明惡人不去，則善人無由進也。今張角起於趙魏，黃巾亂於六州㈡七，此皆釁發蕭墻(二八)，而禍延四海者也。臣受戎任，奉辭伐罪，始到潁川，戰無不剋，黃巾雖盛，不足為廟堂憂也。臣之所懼，在於治水不自其源，末流彌增其廣耳。陛下仁德寬容，多所不忍，故閹豎弄權，忠臣不進；誠使張角梟夷，黃巾變服(二九)，臣之所憂，甫益深耳。何者？夫邪正之人，不宜共國，亦猶冰炭不可同器。彼知正人之功顯，而危亡之兆見，皆將巧辭飾說，共長虛偽。夫孝子疑於屢至(三〇)，市虎成於三夫(三一)，若不詳察真偽，忠臣將復有杜郵之戮(三二)矣。陛下宜思虞舜四罪之舉，速行讒佞之誅，則善人思進，姦凶自息。」趙忠見其疏而惡之。爕擊黃巾，功多當封(三三)，忠譖訴之。帝識(三四)爕言，得不加罪，竟亦不封。

(八)張曼成屯宛下(三五)百餘日，六月，南陽太守秦頡擊曼成斬之。

(九)交阯土多珍貨，前後刺史，多無清行，財計盈給，輒求遷代。故吏民怨叛，執刺史及合浦太守來達，自稱柱天將軍。三府選京(三六)令東郡賈琮為交阯刺史，琮到部，訊其反狀，咸言：「賦斂過重，百姓莫不空單；京師遙遠，告冤無所，民不聊生，故聚為盜賊。」

琮即移書告示，各使安其資業。招撫荒散，蠲復傜役；誅斬渠帥為大害者，簡選良吏試守諸縣。歲間蕩定(三七)，百姓以安。巷路為之歌曰：「賈父來晚，使我先反；今見清平，吏不敢飯(三八)。」

(十)皇甫嵩、朱儁乘勝進討汝南、陳國黃巾，追波才於陽翟(三九)，擊彭脫於西華(四〇)，並破之；餘賊降散，三郡悉平。嵩乃上言其狀，以功歸儁，於是進封儁西鄉侯，遷鎮賊中郎將(四一)。詔嵩討東郡，儁討南陽。

北中郎將盧植連戰破張角，斬獲萬餘人，角等走保廣宗(四二)。植築圍鑿塹(四三)，造作雲梯(四四)，垂當拔之(四五)。帝遣小黃門左豐視軍，或勸植以賂送豐，植不肯。豐還言於帝曰：「廣宗賊易破耳，盧中郎固壘息軍，以待天誅。」帝怒，檻車徵植，減死一等。遣東中郎將隴西董卓代之。

(十一)巴郡張脩以妖術為人療病，其瀌略與張角同。令病家出五斗米，號五斗米師。秋，七月，脩聚眾反，寇郡縣，時人謂之米賊。

【考異】范書靈帝紀，有此張脩。陳壽魏志張魯傳，有劉焉司馬張脩。劉艾典略，有漢中張脩。裴松之以為張脩應是張衡。非典略之失，則傳寫之誤。案魯傳云，祖父陵，父衡，皆為五斗米道。衡死，魯復行之。劉焉司馬張脩，與魯同擊漢中，魯襲殺脩。非其父也。今此據范書。

(十二)八月，皇甫嵩與黃巾戰於蒼亭㊻，獲其帥卜巳㊼。董卓攻張角，無功抵罪。乙巳（三日），詔嵩討角。

(十三)九月，安平王續㊽坐不道誅，國除。初續為黃巾所虜，國人贖之，得還。朝廷議復其國，議郎李燮曰：「續守藩不稱，損辱聖朝，不宜復國朝廷。」不從，燮坐謗毀宗室，輸作左校。未滿歲，王坐誅，乃復拜議郎。京師為之語曰：「父不肯立帝㊾，子不肯立王。」

(十四)冬，十月，皇甫嵩與張角弟梁戰於廣宗，梁眾精勇，嵩不能尅。明日乃閉營休士，以觀其變。知賊意稍懈，乃潛夜勒兵，雞鳴馳赴其陳，戰至晡時，大破之㊿，斬梁獲首三萬級，赴河死者五萬許人。角先已病死，剖棺戮尸，傳首京師。十一月，嵩復攻角弟寶於下曲陽(五一)，斬之，斬獲十餘萬人。即拜嵩為左車騎將軍，領冀州牧，封槐里侯。嵩能溫卹士卒，每軍行頓止，須營幔修立，然後就舍，軍士皆食，爾(五二)乃嘗飯(五三)；故所嚮有功。

(五三)北地先零羌及枹罕、河關〔五四〕羣盜反，共立湟中義從胡北宮伯玉、李文侯為將軍，殺護羌校尉冷徵。金城人邊章、韓遂，素著名西州，羣盜誘而劫之，使專任軍政。殺金城太守陳懿，攻燒州郡。初武威太守倚恃權貴，恣行貪暴，涼州從事武都蘇正和案致其罪。刺史梁鵠懼，欲殺正和以免其負，訪於漢陽長史〔五五〕敦煌蓋勳。勳素與正和有仇，或勸勳因此報之，勳曰：「謀事殺良，非忠也；乘人之危，非仁也。」乃諫鵠曰：「夫紲食〔五六〕鷹隼〔五七〕，欲其鷙也；鷙〔五八〕而亨〔五九〕之，將何用哉？」鵠乃止。正和詣勳求謝，勳不見曰：「吾為梁使君謀，不為蘇正和也。」怨之如初〔六〇〕。後刺史左昌盜軍穀數萬，勳諫之。昌怒，使勳與從事辛曾孔常別屯阿陽〔六一〕以拒賊，欲因軍事罪之，而勳數有戰功。及北宮伯玉之攻金城也，勳勸昌救之，昌不從。陳懿既死，邊章等進圍昌於冀，昌召勳等自救，辛曾等疑不肯赴。勳怒曰：「昔莊賈後期，穰苴奮劒〔六二〕，今之從事，豈重於古之監軍乎！」曾等懼而從之。勳至冀，誚讓章等以背叛之罪，皆曰：「左使君若早從君言，以兵臨我，庶可自改；今罪已重，不得降也。」乃解圍去。叛羌圍校尉夏育於畜官(六三)，勳與州郡合兵救育，至狐槃(六四)，為羌所敗。勳餘眾不及百人，身被三創，堅坐不動，指木表(六五)曰：「尸我於此。」句就種羌(六六)滇吾，以兵扞眾曰：「蓋長史賢人，汝曹殺之者，為負天！」勳仰罵曰：「死反虜，汝何知，促來殺我！」眾相視而驚。滇吾下馬與勳，勳不肯上，遂為羌所執。羌服其義勇，不敢加害，送還漢陽；後刺史楊雍表勳領漢陽太守。

(六)張曼成餘黨更以趙弘為帥，眾復盛，至十餘萬，據宛城。朱儁與荊州刺史徐璆等合兵圍之，自六月至八月，不拔，有司奏徵儁。司空張溫上疏曰：「昔秦用白起，燕任樂毅，皆曠年歷載，乃能克敵(六七)。儁討潁川，已有功效，引師南指，方略已設；臨軍易將，兵家所忌，宜假日月，責其成功。」帝乃止。儁擊弘，斬之。

賊帥韓忠復據宛拒儁，儁鳴鼓攻其西南，賊悉眾赴之；儁自將精卒，掩其東北，乘城而入。忠乃退保小城，惶懼乞降。諸將皆欲聽之，儁曰：「兵固有形同而埶異者。昔秦項之際(六八)，民無定主，故賞附以勸來耳。今海內一統，唯黃巾造逆，納降無以勸善，討之足以懲惡。今若受之，更開逆意，賊利則進，戰鈍則乞降；縱敵長寇，非良計也。」因急攻，連戰不尅。儁登土山望之，顧謂司馬張超㊈曰：「吾知之矣。賊今外圍周固，內營逼急，乞降不受，欲出不得，所以死戰也。萬人一心，猶不可當，況十萬乎！不如徹圍，並兵入城。忠見圍解，埶必自出；自出則意散，破之道也。」既而解圍，忠果出戰，儁因擊大破之，斬首萬餘級。南陽太守秦頡殺忠，餘眾復奉孫夏為帥，還屯宛。儁急攻之，司馬孫堅率眾先登，癸巳（二日），拔宛城。孫夏走，儁追至西鄂精山㊉，復破之，斬萬餘級，於是黃巾破散。其餘州郡所誅，一郡數千人。

㊆十二月，己巳（二十九日），赦天下。改元。

㊇豫州刺史太原王允破黃巾，得張讓賓客書，與黃巾交通。上之。上責怒讓，讓叩頭陳謝，竟亦不能罪也。讓由是以事中允，遂傳㊆下獄。會赦，還為刺史。旬日間，復以他罪被捕。楊賜不欲使更楚辱㊆，遣客謝之曰：「君以張讓之事，故一月再徵，凶慝難

量，幸為深計⑬。」諸從事好氣決者，共流涕奉藥而進之。允厲聲曰：「吾為人臣，獲罪於君，當伏大辟，以謝天下，豈有乳藥求死乎⑭！」投杯而起，出就檻車。既至，大將軍進與楊賜、袁隗共上疏請之，得減死論。**【考異】**允傳云，太尉袁隗，司徒楊賜。按隗、賜時皆不為此官，恐誤也。

【今註】㊀安平、甘陵：安平，國名，故地在今河北省冀縣。甘陵，縣名，原名厝，安帝以孝德皇后葬於厝，故曰甘陵，移清河國治此。建和二年，改名甘陵國。故城在今山東省清平縣南。黃巾亂起，安平王續、甘陵王忠均被執。㊁都亭：在今河南省洛陽縣。㊂函谷、太谷、廣成、伊闕、轘轅、旋門、孟津、小平津八關：八關均在今河南省。函谷在新安縣東北，太谷在洛陽縣東，廣成在洛陽縣南，伊闕在洛陽縣西南五十里，轘轅在偃師縣東南，旋門在汜水縣西南十里，孟津在孟縣南，小平津在孟津縣北。㊃中藏錢西園廐馬：胡三省曰：「中藏府令，屬少府，宦者為之。中藏錢，漢所謂禁錢也。西園廐馬，即騄驥廐馬。」㊄料：音聊（ㄌㄧㄠ），量度。㊅還諸徙者：胡三省曰：「謂黨人妻子徙邊者也。」㊆北中郎將：胡三省曰：「漢有三署中郎將，五官及左右署。又有使匈奴中郎將、北中郎將，則創置於此時，蓋以討河北黃巾也。」㊇公：父親。㊈永安候臺：胡三省曰：「據續漢志，永安宮在北宮東北，宮中有候臺。洛陽宮殿名曰：『永安宮，周回六百九十八丈，故基在洛陽故城中。』」㊉上自是不敢復升臺榭：胡三省曰：「觀靈帝以尚但之言，不敢復升臺榭誠恐百姓虛散也。謂無愛民之心，可乎？使其以信尚但者，信諸君子之言，則漢之為漢，未可知也。」李賢曰：「春秋潛潭巴曰：『天子毋高臺榭，高臺榭則下叛之。』蓋因此以諷帝也。」(十一)數讀霍光傳：李賢曰：「言其欲謀廢立也。」(十二)自屏：自殺。(十三)十常侍：胡三省曰：「據（後漢書）宦者傳，是時張讓、趙忠、夏惲、郭勝、孫璋、畢嵐、栗嵩、段珪、高望、張恭、韓悝、宋典十二人，皆為中常侍。言十常侍，舉大數也。」(十四)庚子：本年三月無此日。(十五)潁川：郡名，治陽翟，故城在今河南省禹縣。(十六)長社：縣名，屬潁川郡，故城在今河南省許昌縣。(十七)邵陵：縣名，屬汝南郡，故城在今河南省郾城縣東三十五里。(十八)苣：李賢曰：「音巨。說文云：『束葦燒之』。」(十九)或云夏侯氏子也：胡三省曰：「吳人作曹瞞傳及郭頒世語，並云嵩，夏侯氏之子，夏侯惇之叔父。操於惇為從父兄弟。」(二〇)命世之才：謂轉移世運之才。按「命世之才」一語，解釋甚多，或謂「名高一世之人」，或謂「應運而生之人」，或謂「希世之才」，然均不甚中肯。(二一)子將者，訓之從子劭也：子將，許劭字。許訓事見卷五十七熹平三年(八)及五年(四)。(二二)好人倫：謂好談論倫理之道。(二三)品題：評其高下而定其名目。(二四)子治世之能臣，亂世之姦雄：胡三省曰：「言其才絕世也。天下治則盡其能為世用，天下亂則逞其智為時雄。」(二五)護軍司馬：胡三省曰：「護軍司馬，官為司馬，而使監護一軍。」(二六)先除四凶，然後用十六相：胡三省曰：「尚書，舜流共工于幽州，放驩兜于崇山，竄三苗于三危，殛鯀于羽山。四罪而天下威服。左傳曰：『高陽氏有才子八人，蒼舒、隤敳、檮戭、大臨、尨降、庭堅、仲容、叔達，謂之八元。高辛氏有才子八人，伯奮、仲堪、叔獻、季仲、伯虎、仲熊、叔豹、季貍，謂之八愷。』舜臣堯，流四凶族，舉十六相。」㉗黃巾亂於六州：李賢曰：「（後漢書）皇甫嵩傳曰：『連結郡國，自青、徐、幽、冀、荊、揚、兗、豫八州之人，莫不畢應。』此云六州，蓋初起時也。」㉘釁發蕭墻：惠棟曰：「劉陶疏曰：『角等竊入京師，覘視朝政』，故謂釁發蕭墻也。」㉙黃巾變服：胡三省曰：「謂其黨歸順，去其黃巾而服時人之服也。」㉚孝子疑於屢至：即曾母投杼事，見卷三周赧王七年㈡。㉛市虎成於三夫：李賢引《韓非子》曰：『龐共與魏太子質於邯鄲，共謂魏王曰：『今一人言市有虎，王信乎？』王曰：『否。』『二人言信乎？』曰：『否。』『三人言信乎？』曰：『寡人信。』龐共曰：『夫市無虎明矣，然三人言誠市有虎。今邯鄲去魏遠於市；謗臣者過三人，願王熟察之。』」㉜杜郵之戮：謂白起賜死杜郵事，見卷五周赧王五十八年㈠。㉝燓擊黃巾，功多當封：李賢引《續漢書》曰：「燓軍斬賊三帥，卜巴、張伯、梁仲寧等，功高為封首。」㉞識：記。㉟屯宛下：謂屯兵於宛縣城下。宛縣故城在今河南省南陽縣。㊱京：縣名，屬河南尹；故城在今河南省滎陽縣東南二十一里。㊲蕩定：平定。㊳吏不敢飯：胡三省曰：「言吏不敢過民家而飯也。」㊴陽翟：縣名，屬潁川郡；故城在今河南省禹縣。㊵西華：縣名，屬汝南郡；故城在今河南省西華縣南。㊶鎮賊中郎將：胡三省曰：「此因欲鎮安黃巾餘賊而置官。」㊷廣宗：縣名，屬鉅鹿郡；故城在今河北省威縣東二十里。㊸塹：音錢，繞城之溝。㊹雲梯：古攻城之具。《淮南子・兵略訓》許慎注：「雲梯可依雲而立，所以瞰敵之城中。」《武備志》云：「雲梯以大木為牀，下置六輪，上立二梯，各長二丈餘；中施輪軸。車四面以生牛皮為屏蔽，內以人推進；及城，則起飛梯於雲梯之上，以窺城中。」㊺垂當拔之：垂當，即將。惠棟引《續漢書》，云植「征角失利抵罪。」王先謙案：「范曄皇甫嵩論曰：『前史著平原華嶠稱其父光祿大夫表，每言其祖魏太尉歆稱時人說皇甫之不伐，汝豫之戰，歸功朱儁；張角之捷，本之盧植；收名斂策而已不有焉。』植抵罪後，而皇甫奏捷，則植之行師方略，嵩實資之。續漢書以為失利抵罪，失其實矣。」㊻蒼亭：胡三省曰：「蒼亭，在東郡范縣界。」范縣故城在今山東省范縣東南二十里。㊼獲其帥卜巳：惠棟曰：「案續漢書卜巳已為傅燮所獲。」㊽安平王續：安帝延光元年即西元一二二年，改樂成國曰安平；以孝王得（河間孝王開子，章帝孫）紹封。續，得子；作續。㊾父不肯立帝：謂燮父固反對迎立質、桓二帝。㊿雞鳴馳赴其陳，戰至晡時，大破之：惠棟曰：「杜預云：『雞鳴者丑也，晡時者申也。』」按丑，為上午一至三時，申為下午三至四時。陳，讀曰陣。(51)下曲陽：胡三省曰：「下曲陽縣屬鉅鹿郡，以常山有上曲陽，故此稱下。」按下曲陽縣故城在今河北省晉縣西。(52)爾：如此。(53)嘗飯：謂食飯。嘗，通嚐。(54)枹罕、河關：二縣名，皆屬隴西郡。枹罕縣故城即今甘肅省導河縣治。枹音夫（ㄈㄨ）。河關縣在今導河縣西。(55)漢陽長史：謂漢陽郡長史。胡三省引《續漢志》：「郡太守置丞一人，郡當邊戍者，丞為長史。」(56)紲食：紲，音洩（ㄒㄧㄝˋ），繫。食，讀曰飼。(57)隼：音筍（ㄙㄨㄣˇ），猛禽，嘴背皆青黑色，尾灰色；速飛善襲，獵者多飼之，使助捕鳥兔。(58)鷙：胡三省引《廣雅》曰：「鷙，執也；取其能服執眾鳥。」(59)亨：讀曰烹。(60)勳不見曰：「吾為梁使君謀，不為蘇正和也。」怨之如初：史稱蓋勳之公。《續漢書》亦記其事曰：「中平元年，黃巾賊起，故武威太守酒泉黃雋，被徵失期；梁鵠欲奏誅雋，勳為言得免。雋以黃金二十斤謝勳，勳謂雋曰：『吾以子罪在八議，故為子言，吾豈賣評哉！』終辭不受。」（六一）阿陽：縣名，屬漢陽郡；故城在今甘肅省靜寧縣南。（六二）昔莊賈後期，穰苴奮劍：胡三省曰：「齊景公時，燕晉侵齊；景公以司馬穰苴為將禦之，令寵臣莊賈監軍。穰苴與期，旦日會；賈素驕貴，夕時乃至。穰苴召軍正，問曰：『軍法，期而後者，云何？』對曰：『當斬。』遂斬賈以狥于三軍。」（六三）畜官：李賢曰：「前（漢）書尹翁歸傳有『論罪，輸掌畜官。』音義曰：『右扶風，畜牧所在，有苑師之屬，故曰畜官。』」按古扶風郡，治槐里，故城在今陝西省興平縣東南十里。（六四）狐槃：胡三省曰：「晉時，秦苻生葬姚弋仲於狐槃。載記曰：『在天水冀縣。』」按冀縣故城在今甘肅省甘谷縣南。（六五）木表：李賢曰：「表，標也。」按《後漢書‧蓋勳傳》謂勳「為羌所破，收餘眾百餘人，為魚麗之陣」；木表者，立木為標，或係用於戰陣時者。（六六）句就種羌：李賢曰：「句就，羌別種。」句，音鉤（ㄍㄡ）。（六七）昔秦用白起，燕任樂毅，皆曠年歷載，乃能克敵：胡三省曰：「史記，白起事秦昭王，為大良造；攻魏，破之。後五年，攻趙，拔光狼城。復七年，攻楚，拔鄢、鄧五城。明年，拔郢，燒夷陵，遂東至竟陵。樂毅，事燕昭王，為上將軍。伐齊，入臨菑；狥齊五歲，下七十餘城。」（六八）秦項之際：謂秦末項羽劉邦並爭天下之時。（六九）司馬張超：惠棟曰：「超時為別部司馬。」（七〇）西鄂精山：西鄂，縣名，故城在今河南省南召縣南。李賢曰：「精山在其南。」（七一）傳：逮捕。（七二）楊賜不欲使更楚辱：李賢曰：「更，經也。楚，苦痛。」周壽昌曰：「更字宜從本音，猶再也。允始以傳下獄，茲復被捕，是再被楚辱也。注訓經，則當音作庾，恐非。」㈢深計：李賢曰：「深計，謂令自死。」㈣豈有乳藥求死乎：胡三省曰：「前（漢）書王嘉傳：『何謂咀藥而死？』乳，當作咀。」惠棟曰：「孔平仲之：『乳，合作茹字。』」

二年（西元一八五年）

㈠春，正月，大疫。

㈡二月，己酉（十日），南宮雲臺災。庚戌（十一日），樂城門㈠災。中常侍張讓、趙忠說帝斂天下田畮十錢，以修宮室；鑄銅人。

樂安太守陸康上疏諫曰：「昔魯宣稅畮，而蝝災自生㈡；哀公增賦，而孔子非之㈢。豈有聚奪民物，以營無用之銅人；捐捨聖戒，自蹈亡王之灋㈣哉！」內倖㈤譖康，援引亡國，以譬聖明，大不敬。檻車徵詣廷尉，侍御史劉岱表陳解釋，得免歸田里。康，續之孫也。

又詔發州郡材木文石，部送京師。黃門常侍輒令譴呵不中者，因強折賤買(六)，僅得本賈(七)十分之一；因復貨之，宦官復不為即受，材木遂至腐積，宮室連年不成。刺史太守復增私調，百姓呼嗟。又令西園騶(八)分道督趣(九)，恐動州郡，多受賕賂(一〇)。刺史、二千石及茂才、孝廉遷除，皆責助軍修宮錢，大郡至二三千萬，餘各有差。當之官者，皆先至西園諧價(一一)，然後得去。其守清者，乞不之官，皆迫遣之。時鉅鹿太守河內司馬直新除，以有清名，減責三百萬。直被詔悵然曰：「為民父母，而反割剝百姓，以稱時求，吾不忍也。」辭疾，不聽。行至孟津，上書極陳當世之失，即吞藥自殺。書奏，帝為暫絕修宮錢。

(三)以朱儁為右車騎將軍。

(四)自張角之亂，所在盜賊並起。博陵張牛角，常山褚飛燕，及黃龍左校、于氐根、張白騎、劉石、左髭、文八(一二)、平漢(一三)、大計(一四)、司隸、緣城(一五)、雷公(一六)、浮雲、白雀、楊鳳、于毒、五鹿、李大目(一七)、白繞、眭固(一八)、苦蝤之徒，不可勝數。大者二三萬，小者六七千人。張牛角、褚飛燕合軍，攻癭陶(一九)；牛角中流矢，且死，令其眾奉飛燕為帥，改姓張。飛燕名燕，輕勇趫捷，故軍中號曰飛燕。山谷寇賊多附之，部眾寖廣，殆至百萬，號黑山⑳賊。河北諸郡縣，並被其害，朝廷不能討。燕乃遣使至京師，奏書乞降，遂拜燕平難中郎將。使領河北諸山谷事，歲得舉孝廉計吏。

㈤司徒袁隗免。

㈥二月，以廷尉崔烈為司徒。烈，寔之從兄也。是時，三公往往因常侍阿保㉑入錢西園而得之。段熲、張溫等雖有功勤名譽，然皆先輸貨財，乃登公位。烈因傅母入錢五百萬，故得為司徒。及拜日，天子臨軒，百僚畢會。帝顧謂親幸者曰：「悔不少斬㉒，可至千萬。」程夫人於傍應曰：「崔公冀州名士，豈肯買官！賴我得是，反不知姝邪㉓？」烈由是聲譽頓衰。

㈦北宮伯玉等寇三輔，詔左車騎將軍皇甫嵩鎮長安以討之。時涼州兵亂，不止徵發，天下役賦無已。崔烈以為宜棄涼州，詔會公卿百官議之。議郎傅燮厲言曰：「斬司徒天下安。」尚書奏燮廷辱大臣，帝以問燮，對曰：「樊噲以冒頓悖逆，憤激思奮，未失人臣之節；季布猶曰：『噲可斬也㉔。』今涼州天下要衝，國家藩衞，高祖初興，使酈商別定隴右㉕，世宗拓境，列置四郡㉖，議者以為斷匈奴右臂。今牧御失和，使一州叛逆，烈為宰相，不念為國思所以弭之之策，乃欲割棄一方萬里之土，臣竊惑之。若使左衽㉗之虜，得居此地，士勁甲堅，因以為亂，此天下之至慮，社稷之深憂也。若烈不知，是極蔽也；知而故言，是不忠也。」帝善而從之。

㈧夏，四月，庚戌（十二日），大雨雹。

㈨五月，太尉鄧盛罷。以太僕河南張延為太尉。

㈩六月，以討張角功封中常侍張讓等十二人為列侯。

(十一)秋，七月，三輔螟㉘。

(十二)皇甫嵩之討張角也，過鄴，見中常侍趙忠舍宅踰制，奏沒入之。又中常侍張讓私求錢五千萬，嵩不與。二人由是奏嵩連戰無功，所費者多。徵嵩還，收左車騎將軍印綬，削戶六千。八月，以司空張溫為車騎將軍，執金吾袁滂為副，以討北宮伯玉。拜中郎將董卓為破虜將軍，與盪寇將軍周慎，並統於溫。

(十三)九月，以特進楊賜為司空。冬，十月，庚寅㉙，臨晉文烈侯楊賜薨。以光祿大夫許相為司空。相，訓之子也。

(十四)諫議大夫劉陶上言：「天下前遇張角之亂，後遭邊章之寇；今西羌逆類，已攻河東，恐遂轉盛，豕突上京㉚。民有百走退死之心，而無一前鬬生之計。西寇浸前，車騎㉛孤危，假令失利，其敗不救。臣自知言數見厭，而言不自裁者，以為國安則臣蒙其慶，國危則臣亦先亡也。謹復陳當今要急八事。」大較言天下大亂，皆由宦官。宦官共讒陶曰：「前張角事發，詔書示以威恩，自此以來，各各改悔。今者四方安靜，而陶疾害聖政，專言妖孽。州郡不上，陶何緣知？疑陶與賊通情。」於是收陶下黃門北寺獄，掠按日急。陶謂使者曰：「臣恨不與伊呂同疇，而以三仁㉜為輩。今上殺忠謇之臣，下有憔悴之民，亦在不久，後悔何及！」遂閉氣而死㉝。前司徒陳耽為人忠正，宦官怨之，亦誣陷死獄中。

(十五)張溫將諸郡兵步騎十餘萬屯美陽㉞，邊章、韓遂亦進兵美陽，溫與戰輒不利。十一月，董卓與右扶風鮑鴻等幷兵攻章、遂，大破之，章、遂走榆中㉟。溫遣周慎將三萬人追之，參軍事㊱孫堅說慎曰：「賊城中無穀，當外轉糧食，堅願得萬人，斷其運道。將軍以大兵繼後，賊必困乏而不敢戰，走入羌中；幷力討之，則涼州可定也。」慎不從，引軍圍榆中城；而章遂分屯葵園峽，反斷慎運道。慎懼，棄車重而退。

溫又使董卓將兵三萬討先零羌，羌胡圍卓於望垣㊲北，糧食乏絕。乃於所度水中立隝㊳以捕魚，而潛從隝下過軍。比賊追之，決水已深，不得度，遂還屯扶風。張溫以詔書召卓，卓良久乃詣溫。溫責讓卓，卓應對不順。孫堅前耳語㊴謂溫曰：「卓不怖罪，而鴟張㊵大語，宜以召不時至，陳軍瀍斬之。」溫曰：「卓素著威名於河隴之間，今日殺之，西行無依。」堅曰：「明公親率王師，威震天下，何賴於卓！觀卓所言，不假明公，輕上無禮，一罪也。章、遂跋扈經年，當以時進討，而卓云未可，沮軍疑眾，二罪也。

卓受任無功，應召稽留，而軒昂㊶自高，三罪也。古之名將，仗鉞臨眾，未有不斷斬以成功者也。今明公垂意㊷於卓，不即加誅，虧損威刑，於是在矣！」溫不忍發，乃曰：「君且還，卓將疑人。」堅遂出。

(廿六)是歲，帝造萬金堂於西園，引司農金錢、繒帛、牣㊸積堂中。復藏寄小黃門常侍家，錢各數千萬。又於河間買田宅，起第觀㊹。

【今註】㈠樂城門：胡三省曰：「據續漢志，蓋樂成殿門也。城，當作成。（後漢書）五行志作樂城門。」劉昭曰：「南宮中門也。」㈡昔魯宣稅畮，而蝝災自生：魯宣，謂春秋時魯君宣公。宣公無恩信於民，民不肯盡力於公田；宣公乃於十五年案行私田，穀好者稅取之。其冬蝝生。畮，古畝字。蝝，音緣（ㄩㄢˊ），蝗蟲之幼小無翅者。《春秋公羊傳》謂宣公變易舊制，遂生蝝災。㈢哀公增賦，而孔子非之：胡三省曰：「左傳，季孫欲以田賦，使冉有訪諸仲尼。仲尼私於冉有曰：『子季孫若欲行而法，則周公之典在；若苟而行，又何訪焉！』」㈣自蹈亡王之瀍：李賢曰：「謂秦始皇鑄銅人十二，卒至滅亡也。」㈤內倖：謂宮內倖臣，蓋指張讓、趙忠等。㈥強折賤買：強令折價而賤買之。㈦本賈：原價。㈧騶：音鄒（ㄗㄡ），騎士。㈨督趣：同督促。㈩賕賂：賄賂。⑪諧價：講定價錢。⑫文八：《後漢書・朱儁傳》作「丈八」。惠棟曰：「張璠漢紀作文人。」⑬平漢：王先謙曰：「即陶升，見（後漢書）袁紹傳。」〔一四〕大計：李賢曰：「九州春秋『大計』作『大洪』。」〔一五〕緣城：《後漢書・朱儁傳》作「掾哉」。〔一六〕雷公：惠棟云：「典略云：『謂聲大者為張雷公。』」〔一七〕李大目：《後漢書・朱儁傳》：「其大聲者稱雷公，騎白馬者為張白騎，輕便者言飛燕，多髭者號于氏根。」（李賢注：左氏傳曰：『于思于思，棄甲復來。』杜預注云：『于思，多須之貌也。』）大眼者為大目；如此稱號，各有所因。」〔一八〕眭固：《後漢書・朱儁傳》作「畦固」。〔一九〕癭陶：縣名，故城在今河北省寧晉縣西南三十里。〔二〇〕黑山：山在今河南省濬縣西北七十里，周圍五十里。〔二一〕阿保：李賢曰：「阿保，謂傅母也。」胡三省曰：「余謂阿母，保母也。」〔二二〕靳：固惜。〔二三〕反不知姝邪：李賢曰：「姝，美也。言反不知斯事之美也。」〔二四〕季布猶曰：「噲可斬也」：事見卷十二惠帝三年(二)。〔二五〕使酈商別定隴右：胡三省曰：「高祖以將軍酈商為隴西都尉，別定北地郡。」〔二六〕世宗拓境，列置四郡：世宗，指漢武帝。胡三省曰：「武帝元狩二年，匈奴渾邪王降。太初元年，置酒泉、張掖；四年，以休屠王地為武威郡；後元元年，分酒泉郡置敦煌郡。」〔二七〕左衽：胡三省曰：「說文曰：『衽，衣袊。』夷狄之人左袊。」〔二八〕螟：胡三省引說文曰：「螟，蟲食穀葉者。」〔二九〕庚寅：本年十月無此日。〔三〇〕豕突上京：胡三省曰：「河東（郡）東南，至雒陽五百里耳。」惠棟曰：「案豕性駭突難制，以喻寇盜也。前（漢）書食貨志云：『王莽大募天下囚徒人奴，名豬突狶勇。』服虔曰：『豬性觸突人，故取以喻。』」〔三一〕車騎：指張溫。〔三二〕三仁：謂殷紂時忠臣微子、箕子及比干。《論語・微子》：「子曰：『殷有三仁焉！微子去之，箕子為之奴，比干諫而死。』」

㉝遂閉氣而死：惠棟曰：「釋名云：『屈頭閉氣曰雉經，如雉之為也。』袁宏後（漢）紀云『不食而死』。」㉞美陽：縣名，屬右扶風，故城在今陝西省武功縣西南。㉟榆中：縣名，屬金城郡，故城在今甘肅省榆中縣西北。㊱參軍事：胡三省曰：「參軍事之官，始見於此。」杜佑曰：「漢靈帝時，陶謙幽州刺史參司空車騎將軍張溫軍事，時孫堅亦為參軍。晉時，軍府乃置為官員。」㊲望垣：李賢曰：「望垣縣屬天水郡。」胡三省曰：「望垣縣屬漢陽郡。陳壽三國志曰：『望垣，峽名。』」按望垣縣故城在今甘肅省天水縣西北。㊳鄢：李賢曰：「續漢書鄢字作堰，其字義則同，但體異耳。」㊴耳語：附耳而語。㊵鴟張：謂其勢猛悍，如鴟之張翼。鴟，鷂鷹。㊶軒昂：意氣奮揚貌。㊷垂意：降意自卑。㊸牣：音刃（ㄖㄣˋ），滿。㊹又於河間買田宅，起第觀：胡三省曰：「帝故封河間解瀆亭侯。」

三年（西元一八六年）

㈠春，二月，江夏兵趙慈反，殺南陽太守秦頡。

㈡庚戌（十六日），赦天下。

㈢太尉張延罷。遣使者持節，就長安拜張溫為太尉。三公在外，始於溫。

㈣以中常侍趙忠為車騎將軍。帝使忠論討黃巾之功，執金吾甄舉謂忠曰：「傅南容前在東軍，有功不侯㊀，天下失望。今將軍親當重任，宜進賢理屈，以副眾心。」忠納其言，遣弟城門校尉延，致殷勤於傅燮。延謂燮曰：「南容少答我常侍，萬戶侯不足得也。」燮正色答之曰：「有功不論，命也；傅燮豈求私賞哉！」忠愈懷恨，然憚其名，不敢害；出為漢陽太守。【考異】袁紀在明年九月。今從范書。

㈤帝使鉤盾令宋典脩南宮玉堂㊁。又使掖庭令畢嵐，鑄四銅人；又鑄四鐘㊂，皆受二千斛；又鑄天祿㊃蝦蟆，吐水於平門外橋東，轉水入宮；又作翻車渴烏㊄，施於橋西，用灑南北郊路，以為可省百姓灑道之費。

㈥五月，壬辰晦（三十日），日有食之。

㈦六月，荊州刺史王敏討趙慈，斬之。

㈧車騎將軍趙忠罷。

㈨冬，十月，武陵蠻反，郡兵討破之。

㈩前太尉張延為宦官所譖，下獄死。

(十一)十二月，鮮卑寇幽幷二州。

(十二)徵張溫還京師。

【今註】㈠傅南容前在東軍，有功不侯：南容，傅燮字。不侯事見中平元年㈦。㈡南宮玉堂：胡三省曰：「南宮有玉堂殿。」㈢鑄四銅人，又鑄四鐘：李賢曰：「銅人列於蒼龍玄武闕外，鐘懸於雲臺及玉堂殿前。」㈣天祿：獸名。惠棟曰：「前（漢）書西域傳孟康注：『桃拔一名符拔，似鹿長尾；一角者，或為天祿；兩角者，或為辟邪。』」㈤翻車渴烏：李賢曰：「翻車，設機車以引水。渴烏，為曲桶以氣引水上也。」

四年（西元一八七年）

㈠春，正月，己卯（二十一日），赦天下。

㈡二月，滎陽賊殺中牟㈠令。三月，河南尹何苗討滎陽賊，破之。拜苗為車騎將軍。

㈢韓遂殺邊章及北宮伯玉、李文侯，擁兵十餘萬，進圍隴西；太守李相如叛，與遂連和。涼州刺史耿鄙率六郡兵討遂，鄙任治中㈡程球，球通姦利，士民怨之。漢陽太守傅燮謂鄙曰：「使君統政日淺，民未知教；賊聞大軍將至，必萬人一心，邊兵多勇，其鋒難當；而新合之眾，上下未和，萬一內變，雖悔無及。不若息軍養德，明賞必罰。賊得寬挺㊂，必謂我怯，羣惡爭勢，其離可必。然後率已教之民，討成離之賊，其功可坐而待也。」鄙不從。夏，四月，鄙行至狄道州，別駕㊃反應賊；先殺程球，次害鄙。賊遂進圍漢陽，城中兵少糧盡，燮猶固守。時，北地胡騎數千隨賊攻郡，皆夙懷燮恩，共於城外叩頭，求送燮歸鄉里㊄。燮子幹，年十三，言於燮曰：「國家昏亂，遂令大人不容於朝。今兵不足以自守，宜聽羌胡之請，還鄉里，徐俟有道而輔之。」言未終，燮慨然嘆曰：「汝知吾必死邪？聖達節，次守節㊅；殷紂暴虐，伯夷不食周粟而死；吾遭亂世，不能養浩然之志，食祿，又欲避其難乎？吾行何之？必死於此！汝有才智，勉之！勉之！主簿楊會，吾之程嬰㊆也。」

狄道人王國使故酒泉太守黃衍說燮曰：「天下已非復漢有，府君寧有意為吾屬帥乎？」燮按劍叱曰：「若剖符之臣，反為賊說邪！」遂麾左右進兵，臨陣戰歿。【考異】袁紀在明年五月，今從范書。耿鄙司馬扶風馬騰亦擁兵反，與韓遂合，共推王國為主，寇掠三輔。

㈣太守張溫，以寇賊未平免。以司徒崔烈為太尉。

㈤五月，以司空許相為司徒。光祿勳沛國丁宮為司空。

㈥初，張溫發幽州烏桓突騎三千以討涼州，故中山相漁陽張純以牢稟逋縣㈧，多叛還本國。張純忿不得將，乃與同郡故泰山太守張舉及烏桓大人丘力居等連盟，劫略薊中，殺護烏桓校尉公綦稠、右北平太守劉政、遼陽太守陽終等。眾至十餘萬，屯肥如㈨。舉稱天子，純稱彌天將軍安定王，移書州郡云：「舉當代漢，告天子避位，敕公卿奉迎。」

㈦冬，十月，長沙賊區星自稱將軍，【考異】范書作觀鵠，今從陳壽吳志。眾萬餘人。詔以議郎孫堅為長沙太守，討擊平之；封堅烏程⑽侯。

㈧十一月，太尉崔烈罷。以大司農曹嵩為太尉。

㈨十二月，屠各胡反⑾。

㈩是歲，賣關內侯，直五百萬錢。

(十一)前太丘長陳寔卒，海內赴弔者三萬餘人。寔在鄉閭，平心率物，其有爭訟，輒求判正㊂；曉譬曲直，退無怨者。至乃歎曰：「寧為刑罰所加，不為陳君所短。」楊賜、陳耽，每拜公卿，羣僚畢賀，輒歎寔大位未登，愧於先之。

【今註】㊀中牟：縣名，故城在今河南省中牟縣東。㊁治中：刺史屬官，主州之選署及眾事。㊂寬挺：寬緩。㊃別駕：刺史屬官。胡三省曰：「別駕從事，刺史行部，則奉引錄眾事。」㊄求送燮歸鄉里：傅燮，北地郡靈州縣人，靈州縣故城在今寧夏省靈武縣境。㊅聖達節，次守節：《左傳》：「曹公子臧曰：『前志有志之，聖達節，次守節，下失節。』」㊆程嬰：胡三省曰：「史記，趙朔娶晉成公姊為夫人，晉景公三年，屠岸賈殺趙朔，滅其族；朔妻有遺腹，走公宮。朔客公孫杵臼謂客程嬰曰：『胡不死？』嬰曰：『朔之趙有遺腹，即幸而生男，吾奉之，即女也，吾徐死耳。』居無何，朔妻生男。屠岸賈聞之，乃索於公宮；朔妻置兒於絝中，祝曰：『趙宗滅乎？若啼；即不滅，若無聲。』及索兒，竟無聲。程嬰曰：『今一索不得，後必復索之。』杵臼乃取他嬰兒負之匿山中，諸將攻殺杵臼並兒；然趙孤兒乃在程嬰所，即趙武也。居十五年，景公乃立趙武為卿而復其田邑。」㊇牢稟逋縣：牢稟，稟給，即糧餉之類。逋縣，謂停欠不繼。縣，讀曰懸。㊈肥如：縣名，屬遼西郡，故城在今河北省盧龍縣北。⑩烏程：縣名，屬吳郡，故城在今浙江省吳興縣南二十五里。㊁屠各胡：匈奴之一種。㊂判正：胡三省曰：「判，分也，剖也。剖析而見正理也。」

資治通鑑今註十五冊出版進度表

冊　次	紀　年	出版時間
1	周紀　秦紀　漢紀	100 年 11 月
2	漢紀	100 年 11 月
3	漢紀	101 年 1 月
4	漢紀　魏紀	101 年 2 月
5	晉紀	101 年 3 月
6	晉紀	101 年 4 月
7	宋紀　齊紀	101 年 5 月
8	齊紀　梁紀	101 年 6 月
9	梁紀　陳紀	101 年 7 月
10	隋紀　唐紀	101 年 8 月
11	唐紀	101 年 9 月
12	唐紀	101 年 10 月
13	唐紀	101 年 11 月
14	後梁紀　後唐紀	101 年 12 月
15	後唐紀　後晉紀 後漢紀　後周紀	101 年 12 月

資治通鑑今註　第三冊
漢紀

主編◆國立編譯館中華叢書編審委員會
校註者◆李宗侗　夏德儀等
發行人◆施嘉明
總編輯◆方鵬程
執行編輯◆葉幗英　徐平　王窈姿
校對◆趙蓓芬　呂乃康
美術設計◆吳郁婷

出版發行：臺灣商務印書館股份有限公司
臺北市重慶南路一段三十七號
電話：（02）2371-3712
讀者服務專線：0800056196
郵撥：0000165-1
網路書店：www.cptw.com.tw
E-mail：ecptw@cptw.com.tw

局版北市業字第 993 號
初版一刷：1975 年 12 月
二版一刷：2012 年 1 月
定價：新台幣 1100 元

ISBN 978-957-05-2670-7（精裝）

資治通鑑今註．第三冊．漢紀／李宗侗．夏德儀
等校註；國立編譯館中華叢書編審委員會主編．
--二版．-- 臺北市：臺灣商務，　2012．01
面；　公分．

ISBN 978-957-05-2670-7(精裝)

1. 資治通鑑　2.注釋

610.23　　　　100023329

讀者回函卡

感謝您對本館的支持，為加強對您的服務，請填妥此卡，免付郵資寄回，可隨時收到本館最新出版訊息，及享受各種優惠。

姓名：＿＿＿＿＿＿＿＿＿＿　　性別：□ 男　□ 女

出生日期：＿＿＿＿年＿＿＿＿月＿＿＿＿日

職業：□學生　□公務(含軍警)　□家管　□服務　□金融　□製造
□資訊　□大眾傳播　□自由業　□農漁牧　□退休　□其他

學歷：□高中以下（含高中）□大專　□研究所（含以上）

地址：＿＿＿＿＿＿＿＿＿＿＿＿＿＿＿＿＿＿＿＿

＿＿＿＿＿＿＿＿＿＿＿＿＿＿＿＿＿＿＿＿

電話：(H)＿＿＿＿＿＿＿＿＿＿ (O)＿＿＿＿＿＿＿＿＿＿

E-mail：＿＿＿＿＿＿＿＿＿＿＿＿＿＿＿＿＿＿＿＿

購買書名：＿＿＿＿＿＿＿＿＿＿＿＿＿＿＿＿＿＿＿＿

您從何處得知本書？
□網路　□DM廣告　□報紙廣告　□報紙專欄　□傳單
□書店　□親友介紹　□電視廣播　□雜誌廣告　□其他

您喜歡閱讀哪一類別的書籍？
□哲學・宗教　□藝術・心靈　□人文・科普　□商業・投資
□社會・文化　□親子・學習　□生活・休閒　□醫學・養生
□文學・小說　□歷史・傳記

您對本書的意見？（A/滿意　B/尚可　C/須改進）
內容＿＿＿＿＿＿編輯＿＿＿＿＿校對＿＿＿＿＿翻譯＿＿＿＿＿
封面設計＿＿＿＿＿價格＿＿＿＿＿其他＿＿＿＿＿＿＿＿＿＿

您的建議：＿＿＿＿＿＿＿＿＿＿＿＿＿＿＿＿＿＿＿＿

※ 歡迎您隨時至本館網路書店發表書評及留下任何意見

臺灣商務印書館　The Commercial Press, Ltd.

台北市100重慶南路一段三十七號　電話：(02)23115538
讀者服務專線：0800056196　傳真：(02)23710274
郵撥：0000165-1號　E-mail：ecptw@cptw.com.tw
網路書店網址：www.cptw.com.tw　部落格：http://blog.yam.com/ecptw

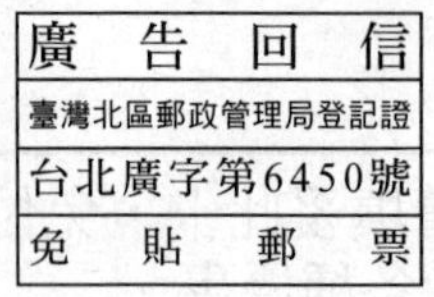

100台北市重慶南路一段37號

臺灣商務印書館 收

對摺寄回，謝謝！

傳統現代 並翼而翔

Flying with the wings of tradtion and modernity.